Verdachtsberichterstattung

Schriften zum Medien-, Urheber- und Wirtschaftsrecht

Herausgegeben von Prof. Dr. Georgios Gounalakis

Band 15

PL ACADEMIC RESEARCH

Nadine Kristin Keil

Verdachtsberichterstattung

Medienberichterstattung über Straftatverdächtige

PL ACADEMIC RESEARCH

Bibliografische Information der Deutschen Nationalbibliothek
Die Deutsche Nationalbibliothek verzeichnet diese Publikation in der Deutschen Nationalbibliografie; detaillierte bibliografische Daten sind im Internet über http://dnb.d-nb.de abrufbar.

Zugl.: Marburg, Univ., Diss., 2012

Umschlaggestaltung:
© Olaf Gloeckler, Atelier Platen Friedberg

D 4
ISSN 1867-1012
ISBN 978-3-631-62608-5

Danksagung

Ganz herzlich bedanken möchte ich mich bei meinem Doktorvater, Herrn Prof. Dr. Georgios Gounalakis, für die Betreuung der Arbeit von der Themensuche bis zu ihrer Veröffentlichung.

Danken möchte ich weiterhin Herrn Prof. Dr. Michael Kling für die zügige Erstellung des Zweitgutachtens.

Ein großer Dank gilt meinen Eltern Angelika und Dieter Bemsel, denen die Arbeit gewidmet ist. Ohne ihre Geduld und Unterstützung wären Studium und Promotion nicht möglich gewesen.

Ein besonderer Dank gilt meiner Mutter Angelika Bemsel und Schwiegermutter Simone Keil, die sich die Mühe gemacht haben, die Arbeit durchzuschauen und zu korrigieren, sowie meinem Schwiegervater Gerald Keil, der mir in Fragen Textformatierung eine große Hilfe war.

Abschließend bedanke ich mich bei meinem Ehemann Sebastian für seinen fortwährenden Zuspruch und seine Geduld.

Nadine Kristin Keil

Inhaltsverzeichnis

Einleitung

A) Das Interesse der Öffentlichkeit an Kriminalfällen

Die Justiz ist in vielfältiger Weise Thema in den Medienberichten. Beiträge über Kriminalität finden hierbei besonders großes Interesse beim Publikum[1]. Tagtäglich liest und hört man von kriminellen Vorgängen. Die Medien versorgen die Rezipienten mit Bildern von Verbrechen, Verfolgung sowie Bestrafung und liefern täglich die Gelegenheit, Emotionen der Furcht, Wut und Faszination auszuleben, die die Kriminalität hervorruft[2]. Gemessen am Gesamtvolumen nimmt das Themenfeld Kriminalität zwar deutlich weniger Raum ein als die Themen Politik und Wirtschaft. Die mediale Vermarktung anlässlich von Strafverfahren tritt dennoch häufig und wie selbstverständlich auf. In den verschiedenen Formaten berichten die Nachrichten über die unterschiedlichsten Delikte, wobei sie die Öffentlichkeit über Verkehrsdelikte, spektakuläre Raubüberfälle, Fälle organisierter Kriminalität, Körperverletzungen, Kapitalverbrechen als auch hinsichtlich neuer Formen an Kriminalität, beispielsweise die so genannte Computerkriminalität oder die immer weiter um sich greifende Korruption[3], informieren. Alles Nachrichten, die faszinieren, abschrecken und Betroffenheit erzeugen. Gewisse Gewaltverbrechen, Mord- und Totschlagsdelikte, Geiselnahmen, Sexualverbrechen, bestimmte Staatsschutzdelikte als auch Kriminalfälle mit atypischem Tatverlauf, üben ein irrationales und gleichzeitig unbestreitbares Interesse auf die Gesellschaft aus. Dabei lässt sich die informierte Medienöffentlichkeit faszinieren und gleichzeitig unterhalten.

In ihren Berichten beschränken sich die Medien oftmals auf das „*Anschauliche*“[4]: Der Fokus ist auf die Tat, ihre Aufklärung und die Überführung des Täters gerichtet[5]. Neben den Informationen über Tat, Täter und die Höhe der Strafe begehrt der Leser, Zuhörer und Zuschauer darüber hinaus zu wissen, wie sich beispielsweise ein Mörder, Vergewaltiger oder Kinderschänder optisch und

---

1 *Delitz*, Tagespresse und Justiz, S. 11.

2 LG Berlin NJW 1986, 1265, 1265; *Garland*, in: Soziologie der Kriminalität, S. 36, 56.

3 *B. Peters*, in: Kriminalität in den Medien, 5. Kölner Symposium, S. 150, 150.

4 *Rüping*, in: Festschrift für Dünnebier, S. 391, 396

5 *Rüping*, in: Festschrift für Dünnebier, S. 391, 397; *Lippe*, in: Wassermann, Justiz und Medien, 127, 130; *Mauz*, Kriminalsoziologische Bibliographie 1976, 11-13, S. 3, 12; *Stein-Hilbers*, Kriminalität im Fernsehen, S. 54; *Jubelius*, Darstellung der Instanzen sozialer Kontrolle im Fernsehen, S. 204; *H. J. Schneider*, Kriminalitätsdarstellung im Fernsehen und soziale Wirklichkeit, S. 128.

akustisch anfühlt[6]. Die Kriminalberichterstattung in den Massenmedien dient somit nicht nur der Informationsvermittlung[7], sondern sie übernimmt auch oftmals Tendenzen aus dem Unterhaltungsressort, wobei die Kriminalfälle entsprechend inszeniert werden[8]. Tragische Schicksale und furchtbare Taten werden zum Unterhaltungsfaktor.

Reportagen gewähren oft einen Blick auf einen düsteren Teil unsere Gesellschaft, den wir zwar im tiefsten Inneren vielleicht gar nicht sehen wollen, der uns aber trotzdem in seinen Bann zieht und Faszination auszulösen vermag.

Doch was ist es, das die Bevölkerung so sehr an Kriminalität und deren Berichterstattung in den Medien fasziniert?

„*Menschen suchen die Nähe des Ungewöhnlichen.*“[9] Zu diesem Ergebnis kommt der Psychiater *Theo Payk.*

Auch *Frank Wuketits* kommt in seinem Buch[10] zu dem Ergebnis, dass von allem Ungewöhnlichen eine gewisse Faszination ausgeht. Das muss nicht nur das Böse oder das Gute sein, sondern einfach alles, was stark von der Norm abweicht. Vor allem, wenn jemand etwas tut, was man selbst niemals tun würde[11]. Darum besteht ein großer Reiz darin, zu verfolgen, wenn jemand ein Tabu gebrochen hat.

Ist eine Tat begangen worden, fällt es oftmals schwer sich von dieser zu distanzieren.

Man ist erleichtert und hat das beruhigende Gefühl, dass das Unglück nicht einen selbst, sondern jemanden anderen getroffen hat. Jedenfalls treiben auch eine gewisse Neugier und gleichzeitig das Gefühl der Bedrohung, die von einem Verbrechen ausgeht dazu, die Nase in das Elend anderer zu stecken.

Konstituierend für das „*Informationsinteresse*“ an der Kriminalberichterstattung sind jedoch nicht nur „*die Verletzung der allgemeinen Rechtsordnung, die Beeinträchtigung von Rechtsgütern der betroffenen Bürger oder der Gemeinschaft, die Sympathie mit den Opfern und ihren Angehörigen, die Furcht vor Wiederholungen solcher Straftaten und das Bestreben, dem vorzubeugen*“, sondern auch das „*legitime demokratische Bedürfnis nach Kontrolle der für die Sicherheit und Ordnung zuständigen Staatsorgane und Behörden, der Strafverfolgungsbehörden und der Strafgerichte*“[12].

---

6 *Friedrichsen* StV 2005, 169, 169.

7 *H. J. Schneider*, Das Geschäft mit dem Verbrechen, S. 116.

8 *Rüping*, in: Festschrift für Dünnebier, S. 391, 397; *Engau*, Straftäter und Tatverdächtige als Person der Zeitgeschichte, S. 302ff.

9 *Payk*, Das Böse in uns.

10 *Wuketits*, Warum uns das Böse fasziniert?

11 *Wuketits*, Warum uns das Böse fasziniert?

12 BVerfGE 35, 202, 232 („Lebach I“).

Dieses „*Informationsinteresse wird umso stärker sein, je mehr sich die Straftat durch ihre besondere Begehungsweise oder die Schwere ihrer Folgen von der gewöhnlichen Kriminalität abhebt*“[13].

B) Die Faszination der Medien für Kriminalität und ihre Aufgabe über diese zu berichten

„*Was wir über die Gesellschaft, ja über die Welt wissen, wissen wir durch die Massenmedien.*“[14]

Diese generelle Aussage über das Weltwissen trifft insbesondere auch über das Wissen zu, welches wir über Kriminalität haben. Zwar kann dieses Wissen auch in der täglichen Praxis erworben werden. Beispielsweise durch unmittelbare Erfahrungen mit Normverletzungen und deren Kontrolle sowie im gegenseitigen Austausch von Erfahrungen[15]. Allerdings fehlt es der Mehrheit der Bevölkerung an eigenen Erfahrungen in diesem Bereich[16]. Eine wichtige Rolle in der Wissensvermittlung über Kriminalität und auch in der Sozialisation spielen somit Institutionen, wobei Familie, Schule, Umfeld, Polizei und Justiz als solche Sozialisationsinstanzen begriffen werden können[17]. Unter Sozialisation ist in diesem Kontext ein Prozess zu verstehen, in dessen Verlauf sich ein Individuum mit den gesellschaftlich vorherrschenden Gewohnheiten, Wertevorstellungen und Normen auseinandersetzt und durch deren Übernahme in die Gesellschaft eingliedert[18]. Dabei wird ein gewisses Grundverständnis vermittelt, welches im zwischenmenschlichen Umgang für die Akzeptanz allgemeiner Rechtsgüter, wie Leben, körperliche Unversehrtheit und Eigentum sorgen soll[19].

---

13 BVerfGE NJW 2009, 350, 351; BVerfGE 35, 202, 230f.; 119, 309, 321f.

14 *Luhmann*, Die Realität der Massenmedien, S. 9.

15 *Hess/Scherer*, in: Soziologie der Kriminalität, S. 69, 85; *Jubelius/Stein-Hilbers* MschrKrim 1977, 177, 179.

16 *v. Becker*, Straftäter und Tatverdächtige in den Massenmedien, S. 26; *H. J. Schneider*, Kriminalitätsdarstellung im Fernsehen und kriminelle Wirklichkeit, S. 48; ders., Das Geschäft mit dem Verbrechen, S. 120; *Abele/Stein-Hilbers*, Alltagswissen, öffentliche Meinung über Kriminalität und soziale Kontrolle, Kriminologisches Journal 1978, S. 161, 165; *Dölling*, Kriminalberichterstattung in der deutsche und polnischen Tagespresse - ein Vergleich, S. 141, 142; *Stephan*, Die Stuttgarter Opferbefragung, S. 187.

17 *Norek*, Medienkriminalität in den Köpfen der Menschen, S. 11; *H. J. Schneider*, Kriminalitätsdarstellung im Fernsehen und kriminelle Wirklichkeit, S. 39; *Jubelius/Stein-Hilbers* MschKrim 1977, 177, 179.

18 vgl. *Ostermann*, Öffentliche Sicherheit als objektives und subjektives Problem, S.36; *H. J. Schneider*, Kriminalitätsdarstellung im Fernsehen und kriminelle Wirklichkeit, S. 39.

19 *Norek*, Medienkriminalität in den Köpfen der Menschen, S. 11.

Neben den genannten Institutionen spielen die Massenmedien im heutigen Zeitalter eine wichtige zusätzliche Rolle im Informations- und Sozialisationsprozess[20]. Sie sind in der Lage Informationen über Kriminalität und ihre Bekämpfung an eine große Masse der Bevölkerung zu vermitteln, wobei Art und Ausmaß verschiedener Straftaten dargestellt, eine angemessene Reaktion vorgeschlagen oder auch Informationen über die Strafrechtspflege oder die Situation im Strafvollzug vermittelt werden[21]. Den Medien kommt somit die gewichtige Funktion zu, den Wissens- und Erkenntnisstand des Einzelnen, dem es häufig an Selbsterfahrung mangelt, zu prägen[22].

Im Rahmen seiner „*Lebach-Entscheidung*" hatte das Bundesverfassungsgericht über die Grenzen der Kriminalberichterstattung zu entscheiden, wobei es sich veranlasst sah, die „*Information der Öffentlichkeit über vorgefallene Straftaten und die zu ihrer Entstehung führenden Vorgänge*" ausdrücklich zu den Aufgaben der Medien zu zählen[23]. Die Massenmedien haben somit die verfassungsrechtlich geschützte Aufgabe, die Bevölkerung vollständig, sachlich und so verständlich wie möglich über strafbare Handlungen zu informieren[24]. Die Bürger sollen so die Möglichkeit erhalten das öffentliche Geschehen mit kritischem Bewusstsein zu verfolgen, um sich mit dem Thema Kriminalität auseinandersetzen zu können[25].

Neben der reinen Information über strafbare Handlungen berichten die Medien auch über die Aufklärungstätigkeiten der Behörden und das ordnungsgemäße Funktionieren der Strafrechtspflege[26].

Hierbei nehmen die Massenmedien eine kontrollierende Funktion ein, die aus dem demokratischen Bedürfnis nach Kontrolle der für die Sicherheit und Ordnung zuständigen Staatsorgane und Behörden, der Strafverfolgungsbehörden und der Gerichte resultiert.

---

20 *H. J. Schneider*, Kriminalitätsdarstellung im Fernsehen und soziale Kontrolle, S. 41; *Kaiser* ZRP 2002, 30, 30.

21 *Abele/Stein-Hilbers*, Alltagswissen, öffentliche Meinung über Kriminalität und soziale Kontrolle, Kriminologisches Journal 1978, S. 161, 165.

22 *Lamnek/Leudtke*, Kriminalpolitik im Sog von Öffentlichkeit und Massenmedien, in: Das Jugendkriminalrecht als Erfüllungsgehilfe gesellschaftlicher Erwartungen?, Symposium an der kriminologischen Forschungsstelle der Universität zu Köln 11.-13. Oktober 1994,S. 45, 47; *Thiesmeyer* DriZ 1964, 73, 73.

23 BVerfGE 35, 202, 239 f.; *Hoffmann-Riem* JZ 1975, 469, 471.

24 *Berka*, Medienfreiheit und Persönlichkeitsschutz, S. 354; *Meyn*, Massenmedien in der Bundesrepublik Deutschland, S. 34; *Lamnek* MschrKrim 1990, 163, 164.

25 *Meyn*, Massenmedien in der Bundesrepublik Deutschland, S. 34; *Bresser*, in: Festschrift für Jauch, S. 7, 8; *Lamnek* MschrKrim 1990, 163, 164.

26 *Berka*, Medienfreiheit und Persönlichkeitsschutz, S. 355; *Schwacke*, Kriminalitätsdarstellung in der Presse, S. 50.

Dieses Bedürfnis lässt sich damit erklären, dass die Anwendung von Strafrecht staatliche Machtausübung bedeutet und der daraus möglicherweise entstehenden Gefahr eines Machtmissbrauchs durch eine Kontrollfunktion der Massenmedien entgegengewirkt werden können muss[27]. Neben der Kontrolle der Strafjustiz und der Strafverfolgungsorgane hinsichtlich der Einhaltung eines Gesetz und Recht entsprechenden Verfahrens kommt den Massenmedien eine Kontrolle in der Sache zu[28], zum Beispiel durch die Ausübung von sachlicher und fundierter Kritik[29], ohne die es in unserer Gesellschaft keinen geistigen Fortschritt gäbe[30].

Im Ergebnis kann damit festgehalten werden, dass durch die Berichterstattung über Kriminalfälle Rechtskenntnisse und Rechtsverständnis vermittelt, die generalpräventive Wirkung von Strafe in die Gesellschaft transportiert und Kontrolle ausgeübt werden kann.

C) Das Phänomen der Verdachtsberichterstattung

Die Berichterstattung über Kriminalfälle hat durch die zunehmende Bedeutung des Boulevard-Journalismus in der heutigen Medienlandschaft zugenommen. Besonders in Rahmen einer emotionalisierenden Berichterstattung von TV-Magazinen und Boulevard-Zeitungen werden häufig Vorgänge dokumentiert, in denen die Ermittlungen gegen den Betroffenen noch gar nicht abgeschlossen sind. Es wird über einen bislang unbewiesenen, gegen eine Person gerichteten ehrenrührigen Verdacht berichtet. Unter diese Verdachtsberichterstattung fallen jegliche Medienpublikationen über eine Person, die einer Straftat beschuldigt, angeschuldigt oder angeklagt ist[31], jedoch zu dem Zeitpunkt der Veröffentlichung weder verurteilt, freigesprochen oder das Verfahren eingestellt wurde.

Derartige Berichte hinsichtlich eines Verdachts strafbaren Verhaltens sind für den Betroffenen brandgefährlich. Häufig verschwimmt die ausreichende

27 *Geerds*, in: Festschrift für Oehler, S. 423, 425.

28 *Geerds*, in: Festschrift für Oehler, S. 423, 424 f.; *Kern/Wolf*, Gerichtsverfassungsrecht, Ein Studienbuch, S. 162; *Proske*, Gerichtssaalberichterstattung: Rechtliche Grundlagen und rechtspolitische Aspekte, in: Kriminalität und Massenmedien, S. 24 ff.

29 *Godler*, Kriminal- und Gerichtssaalberichterstattung in der Praxis, in: Kriminalität in den Massenmedien, S. 39, 44 f.; *Bresser*, in: Festschrift für Jauch, S. 7, 8.

30 *Hartmann*, in: Festschrift für Göppinger, S. 578, 578.

31 Im Folgenden wird der Begriff des (Straf-)Tatverdächtigen verwendet, der das strafrechtliche Ermittlungs- und Zwischenverfahren als auch das Hauptverfahren und damit die Begriffe Beschuldigter, Angeschuldigter und Angeklagter mit umfasst. Sofern auf die einzelnen Verfahrensabschnitte im Zweiten Teil eingegangen wird, so werden entsprechend die Begriffe Beschuldigter, Angeschuldigter und Angeklagter herangezogen.

Kennzeichnung, ob die in den Medien dargestellte Person Täter oder zunächst einmal nur Verdächtiger einer Straftat ist. Es besteht die Gefahr, dass entsprechende Artikel aus der Presse oder Filmmitschnitte zum Beispiel im Kollegen-, Freundes- und Familienkreis die Runde machen. Der Betroffene kann so nachhaltig belastet werden, denn selbst wenn sich der Verdacht später als falsch herausstellt, bleibt der betroffenen Person stets ein gewisser Makel anhaften, denn gewisse Zweifel an der Unschuld können in der Öffentlichkeit bestehen bleiben.

Dennoch muss eine derartige Berichterstattung im Hinblick auf den Informationsauftrag und die Kontrollfunktion der Medien zulässig sein. Die Medien könnten ihrer verfassungsrechtlich verankerten Aufgabe bei der öffentlichen Meinungsbildung aus Art. 5 Abs. 1 GG nicht gerecht werden, wenn es ihnen lediglich gestattet wäre nur über Tatsachen zu berichten, die im Zeitpunkt ihrer Veröffentlichung bereits feststehen. Wie bereits dargestellt, gehören Straftaten zum Zeitgeschehen, deren Vermittlung in den Aufgabenbereich der Medien fällt[32].

Im Rahmen der Berichterstattung über Vorwürfe strafrechtlich relevanten Verhaltens stehen somit diverse rechtliche geschützte Interessen in engem Zusammenhang.

Einerseits begehrt die Öffentlichkeit möglichst detaillierte Informationen über strafrechtlich relevante Geschehnisse. Dieses Informationsinteresse wird durch Art. 5 Abs. 1 S. 1 GG grundgesetzlich gewährleistet[33], wobei es die Aufgabe und das Recht freier Berichterstattung der Massenmedien ist, dieses zu befriedigen.

Auf der anderen Seite stehen dagegen die möglicherweise durch die Medienberichterichterstattung beeinträchtigten Rechtsgüter des Betroffenen, beispielsweise das Recht auf Anonymität und das Recht auf Nicht-Entsozialisierung.

---

32 BVerfGE 35, 202, 230ff. („Lebach I").

33 BVerfGE 27, 71, 81.

Erster Teil
Die kollidierenden Rechte

Wie bereits kurz dargestellt wurde, stehen dem Persönlichkeitsrecht des Betroffenen die Rechte derer gegenüber, die über ihn im Zusammenhang mit dem Verdacht strafbaren Verhaltens berichten. Im Rahmen der Verdachtsberichterstattung erlangen hierbei die Rechte der Presse und des Rundfunks besondere Bedeutung. Diese Freiheitsrechte sind zum einen in Art. 5 Abs. 1 GG grundgesetzlich normiert, werden auch als „*Grundnormen der geistigen Freiheitsentfaltung*" bezeichnet[34] und sind nach Ansicht des Bundesverfassungsgerichts für die freiheitlich demokratische Grundordnung „*schlechthin konstituierend*"[35].

Diese kollidierenden Rechte bilden demnach essenzielle Bestandteile der Grundordnung des Grundgesetzes, so dass weder das allgemeine Persönlichkeitsrecht noch die Presse- oder Rundfunkfreiheit einen grundsätzlichen Vorrang beanspruchen kann[36]. Im Kollisionsfall müssen die Interessen der Betroffenen in einen angemessenen Ausgleich gebracht werden[37]. Lässt sich ein Ausgleich nicht erzielen, ist unter Berücksichtigung der falltypischen Gestaltung und der besonderen Umstände des Einzelfalles zu entscheiden, welches Interesse zurückzutreten hat[38].7

A) Das allgemeine Persönlichkeitsrecht

Der Betroffene, über den im Zusammenhang mit einem strafbaren Verhalten in den Medien berichtet wird, kann neben dem einfachgesetzlich ausgestalteten Persönlichkeitsschutz zunächst das verfassungsrechtliche allgemeine Persönlichkeitsrecht in Anspruch nehmen. Von diesem ist im Wortlaut des Grundgesetzes nicht ausdrücklich die Rede. Es wurde jedoch von der Rechtsprechung als „*unbenanntes*" Freiheitsrecht in Ergänzung zu den speziellen („*benannten*" oder „*besonderen*") Freiheitsrechten entwickelt[39]. Dem allgemeinen Persönlichkeitsrecht fällt die Aufgabe zu, in primär abwehrrechtlicher Funktion Belange, insbesondere der natürlichen Persönlichkeit, zu schützen, die im Bereich des Grund-

34 So *Bethge*, in: Sachs, GG, Art. 5 Rn. 9.

35 BVerfGE 7, 198, 208 („Lüth"); 12, 113, 125 („Schmidt-Spiegel"); 20, 56, 97 („Parteienfinanzierung I").

36 BVerfGE 35, 202, 225 („Lebach I").

37 BVerfGE 35, 202, 225 („Lebach I").

38 BVerfGE 35, 202, 225 („Lebach I").

39 BVerfGE 54, 148, 153 („Eppler"); *Gronau*, Das Persönlichkeitsrecht von Personen der Zeitgeschichte und die Medienfreiheit, S. 60.

gesetzes keinen eigenen grundrechtlichen Schutz gefunden haben, aber dennoch als grundrechtlich schützenswert erscheinen. Diese Notwendigkeit besteht gerade auch im Hinblick auf die moderne Entwicklung und die mit ihr einhergehenden neuen Gefahren für den Schutz der menschlichen Persönlichkeit.

I) Die Entwicklung des allgemeinen Persönlichkeitsrechts

Die Schutzwürdigkeit der Persönlichkeitssphäre als solche wurde zum Teil schon um die Jahrhundertwende anerkannt. Insbesondere *Otto von Gierke*[40] und *Josef Kohler*[41] setzten sich schon früh für das Bedürfnis eines jeden Menschen nach Schutz der Individualität ein.

Demgegenüber wurde bei der Einführung des Bürgerlichen Gesetzbuchs (BGB)[42] auf einen allgemeinen Persönlichkeitsschutz verzichtet[43]. Auch das Reichsgericht hat in seiner ständigen Rechtsprechung[44] ein derartiges Recht nicht angenommen[45].

Die Entwicklung eines allgemeinen Persönlichkeitsrechts fand ihren rasanten Aufschwung jedoch nach dem Zweiten Weltkrieg vom Zivilrecht her[46]. Nach der einschneidenden Zeit des Nationalsozialismus, in der in den Freiheitsbereich der Persönlichkeit in einem Maße eingegriffen wurde, wie man es zuvor nicht für möglich gehalten hatte, wurde der gegebene zivilrechtliche Persönlichkeitsschutz als unzureichend empfunden. Auch der voranschreitende technische Fortschritt eröffnete weitreichende Möglichkeiten eines Eingriffs in den persönli-

40 *v. Gierke*, Deutsches Privatrecht, Band I, S. 702 ff.

41 *Kohler* ArchBürgR Bd. 7 (1893), 94, 101, 127.

42 18. August 1896, RGBl. S. 195, in Kraft getreten am 1.1.1900.

43 *Rixecker*, in: MüKo-BGB, Allg. PersönlR, Anh. zu § 12 Rn. 1, 11; mit zahlreichen Nachweisen *Nipperdey* UFITA Bd. 30 (1960), S. 1, 3; *Larenz* NJW 1955, 521 ff.; a.A. *v. Gierke*, Deutsches Privatrecht, Band I, S. 702 ff.; *Kohler* ArchBürgR Bd. 7 (1893), 94, 101 ff.

44 RGZ 69, 401, 403; 82, 333, 334; 89, 397, 398; 94, 1; 102, 134; 107, 277, 281; 113, 413, 414; 123, 312, 320; vgl. aber auch OLG Kiel JW 1929, 78 Nr. 5; KG UFITA Bd. 4 (1931), 319.

45 Das Reichsgericht lehnte das allgemeine Persönlichkeitsrecht mit der Argumentation ab, dieses sei dem Bürgerlichen Recht fremd und eine Anerkennung des allgemeinen Persönlichkeitsrechts im Rahmen des § 823 Abs. 1 BGB führe zu einer unsicheren Begrenzung der Vorschrift, RGZ 113, 413, 414.

46 Grundlegend *Coing* Süddeutsche Juristen-Zeitung 1947, Sp. 641 ff.; ders. JZ 1958, 558 ff.; *Hubmann*, Das Persönlichkeitsrecht; ders. JZ 1957, 521.

chen Bereich des einzelnen Bürgers, die für den Gesetzgeber des Bürgerlichen Gesetzbuchs zunächst nicht vorstellbar waren[47].

Der Bundesgerichtshof sah die Bedürfnisse der damaligen Gesellschaft und trug der mehrfach von der Literatur ausgesprochenen Forderung nach einem allgemeinen Persönlichkeitsschutz erstmals in seiner „*Leserbrief-Entscheidung*“[48] aus dem Jahre 1954 Rechnung. In dieser Grundsatzentscheidung verhalf er unter Berufung auf das durch Art. 1 und 2 GG geschützte Recht auf Achtung der Würde und der freien Entfaltung der Persönlichkeit dem allgemeinen Persönlichkeitsrecht als ein verfassungsmäßig gewährleistetes Grundrecht zum Durchbruch[49]. In seiner Entscheidung hatte sich der Bundesgerichtshof mit einer ungenehmigten und zudem abgeänderten Veröffentlichung eines anwaltlichen Schreibens zu befassen, welches unter der Rubrik „*Leserbriefe*“ abgedruckt wurde, wodurch der irreführende Eindruck entstand, es handle sich um eine bloße persönliche Stellungnahme eines Lesers. Der Bundesgerichtshof sah in der ungenehmigten Veröffentlichung privater Aufzeichnungen einen unzulässigen Eingriff in die Geheimsphäre. Eine veränderte Wiedergabe der Aufzeichnungen dagegen verletze die „*persönlichkeitsrechtliche Eigensphäre*“ des Verfassers, weil durch solche Änderungen ein falsches Persönlichkeitsbild vermittelt werden könne[50]. Durch die Art der Veröffentlichung des Schreibens sind somit nach Auffassung des Bundesgerichtshofs persönlichkeitsrechtliche Interessen verletzt worden. Allein dem Verfasser soll die Befugnis zustehen, ob und in welcher Form seine Aufzeichnungen an die Öffentlichkeit gelangen. Diese Entscheidung bringt bereits das Recht auf Diskretion als Teil des Persönlichkeitsschutzes zum Ausdruck, welches in Zukunft durch die weitere Rechtsprechung zu einem Selbstdarstellungs- und Selbstbestimmungsrecht ausgebaut werden sollte.

Unter Berufung auf Art. 1 und Art. 2 GG hielt der Bundesgerichtshof in seinen folgenden Entscheidungen im Zusammenhang mit zivilrechtlichen Ersatzansprüchen am allgemeinen Persönlichkeitsrecht fest[51].

Ein paar Jahre nach der „*Leserbrief-Entscheidung*“ kam es zwar zu Reformbestrebungen des Gesetzgebers[52], doch wurden diese niemals Wirklichkeit, so

---

47 *Hubmann*, Das Persönlichkeitsrecht, S. 1 ff.; *Schmitt Glaeser*, in: Isensee/Kirchhof, HStR, Band VI, 2. Auflage, § 129 Rn. 7.

48 BGHZ 13, 334 ff. („Leserbrief“, teilweise auch als „Schachtbrief“ bezeichnet).

49 BGHZ 13, 334, 338 („Leserbrief“). Als sonstiges Recht im Sinne von § 823 Abs. 1 BGB wurde das allgemeine Persönlichkeitsrecht in BGHZ 24, 72, 77 („Krankenpapiere“) anerkannt.

50 BGHZ 13, 334, 339 („Leserbrief“).

51 BGHZ 15, 249, 257 („Cosima Wagner“); 24, 72, 76 ff. („Krankenpapiere“); 26, 349,354 ff. („Herrenreiter“); 27, 284, 285 („Tonband“); 30, 7, 11 („Caterina Valente“); 35, 363, 367 („Ginseng-Wurzel“); 50, 133, 136 („Mephisto“).

dass es letztendlich doch bei dem durch den Bundesgerichtshof eingeschlagen Weg blieb.

Der Anerkennung des allgemeinen Persönlichkeitsrechts näherte sich das Bundesverfassungsgericht mit Zögern an. Dabei hat es sich nicht einfach auf die Rechtsprechung des Bundesgerichts bezogen, sondern von Beginn an ein verfassungsrechtliches Persönlichkeitsrecht entwickelt und dieses neben Art. 2 Abs. 1 GG auch in Art. 1 Abs. 1 GG verankert. In seiner „*Elfes-Entscheidung*"[53] stellte es zunächst fest, dass das Grundgesetz mit der „*freien Entfaltung der Persönlichkeit*" nicht nur die Entfaltung innerhalb eines Kernbereichs der Persönlichkeit gemeint habe, der das Wesen des Menschen als geistig-sittliche Person ausmacht, sondern dass das Grundgesetz in Art. 2 Abs. 1 GG die Handlungsfreiheit in einem umfassenden Sinne meine[54]. Das Bundesverfassungsgericht sah mit dieser Argumentation die Ausreisefreiheit des Beschwerdeführers, über die es zu entscheiden hatte, als Ausfluss der allgemeinen Handlungsfreiheit durch Art. 2 Abs. 1 GG gewährleistet. Der die Persönlichkeit in seinem Wortlaut beinhaltende Art. 2 Abs. 1 GG schützt demnach jedes erdenkliche menschliche Verhalten, sofern es nicht von einem anderen Grundrecht bereits erfasst ist und nicht gegen die verfassungsmäßige Ordnung verstößt[55]. Diese Schutzkonzeption beschränkte sich jedoch auf die aktive Seite und ließ die passive Seite der Persönlichkeitsentfaltung außer Acht. Aus einer Zusammenschau von Art. 2 Abs. 1 und Art. 1 Abs. 1 GG wurde deshalb gefolgert, dass es einer privaten Sphäre bedürfe, ohne die die Persönlichkeit nicht zu sich selbst finden könne[56].

Spätestens seit der „*Soraya-Entscheidung*"[57] vom 14. Februar 1973 ist das allgemeine Persönlichkeitsrecht als gefestigter Bestandteil unserer Rechtsordnung zu betrachten. Das Bundesverfassungsgericht erkannte in diesem Urteil das allgemeine Persönlichkeitsrecht erstmals ausdrücklich an[58]. Gegenstand dieser Entscheidung war die Veröffentlichung eines „*Exklusiv-Interviews*" durch ein

---

52 BT-Drucks. 3/1237 v. 18.8.1959; vgl. auch *Bundesminister der Justiz*, Referentenentwurf eines Gesetzes zur Änderung und Ergänzung schadensersatzrechtlicher Vorschriften, Karlsruhe 1967; vgl. auch den Kodifikationsvorschlag für den 58. deutschen Juristentag von *Stürner*, Gutachten A, Verhandlungen des 58. Deutschen Juristentages, 1990, Band 1, A 67 ff.

53 BVerfGE 6, 32 ff („Elfes").

54 BVerfGE 6, 32, 36 („Elfes").

55 BVerfGE 6, 32, 36 ff. („Elfes").

56 Vgl. BVerfGE 27, 1,6 („Mikrozensus"); 27, 344, 350 f. („Scheidungsakten"); 32, 373, 378 f. („Patientenkartei"); Grimm Karlsruher Forum 1996, S. 3, 7).

57 BVerfGE 34, 269 ff. („Soraya").

58 Das Bundesverfassungsgericht erklärte die Zivilrechtsprechung zu §§ 823 Abs. 1, 847, 253 BGB als mit dem Grundgesetz vereinbar, BVerfGE 34, 269, 281 („Soraya").

Boulevardblatt, welches die persische Kaiserin Soraya angeblich einem Journalisten gewährt haben sollte. Inhalt der Veröffentlichung waren Äußerungen der Kaiserin über ihr Privatleben, die sie nie getätigt hatte. Das Interview war frei erfunden. Das Bundesverfassungsgericht sah in der Darstellung des Artikels ein unbefugtes Eindringen in den privaten Lebensbereich der Kaiserin, die allein darüber zu entscheiden habe, ob und in welcher Form sie Vorgänge ihres Privatlebens der Öffentlichkeit zugänglich machen wolle[59].

In seiner „*Lebach-Entscheidung*"[60], die nur ein paar Monate später erging, führte das Bundesverfassungsgericht aus, dass die Art. 2 Abs. 1 und Art. 1 Abs. 1 GG jedem Einzelnen einen autonomen Bereich privater Lebensgestaltung sichern, in dem der Betroffene seine Individualität entwickeln und wahren kann[61]. Als Schutzbereich des Grundrechts führte das Gericht die Sicherung eines autonomen Bereichs privater Lebensgestaltung an. „*Jedermann darf grundsätzlich selbst und allein bestimmen, ob und inwieweit andere sein Lebensbild im Ganzen oder bestimmte Vorgänge aus seinem Leben öffentlich darstellen dürfen*"[62]. Zudem sei durch eine Güterabwägung im konkreten Fall zu ermitteln, „*ob das verfolgte Interesse generell und nach der Gestaltung des Einzelfalls den Vorrang verdient, ob der beabsichtigte Eingriff in die Privatsphäre nach Art und Reichweite durch dieses Interesse gefordert wird und im angemessenen Verhältnis zur Bedeutung der Sache steht*"[63].

In seiner „*Eppler-Entscheidung*"[64] aus dem Jahre 1980 äußerte sich das Bundesverfassungsgericht nochmals grundlegend über das aus Art. 2 Abs. 1 und Art. 1 Abs. 1 GG abgeleitete allgemeine Persönlichkeitsrecht. Das Gericht führte aus, dass das allgemeine Persönlichkeitsrecht des Art. 2 Abs. 1 GG auf Grund des Zusammenhangs mit Art. 1 Abs. 1 GG ein „*passives*" Element der freien Persönlichkeitsentfaltung enthalte, welches sich von dem „*aktiven*" Element dieser Entfaltung, der allgemeinen Handlungsfreiheit[65], abhebe. Das allgemeine Persönlichkeitsrecht sei also eine gegenüber der allgemeinen Handlungsfreiheit herausgehobene Grundrechtskonkretisierung des Art. 2 Abs. 1 GG. Folglich müssten auch die tatbestandlichen Voraussetzungen des allgemeinen Persönlichkeitsrechts enger gezogen werden als diejenigen der allgemeinen Handlungsfreiheit, sodass es sich nur auf Eingriffe erstrecke, die geeignet sind, die engere Persönlichkeitssphäre zu beeinträchtigen. Der Inhalt des geschützten Rechts

---

59 BVerfGE 34, 269, 283 („Soraya").

60 BVerfGE 35, 202 ff. („Lebach I").

61 BVerfGE 35, 202, 220 („Lebach I").

62 BVerfGE 35, 202, 220 („Lebach I").

63 BVerfGE 35, 202, 221 („Lebach I").

64 BVerfGE 54, 148 ff. „Eppler").

65 Vgl. BVerfGE 6, 32 ff. („Elfes").

könne auf Grund dieser Eigenart des allgemeinen Persönlichkeitsrechts nicht abschließend umschrieben werden[66]. Seine Ausprägungen seien jeweils anhand des zu entscheidenden Falles herauszuarbeiten[67]. Das Bundesverfassungsgericht hat in dieser Entscheidung eine Reihe von „*Ausformungen*“ des Persönlichkeitsrechts aus seiner bisherigen Rechtsprechung aufgezählt, die dann schutzwürdig sein sollen, wenn sie sich auf Grund einer rechtlichen Abwägung gegenüber dem Interesse durchsetzen, welches der Angreifer innehat oder wahrnimmt[68]: Als bereits anerkannte Schutzgüter führte das Bundesverfassungsgericht die Privat-, Geheim- und Intimsphäre[69], die persönliche Ehre, das Verfügungsrecht über die Darstellung der eigenen Person[70], das Recht am eigenen Bild und am gesprochenen Wort[71] und das Recht, von der Unterschiebung nicht getaner Äußerungen verschont zu bleiben, an.[72]. Diese Schutzgüter wurden durch das „*Volkszählungsurteil*“[73] aus dem Jahre 1983 um ein „*Recht auf informationelle Selbstbestimmung*“ ergänzt. Um eine freie Entfaltung der Persönlichkeit zu ermöglichen, sei es im Hinblick auf die modernen Bedingungen der Datenverarbeitung unerlässlich, den Schutz des Einzelnen gegen eine unbegrenzte Erhebung, Speicherung, Verwendung und Weitergabe seiner persönlichen Daten zu gewährleisten[74]. Das Grundrecht aus Art. 2 Abs. 1 und Art. 1 Abs.1 GG enthält insoweit auch die Befugnis des Einzelnen, grundsätzlich selbst über die Preisgabe und Verwendung seiner persönlichen Daten zu bestimmen.

II) Dogmatische Herleitung

Die normative Grundlage des allgemeinen Persönlichkeitsrechts wird nicht immer einheitlich bestimmt. Zumeist wird in diesem Zusammenhang auf eine Zusammenschau von Art. 2 Abs. 1 GG und Art. 1 Abs. 1 GG verwiesen[75]. Eine

66 BVerfGE 54, 148, 153 („Eppler“).

67 BVerfGE54, 148, 153 („Eppler“).

68 *Brandner* JZ 1983, 689, 690.

69 Das Gericht berief sich auf folgende Urteile: BVerfGE 27, 1, 6 („Mikrozensus“); 27, 344, 350 f. (Scheidungsakten“); 32, 373, 379 („Arztkartei“); 34, 238, 245 f. („Tonbandaufnahme“); 47, 46, 73 („Sexualkundeunterricht“); 49, 286, 298 („Transsexuelle I“).

70 Unter Berufung auf BVerfGE 35, 202, 220 („Lebach I“).

71 Unter Berufung auf BVerfGE 34, 238, 246 („Tonbandaufnahme“).

72 Unter Berufung auf BVerfGE 34, 269, 282 f. („Soraya“).

73 BVerfGE 65, 1 ff. („Volkszählung“).

74 BVerfGE 65, 1, 43 („Volkszählung“).

75 Das Bundesverfassungsgericht stützt sich in ständiger Rechtsprechung auf Art. 2 Abs. 1 GG i.V.m. Art. 1 Abs. 1 GG (vgl. BVerfGE 35, 202, 219 („Lebach I“); 72, 155, 170 („Minderjährige“); 82, 236, 269 („Schubart“); 90, 263, 270 („Eheli-

Ableitung des allgemeinen Persönlichkeitsrechts lediglich aus Art. 1 Abs. 1 GG würde zu kurz greifen, weil der konkrete Schutz menschlicher Individualität über die durch Art. 1 Abs. 1 GG geschützte menschliche Eigenständigkeit, den Eigenwert des Menschen, hinausgehe. Um einen umfassenden Schutz menschlicher Individualität zu erreichen, sei die Einbeziehung des *„Selbstverwirklichungsaspekts"* des Art. 2 Abs. 1 GG erforderlich[76]. Gelegentlich wird im Zusammenhang mit der strukturellen Herleitung auch nur auf Art. 2 Abs. 1 GG verwiesen. Art. 1 Abs. 1 GG müsse zur Begründung eines über den Menschenwürdekern hinaus verfassungsrechtlich geschützten Persönlichkeitsrechts nicht herangezogen werden, weil Art. 2 Abs. 1 GG nicht nur die aktive Entfaltung der Persönlichkeit, sondern auch deren Schutz vor Angriffen garantiere[77]. Art. 2 Abs. 1 GG umfasse demnach den gesamten Persönlichkeitsschutz.

Eine Anknüpfung allein an Art. 2 Abs. 1 GG kann jedoch nicht genügen. Denn auch bei einer Ableitung allein aus Art. 2 Abs. 1 GG ist die Wertung des Art. 1 Abs. 1 GG als *„Auslegungsmaßstab"* nötig[78]. Schließlich erfolgt der Persönlichkeitsschutz auch, um die Würde des Einzelnen zu wahren[79]. Es ist demnach daran festzuhalten, dass das allgemeine Persönlichkeitsrecht aus Art. 1 Abs. 1 und Art. 2 Abs. 1 GG zusammengesetzt ist.

Mit welchem der beiden Grundrechte - Art. 1 Abs. 1 oder Art. 2 Abs. 1 GG - das allgemeine Persönlichkeitsrecht eine engere Verwandtschaft aufweist, wird ebenfalls uneinheitlich bewertet. Nach wohl herrschender Meinung wurzelt das allgemeine Persönlichkeitsrecht primär in Art. 2 Abs. 1 GG[80].

Durch den Bezug auf Art. 1 Abs. 1 GG soll lediglich die Nähe eines Persönlichkeitselements zur Menschenwürde verdeutlicht werden, die den Anlass gibt, für dieses Interesse auch ohne eine ausdrückliche Ausgestaltung im Grundgesetz einen Grundrechtsschutz zu gewährleisten[81].

---

chkeitsanfechtung"). Weniger deutlich sind die Zivilgerichte, die zuweilen vom „verfassungsrechtlich gewährleisteten Recht der Persönlichkeit" (Art. 1 Abs. 1 und Art. 2 Abs. 1 GG) reden (vgl. BGH JZ 1995, 360, 361; BGH NJW 1985, 2951; OLG Bremen NJW 1996, 1000, 1001).

76 *v. Arnauld* ZUM 1996, 286, 286.

77 *Starck*, in: v. Mangoldt/Klein/Starck, GG, Art. 2 Abs. 1 Rn. 57; *Lorenz* JZ 2005, 1121, 1125; ders. in: Bonner Kommentar, GG, Art. 2 Abs. 1 Rn. 33.

78 *v. Arnauld* ZUM 1996, 286, 286.

79 *Starck*, in: v. Mangoldt/Klein/Starck, GG, Art 2 Abs. 1 Rn. 56.

80 *Kunig*, in: v. Münch/Kunig, GG, Art. 2 Rn. 30; *Starck*, in: v. Mangold/Klein/Starck, GG, Art. 2 Abs. 1 Rn. 57, 85; *Dreier*, in: Dreier , GG, Art. 2 Abs. 1 Rn. 68; *Jarass* NJW 1989, 857, 857; *Störmer* Jura 1991, 17, 17; *Degenhart* JuS 1992, 361 f.

81 *Sachs*, Verfassungsrecht II, Grundrechte, B 2 Rn. 48.

Demgemäß solle Art. 1 Abs. 1 GG als objektiv-rechtliche Interpretationsrichtlinie dienen sowie als Auslegungsmaßstab[82] bestärkend fungieren[83]. Das allgemeine Persönlichkeitsrecht stelle „*ein*“ Grundrecht dar[84]. Die Zusammenschau von Art. 2 Abs. 1 und Art. 1 Abs. 1 GG bedeute nicht, dass hier beide Grundrechte kumulativ zur Anwendung kämen[85]. Hierfür spricht schon die unterschiedliche Rangstellung der beiden Grundrechte, die in Art. 79 Abs. 3 GG zum Ausdruck kommt. Der nähere Bezug des allgemeinen Persönlichkeitsrechts zu Art. 2 Abs. 1 GG lässt sich auch mit dessen Wortlaut begründen, der von einem „Recht auf freie Entfaltung der Persönlichkeit“ spricht. Würde man dagegen Art. 1 Abs. 1 GG als eigentliche Grundlage betrachten, könnte das allgemeine Persönlichkeitsrecht nur schwer beschränkt werden, da die Menschenwürdegarantie des Art. 1 Abs. 1 GG grundsätzlich nicht beschränkbar ist[86]. Eine Beschränkbarkeit muss aber möglich sein und wird auch allgemein angenommen[87]. Durch die Verknüpfung von Art. 1 Abs. 1 und Art. 2 Abs. 1 GG nimmt jedoch die Einschränkungsmöglichkeit des allgemeinen Persönlichkeitsrechts ab, je mehr es sich das Schutzgut der Menschenwürde annähert[88]. Demnach ist zunächst festzustellen, ob gerade der Menschenwürdegehalt im konkreten Fall betroffen ist. Wird dieser Kernbereich des Persönlichkeitsrechts tangiert, so ist ein Güterabwägungsprozess ausgeschlossen, das Persönlichkeitsrecht somit nicht einschränkbar[89]. Soweit der Würdeschutz nicht greift, kommen Einschränkungen des Persönlichkeitsrechts im Rahmen des Art. 2 Abs. 1 GG und Güterabwägungen in Betracht[90]. Dabei ist zu beachten, dass die Würde des Menschen

82 *Starck*, in: v. Mangold/Klein/Starck, GG, Art. 2 Abs. 1 Rn. 57.

83 *Dreier*, in: Dreier, GG, Art. 2 Abs. 1 Rn. 68; *Di Fabio*, in: Maunz/Dürig, GG, Art. 2 Abs. 1 Rn. 128; *Murswiek*, in: Sachs, GG, Art. 2 Rn. 63; *Kunig*, in: v. Münch/Kunig, GG, Art. 2 Rn. 30.

84 *Kunig*, in: v. Münch/Kunig, GG, Art. 2 Rn. 30.

85 *Murswiek*, in: Sachs, GG, Art. 2 Rn. 63.

86 *v. Münch*, in: v. Münch/Kunig, GG, Art. 1 Rn. 10, 26; *Leibholz/Rinck/Hesselberger*, GG, Art. 2 Rn. 26; *Jarass* NJW 1989, 857; *Geis* JZ 1991, 112, 115; hinsichtlich der Unbeschränkbarkeit des Kernbereichs des Persönlichkeitsrechts wird teilweise auch auf Art. 19 Abs. 2 GG hingewiesen, so *v. Arnauld* ZUM 1996, 286, 290; andere halten den Wesensgehalt mit dem Kernbereich des Persönlichkeitsrechts für identisch, so *Störmer* Jura 1991,17, 20.

87 *Jarass* NJW 1989, 857; *v. Arnauld* ZUM 1996, 286, 287.

88 *Gronau*, Das Persönlichkeitsrecht von Personen der Zeitgeschichte und die Medienfreiheit, S. 65.

89 *Starck*, in: v. Mangold/Klein/Starck, GG, Art. 2 Abs. 1 Rn. 56; *Kunig*, in: v. Münch/Kunig, GG, Art. 2 Rn. 30; *v. Arnauld* ZUM 1996, 286, 289; *Degenhart* JuS 1992, 361, 363; *Geis* JZ 1991, 112, 113 ff.; *Brandner* JZ 1983, 689, 690.

90 *Starck*, in: v. Mangold/Klein/Starck, GG, Art. 2 Abs. 1 Rn. 56.

nicht schon dadurch beeinträchtigt wird, dass dieser einer Straftat verdächtig ist[91].

III) Die Sphärentheorie

Hinsichtlich der Schranken des Persönlichkeitsrechts findet sich in zahlreichen Darstellungen[92] der Verweis auf eine so genannte „*Sphärentheorie*". Der älteste Versuch einer Einteilung des Persönlichkeitsrechts in „*Schutzkreise*" geht auf *H. Hubmann* zurück. Er sah die Einteilung der Persönlichkeit eines jeden Menschen in drei Schutzkreise, der Individual-, Privat- und Geheimsphäre, als erforderlich an, da sich das Leben der Persönlichkeit teils in der Öffentlichkeit und damit in engster Beziehung zur Gemeinschaft, teils im privaten Kreise und teils überhaupt in der Abgeschlossenheit des Geheimen vollziehe[93]. Dem Zivilrecht entstammend[94] wurde die Sphärentheorie später in das öffentliche Recht übernommen[95], wobei die Einteilung und Benennung der Sphären erheblich differiert[96]. Während *Scholler*[97] die „Privatsphäre" in einen Geheimbereich, die Privatöffentlichkeit, den Eigenbezirk, die Geheimsphäre und den Intimbezirk einteilt, differenziert *Nipperdey*[98] zwischen der Geheimsphäre, der Privatsphäre und einem Recht auf Achtung der persönlichen Gefühlswelt. *Wenzel*[99] unterscheidet zwischen der Geheimsphäre, der Intimsphäre, der Privatsphäre und der Sozialsphäre, an die sich die Öffentlichkeitssphäre anschließe. Das Bundesverfassungsgericht schließt sich der Sphärentheorie insofern an, als es dem Bürger eine Sphäre privater Lebensgestaltung vorbehält[100]. Es bestehe ein letzter unan-

---

91 BGHZ 24, 72, 81 („Persönlichkeitsrecht"); BGHSt 5, 332, 333 („Rücklieferung eines Deutschen I"); LG Frankfurt AfP 1975, 47, 47; *Loesdau* MDR 1962, 773, 776; *Coing*, Ehrenschutz und Presserecht, S. 25; *E. Helle*, Der Schutz der Persönlichkeit, der Ehre und des wirtschaftlichen Rufes im Privatrecht, S. 4 f.; *Hubmann*, Das Persönlichkeitsrecht, S. 98 Fn. 27.

92 Vgl. *Rohlf*, Der grundrechtliche Schutz der Privatsphäre, S. 24 ff. mit weiteren Nachweisen.

93 *Hubmann*, Das Persönlichkeitsrecht, S. 268 ff. (vgl. auch 1. Auflage, S. 216 ff.); ders. JZ 1957, 521, 524; ausdrücklich übernommen vom OLG Hamburg NJW 1967, 2314, 2316.

94 *Sprau*, in: Palandt, BGB, § 823 Rn. 87; OLG Hamburg NJW 1967, 2314, 2316.

95 *Evers*, Privatsphäre und Ämter für Verfassungsschutz, S. 18 ff.; *Rohlf*, Der grundrechtliche Schutz der Privatsphäre, S. 24 ff.

96 *Rohlf*, Der grundrechtliche Schutz der Privatsphäre, S. 24 ff.; *Wenzel*, Das Recht der Wort- und Bildberichterstattung, Rn. 5.37 f.

97 *Scholler*, Person und Öffentlichkeit, S. 89.

98 *Nipperdey* UFITA Bd. 30 (1960), 1, 17 ff.

99 *Wenzel*, Das Recht der Wort- und Bildberichterstattung, Rn. 5.40 ff.

100 BVerfGE 6, 32, 41 („Elfes"); 34, 238, 245 („Tonband").

tastbarer Bereich menschlicher Freiheit, der der Einwirkung der gesamten öffentlichen Gewalt entzogen ist[101]. Diesen unantastbaren Bereich privater Lebensgestaltung bezeichnete es teilweise auch als Intimsphäre[102].

In einer wichtigen persönlichkeitsrechtlichen Entscheidung[103] hatte das Bundesverfassungsgericht diese Theorie jedoch nicht erwähnt. Infolgedessen wurde teilweise davon ausgegangen, dass das Gericht von ihr Abstand genommen habe[104]. Allerdings bezieht sich die Überlegung, es gebe angesichts der Möglichkeiten der Datenverarbeitung *„kein belangloses Datum“*[105] mehr, gerade nur auf eben diese Möglichkeiten. Nachdem das Gericht in seiner *„zweiten Tagebuch-Entscheidung“*[106] jedoch nach wie vor von der Vorstellung eines Persönlichkeits“*kerns*“ und Sphären geringerer Schutzintensität ausging, ohne anzudeuten, dass an der grundsätzlichen Geltung der Theorie Zweifel bestanden haben könnten, ist sie auch für die Praxis nach wie vor als Maßstab anzusehen[107].

1) Die einzelnen Sphären

Die Sphärentheorie sieht den Bürger als eine Person, die in einer Gemeinschaft von Mitmenschen lebt und mit anderen kommuniziert[108]. Seine Handlungen sollen danach abgegrenzt werden, inwieweit sie die Mitmenschen in seinem Umfeld tangieren. Hierbei helfen die einzelnen Sphären, die eine stufenlose Skala zwischen den intimen beziehungsweise geheimen Lebenssachverhalten und öffentlichkeitsbezogenen Bereichen bilden. Das menschliche Leben soll in all seinen Facetten erfasst werden können. Im Folgenden wird daher zwischen der Intim-, Privat- und der Öffentlichkeitssphäre unterschieden.

---

101 BVerfGE 6, 32, 41 („Elfes“); 27, 1, 6 („Mikrozensus“); 34, 238, 245 („Tonband“); *Schmitt Glaeser*, in: Isensee/Kirchhof, HStR, Band VI, 2. Auflage, § 129 Rn. 35; *Degenhart* JuS 1992, 361, 362 ff.

102 Vgl. BVerfGE 27, 344, 350 („Scheidungsakten“).

103 BVerfGE 65, 1, 42 ff. („Volkszählung“).

104 *Benda* DuD 1984, 86, 88; *Steinmüller* DuD 1984, 91, 93.

105 BVerfGE 65, 1, 45 („Volkszählung“).

106 BVerfGE 80, 367, 373 ff. („Tagebuchaufzeichnungen“).

107 *Amelung* NJW 1990, 1753, 1755; *Degenhart* DVBl.1990, 910, 914; *Geis* JZ 1991, 112, 115.

108 BVerfGE 4, 7, 15 f. („Investitionshilfe“); 27, 1, 6 ff. („Mikrozensus“); 32, 373, 379 („Ärztliche Schweigepflicht“); 34, 238, 246 („Tonbandaufnahme“); 35, 202, 220 („Lebach I“); 65, 1, 44 („Volkszählung“); 80, 367, 373 („Tagebuchaufzeichnungen“); *Hubmann*, Das Persönlichkeitsrecht, S. 62 ff., 265 ff.; ders., Festschrift für Schwab, S. 3, 15; *E. Helle*, Der Schutz der Persönlichkeit, der Ehre und des wirtschaftlichen Rufes im Privatrecht, S. 4 f.; *Stapper*, Namensnennung in der Presse im Zusammenhang mit dem Verdacht strafbaren Verhaltens, S. 23; *Zielemann*, Der Tatverdächtige als Person der Zeitgeschichte, S. 39; *Kamlah* DÖV 1970, 361, 362.

Die Intim- oder Geheimsphäre, die teilweise auch als Persönlichkeitskern bezeichnet wird[109], erfasst als letzter unantastbarer Bereich menschlicher Freiheit[110] den innersten Lebensbereich einer Person[111]. Hierzu zählen die innere Gefühls- und Gedankenwelt, der Gesundheitszustand des Betroffenen und insbesondere das Sexualleben[112]. Es handelt sich um Umstände, die der Einzelne selbst vor den ihm nahe stehenden Personen, wie Verwandten und Freunden, vielleicht sogar vor dem eigenen Ehepartner oder Kind, geheim halten will[113]. Dieser innerste Lebensbereich wird verlassen, sobald eine Handlung auf die Mitmenschen einwirkt[114] und konsequenterweise auch dann, wenn der Betroffene selbst intime Belange nach außen trägt[115]. Ein Eingriff in die Intimsphäre ist unzulässig[116]. Sie ist unantastbar und demnach vor Einblicken der Öffentlichkeit durch Offenlegung mittels Berichterstattung absolut geschützt[117].

Als Privatsphäre ist der Bereich einzustufen, in dem der Bürger allein zu bleiben und von Eingriffen jeder Art nicht behelligt zu werden wünscht[118]. Er soll selbst entscheiden, wann und innerhalb welcher Grenzen persönliche Lebenssachverhalte offenbart werden[119]. Dies gilt auch bezüglich Handlungen, mit denen der Betroffene öffentlich in Erscheinung und mit anderen in Kontakt tritt[120]. Die Persönlichkeit des Einzelnen kann durch eine Veröffentlichung in

---

109 BVerfGE 27, 344, 351 („Scheidungsakten"); 34, 238, 245 („Tonbandaufnahme"); 39, 1, 42 f. („Schwangerschaftsabbruch I"); kritisch: *Grimm* Karlsruher Forum 1996, 3, 19.

110 BVerfGE 6, 32, 41 („Elfes"); 27, 1, 6 („Mikrozensus"); 32, 373, 379 („Mutterschutz I").

111 OLG Hamburg NJW 1967, 2314, 2316.

112 *Ricker*, Unternehmensschutz und Pressefreiheit, S. 43; *Rehm* AfP 1999,416, 418.

113 BVerfGE 39, 1, 42 („Schwangerschaftsabbruch I"); OLG Oldenburg NJW 1983, 1202, 1202; OLG Hamburg UFITA Bd. 81 (1978), 278, 286; *Ennecerus/Nipperdey*, Allgemeiner Teil des BGB, Band 1, S. 591 f.; *Hubmann*, Das Persönlichkeitsrecht, S. 325 ff.; *Brandner* JZ 1983, 689, 690.

114 BVerfGE 6, 389, 433 („Homosexuelle"); 27, 1, 8 („Mikrozensus"); 35, 202, 220 („Lebach I"); *Dürig*, in: Maunz/Dürig, GG, Art. 2 Abs. 1 Rn. 158.

115 BVerfGE 33, 367, 377 („Zeugnisverweigerungsrecht für Sozialarbeiter"); OLG Köln AfP 1982, 181, 182; *Brander* JZ 1983, 689, 690.

116 BVerfGE 32, 373, 379 („Mutterschutz I"); 35, 202, 232 („Lebach I"); BGHZ 73, 120, 124 („Publikation eines heimlich abgehörten Telefongesprächs"); BGH AfP 1988, 30, 30; BGH VersR 1981, 384, 385; OLG Köln NJW 1973, 850, 851; OLG Oldenburg AfP 1983, 401, 401; *Ricker*, Unternehmensschutz und Pressefreiheit, S. 43; *Jarass* NJW 1989, 857, 861.

117 BGH JZ 1981, 709, 709.

118 BVerfGE 34, 269, 281 („Soraya").

119 *Benda*, in: Festschrift für Geiger, S. 23, 33; *Brandner* JZ 1983, 689, 690.

120 *Brandner* JZ 1983, 689, 690.

den Medien derart in Mitleidenschaft gezogen werden, indem ein Bereich offengelegt wird, innerhalb dem der Einzelne zur Wahrung und Entwicklung seiner Individualität auf Abschirmung vor der Öffentlichkeit besonders angewiesen ist[121]. Über persönliche Angelegenheiten der Privatsphäre soll jedoch dann berichtet werden dürfen, wenn an ihnen ein überwiegendes öffentliches Interesse besteht und der Betroffene eine Person der Zeitgeschichte[122] ist[123]. Die Privatsphäre umfasst den häuslichen[124] beziehungsweise den familiären Bereich oder das sonst dem öffentlichen Einblick entzogene Privatleben[125], in dem der Einzelne zu sich kommen, sich entspannen oder auch nur gehen lassen kann[126]. Der Schutz der Privatsphäre ist - anders als bei der Intimsphäre - nicht absolut[127]. Einschränkungen können durch ein überwiegendes Informationsinteresse der Allgemeinheit[128] gerechtfertigt werden, wenn zusätzlich das Gebot der Verhältnismäßigkeit gewahrt wird[129].

Die Öffentlichkeitssphäre, auch Individual[130]- oder Sozialsphäre[131] genannt, erfasst den Einzelnen in seinen Beziehungen zur Außenwelt, insbesondere in seinem beruflichen Wirken[132]. Sie bezeichnet diejenigen Lebensbereiche, in denen er in der Öffentlichkeit steht, sich in den Kontakt mit anderen begibt und enthält so eine starke kommunikative Komponente[133].

2) Kritik an der Sphärentheorie

Die Anwendung der Sphärentheorie wird teilweise als nicht unproblematisch angesehen. Es wird vorgebracht, eine Abgrenzung der einzelnen Sphären könne

---

121 BGHZ 73, 120, 122 („Publikation eines heimlich abgehörten Telefongesprächs").

122 Zum Begriff der Person der Zeitgeschichte, vgl. oben Zweiter Teil, Kapitel 2, B), II), 2), a), aa), (2), (c), (aa).

123 BVerfGE 35, 202, 220 ff. („Lebach I"); BGHZ 13, 334, 338 („Veröffentlichung von Briefen").

124 OLG Hamburg NJW 1967, 2314, 2316; VG Hannover NJW 1986, 1630, 1631.

125 *Ricker* NJW 1990, 2097, 2098.

126 BVerfGE 101, 361, 382 ff. („Caroline von Monaco II").

127 *Brander* JZ 1983, 689, 690.

128 BVerfGE 34, 238, 248 („Tonbandaufnahme"); 34, 269, 283 f. („Soraya"); *Jarass* NJW 1989, 857, 861.

129 BVerfGE 27, 344, 351 („Scheidungsakten"); 34, 238, 248 („Tonbandaufnahme"); 35, 202, 232 („Lebach I"); 80, 367, 375 ff. („Tagebuchaufzeichnungen").

130 *Ricker*, Unternehmensschutz und Pressefreiheit, S. 37; *Löffler/Ricker*, Handbuch des Presserechts , 42. Kap. Rn. 7.

131 *Alexy*, Theorie der Grundrechte, S. 327; *Wenzel*, Das Recht der Wort- und Bildberichterstattung, Rn. 5.65; *Scholz/Konrad* AöR 123 (1998), 60, 65.

132 *Brandner* bezeichnet diese Sphäre deshalb auch als „Berufssphäre", JZ 1983, 689, 690.

133 BGH JZ 1981, 709, 711.

nur schwer gelingen und verdunkle eher die Rechtslage dadurch, dass sie den Anschein der Trennschärfe erwecke[134]. Die Abstufung in Schutzkreise sei auch nur für die banale Erkenntnis brauchbar, dass die Anforderungen an die Rechtfertigung eines Eingriffs in den persönlichen Bereich umso höher seien, je tiefer der Eingriff reiche[135]. Teilweise wird sogar der Versuch, verschiedene verfassungsrechtlich geschützte Sphären zu unterscheiden und diesen unterschiedliche Schutzintensität zukommen zu lassen, als nicht gelungen angesehen[136]. Gerade der Begriff der Privatsphäre habe keinerlei Konkretisierung erfahren[137] und biete wenig Differenzierungsmöglichkeiten[138]. Zudem sei die Einteilung in eine absolut unantastbare und damit uneinschränkbare Intimsphäre und einer weiteren Privat- oder Sozialsphäre dogmatisch unklar und praktisch nicht verwertbar[139]. Es bestehe die Gefahr, im Einzelfall die innere Sphäre als nicht tangiert zu betrachten, sofern eine Einschränkung gewünscht wird. Art. 2 Abs. 1 GG liefere weiterhin keinerlei Anhaltspunkte dahin gehend, dass dieser Lebensbereiche schütze, die einer Einschränkung nicht zugänglich seien. Einen derart absoluten Schutz gewährleiste nur das besondere Grundrecht der Menschenwürde, welches nur zum Schutz der Menschenwürde anderer, sofern kein wirksames milderes Mittel vorhanden ist, eingeschränkt werden dürfe[140]. Des Weiteren habe die Einteilung in verschiedene Sphären auch nicht zur Aufstellung besonderer Kriterien geführt[141]. Diese Konstruktion abgestufter Sphären sei jedoch nur sinnvoll, wenn sich mit ihrer Hilfe brauchbare Maßstäbe zur Abgrenzung eines rechtlich geschützten und ungeschützten Bereichs finden ließen, die Inhalt und Umfang des Persönlichkeitsrechts vorhersehbar machen würden[142]. Der Versuch, die Sphären anhand objektiver Kriterien voneinander abzugrenzen, könne nicht zu einem erfolgreichen Ende führen, weil die einzelnen Sphären individuell verschieden ausfallen könnten[143]. Der Begriff der Privatheit sei relativ[144], das heißt

---

134 *Kunig*, in: v. Münch/Kunig, GG, Art. 2 Rn. 41; zur Kritik seitens der Literatur siehe auch *Kau*, Vom Persönlichkeitsschutz zum Funktionsschutz, S. 69 f.

135 *Ehmann* JuS 1997, 193, 197.

136 *Wellbrock*, Persönlichkeitsschutz und Kommunikationsfreiheit, S. 52.

137 *Wellbrock*, Persönlichkeitsschutz und Kommunikationsfreiheit, S. 52.

138 *Ladeur* ZUM 2000, 879, 883.

139 *Dreier*, in: Dreier, GG, Art. 2 Abs. 1 Rn. 88; *Starck*, in: v. Mangoldt/Klein/Starck, GG, Art. 2 Abs. 1 Rn. 16.

140 *Starck*, in: v. Mangoldt/Starck/Klein, GG, Art. 1 Abs. 1 Rn. 35, Art. 2 Abs. 1 Rn. 88.

141 *Wellbrock*, Persönlichkeitsschutz und Kommunikationsfreiheit, S. 52.

142 *W. Schmidt* JZ 1974, 241, 243 f.

143 *Podlech*, in: AK-GG, Art. 2 Abs. 1 Rn. 39.

144 *Pieroth/Schlink*, Grundrechte, Staatsrecht II, Rn. 396; *Kamlah* DÖV 1970, 361, 362; *W. Schmidt* JZ 1974, 241, 244; zum Maßstab „objektiver Gegebenheiten" *Hubmann* in

abhängig von der Person des Betroffenen und dem Charakter des zu beurteilenden Informationsgegenstandes[145]. Eine eindeutige Zuordnung wird in der Tat in den seltensten Fällen möglich sein. Bei dem Versuch derartiger Klassifizierungen sind jedoch Abgrenzungsschwierigkeiten nichts Ungewöhnliches. Zudem dienen sie der besseren Berechenbarkeit des Rechts[146]. Gegen die Sphärentheorie wird ferner angeführt, sie enthalte lediglich generalisierende Gesichtspunkte[147]. Die Berücksichtigung der Gegebenheiten des Einzelfalles entfällt durch eine Sphäreneinteilung jedoch nicht, sondern erfolgt innerhalb einer Verhältnismäßigkeitsprüfung. Teilweise wird vorgebracht, dass die zahlreich aufgeführten Abgrenzungsprobleme weder gegen die Richtigkeit noch gegen die Brauchbarkeit sprechen. Es sei angesichts der Unbestimmtheit des allgemeinen Persönlichkeitsrechts nicht ungewöhnlich, dass die Abgrenzung der einzelnen Sphären unsicher und damit umstritten ist[148].

So richtig die Kritik an der Sphärentheorie auch sein mag, gebührt ihr doch der Verdienst, aufgezeigt zu haben, dass es Ebenen des Privaten gibt, die nach der Sensibilität der jeweiligen Information zu bestimmen sind[149]. Der Gesichtspunkt einer sphärenmäßigen Einteilung des Persönlichkeitsrechts kann jedenfalls als gedankliche Arbeitshilfe[150] für die verfassungsrechtlich gebotene Abwägung zwischen den Belangen der Persönlichkeit und der freien Presse beziehungsweise des Rundfunks sein[151]. Ihre Relevanz behält die Sphärentheorie demnach als maßgebliche Richtlinie für die einzelfallbezogene Abwägung zwischen dem Informations- und dem persönlichen Geheimhaltungsinteresse[152].

Eine Sphärenzuordnung ist insoweit unschädlich, als sie als Orientierungshilfe eine Einzelfallabwägung erleichtern kann. Allerdings darf nicht unberücksichtigt bleiben, dass als entscheidender Maßstab die Verhältnismäßigkeit des konkreten Grundrechtseingriffs bleibt[153].

JZ 1957, 521, 523, der selbst als Begründer der Sphärentheorie die fehlende Trennschärfe erkannt hat.

145 *Amelung*, Der Schutz der Privatheit im Zivilrecht, S. 21; *Murswiek*, in: Sachs, GG, Art. 2 Rn. 105.

146 *v. Arnauld* ZUM 1996, 286, 291; *Scholz/Konrad* AöR 123 (1998), 60, 65.

147 *Grimm* Karlsruher Forum 1996, 3, 24.

148 *Arzt*, Der strafrechtliche Schutz der Intimsphäre, S. 103; *Rohlf*, Der grundrechtliche Schutz der Privatsphäre, S. 42.

149 *Riepl*, Informationelle Selbstbestimmung im Strafverfahren, S. 22.

150 *J. Helle*, Besondere Persönlichkeitsrechte im Privatrecht, S. 9; *Steffen* AfP 1988, 117, 118; vgl. auch *Ehmann* AcP 188 (1988), 230, 236, Fn. 22 „brauchbare Hilfsvorstellung“.

151 *Wanckel*, in: Festschrift für Engelschall, S. 265, 265.

152 *Degenhart* JuS 1992, 361, 364.

153 *v. Arnauld* ZUM 1996, 286, 291.

IV) Das allgemeine Persönlichkeitsrecht des Tatverdächtigen

Durch die „*Verwandlung*" von einem bislang strafrechtlich unauffälligen Bürger zu einem Tatverdächtigen besteht die Gefahr, in eine persönlichkeitsrechtlich heikle Lage zu geraten, wenn der im Raume stehende Tatverdacht beziehungsweise der diesem zugrunde liegende Lebenssachverhalt das mediale Interesse weckt[154]. Der Tatverdächtige kann schon allein durch einen Anfangsverdacht zur medialen Person werden. Wird über den Betroffenen im Zusammenhang mit strafbarem Verhalten berichtet, steht ein Verhalten im Mittelpunkt der Berichterstattung, welches Dritte oder die Allgemeinheit in deren Schutzinteressen beeinträchtigt[155]. Durch strafrechtlich relevante Verhaltensweisen tritt der Straftäter in Kontakt zu seiner Umwelt, stört den sozialen Frieden und erschüttert die innerhalb einer Gemeinschaft geltende Ordnung[156]. Das hierdurch aufkeimende Informationsinteresse der Allgemeinheit, dem die Medien durch ihre Informationsaufgabe dienen, hat derjenige, der den Rechtsfrieden bricht, als Folge seines Verhaltens grundsätzlich hinzunehmen[157].

Steht jedoch lediglich der Verdacht strafbaren Verhaltens im Raum, so steht noch nicht fest, ob sich der Betroffene auch wirklich strafbar gemacht hat. Bestätigt sich der Verdacht nicht, hat eigenes Verhalten keinerlei Anlass zu entsprechender Berichterstattung gegeben. Das Argument, die Befriedigung des Informationsinteresses müsse als Folge seines Verhaltens hingenommen werden, kann einen Eingriff in sein Persönlichkeitsrecht somit nicht rechtfertigen[158].

Die im Blickpunkt stehende Handlung des Tatverdächtigen ist, sofern er überhaupt der Täter ist, meist nicht darauf angelegt, in der Öffentlichkeit publik zu werden[159]. Der Gesetzgeber unterstützt dies, indem er einige Straftaten als

154 LG Berlin NJW 1986, 1265, 1265.

155 *Zielemann*, Der Tatverdächtige als Person der Zeitgeschichte, S. 94.

156 *Maurach/Zipf*, Strafrecht Allgemeiner Teil, Band 1, S. 31.

157 BVerfGE 35, 202, 231 f. („Lebach I"); OLG Köln AfP 1975, 29, 29; OLG Hamburg AfP 1976, 31, 32; OLG Hamm AfP 1976, 34, 34; OLG Karlsruhe AfP 1973, 396, 397; OLG München AfP 1978, 206, 207; OLG Hamburg AfP 1983, 466, 467; OLG Hamburg NJW-RR 1986, 933,933; OLG Frankfurt AfP 1976, 181, 181; OLG Hamburg AfP 1982, 177, 178; AG Schöneberg MDR 1986, 850, 851; *Hubmann*, Festschrift für Schwab, S. 3, 18.

158 *Kühl*, in: Unschuldsvermutung in der Mediengesellschaft - Publizistischer Missbrauch - staatsanwaltlicher Ermittlungsverfahren?, Symposium des Hessischen Ministeriums der Justiz am 12. Februar 1990, S. 75.

159 *Stapper*, Namensnennung in der Presse im Zusammenhang mit dem Verdacht strafbaren Verhaltens, S. 28.

Antragsdelikte ausgestaltet und die Möglichkeit eines Strafbefehlverfahrens eröffnet hat. Der Grundsatz amtlicher Verbrechensverfolgung erleidet also eine Ausnahme hinsichtlich einer Gruppe von Fällen, in denen das Gesetz das Erfordernis eines Strafantrages des Verletzten[160] aufgestellt hat. Dabei war zum Teil die Überlegung maßgebend, dass gewisse Straftaten (z. B. §§ 194, 232, 248a StGB) die Rechtsgemeinschaft nicht so sehr angehen, dass diese sich unter allen Umständen zum Einschreiten veranlasst sähe[161]. Diese Regelung ist auch insoweit begrüßenswert, als ansonsten Bagatelldelikte auch dann verfolgt werden müssten, wenn der Verletzte nach einer Aussöhnung oder Einigung mit dem Täter kein Interesse mehr an der Strafverfolgung hat[162]. Die Einsicht, dass in einfachen und weniger schwerwiegenden Fällen eine mündliche Erörterung des Sachverhaltes durch das Gericht oftmals nicht notwendig ist, hat zusätzlich zu einer vereinfachten Verfahrensart, des Strafbefehlverfahrens, geführt. Dessen Hauptmerkmal besteht darin, dass nach Abschluss des Ermittlungsverfahrens die richterliche Straffestsetzung in Form eines Beschlusses ohne Hauptverhandlung erfolgt. Das Strafbefehlverfahren ist demnach ein lediglich schriftliches Verfahren ohne öffentliche Hauptverhandlung. Es durchbricht den sonst im deutschen Strafprozess vorherrschenden Grundsatz, dass Rechtsfolgen im Strafverfahren nur auf Grund einer mündlichen Verhandlung festgesetzt werden dürfen[163]. Der Erlass eines Strafbefehls dürfte somit wegen der fehlenden öffentlichen Hauptverhandlung vielfach auch im Interesse des Tatverdächtigen liegen. Dieser wird die Peinlichkeiten und Mühen einer solchen Verhandlung scheuen und es begrüßen, dass sein Streitfall in einem kostengünstigeren Verfahren ohne Aufsehen erledigt wird[164]. Die Gestaltung von Antragsdelikten durch die Gesetzgebung und die Möglichkeit eines Strafbefehlverfahrens lässt im Ergebnis auf den Willen des Tatverdächtigen und dessen Anerkennung durch die Rechtsordnung schließen, dass der Ausgleich beziehungsweise die Wiedergutmachung nicht in der Öffentlichkeit ausgetragen werden soll, sondern lediglich im Kreis von Täter und Opfer[165]. Die Öffentlichkeitssphäre ist daher wohl zumeist im Zusammenhang mit dem Verdacht strafbaren Verhaltens nicht betroffen. Demgegenüber

160 Vgl. § 77 Abs. 1 StGB.

161 *Henkel*, Strafverfahrensrecht, S. 92 f.

162 *Kühne*, Strafprozessrecht, Rn. 247.

163 *Fischer*, in: Karlsruher Kommentar, Vorbem. zu §§ 407 ff. StPO Rn. 1.

164 BT-Drucks. 10/1313, S. 12 f.; 12/1217, S. 42; BVerfGE NJW 1969, 1103, 1104.

165 *Arzt*, Der strafrechtliche Schutz der Intimsphäre, S. 114, führt aus, dass auch von diesen Sonderfällen abgesehen, daraus, dass jemand eine Straftat begangen hat (oder ein entsprechender Verdacht auf ihm ruht) nicht gefolgert werden dürfe, dass er gegen die Verbreitung dieser Tatsache nicht geschützt sein kann, weil sie nicht zu seiner Privatsphäre gehört.

wird durch den Verdacht strafbaren Verhaltens in der Regel nicht in den letzten unantastbaren Bereich menschlicher Freiheit, den er selbst vor den engsten Vertrauenspersonen geheim halten will[166], eingegriffen. Damit wird meist das persönlichkeitsrechtliche Bedürfnis des betroffenen Tatverdächtigen an dem Schutz seiner Privatsphäre tangiert sein[167].

Zu denken ist jedoch auch an Delikte, die bewusst in der Öffentlichkeit begangen werden. Insbesondere Terroranschläge oder Amokläufe werden gezielt in der Öffentlichkeit verübt, um eine möglichst große Auswirkung auf die Umwelt zu erzielen. Hierbei verfolgt der Tatverdächtige meistens das Ziel, Aufmerksamkeit durch die Bevölkerung oder auch der Medien zu erhalten. Solche Begehungsweisen beinhalten ein derart sozial erhebliches Verhalten, sodass sie keine private, sondern eine öffentliche Angelegenheit sind und damit die Öffentlichkeitssphäre betroffen ist.

Ein Strafverdacht kann auch dann der Öffentlichkeitssphäre zugerechnet werden, wenn die Tat im Rahmen der Ausübung des Berufes oder einer anderen Tätigkeit begangen wird und der Verdächtige diesbezüglich in einem besonderen öffentlichen Interesse steht[168].

Die Unterrichtung der Öffentlichkeit von gegen den Betroffenen bestehenden Verdachtsmomenten ist geeignet, die Person des Verdächtigen in den Augen der Öffentlichkeit negativ zu qualifizieren. Allein schon eine Medienberichterstattung über einen Anfangsverdacht kann für den Betroffenen irreversible Nachteile hervorrufen[169]. Es besteht also die Gefahr, dass eine derartige Berichterstattung für den Betroffenen einen besonders schweren Eingriff in sein Persönlichkeitsrecht bedeutet[170]. Die Schwere der Beeinträchtigung beziehungsweise

166 Siehe oben Erster Teil, A), III), 1).

167 OLG Schleswig AfP 1975, 29, 30; LG Berlin NJW 1986, 1265, 1265; LG Oldenburg NJW 1987, 1419, 1419; *Arzt*, Der strafrechtliche Schutz der Intimsphäre, S. 114, für eine Zurechnung zur Privatsphäre/Geheimsphäre; *Zielemann*, Der Tatverdächtige als Person der Zeitgeschichte, S. 68, schreibt dagegen, dass vom Schutz der Privatsphäre Lebensbeziehungen und Lebensvorgänge erfasst seien, die „privat“ im Sinne eines nicht sozial erheblichen Verhaltens oder Handelns nach außen seien, also keinen „Sozialbezug“ aufweisen.

168 *Runge*, Anm. zu OLG Stuttgart, *Schulze* OLGSt 1, 24, 25 f.; *Brandner* JZ 1983, 689, 690.

169 BVerfGE NJW 2009, 350, 352; *Wehnert* StV 2005, 178, 178.

170 BGHZ 31, 308, 313 („Alte Herren“); 95, 212, 216 („Misslungener Schwangerschaftsabbruch bei Notlagenindikation“); BGH GRUR 1980, 1090, 1094; OLG Frankfurt NJW 1980, 597, 597; OLG Oldenburg NJW 1987, 1418, 1419; KG NJW 1968,1969, 1969; LG Hamburg UFITA Bd. 64 (1972), 345, 351; *Coing*, Ehrenschutz und Presserecht, S. 25; *Schoreit* AfP 1989, 413, 414; *Degenhart* DVBl. 1990, 910, 917.

die Folgen der Rechtsverletzung spielen bei der Beurteilung der Zulässigkeit des Eingriffs eine Rolle[171].

Bei der Beurteilung der Schwere des Eingriffs ist insbesondere die Suggestivkraft des *„öffentlichen Prangers“* der Medienberichterstattung[172] weder zu verkennen noch zu vernachlässigen[173].

Bei der Beurteilung der Schwere des Eingriffs ist insbesondere die so genannte *„Prangerwirkung“* zu berücksichtigen, die Medienberichte über strafbares Verhalten mitzubringen vermögen.

Auch eine ungeschickte Präsentation des Medienberichts, zum Beispiel durch eine Zurschaustellung des Bildnisses einer Person, die mit den berichteten Straftaten nichts zu tun hat, enthält das Potenzial, eine besonders schwere Persönlichkeitsverletzung hervorzurufen[174].

Ein Eingriff in das allgemeine Persönlichkeitsrecht eines Tatverdächtigen ist dagegen zulässig, beziehungsweise das Interesse der verletzenden Medien an der Berichterstattung höher zu werten, wenn die Verletzung bei sorgfältiger Abwägung objektiv notwendig und unvermeidbar und auch nach Inhalt, Form und Begleitumständen das gebotene und schonendste Mittel zur Erreichung des mit dem Eingriff beabsichtigten Zwecks darstellt[175].

---

171 BVerfGE 35, 202, 226 („Lebach I“); BGHZ 27, 284, 290; 31, 308, 313 („Alte Herren“); 73, 120, 129; *Zippelius*, in: Festschrift für Hubmann, S. 511, 514.

172 BGH NJW 1966, 2353, 2355; BGH NJW 1966, 647, 648; OLG Oldenburg AfP 1980, 292, 292; OLG Braunschweig AfP 1975, 651, 651 f.; OLG Stuttgart UFITA Bd. 29(1959), 111, 120; OLG Koblenz NJW 1973, 251, 253; *Bornkamm* NStZ 1983, 102, 103; *Kohlhass* NJW 1963, 477, 479, spricht von Pressehinrichtung; *Ricker*, Unternehmensschutz und Pressefreiheit, S. 40; *Rinsche* ZRP 1987, 384, 384; *Treffer* ZUM 1989, 433, 436, spricht von einem Prangersyndrom; *Franke*, Die Bildberichterstattung über den Angeklagten und der Öffentlichkeitsgrundsatz im Strafverfahren, S. 77, 116 auch im Hinblick auf die Bildberichterstattung; *Zielemann*, Der Tatverdächtige als Person der Zeitgeschichte; *v. Becker*, Straftäter und Tatverdächtige in den Massenmedien, S. 190 ff.; *Kerscher* DRiZ 1983, 439, 442 spricht von Stigmatisierung.

173 BVerfGE NJW 2009, 350, 352; BVerfGE 90, 60, 87 („8. Rundfunkurteil“); 97, 228, 256 („Kurzberichterstattung“).

174 BGH NJW 1962, 1004; OLG Köln GRUR 1967, 319, 322.

175 BVerfGE 27, 344, 353 f. („Scheidungsakten“); 32, 373, 381 („Ärztliche Schweigepflicht“); 35, 202, 221 („Lebach I“); BGHZ 31, 308, 313 („Alte Herren“); *Nipperdey*, Gutachten D, Verhandlungen des 42. Deutschen Juristentages, 1959, Band 1, D 17.

V) Rechtsgrundlagen medialer Gefährdungen des Persönlichkeitsrechts des Tatverdächtigen

Im tobenden Konkurrenzkampf der Medien um Leser, Zuhörer und Zuschauer ist die zentrale Waffe das rare Gut einer neuen interessanten Nachricht[176]. Eine hohe Sensibilität der Öffentlichkeit für Fehlentwicklungen in unserer Gesellschaft und eine verstärkte Sensationsgier führen dazu, dass bereits dem Verdacht einer (vermutlichen) Straftat ein berichterstattungsgeeigneter Informationswert zukommt[177]. Heikel für das Persönlichkeitsrecht des Tatverdächtigen ist in diesem Zusammenhang die zunehmende Medienpräsenz der Justiz[178]. Die vor allem in der täglichen Boulevardpresse zu beobachtende Auskunftspraxis der Justizbehörden - insbesondere der Staatsanwaltschaften - gegenüber den Medien zeigt auf, wie und in welchem Umfang nicht nur anonymisierte, sondern auch personenbezogene Daten[179] über den Tatverdächtigen durch eine aktive Informationstätigkeit öffentlich gemacht werden[180].

1) Der presserechtliche Auskunftsanspruch

Eine mögliche Grundlage für identifizierende und tendenziöse Pressemitteilungen der Justizbehörden ist den jeweiligen Pressegesetzen der Länder zu entnehmen[181]. Diese verschaffen den Pressevertretern einen einklagbaren Anspruch auf Auskunftserteilung[182]. Hiernach sind die Behörden *„verpflichtet, den Vertretern der Presse die der Erfüllung ihrer öffentlichen Aufgabe dienenden Auskünfte zu erteilen"*[183]. Dieser Auskunftsanspruch, der auch für Hörfunk und Fernsehen gilt[184], unterliegt Schranken[185]. Die Landespressegesetze enthalten ein Regel-

---

176 *Hohmann* NJW 2009, 881,881.

177 *Lehr*, in: Widmaier, MAH Strafverteidigung, § 20 Rn. 4; *Hohmann* NJW 2009, 881, 881.

178 *Huff* NJW 2004, 403; *Lehr*, in: Widmaier, MAH Strafverteidigung, § 20 Rn. 5.

179 Unter personenbezogenen Daten werden nicht nur die unmittelbar einer Person zuweisbaren Einzelangaben über ihre persönlichen und sachlichen Verhältnisse verstanden, sondern auch anonymisierte Daten, wenn die Möglichkeit zur Identifikation der dahinterstehenden Person besteht.

180 *Lindner* StV 2008, 210, 210; *Ostendorf* GA 1980, 445, 445.

181 Siehe hierzu auch Zweiter Teil, Erstes Kapitel, B), I), 2).

182 *Fechner*, Medienrecht, S. 233; *Rose*, Grenzen der journalistischen Recherche im Strafrecht und Strafverfahrensrecht, S. 41.

183 Geregelt ist der Auskunftsanspruch in den meisten Landespressegesetzen in § 4. Ausnahmen machen Brandenburg: § 5 und Hessen: § 3. In Rheinland-Pfalz ist der Auskunftsanspruch in § 6 LMG Rh.-Pf. geregelt.

184 Überwiegend ausdrücklich festgelegt, siehe z. B. § 18 Abs. 1 LPG Schlesw.-Holst.

Ausnahme-Verhältnis zugunsten eines Auskunftsanspruches der Presse gegenüber den Behörden, wozu auch die Polizei und die Staatsanwaltschaft im Ermittlungsverfahren zählen[186]. Durch eine identifizierende Berichterstattung über den Verdacht einer Straftat wird unzweifelhaft in das allgemeine Persönlichkeitsrecht des Betroffenen eingegriffen. Allerdings kann hieraus noch nicht geschlossen werden, dass eine solche von vornherein verboten ist[187]. In seiner *„Lebach-Entscheidung"*[188] hat das Bundesverfassungsgericht zwar erläutert, dass eine öffentliche Berichterstattung unter Namensnennung, Abbildung oder Darstellung des Täters regelmäßig zu einem schweren Eingriff in das allgemeine Persönlichkeitsrecht führt. Andererseits betonte es auch, dass erhebliche Argumente für eine Information der Öffentlichkeit über vorgefallene Straftaten sprechen, die auch die Person des Tatverdächtigen beinhalten. Auch im Hinblick auf den Tatverdacht hat die Rechtsprechung anerkannt, dass ein Eingriff in das allgemeine Persönlichkeitsrecht die Information der Öffentlichkeit nicht grundsätzlich ausschließt[189]. Als Gesichtspunkte, die es im Einzelfall bei einer Gesamtwürdigung der Umstände rechtfertigen würden, den Interessen der Öffentlichkeit an einer Information zum Beispiel auch unter Namensnennung den Vorrang zu geben, wurden angesehen: das Vorliegen einer Straftat von besonderer Bedeutung, etwa bei schwerster Kriminalität; das Ausmaß des Tatverdachts, also das Vorliegen wesentlicher, den erheblichen Tatverdacht begründender Umstände; das Aufsehen, welches die Tat für sich oder im Zusammenhang mit anderen Umständen erregt hat, zum Beispiel bei Personen, die im Zusammenhang mit allgemein interessierenden Vorgängen in die Rolle einer *„Person der Zeitgeschichte"* gelangt sind[190]. Da für das allgemeine Persönlichkeitsrecht nach Art. 2 Abs. 1 GG i.V.m Art. 1 Abs. 1 GG die Verfassungsschranke der verfassungsmäßigen Ordnung gilt und somit durch Rechtsnormen des Bundes und der Länder, wie hier durch den landespresserechtlichen Auskunftsanspruch, beschränkt werden kann, ist eine Abwägung im Einzelfall[191] angezeigt, ob solche Informationen über den Tatverdächtigen trotz des Eingriffs in das allgemeine Persönlichkeitsrecht zulässig sind oder nicht[192].

---

185 Siehe beispielsweise § 4 Abs. 2 LPG Ba.-Wü.

186 *Lindner* StV 2008, 210, 210.

187 OLG Düsseldorf AfP 2005, 375, 380.

188 BVerfGE 35, 202 ff. („Lebach I").

189 BGH NJW 1994, 1950, 1952.

190 BGH NJW 1994, 1950, 1952.

191 Zum Abwägungsvorschlag „Keine Berichterstattung bei zu erwartenden schweren irreparablen Schäden", siehe Dritter Teil, L), III).

192 OLG Düsseldorf AfP 2005, 379, 380.

2) Die strafprozessualen Ansprüche auf Erteilung von Auskünften und Akteneinsicht

Weitere Gefahren hinsichtlich des Persönlichkeitsrechts des Tatverdächtigen verbürgen die Auskunfts- und Akteneinsichtsrechte der Strafprozessordnung.

Die Regelungen des 1. und 2. Abschnittes (§§ 474 bis 491 StPO) des Achten Buches sind durch das Strafverfahrensänderungsgesetz 1999[193] in die Strafprozessordnung eingefügt worden. Soweit die §§ 474 ff. StPO datenschutzrechtliche Regelungen beinhalten, gehen diese den Datenschutzgesetzen des Bundes und der Länder als Spezialregelungen vor, § 1 IV BDSG. Diese Vorschriften sollen dem aus dem allgemeinem Persönlichkeitsrecht abgeleiteten Recht auf informationelle Selbstbestimmung Rechnung tragen. Nach den Vorgaben des Bundesverfassungsgerichts in seinem Volkszählungsurteil vom 15. Dezember 1983[194] ist es das Recht des Einzelnen zu bestimmen, wann und innerhalb welcher Grenzen personenbezogene Sachverhalte preisgegeben werden sollen. Soll dieses Recht eingeschränkt werden, bedarf es einer gesetzlichen Grundlage, die vor der verfassungsmäßigen Ordnung Bestand haben und besonders dem Verhältnismäßigkeitsgrundsatz genügen muss[195]. Aus dem Grundrecht auf informationelle Selbstbestimmung wird ferner gefolgert, dass der Gesetzgeber den Verwendungszweck der Daten bereichsspezifisch und präzise bestimmen soll, so genannter „*Grundsatz der Zweckbindung*“[196]. Nicht nur der hoheitliche Ersteingriff in das allgemeine Persönlichkeitsrecht durch eine Informationserhebung beziehungsweise -ermittlung bedarf einer gesetzlichen Ermächtigung. Auch die Verwendung einer bereits erhobenen personenbezogenen Information für einen anderen Zweck als den der Informationserhebung (so genannte. „*Zweckumwandlung*“) ist als grundrechtsrelevant anzusehen und bedarf einer gesetzlichen Grundlage[197]. Erfolgt eine Überschreitung des in der (Erst-)Eingriffsbefugnis festgelegten Zwecks, stellt dies somit einen selbstständigen Grundrechtseingriff

---

193 StVÄG 1999 vom 2. August 2000 (BGBl. 2000 I, S. 1253); zur Gesetzesgeschichte Brodersen NJW 2000, 2536.

194 BVerfGE 65, 1 ff. („Volkszählungsurteil“).

195 BVerfGE 65, 1, 43 f. („Volkszählungsurteil“); 78, 77, 85.

196 *Gieg*, in: Karlsruher Kommentar, Vorbem. zu §§ 474 StPO ff. Rn. 1; *Walden*, Zweckbindung und -änderung präventiv und repressiv erhobener Daten im Bereich der Polizei, S. 76.

197 *Albers*, in: Herausforderungen an das Recht der Informationsgesellschaft, S. 113, 117 ff.; *Ernst*, Verarbeitung und Zweckbindung von Informationen im Strafprozess, S. 40 ff., 131 ff., 148 ff.; *Hassemer*, in: Vom unmöglichen Zustand des Strafrechts, S. 101, 107 ff.; *Walden*, Zweckbindung und -änderung präventiv und repressiv erhobener Daten im Bereich der Polizei, S. 59, 76 ff., 116 ff.

in Form einer Zweckentfremdung dar, der einer eigenen gesetzlichen Rechtfertigung bedarf, sofern eine Einwilligung des Betroffenen nicht vorliegt[198]. Für das Strafverfahrensrecht bedeutet dies, dass die innerhalb eines Verfahrens auf Grund einer gesetzlichen Grundlage zulässigerweise erhobenen personenbezogenen Daten ausschließlich für den Erhebungszweck verwendet werden dürfen. Die Verwendung für einen „*anderen*" Zweck ist dagegen nur zulässig, wenn eine gesetzliche Regelung eine solche Zweckumwandlung zulässt[199]. Diesen Voraussetzungen folgend regelt das Achte Buch der Strafprozessordnung im Ersten Abschnitt die „*Erteilung von Auskünften und Akteneinsicht, sonstige Verwendung von Informationen für verfahrensübergreifende Zwecke*".

Ein unmittelbarer Informationsverschaffungsanspruch ist in § 475 StPO enthalten, der die Zweck umwandelnde Erteilung von Auskünften und Akteneinsicht an Private regelt[200]. Nach § 475 Abs. 1 StPO kann ein Rechtsanwalt für eine Privatperson und für sonstige Stellen Auskünfte aus Akten erhalten, die dem Gericht vorliegen oder diesem im Falle der Erhebung der öffentlichen Klage vorzulegen wären, soweit er hierfür ein berechtigtes Interesse darlegt. Das berechtigte Interesse muss sich zwar nicht auf die Wahrnehmung formeller Rechte stützen, aber ausdrücken, auf Grund welcher tatsächlichen Beziehung der Auskunftssuchende die Auskunft (beziehungsweise Akteneinsicht) begehrt und wofür er die Auskünfte benötigt[201]. Auskünfte sind dagegen zu versagen, wenn der hiervon Betroffene ein schutzwürdiges Interesse an der Versagung hat. Unter diesen Voraussetzungen des Abs. 1 kann nach Maßgabe des § 475 Abs. 2 StPO Akteneinsicht gewährt werden. Ebenfalls unter den Voraussetzungen des Abs. 1 können nach § 475 Abs. 4 StPO auch Privatpersonen und sonstige Stellen ohne Zwischenschaltung eines Rechtsanwalts Auskünfte aus den Akten erteilt werden. Sieht man die Vorschriften der §§ 474 ff. StPO als eine abschließende Regelung der Übermittlung von Informationen aus Strafverfahren an[202], ist damit eine Rechtsgrundlage für die Mitteilung von personenbezogenen Informationen im Rahmen von Presseunterrichtungen nicht gegeben. Zudem handelt es sich bei den Auskunfts- und Akteneinsichtsrechten nicht um Ansprüche, die speziell der Presse vorbehalten sind. Die Vorschrift des § 475 StPO dürfte für die Presse trotzdem ein geeignetes Mittel sein, an Informationen über den Tatverdächtigen und das Ermittlungsverfahren zu gelangen. Ein Pressesprecher könnte beispielsweise mittels eines Rechtsanwaltes nach Maßgabe des § 475

198 *Rogall* ZStW 1991, 907, 930; *Schenke* JZ 2001, 997, 999 ff.

199 *Ernst*, Verarbeitung und Zweckbindung von Informationen im Strafprozess, S. 149 ff.

200 *Hilger*, in: Löwe-Rosenberg, StPO, Bd. 6, § 475 Rn. 2; ders. NStZ 2001, 15, 15.

201 *Gieg*, in: Karlsruher Kommentar, § 475 StPO Rn. 2.

202 So BT-Drucks. 14/1484, S. 16 f.; zum Strafverfahrensänderungsgesetz siehe auch *Hilger* NStZ 2000, 561 ff.; 2001, 15 ff.

Abs. 1 StPO an Informationen gelangen. Oder er macht nach § 475 Abs. 4 StPO unter Berufung auf den Presseauftrag den Anspruch auf Auskunfts- und Akteneinsicht selbst als „Privatperson“ geltend. Die Pressevertreter werden in den Gesetzesmaterialien zwar nicht ausdrücklich als auskunftsberechtigt genannt, aber auch nicht ausgeschlossen. Sofern ein Pressevertreter nicht selbst versucht, den Anspruch geltend zu machen, so besteht dennoch die Möglichkeit, dass dieser einen Rechtsanwalt oder eine sonstige Privatperson mit einem berechtigten Interesse zwischenschaltet, um so mittelbar Informationen über die tatverdächtige Person zu gewinnen. Eine weitere Möglichkeit, zumindest mittelbar an Informationen zu gelangen, enthält § 406 e StPO, wonach für den Verletzten ein Rechtsanwalt die Akten, die dem Gericht vorliegen oder diesem im Falle der Erhebung der Klage vorzulegen wären, einsehen sowie amtlich verwahrte Beweisstücke besichtigen kann, soweit er hierfür ein berechtigtes Interesse darlegt und keine überwiegenden schutzwürdigen Interessen des Beschuldigten oder anderer Personen entgegenstehen. Die Vorschrift des § 477 Abs. 5 StPO, der besagt, dass die nach den §§ 474, 475 StPO erlangten personenbezogenen Informationen nur zu dem Zweck verwendet werden dürfen, für den die Auskunft beziehungsweise Akteneinsicht gewährt wurde, gibt einen Hinweis darauf, dass nicht nur anonymisierte und nichtpersonenbezogene Informationen übermittelt werden dürfen[203].

3) Nr. 23 RiStBV

Die Öffentlichkeitsarbeit der Justizbehörden soll das Verständnis der Bürgerinnen und Bürger für die Tätigkeiten der Rechtspflege fördern und durch Schaffung von Transparenz das allgemeine Vertrauen in die Justiz und ihre Entscheidungen stärken, wobei die freie Berichterstattung durch die Medien hierfür einen großen Anteil leistet. Nr. 23 der Richtlinien für das Strafverfahren und das Bußgeldverfahren (RiStBV) bestimmt, dass bei der Unterrichtung der Öffentlichkeit mit Presse, Hörfunk und Fernsehen unter Berücksichtigung ihrer besonderen Aufgaben und ihrer Bedeutung für die öffentliche Meinungsbildung zusammenzuarbeiten ist. Diese Richtlinie, die sich mit der Zusammenarbeit der Staatsanwaltschaft mit Presse und Rundfunk befasst, geht von einem Recht der Staatsanwaltschaft aus, die Öffentlichkeit über den aktuellen Stand eines Ermittlungsverfahrens zu unterrichten und auch die Person des Tatverdächtigen betreffende Informationen preiszugeben[204]. Der Richtlinie entsprechend ist im Einzelfall zu prüfen, ob das Interesse der Öffentlichkeit an einer vollständigen Berichterstattung gegenüber den Persönlichkeitsrechten des Tatverdächtigen überwiegt.

203 *Lindner* StV 2008, 210, 211.
204 *Lindner* StV 2008, 210, 211.

Gleichzeitig soll eine unnötige Bloßstellung der betroffenen Person vermieden werden[205].

4) Zusammenfassung

Aus den vorangehenden Erläuterungen könnte der Anschein entstehen, dass grundsätzlich ein Auskunftsrecht und somit auch ein Auskunftsanspruch der Ermittlungsbehörden gegenüber den Medien besteht, soweit der Tatverdächtige nicht ein überwiegendes Interesse am Unterlassen der Information aufweist. Hinsichtlich der Frage, ob die Medien über amtliche Vorgänge informiert werden sollen oder nicht, haben die Ermittlungsbehörden somit eingehend abzuwägen zwischen dem Informationsrecht der Medien und dem Geheimhaltungsinteresse des Tatverdächtigen[206]. Hierbei ist zu untersuchen, „*ob dem öffentlichen Interesse an der Information generell und unter Berücksichtigung des Einzelfalls der Vorrang gewährt werden soll und ob der Eingriff in das Persönlichkeitsrecht des Tatverdächtigen nach Art und Reichweite durch dieses Interesse gerechtfertigt werden kann und in einem angemessenen Verhältnis zur Bedeutung der Sache steht*“[207]. Dem privaten Interesse an einer Nichtinformation ist danach nur dann Vorrang zu gewähren, wenn es das Informationsbegehren der Medien im konkreten Fall überwiegt[208]. Kann der betroffene Tatverdächtige kein überwiegendes Interesse am Unterbleiben der Auskunft aufweisen, scheint er es dulden zu müssen, dass die Ermittlungsbehörden die Medien auch über persönlichkeitsbezogene Daten informieren. Zu beachten ist jedoch, dass vorliegend zwei ungleichrangige Rechtsgüter miteinander in Konkurrenz treten: zum einen die einfachgesetzlichen Auskunftsansprüche der Medien und zum anderen das verfassungsrechtlich gewährleistete allgemeine Persönlichkeitsrecht des Tatverdächtigen. Dies hat zur Folge, dass eine Abwägung von Gütern mit gleichem Rang im Sinne einer praktischen Konkordanz nicht durchführbar ist. Das allgemeine Persönlichkeitsrecht mit Verfassungsrang sollte sich somit gegenüber den einfachgesetzlichen Informationsansprüchen der Medien durchsetzen.

---

205 Zu den RiStBV als Arbeitshilfe der staatsanwaltlichen Pressesprecher und zu einer Präzisierung und Erweiterung der Nr. 23 RiStBV siehe eingehender Dritter Teil, L), IV).

206 Im Abwägungsprozess zu berücksichtigen sind insbesondere auch die Eingriffsverstärker der Vorverurteilung und der Indiskretion, vgl. Dritter Teil, L), II), 1), b) sowie Dritter Teil, L), II), 3).

207 BVerfGE 35, 202 ff. („Lebach I“); OLG Düsseldorf AfP 2005, 375, 380.

208 OVG Münster AfP 2004, 475, 476.

B) Die entgegenstehenden Rechte des Art. 5 Abs. 1 GG

Im Rahmen der Verdachtsberichterstattung stehen dem Persönlichkeitsrecht der tatverdächtigen Person die Rechte der Medien gegenüber, die über diese berichten. Von besonderer Bedeutung sind in diesem Zusammenhang die in Art. 5 Abs. 1 GG verfassungsrechtlich verankerte Meinungsäußerungsfreiheit und die Freiheit von Presse und Rundfunk, die als „*zentrale Grundnormen der geistigen Freiheitsentfaltung*" angesehen werden[209] und die für die freiheitlich demokratische Staatsordnung „*schlechthin konstituierend*" sind[210].

I) Die Meinungsfreiheit, Art. 5 Abs. 1 S. 1 Alt. 1 GG

Beinhalten Medienberichte (wertende) Äußerungen über einen einer Straftat Verdächtigen, so können sich die Berichterstatter auf das Recht auf freie Meinungsäußerung gemäß Art. 5 Abs. 1 S. 1 Alt. 1 GG berufen. Im Rahmen einer Güter- und Interessenabwägung zur Feststellung der Rechtswidrigkeit einer (ehrverletzenden) Äußerung würden sich das allgemeine Persönlichkeitsrecht und die Meinungsäußerungsfreiheit gegenüberstehen. Keines dieser Rechte kann einen grundsätzlichen Vorrang für sich in Anspruch nehmen, da beide wesentliche Bestandteile der freiheitlich demokratischen Grundordnung sind[211], wobei die Meinungsfreiheit als unmittelbarer Ausdruck der Persönlichkeit in der Gesellschaft als eines der vornehmsten Menschenrechte gilt, indem sie den geistigen Kampf und die freie Auseinandersetzung der Ideen und Interessen ermöglicht[212].

Art. 5 Abs. 1 S. 1 Alt. 1 GG verleiht Tatsachenbehauptungen und Werturteilen einen unterschiedlich starken Schutz. Für den betroffenen Tatverdächtigen hat die Bestimmung des Begriffs der Meinung, sowie die Abgrenzung zur Tatsachenbehauptung demnach weitreichende Bedeutung, da die unterschiedliche Gewichtung von Tatsachenbehauptung und Meinungsäußerung Einfluss auf das Ergebnis einer Interessen- und Güterabwägung zwischen den kollidierenden Rechten ausübt.

Zudem ist auch im Hinblick auf die einfachgesetzlichen Rechtsfolgen eine Untersuchung des Begriffs der Meinung angezeigt. Die Unterscheidung zwi-

209 *Bethge*, in: Sachs, GG, Art. 5 Rn. 9.

210 So das BVerfGE 7, 198, 208 („Lüth"); 12, 113, 125 („Schmidt-Spiegel"); 20, 56, 97 („Parteienfinanzierung I").

211 BVerfGE 35, 202, 225 („Lebach I").

212 BVerfGE 7, 198, 208 („Lüth"); 12, 113, 125 („Schmidt-Spiegel"); 69, 315, 344 f. („Brokdorf").

schen Tatsachen und Wertungen ist insbesondere im Medienrecht unerlässlich, weil Gegendarstellungs- und Widerrufsansprüche nur bei Tatsachenbehauptungen gegeben sind. Auch für die Tatbestandsvoraussetzungen der §§ 186 ff. StGB ist eine Unterscheidung zwischen ehrverletzenden Tatsachenbehauptungen und Wertungen unerlässlich.

1) Der grundrechtliche Schutz der „Meinung"

Der Schutz der „*Meinung*" bezieht sich in erster Linie auf Werturteile[213], wobei es für die Bestimmung dessen, was als Äußerung einer „*Meinung*" vom Schutzbereich des Grundrechts erfasst wird, auf das Element der Stellungnahme[214], des Dafürhaltens und des Meinens im Rahmen einer geistigen Auseinandersetzung oder einer sonstigen sozialen Kommunikation ankommt[215]. Es kommt nicht darauf an, ob sich die Äußerung auf öffentliche oder private Angelegenheiten bezieht, da die Meinungsfreiheit im öffentlichen wie privaten Bereich gleichermaßen wirkt[216]. Ferner bleibt unberücksichtigt, ob die Meinung Allgemeingültigkeit beansprucht oder von grundsätzlicher Bedeutung ist[217]. Auf die Richtigkeit, den Wert und die Vernünftigkeit kommt es ebenfalls nicht an[218]. Meinungen sind durch die subjektive Beziehung des Einzelnen zu dem Inhalt der Äußerung geprägt und zeichnen sich somit durch eine Subjektivität der Wertung aus[219], die als eigentlicher Gegenstand des Grundrechtsschutzes anzusehen ist. Eine Differenzierung nach der Qualität der Meinung muss daher ausscheiden. Meinungen können sich nicht als wahr oder unwahr, richtig oder falsch erweisen[220]. Sie werden vom Schutz des Art. 5 Abs. 1 S. 1 Alt. 1 GG erfasst, ohne dass es darauf

---

213 BVerfGE 7, 198, 210 („Lüth")

214 vgl. *Vesting* AöR 122 (1997), 337, 339 f.; *Scheuner* VVDStRL 22 (1965), 1, 63 spricht von „wertende Stellungsnahme als Ausdruck eines persönlichen oder kollektiven Urteils".

215 BVerfGE 61, 1, 8 f. („NPD Europas"); 65, 1, 41 („Volkszählungsurteil"); 71, 162, 179 („Frischzellentherapie"); BGHZ 130, 5, 11 („Busengrapscher"); *Starck*, in: v. Mangoldt/Klein/Starck, GG, Art. 5 Abs. 1, 2 Rn. 22; *Bethge*, in: Sachs, GG, Art. 5 Rn. 25; *Kunig*, in: v. Münch/Kunig, GG, Art. 5 Rn. 8; *Grimm* NJW 1995, 1697, 1698; *Vesting* AöR 122 (1997), 337, 339 f.

216 *Bethge*, in: Sachs, GG, Art. 5 Rn. 23; *Starck*, in: v. Mangoldt/Klein/Starck, GG, Art. 5 Abs. 1, 2 Rn. 22.

217 *v. Mangold/Klein*, Das Bonner Grundgesetz, Band 1, S. 238.

218 BVerfGE 61, 1, 8 („NPD Europas"); 85, 1, 14 („Bayer-Aktionäre").

219 BVerfGE 33, 1, 14(„Strafgefangene"); BVerfGE NJW 1994, 1779, 1779; *Degenhart*, in: Bonner Kommentar, GG, Art. 5 Abs. 1, 2 Rn. 101; vgl. auch *Grimm* NJW 1995, 1697, 1698.

220 BVerfG NJW 1994, 1779, 1779; *Degenhart*, in: Bonner Kommentar, Art. 5 Abs. 1, 2 Rn. 101; *Schmitt Glaser* AöR 113 (1998), 52, 71 f.

ankommt, ob die Aussage begründet oder grundlos, emotional oder rational ist, als wertvoll oder wertlos, gefährlich oder harmlos eingeschätzt wird[221]. Die Abgrenzung einer „*wertvollen*“ Meinung, die den Schutz des Art. 5 GG genießt, von einer „*wertlosen*“ Meinung würde „*einem pluralistisch strukturierten und auf der Konzeption einer freiheitlichen Demokratie beruhenden Staatsgefüge*“ widersprechen[222]. Unter den Begriff der Meinung fallen auch Aussagen, durch die andere in ihren Rechten verletzt, Gemeinschaftsgüter in Gefahr gebracht oder Prinzipien der politischen beziehungsweise sozialen Ordnung in Frage gestellt werden[223]. Derartige Gesichtspunkte sind nicht schon bei der Bestimmung des Schutzumfangs, sondern erst bei der Beschränkung des Grundrechts zu berücksichtigen[224]. Auch die von dem sich Äußernden gewählte Form hat keinen Einfluss auf den grundrechtlichen Schutz der Meinungsäußerung, denn dieser umfasst nicht lediglich den Inhalt, sondern auch die Art und Weise, in der die Äußerung kundgetan wird. So fallen auch scharfe, überspitzte, mit übersteigerter Polemik oder Ironie gespickte Wertungen unter den Schutzbereich der Meinungsfreiheit[225], selbst wenn andere sie für ungerecht halten[226], ebenso satirische[227] oder abwertende Äußerungen[228]. Auch dürfen Meinungsäußerungen „*verletzen, schockieren und beunruhigen*“[229]. Allein eine verletzende Formulierung führt noch nicht dazu, dass die Äußerung aus dem Schutzbereich der Meinungsfreiheit ausgeschlossen wird[230]. Eine Differenzierung von Meinungen bereits auf der Schutzbereichsebene darf nicht stattfinden, denn anderenfalls käme dem Staat eine Definitionskompetenz über erwünschte und unerwünschte Meinungen und Äußerungsformen zu[231].

Nicht vom Schutzbereich der Meinungsfreiheit erfasst wird jedoch die so genannte Schmähkritik. Die Schutzwürdigkeit herabsetzender Äußerungen ge-

---

221 BVerfGE 33, 1, 14 f. („Strafgefangene“); *Kunig*, in: v. Münch/Kunig, GG, Art. 5 Rn. 8; *Starck*, in: v. Mangoldt/Klein/Starck, GG, Art. 5 Abs. 1, 2 Rn. 22; *Degenhart*, in: Bonner Kommentar, GG, Art. 5 Abs. 1, 2 Rn. 101.

222 BVerfGE 33, 1, 15 („Strafgefangene“).

223 *Grimm* NJW 1995, 1697, 1698.

224 BVerfGE 61, 1, 7 f. („NPD Europas“).

225 BVerfG AfP 1992, 133, 134; BVerfG ZUM 1998, 330, BVerfG AfP 2003, 538, 538; siehe auch OLG Karlsruhe ZUM-RD 2003, 27, 30.

226 BGH JZ 1994, 413, 415.

227 BVerfGE AfP 1998, 52, 53.

228 BVerfGE 33, 1, 15 („Strafgefangene“); 54, 129, 137 f. („Kunstkritik“); 61, 1, 7 („NPD Europas“); 93, 266, 289 („Soldaten sind Mörder“).

229 Vgl. EGMR NJW 1999, 1321, 1321; BVerfG ZUM-RD 2003, 117, 117.

230 BVerfGE 61, 1, 7 („NPD Europas“); 93, 266, 289 („Soldaten sind Mörder“); BVerfG ZUM-RD 2003, 117, 117.

231 *Grimm* NJW 1995, 1697, 1699.

genüber Personen oder Personengruppen war schon vielfach Thema juristischer Auseinandersetzungen. Nach Ansicht des Bundesverfassungsgerichts muss im Spannungsverhältnis von Meinungsfreiheit und Ehrenschutz erstere im Einzelfall lediglich dann zurücktreten, sofern die betreffende Äußerung den Kernbereich der Menschenwürde tangiert, sowie dann, wenn bei der Äußerung nicht mehr die Auseinandersetzung in der Sache, sondern die Diffamierung einer bestimmten Person im Vordergrund steht[232]. Außerhalb dieses Bereichs eines grundsätzlichen Vorrangs der persönlichen Ehre des Betroffenen soll dagegen eine Abwägung vorgenommen werden, bei der es auf die Schwere der Beeinträchtigung und insbesondere darauf ankommt, ob *„von dem Grundrecht auf Meinungsfreiheit im Rahmen einer privaten Auseinandersetzung zur Verfolgung von Eigeninteressen oder im Zusammenhang mit einer die Öffentlichkeit wesentlich berührenden Frage Gebrauch gemacht wird“*[233]. Leistet danach die umstrittene Äußerung einen Beitrag zur öffentlichen Meinungsbildung, so gilt eine Vermutung der freien Rede[234].

Schwierigkeiten kann im Einzelfall die Abgrenzung von Schmähkritik und Satire[235] bereiten. Das wesensmäßige Merkmal der Satire, mit Verfremdungen, Verzerrungen und Übertreibungen zu arbeiten[236], kann ohne Weiteres auch ein Mittel der einfachen Meinungsäußerung oder der Meinungsäußerung durch die Massenmedien sein. Bei Anwendung des Grundrechts der freien Meinungsäußerung muss der satirische Charakter der Äußerung berücksichtigt werden. Es darf der Erklärung kein Inhalt beigemessen werden, den der Urheber erkennbar nicht wollte[237]. Die rechtliche Beurteilung von Satire erfordert die Entkleidung der formalen Verzerrung[238], die aus einem satirischen Gewand von Wort und Bild entsteht, um ihren eigentlichen Inhalt zu ermitteln. Der so herauskristallisierte Aussagekern und seine Entkleidung sind sodann separat daraufhin zu überprüfen, ob sie eine Kundgabe der Missachtung in Bezug auf die betroffene Person beinhalten[239]. Nach Ansicht des Bundesverfassungsgerichts ist hierbei zu berücksichtigen, dass die Maßstäbe im Hinblick auf die satirische Einkleidung we-

232 BVerfGE 82, 272, 283 f. („Postmortale Schmähkritik“); 93, 266, 293 f. („Soldaten sind Mörder“).

233 BVerfGE 93, 266, 293 f. („Soldaten sind Mörder“).

234 BVerfGE 7, 198, 208, 212 („Lüth“); 91, 1, 11 („Entziehungsanstalt“); 93, 266, 294 („Soldaten sind Mörder“).

235 Vgl. zum Wesen des Begriffs *Gounalakis* NJW 1995, 809, 811; *Soehring/Seelmann-Eggebert* NJW 2000, 2466, 2474 f.

236 Vgl. BVerfGE 75, 369, 377 („Strauß-Karikatur“).

237 BVerfGE 86, 1, 9 („TITANIK/Geborene Mörder“).

238 BVerfGE 75, 369, 377 f. („Strauß-Karikatur“) unter Hinweis auf RGSt 62, 183, 184.

239 BVerfG NJW 2000, 1036, 1039.

niger streng sind als die für die Bewertung des Aussagekerns[240]. Da es der Satire gerade wesenseigen ist, Personen und Vorgänge zu überzeichnen und mit Übertreibungen, Verzerrungen und Verfremdungen zu arbeiten, um dadurch beim Rezipienten Lacheffekte hervorzurufen, ist eine Differenzierung nach typisch satirischer Einkleidung und Aussagekern als verfassungskonforme Lösung zu betrachten, die vor allem die Meinungsfreiheit gebührend berücksichtigt.

Ein Eingriff in Rechte Dritter bewirkt regelmäßig der Boykottaufruf. Er ist allerdings keineswegs grundsätzlich unzulässig, sondern kann durch Art. 5 Abs. 1 S. 1 Alt. 1 GG gerechtfertigt sein, da in einem Boykottaufruf regelmäßig eine verfassungsrechtlich geschützte Meinungsäußerung zu sehen ist. Der Veranlasser eines Boykotts will den Adressaten des Aufrufs zu einem bestimmten Verhalten gegenüber dem „*Verrufenen*" bewegen. Dies geschieht in der Regel auf Grundlage einer wertenden Äußerung bestimmter Tatsachen ebenso wie auf Grundlage von Werturteilen[241]. Da auch die Wirkung von Meinungsäußerungen grundrechtlich geschützt wird, steht es nicht entgegen, dass der Adressat zu einem bestimmten Verhalten veranlasst werden soll, vorausgesetzt, es werden Mittel des Meinungskampfes und der geistigen Auseinandersetzung eingesetzt[242]. Ein unter Einsatz wirtschaftlicher Machtmittel oder unter Ausnutzung eines Abhängigkeitsverhältnisses erfolgter Boykottaufruf stellt damit schon von vornherein keine geschützte Meinungsäußerung dar[243].

2) Der grundrechtliche Schutz von Tatsachenbehauptungen

Vom eigentlichen „*Meinen*" mit wertendem, einschätzendem und subjektivem Charakter sind Tatsachenbehauptungen beziehungsweise Tatsachenmitteilungen zu unterscheiden, die im Gegensatz zu Art. 10 Abs. 1 EMRK in Art. 5 Abs.1 S.1 Alt. 1 GG nicht besonders aufgeführt sind. Die Mitteilung einer Tatsache ist streng genommen keine Äußerung einer Meinung, da ihr die für eine Meinungsäußerung wesenseigenen Merkmale fehlen. Im Gegensatz zu Werturteilen, für die eine subjektive Beziehung des sich Äußernden zum Inhalt der Aussage kennzeichnend ist, werden Tatsachenbehauptungen durch eine objektive Bezie-

240 BVerfGE 75, 369, 377 f. („Strauß-Karikatur"); 86, 1, 12 („TITANIK/Geborene Mörder"); BVerfG NJW 1998, 1386, 1387.

241 BVerfGE 7, 198 ff. („Lüth"); 62, 230 ff. („Boykottaufruf").

242 Vgl. *Möllers* NJW 1996, 1374 ff. zur Zulässigkeit von Verbraucherboykotts.

243 BVerfGE 25, 256, 264 („Blinkfüer"); BVerfG NJW 1989, 381, 382; BGH GRUR 1994, 741; anders *Bethge*, in: Sachs, GG, Art. 5 Rn. 38, der den Boykottaufruf im Rahmen einer grundrechtssystematischen Einordnung nicht als Tatbestandsproblem ansieht und eine Lösung auf der Ebene der Schrankengesetze sucht.

hung zwischen der Äußerung und der Wirklichkeit charakterisiert[244]. Durch die Mitteilung einer Tatsache soll gerade unabhängig von der subjektiven Einstellung des sich Äußernden etwas als objektiv gegeben hingestellt werden. Anders als Werturteile sind Tatsachenbehauptungen als objektive Aussagen *„über ein äußeres oder inneres Geschehen der Vergangenheit oder der Gegenwart“*[245] daher theoretisch dem Beweis zugänglich[246]. Die Einordnung einer Aussage als Tatsachenbehauptung hängt jedoch nicht davon ab, ob der Beweis tatsächlich erbracht wird. Beweisbarkeit und Beweis sind demnach zu unterscheiden[247], sodass auch eine unbewiesene Aussage als Tatsachenbehauptung zu qualifizieren ist, sofern zumindest die Möglichkeit der Beweisbarkeit besteht. Neben dem Begriff der Beweisbarkeit wird manchmal auch auf den Begriff der objektiven Klärbarkeit zurückgegriffen[248], wobei diese Kriterien jeweils unterschiedliche Inhalte betreffen. Unter Beweisbarkeit ist die theoretische Erweislichkeit mit Mitteln des Beweises zu verstehen; eine objektive Klärung ist dagegen auch außergerichtlich mit anderen Mitteln möglich[249]. Da beide Begriffe in der Rechtsprechung synonym verwendet werden[250], ist im Weiteren nur vom Kriterium der Beweisbarkeit[251] die Rede. Dieses bereitet in der Praxis häufig Schwierigkeiten, da ein einwandfreier Beweis oftmals nicht möglich ist[252]. In einigen Entscheidungen operiert deshalb die Rechtsprechung[253] zum Teil[254] zusätzlich zur Beweisbarkeit mit den Begriffspaaren *„wahr/unwahr“* und *„richtig/falsch“*. Unter *„Wahrheit“* ist die Übereinstimmung von Erkenntnis und Realität zu verste-

---

244 BVerfGE 94, 1, 8 („DGHS“) unter Hinweis auf BVerfGE 90, 241, 247 („Auschwitzlüge“).

245 *Steffen*, in: Löffler, Presserecht, § 6 Rn. 83; Das Reichsgericht definierte „Tatsache“ als etwas „Geschehenes oder Bestehendes, das zur Erscheinung gelangt und in die Wirklichkeit getreten ist und das daher dem Beweis zugänglich ist“, RGSt 55, 129, 131; RGZ 101, 335, 338.

246 BVerfGE 94, 1, 8 („DGHS“) unter Hinweis auf BVerfGE 90, 241, 248 f. („Auschwitzlüge“).

247 BVerfG NJW 1999, 483, 484.

248 BGH LM 1974, § 824 Nr. 18; BGH NJW 1989, 1923.

249 *Seitz/Schmidt/Schoener*, Der Gegendarstellungsanspruch in Presse, Film, Funk und Fernsehen, Rn. 309 f.

250 BGH LM 1974, § 824 Nr. 18.

251 Das Kriterium der Beweisbarkeit erfährt in der Literatur Kritik, *Kübler* JZ 1984, 541, 547; *Pärn* NJW 1979, 2544 ff.; *Stürner*, Gutachten A, Verhandlungen des 58. Deutschen Juristentages, 1990, Band 1, A 74; *Wenzel*, Das Recht der Wort- und Bildberichterstattung, Rn. 4.41.

252 Von einem „gewissen Grad der Wahrscheinlichkeit“ spricht RGZ 156, 1, 11.

253 BGH AfP 1976, 75, 79; BGH NJW 1982, 2246, 2247,

254 In BGH NJW 1992, 1314, 1316 wird lediglich auf die Beweisbarkeit abgestellt.

hen. Die Beurteilung einer Äußerung als *„richtig“* ist dagegen mit einem Urteil verknüpft. Somit können Werturteile im Gegensatz zu Tatsachenbehauptungen richtig oder falsch, nicht jedoch wahr oder unwahr sein[255]. In dieser Differenzierung vermutete *Wenzel*[256] eine Abkehr des Bundesgerichtshofs vom Kriterium der Beweisbarkeit. In späteren Urteilen stellte der Bundesgerichtshof für die Abgrenzung von Werturteilen und Tatsachenbehauptungen wieder ausschließlich auf die Möglichkeit der *„Beweiszugänglichkeit“*[257] ab, sodass diese Vermutung nicht bestätigt werden kann.

Tatsachenbehauptungen fallen an sich nicht unter die Definition der Meinung, sofern man hierfür auf das Element der wertenden Stellungnahme und des Dafürhaltens abstellt. Insoweit sind sie streng genommen keine Meinungsäußerung[258]. Sie sind jedoch als unverzichtbare Basis für die Meinungsbildung anzusehen. Es stellt sich damit die Frage ihrer Einbeziehung in den Schutzbereich des Art. 5 Abs. 1 S. 1 Alt. 1 GG. Der Berichterstattende kann sich im Rahmen einer Interessenabwägung mit dem Persönlichkeitsrecht des Tatverdächtigen auf den Schutz der Meinungsfreiheit nur bei Bejahung dieser Frage berufen.

a) Wahre Tatsachenbehauptungen

Dem Schutzzweck der Kommunikationsfreiheiten kann nur dann genügt werden, wenn grundsätzlich auch Tatsachenbehauptungen als Basis für die Meinungsbildung in den Schutzbereich der Meinungsäußerungsfreiheit fallen. Der Schutz von Tatsachenmitteilungen ist für eine freie und individuelle und öffentliche Meinungsbildung nicht weniger relevant als die Äußerung von Werturteilen[259]. Daher werden mittlerweile sowohl von der Rechtsprechung[260] als auch

---

255 Bei einer Qualifizierung als richtig oder falsch handelt es sich regelmäßig um eine erst durch subjektive Wertung gewonnene Meinung, welcher eine andere Auffassung entgegengehalten werden kann, der aber nicht mit negatorischen Ansprüchen zu begegnen ist, *Wenzel*, Das Recht der Wort- und Bildberichterstattung, Rn. 4.41; vgl. auch BGH NJW 1982, 2246.

256 *Wenzel*, Das Recht der Wort- und Bildberichterstattung, Rn. 4.45 f.

257 BGH AfP 1989, 669, 670.

258 So z. B. BVerfGE ZUM-RD 2003, 117, 117.

259 *Degenhart*, in: Bonner Kommentar, GG, Art. 5 Abs. 1, 2 Rn. 103; *Starck*, in: v. Mangoldt/Klein/Starck, GG, Art. 5 Abs. 1, 2 Rn. 26; *Wendt*, in: v. Münch/Kunig, GG, Art. 5 Rn. 9.

260 Vgl. statt vieler BVerfGE 61, 1, 8 („NPD-Europas“); 65, 1, 41 („Volkszählungsurteil“); 85, 1, 13 ff. („Bayer-Aktionäre“); 94, 1, 7 („DGHS“); 97, 391, 397 („Missbrauchsbezichtigung“); 99, 185, 196 ff. („Scientology“); BVerfG AfP 1999, 159; 2000, 351; 2000, 445; NJW 2000, 199; 2000, 3169; AfP 2003, 43; NJW 2003, 1855; NJW 2004, 592; NJW 2005, 1941.

von der herrschenden Meinung in der Literatur[261] zumindest wahre Tatsachenbehauptungen in den Schutzbereich der Meinungsfreiheit aufgenommen, sofern sie Voraussetzung für die Bildung von Meinungen oder meinungsbezogen sind. Meinungen beziehen sich in der Regel auf Tatsachen, die Gegenstand oder Unterstützung der Wertung sind. Tatsachenbehauptungen gelangen demnach erst über die „*Brücke der Meinung*" in den Schutz des Art. 5 Abs. 1 S. 1 Alt. 1 GG[262]. Zudem kann auch durch Tatsachenmitteilungen ein Beitrag zum Meinungsbildungsprozess geleistet werden. Ferner beruht die Auswahl dessen, worüber informiert werden soll, auf einer subjektiven Wertung[263].

Da im Ergebnis die Mitteilung von Tatsachen für die Entfaltungsmöglichkeit des Menschen und den gesamten Kommunikationsprozess mindestens ebenso wichtig ist wie die übrigen durch Art. 5 Abs. 1 S. 1 Alt. GG umfassten Äußerungen, und die Gefahr im Falle der Unterdrückung von Tatsachenmitteilungen und Nachrichten ebenso groß ist wie bei der Unterdrückung von Meinungen, fallen (wahre) Tatsachenmitteilungen, Berichte und Nachrichten unter den Begriff der Meinung im Sinne von Art. 5 Abs. 1 S. 1 Alt. 1 GG[264]. Abgelehnt wird jedoch die Einbeziehung von Tatsachenangaben zum Zwecke statistischer Erhebungen, da ihnen jeglicher Meinungsgehalt fehlt[265].

Aus der Einbeziehung wahrer Tatsachenbehauptungen in den Schutzbereich der Meinungsfreiheit folgt jedoch nicht automatisch auch ihre Zulässigkeit. Ihre Unzulässigkeit könnte sich im Rahmen einer Abwägung mit entgegenstehenden Rechten anderer Grundrechtsträger ergeben, sofern durch die Aussage in Rechte eines anderen eingegriffen wird und dieser Eingriff nicht zu rechtfertigen ist.

b) Unwahre Tatsachenbehauptungen

Es stellt sich nun die Frage, ob auch unwahre Tatsachenbehauptungen durch Art. 5 Abs. 1 S. 1 Alt. 1 GG geschützt werden. Möchte man unwahren Tatsachenbehauptungen den Grundrechtsschutz verweigern, setzt dies zunächst die grundsätzliche Möglichkeit der Trennung beziehungsweise Abgrenzung von Tatsachen und Wertungen voraus.

---

261 Vgl. statt vieler *Degenhart*, in: Bonner Kommentar, GG, Art. 5 Abs. 1, 2 Rn. 103; *Jarass*, in: Jarass/Pieroth, GG, Art. 5 Rn. 4; *Wendt*, in: v. Münch/Kunig, GG, Art. 5 Rn. 9.

262 *Grimm* NJW 1995, 1697, 1699.

263 *Lerche*, in: Festschrift für Lorenz, S. 143, 144; *Schmidt-Jortzig*, in: Isensee/Kirchhof, HStR, Band VII, § 162 Rn. 21 spricht von einem „Filter einer subjektiven Wertung".

264 *Starck*, in: v. Mangoldt/Klein/Starck, GG, Art. 5 Abs. 1, 2 Rn. 26.

265 BVerfGE 65, 1, 41 („Volkszählungsurteil").

aa) Die Abgrenzungsmöglichkeit von Tatsachenbehauptungen und Werturteilen

Gegen die Möglichkeit der Trennung von Tatsachenmitteilungen und Meinungen spricht der Umstand, dass eine fundierte Meinung an sich schon eine mehr oder minder erhebliche Menge an Tatsachenwissen voraussetzt[266]. Um Meinungen zu untermauern, werden häufig Zitate oder Tatsachenmitteilungen angeführt. Innerhalb einer Aussage vermengen sich daher zumeist Tatsachen und Wertungen, sodass sich die Meinung im engeren Sinne und die Tatsachenmitteilung praktisch nicht trennen lassen[267]. Meist greifen tatsächliche Aussagen und Wertungen mit unterschiedlicher Akzentuierung ineinander[268]. Zudem enthält bereits auch die bloße Mitteilung von Tatsachen und Nachrichten durch die Wahl des Inhalts, des Zeitpunkts und der Art und Weise der Äußerung wertende Elemente.

Diese Argumente werden teilweise als so durchschlagend angesehen, dass eine Abgrenzung von Tatsachenäußerung und Meinung für objektiv unmöglich gehalten wird mit der Folge, alle Tatsachenbehauptungen (ob wahr oder unwahr) vom Schutzbereich der Meinungsfreiheit profitieren zu lassen[269]. Zusätzlich wird ein spezifisch verfassungsrechtlicher Gesichtspunkt angeführt. Berücksichtigt man, dass Tatsachenmitteilungen, Nachrichten und Berichte zum Tatbestand des Art. 5 Abs. 1 S. 2 GG gehören, sei nicht einzusehen, dass derjenige, der von seinem in Art. 5 Abs. 1 S. 1 Alt. 1 GG garantierten Recht Gebrauch machen will, einem engeren Grundrechtsschutz unterliegen soll, als der über die Mittel der Massenkommunikation Verfügende[270]. Wollte man tatsächlich eine so „*schroffe*" Abgrenzung von Berichterstattung und Meinungsäußerung vornehmen, hätte dies somit zur Folge, dass die Berichterstattung durch die so genannten Massenmedien an einem gesteigerten Grundrechtsschutz des Art. 5 Abs. 1

266 *Herzog*, in: Maunz/Dürig, GG, Art. 5 Abs. 1, 2 Rn. 51.

267 *Starck*, in: v. Mangoldt/Klein/Starck, GG, Art. 5 Abs. 1, 2 Rn. 26; *Grimm* NJW 1995, 1697, 1699.

268 *Stoll* Jura 1979, 576, 581.

269 *Herzog*, in: Maunz/Dürig, GG, Art. 5 Abs. 1, 2 Rn. 51; sich diesem anschließend *Starck*, in: v. Mangoldt/Klein/Starck, GG, Art. 5 Abs. 1, 2 Rn. 26; *Schulze-Fielitz*, in: Dreier, GG, Art. 5 Abs. 1, 2 Rn. 63, 66; krit. zur These einer Nichtunterscheidbarkeit *Rühl* AfP 2000, 17 ff.; ders. Tatsachen, Interpretationen und Wertungen, S. 224 ff.; *Jarass*, in: Jarass/Pieroth, GG, Art. 5 Rn. 5; nach *Leibholz/Rinck/Hesselberger*, GG, Art. 5 Rn. 27 ist eine Trennung von tatsächlichen und wertenden Bestandteilen nur insoweit zulässig, wenn dadurch der Sinn der Äußerung nicht verfälscht wird.

270 *Herzog*, in: Maunz/Dürig, GG, Art. 5 Abs. 1, 2 Rn. 52; *Starck*, in: v. Mangoldt/Klein/Starck, GG, Art. 5 Abs. 1, 2 Rn. 26.

GG teilhätte[271]. Die Berichterstattung durch Private wäre dagegen von diesem erhöhten Schutz ausgeschlossen und somit nur durch einen Rückgriff auf Art. 2 Abs. 1 GG verfassungsrechtlich gesichert[272].

Nach der herrschenden Ansicht in der Literatur ist damit die Unterscheidung von Tatsachen und Wertungen nicht nur im Einzelfall praktisch sehr schwierig vorzunehmen, sondern vielmehr prinzipiell unmöglich. Zusammenfassend wird dies damit begründet, dass in jedes Werturteil Tatsachenwissen einfließe und es keine vom eigenen Werturteil losgelöste Berichterstattung gebe. Selbst in der Auswahl, Aufmachung und Platzierung eines Berichts stecke jeweils eine Wertung.

Als Konsequenz dieser Argumente ergibt sich die Unmöglichkeit einer Abgrenzung von Tatsachenbehauptungen und Werturteilen, sodass jegliche Äußerungen unter den Schutz des Art. 5 Abs. 1 S. 1 Alt. 1 GG fallen.

Indes ist es doch verwunderlich, wenn dann doch zumindest bewiesen[273] oder bewusst unwahre Tatsachenmitteilungen aus dem Schutzbereich des Art. 5 Abs. 1 S. 1 Alt. 1 GG wieder herausgenommen werden[274], obwohl auch sie grundsätzlich mit einem Werturteil untrennbar vermischt sind. Unvermeidliche Folge wäre dann, dass auch dem untrennbaren Werturteil der Schutz der Meinungsäußerungsfreiheit verweigert werden würde[275]. Zudem darf es auf den Inhalt, einen speziellen Wert der Äußerung, den Zweck ihrer Formulierung und Kundgabe nicht ankommen, wenn der Grundrechtsschutz nicht ausgehöhlt werden soll[276].

Die Differenzierung von Tatsachen und Meinungen erlangt auch in anderen Zusammenhängen Bedeutung. Nach Ansicht des Bundesverfassungsgerichts bedarf es einer Unterscheidung, da die Vermutung der Zulässigkeit der freien Rede für Tatsachenbehauptungen nur eingeschränkt gelte[277]. Vor allem aber auf einfachgesetzlicher Ebene spielt die Unterscheidung eine erhebliche Rolle. Wie

---

271 *Herzog*, in: Maunz/Dürig, GG, Art. 5 Abs. 1, 2 Rn. 52.

272 BVerfGE 6, 32, 37 („Elfes“).

273 Die Unwahrheit steht im Zeitpunkt der Äußerung bereits fest.

274 BVerfGE 54, 208, 219 („Böll“); 61, 1, 8 („NPD-Europas“); 90, 1, 15 („Jugendgefährdende Schriften“); 90, 241, 249 („Auschwitzlüge“); 99, 185, 197 („Scientology“); *Bethge*, in: Sachs, GG, Art. 5 Rn. 28; *Degenhart*, in: Bonner Kommentar, GG, Art. 5 Abs. 1, 2 Rn. 109; kritisch hierzu *Pieroth/Schlink*, Grundrechte, Staatsrecht II, Rn. 555, der in der Meinungsfreiheit auch eine „Freiheit zum Irrtum“ sieht; *Wendt*, in: v. Münch/Kunig, GG, Art. 5 Rn. 10; *Schmidt-Jortzig*, in: Isensee/Kirchhof, HStR, Band VII § 162 Rn. 22.

275 *Grimm* NJW 1995, 1697, 1699.

276 *Schmidt/Jortzig*, in: Isensee/Kirchhof, HStR, Band VII, § 162 Rn. 22.

277 BVerfGE 61, 1, 8 („NPD Europas“).

bereits erwähnt, sind Gegendarstellungs- und Widerrufsansprüche zum Beispiel nur bei Tatsachenbehauptungen gegeben. Ein Unterlassungsanspruch ist bei einer Meinungsäußerung nur im Falle von Schmähkritik statthaft[278]. „*Tatsachen*" werden auch bei den Ansprüchen aus § 824 BGB und § 14 UWG vorausgesetzt. Im Strafgesetzbuch wird zwischen § 185 StGB und den §§ 186 ff. StGB nach Wertungen und ehrverletzenden Tatsachenbehauptungen differenziert. Zudem betrügt derjenige im Sinne des § 263 StGB, der über Tatsachen täuscht. Auch auf Grund dieses den einfachen Gesetzen entspringenden Erfordernisses der Trennung von Tatsachenbehauptung und Werturteil ist die Untrennbarkeitsthese nicht haltbar.

bb) Tatsachen und Werturteile als vermengte Bestandteile einer Äußerung

Nachdem die Trennbarkeit von Tatsachenbehauptungen und Werturteilen festgestellt wurde, ist im Weiteren die normative Frage der Einbeziehung von unwahren Tatsachenbehauptungen in den Schutzbereich des Art. 5 Abs. 1 S. 1 Alt. 1 GG zu stellen. Zu beachten ist, dass Äußerungen, die wertende und gleichzeitig tatsächliche Elemente beinhalten (so genannte Mischäußerungen), sich weder eindeutig dem Begriff der Tatsachenbehauptung noch des Werturteils zuordnen lassen. Wie im Falle einer derartigen Vermengung zu verfahren ist, ist zunächst zu untersuchen.

Stehen beide innerhalb einer Äußerung nebeneinander, so können sie isoliert werden, sofern hierdurch der ursprüngliche Sinn der Äußerung nicht aufgehoben oder verfälscht wird[279].

Im Fall einer Vermengung gliedert die Rechtsprechung die Mischäußerung in der Regel nicht in wertende und tatsächliche Elemente auf. Sie versucht vielmehr, den Gesamtcharakter der Äußerung zu erfassen[280]. Eine Aufgliederung wäre vor allem deshalb schwierig, weil beide Äußerungsformen nicht selten erst gemeinsam den Sinn einer Äußerung ausmachen. Nach Ansicht des Bundesverfassungsgerichts ist in einem solchen Fall im Interesse eines wirksamen Grundrechtsschutzes ein weiter Begriff der Meinung zu bevorzugen[281]. Vermengen sich in einer Äußerung wertende und tatsächliche Elemente, enthält sie aber weiterhin die Elemente der Stellungnahme, des Dafürhaltens oder des Meinens, so solle sie als Meinung von dem Grundrecht geschützt sein. Dies sei insbesondere

278 BVerfGE 90, 241, 247 f.(„Auschwitzlüge").

279 BVerfGE 61, 1, 9 („NPD Europas"); 85, 1, 15 („Bayer-Aktionäre"); 90, 241, 248 („Auschwitzlüge").

280 BVerfGE 61, 1, 9 („NPD Europas"); 85, 1, 15 („Bayer-Aktionäre"); 90, 241, 248 („Auschwitzlüge"); BGHZ 45, 296 („Höllenfeuer"); BGH NJW 1987, 2225, 2226.

281 BVerfGE 85, 1, 15 („Bayer-Aktionäre"); so auch *Grimm* NJW 1995, 1697, 1699.

dann angezeigt, wenn eine Trennung der Elemente den Sinn der Äußerung aufheben oder verfälschen würde[282].

Der weite Grundrechtsschutz und die Tendenz, in extensiver Weise Äußerungen als Werturteile zu interpretieren, wird zwar als begrüßenswert angesehen, erfährt aber dennoch Kritik. Gegen eine extensive Interpretation wird unter anderem vorgebracht, dass hierdurch überspitzte und somit wertende Darstellungen grundrechtlichen Schutz erfahren, während hingegen eher zurückhaltende und dadurch weniger verletzende Aussagen nur geschützt seien, soweit sie die Voraussetzungen, die das Bundesverfassungsgericht an Tatsachenbehauptungen stellt, erfüllen[283]. Damit würde der sich rücksichtsvoll Äußernde bestraft, der sich rücksichtslos Äußernde dagegen prämiert werden[284]. Zudem könne der sich Äußernde geschickt tatsächliche und wertende Elemente so in seine Formulierung einbauen, dass von einer Untrennbarkeit auszugehen sein müsse[285]. Letztendlich würde ein extensiver Meinungsbegriff dazu führen, dass jegliches (ehrenrührige) Werturteil zulässig wäre, selbst wenn es mit einer noch so falschen oder nicht beweisbaren Tatsachenbehauptung verknüpft wäre[286].

Eine derartige Sichtweise wird jedoch dem Schutzzweck einer freien und öffentlichen Meinungsbildung nicht gerecht. Werden derartige Mischäußerungen in den Schutzbereich des Art. 5 Abs. 1 S. 1 Alt. 1 GG aufgenommen, sagt dies keineswegs etwas über ihre Zulässigkeit aus. Im Hinblick auf die Meinungsäußerungsfreiheit als *„unmittelbarster Ausdruck der menschlichen Persönlichkeit“* und ihrer grundlegenden Bedeutung für eine freiheitlich-demokratische Staatsordnung ist es jedenfalls nicht zu akzeptieren, auch den wertenden Bestandteil einer Äußerung aus dem Schutzbereich der Meinungsfreiheit herauszunehmen.

cc) Schutz des Art. 5 Abs. 1 S. 1 Alt. 1 GG auch für unwahre Tatsachenbehauptungen?

Fraglich ist, ob ebenso wie wahre Tatsachenbehauptungen, die mit einer Wertung verbunden oder für die Meinungsbildung relevant sind, auch unwahre Tatsachenbehauptungen in den Schutzbereich des Art. 5 Abs. 1 S. 1 Alt. 1 GG fallen.

Wird gegen eine Person strafrechtlich ermittelt, sind allein die Ermittlungen, über die berichtet wird, als solche objektive Tatsachen. Unwahre Tatsachenbehauptungen werden in diesem Zusammenhang relevant, wenn der Tatverdächtige selbst oder sein Verteidiger zu den Angelegenheiten schweigt, in der Öffent-

282 BVerfGE 85, 1, 15 („Bayer-Aktionäre“); 90, 241, 248 („Auschwitzlüge“).
283 *Stark*, Ehrenschutz in Deutschland, S. 48; *Heselhaus* NVwZ 1992, 741, 742.
284 *Stark*, Ehrenschutz in Deutschland, S. 48.
285 *Kiesel* NVwZ 1992, 1129, 1134; *Stürner* JZ 1994, 865, 868.
286 *Stark*, Ehrenschutz in Deutschland, S. 48; *Kiesel* NVwZ 1992, 1129, 1134.

lichkeit aber ein derartiges Interesse an der Person des Tatverdächtigen und der ihm vorgeworfenen Tat besteht, dass in den Medien Spekulationen angestellt werden, die den Rezipienten als „*Fakten*“ präsentiert werden.

Die Judikatur des Bundesverfassungsgerichts[287] und ein Teil der literarischen Stimmen[288] schließen erwiesen und bewusst unwahre Tatsachen grundsätzlich aus dem Schutzbereich der Meinungsfreiheit aus. Begründet wird dies damit, dass eine Verneinung des Grundrechtstatbestandes für bewusst und evident unwahre Tatsachenmitteilungen dem Schutzzweck von Art. 5 Abs. 1 S.1 Alt. 1 GG entspreche. Denn wer derartige Tatsachen kundgebe, nehme nicht in schutzwürdiger Weise am grundrechtlichen Kommunikationsprozess teil[289], da er zur verfassungsrechtlich vorausgesetzten Meinungsbildung nichts beitragen könne. Unter diesem Gesichtspunkt sei die unrichtige Information kein schützenswertes Gut[290]. Allerdings ist zu bedenken, dass die Wahrheit im Zeitpunkt der Äußerung oft ungewiss ist und sich erst als Ergebnis eines Diskussionsprozesses oder auch einer gerichtlichen Klärung herausstellt[291]. Würde angesichts dieses Umstandes die nachträglich als unwahr erkannte Äußerung immer mit Sanktionen belegt werden dürfen, so stünde zu befürchten, dass der Kommunikationsprozess leidet, weil risikofrei nur noch unumstößliche Wahrheiten geäußert werden könnten[292]. Auf Grund dessen dürfen die Anforderungen an die Wahrheitspflicht nicht derart gestellt werden, dass dadurch eine Lähmung der individuellen Meinungsfreiheit eintritt[293]. Auch wenn nur Anhaltspunkte im Hinblick auf mitteilungswürdige Vorgänge existieren, muss die Möglichkeit bestehen, diese mitzuteilen[294].

Dagegen ist für nicht erwiesen oder nicht bewusst unwahre Tatsachen der Schutzbereich des Art. 5 Abs. 1 S. 1 Alt. 1 GG eröffnet. Das Bundesverfassungsgericht berücksichtigt dann den Wahrheitsgehalt der Tatsachen innerhalb des Abwägungsprozesses. Auch bei so genannten Mischäußerungen hänge die

287 BVerfGE 61,1, 8 („NPD Europas“); 90, 1, 12 („Jugendgefährdende Schriften“); 99, 185, 197 f. („Scientology“); BVerfG ZUM-RD 2003, 114, 116; BGH NJW 1998, 3047, 3048; BVerfG AfP 2004,47, 47.

288 *Bethge*, in: Sachs, GG, Art. 5 Rn. 28; *Degenhart*, in: Bonner Kommentar, GG, Art. 5 Abs. 1, 2 Rn. 109; *Jarass*, in: Jarass/Pieroth, GG, Art. 5 Rn. 4; *Schmidt Glaeser* JZ 1983, 95, 97; generell gegen Einschränkungen im Tatbestand *Schulze-Fielitz*, in: Dreier, GG, Art. 5 Abs. 1, 2 Rn. 65.

289 Vgl. *Degenhart*, in: Bonner Kommentar, GG, Art. 5 Abs. 1, 2 Rn. 109.

290 BVerfGE 90, 241, 247 („Auschwitzlüge“).

291 Vgl. BVerfGE 97, 125, 148 f. („Caroline von Monaco I“).

292 BVerfGE 99, 185, 197 („Scientology“).

293 BVerfGE 85, 1, 22 („Bayer-Aktionäre“).

294 Dies gilt in besonderem Maße für die Presse-insbesondere für die Verdachtsberichterstattung, vgl. *Steffen*, in: Löffler, Presserecht, § 6 LPG Rn. 52.

Schutzwürdigkeit vom Wahrheitsgehalt der ihnen zugrunde liegenden Tatsachen ab, wobei die Richtigkeit der tatsächlichen Elemente einer Äußerung ins Gewicht falle[295]. Stellen sich diese als unwahr heraus, trete die Meinungsfreiheit regelmäßig hinter den Persönlichkeitsschutz zurück[296].

Diese Auffassung differenziert somit zwischen erwiesen und bewusst unwahren Tatsachenbehauptungen, denen der Schutz des Art. 5 Abs. 1 S. 1 Alt. 1 GG verweigert wird, und sonstigen Tatsachenbehauptungen, denen dieser Schutz zukommen soll.

Nach anderer Ansicht ist unter Meinung im Sinne des Art. 5 Abs. 1 S. 1 Alt. 1 GG jede Aussage von auch unrichtigen Ansichten beziehungsweise auch unwahren Tatsachen zu verstehen, sodass sämtliche Tatsachenbehauptungen unabhängig von ihrem Wahrheitsgehalt in den Schutzbereich der Meinungsfreiheit fallen[297]. Erst im Rahmen einer Abwägung im Konfliktfall mit entgegenstehenden Rechten dürfe die Unrichtigkeit und Unwahrheit der Tatsachenbehauptung Berücksichtigung finden[298]. Hierfür spreche insbesondere die Schwierigkeit, wahr und falsch zu unterscheiden und objektive Wahrheit und subjektive Wahrhaftigkeit gegeneinander abzugrenzen[299].

Gegen einen Schutz von falschen Tatsachenbehauptungen durch die Meinungsäußerungsfreiheit wird angeführt, dass es von demjenigen, der sich im Hinblick auf Fakten nicht sicher sei, im Interesse der Funktion der Meinungsfreiheit verlangt werden könne, seine Äußerung als Meinung zu verbreiten[300].

Ein gänzlicher Ausschluss falscher Tatsachenbehauptungen aus dem Schutzbereich des Art. 5 Abs. 1 S. 1 Alt. 1 GG könne jedoch im Zweifel dem Schutz der grundlegend wichtigen Meinungsfreiheit nicht hinreichend gerecht werden. Vielmehr müsse beachtet werden, dass die Wahrheit oder Unwahrheit einer Tatsachenbehauptung im Zeitpunkt der Äußerung nicht schon immer feststehe. Oftmals stelle sie sich erst im Laufe der Kommunikation heraus. Es be-

---

295 BVerfGE 90, 241, 248 f. („Auschwitzlüge“); 94, 1, 8 („DGHS“).

296 BVerfGE 90, 241, 249 („Auschwitzlüge“) mit dem Verweis auf BVerfGE 61, 1, 8 („NPD Europas“); 85, 1, 17 („Bayer-Aktionäre“).

297 *Schulze-Fielitz*, in: Dreier, GG, Art. 5 Abs. 1, 2 Rn. 66; *Schmidt-Jortzig*, in: Isensee/Kirchhof, HStR, Band VII, § 162 Rn. 22; *Thieme* DÖV 1980, 149, 150, spricht auch demjenigen, der bewusst lügt, das Recht auf Meinungsäußerungsfreiheit zu; nach *Köhler* NJW 1985, 2389, 2390 besteht eine Wahrheitspflicht nur im moralischen Sinn.

298 So auch BVerfGE 94, 1, 8 („DGHS“); 99, 185, 197 („Scientology“); *Schulze-Fielitz*, in: Dreier, GG, Art. 5 Abs. 1, 2 Rn. 66; *Schmidt-Jortzig*, in: Isensee/Kirchhof, HStR, Band VII, § 162 Rn. 22 will bei der Abwägung mit kollidierenden Rechten Dritter falschen Tatsachenbehauptungen ein gegen Null tendierendes Gewicht zumessen.

299 *Schmidt-Jortzig*, in: Isensee/Kirchhof, HStR, Band VII, § 162 Rn. 22.

300 *Schmitt Gläser* JZ 1983, 95, 97.

stünde die Gefahr, den Kommunikationsprozess zu beinträchtigen, wenn lediglich die mit Sicherheit wahre Tatsachenbehauptung in den Genuss eines Grundrechtsschutzes käme[301].

Tatsachenbehauptungen werden richtigerweise nur bei einem vollen Beweis der Unwahrheit aus dem Schutzbereich der Meinungsfreiheit heraus genommen. Würde man einen generellen Wahrheitsbeweis fordern, wäre eine öffentliche Diskussion in der Gesellschaft über nicht erwiesen wahre Tatsachen nicht möglich. Zudem würde eine öffentliche Diskussion nichts mehr zu einer Wahrheitsfindung beitragen, da lediglich *„fertige"* Sachverhalte in der Öffentlichkeit zur Diskussion stünden[302].

Allerdings ist zu beachten, dass eine nicht erwiesen unwahre Tatsachenbehauptung auch nicht als *„unwahr"* behandelt werden kann[303]. Sofern sie einen Beitrag zur Meinungsbildung leistet, muss ohnehin auch der nicht erwiesen unwahren Tatsachenbehauptung der Schutz des Art. 5 Abs. 1 S.1 Alt. 1 GG gewährt werden. Im Ergebnis fallen demnach alle Tatsachenbehauptungen, die nicht erwiesen unwahr und gleichzeitig Voraussetzung für den Meinungsbildungsprozess sind, in den Schutzbereich der Meinungsfreiheit.

Des Weiteren kann im Interesse des ebenfalls betroffenen Persönlichkeitsrechtes eines Dritten zwischen unbewusst erwiesen unwahren und bewusst erwiesen unwahren Tatsachenbehauptungen differenziert werden. Gegen das *„Bewusstsein"* als Element für die Prüfung des Schutzbereiches wird eingewendet, dass es bei Art. 5 Abs. 1 S. 1 Alt. 1 GG auf eine subjektive Seite nicht ankomme[304]. Entscheidendes Merkmal solle vielmehr der Beitrag zur Meinungsbildung sein. Eine unwahre Tatsachenbehauptung werde jedoch nicht dadurch richtig, dass sich der Mitteilende der Unrichtigkeit nicht bewusst war[305].

Da der Wahrheitsgehalt einer Tatsachenbehauptung häufig unklar ist und die für eine Teilnahme am Kommunikationsprozess nicht immer ausreichende Zeit und/oder genügende Möglichkeiten zur Überprüfung der Wahrheit bestehen, kann als maßgebendes Element für die Bejahung des Schutzbereiches der Meinungsfreiheit nur das *„Bewusstsein"* der (Un-)Wahrheit der Tatsachenbehauptung sein[306]. Das subjektive Element des Wissens ist durchaus beachtlich, da allein dieses Element in der eigenen Sphäre des sich Äußernden liegt, der sich auf den Grundrechtsschutz der Meinungsfreiheit beruft. Dies hat zur Folge, dass die bewiesen unwahre Tatsachenbehauptung nur dann aus dem Schutzbereich des

---

301 *Grimm* NJW 1995, 1697, 1699.
302 *Stürner* JZ 1994, 865, 873.
303 *Schmitt Glaeser* JZ 1983, 95, 96.
304 *Schmitt Glaeser* JZ 1983, 95, 96.
305 *Schmitt Glaeser* JZ 1983, 95, 96.
306 *Zacker* DÖV 1997, 238, 243.

Art. 5 Abs. 1 S. 1 Alt. 1 GG fällt, wenn der Äußernde die Unwahrheit kennt. Die bewusste Lüge nimmt somit nicht am Schutz der Meinungsfreiheit teil.

Nicht vom Schutzbereich der Meinungsäußerungsfreiheit umfasst ist nach alldem die bewusst und erwiesen unwahre Tatsachenbehauptung. Ebenfalls kann eine bewusst unwahre, aber im Zeitpunkt der Äußerung noch unbewiesene Tatsachenbehauptung nicht den Schutz des Art. 5 Abs. 1 S. 1 Alt. 1 GG genießen, wenn die Unwahrheit im Nachhinein bewiesen wird. Behauptet dagegen jemand unbewusst eine unbewiesen unwahre Tatsache, so ist diese in den Schutzbereich mit aufzunehmen, da die Tatsache nicht als falsch eingestuft werden kann. Wird eine unbewusst erwiesen unwahre Tatsache geäußert, so muss jedenfalls bei evidenter Unwahrheit der Schutz der Meinungsäußerungsfreiheit versagt werden. Hat der Äußernde dagegen weder bewusst noch unbewusst eine erwiesen unwahre Tatsache behauptet, so ist im Einzelfall zu klären, ob er die Unwahrheit hätte kennen müssen.

dd) Die Mitteilung über laufende Strafverfahren als (wahre oder unwahre) Tatsachenbehauptung

Die Berichterstattung über den Verdacht einer Straftat fügt sich nicht leicht in die Kategorie *„wahre"* oder *„unwahre"* Tatsachenbehauptung ein.

Nachweislich wahre und möglicherweise unwahre Tatsachenbehauptungen vermischen sich in diesem Sektor vor allem deswegen, weil die Medien ihre Berichterstattung regelmäßig auf Primärquellen, wie Auskünfte der Ermittlungsbehörden, Auskünfte der beteiligten Anwälte oder ihnen zugängliche Akten stützen. Ob dagegen inhaltlich die betreffenden Informationen auch der Wahrheit entsprechen, ist in der Regel vor Abschluss des Verfahrens noch nicht beweiskräftig entschieden und kann von den Medien mit (presse-)üblicher Sorgfalt auch kaum oder gar nicht geprüft werden.

Mitteilungen über ein laufendes Strafverfahren enthalten somit einerseits die wahre Aussage, dass gegen den Betroffenen ermittelt beziehungsweise ihm eine Straftat vorgeworfen wird. Andererseits steht aber noch nicht fest, ob der Vorwurf auch tatsächlich zutrifft. Die Gefahr einer nachhaltigen Verletzung der Rechte des Betroffenen ist demnach evident. In der öffentlichen Diskussion fällt insoweit häufig das Schlagwort der so genannten *„Vorverurteilung"*[307]. Allein die Feststellung, dass die Medien in ihren Berichten *„lediglich"* amtliche Auskünfte der Behörden weitergegeben haben, nützt demjenigen Betroffenen, dem in der Öffentlichkeit zu Unrecht die Begehung einer Straftat nachgesagt wurde, nichts. Andererseits ist zu berücksichtigen, dass der Öffentlichkeit ein Anspruch

307 Hierzu ausführlich *Hassemer* NJW 1985, 1921 ff.; *Nothelle* AfP 1985, 18 ff.; *Soehring* GRUR 1986, 518; *Kohl* AfP 1985, 102 ff.

zuzusprechen ist, über laufende Strafverfahren unterrichtet zu werden, und dass die Medien gleichzeitig auch insoweit den ihnen durch die Landespressegesetze zugewiesenen Informationsauftrag zu erfüllen haben. Die Weitergabe von durch die Ermittlungsbehörden ausgesprochenen Verdächtigungen an die Öffentlichkeit stellt zwar keine Eigenmeldung der Medien dar. Dies bedeutet für diese jedoch nicht, dass sie für deren Inhalt auf Grund ihrer Mitwirkung bei der Verbreitung nicht haften können. Entsprechende Voraussetzungen für eine zulässige Mitteilung über Strafverfahren wurden durch die Rechtsprechung entwickelt und sind entsprechend hoch anzusetzen[308]. Grundsätzlich ist zwischen der mit der Identifizierbarkeit einhergehenden Prangerwirkung und dem öffentlichen Interesse an der Bezeichnung des identifizierbaren Betroffenen als Tatverdächtigen, an das gerade wegen dieser Gefahr der Prangerwirkung besonders hohe Anforderungen zu stellen sind, abzuwägen[309]. Die Medien sind sich in diesem Zusammenhang ihrer Sorgfaltspflicht und Verantwortung durchaus auch bewusst[310].

Gerade im Bereich der Berichterstattung über schwebende Strafverfahren ist die These „wahre Tatsachenmitteilungen sind geschützt, falsche Informationen fallen aus dem Schutzbereich des Art. 5 Abs. 1 S. 1 Alt. 1 GG heraus“ allzu einfach, da - wie bereits erwähnt wurde - Wahrheit und Unwahrheit der vorgeworfenen Straftat oftmals im Zeitpunkt der Veröffentlichung des Berichts noch nicht feststeht. Nach der Rechtsprechung des Bundesverfassungsgerichts hängt zwar der Grundrechtsschutz von Tatsachenbehauptungen von deren Wahrheit beziehungsweise Unwahrheit ab. Es muss allerdings auch berücksichtigt werden, dass die Wahrheitssuche ein Prozess ist und dass es durchaus auch Zwang zur Handlung unter Zeitdruck geben kann. Auf Grund dessen dürfen keine übersteigerten Anforderungen an die Wahrheitspflicht gestellt werden, um der Gefahr einer „*Lähmung der Medien*“ vorzubeugen[311]. Im Gegenzug müssen die Medien auf Grund ihrer Breitenwirkung dem Betroffenen mit besonderer Rücksicht begegnen, wenn sie ihn mit den Gefahren eines noch nicht verifizierten und somit eventuell unwahren Berichts konfrontieren. Die Medien müssen demnach ihrer

---

308 *Soehring/Seelmann-Eggebert* NJW 2000, 2466, 2470.

309 *Kübler*, Anm. zu BGH, Urt. v. 7.12.1999 - VI ZR 51/99, JZ 2000, 622, 622 f.; *Löffler/Ricker*, Handbuch des Presserechts, 42. Kap. Rn. 13.

310 Vgl. Ziffer 13 Pressekodex: „Die Berichterstattung über schwebende Ermittlungs- und Gerichtsverfahren muss frei von Vorurteilen erfolgen. Die Presse vermeidet deshalb vor Beginn und während der Dauer eines solchen Verfahrens in Darstellung und Überschrift jede einseitige oder präjudizierende Stellungnahme. Ein Verdächtiger darf vor einem gerichtlichen Urteil nicht als Schuldiger hingestellt werden [...]“.

311 BVerfGE 54, 208, 220 („Böll“) unter Bezugnahme auf BGH NJW 1977, 1288, 1289 („Abgeordnetenbestechung“).

Recherchepflicht nachkommen und ein Mindestmaß an Indizien für die Wahrheit der Information ermitteln. Eine gänzliche Wahrheit ihrer Berichterstattung müssen sie dagegen nicht gewährleisten. Die höchstrichterliche Rechtsprechung fordert entsprechend den Landespressegesetzen[312] von den Medien nur ein Bemühen um Wahrheit. Sie dürfen über Tatsachen auch dann berichten, wenn diese noch nicht gerichtsfest bewiesen sind, haben sich aber mit den ihnen zur Verfügung stehenden Mitteln und mit „*pressemäßiger*" Sorgfalt von der Wahrheit zu überzeugen[313]. Die „*Pflicht*" zu einer wahren Berichterstattung ist jedoch um so höher, je mehr der Inhalt des Berichts eine Gefahr für die Rechte des Betroffenen darstellt. Werden die Sorgfaltspflichten durch die Medien hinreichend erfüllt und stellt sich die Unwahrheit der Mitteilung erst nachträglich heraus, so kann auch ein falscher Medienbericht bei entsprechendem Interesse an der Berichterstattung unter dem Gesichtspunkt des erlaubten Risikos[314] grundrechtlich geschützt sein[315].

Die Medienberichterstattung über laufende Strafverfahren ist nach alledem im Grenzbereich zwischen der Vermittlung wahrer und unwahrer Tatsachenbehauptungen anzusiedeln, wobei zwischen der reinen Mitteilung über das laufende Verfahren und dem verbreiteten Vorwurf an sich unterschieden werden muss.

II) Die Informationsfreiheit, Art. 5 Abs. 1 S. 1 Alt. 2 GG

Neben dem Grundrecht auf freie Meinungsäußerung und Meinungsverbreitung beinhaltet Art. 5 Abs. 1 S. 1 GG in seiner zweiten Alternative das Recht eines jeden, sich aus allgemein zugänglichen Quellen ungehindert zu informieren, welches im Allgemeinen als Informationsfreiheit bezeichnet wird. Im Verhältnis zur Meinungsäußerungs- und -verbreitungsfreiheit erlangt die Informationsfreiheit bereits im frühen Stadium der Meinungsbildung Bedeutung, die sonst reichlich engen Grenzen unterworfen wäre, wenn es dem Einzelnen nicht möglich wäre, sich aus den für ihn zugänglichen allgemeinen Quellen zu unterrichten. Die Informationsfreiheit ist demnach eine Voraussetzung der Meinungs(äußerungs)freiheit[316]. Das Bundesverfassungsgericht sieht dieses Recht

312 Vgl. z. B. § 6 LPG Ba.-Wü.

313 BGH NJW 1987, 2225; NJW 1996, 1131; OLG Nürnberg ZUM 1998, 849; vgl. auch *Soehring*, Presserecht, § 2 Rn. 1 ff; *B. Peters* NJW 1997, 1334 ff.

314 BGH NJW 1985, 1621, 1622 („Türkol I"); *Steffen*, in: Löffler, Presserecht, § 6 LPG Rn. 99.

315 *Rühl* AfP 2000, 17, 22.

316 Die „schlechthin konstituierende" Bedeutung des Grundrechts der Informationsfreiheit als essenzieller Bestandteil des öffentlichen Meinungsbildungsprozesses beschreibt das Bundesverfassungsgericht in einer frühen Grundsatzentscheidung, BVerfGE 27, 71, 81.

als Abwehrrecht gegen den Staat[317], dagegen nicht als Leistungsrecht, sodass es gegen den Staat keinen Anspruch auf Information gibt[318]. Art. 5 Abs. 1 S. 1 Alt. 2 GG sichert nur den Zugang zu allgemein zugänglichen Informationsquellen, nicht dagegen das *„Recht auf Eröffnung einer Informationsquelle“*[319]. Allgemein zugänglich ist eine Informationsquelle, wenn sie geeignet und bestimmt ist, der Allgemeinheit als nicht individuell bestimmbaren Personenkreis Informationen zu verschaffen[320]. Die Informationen, die in einem Strafverfahren die Ermittlungsbehörden haben, sind nicht als allgemein zugänglich zu qualifizieren. Hieraus folgt die Konsequenz, dass das Interesse der Medien an einer Informationsbeschaffung, beispielsweise durch die Staatsanwaltschaft, nicht dem Grundrechtsschutz aus Art. 5 Abs. 1 S.1 Alt. 2 GG unterliegt[321].

III) Die Pressefreiheit, Art. 5 Abs. 1 S. 2 Alt. 1 GG

Berichten die Printmedien über eine tatverdächtige Person im Zusammenhang mit einem laufenden Strafverfahren, so können diese dem Persönlichkeitsrecht des Tatverdächtigen die Pressefreiheit aus Art. 5 Abs. 1 S. 2 Alt. 1 GG entgegenhalten, die auf Grund ihrer Wächter- und Kontrollfunktion[322] Rückhalt in der Verfassung verdient.

Geschichtlich betrachtet hat sich die Einstellung bezüglich Wesen und Aufgabe der Presse seit der Einführung des Grundgesetzes grundlegend geändert. Während der Zeiten des Absolutismus war sie vom Staat gefürchtet und wurde bekämpft, im Obrigkeitsstaat wurde sie zwar als lästiges Übel geduldet und im totalitären Machtstaat als Propagandamittel missbraucht. Seit geraumer Zeit nimmt die Presse an der gesellschaftlichen Willensbildung als freier Partner teil. Auf Grund ihrer herausragend wichtigen Stellung im Hinblick auf die Meinungsbildung wird die Pressefreiheit teilweise als *„liberales Urgestein und Grundstock“* des demokratischen Verfassungsstaates bezeichnet[323]. Sie beinhaltet eine zweigliedrige Schutzrichtung, wobei vor allem die Freiheit gegenüber

317 BVerfGE 103, 44, 60 („Fernsehaufnahmen im Gerichtssaal II“); 66, 116, 137 („Springer/Wallraff“).

318 *Bethge*, in: Sachs, GG, Art. 5 Rn. 60; *Starck*, in: v. Mangold/Klein/Starck, GG, Art. 5 Abs. 1, 2 Rn. 50; *Wendt*, in: v. Münch/Kunig, GG, Art. 5 Rn. 28.

319 *Starck*, in: v. Mangoldt/Klein/Starck, GG, Art. 5 Abs. 1, 2 Rn. 50.

320 BVerfGE 90, 27, 32 („Parabolantenne I“); *Starck*, in: v. Mangoldt/Klein/Starck, GG, Art. 5 Abs. 1, 2 n. 45.

321 Ob sich ein Informationsanspruch möglicherweise aus der Pressefreiheit ableiten lässt, siehe unten Erster Teil, B), III), 3).

322 So *Limbach* AfP 1999, 413, 413.

323 *Bethge*, in: Sachs, GG, Art. 5 Rn. 65.

staatlichem Zwang verbürgt wird[324]. Neben dieser Funktion als klassisches Abwehrrecht schützt die Pressefreiheit aber auch objektiv-rechtlich die institutionelle Eigenständigkeit der Presse[325], die das subjektive Abwehrrecht nicht ersetzen, sondern dieses vielmehr ergänzen soll.

1) Funktion und öffentliche Aufgabe der Presse

Die Freiheit der Presse als soziales Kommunikationsinstrument ist für das Funktionieren einer demokratischen Gesellschaft ein unabdingbares Grundrecht. Die Presse bietet - ebenso wie der Rundfunk als weiteres Kommunikationsmittel - die Chance, einer möglichst großen Zahl an Staatsbürgern politische und soziale Konflikte näher zu bringen[326]. Diese sollen so weit wie möglich vollständig, sachlich und auch verständlich informiert werden, um in der Lage zu sein, mit einem kritischen Blick das öffentliche Geschehen zu verfolgen[327]. Für einen freiheitlich und demokratisch organisierten Staat ist eine umfangreiche und zuverlässige Informationsvermittlung grundlegend. In einer modernen Kommunikationsgesellschaft fällt diese Aufgabe auch den Massenmedien zu, wodurch sie ihre besondere Bedeutung erlangen. Ferner bieten die Medien eine Plattform, innerhalb derer Fragen von öffentlichem Interesse in freier und öffentlicher Diskussion erörtert werden können. Hierdurch spielen die Massenmedien auch bei der Gewährleistung einer freien, individuellen und öffentlichen Meinungsbildung eine große Rolle[328], wobei es nicht nur um die Vermittlung politischer Meinungen geht. Jede Vermittlung von seriöser oder trivialer Information und Meinung gewährleistet einen Beitrag zur Meinungsbildung. Die Medien bieten eine gemeinsame Informationsbasis, die den gesellschaftlichen Zusammenhalt fördert[329]. Hierdurch erfüllen sie auch eine integrierende Funktion für das Staatsganze[330].

---

324 *Limbach* AfP 1999, 413, 413.

325 BVerfGE 20, 162, 175 („Spiegel“); 66, 116, 133 („Springer/Wallraff“); 80, 124, 133 („Postzeitungsdienst“); 117, 244, 258 f. („CICERO“); *Ossenbühl* JZ 1995, 633, 634, führt aus, dass dem Institut „Freie Presse“ die „Institution einer freien Presse überhaupt“ folge.

326 *Meyn*, Massenmedien in Deutschland, S. 33.

327 BVerfGE 20, 162, 174 („Spiegel“); *Meyn*, Massenmedien in Deutschland, S. 34; kritisch *Ladeur* ZUM 2000, 879, 881 Fn. 10, der die Funktion der Medien als Informationsvermittler als überschätzt ansieht.

328 *Groß*, Presserecht, Rn. 36.

329 *Bullinger*, in: Festschrift für Leisner, S.885, 886.

330 BVerfGE 31, 314, 329 („2. Rundfunkentscheidung“); 47, 198, 225 („Wahlwerbesendungen“).

Die Medien agieren gleichzeitig als „*Verbindungsorgan*“[331] zwischen dem Volk und den Staatsorganen, wobei diese Rolle ein grundlegender Bestandteil des Legitimationsprozesses staatlicher Gewalt darstellt[332]. Politik ist auf einen öffentlichen Diskurs angewiesen. Nur so kann die Ausübung staatlicher Gewalt diejenige Akzeptanz finden, welcher ein demokratischer Staat bedarf[333].

Daneben sind die Presse wie auch der Rundfunk als Kontrollorgane zu verstehen, welche die Ausübung der Staatsgewalt durch die Staatsorgane beobachten und kontrollieren[334]. Die Massenmedien sollen durch ihr wachsames Auge die im parlamentarischen Regierungssystem agierenden Staatsgewalten überwachen und Kritik üben, sofern diese ihre Aufgaben nicht oder nicht zufrieden stellend erfüllen. Die öffentliche Kritikfunktion der Presse ist jedoch keineswegs auf Staatsangelegenheiten beschränkt. Ihr obliegt es ebenfalls, soziale Kritik zu äußern. So sollen Missstände und soziale Ungerechtigkeiten in unserer Gesellschaft angeprangert werden, um die Bürger im Hinblick auf ein sozialverträglicheres Zusammenleben zu sensibilisieren.

Die Integrations-, Legitimations- und Kontrollfunktionen sind tangiert, wenn von der „*öffentlichen Aufgabe*“ der Presse beziehungsweise von der „*dienenden*“ Funktion der Rundfunkfreiheit die Rede ist. Der Gesetzgeber[335] und die Gerichte[336], vor allem das Bundesverfassungsgericht[337], haben der Presse gegenüber ausgesprochen, dass diese eine „*öffentliche Aufgabe*“ zu erfüllen habe.

Würde man die „*öffentliche Aufgabe*“ der Presse wörtlich nehmen und dieser ein öffentliches Amt mit entsprechenden Auftragspflichten und Rechten zusprechen, so hätte dies Auswirkungen auf den Abwägungsprozess mit dem allgemeinen Persönlichkeitsrecht des Tatverdächtigen, da die Presse so in eine gewichtigere Position rücken würde.

Es stellt sich daher die Frage, ob die einfachgesetzliche und verfassungsgerichtliche Anerkennung einer „*öffentlichen Aufgabe*“ der Presse so zu deuten ist, dass eine solche auch tatsächlich im rechtlichen Sinne besteht.

---

331 BVerfGE 20, 162, 175 („Spiegel“).

332 *Frank*, in: Nahamowitz/Breuer, Politik-Verfassung-Gesellschaft, S. 321, 321.

333 *Isensee*, in: Isensee/Kirchhof, HStR, Band IX, § 202 Rn. 181 f.

334 *Kriele* VVDStRL Bd. 29 (1971), S. 46, 65; *Bamberger* ZUM 2001, 373, 374.

335 Vgl. z. B. § 3 Abs.1 LPG Ba.-Wü.: Die Presse erfüllt eine öffentliche Aufgabe, wenn sie in Angelegenheiten von öffentlichem Interesse Nachrichten beschafft und verbreitet, Stellung nimmt, Kritik übt oder auf andere Weise an der Meinungsbildung mitwirkt.

336 Z. B. BGHZ 31, 308, 312 („Alte Herren“); 39, 124, 132 („Fernsehansagerin“).

337 BVerfGE 12, 113, 130 („Schmidt-Spiegel“); 12, 205, 206, 260 („1. Rundfunkentscheidung“); 20, 162, 174 f. („Spiegel“).

Einige Autoren sprechen der *„öffentlichen Aufgabe“* jeglichen normativen Wert ab und sehen in ihr lediglich *„Material für Festreden“*[338] oder halten sie für ein Gemisch aus Realitätsbeschreibung und ethischen Forderungen[339], ein Mittel zur wertbezogenen Interpretation der Pressefreiheit[340], welches einer Pflicht zur Bildung zu entsprechen habe und jegliche Unterhaltung ausschließe. Andere dagegen sehen die *„öffentliche Aufgabe“* der Presse als Verfassungsauftrag an[341].

Anlass für derart unterschiedlich ausgeprägte Ansichten birgt schon der Ausdruck *„öffentliche Aufgabe“* in sich[342]. Es bereitet reichlich Schwierigkeiten, eine Definition der beiden Wörter, vor allem in ihrer Zusammensetzung, zu finden, da beide Begriffe fast beliebig interpretierbar sind[343]. Vor allem dem Wort *„öffentlich“* können verschiedene Bedeutungen zugemessen werden. *„Öffentlich“* kann zum Beispiel bedeuten: Offen im Sinne von allgemein, also nicht privat, für die Öffentlichkeit/Allgemeinheit bestimmt beziehungsweise allgemein zugänglich. *„Öffentlich“* kann aber auch staatsbezogen/öffentlich-rechtlich bedeuten[344]. Im Hinblick auf den hier maßgeblichen zusammengesetzten Begriff der *„öffentlichen Aufgabe der Presse“* kann *„öffentlich“* nur im Sinne von Aufgaben verstanden werden, die nicht nur ein Individuum oder eine kleine Gruppe, sondern die Allgemeinheit interessieren[345]. Gegen eine Deutung des Wortes *„öffentlich“* als Ausdruck der Staatsbezogenheit spricht, dass dem deutschen Staat keine Monopolstellung als alleiniger Überwacher des Gemeinwohls der Bevölkerung zusteht. Durch die Erfüllung ihrer Aufgabe wird die Presse gerade zu

---

338 *Rehbinder*, Presserecht, S.23; ders. bezeichnet die „öffentliche Aufgabe“ auch als ideologische Floskel, NJW 1963, 1387, 1388.

339 *Starck*, in: v. Mangoldt/Klein/Starck, GG, Art. 5 Abs. 1, 2 Rn. 75; vgl. auch *Herzog*, in: Maunz/Dürig, GG, Art. 5 Abs. 1, 2 Rn. 119 f.; *Degenhart*, in: Bonner Kommentar, GG, Art. 5 Abs. 1, 2 Rn. 352, 354, die die „öffentliche Aufgabe“ für eine „faktische Funktionsbeschreibung“ halten; *Mallmann* JZ 1966, 625, 629 sieht sie als „eine `faktische Aufgabe`, richtiger Funktion, die von der Rechtsordnung nicht geschaffen, sondern anerkannt ist“.

340 *Dagtoglou*, Wesen und Grenzen der Pressefreiheit, S. 25 ff.; *F. Schneider*, Presse- und Meinungsfreiheit nach dem Grundgesetz, S. 125 f., 136; *Schüle/Huber*, Persönlichkeitsschutz und Pressefreiheit, S. 23; *Geiger* AfP 1959, 41 ff.; ähnlich *Faller* AfP 1981, 430, 436, der die „öffentliche Aufgabe“ als Ausprägung eines medienrechtlichen Grundprinzips und Interpretationsregel ansieht.

341 So vor allem *Löffler*, Der Verfassungsauftrag der Presse, S. 1 ff; vgl. auch *Kull*, in: Festschrift für Löffler, S. 187, 189.

342 Vgl. *Kull*, in: Festschrift für Löffler, S. 187, 190.

343 *Rüthers* AfP 1982, 23, 25.

344 *Faller* AfP 1981,430, 431 ff.

345 *Dagtoglou*, Wesen und Grenzen der Pressefreiheit, S. 25; *Rehbinder*, Die öffentliche Aufgabe und rechtliche Verantwortlichkeit der Presse, S. 42 f.

einem Korrektiv in Bezug auf staatliches Handeln und vermag so dem öffentlichen Interesse zu dienen[346]. Zudem würde eine derartige Interpretation dem Wesen der Pressefreiheit widersprechen, die gewährleisten soll, dass die Presse frei von jeglichem staatlichen Zwang ist. Auch das Bundesverfassungsgericht selbst sagt ausdrücklich, dass sich die Presseunternehmen frei bilden und nach privatwirtschaftlichen Grundsätzen, sowie in privatrechtlichen Organisationsformen arbeiten können[347]. In seinem *„Spiegel-Urteil"*[348] heißt es: *„So wichtig die damit der Presse zufallende 'öffentliche Aufgabe' ist, so wenig kann diese von der organisierten staatlichen Gewalt erfüllt werden"*[349]. Demnach können nur Private und nur in privatrechtlichen, nicht in öffentlich oder staatlich überwachten Betätigungsformen die *„öffentliche Aufgabe"* erfüllen[350].

Ebenso heikel ist das Wort *„Auftrag"*. Aufgaben sind vor- beziehungsweise fremdbestimmt. Sie werden erteilt und implizieren somit einen Auftraggeber, der wiederum kontrolliert, ob die entsprechende Aufgabe ordnungsgemäß erfüllt wird[351]. Dem Empfänger des Auftrags kann die Schlechterfüllung oder gar die gänzliche Verfehlung nachgewiesen werden[352].

Die *„öffentliche Aufgabe"* der Presse ist jedoch keine staatliche Aufgabe im Sinne eines imperativen Mandats[353]. Die *„öffentliche Aufgabe"* ist auch nicht in irgendeinem dienstrechtlichen Sinne zu verstehen, denn dies wäre mit der privatwirtschaftlichen Struktur der Presse nicht zu vereinbaren[354].

Gegen eine Auslegung der *„öffentlichen Aufgabe"* als Mittel einer wertbezogenen Interpretation der Pressefreiheit spricht vor allem, dass sie zwangsläufig eine restriktive Auslegung der Pressefreiheit zur Folge hat, was nur schwer mit Art. 5 Abs. 1 GG zu vereinbaren wäre[355].

Zudem ist der Begriff zu unbestimmt[356]. Die Unbestimmtheit könnte sich auf den Gewährleistungstatbestand auswirken, der je nach der Definition der *„öffentlichen Aufgabe"* anders aussähe. Der Presse könnten Pflichten auferlegt

---

346 *P. Schneider*, Pressefreiheit und Staatssicherheit, S. 91 f.

347 BVerfGE 20, 162, 175 („Spiegel"); 66, 116, 133 („Springer/Wallraff").

348 BVerfGE 20, 162 ff. („Spiegel").

349 BVerfGE 20, 162, 175 („Spiegel"); 66, 116, 133 („Springer/Wallraff").

350 *Rüthers* AfP 1982, 23, 25.

351 *Kull*, in: Festschrift für Löffler, S. 189, 190 f.

352 Dies hat besonders *Arndt*, in: Die Rolle der Massenmedien in der Demokratie, S. 3, 4, gesehen: „Ich schließe mich den Stimmen an, die es als verfehlt verwerfen, in Grundrechte so genannte öffentliche Aufträge hineinzuinterpretieren".

353 *Kull*, in: Festschrift für Löffler, S. 189, 190; *Mallmann* JZ 1966, 625, 629.

354 *Bullinger* AfP 1995, 644, 645; *Mallmann* JZ 1966, 625, 629.

355 *Ricker*, Freiheit und Aufgabe der Presse, S. 21 ff.

356 *Starck*, in: v. Mangoldt/Klein/Starck, GG, Art. 5 Abs. 1, 2 Rn. 74; *Rüthers* AfP 1982, 23, 24; *Streinz* AfP 1997, 857, 862 f.

werden, die trotz der Verknüpfung mit irgendwelchen Privilegien zu einer Quelle unberechenbarer Freiheitsbeschränkungen werden können[357]. Die Unbestimmtheit des Begriffs kann somit zu einem Ansatz für staatliche Eingriffe in Freiheit der Medien werden, da *„leicht enge, aber auch harte Fesseln"* aus der Unbestimmtheit des Begriffs entstehen können[358].

Die *„öffentliche Aufgabe"* der Presse ist demnach so zu deuten, dass deren reale Bedeutung für die öffentliche Meinungsbildung als Vorstufe der politischen Willensbildung in einer Demokratie rechtlich anerkannt wird. Indem ein Presseorgan Nachrichten verbreitet und sich so an der öffentlichen Meinungsbildung beteiligt, erfüllt es eine Funktion für die Öffentlichkeit ebenso wie für das demokratische Staatswesen[359]. Daher können Sonderrechte nur gewährt beziehungsweise Sonderpflichten nur auferlegt werden, wenn diese zur Erhaltung ihrer Funktion für die Demokratie unerlässlich sind[360].

Die öffentliche Aufgabe beinhaltet somit keine Rechtspflicht[361]. Aus diesem Grund ist es auch verfehlt, trotz der unbestreitbaren Macht der Medien auf die Bildung der öffentlichen Meinung und des politischen Willens, die Presse als *„vierte Gewalt"* zu bezeichnen[362]. Denn das würde terminologisch bedeuten, sie der Staatsgewalt gleichwertig und gleichberechtigt gegenüberzustellen. Staatliche beziehungsweise politische *„Gewalt"* muss jedoch legitimiert und die Ausübung derselben öffentlich kontrolliert werden. Die Einbindung der Presse als *„vierte Gewalt"* in die Balance der drei unbestreitbaren Staatsgewalten und eine staatliche Kontrolle der Gewaltausübung würde die Presse in ihrer Freiheit zu sehr beschneiden[363].

Im Rahmen der Abwägung mit den Rechten des Tatverdächtigen kann sich die Presse somit im Ergebnis nicht auf eine rechtliche Pflicht berufen, da die *„öffentliche Aufgabe"* weder ein Amt ist, noch eine Rechtspflicht vermittelt oder gar den Status einer *„vierten Gewalt"* verleiht.

---

357 *Starck*, in: v. Mangoldt/Klein/Starck, GG, Art. 5 Abs. 1, 2 Rn. 74; *Streinz* AfP 1997, 857, 863 f.

358 *Rüthers* AfP 1982, 23, 24.

359 *Kull*, in: Festschrift für Löffler, S. 189, 191.

360 *Bullinger* AfP 1995, 644, 645.

361 *Mallmann* JZ 1966, 625, 629.

362 So aber *Löffler*, Presserecht, Band I, 2. Auflage, 1. Kap. Rn. 57; *Löffler/Ricker*, Handbuch des Presserechts, 4. Kap. Rn. 25, die von der sozialen und politischen Bedeutung aus argumentieren.

363 *Rüthers* AfP 1982, 23, 24.

2) Die „Presse“ als presserechtlicher Grundbegriff

Der Begriff „*Presse*“ ist auf die Buchdruckerpresse zurückzuführen und leitet sich von „*pressen*“ im Sinne von „*drucken*“ ab[364]. Er ist weit und formal zu verstehen[365], um einer Weiterentwicklung durch Wissenschaft und Praxis gerecht zu werden[366]. Die „*Presse*“ umfasst nicht nur Zeitungen, Zeitschriften und Bücher, sondern alle zur Verbreitung geeigneten und bestimmten Druckerzeugnisse, unabhängig von einem periodischen Erscheinen, die nicht unter den Film- oder Rundfunkbegriff zu fassen sind[367]. Auch die Landespressegesetze[368] tragen der Weite des Pressebegriffs Rechnung, wonach „*alle mittels der Buchdruckerpresse oder eines sonstigen zur Massenherstellung geeigneten Vervielfältigungsverfahrens hergestellten und zur Verbreitung bestimmten Schriften, besprochenen Tonträger, bildlichen Darstellungen mit und ohne Schrift, Bildträger und Musikalien mit Text oder Erläuterungen*“ als Druckwerke gelten. Neben Zeitungen, Zeitschriften und weiteren periodisch erscheinenden Druckwerken sind daher auch Plakate, Flugblätter, Handzettel und Ähnliches geschützt[369].

Nicht ausschlaggebend für die verfassungsrechtliche Schutzwürdigkeit ist das Niveau des Pressewerkes. Auf die Seriosität, Wertigkeit und Vernünftigkeit kommt es wegen des verfassungsrechtlichen Diskriminierungsverbots[370] demnach nicht an[371]. Nach Ansicht des Bundesverfassungsgerichts schließt auch ein dominierender Unterhaltungscharakter eine meinungsbildende Funktion nicht aus[372].

Bei dem Massenmedium Presse kommt die Kommunikationstätigkeit vor allem durch das Verbreiten des Druckwerkes zum Ausdruck. Als Vorbereitungs-

364 *Groß*, Presserecht, Rn. 1.

365 BVerfGE 34, 269, 283 („Soraya“); 66, 116, 134 („Springer/Wallraff“); *Bethge*, in: Sachs, Art. 5 Rn. 68; *Schulze-Fielitz*, in: Dreier, GG, Art. 5 I, II Rn. 90.

366 *Schulze-Fielitz*, in: Dreier, GG, Art. 5 I, II Rn. 90; *Bethge*, in: Sachs, GG, Art. 5 Rn. 68; *Groß*, Presserecht, Rn. 2.

367 *Wendt*, in: v. Münch/Kunig, GG, Art. 5 Rn. 30; *Starck*, in: v. Mangoldt/Klein/Starck, GG, Art. 5 Abs. 1, 2 Rn. 59; *Bethge*, in: Sachs, GG, Art. 5 Rn. 68; *Bullinger*, in: Isensee/Kirchhof, HStR, Band VII, § 163 Rn. 2.

368 Z. B. § 7 Abs. 1 LPG Ba.-Wü.

369 *Herzog*, in: Maunz/Dürig, GG, Art. 5 Rn. 132; *Starck*, in: v. Mangoldt/Klein/Starck, GG, Art. 5 Abs. 1, 2 Rn. 59; *Wendt*, in: v. Münch/Kunig, GG, Art. 5 Rn. 30;

370 *Starck*, in: v. Mangoldt/Klein/Starck, GG, Art. 5 Abs. 1, 2 Rn. 60; *Bethge*, in: Sachs, GG, Art. 5 Rn. 69.

371 BVerfGE 34, 269, 283 („Soraya“); 50, 234, 240 („Gerichtspresse“); 66, 116, 134 („Springer/Wallraff“); 101, 361, 389 („Caroline von Monaco II“); *Bethge*, in: Sachs, GG, Art. 5 Rn. 69; *Limbach* AfP 1999, 413, 414.

372 BVerfGE 101, 361, 389 („Caroline von Monaco II“).

handlungen gehen dem das Herstellen und Vervielfältigen voraus. Um dem Wesen des Grundrechts Rechnung zu tragen, werden alle Tätigkeiten und Verhaltensweisen, die zur pressespezifischen Verbreitung gehören, von der Pressefreiheit geschützt[373]. Die rechtswidrige Beschaffung von Informationen, zum Beispiel aus nicht allgemein zugänglichen Quellen, fällt nicht in den Schutzbereich des Art. 5 Abs. 1 S. 2 Alt. 1 GG[374]. Etwas anderes gilt für die Verbreitung der rechtswidrig erlangten Informationen. Diese wird nach Auffassung des Bundesverfassungsgerichts durch Art. 5 Abs. 1 S. 2 Alt. 1 GG verfassungsrechtlich geschützt[375].

Hinsichtlich der Verbreitung falscher Nachrichten kann auf das zur Meinungsfreiheit Angeführte verwiesen werden. Lediglich die bewusst und bewiesen unwahre beziehungsweise die bewusst unbewiesen unwahre Tatsache, die jedoch später bewiesen wird, sowie die evident unwahre (unbewusste) Tatsachenbehauptung ist dem Schutzbereich der Pressefreiheit zu entziehen.

3) Die Pressefreiheit als verfassungsrechtlicher Informationsanspruch?

Erkennt man die in Art. 5 Abs. 1 S. 1 Alt. 2 GG verankerte Informationsfreiheit nicht auch als Informationsanspruch an, so könnte man zusätzlich überlegen, ob ein leistungsrechtlicher Informationsanspruch gegenüber staatlichen Behörden nicht unmittelbar aus der grundrechtlich geschützten Pressefreiheit abgeleitet werden könnte. Der Begriff der „*Pressefreiheit*“ beinhaltet nicht nur die Garantie eines vor staatlichen Eingriffen und Zwängen geschützten Freiraumes, so genannter „*status negativus*“. Darüber hinausgehend ist der Staat durch die Gewährleistung einer freien Presse als Institut verpflichtet, eine ungehinderte Pressetätigkeit von der Informationsbeschaffung bis hin zur Nachrichtenverbreitung zu gewährleisten[376]. Unter Berufung auf diese institutionelle Garantie wird oftmals ein unmittelbarer leistungsrechtlicher Anspruch auf Information abgeleitet und mit der öffentlichen Aufgabe der Presse begründet[377]. Diese soll durch ihre Nachrichten und Kommentare die Allgemeinheit in die Lage versetzen, ihre

---

373 BVerfGE 10, 118, 121 („Berufsverbot I“); 12, 205, 260 („1. Rundfunkentscheidung“); 50, 234, 240 („Gerichtspresse“); 91, 125, 134 („Fernsehaufnahmen im Gerichtssaal I“); *Starck*, in: v. Mangoldt/Klein/Starck, GG, Art. 5 Abs. 1, 2 Rn. 62; *Herzog*, in: Maunz/Dürig, GG, Art. 5 Abs. 1, 2 Rn. 135 f.; *Löffler/Ricker*, Handbuch des Presserechts, 1. Kap. Rn. 20.

374 BVerfGE 66, 116, 137 („Springer/Wallraff“).

375 BVerfGE 66, 116, 137 f. („Springer/Wallraff“).

376 Institutionelle Garantie, vgl. BVerfGE 20, 162, 175 („Spiegel“).

377 *Degenhart*, in: Bonner Kommentar, GG, Art. 5 Abs. 1, 2 Rn. 394; *Groß*, Pressrecht, S. 225; ders.: DÖV 1997, S. 133, 134; *Starck* AfP 1978, 171, 173.

staatsbürgerlichen Aufgaben und Rechte effektiv wahrzunehmen[378]. Kontrolle und Kritik an der Tätigkeit des Staates sollen ermöglicht werden[379].

Einer zeitgemäßen Auslegung[380] und einer Befreiung von der Beschränkung auf den „*status negativus*" stehe auch nicht entgegen, dass die Pressefreiheit mit dem Ziel, die Presse vor Eingriffen und Zwängen seitens des Staates zu schützen, als liberales Grundrecht entstanden sei[381].

Zudem sei für die Realisierung der Volkssouveränität ein Auskunftsanspruch dieser Art notwendige Voraussetzung[382]. Die Presse könne zur Erfüllung ihrer grundrechtlichen Funktion auf Informationen aus dem staatlichen Sektor angewiesen sein, wobei der Verweis auf andere Informationsmöglichkeiten dem nicht genügend Rechnung trage, sodass ein unmittelbar verfassungsrechtlicher Anspruch der Presse auf Information zu bejahen sei[383].

Auch das Bundesverfassungsgericht hat schon frühzeitig „*Auskunftspflichten der öffentlichen Behörden*" aus der Forderung, der Staat müsse in seiner Rechtsordnung der Bedeutung der Freiheit der Presse für ein freiheitlich demokratisches Staatswesen Rechnung tragen, abgeleitet, um zumindest einen „*Mindeststandard*" an Information zu gewährleisten[384]. Das Bundesverwaltungsgericht stimmt ihm zwar in dieser Hinsicht zu, lehnt aber einen unmittelbar aus Art. 5 Abs. 1 S. 2 Alt. 1 GG abgeleiteten Auskunftsanspruch gegenüber staatlichen Stellen ab[385]. Allein aus der Tatsache, dass die Informationsbeschaffung an sich Grundrechtsschutz genießt, folge nicht, dass auch ein Rechtsanspruch auf In-

---

378 *Groß* DÖV 1997, 133, 134.

379 *Starck*, in: v. Mangoldt/Klein/Starck, GG, Art. 5 Abs. 1, 2 Rn. 77.

380 *Friauf* DVBl. 1971, 674 ff.; *Scheuner* VDDStrL 22 (1965), 1, 54.

381 *Groß*, Presserecht, S. 225; ders. DÖV 1997, 133, 135.

382 *Groß,* Verschwiegenheitspflicht der Bediensteten und Informationsrecht der Presse, S. 24 f.; ders. DÖV 1997, 133, 135.

383 *Degenhart*, in: Bonner Kommentar, GG, Art. 5 Abs. 1, 2 Rn. 393 f.; *Groß*, Presserecht, S. 225 ff.; ders.: DÖV 1997, 133 134 ff.; *Staggat*, Zur Rechtsgrundlage des Informationsanspruches der Presse, S. 99 f., hält das Erfordernis der Ableitung eines Informationsanspruchs der Presse für die Konsequenz aus der verfassungsrechtlichen Anerkennung der öffentlichen Aufgabe der Presse; *Jerschke*, Öffentlichkeitspflicht der Exekutive und Informationsrecht der Presse, S. 223 ff.; *Gerhardt* AfP 1974, 689, 691; *Hoffmann-Riem*, in: AK-GG, Art. 5 Rn. 98, sieht grundsätzlich eine Entscheidung der Legislative für eine Begründung besonderer Informationspflichten als erforderlich an, hält aber einen „Minimalstandard an Informationen" für verfassungsrechtliche garantiert, s.u.

384 BVerfGE 20, 162, 175 f. („Spiegel"); aber restriktiv gegenüber leistungsrechtlichen Inhalten BVerfGE 103, 44, 59.

385 BVerwGE 70, 310, 311 ff.; 85, 283, 284 f; ebenso OVG Münster NJW 1995, 2741, 2742; VG Mannheim NVwZ 1998, 987, 990.

formationserteilung bestehe[386]. Auch die überwiegenden Stimmen im Schrifttum[387] lehnen einen direkten verfassungsrechtlichen Informationsanspruch ab.

In der Tat sprechen gewichtige Argumente gegen einen unmittelbar aus der verfassungsrechtlichen Garantie der Pressefreiheit hergeleiteten Informationsanspruch.

Ein derartiger Leistungsanspruch würde sich vor allem durch seine Unbestimmbarkeit auszeichnen[388]. Auf Grund der Unsicherheit hinsichtlich des Anspruchsumfangs kann dieser Leistungsanspruch nicht ebenso verbindlich gewährleistet werden, wie zum Beispiel die Abwehrrechte[389]. Auch der politische Charakter von Informationen durch staatliche Stellen (Regierungs- oder Verwaltungsstellen) sowie die Weite des Pressebegriffs[390] sprechen dagegen. Eine Schwierigkeit der Begründung eines solchen Informationsanspruchs besteht in der fehlenden Beschränkbarkeit auf die Presse[391], denn ein derartiger mit dem verfassungsrechtlichen Informationsbedürfnis der Bürger begründeter Anspruch lässt sich kaum auf die Presse beziehungsweise andere Massenmedien eingrenzen[392]. Ein „*ständisches Vorrecht der Journalisten*“[393] lässt sich nicht begründen, sodass sich die Massenmedien den Anspruch auf Information teilen müss-

386 BVerwGE 70, 310, 312 f.

387 *Herzog*, in: Maunz/Dürig, GG, Art. 5 Abs. 1, 2 Rn. 137; *Starck*, in: v. Mangoldt/Klein/Starck, GG, Art. 5 Abs. 1, 2 Rn. 77; *Bullinger*, in: Isensee/Kirchhof, HStR, Band VII, § 163 Rn. 65; *Geiger*, in: Festschrift für A. Arndt, S. 119, 133 f.; *Friesenhahn*, in: Festgabe für Kunze, S. 21, 25; *Scheuner* VVDStRL 22 (1965), 1, 72, 78, der aber zumindest von einem „[...] Gebot an den Staat [...] ein angemessenes Maß an Information sicherzustellen“ ausgeht; *Czajka*, Pressefreiheit und „öffentliche Aufgabe“ der Presse, S.160; *Kemper*, Pressefreiheit und Polizei, S. 33 f.; *Löffler/Ricker*, Handbuch des Presserechts, 18. Kap. Rn. 7; *Martens*, Öffentlich als Rechtsbegriff, S. 67; *Schröer-Schallenberg*, Informationsansprüche der Presse gegenüber Behörden, S. 34 f.; *Wente*, Das Recht der journalistischen Recherche, S. 26 f.; *Berg* JuS 1998, 997, 999; *Doepner/Spieth* AfP 1989, 420, 423; *Jarass* AfP 1979, 228, 229 f.; ders. DÖV 1986, 721, 722; *Starck* AfP 1978, 171, 174 f.; *Stober* DRiZ 1980, 3, 9; *Thum* AfP 2005, 30, 35.

388 Vgl. hierzu ausführlich *Jarass* AfP 1979, 228, 229 ff.; *Starck* AfP 1978, 171, 172 ff.; *Wendt*, in: v. Münch/Kunig, GG, Art. 5 Rn. 35; s. auch *Schröer-Schallenberg*, Informationsansprüche der Presse gegenüber Behörden, S. 35.

389 *Starck*, in: v. Mangoldt/Klein/Starck, GG, Art. 5 Abs. 1, 2 Rn. 77.

390 Vgl. BVerwGE 39, 159, 164, wonach „Potenzieller Herausgeber von Presseerzeugnissen jeder sein kann“.

391 *Wendt*, in: v. Münch/Kunig, GG, Art. 5 Rn. 35.

392 *Starck*, in: v. Mangoldt/Klein/Starck, GG, Art. 5 Abs. 1, 2 Rn. 78.

393 *Scheuner* VVDStRL 22 (1965), 1, 78.

ten[394]. Zudem hat die Verfassung es den Legislativorganen von Bund und Ländern überlassen, Regelungen über die Voraussetzungen eines Anspruches der Presse gegenüber staatlichen Behörden zu treffen[395]. Auch die Annahme, die Presse sei zur Wahrnehmung ihrer verfassungsrechtlichen Aufgabe auf Informationen aus staatlichen Quellen angewiesen[396], trifft nicht zu. Auch ohne einen solchen Anspruch ist die Presse im Stande, ihre öffentliche Funktion zu erfüllen, da sie durchaus in der Lage ist, sich abgesehen von behördlichen Auskünften reichlich Informationen zu beschaffen[397].

Für den Bereich des Rundfunks hat das Bundesverfassungsgericht einen entsprechenden leistungsrechtlichen Anspruch auf Information abgelehnt[398]. In der betreffenden Entscheidung heißt es: *„[...] Zu der Rundfunkfreiheit gehört ebenso wie zu der Pressefreiheit des Art. 5 Abs. 1 S. 2 GG der Schutz der Berichterstattung von der Beschaffung der Information bis zur Verbreitung der Nachricht [...] Zu deren Schutzbereich gehört aber ebenso wenig wie zu dem der Informationsfreiheit ein Recht auf Eröffnung einer Informationsquelle. Insoweit reicht die Rundfunkfreiheit nicht weiter als die Informationsfreiheit des Art. 5 Abs. 1 S. 1 GG, die als Abwehrrecht nur den Zugang zu allgemein zugänglichen Informationsquellen gegen staatliche Beschränkungen sichert*“[399]. Insofern kann für die Pressefreiheit nichts anderes gelten.

Die Pressefreiheit garantiert demnach - wie bereits dargelegt - zwar als Abwehrrecht im „*status negativus*“ die Freiheit der Informationsbeschaffung, aber innerhalb des „*status positivus*“ keinen unmittelbaren aus der Verfassung abgeleiteten Leistungsanspruch auf Eröffnung einer staatlichen Informationsquelle.

4) Das Verhältnis zur Meinungsfreiheit

Werden in Presseberichten Äußerungen über Straftatverdächtige verbreitet, stellt sich die Frage, ob der funktionale Zentralpunkt der Pressetätigkeit, nämlich die durch das Pressemedium verbreitete Meinungsäußerung, überhaupt durch Art. 5 Abs. 1 S. 2 Alt. 1 GG geschützt wird. Das Verhältnis von Art. 5 Abs. 1 S. 2 - hier hinsichtlich seiner ersten Alternative, der Pressefreiheit - zu der allgemeinen Meinungsäußerungsfreiheit des Art. 5 Abs. 1 S. 1 Alt. 1 GG gab reichlich Anlass zur Diskussion. Im Gegensatz zum Verhältnis der Berichterstattungsfrei-

394 *Herzog*, in: Maunz/Dürig, GG, Art. 5 Abs. 1, 2 Rn. 138; *Starck*, in: v. Mangoldt/Klein/Starck, GG, Art. 5 Abs. 1, 2 GG Rn. 78; *Scheuner* VVDStRL 22 (1965), 1, 78.

395 BVerwGE 70, 310, 314.

396 *Degenhart*, in: Bonner Kommentar, GG, Art. 5 Abs. 1, 2 Rn. 393.

397 BVerwGE 70, 310, 314.

398 BVerfGE 103, 44 ff. („Fernsehaufnahmen im Gerichtssaal II“).

399 BVerfGE 103, 44, 59 f. („Fernsehaufnahmen im Gerichtssaal II“).

heit durch Rundfunk und Film nach Art. 5 Abs. 1 S. 2 Alt. 2 GG und der allgemeinen Meinungsäußerungsfreiheit nach Art. 5 Abs. 1 S. 1 Alt. 1 GG, bei dem vor allem das Problem in Erscheinung tritt, ob die Organe von Rundfunk und Film unter Berufung auf Art. 5 Abs. 1 S. 1 Alt. 1 GG auch ein Recht auf die Äußerung eigener Werturteile in den von ihnen gelenkten Medien haben, obwohl ihnen durch Art. 5 Abs. 1 S. 2 Alt. 2 GG dem reinen Wortlaut nach nur die Freiheit der Berichterstattung eingeräumt wird, ist die Frage des Verhältnisses der Pressefreiheit zu Art. 5 Abs. 1 S. 1 Alt. 1 GG nur von theoretischer Bedeutung.

Nach *Herzog*[400] ist die Pressefreiheit als lex specialis gegenüber der Meinungsfreiheit anzusehen[401]. Die Pressefreiheit schließe demzufolge das Recht der im Pressewesen tätigen Personen ein, ihre Meinung in einer ihnen geeignet erscheinenden Form frei und ungehindert zu äußern. Zu diesem Schluss käme man zwangsläufig, wenn man die Ansicht vertrete, dass Art. 5 Abs. 1 S. 1 Alt. 1 GG auch das Recht der Verbreitung von Tatsachenbehauptungen beinhalte, sodass es im Vergleich zum Grundrecht der Pressefreiheit dieselbe Dimension enthalte wie das Grundrecht der Pressefreiheit. Die Pressefreiheit und die allgemeine Meinungsäußerungsfreiheit verhielten sich nicht „*wie zwei verschieden große, konzentrische Kreise, sondern vielmehr wie zwei sich schneidende Kreise, wobei nur die reine Äußerungs- und Verbreitungstätigkeit der Presse beiden Kreisen angehört, während einerseits Art. 5 Abs. 1 S. 1 Alt. 1 GG nicht die Vorbereitungs- und Hilfsarbeiten, andererseits Art. 5 Abs. 1 S. 2 Alt. 1 GG nicht die Äußerungs- und Verbreitungstätigkeiten außerhalb des Pressewesens erfasst*“[402].

Bethge[403] pflichtet dem Bundesverfassungsgericht zwar dahin gehend bei, dass die Pressefreiheit mehr als nur ein Unterfall des Grundrechts der Meinungsäußerungsfreiheit sei[404]. Allerdings werde dieses Grundrecht umgekehrt regelmäßig von der Pressefreiheit konsumiert, wenn Meinungsäußerungen pressespezifisch in Erscheinung treten[405].

Das Bundesverfassungsgericht akzentuiert dagegen anders. Nach dessen Auffassung, der sich auch einige Stimmen in der Literatur[406] angeschlossen haben, sei die Pressefreiheit des Art. 5 Abs. 1 S. 2 Alt. 1 GG im Hinblick auf drucktechnisch verbreitete Meinungen kein Unterfall der Meinungsfreiheit nach

---

400 *Herzog*, in: Maunz/Dürig, GG, Art. 5 Abs. 1, 2 Rn. 153 ff.

401 So auch urspr. BVerfGE 62, 230, 243, nach dessen überkommener Sicht Meinungsäußerungen in der Presse über die Pressefreiheit geschützt waren.

402 *Herzog*, in: Maunz/Dürig, GG, Art. 5 Abs. 1, 2 Rn. 154.

403 *Bethge*, in: Sachs, GG, Art. 5 Rn. 89.

404 BVerfGE 10, 118, 121 („Berufsverbot I“).

405 *Bethge*, in: Sachs, GG, Art. 5 Rn. 89.

406 *Leibholz/Rinck/Hesselberger*, GG, Art. 5 Rn. 169; *Degenhart*, in: Bonner Kommentar, GG, Art. 5 Abs. 1, 2 Rn. 30; *Pieroth/Schlink*, Grundrechte, Staatsrecht II, Rn. 571.

Art. 5 Abs. 1 S. 1 Alt. 1 GG[407]. Die Meinungsfreiheit werde von der Pressefreiheit nicht verdrängt, sondern ergänze sie lediglich um pressespezifische Tätigkeiten. Sofern es um die „*Zulässigkeit einer bestimmten in der Presse publizierten Äußerung*“ gehe, sei nicht die Pressefreiheit, sondern die Meinungsfreiheit einschlägig[408].

Der besondere Schutzbereich der Pressefreiheit komme dagegen dann zum Tragen, wenn es um die „*einzelne Meinungsäußerungen übersteigende Bedeutung der Presse für die freie individuelle und öffentliche Meinungsbildung*“[409] gehe, „*um die im Pressewesen tätigen Personen in Ausübung ihrer Funktion, um ein Presseerzeugnis selbst, um seine institutionell-organisatorischen Voraussetzungen und Rahmenbedingungen sowie um die Institution einer freien Presse überhaupt*“[410].

Hintergrund der Abgrenzung des Bundesverfassungsgerichts ist ein institutioneller Ansatz im Bereich der Pressefreiheit. Danach geht es bei der Pressefreiheit verstärkt um die Voraussetzungen für ein funktionierendes freies Pressewesen, die vorliegen müssen, damit die Presse ihre Aufgabe im Kommunikationsprozess als Grundlage einer funktionierenden Demokratie erfüllen kann[411].

Für die Sichtweise des Bundesverfassungsgerichts, dass die Pressefreiheit weder ein Spezialgrundrecht für drucktechnisch verbreitete Meinungen noch eine verstärkende Wiederholung der Meinungsfreiheit ist, kann aber vor allem auch ein historisches Argument angeführt werden. Einer separaten Garantie der Pressefreiheit hätte es nämlich nicht bedurft, wenn es lediglich darum gegangen wäre, auch Meinungen in gedruckter Form grundrechtlich zu schützen. Denn dann hätte es genügt, wenn der Verfassungsgeber den Begriff „*Druck*“ beibehalten hätte, der schon in der Paulskirchen-Verfassung[412] und der Weimarer Reichsverfassung[413] neben Wort, Schrift und Bild stand[414]. Ebenso zeugen die Debatten im Parlamentarischen Rat davon, dass auf das Wort „Druck“ im Rah-

---

407 BVerfGE 10, 118, 121 („Berufsverbot I); 20, 162, 175 f. („Spiegel“); 85, 1, 11 ff. („Bayer-Aktionäre“); 86, 122,128; 97, 391, 400 („Missbrauchsbezichtigung“).

408 BVerfGE 85, 1, 11 („Bayer-Aktionäre“); 95, 28, 34 („Werkszeitungen“); 97, 391, 400 („Missbrauchsbezichtigung“); *Degenhart*, in: Bonner Kommentar, GG, Art. 5 Abs. 1, 2, Rn. 33.

409 BVerfGE 85, 1, 12 („Bayer-Aktionäre“); 97, 391, 400 („Missbrauchsbezichtigung“).

410 BVerfGE 85, 1, 12 („Bayer-Aktionäre“); 113, 63, 75 f. („Junge Freiheit“); krit. *Heselhaus* NVwZ 1992, 740 ff.

411 BVerfGE 85, 1, 12 („Bayer-Aktionäre“); 95, 28, 35 („Werkszeitungen“); 97, 391, 400 („Missbrauchsbezichtigung“).

412 Art. 143 Abs. 1 S. 1 Paulskirchen-Verfassung.

413 Art. 118 Abs. 1 Weimarer Verfassung.

414 BVerfGE 85, 1, 12 („Bayer-Aktionäre“).

men des Art. 5 Abs. 1 S. 1 GG nicht verzichtet und eine eigene Pressefreiheit nicht geschaffen wurde, um gedruckte Meinungsäußerungen aus dem Schutzbereich des Art. 5 Abs. 1 S. 1 GG auszuschließen und stattdessen dem Schutzbereich der Pressefreiheit zuzuweisen. Auf das Wort „*Druck*" wurde lediglich deshalb verzichtet, weil man davon ausging, dass es bereits in dem Wort „*Schrift*" enthalten sei[415].

Letztendlich verbleibt die in der Presse geäußerte Meinung im Schutzbereich des Art. 5 Abs. 1 S. 1 Alt. 1 GG.

Es ist jedoch zu berücksichtigen, dass die hier aufgeworfene streitige Frage der Zuordnung eines Verhaltens zur Meinungs- oder Pressefreiheit insbesondere im Falle einer Befürwortung der Einordnung von Tatsachenbehauptungen in den Schutzbereich des Art. 5 Abs. 1 S. 1 Alt. 1 GG, so interessant sie auch sein mag, weitgehend ein praktisches Interesse entbehrt, da die verfassungsrechtliche Schrankensituation bei beiden Grundrechten gleich ist.

IV) Die Berichterstattung durch den Rundfunk, Art. 5 Abs. 1 S. 2 Alt. 2 GG

Art. 5 Abs. 1 S. 2 GG garantiert nicht nur die Pressefreiheit, sondern darüber hinaus auch die Freiheit der übrigen Massenkommunikationsmittel, nämlich des Rundfunks und des Films.

Dem allgemeinen Persönlichkeitsrecht des Tatverdächtigen können die Berichterstatter die Freiheit der Berichterstattung durch den Rundfunk aus Art. 5 Abs. 1 S. 2 Alt. 2 GG entgegenhalten, sofern sie in einer Rundfunksendung über diesen berichten.

1) Bedeutung und Schutzumfang

Ebenso wie die Pressefreiheit ist die Rundfunkfreiheit für eine freiheitliche Demokratie schlechthin konstituierend, da auch sie die Gewährleistung einer freien individuellen und öffentlichen Meinungsbildung bezweckt[416]. Presse und Rundfunk bereiten hierfür durch Recherche[417] und Präsentation von Tatsachen und Werturteilen eine gemeinsame Informationsbasis und wirken als „*Medium und Faktor*" am verfassungsrechtlich geschützten Prozess freier Meinungsbildung

415 Insofern wird durch das Bundesverfassungsgericht auf JöR n. F. Bd. 1 S. 80 ff. verwiesen.

416 BVerfGE 35, 202, 221 („Lebach I"); 77, 65, 74 f. („Beschlagnahme von Filmmaterial").

417 BVerfGE 91, 125, 134 („Fernsehaufnahmen im Gerichtssaal I") zum besonderen Schutz publizistischer Vorbereitungstätigkeiten.

mit[418]. Besondere Bedeutung kommt dabei dem Fernsehen als Bestandteil des Rundfunks zu. Wegen der Vermittlung von Authentizität und seiner einfachen Verfügbarkeit ist es zu dem Massenmedium geworden, das heute und sicherlich auch in Zukunft den größten Bevölkerungsteil mit Informationen versorgt[419].

Die Fülle an Informationen, über die Medien auf Grund ihrer Recherchearbeit verfügen, kann dem Rundfunk ebenso wie der Presse dazu dienen, eine Kontrolle staatlicher Machtausübung zu schaffen, indem hoheitliches Handeln durch Medienberichte publik und transparent gemacht wird.

Die Schaffung einer gemeinsamen Informationsbasis fördert zudem den gesellschaftlichen Zusammenhalt. Neben seiner Kontroll- und Integrationsfunktion spielt auch der Rundfunk eine Rolle innerhalb des Legitimationsprozesses staatlicher Gewalt[420] und dient der Verbindung zwischen Staat und Bevölkerung[421].

Rein dem Wortlaut des Art. 5 Abs. 1 S. 2 Alt. 2 GG nach bezieht sich der Schutzbereich lediglich auf die „*Berichterstattung*" durch Rundfunk, von einer Rundfunkfreiheit parallel zu Pressefreiheit ist nach dem Text der Vorschrift dagegen nicht die Rede. Teilweise wurde in der Vergangenheit der Begriff der „*Berichterstattung*" als Gegenbegriff zur Meinungsäußerung und - verbreitung aus Art. 5 Abs. 1 S. 1 Alt. 1 GG und somit lediglich auf die Weitergabe von Tatsachenmeldungen bezogen[422]. Sicher ist, dass die Nachrichtenvermittlung eine zentrale Aufgabe des Rundfunks darstellt. Nachdem es aber kaum möglich ist, Bericht und Meinung allgemein oder im Einzelfall klar voneinander zu trennen und die Pressefreiheit die Meinungsäußerung sowie die Berichterstattung umfasst, besteht für eine restriktive, auf die Nachrichtenübermittlung beschränkte Auslegung der zweiten Alternative des Art. 5 Abs. 1 S. 2 GG kein Grund[423]. Zudem wäre ein anderes Ergebnis mit der grundlegenden Bedeutung des Rundfunks für die öffentliche Meinungsbildung nicht zu vereinbaren. Unter „*Bericht-*

---

418 BVerfGE 12, 205, 260 („1. Rundfunkurteil"); 57, 295, 320 (3. Rundfunkurteil"); 59, 231, 257 („Freie Mitarbeiter"); 60, 53, 64 („Rundfunkrat"); 73, 118, 152 („4. Rundfunkurteil"); 74, 297, 323 („5. Rundfunkurteil"); 83, 238, 296, 322 (6. Rundfunkurteil"); 95, 163, 172 („DSF").

419 BVerfGE 97, 228, 256 („Kurzberichterstattung"); *Kirchhof* DVBl. 1999, 637, 654.

420 *Frank*, in: Nahamowitz/Breuer, Politik-Verfassung-Gesellschaft, S. 321, 321.

421 BVerfGE 35, 202, 222 („Lebach I").

422 *v. Mangold/Klein*, Das Bonner Grundgesetz, Band 1, S. 245; *Maunz*, Staatsrecht, 16. Auflage, S. 113 (vgl. aber 23. Auflage, S. 134); *Böckenförde/Wieland* AfP 1982, 77, 78.

423 BVerfGE 12, 205, 260 (1. Rundfunkurteil"); 31, 314, 326 („2. Rundfunkurteil"); 35, 202, 222 („Lebach I"); 57, 295, 323 („3. Rundfunkurteil"); 87, 181, 201 („7. Rundfunkurteil"); 90, 60, 87 („8. Rundfunkurteil"); *Herzog*, in: Maunz/Dürig, GG, Art. 5 Abs. 1, 2 Rn. 201 f.; *Wendt*, in: v. Münch/Kunig, GG, Art. 5 Rn. 44; *Jarass*, Die Freiheit der Massenmedien, S. 156 f.

erstattung“ ist somit sowohl die Meinungsäußerung als auch die Nachrichtenübermittlung zu verstehen.

Der in Art. 5 Abs. 1 S. 2 Alt. 2 GG verwendete Begriff „Rundfunk“ beinhaltet die Veranstaltung und Verbreitung von akustischen und/oder visuellen Darbietungen jeglicher Art für die Allgemeinheit mittels drahtlos oder kabelgebunden erzeugten elektro-magnetischen Schwingungen. Diese technische Verbreitungsweise durch Nutzung von Telekommunikationsanlagen anstelle einer drucktechnischen Verbreitung ist der wesentliche Unterschied zur Presse.

Der Rundfunkbegriff lässt sich jedoch nicht in einer ein für alle Mal gültigen Definition erfassen und ist als entwicklungsoffen zu betrachten[424]. Er umfasst als Oberbegriff den herkömmlichen Hörfunk und das Fernsehen in Form von planvoll und zeitlich geordneten Sendungen für eine unbestimmte Vielzahl von Personen[425]. Aber auch alle neuartigen, dem Rundfunk ähnlichen Dienste auf der Grundlage elektrischer Schwingungen sind erfasst, sofern sie Darbietungen dienen[426].

Der Rundfunkbegriff ist ebenso wenig vom Inhalt der Rundfunksendung her zu definieren wie der Pressebegriff vom Inhalt des Presseerzeugnisses; maßgebend ist vielmehr die Herstellungs- und Verbreitungsmethode[427]. Zur Freiheit der Berichterstattung durch den Rundfunk gehören - wie bei der Pressefreiheit - alle mit der Veranstaltung von Rundfunkprogrammen zusammenhängenden Tätigkeiten, beginnend bei der Beschaffung von Informationen bis hin zur Verbreitung von Sendungen in Form von Meinungsäußerungen und/oder Berichten[428]. Von vornherein nicht zulässig ist eine Unterscheidung der Sendung nach Qualität[429] entsprechend den bereits angeführten Argumenten im Rahmen der Pressefreiheit.

---

424 BVerfGE 74, 297, 350 („5. Rundfunkurteil“); 83, 238, 302; *Jarass* AfP 1998, 133, 133.

425 BVerfGE 12, 205, 226 („1. Rundfunkurteil“).

426 *Bethge*, in: Sachs, GG, Art. 5 Rn. 90, 91; *Schulze-Fielitz*, in: Dreier, GG, Art. 5 I, II Rn. 100; vgl. bzgl. Videotext, Pay-TV, Bildschirmtext und Internet *Starck*, in: v. Mangoldt/Klein/Starck, GG, Art. 5 Abs. 1, 2, Rn. 95 ff.; ausführlich *Brand*, Rundfunk im Sinne des Artikel 5 Abs. 1 Satz 2 GG, S. 79 ff.

427 *Starck*, in: v. Mangoldt/Klein/Starck, GG, Art. 5 Abs. 1, 2 Rn. 94.

428 BVerfGE 77, 65, 74 („Beschlagnahme von Filmmaterial“); 78, 101, 103 („Eigentumsrecht von Rundfunkanstalten“); 91, 125, 134 f. („Fernsehaufnahmen im Gerichtssaal I“); *Schulze-Fielitz*, in: Dreier, GG, Art. 5 I, II Rn. 105.

429 BVerfGE 35, 202, 222 („Lebach I“).

Der zentrale Kern der Rundfunkfreiheit liegt in der Programmfreiheit, das heißt im „*Schutz von Auswahl, Inhalt und Ausgestaltung der Programme gegen fremde Einflüsse*“[430].

Berichtet eine Rundfunkanstalt über eine Person im Zusammenhang mit dem Verdacht einer Straftat und wird sie infolgedessen beispielsweise zu einer Gegendarstellung oder Unterlassung weiterer Berichte verpflichtet, ist dies eine Einflussnahme des Staates auf den Programminhalt und stellt einen Eingriff in die Rundfunkfreiheit dar, der verfassungsrechtlich zu rechtfertigen ist.

2) Verhältnis zur Meinungsfreiheit

Durch die Rundfunkfreiheit geschützt wird trotz des irreführend engen Verfassungswortlauts nicht nur die „*Berichterstattung*“ über Tatsachen, sondern auch die Äußerung von bloßen Meinungen. Ob die Meinungsäußerung jedoch als solche - wie das Bundesverfassungsgericht bereits bei der Pressefreiheit angenommen hat - lediglich nach Art. 5 Abs. 1 S. 1 Alt. 1 GG geschützt ist, erscheint auch hier als problematisch. Auch hier wird teilweise angenommen, die Rundfunkfreiheit sei lex specialis im Hinblick auf die Meinungsfreiheit[431] beziehungsweise auch eine medienspezifische Meinungsäußerung werde durch Art. 5 Abs. 1 S. 1 GG geschützt[432]. Wie bei der Pressefreiheit bereits ausgeführt wurde, ist auch hier die über das Medium Rundfunk verbreitete Meinung durch Art. 5 Abs. 1 S. 1 Alt. 1 GG geschützt. Eine Zuordnung zum Schutzbereich der Rundfunkfreiheit würde jedoch keinen Unterschied bereiten, zumal die Schranken der Meinungs- beziehungsweise Rundfunkfreiheit identisch sind.

V) Die Rolle und Macht der Medien in Bezug auf die Strafjustiz

1) Zur Rolle der Medien

Zeitungen ebenso wie der private Rundfunk sind Wirtschaftsgüter, die sich wie andere Wirtschaftsgüter auch rentieren müssen. Rein wirtschaftlich ist es nicht von Nutzen, wenn die Redakteure über Themen berichten, die die Rezipienten in keiner Weise interessieren. Während Zeitungen und Zeitschriften täglich um

430 BVerfGE 59, 231, 260 („Freie Mitarbeiter“); 87, 181, 201 („7. Rundfunkurteil“); 90, 60, 87 („8. Rundfunkurteil“); 95, 220, 234 („Aufzeichnungspflicht“); 97, 298, 310 („extra-radio“); *Wendt*, in: v. Münch/Kunig, GG, Art. 5 Rn. 46.

431 *Bethge*, in: Sachs, GG, Art. 5 Rn. 47; *Herzog*, in: Maunz/Dürig, GG, Art. 5 Abs. 1, 2 Rn. 204.

432 *Degenhart*, in: Bonner Kommentar, GG, Art. 5 Abs. 1, 2 Rn. 35; *Hoffmann-Riem*, in: AK-GG, Art. 5 Abs. 1, 2 Rn. 121.

Käufer am Kiosk kämpfen müssen, ringen Fernsehsender um hohe Einschaltquoten. Hierbei helfen nicht selten Berichte über spektakuläre Strafprozesse, die das Interesse der Rezipienten in der Regel hervorrufen[433]. Mit diesen Strafprozessen und den folgenden Urteilen setzen sich die Medien in ausführlichster Weise auseinander und nehmen nicht selten auch Stellung zur Tat, zur Person des Tatverdächtigen und zu Verhaltensweisen der Strafverfolgungsbehörden. Hierdurch schaffen die Medien eine eigene Wirklichkeit, die sich an der Gattung des Mediums und den Interessen der Rezipienten orientiert[434]. Dabei sind die Medien nicht unbedingt Sprachrohr der Justiz, sondern erzählen vielmehr ihre eigenen Geschichten[435]. Sie nehmen letztendlich das Interesse der Öffentlichkeit am Strafrecht auf. Kriminalität ist damit in den Medien ständig präsent[436]. Die Rezipienten ergötzen sich an Tätern und Opfern in gleichem Maße und erliegen der schaurigen Ausstrahlung eines Strafprozesses. Der Begriff „*Strafjustiz*" verbindet Beklommenheit mit Ehrfurcht und riecht nach Schuld und Buße[437]. Er rüttelt die Öffentlichkeit auf und sorgt in dieser dafür, dass zwischen guten und bösen Menschen unterschieden wird. Unterm Strich gehört die Strafjustiz zum Ambiente der modernen Gesellschaft[438]. Dabei darf jedoch nicht übersehen werden, dass ein Strafverfahren ein lebendiges Geschehen darstellt und damit jederzeit der Gefahr von suggestiver Beeinflussung ausgesetzt ist[439].

2) Zur Macht der Medien

Interessieren sich die Medien für eine Person im Zusammenhang mit dem Verdacht strafbaren Verhaltens, so bedeutet dies für den Tatverdächtigen in der Regel den Verlust seines Rufes. Er wird in die Defensive gedrängt und bekommt häufig das Stigma des Rechtsbrechers aufgebrannt. Die Medienberichterstattung bedeutet in diesem Zusammenhang eine starke psychische Belastung für den betroffenen Tatverdächtigen, an der selbst starke Persönlichkeiten zerbrechen können. *Neuling*[440] spricht sogar von einer „medialen Rücksichtslosigkeit als prägendes Merkmal alltäglicher Kriminalberichterstattung" und einem „sozialen Diskreditierungsprozess in der Mediengesellschaft". Die Medienmacht ist im-

433 Vgl. auch *Stapper* ZUM 1995, 590, 590.
434 *Wilmes* StraFO 2007, 11, 11.
435 *Hassemer* StV 2005, 167, 168.
436 *Marxen* JZ 2000, 294, 297.
437 *Wilmes* StraFO 2007, 11, 12.
438 *Marxen* JZ 2000, 294, 297.
439 *Wilmes* StraFO 2007, 11, 12.
440 *Neuling*, Inquisition durch Information, S. 25.

mer abhängig von ihrer tatsächlichen Wirkung[441]. Nicht lediglich Berichte in Medien mit einer extensiven Breitenwirkung vermögen einen Schaden anzurichten. Insbesondere lokale Nachrichten können sich negativ auf die soziale Reputation des betroffenen Tatverdächtigen an seinem Arbeitsplatz, in seiner Nachbarschaft oder generell in seinem sozialen Umfeld auswirken. Neben den sozialschädlichen Auswirkungen einer Berichterstattung ist auch daran zu denken, dass in Deutschland die Prozessbeteiligten während des Verfahrens nicht in Quarantäne leben und damit der Medienberichterstattung über das Strafverfahren ausgesetzt sind. In diesem Zusammenhang sind vor allem Berichte während der Phase des Ermittlungsverfahrens, in dem die Weichen des weiteren Fortgangs gestellt werden, von besonderer Gefahr. Den Ermittlungsbehörden fehlt es häufig noch an einem klaren Konzept ihrer Ermittlungstätigkeit. Aus diesem Grund können besonders Nichtigkeiten überbewertet werden und zu falschen Verdächtigungen führen. Kommt es bereits während des eigentlich nichtöffentlichen Ermittlungsverfahrens zu einer unbegrenzten Medienöffentlichkeit, so kann dies zu einer faktischen Entleerung der Hauptverhandlung führen. Zudem kann allein die Berichterstattung über einen Anfangsverdacht eine irreversible Schädigung für den Beschuldigten herbeiführen[442]. Die schlichte Einleitung eines Ermittlungsverfahrens kann zu gravierend nachteiligen und manchmal sogar ruinösen gesellschaftlichen Störungen führen[443]. So sehen viele Arbeitgeber von der Einstellung eines Bewerbers ab, wenn gegen diesen ein Ermittlungsverfahren läuft[444]. Möglich ist auch, dass sich ein Geschäftspartner unter Umständen aus den gemeinsamen Geschäftsbeziehungen zurückzieht oder die Erteilung einer ärztlichen Approbation bis zur Einstellung des Ermittlungsverfahrens aufgeschoben wird[445]. Die durch eine Berichterstattung drohenden persönlichen, sozialen und beruflichen Konsequenzen können erheblich schwerer wiegen als die später folgende offizielle Strafe. Roman Herzog formulierte als damaliger Präsident des Bundesverfassungsgerichts anlässlich seines Festvortrags auf der 40-Jahr-Feier des Deutschen Presseagentur treffend: *„Es darf in einem Rechtsstaat doch eigentlich nicht vorkommen, dass ein Mensch, gegen den ein Strafverfahren anhängig war, am Ende gesellschaftlich und wirtschaftlich am Ende ist, obwohl ihn das Gericht nachher wegen erwiesener Unschuld freigesprochen*

441 *Wilmes* StraFO 2007, 11, 12.

442 *Wehnert* StV 2005, 178, 178.

443 Vgl. *Neuling*, Inquisition durch Information, S. 143; *Füßer/Viertel* NStZ 1999, 116, 116.

444 *Neuling*, Inquisition durch Information, S. 143; *Eisenberg/Conen* NJW 1998, 2241, 2242.

445 *Neuling*, Inquisition durch Information, S. 143; *Wilmes* StraFO 2007, 11, 12.

hat."[446] Man könnte zu diesem Zitat noch hinzufügen: „*[...] oder die Staatsanwaltschaft das Verfahren schon vorher wieder eingestellt hat*"[447]. Bereits mit dem ersten bekannt werden eines Ermittlungsverfahrens gegen eine bestimmte Person beginnt die gesellschaftliche Vorverurteilung des Betroffenen[448]. Letzen Endes ist auch nicht von der Hand zu weisen, dass die Berichterstattung der Medien durchaus auch Einfluss auf die am Prozess Beteiligten ausübt und so zu Vorverurteilungen im justiziellen Bereich führen kann[449].

C) Zusammenfassung

Dem Persönlichkeitsrecht des Tatverdächtigen stehen die Rechte derer gegenüber, die über diesen in den Medien berichten. Hierbei erlangen die Rechte der Presse und des Rundfunks, die Meinungsäußerungsfreiheit und das öffentliche Informationsinteresse besondere Bedeutung. Keines dieser kollidierenden Rechte kann einen grundsätzlichen Vorrang beanspruchen. Sie müssen in einen angemessenen Ausgleich gebracht werden. Unter Berücksichtigung der besonderen Umstände des Einzelfalles ist notfalls zu entscheiden, welches dieser Interessen zurückzutreten hat.

Steht ein bisher strafrechtlich unauffälliger Bürger nunmehr in dem Verdacht, eine strafbare Handlung begangen zu haben, so versetzt ihn dies in eine persönlichkeitsrechtlich prekäre Lage. Der Tatverdächtige kann schon allein auf Grund eines Anfangsverdachts zu einer medial interessanten Person werden. Durch die Medienberichterstattung wird dieser in der Regel in seiner Privatsphäre tangiert. Seine Öffentlichkeitssphäre kann jedoch dann betroffen sein, wenn das in Frage stehende Delikt in der Öffentlichkeit begangen wurde, um eine möglichst große Auswirkung auf die Umwelt zu erzielen oder die Tat bei Ausübung des Berufes begangen wurde und der Tatverdächtige diesbezüglich in einem besonderen öffentlichen Interesse steht. Derartige Fälle stellen keine private, sondern eine öffentliche Angelegenheit dar. Mit der Berichterstattung über den Straftatverdacht geht die Gefahr eines besonders schweren Eingriffs in das

---

446 Zitiert nach *Bouffier*, in: Unschuldsvermutung in der Mediengesellschaft - Publizistischer Missbrauch - staatsanwaltlicher Ermittlungsverfahren?, Symposium des Hessischen Ministeriums der Justiz am 12. Februar 1990, S. 3.

447 *Bouffier*, in: Unschuldsvermutung in der Mediengesellschaft - Publizistischer Missbrauch - staatsanwaltlicher Ermittlungsverfahren?, Symposium des Hessischen Ministeriums der Justiz am 12. Februar 1990, S. 3.

448 *Wilmes* StraFO 2007, 11, 12.

449 Zum Einfluss der Medien auf Richter und Staatsanwälte, vgl. *Kepplinger/Zerback* Publizistik 54 (2009), 216 ff.; siehe ausführlicher hierzu auch Zweiter Teil, Erstes Kapitel, II), 2), a), bb).

Persönlichkeitsrecht des Tatverdächtigen einher. Neben den Freiheiten des Art. 5 Abs. 1 S. 2 GG können sich die Bericht erstattenden Medien auf das Recht der freien Meinungsäußerung im Sinne des Art. 5 Abs. 1 S. 1 Alt. 1 GG berufen. Um dem Schutzzweck der Kommunikationsfreiheiten auch genügen zu können, sind neben Meinungsäußerungen auch wahre Tatsachenbehauptungen verfassungsrechtlich geschützt. Bewusst und erwiesen unwahre Tatsachenbehauptungen sind jedoch vom Schutzbereich der Meinungsäußerungsfreiheit nicht umfasst. Die Berichterstattung über einen Straftatverdacht lässt sich nicht leicht in die Kategorie „*wahre*" oder „*unwahre*" Tatsachenbehauptung einordnen. Mitteilungen über ein laufendes Strafverfahren enthalten einerseits die wahre Aussage, dass gegen den Betroffenen ermittelt oder ihm eine Straftat vorgeworfen wird. Es steht jedoch auf der anderen Seite noch nicht fest, ob der Vorwurf auch tatsächlich zutrifft. Die Medienberichterstattung über laufenden Strafverfahren ist demnach im Grenzbereich zwischen der Vermittlung wahrer und unwahrer Tatsachenbehauptungen anzusiedeln.

Die Medien setzten sich - nicht selten aus wirtschaftlichen Interessen - mit Ermittlungs- und Gerichtsprozessen gerne und oft ausführlich auseinander. Sie nehmen Stellung zur Straftat, zur Person des Tatverdächtigen und zu den Strafverfolgungsbehörden. Die Medien schaffen so eine eigene Wirklichkeit, da sie häufig nicht das Sprachrohr der Justiz darstellen, sondern vielmehr ihre eigenen Geschichten erzählen. So wird leider nicht selten auf Grund der medialen Rücksichtslosigkeit ein Diskreditierungsprozess eingeleitet, der nachhaltige soziale und existenzielle Störungen seitens der tatverdächtigen Person nach sich ziehen kann.

Zweiter Teil
Die rechtmäßige Verdachtsberichterstattung

Für den Betroffenen, der mit dem Verdacht einer Straftat konfrontiert wird, sind in erster Linie die Kriterien einer zulässigen Verdachtsberichterstattung von Interesse[450]. Berichten die Medien über eine Person im Zusammenhang mit einem strafrechtlich relevanten Verhalten, so haben sie besonders sensibel vorzugehen, da von derartigen Medienberichten eine erhebliche Prangerwirkung und damit ein beträchtliches Maß an Beeinträchtigung ausgehen kann. Es gilt daher, einen gesteigerten journalistischen Sorgfaltsmaßstab bei der Recherche zu beachten und die Pflicht im Rahmen der Abwägung zwischen dem Persönlichkeitsrecht des Betroffenen und dem Informationsinteresse der Allgemeinheit besondere Sorgfalt walten zu lassen. Die Medien haben zu berücksichtigen, dass die Berichterstattung über einen Straftatverdacht, ein Ermittlungs- oder Gerichtsverfahren die Gefahr in sich birgt, den Betroffenen - sofern er identifizierbar ist- mit einem schweren Makel zu behaften[451]. Die Anforderungen an die journalistische Sorgfalt und die Pflicht zur wahrheitsgemäßen Berichterstattung dürfen jedoch andererseits *„nicht überspannt und insbesondere nicht so bemessen werden, dass darunter die Funktion der Meinungsfreiheit leidet“*[452]. Straftaten, Verdachtsfälle und Gerichtsverhandlungen gehören nämlich zum Zeitgeschehen, deren Vermittlung an die Öffentlichkeit Aufgabe der Medien ist[453]. Dürften die Medien, sofern das Ansehen einer Person gefährdet ist, lediglich solche Informationen veröffentlichen, deren Wahrheit im Zeitpunkt der Veröffentlichung bereits sicher feststeht, könnten sie ihren durch Art. 5 Abs. 1 GG gewährleisteten Aufgaben im Rahmen der öffentlichen Meinungsbildung nicht gerecht werden[454]. Sie können im Gegenteil Vorkommnisse von sich aus aufgreifen, selbst in einem Stadium, indem zunächst bloß ein Verdacht besteht[455]. Es ist ferner zu beachten, dass die den Medien zur Ermittlung der Wahrheit verfügbaren Mittel

---

450 *Lehr,* in: Widmaier, MAH Strafverteidigung, § 20 Rn. 15.

451 *Breutz*, in: HH-Ko Medienrecht, Rn. 39. 77; *Steffen*, in: Löffler, Presserecht, § 6 LPG Rn. 205; *B. Peters* NJW 1997, 1334, 1338.

452 BGHZ 143, 199, 204 („Verdachtsberichterstattung“); vgl. auch BVerfGE 85, 1, 15 („Bayer-Aktionäre“); BGHZ 132, 13, 24 („Lohnkiller“); 139, 95, 106 („IM-Sekretär Stolpe“).

453 BVerfGE 35, 202, 230 f. („Lebach I“).

454 BVerfGE 97, 125 149 („Caroline von Monaco I“), BGHZ 143, 199, 204 („Verdachtsberichterstattung).

455 OLG Frankfurt a. M. ZUM 1992, 361, 365 („OP-Pfusch ohne Ende“): OLG München 2009, 777, 778 („'Ndranghetista“).

besonders im Hinblick auf den Zwang zu aktueller Berichterstattung begrenzt sind. Nach Ansicht des Bundesgerichtshofs verdient daher innerhalb der gebotenen Abwägung zwischen dem Persönlichkeitsrecht des Betroffenen und dem Informationsinteresse der Öffentlichkeit in der Regel die aktuelle Berichterstattung und somit das Informationsinteresse jedenfalls dann den Vorrang, sofern die unten dargestellten Sorgfaltsanforderungen eingehalten wurden. Sollte sich in einem solchen Fall später die Unwahrheit der veröffentlichten Information herausstellen, so ist diese als im Zeitpunkt der Veröffentlichung rechtmäßig anzusehen. Das allgemeine Persönlichkeitsrecht des Straftatverdächtigen vermittelt somit keinen unumstößlichen Anspruch darauf, in der Öffentlichkeit nicht mit seinen -angeblich- begangenen Straftaten konfrontiert zu werden[456]. Eine identifizierende Medienberichterstattung muss jedoch im Hinblick auf die Schwere der Tat und deren Brisanz geboten sein. Darüber hinaus ist vor einer Veröffentlichung zu prüfen, ob auch ein überwiegendes Informationsinteresse der Öffentlichkeit an der Identität des Tatverdächtigen gegeben ist. Letztlich hängt die Zulässigkeit der Berichterstattung über einen Straftatverdacht in den Medien zunächst von folgenden, von der Rechtsprechung entwickelten Voraussetzungen ab[457], die einen disziplinierenden Anforderungskatalog bilden, welcher jedoch nicht für zusätzliche Kriterien gesperrt ist[458].

---

456 BVerfG NJW 2000, 1859, 1860 („Lebach II").

457 Vgl. BGHZ 143, 199 ff. („Verdachtsberichterstattung"); OLG Dresden NJW 2004, 1181, 1182 („Doppelmord"), 1182; OLG Frankfurt a. M. NJW-RR 1996, 1490 1491 („Monika Haas"); OLG München AfP 1993, 767, 767 f. („Amigos"); NJW-RR 1996, 1487, 1488 („Sex-Papst).

458 Vgl. hierzu Dritter Teil, L), II), 3) sowie Dritter Teil, L), III).

Erstes Kapitel
Allgemeine Rechtmäßigkeitsvoraussetzungen

Soll über ein laufendes Strafverfahren in den Medien berichtet werden, so muss in besonders hohem Maße auf die Belange des Betroffenen Rücksicht genommen werden, da es lediglich um einen im Raum stehenden Verdacht geht, aber dennoch das Ansehen des Betroffenen in der Öffentlichkeit durch eine derartige Berichterstattung in nicht unerheblichem Maße und gegebenenfalls auf Dauer beeinträchtigt werden kann. Um den Betroffenen vor einer „*Vorverurteilung durch die Medien im Sinne der Verhängung eines sozialen und moralischen [...] Unwerturteils zu schützen*“[459] stellte der Bundesgerichtshof in seiner Entscheidung vom 7. Dezember 1999[460], in der es um Bestechungsvorwürfe gegen eine städtische Sachbearbeiterin im Straßenbauamt ging, Grundsätze auf, bei deren Einhaltung über einen Verdacht in den Medien berichtet werden darf.

A) Berechtigtes Informationsinteresse der Öffentlichkeit

Über einen Verdacht darf lediglich dann berichtet werden, wenn es um einen Vorgang von gravierendem Gewicht geht[461], der ein berechtigtes öffentliches Interesse zu begründen vermag. Ein aktueller Fall schwerer oder besonders Aufsehen erregender Kriminalität ist beispielsweise als Gegenstand berechtigten öffentlichen Interesses zu werten. Liegt der Fall dagegen schon längere Zeit in der Vergangenheit[462] oder handelt es sich um ein „alltägliches“ Delikt, so kann kein berechtigtes Informationsinteresse der Öffentlichkeit angenommen wer-

459 OLG Hamburg ZUM-RD 2009, 326, 328.

460 BGHZ 143, 199, 203 ff. („Verdachtsberichterstattung“); vgl. auch *Kübler*, Anm. zu BGH, Urt. v. 7.12.1999 - VI ZR 51/99, JZ 2000, 622 f.; zusammenfassend *Lehr* NStZ 2009, 409, 412; *Hohmann* NJW 2009, 881 ff.

461 BGH NJW 1977, 1288, 1289 („Abgeordnetenbestechung“); BGHZ 143, 199, 204 („Verdachtsberichterstattung“); OLG Köln NJW 1987, 1418 („Schwere Straftaten“); OLG München AfP 1993, 767, 768 („Amigos“); NJW-RR 1996, 1487, 1488 („Sex-Papst“); NJW-RR 1996, 1493, 1494; *Prinz/Peters*, Medienrecht, Rn. 268; *Soehring*, Presserecht, § 16 Rn. 24 a; *Steffen*, in: Löffler, Presserecht, § 6 LPG Rn. 178, 207; *Müller* NJW 2007, 1617, 1617.

462 Vgl. BVerfGE 35, 202 ff. („Lebach I“); BVerfG NJW 1993, 1463, 1464; OLG Hamburg AfP 1976, 137, 138 f. („Banklady“); NJW-RR 1994, 1439, 1440 f. („Honka II“); OLG Köln NJW 1987, 1418, 1418; NJW-RR 1993, 31, 32; OLG München AfP 1981, 360, 361.

den[463]. Oftmals bejaht die Rechtsprechung ein solches öffentliches Interesse dagegen recht freigiebig[464]. Auch im Fall einer Straftat mittlerer Kriminalität konnte nach Ansicht des Landgerichts Köln[465] ein entsprechendes Öffentlichkeitsinteresse angenommen werden. Das gilt insbesondere dann, wenn der Tatverdächtige beruflich im Blickpunkt der Öffentlichkeit steht oder ein strafbares Verhalten in Verbindung mit dem staatlichen Handeln eines Amtsträgers vorliegt[466].

Sehen sich Personen des öffentlichen Lebens[467] ohne Verbindung mit ihrer öffentlichen Funktion mit einer Straftat kleinerer oder mittlerer Kriminalität konfrontiert, so können diese allenfalls ausnahmsweise zum Inhalt einer Verdachtsberichterstattung werden. Wird die Schwelle kleinerer oder mittlerer Kriminalität dagegen übertreten, so kann unter Umständen eine Abwägung zwischen der Presse- und Rundfunkfreiheit mit dem allgemeinen Persönlichkeitsrecht zu Lasten des Betroffenen ausfallen. Nach Ansicht des Kammergerichts Berlin[468] stellte die Tatsache, dass gegen ein Mitglied einer erfolgreichen deutschen Girlband der Vorwurf der gefährlichen Körperverletzung im Zusammenhang mir einer möglichen HIV-Infektion erhoben wird, ein Ermittlungsverfahren eingeleitet und sogar Haftbefehl erlassen wurde, ein Vorgang von gravierendem Gewicht dar, dessen Mitteilung durch ein Informationsbedürfnis der Öffentlichkeit gerechtfertigt sei. Steht der Straftatverdacht im Hinblick auf eine Straftat kleinerer oder mittlerer Kriminalität dagegen mit der öffentlichen Rolle des Tatverdächtigen in einem funktionalen Zusammenhang, so kann dies ein berechtigtes Informationsinteresse der Öffentlichkeit begründen[469].

B) Erhöhte publizistische Sorgfalt

Die Rechtsprechung leitet aus den in Art. 5 Abs. 1 S. 2 GG gewährleisteten Grundrechten der Presse- und Rundfunkfreiheit ab, dass eine unter Umständen rufschädigende Veröffentlichung in den Medien im Sinne einer Verdachtsbe-

---

463 Ein Verkehrsunfall, ein Diebstahl oder gar ein Nachbarschaftsstreit mit verbalen oder tätlichen Ausmaßen genügen nicht, um ein berechtigtes Interesse der Öffentlichkeit zu begründen, OLG Nürnberg NJW 1996, 530, 531 („Schwere Gefechte hinterm Hühnerschuppen“); *Prinz/Peters*, Medienrecht, Rn. 268; *Soehring* GRUR 1986, 518, 522.

464 *Lehr*, in: Widmaier, MAH Strafverteidigung, § 20 Rn. 18; ders. NStZ 2009, 409, 412; nach Ansicht von *Hohmann* nimmt die Rechtspraxis ein berechtigtes Informationsinteresse in der Regel zu großzügig an, NJW 2009, 881, 882.

465 LG Köln AfP 2003, 563, 564.

466 BGH 143, 199, 207; LG Köln AfP 2003, 563, 564

467 Vgl. hierzu eingehender Zweiter Teil, Zweites Kapitel, B), II), 2), c).

468 KG NJW-RR 2010, 622, 624 („Benaissa“).

469 Vgl. LG Hamburg, Urteil v. 7.5.2004 - 324 0 156/04-unveröff.; *Lehr*, in: Widmaier, MAH Strafverteidigung, § 20 Rn. 18; *Hohmann* NJW 2009, 881, 882.

richterstattung auch dann zulässig sein kann, wenn sich deren Inhalt später als unwahr erweist[470]. Dies kann unter Umständen selbst dann gelten, wenn schon im Zeitpunkt der Veröffentlichung gewisse Zweifel im Hinblick auf die Vertrauenswürdigkeit des dem Bericht zu Grunde liegenden Tatsachenmaterials bestehen. Da die Medien auch schon in einem Stadium berichten dürfen sollen, indem erst ein Anfangsverdacht gemäß § 152 Abs. 2 StPO besteht, sind insofern gesteigerte Anforderungen an die journalistische Sorgfaltspflicht zu stellen[471]. Der zu Grunde zu liegende Sorgfaltsmaßstab ist gleitend: Die Anforderungen an die Sorgfalt sind umso höher, je mehr die veröffentlichte Behauptung den Betroffenen in seinem Ansehen zu beeinträchtigen vermag[472]. Zentrale Determinanten der journalistischen Sorgfalt sind das Gewicht des berechtigten Informationsinteresses der Öffentlichkeit einerseits, die Wahrscheinlichkeit, dass sich die verbreitete Tatsache als unwahr erweist, sowie Art und Umfang der dem Betroffenen im jeweiligen Fall drohenden Nachteile andererseits. Im Hinblick auf den sich konstant verschärfenden Wettbewerb zwischen den Medienunternehmen und die damit einhergehende immer größer werdende Rücksichtslosigkeit im Hinblick auf das Persönlichkeitsrecht ist es erforderlich, dass sich die journalistische Arbeit an gewissen Sorgfaltsmaßstäben auszurichten hat. Die durch die Rechtsprechung entwickelten Kriterien einer rechtmäßigen Verdachtsberichterstattung sind jedoch nicht nur in Bezug auf moralische Gesichtspunkte von Bedeutung[473]. Werden die Sorgfaltsregeln beachtet, so wird dem Berichtenden das Risiko der Unwahrheit genommen[474]. Andererseits führt die Missachtung der journalistischen Sorgfaltspflicht zu rechtlichen Konsequenzen.

I) Mindestbestand an Beweistatsachen

Soll über den Verdacht einer Straftat berichtet werden, so ist das Vorliegen eines Mindestbestands an Beweistatsachen, die für den Wahrheitsgehalt der Information sprechen und dieser damit erst Öffentlichkeitswert verleihen, grundlegende

---

470 BVerfGE 99, 185, 198 („Helnwein/Scientology"); BVerfG NJW-RR 2000, 1209, 1210; BGHZ 143, 199, 204 („Verdachtsberichterstattung"); OLG Dresden NJW 2004, 1181, 1182 („Doppelmord").

471 Vgl. *Lehr*, in: Widmaier, MAH Strafverteidigung, § 20 Rn. 20.

472 BVerfG NJW-RR 2000, 1209, 1211; NJW 2007, 2686, 2687; vgl. auch BGHZ 59, 76, 80; 143, 199, 203 („Verdachtsberichterstattung").

473 *Schippan* ZUM 1996, 398, 399.

474 *Burkhardt*, in: Wenzel, Das Recht der Wort- und Bildberichterstattung, Rn. 6.97; *Schippan* ZUM 1996, 398, 399; *Groß*, Presserecht, Rn. 38 ff.

Voraussetzung[475]. Die Medien müssen die Wahrheit ihrer Berichterstattung zwar nicht gewährleisten. Die Bestimmungen der Landespressegesetze[476] fordern jedoch zumindest ein Bemühen um Wahrheit. Auch wenn die zu veröffentlichenden Tatsachen noch nicht gerichtsfest bewiesen sind, können sie durch die Medien verbreitet werden, sofern sie sich mit den ihnen zur Verfügung stehenden Mitteln und mit Sorgfalt von der Wahrheit überzeugt haben. Kann ein Mindestbestand an Beweistatsachen zusammen getragen werden, so spricht dies für den Wahrheitsgehalt der Information und verleiht ihr den nötigen Öffentlichkeitswert[477].

1) Pflicht zur Eigenrecherche

Im Vorfeld einer Berichterstattung haben die Medien demnach zunächst Tatsachenmaterial bezüglich des Straftatverdachts zu recherchieren und zusammenzutragen, so genannte Verpflichtung zur Eigenrecherche[478]. Für die Medien besteht eine verstärkte Prüfungspflicht bezüglich Wahrheit, Inhalt und Herkunft des Tatverdachts[479]. Bevor über eine Person in Zusammenhang mit einem Straftatverdacht berichtet werden soll, ist genauestens zu überprüfen, inwieweit die Vorwürfe auch tatsächlich stichhaltig sein können. Ehe sich die Medien zu einer Veröffentlichung entschließen, muss die Gefahr, dass sie über den Betroffenen etwas Unwahres verbreiten, nach Kräften weitgehend ausgeschaltet werden. Sie müssen sich in hinreichend sorgfältiger Weise mit den ihnen zur Verfügung stehenden Mitteln von der Wahrheit der in Frage stehenden Behauptung überzeugen[480]. Dieser Grundsatz gilt auch dann, wenn bloß die Aussage eines Dritten

---

475 BGH NJW 1977, 1288, 1289 („Abgeordnetenbestechung"); BGHZ 143, 199, 203 („Verdachtsberichterstattung"); vgl. auch BGH NJW 1997, 1148, 1149 (Chefarzt/Stern-TV).

476 Vgl. u.a. § 6 S. 1 LPG Ba.-Wü.; § 3 Abs. 2 LPG Berl.; § 6 S. 1 LPG Brem.; § 6 S. 1 LPG Hamb.

477 Vgl. BGHZ 143, 199, 203 („Verdachtsberichterstattung"); OLG Dresden NJW 2004, 1181, 1182 („Doppelmord").

478 BGH NJW 1977, 1288, 1289 („Abgeordnetenbestechung"); NJW 1997, 1148, 1149 (Chefarzt/Stern-TV").

479 BGH NJW 1977, 1288, 1289 („Abgeordnetenbestechung"); OLG Frankfurt ZUM 1992, 361, 365 („OP-Pfusch ohne Ende"); OLG München AfP 1993, 767, 768 („Amigos"); NJW-RR 1996, 1487, 1488 („Sex-Papst"); *Breutz*, in: HH-Ko Medienrecht, Rn. 39.78; *Burkhardt*, in: Wenzel, Das Recht der Wort- und Bildberichterstattung, Rn. 10.155; *Lehr*, in: MAH Strafverteidigung, § 20, Rn. 20; *Prinz/Peters*, Medienrecht, Rn. 269.

480 BVerfGE 99, 185, 187 f. („Helnwein/Scientology"); BVerfGE NJW-RR 2000, 1209, 1210; BGH NJW 1987, 2225, 2226 („Chemiegift").

verbreitet wird[481], ohne dass sich die Medien ernsthaft von den verbreiteten Äußerungen distanzieren[482]. Auch Berichte in anderen Medien oder gar anonyme Flugblätter können die eigene Recherche nicht ersetzen[483]. Es genügt demnach beispielsweise nicht, dass an vorhergehende Veröffentlichungen einiger anderer Medien unwidersprochen angeknüpft wird[484]. Auch ein anonymer Informant genügt nicht. Die Tatsache, dass dieser nicht nur gegenüber der Öffentlichkeit, sondern auch gegenüber dem unmittelbaren Empfänger seiner Information anonym bleiben möchte, rückt nach Ansicht des Bundesgerichtshofs die Mitteilung selbst ins Zwielicht[485]. Informationen aus derart „*trüben Quellen*" können eine ehrabträgliche Behauptung nicht rechtfertigen[486]. Sofern es sich nicht um eine privilegierte Quelle handelt, genügt es nicht, wenn der Journalist lediglich über eine einzelne Informationsquelle verfügt. Er muss sich vielmehr um weitere Quellen bemühen, die jedoch mit der ersten Quelle in keiner Beziehung stehen dürfen[487]. Allein das Interesse der Medien, eine Nachricht trotz vorhandener Zweifel als Erste auf den Markt zu bringen, befreit nicht von der erhöhten Sorgfaltspflicht im Rahmen der Recherche und vermag die Publikation eines zweifelhaften Verdachts nicht zu rechtfertigen[488].

481 BVerfG NJW 2007, 2686, 2687.

482 Seelmann-Eggebert NJW 2008, 2551, 2555.

483 BGH NJW 1963, 904, 904 („Hauptdrahtzieher"); OLG Brandenburg NJW 1995, 886, 888; Wagner, in: MüKo-BGB, § 824 Rn. 54; B. Peters NJW 1997, 1334, 1337.

484 Vgl. BVerfGE 85, 1 („Bayer-Aktionäre"); OLG Brandenburg NJW 1995, 886, 888; OLG Hamm NJW-RR 1993, 735, 735; Steffen, in: Löffler, Presserecht, § 6 LPG Rn. 169; Grimm NJW 1995, 1697, 1702. Nach Ansicht des OLG Hamm AfP 1976, 32, 32 dagegen durfte sich der Publizist auf die Richtigkeit der erkennbar auf Bekanntmachungen der Ermittlungsbehörden basierenden Zeitungsmeldungen verlassen, sofern die allgemein und damit auch dem Betroffenen zugängliche Meldung keinen Widerspruch erfahren hat; vgl. hierzu OLG Köln AfP 1991, 427, 428; KG AfP 1992, 302, 303; Damm/Rehbock, Widerruf, Unterlassung und Schadensersatz in den Medien, Rn. 678; Soehring, Presserecht, Rn. § 2 Rn. 20; kritisch Prinz/Peters, Medienrecht, Rn. 280.

485 BGH NJW 1977, 1288, 1289 („Abgeordnetenbestechung"). Zur Berichterstattung trotz vorhandener Zweifel an der Zuverlässigkeit des Informanten, vgl. Burkhardt, in: Wenzel, Das Recht der Wort- und Bildberichterstattung, Rn. 10.156.

486 Soehring NJW 2000, 2466, 2471.

487 OLG Frankfurt AfP 1996, 177, 180.

488 Vgl. OLG München NJW-RR 2002, 186, 188 f.; Burkhardt, in: Wenzel, Das Recht der Wort- und Bildberichterstattung, Rn. 10.156.

2) Informationsanspruch der Medien gegenüber Behörden

Eine Erleichterung der Recherchearbeiten stellt der medienrechtliche Informationsanspruch dar. Mit seiner Hilfe können die Medien zusätzliche fundierte Beweistatsachen zusammentragen. Die Entscheidung über den genauen Inhalt der Auskunft liegt dabei in der Hand der Staatsanwaltschaft und der Polizei als Ermittlungsbehörden[489] beziehungsweise als auskunfterteilende Quellen. Hierbei ist zu beachten, dass Informationen der Ermittlungsbehörden über bevorstehende oder laufende Ermittlungsverfahren in der Regel in den Schutzbereich des allgemeinen Persönlichkeitsrechts des von dem Ermittlungsverfahren Betroffenen eingreifen. Allein die Nachricht im Rahmen einer strafverfolgungsbehördlichen Auskunft, gegen den Betroffenen werde wegen des Verdachts einer Straftat ermittelt, vermag dessen Ansehen in der Öffentlichkeit zu tangieren. Dieser „Normalfall" der öffentlichen Beschuldigung an sich als Grundform staatsanwaltlicher Kommunikation stellt schon einen Eingriff in das allgemeine Persönlichkeitsrecht des Tatverdächtigen dar[490]. Hierbei wird umso intensiver in den Schutzbereich des allgemeinen Persönlichkeitsrechts eingegriffen, je präziser und offensiver die Informationspolitik der Ermittlungsbehörden betrieben wird. Insbesondere bei Verwendung der Eingriffsverstärker in Form der Vorverurteilung und Indiskretion wird das eigentliche Maß an Eingriffsintensität einer reinen Beschuldigung in die Höhe getrieben[491].

Dabei umfasst das in Art. 2 Abs. 1 i.V.m. Art. 1 Abs. 1 GG verbürgte allgemeine Persönlichkeitsrecht den Anspruch eines jeden, nicht mit diffamierenden rufschädigenden Äußerungen seitens der Ermittlungsbehörden konfrontiert zu werden. Die Ermittlungsbehörden können im Rahmen ihrer Öffentlichkeitsarbeit nicht nach freiem Gutdünken belastende Auskünfte erteilen, ohne individualrechtliche Schutzbelange des Betroffenen zu beachten. Hierzu sind sie vielmehr nur berechtigt, wenn und soweit für eine Öffentlichkeitsarbeit im Ermittlungsverfahren eine gesetzliche Ermächtigung[492] besteht[493]. Nach dem landes-

---

489 Unter „Behörde" im Sinne des § 4 Abs.1 LPG sind jedoch nicht nur die örtliche Staatsanwaltschaft oder die Polizeibehörde zu verstehen, sondern auch das Bundeskriminalamt und die Bundesanwaltschaft, vgl. Wente StV 1988, 216, 217. Ob auch die „Spruchkörper" selbst oder lediglich die Justizverwaltung auskunftspflichtig sind, vgl. Burckhardt, in: Löffler, Presserecht, § 4 LPG Rn. 56; Groß, Presserecht, Rn. 441; Wenzel, in: Festschrift für Löffler, S. 391, 396; gegen eine Fassung der Gerichte unter den Behördenbegriff des § 4 Abs. 1 LPG Stober DRiZ 1980, 3, 11; Wente StV 1988, 216, 217.

490 Vgl. hierzu eingehender Dritter Teil, L), II), 1), a).

491 Vgl. hierzu Dritter Teil, L), II), 1), b).

492 Siehe hierzu Dritter Teil, L), II), 2).

pressegesetzlichen Informationsanspruch des § 4 Abs. 1 LPG[494] sind die Behörden verpflichtet, den Vertretern der Presse die der Erfüllung ihrer öffentlichen Aufgabe dienenden Auskünfte zu erteilen. Gleiches gilt -ausdrücklich allerdings gesetzlich nur vereinzelt geregelt - auch für den Hörfunk, das Fernsehen[495] und die Mediendienste[496].

a) Bedeutung des Informationsanspruchs

Die Staatsgewalt geht nach Art. 20 Abs. 2 S. 1 GG vom Volke aus. Als Träger der Demokratie ist jeder einzelne Staatsbürger auf wahrheitsgemäße und umfassende Informationen über das Zeitgeschehen angewiesen[497]. Um eine eigene Willensbildung und damit die Teilnahme am Meinungsbildungsprozess überhaupt zu ermöglichen, bedarf es an Informationen über Tatsachen, Meinungen, Absichten und Erklärungen[498]. Ohne entsprechende Information lässt sich nicht werten und entscheiden; den am Meinungsbildungsprozess Beteiligten würde das für die Begründung einer eigenen Sichtweise notwenige Diskussionsmaterial fehlen[499]. Um zu gewährleisten, dass sich der Bürger frei von jeglicher staatlicher Einflussnahme informieren kann, um am demokratischen Entscheidungsprozess teilzunehmen, gewährt Art. 5 Abs. 1 S. 1 Alt. 2 GG das Grundrecht der Informationsfreiheit. Die Informationsmöglichkeit des einzelnen Bürgers ist jedoch auf *„allgemein zugängliche Quellen"* beschränkt. Sie sollen sich ungehindert, insbesondere durch die Massenmedien - Presse, Fernsehen und Hörfunk - unterrichten können. Allein diese Quellen genügen jedoch nicht, um sich eine umfassende und wirklichkeitsnahe Vorstellung von konkreten Lebenssachver-

---

493 OVG Koblenz NJW 1991, 2659, 2659; *Dalbkermeyer*, Der Schutz des Beschuldigten vor identifizierenden und tendenziösen Pressemitteilungen der Ermittlungsbehörden, S. 41; *Neuling*, Inquisition durch Information, S. 149; *Lehr* NStZ 2009, 409, 411.

494 Beziehungsweise § 5 LPG Brandenb.; § 3 LPG Hess.; § 6 Abs. 1 LMG Rh.-Pf.

495 Vgl. § 6 Abs. 2 S. 1 LMG Ba.-Wü.; § 25 Abs. 1 LPG Ba.-Wü.; § 23 Abs. 1 LPG Berl.; § 25 Abs. 1 LPG Brem.; § 4 Abs. 1 LPG Hamb.; § 24 LMG Hess. (HPRG); § 33 LMG Meck.-Vorp.; § 25 Abs. 1 LPG Nieders.; § 26 Abs. 1 LPG NRW.; § 5 LMG Saarl.; § 4 Abs. 1 LPG Sachs.; § 18 LPG Schlesw.-Holst.; § 21 LMG Thür. und § 6 Abs. 1 LMG Rh.-Pf.

496 Vgl. § 15 MDStV.

497 *Groß*, Presserecht, Rn. 392; *Löffler/Ricker*, Handbuch des Presserechts, 18. Kap. Rn. 1.

498 BVerfGE 27, 71, 82 („Leipziger Volkszeitung"); OLG Hamm NJW 1981, 356, 357; *Jerschke*, Öffentlichkeitspflicht der Exekutive und Informationsrecht der Presse, S. 89; *Löffler/Ricker*, Handbuch des Presserechts, 18. Kap. Rn. 1; *Schröer-Schallenberg*, Informationsansprüche der Presse gegenüber Behörden, S. 17; *Soehring*, Presserecht, § 4 Rn. 3.

499 *Jerschke*, Öffentlichkeitspflicht der Exekutive und Informationsrecht der Presse, S. 89; *Schröer-Schallenberg*, Informationsansprüche der Presse gegenüber Behörden, S. 17.

halten machen zu können. Besonders wichtige Entscheidungsprozesse und Vorgänge finden behördenintern und damit nichtöffentlich statt. Dies gilt in besonderer Weise auch für die Strafrechtspflege. Während die Hauptverhandlung in der Regel öffentlich ist, ist das strafrechtliche Ermittlungsverfahren als nichtöffentliches Verfahren ausgestaltet[500]. Ein Informationsrecht des Bürgers über behördeninterne Vorgänge beinhaltet der Art. 5 Abs. 1 S. 1 Alt. 2 GG auf Grund der Beschränkung auf *„allgemein zugängliche Quellen"* jedoch nicht. Um dem Bedürfnis der Öffentlichkeit, die „Durchsetzung des staatlichen Strafanspruchs zur Wahrung eines umfassenden gesellschaftlichen Rechtsfriedens"[501] beobachten zu können, Rechnung zu tragen, greift an dieser Stelle die Funktion der Medien ein. Zu ihrer Aufgabe gehört es, in erster Linie die Staatsbürger eingehend zu informieren. Um diese Aufgabe erfüllen zu können, müssen die Medien jedoch selbst über behördeninterne relevante Vorgänge unterrichtet werden, um über ausreichende Informationen verfügen zu können[502]. Aus diesem Grunde beinhaltet § 4 Abs. 1 LPG einen Informationsanspruch, der die Behörden verpflichtet, den Vertretern der Presse Auskunft zu erteilen[503]. Die Medien fungieren als *„Informationsübermittler"*, schaffen so zugängliche Quellen für die Bevölkerung, vgl. Art. 5 Abs. 1 S. 1 Alt. 2 GG und ermöglichen eine Teilnahme an einem freien Meinungsbildungsprozess. In diesem Rahmen erfüllen die Medien eine *„öffentliche Aufgabe"*, vgl. § 3, 4 Abs. 1 LPG, wobei *„öffentlich"* dabei *„im öffentlichen Interesse liegend"* bedeutet[504]. *„Im öffentlichen Interesse"* liegen insbesondere alle für den Staat und für die Bevölkerung informelle, kritikwürdige und auch lediglich unterhaltende Themenkomplexe[505]. Ein solches öffentliches Interesse besteht tatsächlich gerade auch an strafrechtlichen Sachverhalten von der Fahndung bis hin zum strafgerichtlichen Urteil[506].

500 Vgl. hierzu eingehender Zweiter Teil, Zweites Kapitel, B), II), 1), a), bb) sowie Zweiter Teil, Zweites Kapitel, B), II), 1), b), aa).

501 *Neuling*, Inquisition durch Information, S. 150.

502 *Jarras* DÖV 1986, 721, 722; vgl. auch *Rose*, Grenzen der journalistischen Recherche im Strafrecht und Strafverfahrensrecht, S. 41; *v. Knobloch* AfP 2006, 301, 302.

503 Dem Informationsrecht der Presse über behördeninterne Vorgänge entspricht eine Öffentlichkeitspflicht der Exekutive, vgl. *Dalbkermeyer*, Der Schutz des Beschuldigten vor identifizierenden und tendenziösen Pressemitteilungen der Ermittlungsbehörden, S. 42.

504 BVerfGE 31, 308, 312; *Bullinger*, in: Löffler, Presserecht, § 3 LPG Rn. 36; *Jerschke*, Öffentlichkeitspflicht der Exekutive und Informationsrecht der Presse, S. 227.

505 Vgl. ausführlich *Bullinger*, in: Löffler, Presserecht, § 3 LPG Rn. 32 ff.

506 Vgl. auch *Wente* StV 1988, 216, 216.

b) Rechtsgrundlage und inhaltliche Aussage des Informationsanspruchs

Wie schon im ersten Teil[507] der vorliegenden Arbeit ausgeführt wurde, besteht Uneinigkeit über die positivrechtliche Legitimation des presserechtlichen Informationsanspruchs. Es geht dabei konkret darum, ob sich der Informationsanspruch unmittelbar aus Art. 5 Abs. 1 S. 2 GG oder erst aus der einfachgesetzlichen Regelung der Landespressegesetze ergibt.

Es wird einerseits vertreten, der Begriff der „*Pressefreiheit*“ erschöpfe sich nicht in der Garantie der Einrichtung einer Presse frei von staatlichen Eingriffen und Zwängen, so genannter status negativus. Aus der institutionellen Eigenständigkeit, deren Schutz von der Beschaffung der Information bis zur Verbreitung der Nachricht reiche, ergebe sich vielmehr auch ein verfassungsunmittelbarer Informationsanspruch gegenüber Behörden[508]. Dabei wird häufig darauf hingewiesen, dass „*der Auskunftsanspruch unabdingbare Voraussetzung für die Verwirklichung der Volkssouveränität*“[509] darstelle, an der mitzuwirken Aufgabe der Presse sei[510]. Lediglich eine unmittelbare Verankerung des Informationsanspruchs in Art. 5 Abs. 1 S. 2 GG könne dem Stellenwert der Presse als „*Medium und Faktor*“[511] der Meinungsbildung gerecht werden[512]. Demnach hätten die Regelungen der Landespressegesetze, sofern sie den Behörden eine Auskunftspflicht auferlegen, lediglich „*deklaratorische Bedeutung*“[513].

507 Vgl. ausführlich oben Erster Teil, B), III), 3).

508 *Groß*, Presserecht, Rn. 399; ders. DÖV 1997, 133, 134 f.; *Jerschke*, Öffentlichkeitspflicht der Exekutive und Informationsrecht der Presse, S. 223 ff.; *Löffler*, Presserecht, Band I, 3. Auflage, § 4 LPG Rn. 17; *Löffler/Ricker*, Handbuch des Presserechts, 2. Auflage, 19. Kap. Rn. 6 (während *Löffler/Ricker* in der 1. und 2. Auflage ihres Handbuches des Presserechts noch die Auffassung vertraten, § 4 LPG enthalte lediglich eine nähere Ausgestaltung eines unmittelbar aus der Verfassung folgenden Anspruchs, gaben sie diese in der 3. Auflage von 1994 auf, 18. Kap. Rn. 6 f.); *Soehring*, Presserecht, § 1 Rn. 4; *Staggat*, Zur Rechtsgrundlage des Informationsanspruches der Presse, S. 99 f.; *Gerhard* AfP 1974, 689, 691.

509 *Groß* DÖV 1997, 133, 135.

510 *Groß*, Verschwiegenheitspflicht der Bediensteten und Informationsrecht der Presse, S. 23 f.

511 *Groß*, Presserecht, Rn. 399.

512 *Groß*, Presserechte, Rn. 399; *Staggat*, Zur Rechtsgrundlage des Informationsanspruches der Presse, S. 99 f.

513 *Dalbkermeyer*, Der Schutz des Beschuldigten vor identifizierenden und tendenziösen Pressemitteilungen der Ermittlungsbehörden, S. 46; *Groß*, Presserecht, Rn. 413; ders. DÖV 1997, 133, 137. Konstitutive Bedeutung hätte dagegen zumindest die Festlegung der Auskunftsverweigerungsrechte, vgl. *Groß*, Presserecht, Rn. 413; ders. DÖV 1997, 133, 137.

Im Gegensatz dazu wird diese Verfassungsunmittelbarkeit eines Informationsanspruchs zum Teil abgelehnt[514]. Das Grundgesetz dürfe kein subjektives Recht auf Information, sondern lediglich eine objektive Pflicht beziehungsweise ein Auftrag an den Gesetzgeber enthalten, konkrete Auskunftsrechte als Leistungsansprüche zu gewährleisten. In Ausführung dieser objektiven Pflicht wurde der Presse in den Landespressegesetzen ein subjektives Recht zuerkannt und dem Medium so eine begünstigte Stellung bei der Realisierung der staatlichen Informationspflicht zugestanden[515]. Dem landespresserechtlichen Informationsanspruch des § 4 Abs. 1 LPG würde nach dieser Ansicht „*konstitutive Bedeutung*" zukommen[516]. Beide Auffassungen haben jedoch gemein, dass sowohl dem Informationsanspruch als Ergebnis einer verfassungsrechtlichen Ableitung als auch dem Informationsanspruch aus § 4 Abs. 1 LPG mit rein „*deklaratorischer Bedeutung*" jeweils die Qualität eines subjektiven Informationsrechts zukommt[517]. Die Regelung des § 4 Abs. 1 LPG gewährleistet daher einen gerichtlich durchsetzbaren Auskunftsanspruch, sofern eine auskunftspflichtige Information vorliegt. Es kann jedoch nicht davon ausgegangen werden, dass allein die Regel des § 4 Abs. 1 LPG eine Pflicht zur umfassenden Informationsauskunft beinhaltet[518]. Sie legt gerade nicht das „*Ob*" der Auskunftspflicht einer konkreten Information fest und beinhaltet schon gleich gar keine originäre Aus-

514 Vgl. u.a. BVerwG 70, 310, 311 f.; AfP 1985, 72, 73 f., nachdem weder der Wortlaut noch die Stellung des Art. 5 Abs. 1 S. 2 GG im Grundgesetz selbst bei Würdigung der institutionellen Garantie der Pressefreiheit einen Anhaltspunkt für einen unmittelbaren Informationsanspruch liefern. Weiterhin spreche schon die Unbestimmbarkeit gegen einen solchen Anspruch, vgl. *Wendt*, in: v. Münch/Kunig, GG, Art. 5 Rn. 35; *Schröer-Schallenberg*, Informationsansprüche der Presse gegenüber Behörden, S. 35; *Berg* JuS 1998, 997, 999; *Starck* AfP 1978, 171, 173; *Stober* DRiZ 1980, 3, 9; *Thum* AfP 2005, 30, 34. Weiterhin sei nicht zu verkennen, dass der Charakter der Pressefreiheit und auch der anderen Grundrechte primär abwehrrechtlicher Natur sei, *Löffler/Ricker*, Handbuch des Presserechts, 19. Kap. Rn. 7; *Jarass* DÖV 1986, 721, 722.

515 *Schröer-Schallenberg*, Informationsansprüche der Presse gegenüber Behörden, S. 36.

516 Vgl. *Dalbkermeyer*, Der Schutz des Beschuldigten vor identifizierenden und tendenziösen Pressemitteilungen der Ermittlungsbehörden, S. 47.

517 Vgl. *Dalbkermeyer*, Der Schutz des Beschuldigten vor identifizierenden und tendenziösen Pressemitteilungen der Ermittlungsbehörden, S. 48; *Groß*, Presserecht, Rn. 413.

518 So aber ohne nähere Begründung *Höh*, Strafrechtlicher Anonymitätsschutz des Beschuldigten vor öffentlicher Identifizierung durch den Staatsanwalt, S. 138 ff.; *Ostendorf* GA 1980, 445, 460. Diese „allumfassende Informationsverpflichtung" einschließlich der namentlichen Identifizierung des Tatverdächtigen soll lediglich durch die Auskunftsverweigerungsgründe des § 4 Abs. 2 LPG eingeschränkt werden können, *Ostendorf* GA 1980, 445, 460.

kunftspflicht der Ermittlungsbehörden[519]. Denn allein die Tatsache, dass überhaupt ein Anspruch besteht, liefert keinerlei Aussage darüber, welche konkreten Informationen an die Medien übermittelt werden dürfen beziehungsweise übermittlungspflichtig sind. Ob und inwieweit die Medien beispielsweise einen Anspruch auf Offenbarung der Identität des Verdächtigen und anderer Details über den Fall haben, ist allein mit Blick auf § 4 Abs. 1 LPG nicht zu beantworten. Die Vorschrift ist vielmehr im Zusammenhang mit § 4 Abs. 2 LPG[520] zu sehen, um bestimmen zu können, welche Informationen von den Ermittlungsbehörden an die Medien weitergegeben werden müssen. Nach § 4 Abs. 2 LPG „*können*" Auskünfte unter bestimmten Voraussetzungen verweigert werden, soweit durch eine Auskunft die sachgemäße Durchführung eines schwebenden Verfahrens vereitelt, erschwert, verzögert oder gefährdet werden könnte (Nr. 1), Vorschriften über die Geheimhaltung entgegen stehen (Nr. 2), ein überwiegend öffentliches oder schutzwürdiges privates Interesse verletzt würde (Nr. 3) oder ihr Umfang das zumutbare Maß überschreitet (Nr. 4).

Die Kombination des § 4 Abs. 1 LPG mit § 4 Abs. 2 LPG ergibt eine einfachgesetzliche Anweisung zur Abwägung kollidierender verfassungsrechtlicher Interessen Dritter[521]. Für die Frage „*ob*" eine Auskunftspflichtigkeit einer Information und damit ein Anspruch der Medien auf Informationsübermittlung besteht, ist also § 4 Abs. 2 LPG der richtige Anknüpfungspunkt[522], wobei den Ermittlungsbehörden ein Ermessensspielraum zugestanden wird[523]. In diesem Rahmen haben sie eine Interessenabwägung vorzunehmen, innerhalb derer die

519 So auch *Dalbkermeyer*, Der Schutz des Beschuldigten vor identifizierenden und tendenziösen Pressemitteilungen der Ermittlungsbehörden, S. 48 f.; *Neuling*, Inquisition durch Information, S. 152. Vgl. hierzu auch Dritter Teil, L), II), 2).

520 Entsprechende Regelungen existieren sinngemäß in allen Bundesländern: § 4 Abs. 2 LPG Ba.-Wü.; Art. 4 Abs. 2 S. 2 LPG Bay.; § 4 Abs. 2 LPG Berl.; § 5 Abs. 2 LPG Brandenb.; § 4 Abs. 2 LPG Brem.; § 4 Abs. 2 LPG Hamb.; § 3 Abs. 1 S. 2 LPG Hess.; § 4 Abs. 3 LPG Meck.-Vorp.; § 4 Abs. 2 LPG Nieders.; § 4 Abs. 2 NRW.; § 6 Abs. 2 LMG Rh.-Pf.; § 5 Abs. 2 LMG Saarl.; § 4 Abs. 2 LPG Sachs.; § 4 Abs. 2 LPG Sachs.-Anh.; § 4 Abs. 2 LPG Schlesw.-Holst.; § 4 Abs. 2 LPG Thür.

521 Siehe hierzu Dritter Teil, L), II), 3).

522 Vgl. auch *Dalbkermeyer*, Der Schutz des Beschuldigten vor identifizierenden und tendenziösen Pressemitteilungen der Ermittlungsbehörden, S. 49; *Neuling*, Inquisition durch Information, S. 152.

523 Vgl. *Schulz*, Die rechtlichen Auswirkungen von Medienberichterstattung auf Strafverfahren, S. 85; *Neuling* StV 2006, 332, 334. Im Einzelfall kann sich jedoch das Ermessen der Ermittlungsbehörde „auf Null" reduzieren, wenn beispielsweise eine gesetzliche Geheimhaltungsvorschrift zu einer Auskunftsverweigerungspflicht führt und somit einer Auskunftserteilung entgegen steht, vgl. *Löffler* NJW 1964, 2277, 2280; *Burkhardt*, in: Löffler, Presserecht, § 4 LPG Rn. 90.

jeweiligen Aspekte des Einzelfalls Berücksichtigung finden müssen[524]. Die behördliche Entscheidung als Resultat des Abwägungsprozesses ist regelmäßig für die Beurteilung der Rechtmäßigkeit ihrer Öffentlichkeitsarbeit von Relevanz. Insbesondere im Rahmen eines für die Öffentlichkeit besonders interessanten Ermittlungsverfahrens entscheiden die Strafverfolgungsbehörden oftmals über die Dimension der öffentlichen Darstellung des Falles in den Medien.

Im Ergebnis vermag also allein die Regelung des § 4 Abs. 1 LPG die strafverfolgungsbehördliche Öffentlichkeitsarbeit und damit einen Anspruch der Medien nicht zu legitimieren. Von entscheidender Bedeutung ist vielmehr die Beurteilung von Umfang und Grenzen einer Auskunftsverpflichtung anhand den in § 4 Abs. 2 LPG genannten Auskunftsverweigerungsgründen[525].

3) Privilegierte Quellen

Von besonders großer Bedeutung ist die Frage, ob die Medien ihrer publizistischen Sorgfaltspflicht auch dann gerecht werden, wenn sie nach Erhalt einer Information durch eine zuverlässige Quelle auf zusätzliche Recherchearbeiten und Nachprüfungen verzichten. Nach der Rechtsprechung sollen sich die Medien auf die Wahrheit einer Auskunft verlassen dürfen, sofern diese durch eine so genannte privilegierte Quelle mitgeteilt wurde und keine Zweifel an ihrer Richtigkeit entstehen lässt[526]. Als privilegierte Quellen werden vornehmlich als seriös bekannte und etablierte Nachrichtenagenturen[527] und amtliche Auskünfte[528] der

524 *Koch* ZRP 1989, 401, 403. Nach *Evers* AfP 1974, 548, 551 findet im Rahmen des Abwägungsprozesses die staatliche Auskunftspflicht ihre Grenze im Persönlichkeitsrecht. Dieses sei selbst grundsätzlich als überwiegendes und als schutzwürdiges Interesse anerkannt und dürfe nur beeinträchtigt werden, sofern im Einzelfall das Interesse an der Information der Öffentlichkeit durch die Presse überwiege und die Beeinträchtigung daher gestatte.

525 Vgl. auch *Dalbkermeyer*, Der Schutz des Beschuldigten vor identifizierenden und tendenziösen Pressemitteilungen der Ermittlungsbehörden, S. 50; *Neuling*, Inquisition durch Information, S. 153.

526 OLG Hamburg AfP 1972, 86, 86 f.; KG NJW-RR 2008, 356, 356. Dasselbe soll gelten, sofern die Mitteilung nicht erkennbar überholt oder widerrufen ist, KG AfP 1992, 302, 303; vgl. hierzu ausführlich *B. Peters* NJW 1997, 1334, 1337, Fn. 54.

527 KG NJW 2008, 356, 356; LG Hamburg AfP 1990, 332, 332; LG München AfP 1975, 758, 758; LG Oldenburg AfP 1988, 79, 79 f.; *Steffen*, in: Löffler, Presserecht, § 6 LPG Rn. 169; *Prinz/Peters*, Medienrecht, Rn. 280; *Soehring*, Presserecht, § 2 Rn. 21; vgl. insb. *B. Peters* NJW 1997, 1334, 1336 f.

528 OLG Braunschweig AfP 1975, 913; OLG Dresden NJW 2004, 1181, 1183 („Doppelmord“); OLG Karlsruhe NJW-RR 1993, 732, 733; vgl. auch OLG Düsseldorf NJW 2005, 1791, 1802; OLG Hamm NJW 1993, 1209 f.; LG Frankfurt/Oder AfP 2004, 161, 164.

Staatsanwaltschaften[529], Gerichte oder der Polizei[530] anerkannt. Besonders auf die im Rahmen des publizistischen Informationsrechts eingeholten amtlichen Auskünfte sollen sich die Medien verlassen dürfen[531]. Dennoch stellen Verlautbarungen privilegierter Quellen keinen journalistischen „Persilschein" dar. Sie dürfen nicht ohne jegliche kritische Würdigung durch den Journalisten übernommen werden. Die den Medien auferlegte Sorgfaltspflicht gebietet eine achtsame Überprüfung der Mitteilung, insbesondere dann, wenn sich schon die privilegierte Quelle etwa durch den Einsatz kommunikativer Eingriffsverstärker wie der Vorverurteilung und Indiskretion[532] nicht in den Grenzen einer zulässigen Verdachtsberichterstattung gehalten hat[533]. Dies war zum Beispiel in dem Aufsehen erregenden Mannesmann-Verfahren der Fall, in dem der leitendende Düsseldorfer Oberstaatsanwalt amtspflichtwidrige Medienauskünfte im Rahmen einer Pressekonferenz und in einer Pressemitteilung erteilte[534]. Derartig *„vorverurteilende Äußerungsexzesse"*[535] der Justizbehörden stellen für die Medien keine privilegierenden Quellen mehr dar. Werden diese Mitteilungen dennoch in ihre Berichterstattung übernommen, so tragen sie ihre eigene vollumfängliche Verantwortung, die sich wiederum an den allgemeinen Kriterien der Verdachtsberichterstattung orientiert.

Einige weitere Beispiele recht freigiebiger Informationsarbeit der Ermittlungsbehörden ließen sich in der letzten Zeit finden:

Im Rahmen des Ermittlungsverfahrens gegen den baden-württembergischen Bundestagsabgeordneten Jörg Tauss wegen des Verdachts des Besitzes kinderpornografischer Schriften beschränkte sich die Staatsanwaltschaft Karlsruhe nicht lediglich auf eine Mitteilung, gegen Tauss bestehe ein Verdacht strafbaren

---

529 Vgl. hierzu insbesondere Dritter Teil, L), II).

530 Vgl. *Lehr* NStZ 2009, 409, 412; *Soehring* NJW 1994, 16, 18. Nach *Eisenberg* StraFo 2006, 15, 18 seien Pressemitteilungen der Staatsanwaltschaft „besonders risikobehaftet", da sich die Medien auf die Richtigkeit dieser Mitteilungen verlassen könnten. Zur Öffentlichkeitsarbeit der Justiz, vgl. *Huff* NJW 2004, 403 ff.; zum Rechtsschutz des Beschuldigten bei amtspflichtwidrigen Medienauskünften von Justizbehörden, vgl. OLG Hamburg UFITA 70 (1974), 305 ff.; LG Hannover AfP 1971, 141; LG München AfP 1973, 152; *Becker-Tuissant* NJW 2004, 414 ff.; *Lindner* StV 2008, 210 ff.; *Neuling* StV 2006, 332 ff.; *Wasmuth* NJW 1988, 1705 ff.

531 Vgl. *v. Gamm*, Persönlichkeits- und Ehrverletzungen durch Massenmedien, S. 48; *Scheer*, Deutsches Presserecht, S. 219.

532 Siehe hierzu ausführlicher Dritter Teil, L), II), 1), b).

533 Vgl. *Lehr*, MAH Strafverteidigung, § 20 Rn. 21; *Hohmann* NJW 2009, 81, 882.

534 OLG Düsseldorf NJW 2005, 1791, 1800; LG Düsseldorf NJW 2003, 2536, 2541; zur so genannten „Affäre Mannesmann" und dem Rechtsschutz des Beschuldigten bei amtspflichtwidrigen Medienauskünften, vgl. auch *Neuling* StV 2006, 332 ff.

535 *Lehr*, in: MAH Strafverteidigung, § 20 Rn. 25; ders. NStZ 2009, 409, 412.

Verhaltens. In einer Presseerklärung vom 11.03.2009 mit der Überschrift *„Staatsanwaltschaft Karlsruhe weist Vorwürfe von Tauss zurück“* teilte sie vielmehr mit: *„Soweit Tauss nach der bisherigen Auswertung der sichergestellten Materialien, der erhaltenen Akteneinsicht und seiner am 11.03.2009 erfolgten Beschuldigtenvernehmung den gegen ihn gerichteten Tatvorwurf für unberechtigt hält, ist dies unbegründet. Der Verdacht des strafbaren Besitzes von kinderpornografischen Dateien und Bildmaterial hat sich weiter verdichtet. Es widerspricht dem bisherigen Ermittlungsergebnis, wenn Tauss zum wiederholten Mal den Besitz von kinderpornografischen Materials mit seiner Abgeordnetentätigkeit rechtfertigt.“*[536] Die Karlsruher Staatsanwaltschaft ließ sich auf einen öffentlichen Diskurs ein und wies in den Medien den Vorwurf zurück, Tauss im Rahmen ihrer Ermittlungen vorverurteilt zu haben, was nach Ansicht von Tauss′ Rechtsbeistand einer *„sozialen Exekution“* gleichkomme. Ihr Sprecher teilte mit: *„Eine Vorverurteilung war und ist ganz und gar nicht unsere Absicht. Wir sind vielmehr so zurückhaltend wie möglich vorgegangen. Ich habe lediglich erklärt, dass wir bei der Durchsuchung von Räumen von Herrn Tauss am vergangenen Donnerstag in Berlin fündig geworden sind und einschlägiges Material sichergestellt haben, und dass es keine Anhaltspunkte gibt, dass Herr Tauss dieses Material für seine Tätigkeit als Abgeordneter benötigt hat.“*[537]

Die Staatsanwaltschaft Darmstadt gab am 14.04.2009 folgende indiskrete[538] Pressemitteilung heraus: *„Die Staatsanwaltschaft Darmstadt hat am Samstagabend (11.04.2009) in Frankfurt am Main auf Basis eines Haftbefehls des Amtsgerichts Darmstadt eine 26-jährige Sängerin wegen des Verdachts der gefährlichen Körperverletzung festgenommen. Danach besteht der dringende Tatverdacht, dass die Beschuldigte in den Jahren 2004 und 2006 ungeschützten Geschlechtsverkehr mit 3 Personen hatte, ohne diese zuvor darauf hinzuweisen, dass sie selbst HIV positiv ist. Zumindest bei einem der drei Partner ergab ein Test, dass er – mutmaßlich infolge des Kontakts – nunmehr ebenfalls HIV positiv ist. Die Beschuldigte wurde noch am Samstagabend dem Ermittlungsrichter vorgeführt. Dieser hat die Untersuchungshaft wegen Wiederholungsgefahr angeordnet. Der Strafrahmen für eine gefährliche Körperverletzung liegt bei einer Freiheitsstrafe von 6 Monaten bis zu 10 Jahren.“*[539] Tags darauf griffen fast alle

---

536 Abrufbar unter http://stakarlsruhe.de/servlet/PB/menu/1240379/index.html?ROOT=1175932 (Stand: 02.08.2010).

537 Tagesspiegel v. 09.03.2009, S. 4, abrufbar unter http://www.tagesspiegel.de/politik/deutschland/Kinderpornografie-Joerg-Tauss-SPD;art122,2747177 (Stand: 02.08.2010).

538 Zum Eingriffsverstärker der Indiskretion insbesondere im Fall Nadja Benaissa, vgl. Dritter Teil, L), II), 1), b), bb).

539 Abrufbar unter http://www.sta-darmstadt.justiz.hessen.de/irj/STA_Darmstadt_Internet?rid=HMdJ_Search/STA_Darmstadt_Internet/sub/5ea/5ea70be8-7ac3-a021-f3ef-

Medien diese Information auf und berichteten in vollem Maße über die tatverdächtige Sängerin und ihre Band „*No Angels*“[540]. Die „*BILD*“ wie auch viele andere in- und ausländische Boulevard-Blätter verarbeiteten die HIV-Erkrankung der Sängerin als Hauptschlagzeile.

Im Zusammenhang mit dem Ermittlungsverfahren gegen einen Chefarzt einer Gießener Universitätsklinik wegen des Verdachts der Körperverletzung mittels heimlichen Medikamententests erklärte der leitende Oberstaatsanwalt gegenüber den Medien, dass es „*noch offen sei*“, wie viele Patienten seit Anfang der 90er Jahre von möglicherweise illegalen Testreihen betroffen sind. Es müssten noch die Patientenkarteien ausgewertet werden. Damit wurde der im Raum stehende Verdacht, ungenehmigte Patientenversuche durchgeführt zu haben, nicht als offen dargestellt, sondern vielmehr als bereits feststehend. Die Erklärung des Oberstaatsanwalts vermittelte den Eindruck, dass lediglich noch die Anzahl der geschädigten Patienten zu ermitteln sei. Das Verfahren wurde später auf Grund fehlenden hinreichenden Tatverdachts gemäß § 170 Abs. 2 StPO eingestellt.

a) Mitteilungen der Ermittlungsbehörden

Wie das Landesgericht Hamburg[541] bezüglich der Presse dargelegt hat, müssen die Medien jedoch in der Regel davon ausgehen können, dass Ermittlungsbehörden keine Auskünfte erteilen, die nicht auf ausreichend sicheren (kriminalpolizeilichen) Erkenntnissen beruhen. Übernehmen die Medien konkrete Verlautbarungen beispielsweise einer Polizeidienststelle über den aktuellen Stand eines Ermittlungsverfahrens, so stellt dies grundsätzlich keinen Verstoß gegen die publizistische Sorgfalt dar[542]. Dasselbe soll auch gelten, wenn neben den Angaben zur Sache auch Angaben zur Person des Tatverdächtigen in den Bericht übernommen werden. Die Journalisten sollen davon ausgehen dürfen, dass die Polizei - soweit sie Informationen zur Person des Verdächtigen herausgibt - selbst im Vorfeld abgeklärt hat, ob die Art der Tat, das Interesse an der Aufklä-

---

ef97ccf4e69f,,,11111111-2222-3333-4444-100000005003%26overview=true.htm (Stand: 02.08.2010).

540 Vgl. *Prantl* AnwBl. 2009, 421, 421.

541 LG Hamburg AfP 1972, 84, 84; vgl. auch OLG Braunschweig NJW 1975, 651, 653.

542 Vgl. OLG Braunschweig NJW 1975, 651, 653; OLG Hamm AfP 1976, 32, 32. Weiterhin ist zu berücksichtigen, dass zwar der Ausgang des Ermittlungsverfahrens nicht in jedem Fall abgewartet werden müsse, bevor über einen Verdacht berichtet werden dürfe. Sofern sich die Verdachtsberichterstattung jedoch auf Ermittlungen stützen will, die bereits 6 oder 7 Jahre zurückliegen, so könne hierbei nicht unberücksichtigt bleiben, dass das entsprechende Ermittlungsverfahren ohne Anklageerhebung ein Ende fand, vgl. OLG München ZUM 2009, 777, 779.

rung und das Ausmaß des Tatverdachts entsprechende Verlautbarungen rechtfertigen[543]. Nach Ansicht des OLG Braunschweig[544] würde die publizistische Sorgfaltspflicht überspannt werden, sofern man den Medien in derartigen Angelegenheiten eine eigenverantwortliche Prüfungspflicht auferlegen würde, da diese auf Grund fehlender eigener Kenntnisse über den tatsächlichen aktuellen Sachstand der Ermittlungen auch überhaupt nicht im Stande wären, eine derartige Prüfung durchzuführen. Nichtsdestotrotz sollten die Medien nicht davon befreit sein, selbst Auskünfte der Ermittlungsbehörden mit kritischem Blick zu betrachten und gegebenenfalls auf eine Übernahme identifizierender Daten in den zu veröffentlichenden Bericht verzichten. Enthält eine Pressemitteilung schwerwiegende Sachangaben, so ist es geboten, bei den zuständigen Ermittlungsbehörden Rückfragen zu stellen[545]. Sofern es sich um inoffizielle Informationen eines Informanten aus den Reihen der Polizei handelt, entfällt die eigene Recherchepflicht nicht[546]. Des Weiteren ist es nicht gestattet, in den Medien Beschuldigungen[547] zu erheben, die über die von den Strafverfolgungsbehörden erlangten Informationen hinausgehen[548].

b) *Mitteilungen von Nachrichtenagenturen*

Werden Informationen von einer allgemein anerkannten Nachrichtenagentur übernommen, sind die Medien von einer Verpflichtung zur Nachrecherche entbunden. Dies gilt im Besonderen für die großen Nachrichtenagenturen, wie zum Beispiel: dpa (Deutsche Presse-Agentur), AFP (Agence France-Presse), AP (The Associated Press); Reuters und ddp/ADN (Deutscher Depeschen-Dienst/Allgemeiner Deutscher Nachrichtendienst)[549]. Im Hinblick auf das journalistische Tagesgeschäft können die Medien ihrer verfassungsmäßigen Aufgabe, umfänglich und zugleich so aktuell wie möglich zu berichten, lediglich dann gerecht werden, sofern sie nicht jeden ihrer Berichte selbst vollständig (nach-)recherchieren müssen. Vor allem im Hinblick auf eine tagesaktuelle Berichterstattung muss es den Medien möglich sein, einen Teil ihrer Berichte aus zusätzlichen Quellen zu übernehmen. Die Art der Quelle, aus der Informationen geschöpft werden, bestimmt darüber, ob und gegebenenfalls wieweit doch eine

543 A.A. OLG Nürnberg NJW-RR 2007, 1267, 1267.
544 OLG Braunschweig NJW 1975, 651, 653.
545 OLG Hamm AfP 1976, 32, 32.
546 OLG Dresden NJW 2004, 1181, 1183 („Doppelmord").
547 Zur Beschuldigung als Grundform staatsanwaltlicher Kommunikation, siehe Dritter Teil, L), II), 1), a).
548 BGHSt 18, 182, 185 („Callgirl-Affäre").
549 Vgl. *Burckhardt*, in: Wenzel, Das Recht der Wort- und Bildberichterstattung, Rn. 6.135; *B. Peters* NJW 1997, 1334, 1336 f.

eigene Pflicht zu sorgfältiger Überprüfung besteht. Je seriöser die Quelle, umso geringer fällt die Pflicht zur journalistischen Sorgfalt aus[550]. In der Rechtsprechung[551] und Literatur[552] wurde in diesem Zusammenhang das so genannte „*Agenturprivileg*“[553] ins Leben gerufen, welches den Journalisten unter Einhaltung ihrer journalistischen Sorgfaltspflichten gestattet, Auskünfte seriöser und anerkannter Nachrichtenagenturen ohne zusätzliche eigene (Nach-)Recherche zu übernehmen. Dieses Privileg erfährt jedoch sein Limit, sofern die Meldung Zweifel bezüglich ihrer inhaltlichen Richtigkeit aufkommen lässt[554].

II) Keine präjudizierende Berichterstattung

Berichten die Medien über einen Verdacht strafbaren Verhaltens, so müssen sie sich jeglicher Vorverurteilung[555] des Betroffenen enthalten. Ein Bericht darf nicht den Eindruck vermitteln, dem Betroffenen sei die ihm vorgeworfene Straftat bereits nachgewiesen. Die irreparablen Folgen einer Präjudizierung[556], die eine Verdachtsberichterstattung nach sich ziehen kann, verpflichten insbesondere in dem frühen Stadium eines Ermittlungsverfahrens jegliche Qualifizierung zu vermeiden, die über die erkennbar vorläufige Feststellung eines bestehenden Tatverdachts hinausgeht[557].

1) Pflicht zur zurückhaltenden Darstellung

Die Kriterien einer zulässigen Verdachtsberichterstattung verlangen eine distanzierte Darstellung des Verdachts. Die Darstellung darf keinerlei Vorverurteilung

---

550 KG NJW-RR 2008, 356, 356; *Burckhardt*, in: Wenzel, Das Recht der Wort- und Bildberichterstattung, Rn. 135; *Soehring*, Presserecht, § 2 Rn. 21.

551 OLG Nürnberg NJW-RR 2007, 1267, 1267; LG Hamburg AfP 1990, 332, 332; LG München AfP 1975, 758, 758; vgl. auch BVerfGE NJW-RR 2000, 1209, 1210.

552 Vgl. statt vieler *Spindler*, in: Bamberger/Roth, BGB, § 824 Rn. 33; *Burckhardt*, in: Wenzel, Das Recht der Wort- und Bildberichterstattung, Rn. 134 ff.; *Damm/Rehbock*, Widerruf, Unterlassung und Schadensersatz in den Medien, Rn. 676; *Soehring*, Presserecht, § 2 Rn. 21; *B. Peters* NJW 1997, 1334, 1336 f.; *Steffen*, in: Löffler, Presserecht, § 6 LPG Rn. 169.

553 KG NJW-RR 2008, 356, 356.

554 Siehe Zweiter Teil, Erstes Kapitel, B), I), 3).

555 Zur Vorverurteilung als Eingriffsverstärker staatsanwaltlicher Kommunikation, vgl. Dritter Teil, L), II), 1), b), aa).

556 Vgl. *v. Becker*, Straftäter und Tatverdächtige in den Medien, S. 24 f., 128 ff.; *Soehring*, Vorverurteilung durch die Presse, S. 19 ff.; ders. GRUR 1986, 518 ff.

557 *Rüping*, in: Festschrift für Dünnebier, S. 391, 396 m.w.N.; *Dalbkermeyer*, Der Schutz des Beschuldigten vor identifizierenden und tendenziösen Pressemitteilungen der Ermittlungsbehörden, S. 25.

des Betroffenen enthalten. Kommt in dem Bericht zum Ausdruck, der Betroffene sei der ihm vorgeworfenen Handlung bereits überführt oder zumindest mit hoher Wahrscheinlichkeit schuldig, so ist dies unzulässig[558]. Eine auf Sensation ausgehende, bewusst einseitige oder verfälschende Darstellung ist demnach zu vermeiden[559]. Dem Rezipienten muss es möglich sein, sich selbst ein Urteil über den in Frage stehenden Tatverdacht zu bilden. Bei dem Leser, Fernsehzuschauer oder Hörer darf weder direkt noch indirekt der Eindruck hervorgerufen werden, der Verdacht sei zutreffend. Maßgebend ist also die Empfängerperspektive. Soll sich eine Verdachtsberichterstattung im Rahmen der Wahrnehmung berechtigter Interessen nach § 193 StGB halten, so muss sich inhaltlich und formell eine gewisse Distanzierung erkennen lassen. Lediglich die wiederholte Verwendung des Wortes „*soll*" genügt jedoch keineswegs, sofern durch die Art der Berichterstattung oder gar einer Entwertung der Stellungnahme des Betroffenen vermittelt wird, der Verdacht sei inhaltlich zutreffend[560].

2) Hinweis auf die Verdachtslage

Ein Tatverdächtiger darf auf Grund seines Persönlichkeitsrechts nicht als „*Täter*" dargestellt werden[561]. So darf zum Beispiel eine Frau, gegen die der Verdacht besteht, an der Ermordung des Bankiers Jürgen Ponto mitgewirkt zu haben, nicht als „*Terror-Mädchen*" bezeichnet werden[562]. Ebenfalls unzulässig ist die Verwendung des Wortes „*Kannibale*" in einer Überschrift, die für sich genommen eine eindeutige und konkrete Aussage enthält und zu deren Verständnis es nicht auf den Text des nachfolgenden Beitrags ankommt, wenn es sich bei

---

558 BGHZ 143, 199, 203 („Verdachtsberichterstattung").

559 BVerfGE NJW 2009, 350, 351 („Holzklotz"); BGHZ 143, 199, 203 (Verdachtsberichterstattung").

560 BGH NJW 1977, 1288, 1289 („Abgeordnetenbestechung").

561 *Degenhart*, in: Bonner Kommentar, GG, Art. 5 I und II, Rn. 521; *Prinz/Peters*, Medienrecht, Rn. 271. Die Bezeichnung des Angeklagten als „Täter" ist jedoch nicht in jedem Fall unzulässig, vgl. OLG Frankfurt, NJW 1980, 597, 598 („Mitten unter uns"); OLG Hamburg AfP 1983, 466, 467 f. Der Zwang zur Kürze und eine „pressegerechte Darstellung" kann nach *Veith* NJW 1982, 2225, 2227 den Sorgfaltspflichten der Presse Grenzen setzen. Zur Entscheidung des OLG Frankfurt NJW 1980, 597 ff., siehe *Grave* NJW 1981, 209, 210, der anmerkt, „dass ein bloßer Hinweis auf das Fehlen eines die Schuld rechtskräftig feststellenden Urteils die Bezeichnung des Verdächtigen als „Täter" zur Äußerung einer bloßen Vermutung werden lasse".

562 OLG Düsseldorf NJW 1980, 599, 600 („Terror-Mädchen").

dem Vorwurf des Kannibalismus um keine bestätigte Tatsache, sondern allenfalls um einen Verdacht handelt[563].

Wird in einem Medienbericht zu Unrecht die Schuld des Betroffenen behauptet, so können sie sich nicht auf die Privilegierung im Sinne des § 193 StGB berufen, da sich hierauf nur berufen kann, wer den Sachverhalt auch der Wahrheit entsprechend mitteilt. Eine falsche Darstellung kann auch nicht zu dem durch Art. 5 Abs. 1 S. 1 GG geschützten Meinungsbildungsprozess beitragen und ist unter dem Kriterium *„unwahr"* entsprechend der §§ 186 StGB, § 823 Abs. 2 BGB angreifbar[564].

a) Die Unschuldsvermutung, Art. 6 Abs. 2 EMRK

In diesem Zusammenhang gewinnt die Unschuldsvermutung des Art. 6 Abs. 2 EMRK an Bedeutung[565]. Diese wird vielfach als Leitfaden für eine zulässige oder unzulässige (vorverurteilende) Berichterstattung herangezogen. Dabei besteht rechtsdogmatisch keine Sicherheit darüber, ob die Unschuldsvermutung des Art. 6 Abs. 2 EMRK lediglich die staatlichen Ermittlungs- und Justizbehörden verpflichtet, oder darüber hinaus auch von den Journalisten zu beachten ist.

Bei der Europäischen Menschenrechtskonvention (EMRK) handelt es sich um einen völkerrechtlichen Vertrag, der im Rahmen des Europarates ausgearbeitet und am 4. November 1950 in Rom unterzeichnet wurde. Mittlerweile gehört die Bereitschaft zur Unterzeichnung und Ratifikation der Europäischen Menschenrechtskonvention zu einer unabdingbaren Beitrittsbedingung für Staaten, die dem Europarat zugehören möchten. Alle Mitglieder des Europarats haben

---

563 OLG Frankfurt NJW-RR 2007, 1115, 1116. Der streitgegenständliche Artikel enthielt nach Auffassung des Gerichts im Kern zutreffende, der Wahrheit entsprechende Angaben. Nach der Feststellung der zuvor mit dem Fall betrauten Strafkammern hatte der Kläger seine Cousine erstickt, mit einem Teppichmesser zerlegt und Teile der Leiche im Ofen gebraten. Der (unberechtigte, da nicht erwiesene) Vorwurf, der Kläger habe schließlich auch Leichenteile gegessen, der (nur) in der Überschrift zum Ausdruck kam, stellte nach Ansicht des OLG Frankfurt zwar eine Überzeichnung und Persönlichkeitsverletzung dar. Allerdings komme ihr gemessen an den Tatvorwürfen, über die inhaltlich zutreffend berichtet wurde, keine solches Gewicht zu, dass die Zuerkennung einer Geldentschädigung unabweislich erscheine, OLG Frankfurt NJW-RR 2007, 1115, 1117.

564 Vgl. *Prinz/Peters*, Medienrecht, Rn. 271.

565 Die Unschuldsvermutung ist im Grundgesetz der Bundesrepublik Deutschland nicht expressiv verbis aufgeführt, sie findet sich jedoch in einigen Landesverfassungen: Art. 9 Abs. 2 Berliner Verfassung, Art. 53 Abs. 2 Verfassung des Landes Brandenburg, Art. 6 Abs. 3 Verfassung der Freien Hansestadt Bremen, Art. 20 Abs. 2 S. 1 Verfassung des Landes Hessen, Art. 6 Abs. 4 S. 2 Verfassung des Landes Rheinland-Pfalz, Art. 14 Abs. 2 Verfassung des Landes Saarland.

demnach die Konvention unterzeichnet und in innerstaatliches Recht transformiert. Die Bundesrepublik Deutschland ratifizierte die Europäische Menschenrechtskonvention durch Bundesgesetz vom 7. August 1952[566]. Sie trat am 3. September 1953 allgemein in Kraft[567] und gilt seitdem als geltendes innerstaatliches Recht.

Im Folgenden soll geklärt werden, ob der Tatverdächtige überhaupt zu dem durch Art. 6 Abs. 2 EMRK geschützten Personenkreis zu zählen ist, ob die Medien an ein dem Unschuldsprinzip entnommenes allgemeines Präjudizierungsverbot gebunden sind und welchen rechtlichen Rang die Unschuldsvermutung in der deutschen Normenhierarchie innehat.

aa) Geschützter Personenkreis

Der Wortlaut des Art. 6 Abs. 2 EMRK nennt lediglich den „*Angeklagten*"[568]. Bei formaler Betrachtungsweise kann damit ein Beschuldigter beziehungsweise Angeschuldigter vor Eröffnung des Hauptverfahrens eigentlich nicht gemeint sein. Allerdings soll der Begriff des „*Angeklagten*" nicht im rechtstechnischen Sinne des § 157 StPO verstanden werden[569], sondern schlechthin mit „*Beschuldigter*" zu übersetzen sein[570]. Demgegenüber entschied jedoch vereinzelt die Europäische Kommission für Menschenrechte[571], Art. 6 Abs. 2 EMRK gelte primär für das Vorgehen der Tatrichter und eine Verletzung der Unschuldsvermutung kön-

566 BGBl. 1952 II, S. 685, 953.

567 Bekanntgabe vom 15.12.1953, BGBl. 1954 II, S. 14, 14.

568 In einigen Bundesländern soll die Vermutung der Unschuld ausdrücklich dem „Beschuldigten" (Art. 9 Abs. 2 Berliner Verfassung, Art. 53 Abs. 2 Verfassung des Landes Brandenburg, Art. 6 Abs. 3 Verfassung der Freien Hansestadt Bremen), anderswo sogar jedermann zu Gute kommen (Art. 20 Abs. 2 S. 1 Verfassung des Landes Hessen, Art. 6 Abs. 4 S. 2 Verfassung des Landes Rheinland-Pfalz, Art. 14 Abs. 2 Verfassung des Saarlandes).

569 OLG Köln NJW 1987, 2682, 2684; *Gollwitzer*, in: Löwe-Rosenberg, StPO, Bd. 8, Art. 6 EMRK/14 IPBPR Rn. 126; ders.: Menschenrechte im Strafverfahren, Art. 6 EMRK/14 IPBPR Rn. 126.

570 *Ulsamer*, in: Festschrift für Zeidler, S.1799,1806. *Soehring*, Vorverurteilung der Presse, S. 38 dagegen zieht die landesverfassungsrechtlichen Regelungen heran, die alle mindestens den „Beschuldigten" schützen.

571 Die Europäische Kommission für Menschenrechte (EKMR) sollte die Einhaltung der Europäischen Konvention zum Schutze der Menschenrechte durch ihre Unterzeichner gewährleisten. Sie wurde im Jahre 1954 in Straßburg errichtet und hatte dort ihren Sitz, 1998 wurden ihre Aufgaben durch den Europäischen Gerichtshof für Menschenrechte übernommen.

ne nicht vor Eröffnung der Hauptverhandlung geltend gemacht werden[572]. Streng am Wortlaut orientiert legte die Europäische Kommission für Menschenrechte Art. 6 Abs. 2 EMRK als rechtsstaatliches Prinzip richterlicher Prozessführung und Entscheidungsfindung aus[573]. Neuere Entscheidungen lassen jedoch erkennen, dass auch andere Staatsorgane als Gerichte das Prinzip der Unschuldsvermutung zu befolgen haben[574]. Auch vor Erhebung einer Anklage muss dieses Prinzip a fortiori Beachtung finden[575]. Im Fall Petra Krause[576], in welchem ein Justizminister medienwirksam Erklärungen über die Verhaftung der Beschwerdeführerin, eine mutmaßliche Terroristin, im Fernsehen abgab, hatte die Kommission zu entscheiden, ob dieses Verhalten dem Prinzip der Unschuldsvermutung gerecht werde. Sie urteilte unmissverständlich, dass durch Äußerungen eines Trägers hoheitlicher Gewalt durchaus eine Verletzung der Unschuldsvermutung in Betracht kommen könne. Diese habe zwar im Wesentlichen den Charakter einer Prozessmaxime inne, müsse jedoch als umfängliches und individuelles Schutzprinzip verstanden werden. Niemand dürfe von den Behörden als einer strafbaren Handlung schuldig bezeichnet werden, ohne dass zuvor ein zuständiges Gericht dies am Ende eines Strafverfahrens festgestellt habe[577]. Dieser Ansicht sind Rechtsprechung[578] und Literatur[579] größtenteils ge-

---

572 Vgl. Entscheidung Nr. 6323/73 vom 19.05.1977, zitiert bei *Peukert* EUGRZ 1980, 247, 260 Fn. 136; vgl. auch *Neuling*, Inquisition durch Information, S. 164; *Kondziela* MschKrim 1989, 177, 180; zur Unschuldsvermutung in der Spruchpraxis der Straßburger Menschenrechtsorgane vgl. weiterhin *Kühl*, in: Festschrift für Hubmann, S. 241, 245 f.

573 *Neuling*, Inquisition durch Information, S. 164.

574 Zur Anwendbarkeit des Prinzips der Unschuldsvermutung auf „inkriminierende, öffentliche Äußerungen über den Beschuldigten außerhalb des Strafverfahrens", s. *Peukert*, in: Frowein/Peukert, Europäische Menschenrechtskonvention, Art. 6 Rn. 267; ders. EuGRZ 1980, 247, 260.

575 *Frowein*, in: Festschrift für Huber, S. 553, 555.

576 E 7986/77, Decisions and Reports 13 (1979), 73, 76 („Petra Krause v / Switzerland").

577 E 7986/77, Decisions and Reports 13 (1979), 73, 75 f. („Petra Krause v / Switzerland"); vgl. auch E .., Decisions and Reports 14 (1979), 64, 112 f. („Ensslin, Baader, Raspe v / the Federal Republic of Germany").

578 Vgl. u. a. BVerfGE 22, 254, 265; OLG Koblenz StV 1987, 430, 431; OLG Köln AfP 1985, 293, 295; NJW 1987, 2682, 2683.

579 *Peukert*, in: Frowein/Peukert, Europäische Menschenrechtskonvention, Art. 6 Rn. 263; ders. EuGRZ 1980, 247, 260; *Höh*, Strafrechtlicher Anonymitätsschutz des Beschuldigten vor öffentlicher Identifizierung durch den Staatsanwalt, S. 11; *Neuling*, Inquisition durch Information, S. 165; *Schubarth*, Zur Tragweite des Grundsatzes der Unschuldsvermutung, S. 11 f.; *Frowein*, in: Festschrift für Huber, S. 553, 555, 559; *Kühl*, in: Festschrift für Hubmann, S. 241, 246 f.; *Müller*, in: Festschrift für Koch, S. 191, 196; *Ulsamer*, in: Festschrift für Zeidler, S. 1799, 1806; ders. in: Festschrift für

folgt. So umschrieb das Bundesverfassungsgericht das Herzstück der Garantie zutreffend, wenn es in seinem Urteil formulierte, dass die Unschuldsvermutung die „*Behandlung eines nicht rechtskräftig verurteilten Bürgers als schuldig*" ausschließe[580].

Eine zu enge Auslegung des Art. 6 Abs. 2 EMRK würde zudem auch den Sinn und Zweck der Vorschrift verkennen. Insbesondere die materiellrechtlichen Auswirkungen der Unschuldsvermutung waren für die Formulierung des Art. 6 Abs. 2 EMRK maßgeblich, wonach es unzulässig war, vor einer gerichtlichen Feststellung anzunehmen, dass der Tatverdächtige gesellschaftliche Verhaltenserwartungen verletzt habe[581]. Jede Person, der ein Überschreiten der Strafgesetze vorgeworfen wurde, sollte vor einer ungerechtfertigten Inanspruchnahme geschützt werden[582]. Dass das Prinzip der Unschuldsvermutung auch schon vor Anklageerhebung alle Staatsgewalt bindet, ergibt sich zudem aus einem Erst-recht-Schluss. Nach dem Wortlaut des Art. 6 Abs. 2 EMRK ist Adressat der Unschuldsvermutung der Richter. Wenn schon dieser, der einzig zur Feststellung der gesetzlichen Schuld berechtigt ist, bis zur Schuldfeststellung die Unschuld des betroffenen Tatverdächtigen zu vermuten hat, muss es erst recht auch für andere staatliche Hoheitsträger unzulässig sein, einen noch nicht verurteilten Bürger als „Schuldigen" zu behandeln[583]. Es ist demnach davon auszugehen, dass die Unschuldsvermutung des Art. 6 Abs. 2 EMRK schon im Vorfeld eines Hauptverfahrens, also auch im Ermittlungsverfahren, zu beachten ist. Sie lässt somit auch dem Tatverdächtigen Schutz zukommen - etwa vor einer Wertminderung der Unschuldsvermutung durch die hochgradige Eingriffsintensität der Vorverurteilung[584] - und bleibt bis zur Rechtskraft[585] eines potenziell gegen ihn zu ergehenden Urteils bestehen.

Jauch, S. 221, 230; *Vogler*, in: Festschrift für Kleinknecht, S. 429, 437; ders. ZStW 89 (1977), 761, 784; *Haberstroh* NStZ 1984, 289, 290; *Kondziela* MschrKrim 1989, 177, 180; *Marxen* GA 1980, 365, 365 Fn. 2.

580 BVerfGE 22, 254, 265.

581 Vgl. *Köster*, Die Rechtsvermutung der Unschuld, S. 90 ff., 166 f., 174 f.; *Kondziela* MschrKrim 1989, 177, 180.

582 *Kondziela* MschrKrim 1989, 177, 180.

583 *Köster*, Die Rechtsvermutung der Unschuld, S. 175; *Kondziela* MschKrim 1989, 177, 180.

584 Vgl. hierzu Dritter Teil, L), II), 1), b), aa) sowie Dritter Teil, L), III), 2).

585 *Gollwitzer*, in: Löwe-Rosenberg, StPO, Bd. 8, Art. 6 EMRK/14 IPBPR Rn. 128; ders.: Menschenrechte im Strafverfahren, Art. 6 EKRK/14 IPBPR, Rn. 126; *Ulsamer*, in: Festschrift für Zeidler, Band 2, S. 1799; 1806; *Kühl* NJW 1984, 1264, 1267; *Lampe* NJW 1973, 217, 220; *Laubenthal* GA 1989, 20, 25. Nach Ansicht von *Guradze*, Die Europäische Menschenrechtskonvention, Art. 6 Anm. 25; Schorn, Die Europäische

bb) Bindungswirkung auch gegenüber den Medien?

Nachdem festgestellt wurde, dass eine Bindung einzig des Strafrichters für einen umfassenden Schutz des betroffenen Tatverdächtigen im Hinblick auf einen unvoreingenommenen Richter nicht genügt und der Anwendungsbereich des Art. 6 Abs. 2 EMRK auch auf staatliche Stelle, die für die Informationsmittlung an die Medien zuständig sind, auszuweiten ist[586], stellt sich im Folgenden die Frage, ob auch die Medien als Adressaten des Art. 6 Abs. 2 EMRK anzusehen sind. Diese Frage der Bindungswirkung wird in Rechtsprechung und Literatur unterschiedlich beantwortet.

Oftmals findet sich die Ansicht, dass zwar Art. 6 Abs. 2 EMRK unmittelbar nur gegenüber der öffentlichen Gewalt gelte, was jedoch nicht ausschließe, die Berichterstattung der Medien über Strafverfahren an den Maßstäben der Unschuldsvermutung messen zu können[587]. Nach *Hartmann*[588] sei die dem Art. 6 Abs. 2 EMRK zu entnehmende Wertentscheidung einer Auslegungsregel vergleichbar, welche zwar nicht absolute Geltung beanspruche, aber einen „*ergänzenden Maßstab für die rechtliche Beurteilung der Verantwortung der Medien*" darstelle.

Teilweise wird aus dem Prinzip der Unschuldsvermutung ein Gebot gegenüber dem Staat abgeleitet, durch positive Maßnahmen dafür zu sorgen, dass die Medien bei der Berichterstattung über Straftatverdächtige sich in den Grenzen einer gebotenen Sachlichkeit halten, um die Ehre des betroffenen Verdächtigen vor Vorverurteilungen zu schützen[589].

Konvention zum Schutze der Menschenrechte und Grundfreiheiten, S. 224 f. besteht die Unschuldsvermutung bis zum gesetzlichen Nachweis der Schuld.

586 E 7986/77, Decisions and Reports 13 (1979), 73, 75f. („Petra Krause v / Switzerland"); vgl. auch *Frowein*, in: Festschrift für Huber, S. 553, 554 f.; *Kühl,* in: Festschrift für Hubmann, S. 241, 246; ders. in: Unschuldsvermutung in der Mediengesellschaft-Publizistischer Missbrauch-staatsanwaltlicher Ermittlungsverfahren?, Symposium des Hessischen Ministeriums für Justiz am 12. Februar 1990, S. 73 f.

587 OLG Braunschweig AfP 1980, 292, 292; OLG Frankfurt NJW 1980, 597, 599; OLG Hamburg AfP 1983, 466, 467; OLG Köln AfP 1985, 293, 295; OLG Köln NJW 1987, 2682, 2683; *Degenhart,* in: Bonner Kommentar, GG, Art. 5 I und II Rn. 521; *Meyer-Goßner*, StPO, Anh. 4 MRK, Art. 6 EMRK Rn. 13; *Kühne*, in: IntKommEMRK, Art. 6 Rn. 426; *Bornkamm* NStZ 1983, 102, 104 f; *Hassemer* NJW 1985, 1921, 1923; *Lampe* NJW 1973, 217, 217.

588 *Hartmann*, in: Festschrift für Göppinger, S. 579, 581.

589 *Frowein*, in: Festschrift für Huber, S. 553, 556; *K. Meyer*, in: Festschrift für Tröndle, S. 61, 63; *Rüping*, in: Festschrift für Dünnebier, S. 391, 395; *Peukert* EuGRZ 1980, 247, 260; ders., in: Frowein/Peukert, EMRK, Art. 6 Rn. 270.

Ein gesetzgeberisches Tätigwerden würde sich jedoch erübrigen, sofern sich eine Bindung der Medien bereits aus Art. 6 Abs. 2 EMRK ergibt.

Eine derartige Bindung der Medien an die Unschuldsvermutung lässt sich bereits aus dem Sinn und Zweck des Art. 6 Abs. 2 EMRK ableiten. Die Macht des Staates in Form der Strafgewalt ist Basis für die massivsten Eingriffe[590] in die Grundrechte des Bürgers, die in einem Rechtsstaat denkbar sind[591]. Gerade die Unschuldsvermutung soll eine unüberwindbare Grenze für diese Gewalt schaffen und eine Ermahnung in Richtung der staatlichen Stellen zur Selbstkontrolle bei Ausübung der Strafgewalt des Staates darstellen[592].

Soll jedoch die in der Strafgewalt konzentrierte Macht des Staates an die Unschuldsvermutung gebunden sein, um voreingenommenen Verfahrensbeteiligten und Vorverurteilungen entgegen zu wirken, so müssen erst recht auch die Medien, die keinerlei Strafgewalt in sich tragen, an die Unschuldsvermutung des Art. 6 Abs. 2 EMRK gebunden sein, vorausgesetzt, sie sind durch ihre Berichterstattung in der Lage, auf die Objektivität der Verfahrensbeteiligten einzuwirken. Ist dies zu bejahen, so muss für die Gewährleistung eines umfassenden Schutzes des betroffenen Tatverdächtigen die Unschuldsvermutung auch für die Medien bindend sein.

In der Rechtsprechung und Literatur wird vorherrschend die Position vertreten, eine Einflussnahme auf die Objektivität der Berufsrichter durch Medienberichte sei immerhin möglich[593]. Es ist wohl zuzugeben, dass Berufsrichter sich durch öffentliche Aktionen, wie die Medienberichterstattung, weniger leicht be-

---

590 Zum Eingriff in das Persönlichkeitsrecht durch die Beschuldigung an sich als Grundform staatsanwaltlicher Kommunikation, vgl. Dritter Teil, L), II), 1).

591 BVerfGE 6, 389, 433; *Frowein*, in: Festschrift für Huber, S. 553, 562; *Kulenkampff*, in: Unschuldsvermutung in der Mediengesellschaft-Publizistischer Missbrauch-staatsanwaltlicher Ermittlungsverfahren?, Symposium des Hessischen Ministeriums für Justiz am 12. Februar 1990, S. 25.

592 *Frowein*, in: Festschrift für Huber, S. 553, 562.

593 OLG Celle AfP 1978, 217, 218; *Pfeiffer*, in: Festschrift für Zeidler, Bd. 1, S. 67, 69; *Simgen*, in: Festschrift für Wassermann, S. 531, 543; *Bockelmann* NJW 1960, 217 220; *Stürner* JZ 1978, 161, 164 f.; Beispiele finden sich unter anderem bei *Arzt*, Der befangene Strafrichter, S. 112 ff.; *v. Becker*, Straftäter und Tatverdächtige in den Massenmedien, S. 111 f. mit Bezug zu den USA; *Dahs*, in: Vorträge zur Rechtsentwicklung der achtziger Jahre, S. 367, 374 ff.; *Franke*, Die Bildberichterstattung über den Angeklagten und der Öffentlichkeitsgrundsatz im Strafverfahren, S. 56; *Hamm*, Der gesetzliche Richter und die Ablehnung bei Befangenheit, S. 204 f.; *Stürner*, in: Gilles, Effektivität des Rechtsschutzes und der verfassungsmäßigen Ordnung, S. 179, 189 ff.; ders.: JZ 1978, 161, 164 mit einem Beispiel aus dem Stammheimer Verfahren gegen die Bader-Meinhof-Gruppe; *Geerds*, in: Festschrift für Oehler, S. 423, 432; *Kissel* NJW 1979, 1953, 1958; *Krekeler* AnwBl. 1985, 426, 430.

einflussen lassen als Laien. Hierfür sorgt schon eine entsprechende Schulung und Praxis in verfahrensförmiger Wahrheitsfindung[594]. Allerdings sind auch Berufsjuristen und Berufsrichter „*nur Menschen*". Allenfalls ist der Berufsrichter gegen äußere Einflüsse resistent, nicht jedoch gegen eine unbewusste Beeinflussung[595].

Nach überwiegender Meinung sind insbesondere Laienrichter dem Einfluss der Medien zugänglich[596]. Es ist auch nicht auszuschließen, dass die Zeugen nach umfassenden Vorerörterungen und Medienkommentaren nicht mehr unbefangen sind und wahrheitswidrig zu Lasten oder auch zu Gunsten des Angeklagten aussagen[597]. Ließen sie sich im Vorfeld des Strafprozesses auf ein Interview mit den Medien ein, so könnten sie sich an diese vorausgegangene außergerichtliche Aussage gebunden fühlen, sodass eine objektive Wahrheitsfindung erschwert werden kann[598].

Bis vor einiger Zeit gab es noch keine verlässlichen Forschungs- beziehungsweise Umfrageergebnisse zu der Problematik, ob beziehungsweise wie Medienberichte auf die Verfahrensbeteiligten einwirken können[599]. Vorausset-

---

594 Vgl. *Stürner* JZ 1978, 161, 164; *Marczak* StraFo 2004, 373, 377; *J. Meyer*, in: Eser/Meyer, Öffentliche Vorverurteilung und faires Strafverfahren, S. 323, 329 f.; *Wassermann*, Justiz im sozialen Rechtsstaat, S. 119, führt aus, dass die juristische Schulung vielleicht die Gefahr vermindere, Beeinflussungen seitens Außenstehender zu erliegen, diese jedoch nicht ausschließe, da auch Berufsrichter nicht vollumfänglich gegen eine Beeinflussung durch die Medien immunisiert sind.

595 *Radbruch*, Einführung in die Rechtswissenschaft, S. 175; *Dreher*, in: Festschrift für Bockelmann, S. 45, 61; vgl. auch *Krekeler* NJW 1981, 1633, 1636.; ders. AnwBl. 1985, 426, 430, der ausführt, dass ein desensibilisierter Berufsjurist weder der Realität entspreche noch wünschenswert sei.

596 BVerfGE 71, 206, 217; BGHSt 22, 289, 294 f.; OLG Karlsruhe UFITA Bd. 72 (1975), 340, 341; vgl. statt vieler *Dahs*, Handbuch des Strafverteidigers, Rn. 96; *Eb. Schmidt*, Justiz und Publizistik, S. 53 f.; *J. Meyer*, in: Eser/Meyer, Öffentliche Vorverurteilung und faires Strafverfahren, S. 323, 329; *Geerds*, in: Festschrift für Oehler, S. 423, 432; *Kühl*, in: Festschrift für Hubmann, S. 241, 242 f.; *Rüping*, in: Festschrift für Dünnebier, S. 391, 396; ders. JR 1976, 269, 273 m.w.N.; *Erdsiek* NJW 1963, 1048, 1048 f.; *Stürner* JZ 1978, 161, 164; anders dagegen: *Hassemer* NJW 1985, 1921, 1928; *Nothelle* AfP 1985, 18, 20 mit Bezug zum angelsächsischen Strafprozessrecht; *Scherer* JuS 1979, 470, 473 im Zusammenhang mit dem Contempt by Publication.

597 Vgl. BVerfGE 71, 206, 217; LG Hamburg DRiZ 1966, 340; *Dahs*, Handbuch des Strafverteidigers, Rn. 96; *Eb. Schmidt*, Justiz und Publizistik, S. 55; *Erdsiek* NJW 1963, 1048, 1048 f.; *Nothelle* AfP 1985, 18, 19; *Stürner* JZ 1978, 161, 164;

598 Vgl. *Erdsiek* NJW 1963, 1048, 1049.

599 *v. Becker*, Straftäter und Tatverdächtige in den Massenmedien, S. 113; *Dahs*, in: Vorträge zur Rechtsentwicklung der achtziger Jahre, S. 367, 375; *Kohl* AfP 1985, 102, 104; *Müller-Dietz* GA 1988, 480, 481; *Nothelle* AfP 1985, 18, 19; *Roxin* NStZ 1991,

zung für eine entsprechende Befragung wäre, dass sich die Berufsjuristen selbst richtig einzuschätzen vermögen. Oftmals wurde angezweifelt, dass die Befragten auch tatsächlich ihre Beeinflussbarkeit anerkennen würden[600]. Vor 20 Jahren wurden in einer Studie Interviews ausgewertet, welche auf Grundlage einer zufälligen Auswahl mit Richtern, Staatsanwälten, Ministerialbeamten und Journalisten durchgeführt wurden[601]. Diese empirische Studie wurde nun zehn Jahre später von Mainzer Medienwissenschaftlern erweitert[602]. 66 Akteure der Justiz hatten sich zu ausführlichen Gesprächen bereit erklärt. Ende des Jahres 2006 wurde die Thematik zum Inhalt einer umfangreichen Befragung von 447 Richtern und 271 Staatsanwälten in fünf Bundesländern[603]. Unter dem Titel „*Wir Richter sind auch nur Menschen*" beschreiben die Kommunikationswissenschaftler *Rudolf Gerhardt, Thomas Zerback* und Hans Mathias Kepplinger in der FAZ[604] ihr bis dato vorläufiges Ergebnis: „*Die Befragung der Richter und Staatsanwälte zeigt, dass viele ihre Berichterstattung über Fälle stark beachten*". Die endgültige Auswertung ihrer Befragungen hatte zum Ergebnis, dass jeder dritte Richter (37 Prozent) und fast jeder zweite Staatsanwalt (44 Prozent) „*gezielt*" die Medienberichterstattung über Strafverfahren, an denen er beteiligt ist, verfolgt[605]. Fast alle Richter und Staatsanwälte rechnen Medienberichten einen Einfluss auf die unterschiedlichen Aspekte von Strafverfahren zu. Einen Einfluss der Berichterstattung auf die Feststellung der Schuld dagegen sehen nur ein geringer Teil der Richter und Staatsanwälte[606]. Die meisten Richter (86 Prozent) und Staatsanwälte (90 Prozent) erklären, Medienberichte haben einen Ein-

---

153, 153; *Soehring* GRUR 1986, 518, 526. Eine empirische Untersuchung zur Frage des Einflusses der Medienberichterstattung auf die Justiz ist bei *Friske*, Justiz und Medien, S. 39 ff. zu finden, der sich jedoch auf Berichte der „Westfälischen Rundschau" beschränkt, vgl. auch *Friske/Herr* DRiZ 1990, 331, 332.

600 Vgl. *Dahs*, in: Vorträge zur Rechtsentwicklung der achtziger Jahre, S. 367, 374; *Roxin* NStZ 1991, 153, 157; *Stürner* JZ 1978, 161, 164.

601 *Dietrich Oehler*, Der Einfluss der Medien auf das Strafverfahren, Vortragsveranstaltung vom 9. und 10. Juni 1989, München 1990.

602 *Kepplinger/Zerback* Publizistik 54 (2009), 216 ff.; vgl. auch *Holzinger/Wolf*, Im Namen der Öffentlichkeit, S. 80 ff.

603 Bayern, Baden-Württemberg, Bremen, Rheinland-Pfalz und Sachsen.

604 *Gerhard/Zerback/Kepplinger*, Wir Richter sind auch nur Menschen, in: Frankfurter Allgemeine Zeitung, Nr. 9 S. 38, 11.1. 2008; abrufbar unter http://www.faz.net/s/RubCF3AEB154CE64960822FA5429A182360/Doc~E0590CB8526A54DF3BFFD3EBCADAE407C~ATpl~Ecommon~Scontent.html (Stand: 02.08.2010).

605 *Kepplinger/Zerback* Publizistik 54 (2009), 216, 225.

606 *Kepplinger/Zerback* Publizistik 54 (2009), 216, 229.

fluss auf *„die Atmosphäre im Gerichtssaal“*[607]. Weiterhin geben gut zwei Drittel der Richter (77 Prozent) und der Staatsanwälte (74 Prozent) an, Beiträge in den Medien haben einen Einfluss auf *„die Aussagen von Zeugen“*[608]. Auswirkungen von negativen Berichten auf Zeugen könnten möglicherweise darin bestehen, dass diese sich nicht mehr hinreichend frei fühlen, ihre Sicht der Dinge mitzuteilen[609]. Fast jeder zweite Richter (44 Prozent) und Staatsanwalt (49 Prozent) erklärt, die Medienberichte hätten einen Einfluss auf *„den Ablauf des gesamten Verfahrens“*[610]. Ein Viertel der Richter (25 Prozent) und ein Drittel der Staatsanwälte (37 Prozent) geben an, die Berichterstattung hätte ein Einfluss auf *„die Höhe der Strafe“* und ein Fünftel der Richter (20 Prozent) beziehungsweise fast ein Drittel der Staatsanwälte (30 Prozent) bestätigen einen Einfluss der Medien auf *„die Bewilligung der Bewährung“*[611]. Einen Einfluss auf *„die Aussagen von Sachverständigen“* besitzen Medienberichte dagegen ebenso selten (Richter: 11 Prozent, Staatsanwälte: 10 Prozent), wie auf *„die Anordnung der Sicherungsverwahrung“* (Richter: 10 Prozent, Staatsanwälte: 14 Prozent)[612]. Mögen diese Prozentzahlen als gering erscheinen, so ist ihre Relevanz für den Angeklagten dagegen nicht von der Hand zu weisen. Im Ergebnis kann daher festgestellt werden, dass die Medien durch ihre Berichterstattung über den Verdacht strafbaren Verhaltens durchaus in der Lage sind, auf das Strafverfahren beziehungsweise auf die Strafgewalt des Staates auch in negativer Form einzuwirken, so dass sie eine der Strafgewalt des Staates nahe kommende und nicht unerhebliche Waffe gegen den betroffenen Tatverdächtigen in der Hand haben.

Um dem Sinn und Zweck der Unschuldsvermutung gerecht werden zu können, müssen demnach auch die Medien an das Prinzip der Unschuldsvermutung gebunden sein. Hierfür spricht auch die Ausweitung des Anwendungsbereichs der Unschuldsvermutung, wonach nicht lediglich die Strafrichter, sondern auch andere staatliche Stellen, welche für die Informationsvermittlung an die Medien zuständig sind, an die Norm gebunden sein sollen. Um den betroffenen Verdächtigen auch wirklich umfassend vor voreingenommenen Richtern oder anderen Verfahrensbeteiligten zu schützen, ist es demnach unerlässlich, zusätzlich auch die Medien als Adressat des Art. 6 Abs. 2 EMRK anzusehen. Würde man die Unschuldsvermutung als rein strafrechtliches Prinzip werten, so könnte man eine *„Vorwegnahme eines Schuldspruches durch gesellschaftliche Nebengerich-*

607 *Kepplinger/Zerback* Publizistik 54 (2009), 216, 229, 230.
608 *Kepplinger/Zerback* Publizistik 54 (2009), 216, 229, 230.
609 *Kepplinger/Zerback* Publizistik 54 (2009), 216, 229.
610 *Kepplinger/Zerback* Publizistik 54 (2009), 216, 230.
611 *Kepplinger/Zerback* Publizistik 54 (2009), 216, 230.
612 *Kepplinger/Zerback* Publizistik 54 (2009), 216, 230.

te“[613] kaum verhindern. Die Aufgabe, den einzelnen Verdächtigen zu schützen, kann das Prinzip der Unschuldsvermutung demnach nur dann erfüllen, wenn man diesem auch eine Außenwirkung zuspricht. Sofern also die Medien in den Einwirkungsbereich der staatlichen Strafgerichtsbarkeit einzuwirken vermögen, so haben auch sie die Unschuldsvermutung als eine von der Rechtsordnung gesetzte Schranke zu beachten[614].

Auch die Stellungnahme des Bundesverfassungsgerichts in seiner „*Lebach-Entscheidung*“[615] zum Verhältnis der Medien zur staatlichen Strafgerichtsbarkeit spricht für diese Auffassung. Die Unschuldsvermutung ist in dieser Entscheidung zwar lediglich in einem obiter dictum angesprochen worden. Die Argumente, mit denen das Bundesverfassungsgericht die Berücksichtigung des Resozialisierungsinteresses von bereits verurteilten Straftätern begründet, können jedoch auch für die Unschuldsvermutung und demnach zum Vorteil des Tatverdächtigen herangezogen werden. Das Bundesverfassungsgericht führte aus, dass bei einer geplanten Fernsehdokumentation über verurteilte Straftäter, deren Straftat schon einige Zeit zurückliegt, „*die bis zur rechtskräftigen Verurteilung zu Gunsten des Angeschuldigten geltende Vermutung seiner Unschuld (Art. 6 Abs. 2 EMRK) eine entsprechende Zurückhaltung, mindestens eine angemessene Berücksichtigung der zu seiner Verteidigung vorgetragenen Tatsachen und Argumente*“ fordere[616]. Weiterhin führte es aus, der Resozialisierungsgedanke habe zwar keinen formellen Grundrechtscharakter, sodass es im Verantwortungsbereich des Staates liegt, entsprechende Voraussetzungen für eine Wiedereingliederung des Vorbestraften in die Gesellschaft zu schaffen[617]. Sofern es den Medien erlaubt wäre, in der Vergangenheit liegende Taten und abgeurteilte Straftäter in Dokumentarspielen kurz vor der geplanten Wiedereingliederung in die Gesellschaft der Öffentlichkeit zu präsentieren, könnte die Erfüllung dieser Aufgabe des Staates unterlaufen oder gar verhindert werden[618]. Um derartigen Gefahren entgegenzuwirken, zog das Bundesverfassungsgericht das in der Menschenwürde und im Sozialstaatsprinzip fußende „*Resozialisierungsinteresse*“ in die „*Ausstrahlungswirkung des verfassungsrechtlichen Schutzes der Persönlichkeit*“ auf das Zivilrecht ein[619]. *Neumann-Duesberg*[620] sprach im Anschluss an diese Entscheidung von einem „*besonderen Persönlichkeitsrecht auf Resozialisie-*

613 *Marxen* GA 1980, 356, 373.
614 KG NJW 1968, 1969, 1970; vgl. auch *Marxen* GA 1980, 356, 373.
615 BVerfGE 35, 202 ff. („Lebach I“).
616 BVerfGE 35, 202, 232 (Lebach I“); vgl. auch BVerfGE NJW 1993, 1463, 1464.
617 BVerfGE 35, 202, 235 ff. („Lebach I“).
618 BVerfGE 35, 202, 236 ff., 240 („Lebach I“).
619 BVerfGE 35, 202, 233, 235, 236 („Lebach I“).
620 *Neumann-Duesberg* JZ 1973, 261, 261.

rung“. Das Bedürfnis eines entsprechenden „*besonderen Persönlichkeitsrechts*“ auf Achtung der Unschuldsvermutung ist im Hinblick auf die tragende Bedeutung für den betroffenen Tatverdächtigen nicht von der Hand zu weisen[621]. Ihn betrifft zwar (noch) nicht das Recht auf Resozialisierung, er aber hat doch ein ausgeprägtes Interesse an einer „*Nicht-Entsozialisierung*“. Dem Urteil des Bundesverfassungsgerichts ist der Gedanke zu entnehmen, dass die Grundsätze staatlicher Strafrechtspflege zumindest in reflexartiger Form auch für die Medien zu gelten haben, sofern diese sich im Bereich der Strafgerichtsbarkeit des Staates bewegen[622]. Damit wird letztendlich eine Pflicht der Medien, die Unschuldsvermutung des Art. 6 Abs. 2 EMRK zu beachten, begründet und zugleich abgelehnt, lediglich Strafrichter und staatliche Stellen als Adressaten der Unschuldsvermutung anzusehen.

Als Ergebnis lässt sich festhalten, dass nicht nur die Strafrichter und für die Informationsvermittlung zuständigen staatlichen Stellen, sondern auch die Medien an die Unschuldsvermutung des Art. 6 Abs. 2 EMRK gebunden sind.

cc) Rechtlicher Stellenwert der Unschuldsvermutung der Europäischen Menschenrechtskonvention in der deutschen Normenhierarchie

Im weiteren Verlauf soll auf die Frage des rechtlichen Stellenwertes der Unschuldsvermutung des Art. 6 Abs. 2 EMRK im deutschen Rechtssystem eingegangen werden. Die diesbezügliche Antwort ist in Bezug auf die Wechselwirkungstheorie[623] des Bundesverfassungsgerichts entscheidend, da gerade im Rahmen dieser Wechselwirkung der abstrakte Wert des Rechtsguts, welches gegen die Medienfreiheiten abgewogen werden soll, von Bedeutung ist[624].

(1) Verfassungsrang der Unschuldsvermutung

Teilweise wird der Europäischen Menschenrechtskonvention oder wenigstens der Unschuldsvermutung des Art. 6 Abs. 2 EMRK Verfassungsrang zugespro-

621 So auch *Kühl*, in: Festschrift für Hubmann, S. 241, 249.

622 Vgl. *Marxen* GA 1980, 356, 375; siehe auch *Hoffmann-Riem* JZ 1975, 469 ff.

623 BVerfGE 7, 198, 208 f. („Lüth“); 64, 108, 115 („Chiffreanzeigen“).

624 Vgl. *Soehring*, Vorverurteilung durch die Presse, S. 42.

chen[625]. Dies wird im Großen und Ganzen mit folgenden Anknüpfungspunkten zu begründen versucht[626]:

(a) Menschenrecht

Es findet sich zunächst die Ansicht, wonach die Unschuldsvermutung des Art. 6 Abs. 2 EMRK als Menschenrecht im Sinne von Art. 1 Abs. 2 GG zu qualifizieren sei[627]. Unter den Menschenrechten im Sinne des Art. 1 Abs. 2 GG seien nach *Echterhölter*[628] „*jene Rechte und Pflichten zu verstehen, die dazu bestimmt und nach der jeweiligen Stufe der historischen und gesellschaftlichen Entwicklung auch erforderlich und geeignet sind, die Menschenwürde gegen Angriffe zu schützen*". Selbst wenn sie nicht in das Grundgesetz aufgenommen worden seien und somit keinen formellen Verfassungsrang innehaben, würden sie den Schutz dieser Verfassungsnorm genießen[629]. Dieser Schutz des Art. 1 Abs. 2 GG erstrecke sich auf sämtliche in der Europäischen Menschenrechtskonvention enthaltenen Menschenrechte. Sie alle seien Entfaltungen des Grundsatzes der Unantastbarkeit der Menschenwürde[630]. Des Weiteren wird ausgeführt, die Würde des Menschen nach Art. 1 Abs. 1 GG gehöre anerkanntermaßen zu den Grundrechten, ungeachtet des Wortlauts des Art. 1 Abs. 3 GG, der von den nachfolgenden Grundrechten spreche[631]. Auf Grund dessen könnten auch die Menschenrechte

---

625 Zum Rang der Unschuldsvermutung ausführlich *Köster*, Die Rechtsvermutung der Unschuld, S. 127 ff.; *Paeffgen*, Vorüberlegungen zu einer Dogmatik des Untersuchungshaftrechts, S. 58 ff.; *Soehring*, Vorverurteilung durch die Presse, S. 43 ff.; *Stapper*, Namensnennung in der Presse im Zusammenhang mit dem Verdacht strafbaren Verhaltens, S. 69 ff.; *Stuckenberg*, Untersuchungen zur Unschuldsvermutung, S. 46 ff.; *Pache* EuR 2004, 393, 399 ff.

626 Anknüpfungspunkt für die Unschuldsvermutung kann in der Bundesrepublik Deutschland auch das Rechtsstaatsprinzip des Art. 20 Abs. 3 GG sein, BVerfGE 19, 342, 347; 22, 254, 265; 25, 327, 331; 35, 311, 319 f.; 74, 358, 369 f. Da das Rechtsstaatsprinzip jedoch nicht unter Privaten gilt, hat die aus diesem Prinzip folgende Unschuldsvermutung für die Medien keine Bedeutung.

627 *Nipperdey*, in: Neumann/Nipperdey/Scheuner, Die Grundrechte, Band 2, S. 1, 47 f.; *Echterhölter* JZ 1955, 689, 691 f.; ders. JZ 1956, 142, 142 für die komplette EMRK; *Marxen* GA 1980, 355, 372.

628 *Echterhölter* JZ 1955, 689, 691.

629 Art. 1 Abs. 2 GG hat somit gegenüber den Menschenrechten eine ähnliche Funktionsweise wie Art. 25 GG in Bezug auf die allgemeinen Regeln des Völkerrechts, *Echterhölter* JZ 1955, 689, 691.

630 *Nipperdey*, in: Neumann/Nipperdey/Scheuner, Die Grundrechte, Band 2, S. 12; *Echterhölter* JZ 1955, 689, 691.

631 *Echterhölter* JZ 1955, 689, 691 (m.w.N.).

des Art. 1 Abs. 2 GG als Fragmente der Menschenwürde des Art. 1 Abs. 1 GG in den Ring der Grundrechte integriert werden[632].

Das Bestreben von *Echterhölter*, den materiellen Verfassungsrang der Europäischen Menschenrechtskonvention aus Art. 1 Abs. 2 GG herzuleiten, ist jedoch vorwiegend auf Kritik gestoßen. Es wird eingewendet, dass durch Art. 1 Abs. 2 GG lediglich die Menschenrechte umfasst werden, die in der vorwiegenden Anzahl der Staaten als Fundament eines friedlichen und gerechten Zusammenlebens akzeptiert werden[633]. Art. 1 Abs. 2 GG könne partikulären Kodifikationen, zu denen die Art. 2-18 EMRK zählen, keinen Verfassungsrang verleihen, da diese keine generell in der Welt geachteten Menschenrechte enthalten[634]. Gerade die hier in Frage stehende Unschuldsvermutung des Art. 6 Abs. 2 EMRK habe einen entsprechend hohen Grad an Akzeptanz noch nicht erreicht, um in den Zirkel der allgemein geltenden Menschenrechte aufgenommen zu werden[635]. Zudem wird ausgeführt, dass mit den in Art. 1 Abs. 2 GG enthaltenen unverletzlichen und unveräußerlichen Menschenrechten nicht die Menschenrechte der Europäischen Menschenrechtskonvention gemeint sein könnten, da diese zeitlich nach Erlass des Grundgesetzes in Kraft trat[636].

Dem ist beizupflichten, denn würde man den Argumenten *Echterhölters* folgen, so hätte man auch anderen partikulären Menschenrechtskodifikationen allein aus Art. 1 Abs. 2 GG materiellen Verfassungsrang zuzuerkennen[637]. Zudem enthalten der Art. 1 Abs. 1 und Abs. 2 GG keinerlei Aussagen darüber, welchen Rang den naturrechtlichen Normen zukommen soll. Erst in Art. 1 Abs. 3 GG wird ausgeführt, woran sich die drei Gewalten zu halten haben. Gebunden sind diese lediglich an die *„nachfolgenden Grundrechte"*, also nicht jedoch an die zuvor erwähnten Menschenrechte und auch nicht an die Europäische Menschenrechtskonvention[638]. Letztlich kann die Unschuldsvermutung des Art. 6 Abs. 2 EMRK auch nicht als gesetzliche Positivierung der Menschenrechte im Sinne

---

632 *Echterhölter* JZ 1955, 689, 691; a.A. *Partsch*, Die Rechte und Freiheiten der europäischen Menschenrechtskonvention, S. 48; *Denninger* JZ 1982, 225, 227; *Herzog* DÖV 1959, 44, 45.

633 *Herdegen*, in: Maunz/Dürig, GG, Art. 1 II Rn. 7; *Dörr*, Faires Verfahren, S. 89 f.

634 *Dörr*, Faires Verfahren, S. 89.

635 *Stapper*, Namensnennung in der Presse im Zusammenhang mit dem Verdacht strafbaren Verhaltens, S. 74 f.; *Seibert*, in: Festschrift für Hirsch, S. 519, 522.

636 *Döhring*, Das Staatsrecht der Bundesrepublik Deutschland, S. 281.

637 *Herdegen*, in: Maunz/Dürig, GG Art. 1 II Rn. 7, 41; *Dörr*, Faires Verfahren, S. 89; ebenfalls die These von *Echterhölter* ablehnend: *Klein*, in: Festschrift für Laun, S. 149, 152; *Herzog* DÖV 1959, 44, 45 f.; *Geck*, Anm. zu OVG Münster, Bescheid vom 24.06.1955 - VI 444/45, DVBl. 1956, 525, 525.

638 Vgl. *Partsch*, Die Rechte und Freiheiten der europäischen Menschrechtskonvention, S. 48 f.

des Art. 1 Abs. 2 GG angesehen werden, weil die Umsetzung und innerstaatliche Akzeptanz der Europäischen Menschenrechtskonvention durch ein einfaches Bundesgesetz erfolgte, welches nicht mehr Rechtsqualität vermitteln kann, als es selbst besaß[639]. Im Ergebnis kann die Unschuldsvermutung des Art. 6 Abs. 2 EMRK demnach nicht zu den Menschenrechten im Sinne des Art. 1 Abs. 2 GG gezählt werden, sodass aus diesen kein Verfassungsrang der Unschuldsvermutung abgeleitet werden kann.

(b) Allgemeine Regel des Völkerrechts

In einer zweiten Richtung wird die Europäische Menschenrechtskonvention als allgemeine Regel des Völkerrechts im Sinne von Art. 25 GG gesehen beziehungsweise der Rechtsgrundsatz „*pacta sunt servanda*“ herangezogen, um der Konvention Verfassungsrang zu verleihen.

(aa) Anwendung des Art. 25 GG

Es findet sich die Auffassung, man könne zumindest Teile der Europäischen Menschenrechtskonvention als allgemeine Regeln des Völkerrechts im Sinne von Art. 25 GG sehen, um damit den Verfassungsrang zu begründen. Von keinem der Verfechter dieser Meinung wird ausdrücklich vertreten, dass die ganze Europäische Menschenrechtskonvention allgemeine Regeln des Völkerrechts enthalte[640]. Vielmehr solle zumindest für den Abschnitt I (Art. 2 bis 18) der Europäischen Menschenrechtskonvention mit den darin enthaltenen Rechten und Freiheiten durch die Anwendung des Art. 25 GG Verfassungsrang begründet werden[641]. Gefolgert wird dies aus Art. 57 und 58 EMRK[642], wonach Abweichungen des innerstaatlichen Rechts lediglich auf Grund eines bei der Unterzeichnung der Konvention beziehungsweise bei der Hinterlegung der Ratifikati-

---

639 *Herdegen*, in: Maunz/Dürig, Art. 1 II Rn. 40; *Geck*, Anm. zu OVG Münster, Bescheid vom 24.06.1955 - VI 444/46, DVBl. 1956, 525, 525.

640 Vgl. *Klein*, in: Festschrift für Laun, S. 149, 174 (m. w. N.).

641 Auch insoweit sind die Meinungen geteilt. Teilweise wird der ganze Abschnitt I der Europäischen Menschenrechtskonvention dem Art. 25 GG unterstellt, vgl. Bericht des Bundestagsabgeordneten *Dr. Brill* (SPD), BT-Drucks. 1/3338, S. 1, 3 f.; *Friesenhahn*, Der Internationale Schutz der Menschenrechte, Reihe C Heft 6 der Schriftenreihe der Niedersächsischen Landeszentrale für politische Bildung, 1960, S. 56. Andere hingegen beschränken diese These auf verschiedenartig abgegrenzte Teile des Abschnitts I, vgl. *Herdegen*, in: Maunz/Dürig, Art. 1 II Rn. 35; *Guradze*, Der Stand der Menschenrechte im Völkerrecht, S. 172 ff, 174; ders. DÖV 1960, 286, 287; *Münch* JZ 1961, 153, 154. Für eine ausführliche Übersicht der divergierenden Meinungen, s. *Klein*, in: Festschrift für Laun, S. 149, 154 ff.

642 *Guradze* DÖV 1960, 286, 287 führt die entsprechenden Art. 64 und Art. 65 EMRK a.F. an.

onsurkunde vereinbarten Vorbehalts oder nach erfolgter Kündigung zulässig sind. Sei es also dem Gesetzgeber verwehrt, ohne einen zuvor vereinbarten Vorbehalt von der Europäischen Menschenrechtskonvention abweichendes Recht durch einfaches Bundesgesetz zu schaffen, so müsse es sich bei der Europäischen Menschenrechtskonvention um höherrangiges Recht als Bundesrecht handeln[643]. Zur weiteren Begründung wird Art. 13 EMRK angeführt, welche jeder Person, die in ihren in der Europäischen Menschenrechtskonvention anerkannten Rechten oder Freiheiten verletzt worden ist, ein wirksames Rechtsmittel garantiere. Dieses Rechtsmittel setze voraus, dass die einzelnen Normen der Europäischen Menschenrechtskonvention nicht mittels entgegenstehender Gesetze abgeändert werden können, da es anderen Falls nicht effektiv sein könne[644]. Zudem seien in Art. 5 Abs. 1, Art. 8 Abs. 2, Art. 9 Abs. 2, Art. 10 Abs. 2 und Art. 11 Abs. 2 EMRK Gesetzesvorbehalte enthalten. Innerhalb dieser Vorbehalte könnten die Grundrechte der Freiheit, des Privat- und Familienlebens, der Wohnung und der Korrespondenz, der Gedankens-, Gewissens-, Religions- und Meinungsfreiheit ebenso wie die Versammlungs- und Vereinigungsfreiheit durch Gesetz eingeschränkt werden. Einschränkungen, die diese inhaltlich spezialisierten Vorbehalte übersteigen würden, habe die Europäische Kommission verbieten wollen[645]. Sämtliche Regelungen der Art. 57, Art. 58, Art. 13, Art. 5 Abs. 1, Art. 8 Abs. 2, Art. 9 Abs. 2, Art. 10 Abs. 2 und Art. 11 Abs. 2 EMRK sollen darauf hindeuten, dass wenigstens dem Abschnitt I der Europäischen Menschenrechtskonvention Verfassungsrang zukomme, da derartige Gesetzesvorbehalte sinnlos wären, wenn nicht der Gesetzesgeber an die Normen der Europäischen Menschenrechtskonvention gebunden wäre.

Diese Auffassung erhalte zudem durch Art. 25 GG Unterstützung. Insbesondere dieser Artikel zeuge von einem bewusst völkerrechtsfreundlich verfassten Grundgesetz[646].

Hiergegen wenden die Kritiker jedoch ein, bei der Europäischen Menschenrechtskonvention handele es sich um Völkervertragsrecht der Unterzeichnerstaaten, welches jedoch pauschal von Art. 25 GG nicht erfasst werde[647]. Allerdings schließe dies nicht aus, dass auch Rechte, die in völkerrechtlichen Verträgen formuliert sind, allgemeine Regeln des Völkerrechts darstellen können[648]. Dies sei zum einen dann der Fall, wenn die im Vertrag konstatierten Prinzipien schon

---

643 *Guradze* DÖV 1960, 286, 287; ders. Festschrift für *Nipperdey*, Band II, S. 759, 769.

644 *Guradze* DÖV 1960, 286, 287.

645 *Guradze* DÖV 1960, 286, 287.

646 *Frowein*, in: Festschrift für Zeidler, S. 1763, 176; *Seibert*, in: Festschrift für Hirsch, S. 519, 522 f.

647 *Dörr*, Faires Verfahren, S. 90.

648 *Dörr*, Faires Verfahren, S. 90; *Echterhölter* JZ 1955, 689, 690.

vor Vertragsschluss als allgemeine Regeln des Völkerrechts von Art. 25 GG erfasst waren oder später nach Vertragsschluss allgemein anerkannt und sodann von Art. 25 GG erfasst werden[649]. Die Regeln der Europäischen Menschenrechtskonvention könnten daher lediglich dann allgemeine Regeln des Völkerrechts sein, sofern sie losgelöst vom vertraglichen Abschluss als solche gelten. Dies könne jedoch erst dann der Fall sein, sofern die Partizipation an einer rechtlich bindenden Konvention so weitreichend ist, dass man daraus den Schluss ziehen könne, die dort enthaltenen Regeln seien nach deren Inkrafttreten allgemein anerkannt. Eine allgemeine Regel des Völkerrechts bestehe demnach lediglich dann, wenn sie von der überwiegenden Mehrzahl der Staaten als Völkergemeinschaft Anerkennung finde[650]. Die Mächte des Europarates würden jedoch vor allem im Hinblick auf die Tatsache, dass nicht alle europäischen Länder dem Europarat zugehören, hierfür nicht genügen, sodass die Regeln der Europäischen Menschenrechtskonvention nicht als *„allgemein geltendes Recht*" angesehen werden könnten[651]. Zudem sei speziell im Hinblick auf die Unschuldsvermutung festzustellen, dass diese größtenteils den Staaten fremd sei oder bei Existenz einer entsprechenden Regelung diese oftmals keine Beachtung finde[652].

Des Weiteren ist auch zu berücksichtigen, dass der Wortlaut des Art. 25 GG explizit von allgemeinen Regeln spricht. Damit können besondere Regeln, die lediglich von einigen wenigen Staaten und damit nicht von der Mehrheit vereinbart wurden, schon nicht in den Anwendungsbereich des Art. 25 GG fallen. Darüber hinaus ist nicht davon auszugehen, dass der deutsche Verfassungsgeber mit Art. 25 GG eine Norm schaffen wollte, die jeglicher völkerrechtlichen Vereinbarung den Rang eines Bundesrechts zuweist, da er anderenfalls die Kompetenzen bezüglich abweichender Gesetzgebung beträchtlich gestutzt hätte. Vielmehr dürfen nur diejenigen Prinzipien zu den allgemeinen Regeln des Völkerrechts im Sinne des Art. 25 GG zählen, die auf dermaßen weitreichende Zu-

---

649 *Dörr*, Faires Verfahren, S. 90; *Echterhölter* JZ 1955, 689, 690.

650 BVerfGE 15, 25, 34; 16, 27, 33; 23, 288, 317; 31, 145, 177; *v. Mangold*, in: v. Mangold/Klein/Starck, GG, Art. 25 Rn. 20; *Herdegen*, in: Maunz/Dürig, GG, Art 25 Rn. 23; *Tomuschat*, in: Bonner Kommentar, GG, Art. 25 Erläuterungen Rn. 45; *Rojahn*, in: v. Münch/Kunig, GG Art. 25 Rn. 7; *Dörr*, Faires Verfahren, S. 90; *Klein*, in: Festschrift für Laun, S. 149, 164 f.; *Seibert*, in: Festschrift für Hirsch, S. 519, 520 f.; *Herzog* DÖV 1959, 44, 45.

651 *Herzog* DÖV 1959, 44, 45 (diesen kritisierend: *Klein*, in: Festschrift für Laun, S. 149, 174); *v. Weber* MDR 1955, 386, 389 erkennt jedoch vor allem im Hinblick auf die Erklärung der Menschenrechte der UNO zumindest eine „Tendenz" der Europäischen Menschenrechtskonvention in Zukunft allgemeines Völkerrecht zu werden; vgl. auch *Dörr*, Faires Verfahren, S. 90; *Echterhölter* JZ 1955, 689, 691; *Krey* JZ 1979, 702, 708; *Wendt* MDR 1955, 658, 658; *Münch* JZ 1961, 153, 154.

652 *Dörr*, Faires Verfahren, S. 91; *Echterhölter* JZ 1955, 689, 690.

stimmung gestoßen sind, sodass in diesem Fall eine Einschränkung der Kompetenzen des Gesetzgebers willentlich in Kauf genommen wurde. Bezüglich der hier in Frage stehenden Europäischen Menschenrechtskonvention ist dies jedoch nicht anzunehmen.

Im Ergebnis ist daher davon auszugehen, dass die Europäische Menschenrechtskonvention und damit auch die in Art. 6 Abs. 2 EMRK kodifizierte Unschuldsvermutung nicht zu den allgemeinen Regeln des Völkerrechts nach Art. 25 GG zählen.

(bb) Der Grundsatz „pacta sunt servanda"

Ferner findet sich die Ansicht, nach der der allgemeine Grundsatz „*pacta sunt servanda*" bezüglich seiner völkerrechtlichen Geltung nach Art. 25 GG Teil des Bundesrechts sei, so dass auch der „*Primat des völkerrechtlichen Vertragsrechts über Landesrecht*" festgestellt werden könne[653]. Aus diesem allgemeinen Rechtssatz soll also ein allgemeiner Vorrang eines jeden Völkervertragsrechts vor sämtlichem innerstaatlichen Recht abgeleitet werden. Zwar stellt dieser Grundsatz nach der Rechtsprechung des Bundesverfassungsgerichts[654] eine allgemeine Regel des Völkerrechts dar und wird auch von der Völkerrechtsgemeinschaft im Allgemeinen anerkannt[655]. Allerdings vermag er nicht die jeweiligen Vorschriften des in Frage stehenden Vertrages in allgemeine Regeln des Völkerrechts mit Vorrang vor innerstaatlichem Recht zu verwandeln[656]. Ansonsten würde die Tatsache, dass völkerrechtliche Verträge einzuhalten sind, dazu führen, dass sämtliche Verträge, auch wenn sie nur zwischen zwei Staaten geschlossen wurden, zu allgemeinen Regeln des Völkerrechts erhoben werden würden. Dies würde jedoch dem Wortlaut des Art. 25 GG, der von allgemein spricht, zuwiderlaufen.

(c) Allgemeines Persönlichkeitsrecht

Teilweise wird die „*generalklauselartige Weite und Unbestimmtheit*"[657] des allgemeinen Persönlichkeitsrechts herangezogen, um der Unschuldsvermutung als Bestandteil des Persönlichkeitsrechts Verfassungsrang zu kommen zu lassen[658].

---

653 So *Krüger* ZBR 1955, 289, 289.

654 BVerfGE 31, 145, 178.

655 Siehe *Dörr*, Faires Verfahren, S. 91.

656 Zutreffend BVerfGE 6, 309, 363; 31, 145, 178; *Echterhölter* JZ 1955, 689, 691; *Dörr*, Faires Verfahren, S. 91.

657 BGHZ 24, 72, 78 („Arztunterlagen"); 30, 7, 11 („Caterina Valente").

658 OLG Köln AfP 1985, 293, 294; NJW 1987, 2682, 2684; AfP 1989, 683, 685; *Bornkamm*, Pressefreiheit und Fairness des Strafverfahrens, S. 254 ff.; ders. NStZ 1983, 102, 104 f.; *Branahl*, Medienrecht, S. 162 f.; *Fricke*, Recht für Journalisten, S. 228;

Kernstück dieser Auffassung bildet das *„Lebach-Urteil“*[659] des Bundesverfassungsgerichts. In dieser Entscheidung führte das Bundesverfassungsgericht aus, das Interesse des Straftäters an seiner Resozialisierung erwachse aus dessen Grundrecht aus Art. 2 Abs. 1 in Verbindung mit Art. 1 Abs. 1 GG[660]. Damit wurde der Resozialisierungsgedanke ausdrücklich dem allgemeinen Persönlichkeitsrecht zugeordnet und erhielt somit Verfassungsrang. Das Interesse des Straftäters an seiner Wiedereingliederung in die Gesellschaft konnte demnach den Medienfreiheiten des Art. 5 Abs. 1 S. 2 GG mit identischer Wertigkeit gegenübertreten[661]. Die Resozialisierung als herausragendes Strafvollzugsziel[662] könne jedoch erst dann gelingen, *„wenn die äußeren Bedingungen dafür geschaffen werden, dass der Straffällige sich nach seiner Entlassung in die normale freie Gesellschaft eingliedert“*[663]. Die Erfüllung dieses Strafvollzugsziels sei zwar zu allererst Aufgabe des Staates[664]. Allerdings werde dieser daran gehindert, diesem Ziel zu entsprechen, sofern die Medien über längere Zeit zurückliegende Straftaten nach der Entlassung des Straftäters oder in zeitlicher Nähe zu der bevorstehenden Entlassung in identifizierender Weise berichten dürften[665].

Wenn jedoch das Resozialisierungsinteresse des Straftäters mit gleicher Valenz der Presse- oder Rundfunkfreiheit des Art. 5 Abs. 1 S. 2 GG gegenübertreten könne -so die Fürsprecher diesen Ansatzes[666]- , so müsse im Sinne eines umfassenden Persönlichkeitsschutzes Gleiches auch für die Unschuldsvermutung gelten. Nicht nur nach einer rechtskräftigen Verurteilung beziehungsweise nach Verbüßen der Strafe bestehe ein grundsätzliches Bedürfnis, die Persönlichkeit des Täters zu schützen, sondern gerade auch schon in der Phase eines bloßen Verdachts bis zu seiner rechtskräftigen Verurteilung[667]. Neben dem bereits Ver-

---

Kühl, Unschuldsvermutung, Freispruch und Einstellung, S. 20; ders., in: Festschrift für Hubmann, S. 241, 244, 248 ff.; *Soehring*, Vorverurteilung durch die Presse, S. 57 ff., 61 f.; vgl. auch *Höh*, Strafrechtlicher Anonymitätsschutz des Beschuldigten vor öffentlicher Identifizierung durch den Staatsanwalt, S. 12 f.; *Rüping*, in: Festschrift für Dünnebier, S. 391, 393, 396; wohl auch *Schubarth*, Zur Tragweite des Grundsatzes der Unschuldsvermutung, S. 12; *Ulsamer*, in: Festschrift für Zeidler, Bd. 2, S. 1799, 1808 f.

659 BVerfGE 35, 202 ff. („Lebach I“).

660 BVerfGE 35, 202, 236 („Lebach I“).

661 Vgl. *Soehring*, Vorverurteilung durch die Presse, S. 59.

662 Vgl. BVerfGE 33, 1, 7 f. („Strafgefangene“).

663 BVerfGE 35, 202, 236 („Lebach I“).

664 BVerfGE 35, 202, 335 („Lebach I“).

665 BVerfGE 35, 202, 235 ff., 238 („Lebach I“).

666 Vgl. v.a. *Bornkamm*, Pressefreiheit und Fairness des Strafverfahrens, S. 254 ff.; *Kühl*, in: Festschrift für Hubmann, S. 241, 249 ff.

667 *Kühl*, in: Festschrift für Hubmann, S. 249 ff.

urteilten benötige ebenfalls der Tatverdächtige eine Rechtsposition, die er den Freiheiten des Art. 5 Abs. 1 S. 2 GG entgegen halten könne. Da gerade die Tatbegehung im Stadium des bloßen Verdachts noch nicht erwiesen sei, müsse die Rechtsposition des Tatverdächtigen mit der des bereits verurteilten oder kurz vor seiner Entlassung stehenden Straftäters mindestens gleichgesetzt werden. Ansonsten würde letzterer bevorzugt und ein Schutzdefizit für das schwebende Verfahren entstehen. Soweit das Resozialisierungsinteresse die Medienberichterstattung über bereits beendete Strafverfahren entscheidend reglementiert, so könne für die Ermittlungs-, Zwischen- und Hauptverfahren, welche von der Unschuldsvermutung geprägt sind, nichts anderes gelten[668]. Der Unschuldsvermutung solle daher ebenso Verfassungsrang zukommen.

Eine Tendenz in Richtung der Herleitung des Prinzips der Unschuldsvermutung aus dem allgemeinen Persönlichkeitsrecht hat das Bundesverfassungsgericht in seinem „*Lebach-Urteil*“ auch anklingen lassen. Es führte aus, dass die bis zur rechtskräftigen Verurteilung geltende Unschuldsvermutung eine „*entsprechende Zurückhaltung*“ gebiete[669]. Allerdings solle der Schutz des bloß Tatverdächtigen mittels der Unschuldsvermutung im Vergleich zum Schutz des verurteilten Straftäters durch das Resozialisierungsinteresse geringer ausfallen, da im Stadium des Verdachts einer Straftat das öffentliche Interesse „*für die aktuelle Berichterstattung über Straftaten [...] im allgemeinen Vorrang*“ verdiene[670]. Soll jedoch über bereits einige Zeit zurückliegende Fälle nach Befriedigung des aktuellen Informationsinteresses berichtet werden, so müsse das Recht des Straftäters „*allein gelassen zu werden*“ an Bedeutung gewinnen und das öffentliche Interesse hinter dem Resozialisierungsrecht zurückstehen[671]. Aus dieser Differenzierung kann jedoch nicht geschlossen werden, dass der Resozialisierungsgedanke höheren Wert genieße als die Unschuldsvermutung.

Weiterhin lassen sich Unterschiede im Hinblick auf die Intensität der Einwirkung des Resozialisierungsgedankens und der Unschuldsvermutung aufzeigen[672]. Während bei der Berichterstattung über eine zurückliegende bereits verbüßte Straftat feststeht, dass der Täter als solcher auch tatsächlich angesehen werden kann, so kann hiervon bei der Berichterstattung über einen bloßen Straf-

668 Vgl. insb. *Kühl*, Unschuldsvermutung, Freispruch und Einstellung, S. 20; ders. in: Unschuldsvermutung in der Mediengesellschaft-Publizistischer Missbrauch-staatsanwaltlicher Ermittlungsverfahren?, Symposium des Hessischen Ministeriums der Justiz am 12. Februar 1990, S. 114.

669 BVerfGE 35, 202, 232 („Lebach I“).

670 BVerfGE 35, 202, 231 („Lebach I“).

671 BVerfGE 35, 202, 233 („Lebach I“).

672 Vgl. *Franke*, Die Bildberichterstattung über den Angeklagten und der Öffentlichkeitsgrundsatz im Strafverfahren, 117 ff.

tatverdacht noch nicht ausgegangen werden. Die Berichterstattung über den Verdacht eines strafrechtlich relevanten Fehlverhaltens wird oftmals bei einem durchschnittlichen Rezipienten den falschen Eindruck hervorrufen, die Schuld des Verdächtigen stehe bereits fest. Wohingegen der Rezipient bei einer Berichterstattung über einen bereits verurteilten Straftäter von dessen Schuld zweifellos ausgehen kann. Im ersteren Fall hat der Rezipient daher schon vorweg einen falschen Eindruck oder ein solcher wird durch eine entsprechende Berichterstattung hervorgerufen. Die Berichterstattung über einen Tatverdächtigen birgt daher eher die Gefahr eines gewichtigen Eingriffs in das allgemeine Persönlichkeitsrecht, als die Berichterstattung über einen bereits rechtskräftig verurteilten Straftäter.

Zudem hat das Bundesverfassungsgericht in seinem „*Lebach-Urteil*" hervorgehoben: „*Wer den Rechtsfrieden bricht, durch diese Tat und ihre Folgen Mitmenschen oder Rechtsgüter der Gemeinschaft angreift oder verletzt, muss sich nicht nur den hierfür in der Rechtsordnung verhängten strafrechtlichen Sanktionen beugen. Er muss grundsätzlich auch dulden, dass das von ihm selbst durch seine Tat erregte Informationsinteresse der Öffentlichkeit in einer nach dem Prinzip freier Kommunikation lebenden Gemeinschaft auf den dafür üblichen Wegen befriedigt wird.*"[673] Weil der Straftäter, dessen Tat unzweifelhaft feststeht, das Interesse der Öffentlichkeit selbst erregt hat, müsse er auch Eingriffe in sein allgemeines Persönlichkeitsrecht auf Grund entsprechender Berichterstattung dulden, so genannter Verwirkungsgedanke. Auch diese Argumentation untermauert die Ansicht, die Unschuldsvermutung als Ausprägung des allgemeinen Persönlichkeitsrechts zu kategorisieren. Denn selbst nach der Sichtweise des Gerichts wird wohl lediglich der bereits überführte und nachweisbar schuldige Straftäter seinen Anspruch auf Schutz seiner Persönlichkeit verwirkt haben, indem er sich durch eigenes Verhalten in das Zentrum des öffentlichen Interesses begeben hat[674]. Er kann nicht mehr das Maß an Achtung seiner Persönlichkeit beanspruchen und demgegenüber dazu verpflichtet sein, die Prangerwirkung einer Berichterstattung zu dulden. Die Prangerwirkung als „*Zusatzstrafe*"[675] kann jedoch lediglich demjenigen auferlegt werden, dessen Schuld zweifellos festgestellt wurde. Damit ist schon per se ausgeschlossen, schon im Vorfeld einer rechtskräftigen Verurteilung dem Tatverdächtigen eine mutmaßlich begangene Tat zuzurechnen[676].

673 BVerfGE 35, 202, 231 f. („Lebach I").

674 Vgl. *Soehring*, Presserecht, Rn. § 15 Rn. 19; *Wenzel*, Das Recht der Wort- und Bildberichterstattung, Rn. 6.67.

675 *Soehring*, Vorverurteilung durch die Presse, S. 61.

676 So auch *Soehring*, Vorverurteilung durch die Presse, S. 61; *Wellbrock*, Persönlichkeitsschutz und Kommunikationsfreiheit, S. 77.

Wenn man davon ausgeht, dass das öffentliche Informationsinteresse in Bezug auf einen Straftatverdacht ebenso wie das Interesse an einer zweifelsfrei feststehenden Straftat auf *„den dafür üblichen Wegen“*[677] befriedigt werden soll, so ergibt sich hieraus, dass auch die Medien im Vorfeld bis zur rechtskräftigen Verurteilung die Unschuldsvermutung respektieren müssen. Sieht man den Verweis des Bundesverfassungsgerichts auf die *„üblichen Wege“* als eine den Medien obliegende Pflicht an, wenigstens ihre eigenen berufsbezogenen Sorgfaltsvorschriften zu hüten[678], so müssen diese das Vorverurteilungsverbot der Ziffer 13 des Pressekodex zweifellos beachten.

Auch die bisherige Rechtsprechung zu den bis dato anerkannten verschiedenen Komponenten des allgemeinen Persönlichkeitsrechts, darunter auch das Recht über Art und Umfang der Darstellung der eigenen Person in der Öffentlichkeit selbst zu bestimmen, sprechen für eine Einordnung der Unschuldsvermutung als eigenständiges Schutzgut des allgemeinen Persönlichkeitsrechts. Hierdurch sollte jedem Einzelnen Schutz vor einer verfälschenden oder entstellenden Präsentation seiner selbst in der Öffentlichkeit gewährt werden. Gerade die Unschuldsvermutung steht in einem engen Zusammenhang mit diesem Selbstbestimmungsrecht[679]. Jeder Einzelne soll selbst darüber entscheiden dürfen, wie er nach außen hin dargestellt wird und damit auch, ob er als betroffener Tatverdächtiger schon vor einer rechtskräftigen Verurteilung gegenüber der Öffentlichkeit als schuldig gelten möchte. Ebenso wie ein Falschzitat[680] oder ein erfundenes Interview[681] kann eine vorschnelle Schuldzuweisung durch die Medien das allgemeine Persönlichkeitsrecht des Tatverdächtigen schwerwiegend tangieren. Die Unschuldsvermutung und das mit ihr einhergehende Präjudizierungsverbot stellen somit einen zusätzlichen eigenständigen Bestandteil des Schutzumfangs des allgemeinen Persönlichkeitsrechts dar[682].

---

677 BVerfGE 35, 202, 232 („Lebach I“).

678 So *Soehring*, Vorverurteilung durch die Presse, S. 61.

679 Von einer Nähebeziehung von Persönlichkeitsrecht und Unschuldsvermutung spricht auch *H. J. Schneider*, in: Möglichkeiten und Grenzen der Fahndung, BKA - Vortragsreihe Bd. 25, S. 37, 42, jedoch ohne eine unmittelbare Wirkung der Unschuldsvermutung als Persönlichkeitsrecht.

680 BVerfGE 54, 208, 219 f. („Böll“).

681 BVerfGE 34, 269, 282 ff. („Soraya“).

682 Vgl. insb. *Kühl*, Unschuldsvermutung, Freispruch und Einstellung, S. 20; ders., in: Festschrift für Hubmann, S. 241, 248 ff.; *Soehring*, Vorverurteilung durch die Presse, S. 60 f.; vgl. auch *Bornkamm*, Pressefreiheit und Fairness des Strafverfahrens, S. 254 ff.

(2) Einfachgesetzlicher Rang

Nach überwiegend vertretener Meinung handelt es sich bei der Unschuldsvermutung des Art. 6 Abs. 2 EMRK dagegen um ein einfaches Bundesgesetz[683]. Das Gesetz, welches nach Art. 59 Abs. 2 GG der Europäischen Menschenrechtkonvention innerstaatliche Geltung verschafft hat, war selbst bloß ein Bundesgesetz. Ein solches einfaches Bundesgesetz könne jedoch nicht in der Lage sein, innerstaatliches Recht mit Verfassungsrang hervorzubringen[684], wenn sich weder aus Art. 1 Abs. 2 GG noch über das allgemeine Persönlichkeitsrecht oder einer Qualifizierung als allgemeine Regel des Völkerrechts ein Verfassungsrang der Unschuldsvermutung herleiten lasse.

dd) Bedeutung der Bindung an die Unschuldsvermutung für die Medien

Eine klare Abgrenzung von zulässiger und unzulässiger Berichterstattung auf Grund eines Verstoßes gegen die Unschuldsvermutung ist oftmals nicht einfach. Die Grenzen verlaufen fließend und nicht selten wird rein formal der Schein gewahrt bleiben, indem die Journalisten das kleine Alibiwörtchen „*mutmaßlich*" in ihrem Bericht unterbringen[685].

Um dem Interesse des Tatverdächtigen, durch die Medien nicht „*angeprangert*", „*bemakelt*", „*gerichtet*" oder „*verurteilt*" zu werden, entsprechen zu können, muss von einer Bezeichnung des Tatverdächtigen als „*Täter*" abgesehen

683 Vgl. statt vieler BVerfGE 10, 271, 274; 34, 384, 395; 41, 88, 105 f.; 74, 358, 370; 82, 106, 114; BGHZ 45, 30, 35; BGHSt 21, 81, 84; BVerwGE 47, 365, 378; 52, 313, 334; BayVerfGH NJW 1961, 1619, 1619; OLG Bremen NJW 1960, 1265, 1266; OLG Karlsruhe NJW 1972, 1907, 1908; OLG Koblenz NJW 1972, 404, 404; *Gollwitzer*, in: Löwe-Rosenberg, StPO, Bd. 8, Einf. MRK/IPBBR, Rn. 39; *v. Münch*, in: v. Münch/Kunig, GG, Vorb. Art. 1-19, Rn. 76; *Lenckner/Sternberg-Lieben*, in: Schönke/Schröder, Vorbem. §§ 32 Rn. 24; *Meyer-Goßner*, StPO, Anh. 4 MRK, Vorbem. Rn. 3; *Dörr*, Faires Verfahren, S. 91; *Badura*, Staatsrecht, C Rn. 11; *Geiger*, Grundgesetz und Völkerrecht, S. 346; *Roxin/Schünemann*, Strafverfahrensrecht, § 3 Rn. 16; *Stern*, Das Staatsrecht der Bundesrepublik Deutschland, Band III, 1. Halbband, S. 278; *Ulsamer*, in: Frowein/Ulsamer, Europäische Menschenrechtskonvention und nationaler Rechtsschutz, S. 35, 35 f.; ders. in: Festschrift für Zeidler, Bd. II, S. 1799, 1802, 1804; *Rüping*, in: Festschrift für Dünnebier, S. 391, 400; *Bernhardt* EuGRZ 1996, 339, 339; *Geck*, Anm. zu OVG Münster, Bescheid. v. 24.6.1955 - VI A 444/54, DVBl. 1956, 525, 525; *Herzog* EuGRZ 1990, 483, 486; *Krey* JA 1983, 638, 639; *Pache* EuR 2004, 393, 398; *Süsterhenn* DVBl. 1955, 753, 754; *v. Weber* MDR 1955, 386, 388; *Wendt* MDR 1955, 658, 658.

684 So genannte „Transformationstherie", s. *Soehring*, Vorverurteilung durch die Presse, S. 44.

685 *Reifenrath*, in: Festschrift für Wassermann, S. 489, 491.

werden, solange er noch nicht rechtskräftig[686] durch ein Strafgericht verurteilt wurde[687]. Dieser Grundsatz gilt für die staatlichen Stellen und die Medien in gleichem Maße. Bezeichnen staatliche Stellen im Rahmen ihrer Informationsarbeit den Tatverdächtigen als „*Täter*", so mag der Einfluss insbesondere auf Laienrichter unter Umständen größer sein, als wenn dies in den Medien erfolgt. Wie jedoch das Untersuchungsergebnis von *Kepplinger* und *Zerback*[688] aufzeigt, ist auch der Einfluss der Medien auf die Beteiligten des Strafprozesses nicht zu unterschätzen, so dass für die Berichterstattung der Medien im Rahmen des Art. 6 Abs. 2 EMRK keine anderen Maßstäbe gelten können als für staatliche Stellen[689].

Diesem Ansatz wird entgegnet, er orientiere sich nur schwach an dem von der Unschuldsvermutung ursprünglich verfolgten Zweck, dem Verdächtigen einen objektiven unvoreingenommenen Richter[690] zu gewährleisten, da durch eine Bezeichnung des Verdächtigen als „*Täter*" allenfalls in der juristisch nicht sach-

---

686 Das KG Berlin dagegen sprach in einem Urteil vom 14. Mai 1968 lediglich von einer „Verurteilung durch ein Gericht", KG NJW 1968, 1969, 1970. Dies mag daran gelegen haben, dass Art. 9 Abs. 2 Berliner Verfassung lautet: „Ein Beschuldigter gilt nicht als schuldig, solange er nicht von einem Gericht verurteilt ist." Dennoch ist nach einhelliger Meinung das zeitliche Limit der Unschuldsvermutung ausschließlich die rechtskräftige Verurteilung.

687 Vgl. OLG Frankfurt NJW-RR 1990, 989, 990; OLG Hamburg AfP 1983, 466, 467; OLG Köln AfP 1985, 293, 294 f.; NJW 1987, 2682, 2984; vergleichbar OLG Köln AfP 1989, 683, 685 f. für den Fall der Bezeichnung des Verdächtigen als „schuldig"; *Dahs*, Anm. zu BGH, Urt. v. 16.1.1986 - III ZR 77/84, NStZ 1986, 563, 563; *Degenhart*, in: Bonner Kommentar, GG, Art. 5 I und II Rn. 521 f.; *Hartmann*, in: Festschrift für Göppinger, S. 579, 589 führt als eine der „sieben goldenen Regeln des Journalismus" auf, dass berichtet und nicht verurteilt werden soll, also ein bloßer Verdacht nicht als Gewissheit hingestellt und Entlastungsmaterial nicht verschwiegen werden dürfe; *Kühne*, Strafprozessrecht, Rn. 303; *Marxen* GA 1980, 365, 379; *Stürner*, in: Gilles, Effektivität des Rechtsschutzes und verfassungsmäßige Ordnung, S. 179, 191.

688 *Kepplinger/Zerback* Publizistik 54 (2009), 216, 224 ff.

689 A. A. *Stapper*, Namensnennung in der Presse im Zusammenhang mit dem Verdacht strafbaren Verhaltens, S. 80.

690 Eine tatsächliche Einflussnahme auf den Richter ist sicher nur schwer oder sogar überhaupt nicht nachzuweisen. Daher seien die Anforderungen an diesen Nachweis nach Ansicht von Stapper geringer anzusetzen. Es erscheine ausreichend, die in § 24 Abs. 2 StPO aufgestellten Anforderungen zur Ablehnung eines Richters, heranzuziehen. Es bestehe ein enger Zusammenhang zwischen der durch die §§ 22 ff. StPO geschützten Unvoreingenommenheit des Richters und einer Beeinflussung durch die Medien von außen. In beiden Fällen bestehe eine Gefahr der Beeinträchtigung der geistigen Entscheidungsfreiheit, *Stapper*, Namensnennung in der Presse im Zusammenhang mit dem Verdacht strafbaren Verhaltens, S. 83 f.; ders. ZRP 1994, 487, 487.

kundigen Öffentlichkeit der Eindruck entstehen könne, der Verdächtige sei bereits rechtskräftig verurteilt[691]. Zweck der Unschuldsvermutung sei nicht, den betroffenen Tatverdächtigen in seiner sozialen Stellung innerhalb der Gesellschaft zu schützen[692], sondern die Gewährleistung unvoreingenommener an der Urteilsfindung beteiligter Personen[693].

Nichtsdestotrotz dürfen negative Auswirkungen, wie zum Beispiel eine Deklassierung der Sozialstellung, unter keinen Umständen denjenigen treffen, der nicht rechtskräftig durch ein Strafgericht verurteilt worden ist. Vor allem der Tatverdächtige hat einen ungeschmälerten Anspruch auf Respektierung seiner Sozialstellung wie ein Unverdächtiger, dem er durch die Unschuldsvermutung gleichgestellt werden soll[694]. Danach lässt sich die Unschuldsvermutung als Verbot verstehen, vor dem gesetzlichen Nachweis der Schuld sozial-ethisch deklassierende und damit strafähnliche Wirkungen hervorzurufen. Dieses Verbot gilt für Strafverfolgungsorgane und sonstige staatliche Behörden, wie auch für die Medien. Mit dieser Bindung an Art. 6 Abs. 2 EMRK wird eine in ihren Wirkungen zu Gunsten der Betroffenen nicht zu unterschätzende Ausdehnung der Schutzrichtung der Unschuldsvermutung erreicht[695].

Zwar dürfen die Medien objektiv und wahrheitsgemäß über den jeweiligen gegenwärtigen Stand des Verfahrens berichten, ohne hierdurch gegen das Prinzip der Unschuldsvermutung zu verstoßen. Gleichzeitig müssen sie jedoch die absolute Schutzwirkung der Unschuldsvermutung im Auge behalten, die auch auf Grund besonderer Umstände des Einzelfalles nicht relativiert werden darf. Weder besonders erdrückende Belastungsmomente noch ein volles Geständnis[696] des Tatverdächtigen mildern die Geltung der Unschuldsvermutung ab, da auch die noch so schwerwiegendsten Belastungsmomente entkräftet werden können und ein Geständnis[697] nicht selten widerrufen wird. Der Unschuldsvermutung muss mit zunehmendem Tatverdacht eine umso größere Rolle zukommen, so dass trotz der misslichen Lage des betroffenen Tatverdächtigen die *„dis-*

---

691 *Stapper*, Namensnennung in der Presse im Zusammenhang mit dem Verdacht strafbaren Verhaltens, S. 16 f., 80.

692 So *Kühl*, in: Festschrift für Hubmann, S. 241, 250 f.

693 *Stapper*, Namensnennung in der Presse im Zusammenhang mit dem Verdacht strafbaren Verhaltens, S. 81.

694 *Kühl*, in: Festschrift für Hubmann, S. 241, 247.

695 So *Kühl*, in: Festschrift für Hubmann, S. 241, 247 f.

696 *Möhl/Scharlack*, Juristischer Leitfaden für Journalisten, S. 51; *Marxen* GA 1980, 365, 374; a.A. *Stapper*, Namensnennung in der Presse im Zusammenhang mit dem Verdacht strafbaren Verhaltens, S. 84.

697 Zur Behandlung eines Geständnisses des Tatverdächtigen, vgl. Zweiter Teil, Erstes Kapitel, B), II), 2), c).

ziplinierende Wirkung der Unschuldsvermutung“[698] erhalten bleibt. Erst eine rechtskräftige Verurteilung durch ein Strafgericht beendet die Geltung der Unschuldsvermutung[699].

Nach Ansicht von *Lampe*[700] dürfe zudem lediglich zu Gunsten des Tatverdächtigen berichtet werden. Die Verhaftung eines dringend Tatverdächtigen in einem Aufsehen erregenden Strafverfahren habe zeitgeschichtlichen Charakter, wodurch die Person des Verdächtigen ihrerseits zeitgeschichtlichen Charakter gewinnen würde. Eine Namensnennung und eventuell auch eine Abbildung (§ 23 Abs. 1 Nr. 1 KUG) des Verhafteten in den Medien würden dann zulässig sein. Allerdings dürfe auf Grund der fortgeltenden „*prozessualen*“ Unschuldsvermutung „*lediglich zu Gunsten des Verhafteten die Öffentlichkeit [...] informiert werden*“. Die Berichterstattung müsse dem Interesse und dem mutmaßlichen Willen des Verhafteten entsprechen.

An einer derartig einseitigen und den tatsächlichen Sachstand eventuell verfälschenden Berichterstattung haben die Rezipienten jedoch keinerlei Interesse. Interessant sind vielmehr entlastende sowie belastende Details. Darüber hinaus ist doch auch anzunehmen, dass die Öffentlichkeit nicht davon ausgeht, eine Verhaftung erfolge dann, wenn lediglich entlastende Momente vorliegen. Zudem wäre eine Verpflichtung zu einer einseitigen privilegierenden „*Tendenzberichterstattung*“[701] als Eingriff in die Medien- und Meinungsfreiheit zu werten. Die Unschuldsvermutung des Art. 6 Abs. 2 EMRK soll lediglich den Tatverdächtigen vor einer unangemessenen Präjudizierung schützen, aber nicht zu einer engagierten Entlastung des betroffenen Tatverdächtigen verpflichten. Zumal auch die zuständigen Strafverfolgungsbehörden nicht verpflichtet sind, nur zum Vorteil des Verdächtigen zu ermitteln. Eine derart extensive Ausdehnung des Schutzzweckes der Unschuldsvermutung im Sinne einer Berichterstattung nur zu Gunsten des Verdächtigen würde daher zu weit gehen[702].

Nach *Geerds*[703] sei die Unschuldsvermutung beim Beschuldigten mehr als bisher zu beachten, da dieser durch eine Publizierung seiner Lebensumstände[704]

---

698 *Krauß*, in: Müller-Dietz, Strafrechtsdogmatik und Kriminalpolitik, S. 154, 158; *Marxen* GA 1980, 365, 374.

699 A.A. OLG Karlsruhe Die Justiz 1974, 223, 224 f.; AfP 1972, 82, 82; *Burkhardt*, in: Wenzel, Das Recht der Wort- und Bildberichterstattung, Rn. 10.170.

700 *Lampe* NJW 1973, 217, 218.

701 *v. Becker*, Straftäter und Tatverdächtige in den Massenmedien, S. 223.

702 Gegen die Ansicht von Lampe ist auch *Zielemann*, Der Tatverdächtige als Person der Zeitgeschichte, S. 81 f., der kritisiert, dass „die Sperrwirkung einer identifizierenden Berichterstattung zu Lasten des Verhafteten unter Hinweis auf eine vorgegeben begünstigende Berichterstattung“ unterlaufen werden würde.

703 *Geerds*, in: Festschrift für Oehler, S.423, 430.

möglicherweise zu einem passiven oder gar zu einem schauspielerischen Verhalten im laufenden Strafprozess veranlasst werden könne. Dieses der Wahrheitsfindung nicht förderliche Verhalten des Tatverdächtigen müsse durch eine besonders ausgeprägte Rücksicht auf das Prinzip der Unschuldsvermutung vermieden werden. Mit dem originär von der Unschuldsvermutung verfolgten Zweck, für eine Unvoreingenommenheit der am Prozess beteiligten Personen zu sorgen, deckt sich diese Forderung von *Geerds* jedoch nicht. Der Unschuldsvermutung kann nicht entnommen werden, auch den Verdächtigen vor allzu ungeschicktem Verhalten im Prozess zu schützen[705]. Nicht nur die Medien können den betroffenen Tatverdächtigen mittels ihrer Berichterstattung zu einem ungünstigen Verhalten verleiten. Auch etwaige in der Verhandlung anwesende Personen, wie beispielsweise Familienmitglieder, Freunde oder Bekannte, der Arbeitgeber oder auch Zeugen und das Opfer selbst, können einen gewissen Einfluss auf das Verhalten des vor Gericht Stehenden ausüben. Die Ansicht von *Geerds* überzeugt daher nicht.

Letztendlich wird dem Öffentlichkeitswert der Information oftmals ein viel zu großer Stellenwert zugesprochen und leichtfertig in das Persönlichkeitsrecht des betroffenen Tatverdächtigen eingegriffen. Und das zuweilen in so einem Ausmaß, dass man den Eindruck gewinnen könnte, „*Sensationsgier und Effekthascherei haben die Grundsätze einer der Öffentlichkeit dienenden Berichterstattung verdrängt*“[706].

Die Medien bleiben daher verpflichtet -und es sei an ihre Moral appelliert-, täglich die betroffenen Rechtsgüter gegeneinander in fairer Weise abzuwägen. Dies ist oftmals ein schwieriges Geschäft, bei dem jedoch leider -so Reifenrath[707]- „*häufig die besseren Einsichten dem Konkurrenzdruck am Kiosk geopfert werden*“.

b) Die Unschuldsvermutung als publizistischer Grundsatz

aa) Ziffer 13 des Pressekodex/Richtlinie 13.1

Unabhängig von der Frage, ob von Art. 6 Abs. 2 EMRK eine Bindungswirkung auch für die Medien ausgeht, hat sich zumindest die Presse freiwillig dem Gedanken der Unschuldsvermutung unterworfen. Unter Ziffer 13 der vom Deutschen Presserat in Zusammenarbeit mit den Presseverbänden beschlossenen Grundsätzen heißt es:

---

704 Siehe hierzu *Feltes* Kriminalistik 1980, S. 451 ff.

705 So auch *Stapper*, Namensnennung in der Presse im Zusammenhang mit dem Verdacht strafbaren Verhaltens, S. 82.

706 *Hartmann*, in: Festschrift für Göppinger, S. 579, 584.

707 *Reifenrath*, in: Festschrift für Wassermann, S. 489, 495.

„Die Berichterstattung über Ermittlungsverfahren, Strafverfahren und sonstige förmliche Verfahren muss frei von Vorurteilen erfolgen. Der Grundsatz der Unschuldsvermutung gilt auch für die Presse".

Die zugehörige Richtlinie 13.1 enthält ebenfalls die Aufforderung, nicht vorverurteilend zu berichten. Zudem stellt sie klar, dass in einem Rechtsstaat eine soziale Zusatzbestrafung mit Hilfe eines „*Medien-Prangers*" nicht Ziel der Berichterstattung sein dürfe. Zwischen Verdacht und erwiesener Schuld müsse in der Sprache der Berichterstattung deutlich unterschieden werden.

bb) Sonstige Bezüge zur Unschuldsvermutung

Auch außerhalb der Ziffer 13 des Pressekodex lassen sich Bezüge zur Unschuldsvermutung entnehmen. So bestimmt Ziffer 2 Abs. 1 S. 4 Pressekodex, dass unbestätigte Meldungen, Gerüchte und Vermutungen auch als solche erkennbar zu machen seien. Soll also über einen Straftatverdacht berichtet werden, so ist in dem Bericht deutlich zu machen, dass es sich tatsächlich auch nur um einem solchen handelt. Bestehen Zweifel an einem Sachverhalt, so sind gegebenenfalls weitere Recherchen anzustellen und/oder Informationen bei den Strafverfolgungsbehörden einzuholen.

Ziffer 8 des Pressekodex widmet sich dem Persönlichkeitsrecht. Die Presse müsse das Privatleben, die Intimsphäre des Menschen und das Recht auf informationelle Selbstbestimmung beachten. Ergänzt wird dies durch die Richtlinie 8.1., die vorsieht, dass bei der Berichterstattung über Unglücksfälle, Straftaten, Ermittlungs- und Gerichtsverfahren in der Regel keine Informationen in Wort- und Bild veröffentlicht werden dürfen, die eine Identifizierung des Täters ermöglichen würden. Es müsse stets zwischen dem Informationsinteresse der Öffentlichkeit und dem Persönlichkeitsrecht des Betroffenen abgewogen werden. Allein ein Sensationsbedürfnis könne ein Informationsinteresse der Öffentlichkeit nicht begründen. Würde dieser Hinweis an die Presse, keine Informationen über die Identität des Täters beziehungsweise Tatverdächtigen zu veröffentlichen, tatsächlich beachtet werden, so käme dies der Unschuldsvermutung zu Gute, da so die Öffentlichkeit keinerlei Möglichkeit hätte, den Betroffenen mit dem Straftatverdacht in Verbindung zu bringen und diesen womöglich bereits als überführten Täter anzusehen.

Letztlich ruft Ziffer 9 des Pressekodex zum Schutz der Ehre auf. Es widerspreche journalistischer Ethik, mit unangemessenen Darstellungen in Wort und Bild Menschen in ihrer Ehre zu verletzen. Es soll also auch nach dieser Ziffer jegliche Berichterstattung vermieden werden, die entgegen der Unschuldsvermutung den Betroffenen bereits als überführten Täter stigmatisiert oder an den Pranger stellt und damit in seiner Ehre verletzt.

Neben Art. 6 Abs. 2 EMRK ruft demnach auch der Pressekodex selbst dazu auf, alles zu unterlassen, was die Unschuldsvermutung aushöhlen, missachten oder verletzen könnte. Ob sich die Presse dagegen angesichts des lukrativen Charakters insbesondere von Sensationsnachrichten an die sich selbst auferlegten Regeln tatsächlich hält, ist eine andere Frage[708].

c) Die Behandlung eines Geständnisses

Fraglich ist, ob die Medien den Tatverdächtigen als Täter bezeichnen dürfen, wenn dieser die ihm zur Last gelegte Tat gestanden hat. Nach Ansicht von *Stapper*[709] kann der Verdächtige als Täter bezeichnet werden, wenn dieser sich selbst so bezeichnet oder vor einer zuständigen staatlichen Stelle ein Geständnis abgelegt hat. *Engau*[710] dagegen differenziert: Zunächst sei nicht jedes Geständnis als glaubhaft zu werten. Insbesondere Personen, die an einer Geisteskrankheit leiden, bezichtigen sich gelegentlich wahllos aller möglichen Verbrechen. Daher seien Aussagen von Personen mit psychischen Anomalien besonders kritisch zu beleuchten und deren Richtigkeit zu überprüfen. Aber auch mit einem Geständnis, welches nach näherer Untersuchung glaubhaft erscheint, sei beispielsweise die Schuldfrage noch nicht zwangsläufig geklärt und der Prozess schon gleich gar nicht abgeschlossen, so dass der Klarheit halber die Medien, sofern sie den Tatverdächtigen als Täter bezeichnen, den Verfahrensstand besonders deutlich herauszustellen haben. Das Gleiche habe bei einer erdrückenden Beweislage zu gelten, um dem Eindruck der Endgültigkeit entgegenzuwirken.

Diese Auffassung verdient eindeutig den Vorzug. Sie wird den tatsächlichen Gegebenheiten, die ein Geständnis umhüllen, dessen Glaubwürdigkeit zweifelhaft erscheint, am ehesten gerecht. Insbesondere ist auch zu berücksichtigen, dass durch weitere neue Erkenntnisse ein Strafverfahren einen völlig abweichenden Verlauf nehmen kann. Zudem kommt es nicht selten vor, dass der Tatverdächtige an seinem zuvor abgelegten Geständnis nicht mehr festhalten will und es widerruft.

Es steht den Medien zwar frei, über ein glaubhaftes Geständnis zu berichten. Wurde der Tatverdächtige jedoch in den Medien auf Grund dieses zuvor abgelegten Geständnisses als Täter bezeichnet, so hat sich die Öffentlichkeit unter Umständen bereits auf eine bestimmte Sicht festgelegt, die es erschwert, gegenüber neuen Gesichtspunkten aufgeschlossen zu sein. Eine Bezeichnung als Täter ist somit auch bei einem glaubhaften Geständnis zu vermeiden. Auch hier sei

---

708 Siehe hierzu bereits Zweiter Teil, Erstes Kapitel, B), II), 2), a), dd).

709 *Stapper*, Namensnennung in der Presse im Zusammenhang mit dem Verdacht strafbaren Verhaltens, S. 84; vgl. auch *v. Becker*, Straftäter und Tatverdächtige in den Massenmedien, S. 223.

710 *Engau*, Straftäter und Tatverdächtige als Personen der Zeitgeschichte, S. 437 f.

noch einmal auf die besondere Verantwortung der Strafverfolgungsbehörden hinzuweisen. Es liegt in ihren Händen, die tatsächlichen Vorgänge im Rahmen von Pressekonferenzen differenziert und wahrheitsgetreu darzustellen sowie zurückhaltende Pressemitteilungen ohne unheilvollen Vorverurteilungscharakter zu veröffentlichen[711]. Machen die Strafverfolgungsbehörden dagegen pauschale Angaben über abgelegte Geständnisse, gefasste „*Täter*“ und aufgeklärte Fälle, so kann den Medien aus der Verbreitung dieser Auskünfte nur schwer ein Vorwurf gemacht werden[712].

III) Stellungnahme des Betroffenen

Eine zulässige Verdachtsberichterstattung setzt weiterhin voraus, dass auch Tatsachen und Argumente in den Bericht aufgenommen werden, die den Betroffenen entlasten[713]. Um solch entlastende Tatsachen in den Bericht integrieren zu können, gebietet es die journalistische Sorgfalt, dem Betroffenen stets eine Gelegenheit zur Stellungnahme zu geben und diese auch zu berücksichtigen[714]. Eine entsprechende Pflicht muss insbesondere dann bestehen, wenn die Vorwürfe

---

711 Vgl. hierzu auch Dritter Teil, L), I), 2).

712 Vgl. auch *Braun*, Medienberichterstattung über Strafverfahren im deutschen und englischen Recht, S. 108.

713 BVerfGE 35, 202, 232 („Lebach I“); KG ZUM-RD 2002, 461; OLG Düsseldorf NJW 1980, 599, 600 f. („Terror-Mädchen“); LG Hamburg, Urteil v. 13.11.2009 - 324 O 609/09-unveröff.; LG Offenburg ZUM 2006, 260, 262; *Burkhardt*, in: Wenzel, Das Recht der Wort- und Bildberichterstattung, § 10 Rn. 154; *Lehr*, in: MAH Strafverteidigung, § 20 Rn. 27.

714 BGH NJW-RR 1988, 733, 734; BGHZ 132, 13, 25 („Lohnkiller“); 143, 199, 204 („Verdachtsberichterstattung“); OLG München NJW-RR 1996, 1487, 1489 („Sex-Papst“); LG Berlin AfP 1994, 324, 326; LG Hamburg, Urteil v. 13.11.2009 - 324 O 609/09-unveröff.; *Breitz*, in: HH-Ko Medienrecht, Rn. 39. 72 ff., 39.84; *Lehr*, in: MAH Strafverteidiger, § 20 Rn. 27; *Prinz/Peters*, Medienrecht, Rn. 269; a. A. *Burkhardt*, in: Wenzel, Das Recht der Wort- und Bildberichterstattung, Rn. 162, nachdem im Einzelfall darauf verzichtet werden kann, dem Verdächtigen Gelegenheit zur Stellungnahme zugeben. Der Grundsatz des rechtlichen Gehörs gelte nicht für die Medien; so auch OLG Köln NJW 1963, 1634, 1636; *Stapper*, Namensnennung in der Presse im Zusammenhang mit dem Verdacht strafbaren Verhaltens, S. 54. Nach Ansicht des OLG Hamburg NJW-RR 1996, 597, 597 kann auf eine Stellungnahme nur verzichtet werden, wenn der Betroffene sich schon geäußert hat und lediglich mit einer Wiederholung seiner Äußerung gerechnet werden muss. War bereits bekannt, dass der Betroffene sich ausdrücklich nicht zu dem Ermittlungsverfahren äußern wollte, so soll diese Stellungnahme nach Auffassung des KG NJW-RR 2007, 842, 843 genügen. Die Verwendung eines Zitas des Strafverteidigers aus einem anwaltlichen Schriftsatz sei darüber hinaus nicht erforderlich gewesen.

besonders schwerwiegend sind[715]. Geben die Medien dem Verdächtigen die Möglichkeit, sich zu den im Raum stehenden Vorwürfen zu äußern, so zeugt dies nicht nur von einer fairen Arbeitsweise. Die Medien zeigen sich vielmehr auch verantwortungsvoll und bewahren sich so vor möglichen Ansprüchen des Betroffenen. Wird dem Betroffenen jedoch pauschal ein Angebot eines Interviews[716] gemacht oder lediglich allgemein nach einer Stellungnahme gefragt, so genügt dies nicht. Um den Rechtmäßigkeitsvoraussetzungen einer zulässigen Verdachtsberichterstattung zu entsprechen, sind hohe inhaltliche Anforderungen durch die Journalisten einzuhalten. Dem Betroffenen müssen ausführlich und substantiiert die den Verdacht begründenden Tatsachen vor Abgabe einer Stellungnahme erläutert werden[717]. Allein hierdurch wird der Betroffene in die Lage versetzt, im Einzelnen den vorgehaltenen Tatsachen und Argumenten zu entgegnen. Diese Entgegnung muss zum Gegenstand der Berichterstattung werden. Selbst wenn der mit der Anhörung des Tatverdächtigen einhergehende Zeitverlust den Informationswert der Nachricht beeinträchtigen würde, ist es unerlässlich, eine Stellungnahme einzuholen[718].

C) Zusammenfassung und Stellungnahme

Medienberichte über laufende Strafverfahren enthalten zwar die zutreffende Aussage, dass gegen den Betroffenen ermittelt beziehungsweise ihm eine bestimmte Tat zum Vorwurf gemacht wird. Ob der Vorwurf, über den oftmals sehr umfassend berichtet wird, jedoch tatsächlich der Wahrheit entspricht, steht zum Zeitpunkt der Veröffentlichung des Berichts noch nicht fest. Auf Grund dieser

---

715 BGHZ 132, 13 („Lohnkiller"); *Breutz*, in: HH-Ko Medienrechte, Rn. 84; *Burkhardt*, in: Wenzel, Das Recht der Wort- und Bildberichterstattung, Rn. 154.

716 An der Frage, ob ein Fraktionsvorsitzender einer im Bundestag vertretenen Partei zu Zeiten der DDR für den Staatssicherheitsdienst tätig war, bestehe nach Ansicht des OLG Hamburg ein hohes Interesse der Öffentlichkeit, so dass der Gegenstand eines entsprechenden Fernsehbeitrags dem Grunde nach zulässig sei. Allerdings erscheine es im Zusammenhang mit einer Verdachtsberichterstattung für den Betroffenen nicht ohne Weiteres zumutbar, sich der Öffentlichkeit in einem Interview zu präsentieren, um den Vorwürfen zu begegnen, da diese Form der Äußerung die Aufmerksamkeit des Rezipienten in erhöhtem Maße auf den Verdächtigen lenke. Die Zurückweisung des Interview-Angebots habe die Beklagte auch nicht der Pflicht enthoben, dem Kläger Gelegenheit zu geben, auf anderem Wege zu dem Sachverhalt Stellung zu nehmen, OLG Hamburg ZUM 2010, 606, 607-nicht rechtskräftig.

717 *Lehr*, in: MAH Strafverteidiger, § 20 Rn. 28.

718 *Rixecker*, in: MüKo-BGB, Allg. PersönlR, Anh. zu § 12, Rn. 150; a.A. BGH NJW 1977, 1988, 1298 („Abgeordnetenbestechung"), wonach jedoch der Mangel der Bestätigung einer Information den Rezipienten nicht vorenthalten werden dürfe.

Konstellation hat die Rechtsprechung *„fein austarierte"*[719] Grenzen für eine rechtmäßige Verdachtsberichterstattung entwickelt[720]. Es ist stets zwischen der mit einer Identifizierbarkeit des Betroffenen verbundenen Prangerwirkung und dem Interesse der Öffentlichkeit, an welches gerade wegen des Risikos der Prangerwirkung hohe Anforderungen zu stellen sind, abzuwägen[721].

Liegt ein Mindestbestand an Beweistatsachen vor, so sind die Medien prinzipiell berechtigt, über den Verdacht unter Mitteilung der Quelle zu berichten[722]. Die Medien müssen in ihrem Bericht deutlich hervorheben, dass es sich vorerst um nicht mehr als einen Verdacht handelt, Vorverurteilungen sind unzulässig. Eine präjudizierende Darstellung[723] ist nicht erlaubt[724]. Nicht erlaubt ist auch eine nach Sensation gierende, bewusst einseitige oder verfälschende Darstellung. Vielmehr müssen auch die den Betroffenen entlastenden Argumente berücksichtigt werden.

All diese Kriterien sind zunächst einmal auf die Medienarbeit im Vorfeld einer Verdachtsberichterstattung bezogen. Es lässt sich jedoch die Überlegung anstellen, ob diese Kriterien nicht auch für die Öffentlichkeitsarbeit der Ermittlungsbehörden fruchtbar gemacht werden können[725]. Anknüpfungspunkt könnte in diesem Fall die Vorschrift des § 4 LPG sein, deren Wortlaut insbesondere zwei einfachgesetzliche Grenzen der Informationsarbeit der Ermittlungsbehörden zu entnehmen sind. Zum einen dürfen nur solche Informationen an die Presse beziehungsweise generell an die Medien übermittelt werden, die der Erfüllung ihrer öffentlichen Aufgabe dienen[726]. Hierbei ist zu beachten, dass lediglich eine rechtmäßige Aufgabenerfüllung unter die *„öffentliche Aufgabe"* des § 4 Abs. 1 LPG[727] fällt[728]. Zum anderen dürfen die Ermittlungsbehörden nach § 4

719 *Lehr* NStZ 2009, 409, 411.

720 BGHZ 143, 199, 203 f. („Verdachtsberichterstattung"); Soehring/Seelmann-Eggebert NJW 2000, 2466, 2470.

721 *Löffler/Ricker*, Handbuch des Presserechts, Kap. 42 Rn. 13; *Kübler*, Anm. zu BGH, Urt. v. 7.12.1999 - VI ZR 51/99, JZ 2000, 622, 622.

722 *Soehring*, Presserecht, § 16 Rn. 23a

723 Zur Ergänzung des Verbots der Präjudizierung durch das Verbot der Indiskretion als weiterer Eingriffsverstärker, siehe Dritter Teil, L), II), 1), b), bb) sowie Dritter Teil, L), III), 2).

724 *Prinz/Peters*, Medienrecht, Rn. 271; *Soehring*, Vorverurteilung durch die Presse, S. 85, 92 f.

725 Zu den Sorgfalts- beziehungsweise Abwägungspflichten der Staatsanwaltschaft, siehe Dritter Teil, L), II), 3).

726 Siehe hierzu Zweiter Teil, Erstes Kapitel, B), I), 2).

727 Vgl. § 4 Abs. 1 LPG Ba.-Wü.; Art. 3 LPG Bay.; § 4 Abs. 1 LPG Berl.; § 3 LPG Brandenb.; § 3 LPG Brem.; § 3 LPG Hamb.; § 3 LPG Meck.-Vorp.; § 3 LPG Nieders.; § 3

Abs. 2 Nr. 3 LPG[729] keine Informationen an die Medien herausgeben, wenn dadurch schutzwürdige private Interessen verletzt werden würden. Aus diesen beiden Grenzen lässt sich eine Bindung der Ermittlungsbehörden an die für die Medien geltenden Grenzen und Kriterien einer rechtmäßigen Verdachtsberichterstattung herleiten. Im Wortlaut des § 4 Abs. 1 LPG („*öffentliche Aufgabe*") und des § 4 Abs. 2 Nr. 3 LPG („*schutzwürdiges privates Interesse*") hat der Gesetzgeber die Interdependenz der Informationsauskunft der Ermittlungsbehörden von den medienrechtlichen Voraussetzungen einer zulässigen Verwendung der Informationen statuiert[730]. Flechtet man die Öffentlichkeitsarbeit der Ermittlungsbehörden an die Zulässigkeit einer zukünftigen Verwertung der zur Verfügung gestellten Informationen durch die Medien an, so insistiert dies die Übertragung der Kriterien einer rechtmäßigen Verdachtsberichterstattung. Hierfür spricht auch, dass die Medien in der Regel auf weitere Recherchearbeiten verzichten können, sofern sie eine Information durch eine privilegierte Quelle erhalten haben, an der keine Zweifel bezüglich ihrer Richtigkeit bestehen[731]. Als privilegierte Quellen gelten gerade auch die Ermittlungsbehörden[732]. Auf Grund dieser durch die Rechtsprechung verliehenen ganz besonderen Bedeutung der Informationsarbeit der Ermittlungsbehörden ist es gerechtfertigt, an ihre Informationspolitik ebenfalls die Maßstäbe heranzuziehen, die für die Medien zum Schutz des Persönlichkeitsrechts des Betroffenen entwickelt wurden. Die medienrechtlichen Kriterien einer rechtmäßigen Verdachtsberichterstattung sollten demnach im Rahmen der Ermessensausübung der Ermittlungsbehörden und der daraus folgenden einzelfallbezogenen Interessenabwägung Berücksichtigung finden[733].

Wie oben bereits herausgearbeitet wurde, ist primäre Voraussetzung für die Berichterstattung über einen Verdacht das Vorliegen eines Vorgangs von gravierendem Gewicht, an dem ein berechtigtes öffentliches Interesse besteht[734]. Da

---

LPG NRW.; § 5 LMG Rh.-Pf.; § 4 LMG Saarl.; § 3 LPG Sachs.; § 3 LPG Sachs.-Anh.; § 3 LPG Schlesw.-Holst.

728 So auch *Lehr* NStZ 2009, 409, 411.

729 Vgl. § 4 Abs. 2 Nr. 3 LPG Ba.-Wü.; § 4 Abs. 2 Nr. 4 LPG Berl.; § 5 Abs. 2 Nr. 3 LPG Brandenb.; § 4 Abs. 2 Nr. 3 LPG Brem.; § 4 Abs. 2 Nr. 3 LPG Hamb.; § 3 Abs. 1 S. 2 Nr. 2 LPG Hess.; § 4 Abs. 3 Nr. 2 LPG Meck.-Vorp.; § 4 Abs. 2 Nr. 3 LPG Nieders.; § 4 Abs. 2 Nr. 3 LPG NRW.; § 6 Abs. 2 Nr. 3 LMG Rh.-Pf.; § 5 Abs. 2 Nr. 3 LMG Saarl.; § 4 Abs. 2 Nr. 3 LPG Sachs.; § 4 Abs. 2 Nr. 3 LPG Sachs.-Anh.; § 4 Abs. 2 Nr. 3 LPG Schlesw.-Holst.

730 Vgl. *Lehr* NStZ 2009, 409, 411.

731 Siehe dazu ausführlich Zweiter Teil, Erstes Kapitel, B), I), 3).

732 Siehe dazu ausführlich Zweiter Teil, Erstes Kapitel, B), I), 3), a).

733 Siehe hierzu auch Dritter Teil, L), II), 3).

734 Siehe dazu ausführlich Zweiter Teil, Erstes Kapitel, A).

nicht nur besonders schwere Kapitalverbrechen oder Aufsehen erregende Wirtschaftsstraftaten, sondern auch Straftaten von mittlerer Kriminalität ein öffentliches Interesse zu begründen vermögen, wird parallel hierzu auch vergleichsweise schnell ein öffentliches Interesse als Legitimation der ermittlungsbehördlichen Auskunftserteilung anzunehmen sein.

Auch die Voraussetzung eines Mindestbestands an Beweistatsachen[735] lässt sich auf die Öffentlichkeitsarbeit der Ermittlungsbehörden übertragen. Auch ihnen obliegt eine Sorgfaltspflicht, die ebenso wie bei den Medien umso höher anzusetzen ist, je schwerer und nachhaltiger die Gefahr einer Ansehensminderung des Tatverdächtigen droht. Besteht lediglich ein Anfangsverdacht, so werden sich die Ermittlungsbehörden nicht unvermittelt beispielsweise mittels Pressemitteilungen an die Öffentlichkeit wenden. Ziehen sie dies dagegen doch in Erwägung, so ist zu beachten, dass eine Auskunft jedenfalls dann unterbleiben muss, sofern öffentlich ausgetragene Spekulationen zu erwarten sind, die den Betroffenen im Verhältnis zu dem öffentlichen Berichterstattungsinteresse unverhältnismäßig belasten und diffamieren würden. In einem solchen Fall ist Zurückhaltung geboten. Das öffentliche Informationsinteresse und das damit einhergehende Auskunftsbegehren der Medien müssen unter Umständen hinter den geschützten Interessen des Tatverdächtigen zurückzustehen[736].

Auch das Verbot einer präjudizierenden Darstellung[737] kann und muss auf die Öffentlichkeitsarbeit der Ermittlungsbehörden übertragen werden. Misst man jedoch die ermittlungsbehördlichen Auskünfte an diesem Kriterium, so lassen sich eine Vielzahl von Verletzungen dieser Prämisse einer zurückhaltenden und unvoreingenommenen Darstellung erkennen[738]. Es ist doch oftmals festzustellen, dass im Rahmen von Pressemitteilungen oder sonstigen Auskünften der Verdacht gerade nicht distanziert dargestellt wird. Vielmehr werden punktuell Verdachtsmomente hervorgehoben, die zusätzlich noch unnötig bewertet oder gar gerechtfertigt werden[739]. Eine derartige Vorgehensweise entspricht gerade nicht dem Gebot, sich jeglicher Vorverurteilung zu enthalten. Für den Betroffenen hat dies nicht selten unangenehme, gar schwerwiegende Konsequenzen. Vor allem aber ist in diesem Zusammenhang die Tatsache zu beachten, dass Auskünfte der Ermittlungsbehörden privilegierte Quellen darstellen, die die Medien im Allgemeinen dazu berechtigen, diese Informationen in ihre Berichte zu übernehmen. Dies führt dazu, dass eine identifizierende und gleichfalls tendenziöse, präjudi-

735 Siehe dazu ausführlich Zweiter Teil, Erstes Kapitel, B), I).

736 Vgl. VG Saarlouis Urteil vom 21.08.2008 - 1 K 920/07-unveröff.; mit Verweis auf OLG Düsseldorf NJW 2005, 1791 ff. („/Mannesmann/Vodafone“).

737 Siehe dazu ausführlich Zweiter Teil, Erstes Kapitel, B), II).

738 Vgl. vor allem die oben dargestellten Fälle, Zweiter Teil, Erstes Kapitel, B), I), 3).

739 Vgl. *Lehr* NStZ 2009, 409, 412.

zierende Berichterstattung legalisiert wird[740]. Dieser Umstand wird durch ein Urteil des Landgerichts Berlin[741] noch bestätigt, in dem es in seinen Leitsätzen ausführte, dass, sofern die Strafverfolgungsbehörden im Rahmen ihrer Öffentlichkeitsarbeit Tatumstände mit Bestimmtheit als feststehend vortragen, von den Medien nicht verlangt werden könne, *„die derart bestimmt vorgetragenen Vorwürfe zu relativieren und somit zurückhaltender zu sein als die Ermittlungsbehörden“*[742]. Das Verwaltungsgericht Saarland[743] geht noch weiter und betont, dass regelmäßig *„der Journalist eine behördliche Bestätigung von - möglicherweise unter Verstoß der Wahrung von Dienstgeheimnissen erlangter beziehungsweise spekulativ behaupteter - Informationen erstrebt, um sie ‚zitierfähig‘, das heißt der Veröffentlichung erst zugänglich zu machen“*[744]. Die Medien haben zwar die durch die Ermittlungsbehörden herausgegebenen Informationen kritisch zu beleuchten und im Falle einer eindeutigen Rechtsverletzung durch eine Mitteilung der Ermittlungsbehörden, so genannter *„Äußerungs- beziehungsweise Privilegierungsexzess“*, von einer Veröffentlichung abzusehen. Zu einer Legitimationswirkung kommt es in derartigen Fällen nicht. Nichtsdestotrotz ist es für den Betroffenen nur günstig, wenn sich im Vorfeld bereits die Ermittlungsbehörden an eine distanzierte, unvoreingenommene und vor allem auch diskrete[745] Auskunftserteilung halten würden.

Lediglich das Erfordernis, dem Betroffenen eine Gelegenheit zur Stellungnahme[746] einzuräumen, kann nicht unmittelbar auf die Öffentlichkeitsarbeit der Ermittlungsbehörden übertragen werden[747]. Es kann den Ermittlungsbehörden nicht zu einer Pflicht gemacht werden, Tatsachen und Argumente, die einer Stellungnahme des Betroffenen entspringen, in ihrer eigenen Mitteilung über ein Ermittlungsverfahren oder die Erhebung einer Anklage vollumfänglich zu verarbeiten. Es kann jedoch zumindest verlangt werden, dass der betroffene Tatverdächtige die Gelegenheit erhält, sich zu den Verdachtsaussagen der Ermittlungs-

---

740 So auch *Lehr* NStZ 2009, 409, 412.

741 LG Berlin AfP 2008, 530 f.

742 LG Berlin AfP 2008, 530, 530. Dem Unterlassungsbegehren der Klägerin, die mit (scheinbar) von Konrad Kujau, dem Fälscher der „Hitler-Tagebücher“, nachgemalten und signierten Kunstwerken handelte, wurde nicht entsprochen, da die Beklagte alles Voraussetzungen der Verdachtsberichterstattung eingehalten hatte, LG Berlin AfP 2008, 530, 531.

743 VG Saarlouis Urteil vom 21.08.2008 - 1 K 920/07-unveröff.

744 VG Saarlouis Urteil vom 21.08.2008 - 1 K 920/07-unveröff.

745 Zur Ergänzung des Verbots der Präjudizierung durch das Verbot der Indiskretion als weiterer Eingriffsverstärker, siehe Dritter Teil, L), II), 1), b), bb) sowie Dritter Teil, L), III), 2).

746 Siehe dazu ausführlich Zweiter Teil, Erstes Kapitel, B), III).

747 So auch *Lehr* NStZ 2009, 409, 413.

behörden zu äußern[748]. Hierzu muss der Tatverdächtige allerdings rechtzeitig Kenntnis von den bevorstehenden öffentlichen Verdachtsäußerungen der Ermittlungsbehörden erlangen. Wünschenswert wäre demnach, wenn die Ermittlungsbehörden im Vorfeld ihrer Pressemitteilung oder Pressekonferenz den Verteidiger des Tatverdächtigen oder, sofern dieser nicht bekannt ist, den Tatverdächtigen selbst über etwaige öffentliche Stellungnahmen in Kenntnis setzen würden[749]. Unterbleibt dies, so wird der Betroffene nicht selten von den gegen ihn erhobenen Verdachtsäußerungen der Ermittlungsbehörden überrascht. Möglicherweise erfährt er selbst erst durch einen entsprechenden Bericht in den Medien, dass gegen ihn der Verdacht einer Straftat erhoben wird. In diesem Fall wird er nicht in der Lage sein, angemessen auf derartige Vorwürfe zu reagieren.

Wenn bereits im Vorfeld die Ermittlungsbehörden eingehend anhand der Kriterien einer rechtmäßigen Verdachtsberichterstattung prüfen würden, ob tatsächlich eine mitteilungspflichtige Information gegeben ist, so würde dies den Stellenwert des allgemeinen Persönlichkeitsrechts des Tatverdächtigen ungemein stärken[750]. Bereits das Oberlandesgericht Düsseldorf hat in seinem „*Mannesmann/Vodafone-Urteil*“[751] vom 27.04.2005, indem es um die Feststellung einer Amtspflichtverletzung durch den handelnden Generalstaatsanwalt ging, die Kriterien einer rechtmäßigen Verdachtsberichterstattung zumindest inhaltlich angewendet[752]. Das Gericht nahm durch seine im Urteil zum Ausdruck kommende Abwägungstendenz eine signifikante Stärkung des allgemeinen Persönlichkeitsrechts vor. Die damit einhergehende Wirkung für die zukünftige Öffentlichkeitsarbeit der Ermittlungsbehörden stieß jedoch nicht nur auf Befürworter. Da die Ermittlungsbehörden nun zunehmend auf die „*Auskunftswirkungen*“ ihrer

---

748 So auch *Schaefer*, in: Festschrift für Rieß, S. 491, 494 f.; *Neuling* StV 2006, 332, 334.

749 Das OLG Düsseldorf sah eine Verletzung des allgemeinen Persönlichkeitsrechts des ehemaligen Vorstandsvorsitzenden der Mannesmann AG Dr. Klaus Esser darin, dass der damalige Generalstaatsanwalt die Information über die Anweisung eines Ermittlungsverfahrens vorab in einem Gespräch mit einem Spiegel-Journalisten herausgegeben hat und sprach dem Kläger eine Geldentschädigung in Höhe von 5000 € zu, OLG Düsseldorf NJW 2005, 1791, 1798 („Mannesmann/Vodafone“).

750 Zu den Sorgfalts- beziehungsweise Abwägungspflichten der Staatsanwaltschaft, siehe Dritter Teil, L), II), 3).

751 OLG Düsseldorf NJW 2005, 1791 ff. („Mannesmann/Vodafone“).

752 Das Gericht bejahte unter anderem eine schwere Persönlichkeitsverletzung des Dr. Klaus Esser, da der Oberstaatsanwalt H in einer Pressekonferenz von „Käuflichkeit“ beziehungsweise von „erkauftem Sinneswandel“ sprach und den Kläger damit über den Rahmen des tatsächlichen Anklagevorwurfs diskreditierte. Es hätte vielmehr genügt, im Rahmen einer distanzierten Darstellung der Anklageerhebung darauf hinzuweisen, dass es sich ausschließlich um Untreue handele, vgl. OLG Düsseldorf NJW 2005, 1791, 1806 f. („Mannesmann/Vodafone“).

Informationspolitik achten müssten, bestehe die Gefahr, dass der im Übrigen zu gewährleistende Informationsanspruch der Öffentlichkeit insofern auf der Strecke bleibe, als zu befürchten sei, dass die Justiz und namentlich die Strafrechtspflege nun dazu veranlasst sei, sich selbst einen „*Maulkorb*" anzulegen[753]. Die Befürchtung einer zukünftigen massiven Zurückhaltung der Ermittlungsbehörden ist jedoch nicht begründet. Der entscheidende Punkt ist nicht das „*Ob*", sondern das „*Wie*" der ermittlungsbehördlichen Informationspolitik[754]. Die Informationsmöglichkeiten der Öffentlichkeit sollen weiterhin bestehen bleiben und nicht restriktiv beeinflusst werden. Die inhaltliche Herangehensweise der öffentlichen Unterrichtung über Strafverfahren muss jedoch dem Persönlichkeitsrecht des Betroffenen gerecht werden. Presseverlautbarungen müssen losgelöst von jeglichem Mediendruck und der persönlichen Überzeugung der ermittelnden Personen im Hinblick auf die Richtigkeit der erhobenen Vorwürfe abgefasst werden[755]. Eine distanzierte, sich jeglicher Präjudizierung enthaltende Darstellung des noch offenen Verdachts und eine zeitgerechte vorherige In-Kenntnis-Setzung des Betroffenen erscheinen nicht unmöglich und dürften auch nicht zu einem „*weitgehenden Versiegen der Informationsarbeit*"[756] der Ermittlungsbehörden führen.

Hierfür sprechen auch die Nr. 4a und Nr. 23 RiStBV aus dem Jahre 1977, die ausdrücklich die Rahmenbedingungen zulässiger staatsanwaltlicher Medienauskünfte festlegen und die einem Stimmungsklima öffentlicher Vorverurteilung und einer „*chronischen Stigmatisierung*"[757] des Betroffenen entgegenwirken sollen.

Um dem allgemeinen Persönlichkeitsrecht des betroffenen Tatverdächtigen entsprechend Rechnung tragen zu können, ist es demnach angezeigt, im Rahmen einer einzelfallbezogenen Interessenabwägung unter Berücksichtigung des § 4 Abs. I, II Nr. 3 LPG auch die allgemeinen Rechtmäßigkeitsvoraussetzungen der Verdachtsberichterstattung miteinzubeziehen.

Denn „*wenn das Persönlichkeitsrecht der Presse, über einen Vorgang zu berichten verwehrt, ist es auch der Behörde versagt, diesbezügliche Informationen zu geben*"[758].

---

753 *Lorz* NJW 2005, 2657, 2660.

754 Siehe hierzu auch Dritter Teil, L), III), 2).

755 Vgl. *Lehr* NStZ 2009, 409, 413.

756 So aber *Lorz* NJW 2005, 2657, 2660.

757 *Neuling*, Inquisition durch Information, S. 155.

758 *Evers*, in: Festschrift für Schwinge, S. 237, 241 unter Verweis auf *Thiele*, Pressefreiheit, Theorie und Wirklichkeit, S. 24.

D) Sonderfall: Nachträgliches Entfallen des Verdachts und das Vorhalten der Verdachtsberichterstattung in Online-Archiven

Es stellt sich die Frage, wie es sich auf eine ursprünglich rechtmäßig erfolgte Verdachtsberichterstattung auswirkt, wenn die Staatsanwaltschaft ihr Ermittlungsverfahren nach erfolgter Berichterstattung einstellt oder der Angeklagte nach der Berichterstattung freigesprochen wird.

Werden die Voraussetzungen einer rechtmäßigen Verdachtsberichterstattung eingehalten und stellt sich nachträglich die Unwahrheit des in einem Medienbericht geäußerten Verdachts heraus, so ändert dies nichts an der Rechtmäßigkeit der Berichterstattung im Äußerungszeitpunkt. Eine ursprünglich rechtmäßige Verdachtsberichterstattung wird durch das nachträgliche Entfallen des Verdachts nicht rückwirkend rechtswidrig.

Wurde die Unwahrheit des ursprünglich gehegten Verdachts festgestellt, so besteht für die Medien kein legitimes Interesse daran, an dem Verdacht festzuhalten. Die Wiederholung eines zunächst rechtmäßig aufgestellten Verdachts kann daher rechtswidrig werden[759]. Wird also über ein Strafverfahren berichtet, welches jedoch nach der Berichterstattung wieder eingestellt wurde, so soll der Bericht zumindest nicht ohne Hinweis auf die Einstellung des Verfahrens wiederholt werden[760].

Fraglich ist weiterhin, wie diese Grundsätze auf das Bereithalten einer erst nachträglich unrichtig gewordenen Verdachtsberichterstattung in Online-Archiven anzuwenden sind. Ausschlaggebend ist hierbei, ob es sich bei dem Anbieten der Verdachtsberichterstattung im Internet[761] um ein stetig neues „*Verbreiten*" handelt[762]. Ordnet man das Anbieten der Berichte tatsächlich als neues „*Verbreiten*" ein, so ist für die Beurteilung der Rechtmäßigkeit der Verdachtsberichterstattung lediglich der Zeitpunkt maßgeblich, in dem der Bericht im Internet abgerufen wird. Ist der Verdacht in diesem Zeitpunkt jedoch bereits wieder entfallen oder entspricht die Verdachtsberichterstattung in diesem Zeitpunkt nicht mehr den Rechtmäßigkeitsanforderungen, so ist das Persönlichkeitsrecht des betroffenen Tatverdächtigen verletzt und der Bericht folglich unzuläs-

759 *Molle* ZUM 2010, 331, 334.

760 *Molle* ZUM 2010, 331, 334.

761 Zur Verdachtsberichterstattung im Internet und Onlinearchive und dem hieraus entstehenden Konflikt zwischen dem Recht auf informationelle Selbstbestimmung einerseits und dem „Medienprivileg" nach § 41 BDSH andererseits, vgl. Kaufmann MMR 2010, 520, 521.

762 Vgl. *Molle* ZUM 2010, 331, 334.

sig. Nach Ansicht des Oberlandesgerichts Hamburg[763] stellt das Bereithalten eines Beitrags auf einer Internetseite eine ständige Verbreitung dieses Beitrags dar. Ihre Rechtmäßigkeit solle sich daher nach den Verhältnissen zur Zeit der jeweiligen Abrufbarkeit bestimmen. Betreiber von Online-Archiven hätten nicht das Recht, Archivinhalte ungeprüft der Öffentlichkeit zu präsentieren. Die Folge dieser Betrachtungsweise des Oberlandesgerichts Hamburg wäre, dass die spätere Einstellung eines Ermittlungsverfahrens oder ein späterer Freispruch auch nachträglich in der Berichterstattung noch Berücksichtigung finden müsste. Die Medien müssten ihre bereitgestellten Online-Archive durchweg einer Prüfung unterziehen und ihre Berichte gegebenenfalls an den aktuellen Stand anpassen. Dies würde einen erheblichen finanziellen, personellen und zeitlichen Aufwand bedeuten, die Überwachungspflichten überspannen und den Betrieb eines Online-Archivs de facto unmöglich machen[764].

Einige Entscheidungen anderer Gerichte fielen ein wenig schonender aus[765]. Es wurde geurteilt, dass die Wiedergabe eines Artikels in einem Online-Archiv rechtmäßig sei, wenn der Artikel zum Zeitpunkt seiner ursprünglichen Veröffentlichung bereits rechtmäßig war[766]. Es könne von den Medien nicht ernsthaft verlangt werden, dass sie turnusmäßig ihre Online-Archive daraufhin durchforsten, ob eine ursprünglich zulässige Berichterstattung nunmehr seine Rechtmäßigkeit eingebüßt habe[767]. Im Übrigen werde der Betroffene auch nicht dadurch beeinträchtigt, dass die aufgerufenen Artikel möglicherweise unter dem Datum der Abfrage erscheinen[768]. Nach Ansicht des Oberlandesgerichts Frankfurt a. M.[769] wisse der Nutzer, der die Artikel über die Archivfunktion aufrufe, dass er

763 OLG Hamburg ZUM-RD 2008, 69, 69; vgl. auch OLG Hamburg, Urteil v. 17.11.2009 - 7 U 78/09-unveröff.; LG Hamburg ZUM-RD 2007, 537 ff. Die Hamburger Gerichte bejahten unter Bezugnahme auf die „Lebach-Rechtsprechung" regelmäßig einen Unterlassungsanspruch des entlassenen Straftäters gegen eine identifizierende Berichterstattung in Archivbeiträgen, da es gerade dann, wenn es um den Schutz der Anonymität gehe, keinen Unterschied machen könne, ob die Identität des Betroffenen mit einer neuen oder einer älteren Publikation preisgegeben werde, vgl. Nieland, Komm. zu BGH, Urt. v. 15.12.2009 - VI ZR 227/08, K&K 2010, 179, 180.

764 Vgl. OLG Frankfurt NJW 2007, 1366, 1367; ZUM 2007, 915, 917; AfP 2008, 621, 623.

765 KG AfP 2006, 561 ff.; AfP 2008, 74 f.; OLG Frankfurt NJW 2007, 1366 ff.; ZUM-RD 2007, 471 ff.; ZUM 2007, 915 ff.; AfP 2008, 621 ff.; OLG Köln AfP 2007, 126 f.; OLG München AfP 2008, 618 ff.

766 KG AfP 2006, 561, 563; AfP 2008, 74, 75; OLG Frankfurt AfP 2006, 621, 622; OLG Köln AfP 2007, 126, 126.

767 OLG Frankfurt NJW 2007, 1366, 1367; ZUM 2007, 915, 917.

768 OLG Frankfurt NJW 2007, 1366, 1367.

769 OLG Frankfurt NJW 2007, 1366, 1367; vgl. auch KG AfP 2008, 74, 75.

sich in einem Archiv befinde und dass es sich bei dem aufgerufenen Artikel nicht um einen aktuellen Bericht handele. Hierauf werde der Nutzer zumindest auch durch die URL hingewiesen. Aus diesem Grund bestehe keine Gefahr des „*ewigen Prangers des Internets*“. Dass archivierte Äußerungen veraltet und nicht mehr von aktuellem Bezug sind, würde sich aus der Natur der Sache ergeben.

Nach Auffassung des Bundesverfassungsgerichts[770] wird mit der Archivierung von Druckerzeugnissen eine im öffentlichen Interesse stehende Aufgabe erfüllt, da die Archivierung dazu diene, jedem Interessierten einen historisch und kulturellen Überblick zu verschaffen. Das Gleiche muss im Hinblick auf die Einstellung von ehemals aktuellen Beiträgen in Online-Archive gelten[771]. Würden dagegen ursprünglich zulässige Berichte nachträglich verändert oder gar gelöscht werden, so würde dies zu einer Verfälschung der historischen Abbildung führen und der besonderen Bedeutung von Online-Archiven nicht gerecht werden[772]. Richtig ist auch, dass die Überwachungspflichten der Medien im Hinblick auf ihre Online-Archive nicht überspannt werden dürfen. Zudem fällt ins Gewicht, dass ein berechtigtes Interesse der Öffentlichkeit nicht nur an aktuellen Informationen über das Zeitgeschehen, sondern eben auch an der Möglichkeit besteht, vergangene zeitgeschichtliche Ereignisse zu recherchieren[773]. Entsprechend nehmen die Medien ihre Aufgabe, die Öffentlichkeit zu informieren und an der demokratischen Willensbildung teilzuhaben, auch in derart wahr, dass sie auch nicht mehr aktuelle Veröffentlichungen für interessierte Nutzer verfügbar halten[774]. Diese Aufgabe kommt beispielsweise in § 11 d Abs. 1 Nr. 4 RStV[775] zum Ausdruck. Das Einstellen und Bereithalten von Medienberichten - zu denen auch die Verdachtsberichterstattung zählt - fällt unter die in Art. 5 Abs. 1 GG, Art. 10 EMRK verankerten Rechte auf Meinungs- und Medienfreiheit[776].

---

770 BVerfGE 58, 137, 149 („Pflichtexemplar“).

771 OLG Frankfurt NJW 2007, 1366, 1367; ZUM 2007, 915, 917; OLG Köln AfP 2007, 126, 127.

772 OLG Frankfurt NJW 2007, 1366, 1367; ZUM 2007, 915, 917.

773 BGH NJW 2010, 757, 759; OLG Frankfurt ZUM-RD 2007, 471, 473; ZUM 2007, 915, 917; OLG Köln AfP 2007, 126, 127; *Nieland*, Komm. zu BGH, Urt. v. 15.12.2009 - VI ZR 227/08, K&K 2010, 179, 181.

774 BGH NJW 2010, 757, 759.

775 Nach § 11 d Abs. 2 Nr. 4 RStV wird von dem Auftrag der öffentlich-rechtlichen Rundfunkanstalten auch das Angebot zeitlich unbefristeter Archive mit zeit- und kulturgeschichtlichen Inhalten umfasst.

776 BGH NJW 2010, 757, 757.

Ist also für den Archivnutzer ohne Bedenken zu erkennen, dass es sich um einen archivierten Artikel handelt und dass dieser nicht zur aktuellen Berichterstattung zu zählen ist, so liegt keine neue Verbreitungshandlung vor. Das Bereitstellen des Berichts im Online-Archiv bleibt rechtmäßig. Kommt dagegen nicht klar zum Ausdruck, dass es sich um einen Bericht aus dem Online-Archiv und damit nicht um einen aktuellen Bericht handelt, so liegt ein erneutes Verbreiten vor. Für die Rechtmäßigkeit dieses Berichts ist sodann der Zeitpunkt seines Aufrufens maßgeblich. Sofern die Möglichkeit besteht, den Bericht aus dem Online-Archiv auszudrucken, so muss dieser Ausdruck zweifelsfrei darauf hinweisen, dass es sich lediglich um einen Bericht aus dem Archiv und nicht um einen aktuellen Bericht handelt. Es genügt daher entgegen der Auffassung des Oberlandesgerichts Frankfurt a. M.[777] nicht, dass aus dem Ausdruck lediglich das Datum des Aufrufs oder das Datum des Ausdrucks zu erkennen ist. In diesem Fall würde ein eindeutiger Hinweis darauf fehlen, dass dieser Bericht lediglich aus einem Online-Archiv entspringt und damit nicht der aktuellen Berichterstattung zugehörig ist.

Auch die Rechtsprechung des Bundesgerichtshofs[778] weißt nunmehr diese Richtung auf. Der Bundesgerichtshof hatte in seiner Entscheidung vom 15.12. 2009[779] erstmalig die Gelegenheit, sich mit der prinzipiellen Frage auseinanderzusetzen, inwiefern auf die von Nachrichtenanbietern praktizierte Online-Archivierung von Berichten über Straftaten die für den Bereich der Offline-Medien entwickelten Rechtsprechungsgrundsätze zum Verbot der identifizierenden Medienberichterstattung anzuwenden sind. Im Ergebnis hatte der Bundesgerichtshof entschieden, dass die öffentlich-rechtliche Rundfunkanstalt „Deutschlandradio" in ihrem Online-Archiv nicht mehr aktuelle Beiträge auch dann vorhalten darf, wenn in diesen Beiträgen ein verurteilter und inzwischen auf Bewährung aus der Haft entlassener Straftäter mit vollem Namen genannt wird. Ausschlaggebend war dabei für den Bundesgerichtshof, dass die Berichterstattung ursprünglich zulässig und der Verbreitungsgrad des in Frage stehenden Mediums gering war. Zudem setzte das Auffinden des ursprünglich zulässigen Beitrags im Streitfall eine gezielte Suche voraus. Der Beitrag befand sich nicht auf den aktuellen Seiten des Internetauftritts der Rundfunkanstalt, wo sie dem Archivnutzer unmittelbar nach Aufruf der Homepage ins Auge hätte fallen können. Er war vielmehr nur auf den für Altmeldungen vorgesehenen Seiten zugänglich und ausdrücklich als Altmeldung gekennzeichnet. Der Beitrag war

777 OLG Frankfurt NJW 2007, 1366, 1367.

778 BGH NJW 2010, 757, 759; GRUR 2010, 551, 549 ff.

779 BGH NJW 2010, 757 ff.

auch nicht derart in einen Kontext gebettet, dass der Anschein der Aktualität hätte entstehen können.

Zwar lag dem Urteil des Bundesgerichtshofs nicht eine fehlerhaft gewordene Verdachtsberichterstattung zu Grunde, da das Strafurteil gegen die namentlich genannte betroffene Person nicht aufgehoben wurde. Dennoch dürften die vom Bundesgerichtshof zur identifizierenden Berichterstattung über einen verurteilten Straftäter durch das Bereithalten von Altmeldungen in einem Online-Archiv entwickelten Grundsätze auf die Vorhaltung von nachträglich unrichtig gewordenen Verdachtsberichterstattungen in Online-Archiven anwendbar sein[780]. Sofern also die ursprünglich zulässige Verdachtsberichterstattung lediglich durch einen gezielten Suchvorgang gefunden werden kann, der Bericht zudem ausschließlich auf den Archivseiten des Nachrichtenanbieters anzutreffen und zudem ausdrücklich als Altmeldung gekennzeichnet ist, so kann auch eine nachträglich unrichtig gewordene Verdachtsberichterstattung in einem Online-Archiv vorgehalten werden.

780 Vgl. *Molle* ZUM 2010, 331, 335.

Zweites Kapitel
Die identifizierende Berichterstattung

A) Das Informationsinteresse der Öffentlichkeit an der Identität des Tatverdächtigen

Im Kontext der Verdachtsberichterstattung stellt sich nun die entscheidende Frage, welcher Informationswert gerade der Identität des Tatverdächtigen zukommt. Besteht tatsächlich ein schutzwürdiges Interesse der Öffentlichkeit an der Kenntnis der Identität des Tatverdächtigen neben dem allgemeinen Interesse der Berichterstattung über Tat und Ermittlungsarbeit[781]?

Teilweise wird hierbei vertreten, dass eine öffentliche Individualisierung des Tatverdächtigen insbesondere dann zulässig sei, wenn der Vorwurf einer schwerwiegenden Straftat im Raum stehe, zudem erhebliche Verdachtsmomente bestünden und der Individualisierung des Tatverdächtigen ein besonderer Öffentlichkeitswert zukomme[782]. Diesem Ansatz wird wiederum entgegengehalten, dass diese Maßstäbe schon deswegen problematisch seien, da im Falle ihrer tatsächlichen Existenz auch ein entsprechendes gesteigertes Interesse an einem Anonymitätsschutz auf Seiten des betroffenen Tatverdächtigen bestünde[783].

Auch das Bundesverfassungsgericht hat in seiner „*Lebach-Entscheidung*“[784] zu einer möglichen Pflicht zur Publizierung der Identität umfassend Stellung genommen. Es erarbeitete Kriterien, die „*für eine auch die Person des Täters einbeziehende vollständige Information der Öffentlichkeit über vorgefallene Straftaten und die zu ihrer Entstehung führenden Vorgänge*“[785] sprechen sollen. Ein anzuerkennendes Interesse an näheren Informationen über Tat und Täter werde zunächst durch die Verletzung der allgemeinen Rechtsordnung und insbesondere durch die Beeinträchtigung von Rechtsgütern der betroffenen Bürger begründet[786]. Hieraus resultiere eine allgemeine „*Furcht vor Wiederholungen*

---

781 Zur Frage des Informationswertes gerade an der Beschuldigtenidentität, vgl. *Ludwig*, Persönlichkeitsverletzungen durch identifizierende Presseverlautbarungen der Staatsanwaltschaft, S. 172 ff.

782 Vgl. OLG Frankfurt NJW 1971, 47 ff. („Aktenzeichen XY-ungelöst“); OLG Braunschweig NJW 1975, 651 ff.

783 Vgl. umfassender *Dalbkermeyer*, Der Schutz des Beschuldigten vor identifizierenden und tendenziösen Pressemitteilungen der Ermittlungsbehörden, S. 99, 100; *Bornkamm* NStZ 1983, 102, 105.

784 BVerfGE 35, 202 ff. („Lebach I“).

785 BVerfGE 35, 202, 230 („Lebach I“).

786 BVerfGE 35, 202, 230 f. („Lebach I“).

solcher Straftaten und das Bestreben, dem vorzubeugen“[787] und schließlich ein legitimes demokratisches Bedürfnis „*nach Kontrolle der für die Sicherheit und Ordnung zuständigen Staatsorgane und Behörden, der Strafverfolgungsbehörden und der Strafgerichte*“[788]. Das allgemeine Informationsinteresse der Öffentlichkeit an der Straftat und auch an dem Täter werde umso stärker sein, „*je mehr die Straftat sich durch die Besonderheit des Angriffsobjekts, die Art der Begehung oder die Schwere der Folgen über die gewöhnliche Kriminalität heraushebt*“[789].

Nicht vergessen werden darf hierbei jedoch, dass der vorliegenden Entscheidung die Konstellation eines bereits verurteilten Straftäters zu Grunde lag. Es ging also nicht um die Darstellung einer straftatverdächtigen Person. So kann der vom Bundesverfassungsgericht entwickelte Gedanke der gesteigerten Zumutbarkeit von Medienberichterstattung wegen dem Bruch des Rechtsfriedens[790] für den Verdächtigen nicht gelten. Ob die betroffene Person tatsächlich durch sein Verhalten ein Informationsinteresse der Öffentlichkeit erregt hat, muss ja erst noch geklärt werden.

Dennoch tauchen in den Medien zahlreiche Berichte über Straftaten und Tatverdächtige auf, die oftmals auch eine Identifizierung des Tatverdächtigen ermöglichen. Betrachtet man diese Berichte mit einem kritischen Auge, so stellt sich zwangsläufig die Frage, was dem Rezipienten tatsächlich entgehen würde, wenn dieser weder ein Bildnis, noch einen Namen oder sonstige identifizierende Merkmale erfahren würde. Im Prinzip würde sich für den Rezipienten nichts ändern. In der überwiegenden Anzahl der Fälle könnte man die Identität des Tatverdächtigen nach Belieben austauschen oder die Informationen, die eine Identifizierung ermöglichen, einfach weglassen, ohne dass die Informationsqualität des Medienberichts darunter zu leiden hätte[791]. Vor diesem Hintergrund könnte man doch den Argwohn hegen, die Identität einer tatverdächtigen Person sei gar keine Information im Sinne des Art. 5 Abs. 1 S. 1 GG, so dass deren Verschweigen auch nicht einer Beschneidung der verfassungsrechtlich gewährleisteten Informationsfreiheit gleichkomme[792]. Betrachtet man jedoch die Definition

---

787 BVerfGE 35, 202, 231 („Lebach I“).

788 BVerfGE 35, 202, 231 („Lebach I“).

789 BVerfGE 35, 202, 231 („Lebach I“).

790 BVerfGE 35, 202, 231 f. („Lebach I“).

791 Vgl. *v. Becker*, Straftäter und Tatverdächtige in den Massenmedien, S. 169 f.; *Dalbkermeyer*, Der Schutz des Beschuldigten vor identifizierenden und tendenziösen Pressemitteilungen der Ermittlungsbehörden, S. 105.

792 Vgl. *Dalbkermeyer*, Der Schutz des Beschuldigten vor identifizierenden und tendenziösen Pressemitteilungen der Ermittlungsbehörden, S. 105; vgl. auch *Rüping*, in: Festschrift für Dünnebier, S. 391, 397.

des Informationsbegriffs, so gelangt man zu der Erkenntnis, dass eine Tatsache losgelöst vom jeweiligen Kontext, in dem sie übermittelt werden soll, als Information zu qualifizieren ist[793]. Ausgangspunkt und Basis für die Bestimmung des Informationsbegriffs ist die Abgrenzung von Zeichen und Signalen, von Daten, Nachrichten oder Botschaften, von Information und von Wissen[794]. Unter Information ist die Kenntnis eines bestimmten Adressaten über Sachverhalte und Vorgänge zu verstehen[795]. Diese Sachverhalte und Vorgänge enthalten Tatsachen, die unabhängig vom tatsächlichen Informationsgehalt zur Kenntnis des Empfängers gelangen. Vor diesem Hintergrund kann dem Bildnis, dem Namen und den sonstigen identifizierenden Merkmalen eines Tatverdächtigen die Qualifikation als Information nicht verweigert werden[796]. Infolgedessen ist zunächst einmal die Identität der tatverdächtigen Person als eine Information im Sinne des Art. 5 Abs. 1 S. 1 GG anzusehen, so dass dem Rezipienten prinzipiell ein Interesse an dieser Information zuzusprechen ist. Ob dem öffentlichen Informationsinteresse an der Veröffentlichung der Identität des Tatverdächtigen jedoch tatsächlich ein solch essenzieller Informationsgehalt zukommt, der das Interesse des Tatverdächtigen an seiner Anonymität zu verdrängen vermag, ist damit jedoch noch nicht gesagt.

B) Anonymitäts- und Sozialisationsschutz des Tatverdächtigen

I) Anonymitätsschutz als Sozialisationsschutz - Das „Recht auf Nicht-Entsozialisierung“

Die Person des Tatverdächtigen hat aus verschiedenen Gründen ein Interesse auf Unterbleiben einer identifizierenden Berichterstattung. Überwiegend wird er sich darauf berufen, die öffentliche identifizierende Darstellung des gegen ihn bestehenden Tatverdachts gefährde oder beeinträchtige seine persönliche oder gesellschaftliche Ehre. Häufig wird er zusätzlich vor allem geltend machen, die Medienpublizität gefährde oder gar vernichte seine wirtschaftliche Existenz oder blockiere sein berufliches Fortkommen. Zu denken wäre auch an eine Gefährdung seiner persönlichen Sicherheit, sofern bekannt wird, dass gegen ihn anlässlich einer Straftat ermittelt wird. All diese Interessen müssen in die Beurteilung

793 *Dalbkermeyer*, Der Schutz des Beschuldigten vor identifizierenden und tendenziösen Pressemitteilungen der Ermittlungsbehörden, S. 105.

794 *Sieber* NJW 1989, 2569, 2572.

795 *Sieber* NJW 1989, 2569, 2572.

796 Vgl. *Dalbkermeyer*, Der Schutz des Beschuldigten vor identifizierenden und tendenziösen Pressemitteilungen der Ermittlungsbehörden, S. 105.

der Eingriffsschwere mit einfließen. In diesem Zusammenhang ist besonders zu beachten, dass es jeder Person möglich sein muss, ein „normales“ Leben innerhalb der Gesellschaft zu führen. Dies setzt jedoch die Möglichkeit voraus, sich in die Gesellschaft auch entsprechend integrieren zu können. An einer solchen Möglichkeit mangelt es jedoch, wenn eine „*Stigmatisierung*“[797] erfolgt, die es der betroffenen Person versagt, sich als ebenbürtiges Mitglied in die Gesellschaft einzufügen. Diesen Aspekt haben insbesondere die Medien mit ihrer weitreichenden Breitenwirkung zu beachten. Ist der Einzelne der überlegenen publizistischen Macht ausgeliefert, so steht dessen Persönlichkeit auf dem Spiel. Über eine derartige Macht verfügen die Massenmedien, die es in der Hand haben, die psychische, soziale und wirtschaftliche Existenz des Menschen zu gefährden und im äußerten Fall sogar zu vernichten. Ihnen ist es möglich, einen Menschen in ein Netzwerk des tendenziösen Verdachts zu verstricken und gleichzeitig sein öffentliches Erscheinungsbild zu demontieren[798]. Insbesondere im Bereich der Verdachtsberichterstattung ist der Satz „*semper aliquid haeret*“ von Relevanz: Wer sich erst einmal einem Verdacht in der Öffentlichkeit ausgesetzt sieht, der wird es sehr schwer haben, sich von dem damit einhergehenden Makel zu befreien. Im Hinblick auf diese nicht zu unterschätzenden Folgen erlangt das Recht auf Resozialisierung beziehungsweise das Recht auf Nicht-Entsozialisierung eine gesteigerte Bedeutung[799]. Das Bundesverfassungsgericht hob in seiner „*Lebach -Entscheidung*“[800] hervor, dass von der medialen Verwertung strafjustizieller Ereignisse schwerwiegende Gefahren für die Anstrengungen unserer Gesellschaft zur Resozialisierung eines verurteilten Straftäters ausgehen. Der Erfolg einer Resozialisierung hängt nicht lediglich von den Bemühungen des Staates, sondern zu einem großen Teil auch von dem Verhalten der Gesellschaft ab. Die Mitwirkungsbereitschaft der Gesellschaft wird jedoch stark gefährdet, wenn die mediale Kriminalberichterstattung dazu führt, dass die ohnehin schon weitverbreitete „*allgemeine Abwehrhaltung gegenüber Strafentlassenen*“[801] noch gefördert wird[802]. Es ist jedoch die Frage zu stellen, ob sich diese Feststellungen des Bundesverfassungsgerichts in Bezug auf das Schutzbedürfnis der gesell-

---

797 BVerfGE 97, 391, 404.

798 Vgl. *Berka*, in: Koziol/Warzilek, Persönlichkeitsschutz gegenüber Massenmedien, S. 493, 496 f.

799 Eine umfassende Darstellung hierzu findet sich bei *v. Becker*, Straftäter und Tatverdächtige in den Massenmedien, S. 92 ff.; *Dalbkermeyer*, Der Schutz des Beschuldigten vor identifizierenden und tendenziösen Pressemitteilungen der Ermittlungsbehörden, S. 18 ff.; *Neuling*, Inquisition durch Information, 161 f.

800 BVerfGE 35, 202 ff. („Lebach I“).

801 BVerfGE 35, 202, 237 („Lebach I“).

802 *Koebel* JZ 1966, 389, 391; *Scholderer* ZRP 1991, 298, 300.

schaftlichen Bemühungen zur Resozialisierung eines entlassenen Straftäters überhaupt auf den hier zu behandelnden Fall des Straftatverdächtigen übertragen lassen. Zweifel keimen schon insofern auf, da das Wort Resozialisierung begrifflich bereits eine Entsozialisierung voraussetzt[803]. Allerdings deutet die Entscheidung des Bundesverfassungsgerichts darauf hin, das Recht auf Resozialisierung als Teilaspekt eines übergeordneten Rechts auf Sozialisation anzusehen[804]. Das Bundesverfassungsgericht führte aus, dass ein rechtskräftig verurteilter Straftäter „*als Träger der aus der Menschenwürde folgenden und ihren Schutz gewährleistenden Grundrechte*" die Chance bekommen müsse, sich nach Verbüßung seiner Strafe wieder in die Gesellschaft einzugliedern[805]. Dieser Anspruch auf Resozialisierung ergebe sich aus Art. 2 Abs. 1 i.V.m. Art 1. Abs. 1 GG und der im Sozialstaatsprinzip verankerten Pflicht des Staates zur „*Vor- und Fürsorge für Gruppen der Gesellschaft*"[806], die in ihrer persönlichen und sozialen Entfaltung eingeschränkt sind. Zu dieser Gruppe zählte das Bundesverfassungsgericht zwar ausdrücklich nur den rechtskräftig verurteilten Straftäter. Allerdings erschöpfen sich die Prinzipien der Menschenwürde, des allgemeinen Persönlichkeitsrechts und des Sozialstaates nicht im Schutz nur dieser „*Gruppe*"[807]. Vielmehr müssen die rechtskräftig verurteilten Straftäter - als Gefangene oder bereits Entlassene - lediglich als Bestandteil jener „*Gruppe*" angesehen werden, deren Integration in die Gesellschaft ohne staatlichen Schutz gefährdet oder gestört wäre. Aus diesen Erwägungen folgt zum Schutz des Tatverdächtigen das „*Recht auf Nicht-Entsozialisierung*"[808], welches als Bestandteil des übergeordneten Rechts auf Sozialisation in jeder Phase des Strafverfahrens gelten muss[809]. Die Zeit vor einer rechtskräftigen Verurteilung ist von Unsicherhei-

---

803 So *Franke*, Die Bildberichterstattung über den Angeklagten, S. 121.

804 Vgl. hierzu *v. Becker*, Straftäter und Tatverdächtige in den Massenmedien, S. 92 ff.; *Dalbkermeyer*, Der Schutz des Beschuldigten vor identifizierenden und tendenziösen Pressemitteilungen der Ermittlungsbehörden, S. 19; *Franke*, Die Bildberichterstattung über den Angeklagten, S. 120 f.; *Neuling*, Inquisition durch Information, S. 161 f.; *Zipf*, Gutachten C, Verhandlungen des 54. Deutschen Juristentages 1982, Band 1, C 32.

805 BVerfGE 35, 202, 235 f. („Lebach I").

806 BVerfGE 35, 202, 236 („Lebach I").

807 *Dalbkermeyer*, Der Schutz des Beschuldigten vor identifizierenden und tendenziösen Pressemitteilungen der Ermittlungsbehörden, S. 20; *Neuling*, Inquisition durch Information, S. 162.

808 *v. Becker*, Straftäter und Tatverdächtige in den Massenmedien, S. 92 ff., 99 f.; *Ostendorf* GA 1980, 445, 457.

809 *v. Becker*, Straftäter und Tatverdächtige in den Massenmedien, S. 99 f.; *Dalbkermeyer*, Der Schutz des Beschuldigten vor identifizierenden und tendenziösen Pressemitteilungen der Ermittlungsbehörden, S. 20; *Neuling*, Inquisition durch Information, S. 162;

ten und vorläufigen Ermittlungsergebnissen geprägt. Kommt es zur Einstellung des Verfahrens, so muss gerade der zu Unrecht Verdächtigte möglichst unbeschadet sein zukünftiges Leben in dem ihm vertrauten sozialen Gefüge weiterführen können[810]. Aber auch im Hinblick auf eine mögliche spätere Verurteilung ist die Verhinderung einer Entsozialisierung von Bedeutung, da es im Hinblick auf die Schwierigkeiten einer tatsächlichen Resozialisierung angezeigt ist, bereits während eines laufenden Strafverfahrens alles zu vermeiden, was auf den Tatverdächtigen entsozialisierend wirken kann[811]. Die Person des Tatverdächtigen ist demnach vor Beeinträchtigungen seines Persönlichkeitsrechts und vor Störungen seiner Sozialisation, die durch tendenziöse und stigmatisierende Medienberichte hervorgerufen werden, zu schützen.

II) Rechtsfragen des Anonymitätsschutzes

1) Argumente aus dem GVG und der StPO hinsichtlich einer identifizierenden Berichterstattung im Verlauf des Strafverfahrens

Medienberichte über den Verdacht strafbaren Verhaltens können während des Ermittlungs-, Zwischen- oder des Hauptverfahrens erscheinen. Diese Verfahrensabschnitte des Strafverfahrens sind teilweise öffentlich und teilweise nichtöffentlich, also geheim. Zudem ist je Verfahrensabschnitt ein gewisser Mindestverdacht erforderlich. Im Folgenden ist daher zu untersuchen, ob aus der Öffentlichkeit beziehungsweise Nichtöffentlichkeit und dem erforderlichen Ausmaß an Verdacht zur Einleitung des Ermittlungs-/Zwischenverfahrens und der Eröffnung der Hauptverhandlung Konsequenzen hinsichtlich einer zulässigen Identifizierung des Tatverdächtigen gezogen werden können.

Zipf, Gutachten C, Verhandlungen des 54. Deutschen Juristentages 1982, Band 1, C 31 f.

810 So auch *Dalbkermeyer*, Der Schutz des Beschuldigten vor identifizierenden und tendenziösen Pressemitteilungen der Ermittlungsbehörden, S. 20; *Neuling*, Inquisition durch Information, S. 162.

811 Vgl. *Dalbkermeyer*, Der Schutz des Beschuldigten vor identifizierenden und tendenziösen Pressemitteilungen der Ermittlungsbehörden, S. 20; *Ostendorf* GA 1980, 445, 457; *Zipf*, Gutachten C, Verhandlungen des 54. Deutschen Juristentages 1982, Band 1, C 31 f.

a) Öffentliche Identifikation des Tatverdächtigen bis zur Eröffnung des Hauptverfahrens

aa) Erstattung einer Strafanzeige

Die meisten Ermittlungsverfahren werden auf Grund von Strafanzeigen im Sinne des § 158 StPO eingeleitet. Eine Strafanzeige kann theoretisch jeder gegen jeden erstatten. Eine Strafanzeige kann folglich für sich betrachtet noch nichts darüber besagen, ob sich die angezeigte Person tatsächlich strafrechtlich relevant verhalten hat. Auf Grund dessen ist die öffentliche Erwähnung einer solchen Anzeige in Verbindung mit der Identifizierung des Betroffenen vorbehaltlich besonderer Informationsinteressen unzulässig. Vor allem darf im Falle der Erwähnung der Anzeige in einem Medienbericht nicht der Anschein geweckt werden, der Beschuldigte sei bereits überführt[812].

bb) Das nichtöffentliche Ermittlungsverfahren - Der Anfangsverdacht, § 152 Abs. 2 StPO

Das Ermittlungsverfahren ist, ohne dass dies in der StPO ausdrücklich bestimmt ist, nicht öffentlich. Demgegenüber bestimmt § 169 S. 1 GVG für die Hauptverhandlung einschließlich der Verkündung des Urteils den Grundsatz der Öffentlichkeit. Der Gesetzgeber könnte mit der Nichtöffentlichkeit des Ermittlungsverfahrens den Zweck verfolgt haben, das Geheimhaltungsinteresse des Beschuldigten, also des Tatverdächtigen während des Ermittlungsverfahrens, zu schützen.

Das Oberlandesgericht Braunschweig[813] hatte darüber zu entscheiden, ob in einem Pressebericht ausführlich in identifizierender Weise über die polizeiliche Durchsuchung der Wohnung und der Gaststätte des betroffenen Tatverdächtigen berichtet werden durfte. Obwohl dieser nicht namentlich bezeichnet wurde, so war es dennoch im Hinblick darauf, dass der Bericht den Namen und die Anschrift der Gaststätte des Betroffenen mitteilte, jedem Rezipienten ohne besonders aufwändige Nachforschungen möglich, die Person des Tatverdächtigen zu identifizieren. Erst zeitlich nach der Veröffentlichung des Presseberichts wurde das Ermittlungsverfahren wegen des Verdachts der Hehlerei eingestellt. Wegen dem Vorwurf, fahrlässig verdorbene Lebensmittel in der Gaststätte angeboten zu haben, erfolgte ein Freispruch. Das Oberlandesgericht Braunschweig[814] wies darauf hin, dass der Gesetzgeber das strafrechtliche Ermittlungsverfahren nichtöffentlich ausgestaltet hat. Zwar solle der Ausschluss der Öffentlichkeit in erster

812 OLG Düsseldorf AfP 1995, 500, 501.

813 OLG Braunschweig NJW 1975, 651 ff.; AfP 1975, 913 ff.

814 OLG Braunschweig NJW 1975, 651, 652.

Linie die Unbefangenheit der bei den Strafverhandlungen beteiligten Personen sichern. Die nichtöffentliche Ausgestaltung des Verfahrens diene aber zumindest mittelbar auch den Interessen des Beschuldigten, da die Öffentlichkeit allzu leicht geneigt sei, die Eröffnung eines Ermittlungsverfahrens mit dem Nachweis der zur Last gelegten Tat gleichzusetzen. Dass die Staatsanwaltschaften den größten Teil der bei ihnen anhängig werdenden Ermittlungsverfahren wieder einstelle, weil sich der - zunächst als begründet erscheinende - Vorwurf gegen den Beschuldigten nachträglich als unbegründet erweise, sei in der Öffentlichkeit kaum bekannt. Auch die bis zur rechtskräftigen Verurteilung zu Gunsten des Tatverdächtigen wirkende Unschuldsvermutung sei noch nicht in das Rechtsbewusstsein der Öffentlichkeit eingedrungen. Ein identifizierender Bericht über polizeiliche oder staatsanwaltliche Ermittlungen bringe daher stets die Gefahr einer Art „*Prangerwirkung*" für den Betroffenen mit sich, die in nicht seltenen Fällen sogar einen „*Rufmord*" an dem Betroffenen zur Folge haben könne. Nach Auffassung des Oberlandesgerichts Braunschweig soll demnach die Nichtöffentlichkeit des Ermittlungsverfahrens auch den Interessen des Beschuldigten dienen und die Zulässigkeit einer identifizierenden Berichterstattung einschränken[815].

Kleinknecht[816] meinte in ähnlicher Form, dass das Ermittlungsgeheimnis zu wahren sei, solange es im Interesse der Untersuchung oder zur Schonung des Beschuldigten geboten sei. Allerdings geht weder das Oberlandesgericht Braunschweig noch *Kleinknecht* von einem grundsätzlichen Vorrang des Geheimhaltungsinteresses des Beschuldigten während des Ermittlungsverfahrens aus. Auch in diesem Verfahrensabschnitt ist eine identifizierende Berichterstattung über den Verdacht strafbaren Verhaltens unten bestimmten Voraussetzungen zulässig[817].

Den Ansichten des Oberlandesgerichts Braunschweig und *Kleinknecht* kann zumindest soweit beigepflichtet werden, als die Nichtöffentlichkeit des Ermittlungsverfahrens nicht bereits den Schluss auf ein vorrangiges Geheimhaltungsinteresse des Beschuldigten zulässt. Die StPO enthält keinerlei Bestimmungen,

---

815 OLG Braunschweig NJW 1975, 651, 652; so auch *v. Becker*, Straftäter und Tatverdächtige in den Massenmedien, S. 209; *Bornkamm*, Pressefreiheit und Fairness des Strafverfahrens, S. 262 f.; ders. NStZ 1983, 102, 105; *Ostendorf* GA 1980, 445, 453.

816 *Kleinknecht*, StPO, 35. Auflage, Einleitung Rn. 58; vgl. heute *Meyer-Goßner*, StPO, 53. Auflage, Einleitung Rn. 60.

817 OLG Braunschweig NJW 1975, 651, 652; *Kleinknecht*, StPO, 35. Auflage, § 161 Rn. 14.

die primär dem Schutz des Geheimhaltungsinteresses des Beschuldigten dienen sollen[818].

Zielemann[819] hält den Argumenten des Oberlandesgerichts Braunschweig die historische Entwicklung der Öffentlichkeit im deutschen Strafverfahren entgegen, die vielmehr dafür spreche, dass der Schutz des Geheimhaltungsinteresses des Beschuldigten als bloßer Reflex der Nichtöffentlichkeit des Ermittlungsverfahrens zu betrachten sei. Mit dem Entstehen des Inquisitionsprozesses im 13. Jahrhundert entwickelte sich das bis dahin öffentliche Verfahren zu einem geheimen Verfahren[820]. Das Hauptaugenmerk des strafrechtlichen Verfahrens verlagerte sich auf das geheime Vorverfahren. Eine öffentliche Verhandlung fand lediglich am Schluss des Verfahrens, auf dem so genannten „*endlichen Rechtstag*" statt, dem lediglich die formale Bedeutung der Verkündung des Urteils zukam und auf dem zugleich die Vollstreckung der Strafe erfolgte[821].

Die Heimlichkeit des Inquisitionsverfahrens wurde sicherlich nicht zum Schutz des Geheimhaltungsinteresses des Tatverdächtigen eingeführt. Vielmehr waren Mängel des bisherigen Strafverfahrens und insbesondere gesellschaftspolitische Gründe hierfür ausschlaggebend[822].

Während der Zeit des Absolutismus entfiel nach und nach auch der letzte Rest von Öffentlichkeit. Die Aufklärung zu Beginn des 18. Jahrhunderts ließ den geltenden geheimrechtlichen Inquisitionsprozess noch unangefochten[823]. Erst im Laufe des 18. Jahrhunderts setzte sich in Deutschland nach und nach der Gedanke der Öffentlichkeit wieder durch. Die Paulskirchenverfassung von 1849 proklamierte beispielsweise ein öffentliches und mündliches Verfahren[824]. Das Ermittlungsverfahren dagegen blieb bis heute nichtöffentlich. Auch die Debatte um die Einführung der Öffentlichkeit der Voruntersuchung nach englischem Vorbild hat aufgezeigt, dass der Schutz des Geheimhaltungsinteresses des Beschuldigten keine beziehungsweise nur eine untergeordnete Rolle gespielt hat[825].

---

818 § 164 StPO beinhaltet lediglich ein amtliches Selbsthilferecht im Falle der Störung der Ermittlungstätigkeit der Strafverfolgungsorgane. Der Schutzzweck umfasst dagegen nicht ein Geheimhaltungsinteresse des Beschuldigten.

819 *Zielemann*, Der Tatverdächtige als Person der Zeitgeschichte, S. 72 f.

820 *Eb. Schmidt*, Einführung in die Geschichte der deutschen Strafrechtspflege, S. 99 ff.

821 *Rüping/Jerouscheck*, Grundrisse der Strafrechtsgeschichte, Rn. 110.

822 *Alber*, Die Geschichte der Öffentlichkeit im deutschen Strafverfahren, S. 14; *E. Kaufmann* JuS 1961, 250, 250.

823 *Rüping/Jerouscheck*, Grundrisse der Strafrechtsgeschichte, Rn. 177.

824 *Rüping/Jerouscheck*, Grundrisse der Strafrechtsgeschichte, Rn. 242.

825 *Alber*, Die Geschichte der Öffentlichkeit im deutschen Strafverfahren, S. 124 f.; *Zielemann*, Der Tatverdächtige als Person der Zeitgeschichte, S. 72 f.

Der Gesetzgeber hat das strafrechtliche Ermittlungsverfahren grundsätzlich als nichtöffentliches Verfahren ausgestaltet, um dem Interesse an der Wahrheitsfindung, der Sicherung der Unbefangenheit der bei den Strafverhandlungen beteiligten Personen und der ungestörten Durchführung der Ermittlungstätigkeit der Strafverfolgungsorgane gerecht zu werden[826]. Wie sich auch letztlich aus den Motiven ergibt, wurden gegen die Öffentlichkeit des Ermittlungsverfahrens verfahrensrechtliche Argumente vorgebracht[827]. Die Intention des Gesetzgebers ging somit eher dahin, die Arbeit der Behörden zu erleichtern[828]. Der Schutz des Geheimhaltungsinteresses des Beschuldigten als Begründung für die nichtöffentliche Ausgestaltung des Ermittlungsverfahrens wird dagegen nicht erwähnt.

Resümierend lässt sich somit feststellen, dass allein aus der Nichtöffentlichkeit des Ermittlungsverfahrens die Unzulässigkeit einer identifizierenden Berichterstattung im Zusammenhang mit dem Verdacht einer Straftat nicht hergeleitet werden kann[829].

Der für das Ermittlungsverfahren erforderliche Mindestverdacht könnte jedoch als so gering einzustufen sein, sodass dieser für die Bewertung einer identifizierenden Berichterstattung als unzulässig herangezogen werden kann.

Zur Einleitung des Ermittlungsverfahrens ist ein so genannter Anfangsverdacht im Sinne des § 152 Abs. 2 StPO („*zureichende tatsächliche Anhaltspunkte*“) erforderlich und ausreichend. Der Anfangsverdacht muss eine tatsächliche Grundlage haben, die darauf hindeutet, dass über die bloße allgemeine Möglichkeit der Begehung einer Straftat hinaus gerade der zu untersuchende Lebenssachverhalt eine Straftat enthält[830]. Die Möglichkeit, dass nach kriminalistischer Erfahrung eine verfolgbare Straftat gegeben ist, genügt für den Anfangsver-

826 *Pfeiffer/Hannich*, in: Karlsruher Kommentar, Einleitung Rn. 35; *v. Becker*, Straftäter und Tatverdächtige in den Massenmedien, S. 208 f.; *Henkel*, Strafverfahrensrecht, S. 301 f.

827 Vgl. *Hahn*, Die gesammelten Materialien zur Strafprozessordnung, Band 1, Motive zum Entwurf einer Strafprozessordnung, 1880, S. 94 ff.

828 *Stapper*, Namensnennung in der Presse im Zusammenhang mit dem Verdacht strafbaren Verhaltens, S. 91.

829 Vgl. auch *Stapper*, Namensnennung in der Presse im Zusammenhang mit dem Verdacht strafbaren Verhaltens, S. 91; *Zielemann*, Der Tatverdächtige als Person der Zeitgeschichte, S. 73.

830 *Beulke*, in: Löwe-Rosenberg, StPO, Bd. 5, § 152 StPO Rn. 25; *Meyer-Goßner*, StPO, § 152 StPO Rn. 4; *Plöd*, in: KMR, StPO, § 152 Rn. 19; *Weßlau*, in: SK-StPO, § 152 StPO Rn. 15; *Schoreit*, in: Karlsruher Kommentar, § 152 StPO Rn. 28; *Geerds* GA 1965, 321, 327.

dacht[831]. Hierfür reichen auch entfernte Indizien aus[832]. Bloße Vermutungen dagegen rechtfertigen es nicht, jemanden eine Tat zur Last zu legen[833]. Der Anfangsverdacht braucht aber weder dringend (vgl. §§ 111 a, 112 StPO) noch hinreichend (vgl. § 203 StPO) sein[834]; er braucht auch das Maß noch nicht zu erreichen, das für schwerwiegende Eingriffe beispielsweise nach §§ 80-81 c, 94, 99, 100 a StPO notwendig ist[835]. Die Prüfung des Anfangsverdachts ist keine Ermessensentscheidung, sondern eine reine Rechtsanwendung[836]. Bei der Beantwortung der Frage, ob zureichende tatsächliche Anhaltspunkte vorliegen, die einen Anfangsverdacht begründen, steht den Ermittlungsbehörden aber ein Beurteilungsspielraum zu[837]. Dieser Beurteilungsspielraum der Staatsanwaltschaft und der Polizei, der helfen soll, den Anfangsverdacht als unbestimmten Rechtsbegriff auszufüllen, kann leicht dazu führen, dass ein Ermittlungsverfahren auf Grund einer falschen Anzeige in Gang gesetzt wird[838]. Zudem genügt eine gewisse, wenn auch noch geringe Wahrscheinlichkeit, bei der der Zweifel an der Korrektheit des Verdachts noch überwiegen darf[839]. Auch dürftige und noch ungeprüfte Angaben, Gerüchte[840] und einseitige Behauptungen können genügen, da die Prüfung des Grades ihrer Wahrscheinlichkeit gerade das Ziel ist[841].

An den Anfangsverdacht im Sinne des § 152 Abs. 2 StPO werden demnach nicht allzu große Anforderungen gestellt. Hält der Staatsanwalt den Verdacht für

---

831 *Beulke*, in: Löwe-Rosenberg, StPO, Bd. 5, § 152 StPO Rn. 25; *Meyer-Goßner*, StPO, § 152 StPO Rn. 4; *Schoreit*, in: Karlsruher Kommentar, § 152 StPO Rn. 28; *Hund* ZRP 1991, 463, 464; *Lüttger* GA 1957, 193, 194.

832 *Meyer-Goßner*, StPO, § 152 StPO Rn. 4.

833 *Beukelmann*, in: Graf, § 152 StPO Rn. 4; *Beulke*, in: Löwe-Rosenberg, StPO, Bd. 5, § 152 StPO Rn. 22; *Meyer-Goßner*, StPO, § 152 StPO Rn. 4; *Plöd*, in: KMR, StPO, § 152 Rn. 19; *Schoreit*, in: Karlsruher Kommentar, § 152 StPO Rn. 31; *Weßlau*, in: SK-StPO, § 152 StPO Rn. 17; *Geerds* GA 1965, 321, 327; *Hund* ZRP 1991, 463, 464.

834 *Meyer-Goßner*, StPO, § 152 StPO Rn. 4.

835 BVerfGE 17, 108, 117 f.; *Meyer-Goßner*, StPO, § 152 StPO Rn. 4.

836 BGHSt 15, 155, 158; *Beulke*, in: Löwe-Rosenberg, StPO, Bd. 5, § 152 StPO Rn. 28; *Meyer-Goßner*, StPO, § 152 StPO Rn. 4

837 *Beukelmann*, in: Graf, § 152 StPO Rn. 5; *Beulke*, in. Löwe-Rosenberg, StPO, Bd. 5, § 152 StPO Rn. 28; *Meyer-Goßner*, StPO, § 152 StPO Rn. 4; *Plöd*, in: KMR, StPO, § 152 Rn. 21; *Schoreit*, in: Karlsruher Kommentar, § 152 StPO Rn. 28.

838 *Stapper*, Namensnennung in der Presse im Zusammenhang mit dem Verdacht strafbaren Verhaltens, S. 108; *Redeker* AnwBl. 1961, 300, 301; *Soehring* GRUR 1986, 518, 522.

839 *Beulke*, in. Löwe/Rosenberg, Band 3, § 153 StPO Rn. 23; *Kühne* NJW 1979, 617, 622.

840 *Plöd*, in: KMR, StPO, § 152 Rn. 18; *Willms* JZ 1957,465, 466.

841 *Beulke*, in. Löwe-Rosenberg, StPO, Bd. 5, § 152 StPO Rn. 23; *Geerds* GA 1965, 321, 327; *Keller/Griesbaum* NStZ 1990, 416, 416.

zureichend, so wird er das Ermittlungsverfahren einleiten. Wird während dieses Verfahrensabschnitts voreilig in identifizierender Weise über den Straftatverdächtigen berichtet und stellen die Behörden nach einiger Ermittlungszeit das Verfahren wieder ein, weil sich der Verdacht als unzutreffend herausstellt, indem sich die Nichtschuld des Beschuldigten ergibt oder diesem die Tat nicht nachgewiesen werden kann, so werden weitreichende Gefahren im Hinblick auf das bereits oben dargestellte[842] Sozialisationsrecht des Straftatverdächtigen hervorgerufen.

Nach Ansicht von *Träger*[843] müsse daher im Ermittlungsverfahren in besonderem Maße das Persönlichkeitsrecht des Betroffenen beachtet werden. Dies bedeute generell, dass Information und Veröffentlichung immer nur von der Verdachtslage handeln dürften. Zudem dürfe die Identität des Betroffenen grundsätzlich nur in ganz besonders gelagerten Fällen preisgegeben oder bestätigt werden. Ungeachtet der gebotenen Zurückhaltung könne ein Medienbericht, der unter Berufung auf amtliche Auskünfte die Einleitung eines Ermittlungsverfahrens mitteilt, erhebliche Belastungen nach sich ziehen. Dienlich könne nach *Träger* daher sein, wenn die Strafverfolgungsbehörden den Anfangsverdacht genauer prüfen würden. Hierdurch ließe sich eine Automatik dahingehend, dass mit dem Eingang jeder Strafanzeige bereits die Einleitung eines Ermittlungsverfahrens verbunden sei, möglicherweise vermeiden, so dass bei fragwürdigen Anzeigen ein Auskunftsersuchen der Medien weniger belastend und doch gewissenhaft dahingehend beantwortet werden könne, dass geprüft werde, ob ein Ermittlungsverfahren einzuleiten sei.

Diese Anregung von *Träger* erscheint durchaus geeignet, dem Beschuldigten einen gewissen Schutz zukommen zu lassen. Allerdings sind die Anforderungen an den Anfangsverdacht im Sinne des § 152 Abs. 2 StPO als recht gering einzustufen. Selbst wenn die Strafverfolgungsbehörden mit genauer Sorgfalt das Vorliegen zureichender tatsächlicher Anhaltspunkte prüfen würden, würde diese Empfehlung zumeist nicht weiterhelfen, da ein Anfangsverdacht recht zügig angenommen werden kann[844].

Lampe[845] führt aus, dass jede prozessuale Maßnahme gegen einen Straftatverdächtigen durch die Schwere des Tatvorwurfs und durch die Stärke des Tatverdachts gerechtfertigt sein müsse. Entsprechendes habe für die Medienbe-

842 Siehe Zweiter Teil, Zweites Kapitel, B), I).

843 *Träger*, in: Unschuldsvermutung in der Mediengesellschaft-Publizistischer Missbrauch-staatsanwaltlicher Ermittlungsverfahren?, Symposium des Hessischen Ministeriums der Justiz vom 12. Februar 1990, S. 16 f.

844 Vgl. auch *Stapper*, Namensnennung in der Presse im Zusammenhang mit dem Verdacht strafbaren Verhaltens, S. 109.

845 *Lampe* NJW 1973, 217, 217.

richterstattung zu gelten. Der Verdächtige habe vor allem das Recht, von den Medien nicht im Voraus öffentlich gerichtet zu werden. Darüber hinaus dürfe sein sozialer Geltungsanspruch nicht durch den bloßen Tatverdacht geschmälert werden. Diese von den Medien zu fordernde Rücksicht finde ihren Ausdruck im Verbot der Namensnennung[846], da an die Voraussetzungen für die Einleitung eines Ermittlungsverfahrens nur sehr geringe Anforderungen gestellt werden würden und noch nicht einmal eine gerichtliche Vorprüfung stattfinde, ob gegen die betroffene Person auch tatsächlich ein Tatverdacht bestehe. Den Medien könne es daher nicht gestattet werden, von sich aus bestimmte Personen mit der verbrecherischen Tat in identifizierender Weise in Verbindung zu bringen[847].

Der Anfangsverdacht stellt die Untergrenze dar, bei dessen Vorliegen die Strafverfolgungsbehörden befugt sind, das Ermittlungsverfahren einzuleiten. Dies tun sie zwar auch, wenn keinerlei Zweifel daran bestehen, dass der Tatverdächtige sich tatsächlich strafbar gemacht hat, zum Beispiel wenn die Polizei den Betroffenen bei Tatbegehung stellt. Allerdings setzt die Einleitung des Ermittlungsverfahrens selbst in diesem Fall den oben umschriebenen Anfangsverdacht voraus. In einem solch eindeutigen Fall kann einer identifizierenden Berichterstattung nicht entgegengehalten werden, der Abschnitt des Ermittlungsverfahrens setze grundsätzlich nur einen sehr geringen Tatverdacht voraus[848]. In allen anderen Fällen, die durchaus noch von Zweifeln und Unsicherheiten durchzogen sind, ist im Hinblick auf die Medienberichterstattung dagegen durchaus zu berücksichtigen, dass an den Anfangsverdacht relativ geringe Anforderungen gestellt werden. Es ist daher den Medien richtigerweise in der Regel[849] nicht zu gestatten, im Laufe des Ermittlungsverfahrens in identifizierender Weise über einen bestimmten Verdächtigen im Zusammenhang mit einer Straftat zu berichten.

Obgleich die nichtöffentliche Ausgestaltung des Ermittlungsverfahrens für die Bewertung einer identifizierenden Berichterstattung als unzulässig nicht herangezogen werden kann, so spricht doch das geringe Ausmaß an Verdacht, wel-

---

846 *Lampe* NJW 1973, 217, 217 f., spricht in diesem Zusammenhang lediglich von der Nennung des Namens, erklärt jedoch später, dass dasselbe auch für die Veröffentlichung des Bildnisses des Beschuldigten zutreffe.

847 *Lampe* NJW 1973, 217, 217.

848 *Stapper*, Namensnennung in der Presse im Zusammenhang mit dem Verdacht strafbaren Verhaltens, S. 109.

849 Ausnahmen können bei Erlass eines Haft- beziehungsweise Unterbringungsbefehls, zeitgeschichtlich relevanten Straftaten oder prominenten Delinquenten bestehen, hierzu Zweiter Teil, Zweites Kapitel, B), II), 1), a), dd) sowie Zweiter Teil, Zweites Kapitel, B), II), 2), c).

ches Voraussetzung für die Einleitung des Ermittlungsverfahrens ist, regelmäßig gegen eine identifizierende Berichterstattung.

cc) Das nichtöffentliche Zwischenverfahren - Der hinreichende Tatverdacht, § 170 Abs. 1 StPO

Auch das Zwischenverfahren ist nichtöffentlich ausgestaltet. Auch hier lässt sich daher die Frage stellen, ob aus der Nichtöffentlichkeit des Zwischenverfahrens auf die Zulässigkeit oder Unzulässigkeit einer identifizierenden Berichterstattung geschlossen werden kann. Wirklich eindeutig wird weder in der Rechtsprechung noch in der Literatur davon gesprochen, dass die Nichtöffentlichkeit des Zwischenverfahrens auch dem Geheimhaltungsinteresse des Angeschuldigten dienen soll. *Roxin*[850] spricht im Zusammenhang mit der Bedeutung des Zwischenverfahrens von einer „*negativen Kontrollfunktion*". Indem Zulässigkeit und Notwendigkeit einer weiteren Strafverfolgung von einem unabhängigen Richter oder richterlichen Gremium in nichtöffentlicher Sitzung erörtert werden, soll eine weitere Möglichkeit geschaffen werden, die für den betroffenen Tatverdächtigen stets diskriminierende Wirkung der Hauptverhandlung abzuwenden. Die Hauptbedeutung des Zwischenverfahrens liegt in der Filterwirkung des Gerichts[851], welches durch eine eigenständige Prüfung, ob „*der Angeschuldigte hinreichend verdächtig erscheint*" (§ 203 StPO), verhindern soll, dass es zu einem Hauptverfahren auf Grund ungerechtfertigter oder überschießender Anklagen kommt[852]. Insofern ist die Öffentlichkeit hier primär ausgeschlossen, um die Gerichte vor vermeidbaren überflüssigen Belastungen zu schützen. Zwar wird hierdurch auch mittelbar das Geheimhaltungsinteresse des Angeschuldigten geschützt.

Letztendlich können jedoch allein aus der nichtöffentlichen Ausgestaltung des Zwischenverfahrens keine Schlüsse hinsichtlich einer zulässigen oder unzulässigen identifizierenden Berichterstattung über straftatverdächtige Personen geschlossen werden.

Wie bereits im Zusammenhang mit dem Ermittlungsverfahren geprüft wurde, könnte auch hier das erforderliche Maß an Verdacht für die Durchführung des Zwischenverfahrens Aufschluss über die Zulässigkeit oder Unzulässigkeit einer identifizierenden Berichterstattung geben.

Die Erhebung der öffentlichen Klage und damit die Einleitung des Zwischenverfahrens durch den Staatsanwalt setzt voraus, dass der Beschuldigte der Tat hinreichend verdächtig ist und somit nach § 170 Abs. 1 StPO genügender

---

850 *Roxin/Schünemann*, Strafverfahrensrecht, § 42 Rn. 2.

851 *Stuckenberg*, in: Löwe-Rosenberg, StPO, Bd. 5, Vor-§198 StPO Rn. 12.

852 *Eisenberg*, Beweisrecht der StPO, Rn. 745.

Anlass zur Erhebung der öffentlichen Klage besteht. Das Ermittlungsverfahren geht in das Zwischenverfahren über, indem die Staatsanwaltschaft eine Anklageschrift beim zuständigen Gericht einreicht und die Akten dem Gericht entsprechend § 199 Abs. 2 S. 2 StPO vorlegt.

Das Zwischenverfahren wird von der Staatsanwaltschaft jedoch nur eingeleitet, wenn kein Verfahrenshindernis besteht, das Ermittlungsverfahren nicht zur Einstellung der Strafverfolgung nach §§ 153 ff. StPO (Opportunitätsprinzip)[853] geführt hat und der Beschuldigte hinreichend verdächtig ist[854].

Der unbestimmte Rechtsbegriff lässt einen nicht unerheblichen Beurteilungsspielraum zu[855]. Die Aufklärung von Widersprüchen zwischen den Angaben des Beschuldigten und den bisherigen Beweisergebnissen darf die Staatsanwaltschaft der Hauptverhandlung überlassen[856]. Die Staatsanwaltschaft muss nach dem gesamten Akteninhalt bei vorläufiger Tatbewertung die Verurteilung des Beschuldigten mit Wahrscheinlichkeit erwarten[857]. Es kommt also auf die eigene Prognose des Staatsanwalts an, ob er selbst nach Sach- und Rechtslage am Ende der Hauptverhandlung wahrscheinlich zum Antrag auf Verurteilung gelangen würde[858]. Tatsächliche Zweifel hindern die Staatsanwaltschaft jedoch nicht an der Erhebung der öffentlichen Klage. Bei einem nicht eindeutigen Beweisergebnis zum Beispiel wegen sich widersprechenden Zeugenaussagen oder Sachverständigengutachten muss sie sich zu einer Prognose über den möglichen weiteren Verfahrensverlauf durchringen[859]. Der Grundsatz *„in dubio pro reo"* gilt für die Entscheidung der Staatsanwaltschaft nicht[860]. Er kann lediglich mit-

---

853 *Graalmann-Scheerer*, in: Löwe-Rosenberg, StPO, Bd. 5, § 170 StPO Rn. 1, 31 ff.; *Meyer-Goßner*, StPO, § 170 StPO Rn. 1, 6; *Plöd*, in: KMR, StPO, § 170 Rn. 4, 13; *Schmid*, in: Karlsruher Kommentar,§ 170 StPO Rn. 8, 13; *Roxin/Schünemann*, Strafverfahrensrecht, § 42 Rn. 1.

854 *Graalmann-Scheerer*, in: Löwe-Rosenberg, StPO,Bd. 5, § 170 StPO Rn. 22; *Meyer-Goßner,* StPO, § 170 StPO Rn. 1; *Plöd*, in: KMR, StPO, § 170 Rn. 4; *Schmid*, in: Karlsruher Kommentar,§ 170 StPO Rn. 3; *Lüttger* GA 1957, 193, 195.

855 *Graalmann-Scheerer*, in: Löwe-Rosenberg, StPO, Bd. 5, § 170 StPO Rn. 17; *Meyer-Goßner*, StPO, § 170 StPO Rn. 1, 2; *Plöd*, in: KMR, StPO, § 170 Rn. 4; *Schmid*, in: Karlsruher Kommentar,§ 170 StPO Rn. 3.

856 BGH NJW 1970, 1543, 1544.

857 *Graalmann-Scheerer*, in: Löwe-Rosenberg, StPO, Bd. 5, § 170 StPO Rn. 24; *Meyer-Goßner*, StPO, § 170 StPO Rn. 1; *Plöd*, in: KMR, StPO, § 170 Rn. 4; *Schmid*, in: Karlsruher Kommentar,§ 170 StPO Rn. 3.

858 *Meyer-Goßner*, StPO, § 170 StPO Rn. 2;

859 *Schmid*, in: Karlsruher Kommentar,§ 170 StPO Rn. 5.

860 *Graalmann-Scheerer*, in: Löwe-Rosenberg, StPO, Bd. 5, § 170 StPO Rn. 25; *Meyer-Goßner*, StPO, § 170 StPO Rn. 1; *Plöd*, in: KMR, StPO, § 170 Rn. 4; *Schmid*, in: Karlsruher Kommentar,§ 170 StPO Rn. 5.

telbar insoweit eine Rolle spielen, als er die Prognose der Staatsanwaltschaft über die Wahrscheinlichkeit der Verurteilung beeinflusst[861].

Somit ist auch die Einleitung des Zwischenverfahrens nicht frei von Zweifeln und Unsicherheiten. Zwar erhärtet sich zumindest die Wahrscheinlichkeit einer späteren Verurteilung bei Anklageerhebung durch die Staatsanwaltschaft im Vergleich zur Einleitung des Ermittlungsverfahrens auf Grund eines Anfangsverdachts. Nichtsdestotrotz ist auf Grund der bestehenden Zweifel und Ungewissheiten während der Phase des Zwischenverfahrens von einer identifizierenden Berichterstattung in der Regel abzusehen. Auch wenn die Staatsanwaltschaft von einem hinreichenden Verdacht ausgeht, so steht doch noch eine Entscheidung des Gerichts aus. Zwar findet ebenso wie das Ermittlungsverfahren das Zwischenverfahren auch dann statt, wenn an einer späteren Verurteilung keinerlei Zweifel bestehen, sodass man zumindest in diesem Fall einer identifizierenden Berichterstattung nicht entgegen halten kann, dass für die Erhebung der Anklage durch die Staatsanwaltschaft lediglich ein hinreichender Tatverdacht genüge[862]. In der Regel werden jedoch erst innerhalb der Hauptverhandlung die letzten Zweifel beseitigt und geprüft, ob der Angeklagte auch tatsächlich der Täter ist und als solcher verurteilt werden kann.

Zu Gunsten des Tatverdächtigen spricht damit in der Regel[863] der durch die Staatsanwaltschaft zu prüfende hinreichende Tatverdacht im Sinne des § 170 Abs. 1 StPO gegen eine identifizierende Berichterstattung.

Während die nichtöffentliche Ausgestaltung des Zwischenverfahrens nicht auf eine zulässige und unzulässige identifizierende Berichterstattung schließen lässt, so sprechen zumindest die recht geringen Anforderungen an die Eröffnung des Zwischenverfahrens gegen eine identifizierende Berichterstattung über den Angeschuldigten.

dd) Erlass eines Haft-/Unterbringungsbefehls, §§ 112, 126 a StPO

Unter Verhältnismäßigkeitsgesichtspunkten und unter Berücksichtigung der Unschuldsvermutung erscheint allein die Einleitung eines Ermittlungsverfahrens

---

861 OLG Bamberg NStZ 1991, 252, 252; OLG Karlsruhe Die Justiz 2003, 272, 272; *Graalmann-Scheerer*, in: Löwe-Rosenberg, StPO, Bd. 5, § 170 StPO Rn. 25; *Meyer-Goßner*, StPO, § 170 StPO Rn. 1; *Plöd*, in: KMR, StPO, § 170 Rn. 4; *Schmid*, in: Karlsruher Kommentar,§ 170 StPO Rn. 5; vgl. auch *Weiland* NStZ 1991, 574, 575.

862 So *Stapper*, Namensnennung in der Presse im Zusammenhang mit dem Verdacht strafbaren Verhaltens, S. 111.

863 Ausnahmen können bei Erlass eines Haft- oder Unterbringungsbefehls, zeitgeschichtlich relevanten Straftaten oder prominenten Delinquenten bestehen, hierzu Zweiter Teil, Zweites Kapitel, B), II), 1), a), dd) sowie Zweiter Teil, Zweites Kapitel, B), II), 2), c).

oder eines Zwischenverfahrens durch die Staatsanwaltschaft gerade im Hinblick auf die gravierenden Folgen vorschneller medialer Publizität noch nicht ausreichend für die Rechtfertigung eines nicht unerheblichen Eingriffs in das Persönlichkeitsrecht des Tatverdächtigen durch die Medien. Wenigstens sollte eine eingehende Überprüfung der Verdachtsmomente sowohl durch die Staatsanwaltschaft als auch durch einen Richter bereits erfolgt sein. Diese doppelte Prüfung durch Staatsanwaltschaft und Gericht ist in der Phase des Ermittlungs- oder Zwischenverfahrens vor Erlass eines Haft- beziehungsweise Unterbringungsbefehls nach §§ 112, 126 a StPO vorgesehen. Als frühester möglicher Zeitpunkt einer identifizierenden Berichterstattung über den Betroffenen im Zusammenhang mit dem Verdacht strafbaren Verhaltens ist damit der Erlass eines Haft- oder Unterbringungsbefehls anzusehen[864]. Durch die richterliche Verhältnismäßigkeitsabwägung, die der Anordnung einer Untersuchungshaft nach § 112 Abs. 1 S. 2 StPO, Art. 5 Abs. 1 EMRK zu Grunde liegt, werden sowohl die Schwere des Tatvorwurfs (vgl. §§ 112 Abs. 3 und 112 a StPO) als auch die besonderen persönlichen (sozialen) Verhältnisse des Tatverdächtigen berücksichtigt[865]. Abzuwägen ist demnach die Schwere des Eingriffs in die Lebenssphäre des Tatverdächtigen mit der Bedeutung der Strafsache und der Rechtsfolgenerwartung[866]. Die Intensität des Eingriffs für den Tatverdächtigen ergibt sich dabei aus den nachteiligen Folgen der Haft für seine berufliche und wirtschaftliche Existenz, seinen Gesundheitszustand und sein Ansehen im Sinne eines Verlusts oder einer Beeinträchtigung des sozialen Umfelds[867]. So sind auch die Auswirkungen auf die Familie des Tatverdächtigen mitzuberücksichtigen[868]. Zwar folgt allein aus dem Erlass eines Haft- oder Unterbringungsbefehls nicht automatisch eine zeitgeschichtliche Relevanz des Tatvorwurfs, allerdings kommt diese aber gerade im umgekehrten Fall, also ohne die Erfüllung der Haftvoraussetzungen der §§ 112, 112 a StPO, zumeist schon nicht in Betracht[869].

Im Rahmen der Verhältnismäßigkeitsprüfung des Richters spielt die soziale Integration des Tatverdächtigen eine wesentliche Rolle. Fixiert man als frühesten Zeitpunkt für eine identifizierende Berichterstattung daher den Erlass eines

864 *v. Becker*, Straftäter und Tatverdächtige in den Massenmedien, S. 214, sieht den Erlass eines Haft- oder Unterbringungsbefehls als frühesten Zeitpunkt einer Identifizierung des Tatverdächtigen durch die Strafverfolgungsbehörden im Rahmen ihrer Informationsarbeit an. Vgl. auch *Kohlhass* NJW 1963, 477, 478.

865 *v. Becker*, Straftäter und Tatverdächtige in den Massenmedien, S. 215

866 *Meyer-Goßner*, StPO, § 112 StPO Rn. 11; *Wankel*, in: KMR, StPO, § 112 Rn. 14.

867 *Graf*, in: Karlsruher Kommentar., § 112 StPO Rn. 48; *Meyer-Goßner*, StPO, § 112 StPO Rn. 11; *Wankel*, in: KMR, StPO, § 112 Rn. 19.

868 *Graf*, in: Karlsruher Kommentar, § 112 StPO Rn. 48; *Dreves* DRiZ 1965, 110, 110.

869 *v. Becker*, Straftäter und Tatverdächtige in den Massenmedien, S. 215 f.

Haft- oder Unterbringungsbefehls, so findet auch der für den Betroffenen so elementare Sozialisationsschutz Berücksichtigung. Freunde, Bekannte und der Arbeitgeber, also das gesamte nähere soziale Umfeld des Tatverdächtigen, werden in der Regel erst unter den Voraussetzungen des § 112 Abs. 2 Nr. 1 StPO im Falle einer Flucht oder eines Sichverbergens oder durch eine Verhaftung oder einstweilige Unterbringung auf den bestehenden Tatverdacht aufmerksam gemacht. Die damit einhergehenden möglicherweise entsozialisierenden Folgen, die durch die Strafrechtspflege hervorgerufen werden, dürfen damit grundsätzlich erst recht nicht zeitlich vor dem Erlass eines Haft- oder Unterbringungsbefehls durch eine entsprechende identifizierende Medienpublizität provoziert werden.

b) Öffentliche Identifikation des Tatverdächtigen während des Hauptverfahrens

aa) Die öffentliche Hauptverhandlung, § 169 S. 1 GVG - Der hinreichende Tatverdacht, 203 StPO

Die Hauptverhandlung in Strafsachen ist grundsätzlich nach § 169 S. 1 GVG öffentlich. Dieser Öffentlichkeitsgrundsatz „*zählt zu den Grundlagen des Strafverfahrens*", ja zu „*den grundlegenden Einrichtungen des Rechtsstaates*" überhaupt[870]. Seine originäre Bedeutung liegt darin, das öffentliche Vertrauen in die Rechtsprechung zu festigen[871], die Verantwortung der Rechtspflegeorgane zu heben und der Möglichkeit vorzubeugen, dass sachfremde Umstände auf das Gericht und damit auf das Urteil Einfluss nehmen[872]. Dieser Unberührtheit des Richterspruchs von sachfremden Einflüssen drohen vor allem auch durch eine unzulässige Erweiterung der Öffentlichkeit Gefahren[873]. Denn wie oben bereits festgestellt wurde[874], kann die Massenöffentlichkeit der Medien nicht nur das Verhalten des Angeklagten und der Zeugen beeinflussen, sondern auch das Gericht zum Opfer verbreiteter Vorurteile und Erwartungen machen. Auch hiervon einmal abgesehen ist die Öffentlichkeit ein „*zweischneidiges Institut*"[875], da diese die soziale Stellung des Tatverdächtigen in einer mit der Unschuldsvermutung nur schwer zu vereinbarenden Weise gefährdet und somit auch etwaige Resozialisierungschancen beeinträchtigt. Daher ist der Grundsatz der Öffentlichkeit in § 169 GVG auch differenziert ausgestaltet. Lediglich die Hauptverhandlung

870 BGHSt 1, 334 335; 2, 56, 57; 9, 280, 281.
871 RGSt 70, 109, 112; BGHSt 3, 386, 387.
872 BGHSt 9, 280, 282; *Henkel*, Strafverfahrensrecht, S. 324 f.
873 *Roxin/Schünemann*, Strafverfahrensrecht, § 47 Rn. 1.
874 Dazu eingehender Zweiter Teil, Erstes Kapitel, B), II), 2), a), bb).
875 *Roxin/Schünemann*, Strafverfahrensrecht, § 47 Rn. 1.

ist öffentlich. Die Öffentlichkeit beginnt nach § 243 Abs. 1 StPO mit dem Aufruf der Sache und endet mit der Rechtsmittelbelehrung.

Ob von der grundsätzlichen Öffentlichkeit der Hauptverhandlung im Sinne des § 169 S.1 GVG auch die mittelbare Öffentlichkeit, also die Medienpublizität[876] umfasst ist, ist umstritten. Sieht man die Medienpublizität als mittelbare Öffentlichkeit von § 169 S. 1 GVG umfasst an, so könnte auch die identifizierende Medienberichterstattung als Teil der grundsätzlichen Öffentlichkeit angesehen werden[877]. Auch heute noch wird das Prinzip der Öffentlichkeit von dem Gedanken beherrscht, das Gericht von äußeren Einflüssen frei zu halten[878]. Allerdings treten seit längerer Zeit die traditionellen staatstheoretischen Begründungen für die Gerichtsöffentlichkeit (öffentliche Kontrolle und Schutz vor Willkür) immer mehr zurück[879]. Mit der Institution und Sicherung der Unabhängigkeit der Richter sind die Gefahren, die man früher hatte, reduziert oder beseitigt worden[880]. Seit einiger Zeit dient die Öffentlichkeitsmaxime vielmehr auch

876 *Rotberg* Studium Generale Bd. 23 (1970), 752, 752, sieht die Pressberichterstattung noch als unmittelbare Öffentlichkeit an. Allerdings sind Leser ebenso wie Fernsehzuschauer und Radiohörer nicht unmittelbar in der Verhandlung anwesend und damit nur mittelbare Teilnehmer und Nutznießer des Öffentlichkeitsprinzips, vgl. *Stapper*, Namensnennung in der Presse im Zusammenhang mit dem Verdacht strafbaren Verhaltens, S. 92 Fn. 18. *Franke*, Die Bildberichterstattung über den Angeklagten und der Öffentlichkeitsgrundsatz im Strafverfahren, S. 21, bezeichnet die Differenzierung unmittelbarer und mittelbarer Öffentlichkeit als begriffliches Vehikel zur Eliminierung unerwünschter Formen der Gerichtsöffentlichkeit.

877 Nach *Soehring* NJW 1994, 16, 19 führt das Öffentlichkeitsprinzip des Strafprozesses zur grundsätzlichen Zulässigkeit entsprechender Berichterstattung einschließlich der Nennung der Täternamen.

878 Vgl. statt vieler RGSt 70, 109, 112; BGHSt 3, 386, 387; *Diemer*, in: Karlsruher Kommentar, § 169 Rn. 1; *Kissel/Mayer*, GVG, § 169 Rn. 3; *Wickern*, in: Löwe-Rosenberg, Bd. 7, Vor-§ 169 GVG Rn. 3; *Löffler/Ricker*, Handbuch des Presserechts, Kap. 16 Rn. 1; *Roxin/Schünemann*, Strafverfahrensrecht, § 47 Rn. 1; ders., in: Festschrift für Peters, S. 393, 393; *Wassermann*, Justiz im sozialen Rechtsstaat, S. 105; *Engels/Frister* ZRP 1981, 111, 114 f.; *Hillermeier* DRiZ 1982, 181, 182; *Koebel* JZ 1966, 389, 391; *Meyer-Goßner* ZRP 1982, 237, 238; *Stürner* JZ 1978, 161, 166; *Weidemann* DRiZ 1970, 114, 114.

879 *Meyer-Goßner*, StPO, § 169 GVG Rn. 1; *Kleinknecht*, in: Festschrift für Schmidt-Leichner, S. 111, 112.

880 *Diemer*, in: Karlsruher Kommentar, § 169 Rn. 1; *Franke*, Die Bildberichterstattung über den Angeklagten und der Öffentlichkeitsgrundsatz im Strafverfahren, S. 57; *Kleinknecht*, in: Festschrift für Schmidt-Leichner, S. 111, 113; *Weidemann* DRiZ 1970, 114, 115; *Eberle*, ZDF-Jahrbuch 1992, S. 158, 158 dagegen meint, dass es einer Öffentlichkeit der Gerichtsverhandlung und einer hierdurch möglichen Kontrolle der

dem Informationsinteresse der Allgemeinheit[881]. Dabei steht heute die massenmediale Öffentlichkeit im Vordergrund[882].

Nach Stapper[883] spreche zudem § 268 Abs. 1 StPO, nachdem das Urteil „*im Namen des Volkes*“ zu ergehen habe, für eine Ausdehnung der Öffentlichkeit auf die so genannte mittelbare Öffentlichkeit. Dieser Vorschrift zu Folge habe das Volk einen berechtigten Anspruch zu erfahren, was in seinem Namen in der Verhandlung geschieht. Der einzelne Bürger könne dies nicht durch seine persönliche Anwesenheit im Gerichtssaal erfahren. Daher bedürfe es eines Mediums, welches dieser Aufgabe nachkommt. Ein solches Medium zur Übertragung der Informationen aus dem Gerichtssaal können die Massenmedien darstellen.

Weiterhin ordnet Nr. 125 Abs. 3 RiStBV an, dass für die Presseberichterstattung im Voraus geeignete Plätze in ausreichender Menge bereitgestellt werden. Trotzdem genießt die Presse grundsätzlich keinen weitergehenden Schutz als jeder Bürger auch[884]. Das gilt auch bei begrenzter Platzkapazität im Gerichtssaal[885]. Dennoch nehmen Pressevertreter in der Praxis durchaus eine gewisse Sonderstellung ein[886]. Im Rahmen der örtlichen Gegebenheiten sollten besondere zu reservierende Presseplätze geschaffen werden[887]. Erscheint eine größere Zahl von Pressevertretern, als reservierte Plätze vorhanden sind, so gelten die allgemeinen Grundsätze für den Einlass von Zuhörern[888]. Zwischen bestimmten Bediengruppen oder Medienunternehmen, etwa des „*Leitmediums*“ Fernsehen oder der für die Grundversorgung zuständigen öffentlich-rechtlichen Anstalten,

---

Rechtsprechung gerade wegen der richterlichen Unabhängigkeit in besonderer Weise bedarf.

881 *Diemer*, in: Karlsruher Kommentar, § 169 GVG Rn. 2; *Meyer-Goßner*, StPO, § 169 GVG Rn. 1; *Wickern*, in: Löwe-Rosenberg, StPO, Bd. 7, Vor-§ 169 GVG Rn. 4; *Franke*, Die Bildberichterstattung über den Angeklagten und der Öffentlichkeitsgrundsatz im Strafverfahren, S. 70; *Geerds*, in: Festschrift für Oehler, S. 423, 426 Fn. 10; *Hartmann*, in: Festschrift für Göppinger, S. 579, 579; *Kleinknecht*, in: Festschrift für Schmidt-Leichner, S. 111, 113; *Eb. Schmidt*, Justiz und Publizistik, S. 3; *Hillermeier* DRiZ 1982, 281, 282; *Kissel* NJW 1979, 1953, 1958; *Kübler* DRiZ 1969, 379, 382.

882 *Meyer-Goßner*, StPO, § 169 GVG Rn. 1.

883 *Stapper*, Namensnennung in der Presse im Zusammenhang mit dem Verdacht strafbaren Verhaltens, S. 95.

884 Vgl. BVerfGE 50, 234. 241 („Gerichtspresse“); *Meyer-Goßner* ZRP 1982, 237, 239; v. *Coelln* DÖV 2006, 804, 804 f.; *Wente* StV 1988, 216, 221.

885 *Schilken*, Gerichtsverfassungsrecht, Rn. 178; *Stober* DRiZ 1980, 3, 5.

886 Vgl. *Arndt* NJW 1960, 423, 424.

887 Vgl. hierzu *v. Coelln* DÖV 2006, 804, 806 ff.

888 Bei rechtzeitiger Anmeldung kann ein Teil der allgemeinen Zuhörerplätze für Pressevertreter reserviert werden, *Kissel/Mayer*, GVG, § 169 Rn. 33.

darf dabei nicht unterschieden werden[889]. Nr. 125 Abs. 3 RiStBV spricht zwar nur von Presseberichterstattern. Im Sinne des Art. 5 Abs. 1 S. 2 GG ist es jedoch nicht zu rechtfertigen, die Nr. 125 Abs. 3 RiStBV nicht auch auf alle anderen Journalisten aus dem Rundfunkbereich zu beziehen, zumal die Nr. 129 RiStBV auch von einer Berichterstattung durch Presse und Rundfunk spricht. Die Regelung der Nr. 125 Abs. 3 RiStBV über die Platzzuteilung lässt demnach darauf schließen, dass mit der Anwesenheit von Journalisten aus Presse- und Rundfunk und der darauf folgenden Berichterstattung gerechnet wird und diese auch erwünscht ist[890].

Mit der Vorschrift des § 169 S. 2 GVG[891] ist der Gesetzgeber der mittelbaren Öffentlichkeit entgegen getreten, indem er Ton-, Fernseh- und Rundfunkaufnahmen sowie Ton- und Filmaufnahmen zum Zwecke der öffentlichen Vorführung oder Veröffentlichung ihres Inhalts untersagt. Für die Einführung des § 169 S. 2 GVG waren folgende Überlegungen maßgebend: „*Rundfunk- und Filmaufnahmen im Gerichtssaal gehen über die in § 169 GVG gewährleistete Öffentlichkeit der Hauptverhandlung weit hinaus und gefährden nicht nur die Wahrheitsfindung im Strafverfahren, sondern beeinträchtigen auch die Verteidigung des Angeklagten. Sie lenken den Angeklagten und die Zeugen von der Hauptverhandlung ab. Sie hindern unter Umständen den Angeklagten und den Verteidiger wegen der Scheu vor einem unbeschränkten, unübersehbaren und unsichtbaren Zuhörer- oder Zuschauerkreis, ihre Aussagen und Erklärungen so zu gestalten, wie es das Verteidigungsinteresse erfordert. [...] Den noch nicht verurteilten Angeklagten zerren sie in einer oft unerträglichen Weise in das Scheinwerferlicht einer weiten Öffentlichkeit*“[892]. Die Presse wird in diesem Zusammenhang nicht erwähnt, da von ihr bei weiten nicht die eben angeführten Gefahren ausgehen. Allerdings ist zu berücksichtigen, dass der Ausschluss von Ton- und Fernsehaufnahmen eine Berichterstattung in Fernsehen und Hörfunk nicht grundsätzlich unterbinden will. Sowohl Pressejournalisten als auch Journalisten aus dem Rundfunkbereich ist es gestattet, über die Geschehnisse aus dem Gerichtsaal zu berichten. Aus der Vorschrift des § 169 S. 2 GVG lässt sich nicht allgemein folgern, dass Medienberichte in Hörfunk und Fernsehen unzulässig seien. Somit kann auch nicht argumentiert werden, dass der Gesetzgeber, hätte er die Presseberichterstattung für unzulässig gehalten, diese in § 169 S. 2 GVG

---

889 *Kissel/Mayer*, GVG, § 169 Rn. 33.

890 *Stapper*, Namensnennung in der Presse im Zusammenhang mit dem Verdacht strafbaren Verhaltens, S. 96, schließt aus der Nr. 125 Abs. 3 RiStBV, dass zumindest die Berichterstattung in der Presse als mittelbare Öffentlichkeit von § 169 S. 1 GVG umfasst ist.

891 Eingeführt durch Art. 11 Nr. 5 StPÄG 1964.

892 BT-Drucks. 4/178, S. 1, 45.

ebenfalls hätte untersagen können[893]. Sofern es sich um die Verbreitung mündlicher oder schriftlicher Verhandlungsberichte handelt, ist die mittelbare Öffentlichkeit auch durch § 169 S. 1 GVG garantiert[894].

Hieraus lässt sich jedoch keine grundsätzliche Befugnis zur publizistischen Veröffentlichung der Identität des Angeklagten ableiten[895]. Anderenfalls würde sich die zunächst auch dem Schutz des Angeklagten vor einem Geheimprozess dienende Gerichtsöffentlichkeit bereits als irreversible außerjustizielle Sanktion vor jedem Urteil erweisen, wenn aus ihr schon die Zulässigkeit einer identifizierenden Berichterstattung folgen würde. Die Tatsache, dass der Strafprozess selbst notwendigerweise auf die Person des Angeklagten bezogen ist, integriert diesen nicht mehr in den Bereich der Zeitgeschichte, als er es vorher beispielsweise auf Grund der besonderen Umstände der Straftat war.

Der Zulässigkeit einer identifizierenden Berichterstattung könnte auch entgegenstehen, dass an den für den Beschluss des Gerichts über die Eröffnung des Hauptverfahrens erforderlichen hinreichenden Tatverdacht im Sinne des § 203 StPO sehr geringe Anforderungen gestellt werden. Zur Eröffnung des Hauptverfahrens durch den „*Eröffnungsbeschluss*" ist das Gericht verpflichtet, wenn nach dem Ergebnis des vorbereiteten Verfahrens der Angeschuldigte hinreichend verdächtig erscheint, das heißt, wenn seine Verurteilung mit überwiegender Wahrscheinlichkeit zu erwarten ist. Ein öffentliches Interesse an der Durchführung der Hauptverhandlung kann diesen Tatverdacht niemals ersetzen[896]. Die normativen Anforderungen an die Wahrscheinlichkeit des Vorliegens der tatsächlichen Grundlagen für einen hinreichenden Tatverdacht werden kontrovers diskutiert[897]. Es besteht zwar Einigkeit darüber, dass die Eröffnung des Hauptverfahrens nicht in Betracht kommt, wenn bei unterstellter konstanter Beweislage ein Freispruch wahrscheinlicher ist als eine Verurteilung[898]. Allerdings wird demgegenüber kontrovers diskutiert, ob bei umgekehrten Anzeichen ein hinreichender Tatverdacht in tatsächlicher Hinsicht zu bejahen ist. Eine Meinung lehnt dies ab und vertritt die Auffassung, dass insoweit ein dringender Verdacht in der Gestalt „*hochgradiger*" Wahrscheinlichkeit zu fordern sei[899]. Andere dagegen verstehen unter einem hinreichenden Tatverdacht die „*überwiegende*" Wahrscheinlichkeit

---

893 So aber *Stapper*, Namensnennung in der Presse im Zusammenhang mit dem Verdacht strafbaren Verhaltens, S. 96.

894 *Kissel/Mayer*, GVG, § 169 Rn. 3; *Roxin/Schünemann*, Strafverfahrensrecht, § 47 Rn.2.

895 So auch *v. Becker*, Täter und Tatverdächtige in den Massenmedien, S. 230.

896 Dazu *Roxin/Schünemann*, Strafverfahrensrecht, § 42 Rn. 8.

897 *Schneider*, in: Karlsruher Kommentar, § 203 StPO Rn. 4.

898 *Schneider*, in: Karlsruher Kommentar, § 203 StPO Rn. 4.

899 *Paeffgen*, in: SK-StPO, § 203 StPO Rn. 11; *Rieß*, in: Löwe-Rosenberg, StPO, Bd. 3, § 203 StPO Rn. 12 f.

der Verurteilung des Angeschuldigten[900]. Die Mehrheit erachtet jedoch das „*schlichte*" Überwiegen der Verurteilungswahrscheinlichkeit für ausreichend[901]. In der Praxis jedoch drohen diese unterschiedlichen Grenzen zu verschwimmen. Ungeachtet welcher Auffassung man zustimmen mag, gilt für die Eröffnung des Hauptverfahrens ebenso wie für die Einleitung des Zwischenverfahrens, dass dieses noch nicht frei von Unsicherheiten hinsichtlich der Schuldfeststellung ist. Hieraus könnte man schlussfolgern, dass auf Grund der noch bestehenden Unsicherheitsfaktoren jegliche identifizierende Berichterstattung unzulässig sei. Allerdings wurde vor einer identifizierenden Berichterstattung während des Hauptverfahrens der hinreichende Tatverdacht sowohl von der Staatsanwaltschaft im Sinne des § 170 Abs. 1 StPO auch vom Gericht nach § 203 StPO geprüft und angenommen. Beide Prüfungsinstanzen vertreten daher die Sichtweise, dass eine spätere Verurteilung des Tatverdächtigen wahrscheinlicher sei als ein Freispruch. Einer identifizierenden Medienberichterstattung während der Hauptverhandlung kann somit nicht entgegen gehalten werden, die Anforderungen an die Eröffnung der Hauptverhandlung seien gering.

Auf Grund der dualen Überprüfung des hinreichenden Tatverdachts ist nach Eintritt in das Hauptverfahren als regelmäßige Voraussetzung auch nicht mehr das Vorliegen eines Haft- oder Unterbringungsbefehls zum Schutze vor überstürzter Medienpublizität zu fordern.

Aus der Öffentlichkeit der Hauptverhandlung im Sinne des § 169 S. 1 GVG allein kann die Zulässigkeit einer identifizierenden Berichterstattung nicht gefolgert werden. Allerdings spricht gegen eine derartige Berichterstattung auch nicht, dass der für die Eröffnung der Hauptverhandlung erforderlichen Mindestverdacht zu gering sei.

bb) Der Ausschluss der Öffentlichkeit nach §§ 171 a, 171 b, 172 GVG

Innerhalb der Beurteilung der jeweils herzustellenden Gerichtsöffentlichkeit hat eine Rechtsgüterabwägung zu erfolgen, falls die Öffentlichkeit im Verhandlungssaal oder jene der Massenkommunikationsmittel einen Eingriff in die Persönlichkeit der Prozessbeteiligten bedeuten könnte. Diesem Erfordernis hat der Gesetzgeber durch die Beschränkung der Gerichtsöffentlichkeit in den §§ 171 a, 171 b, 172 GVG[902] Rechnung getragen. Es stellt sich die Frage, ob sich aus dem

---

900 *Miehe*, in: Festschrift für Grünwald, S. 379, 390; *Nierwetberg* NStZ 1989, 212, 213.

901 BGH NJW 2000, 2672, 2673 f.; *Graalmann-Scheerer*, in: Löwe-Rosenberg, StPO, Bd. 5, § 170 GVG Rn. 24; *Meyer-Goßner*, StPO, § 203 StPO Rn. 2; *Pfeiffer*, StPO, § 203 StPO Rn. 2; *Wohlers*, in: SK-StPO, § 170 StPO Rn. 25; *Beulke*, Strafprozessrecht, Rn. 114, 357.

902 Zum Ausschluss der Öffentlichkeit aus der Hauptverhandlung gegen Jugendliche und Heranwachsende siehe Zweiter Teil, Zweites Kapitel, B), II), 1), b), dd).

Ausschluss der Öffentlichkeit die Unzulässigkeit einer identifizierenden Berichterstattung ergibt[903].

Nach Ansicht von *Jauernig*[904] ließen sich die Kriterien für die Unzulässigkeit einer identifizierenden Berichterstattung nicht aus den öffentlichkeitsbeschränkenden Vorschriften des GVG entnehmen, da der Ausschluss der Öffentlichkeit im Strafverfahren regelmäßig nicht primär im Interesse des Angeklagten möglich sei. Die Öffentlichkeit werde nicht wegen der Person des Angeklagten aus dem Gerichtssaal gewiesen.

Ob sich diese Sichtweise tatsächlich rechtfertigt, ist im Folgenden zu untersuchen.

(1) Die Unterbringung des Beschuldigten in einem psychiatrischen Krankenhaus oder einer Entziehungsanstalt, § 171 a GVG

Entsprechend § 171 a GVG kann die Öffentlichkeit für die Hauptverhandlung oder für einen Teil davon ausgeschlossen werden, wenn das Verfahren die Unterbringung des Beschuldigten in einem psychiatrischen Krankenhaus oder einer Erziehungsanstalt, allein oder neben einer Strafe, zum Gegenstand hat. § 171 a GVG ermöglicht also den Ausschluss der Öffentlichkeit in Strafverfahren, in denen eine intensive Erörterung der psychischen Gesundheit des Angeklagten zu erwarten ist. Die Gründe, die in diesen Fällen den Ausschluss der Öffentlichkeit rechtfertigen, liegen in der Rücksichtnahme auf die Persönlichkeit des Angeklagten[905]. Erörterungen in der Hauptverhandlung in Strafsachen über die Unterbringung in einem psychiatrischen Krankenhaus oder einer Entziehungsklinik betreffen in der Regel Sachverhalte höchstpersönlicher Art, die die Intimsphäre berühren und von Einfluss auf die Erfolgsaussichten der Unterbringung und der späteren Resozialisierung sein können[906]. Der Ausschluss der Öffentlichkeit soll folglich primär das allgemeine Persönlichkeitsrecht des Angeklagten schützen, indem verhindert wird, dass allzu intime und persönliche Angelegenheiten an die Öffentlichkeit gelangen.

---

903 Nach Ansicht von *Löffler/Ricker*, Handbuch des Presserechts, 16. Kap. Rn. 6, 7 sei die freie Gerichtsberichterstattung auf öffentliche Gerichtsverhandlungen beschränkt und entfalle bei allen Verfahren, bei denen die Rechtsordnung eine nichtöffentliche Verhandlung vorsieht. Eine weitere Grenze finde die Berichterstattung dort, wo das Gericht den Ausschluss der Öffentlichkeit anordnet.

904 *Jauernig*, in: Festschrift für Bötticher, S. 219, 234.

905 Vgl. hierzu *Wickern*, in: Löwe-Rosenberg, StPO, Bd. 7, § 171 a GVG Rn. 1; *Herbst* NJW 1969, 546, 547 f.

906 *Kissel/Mayer*, GVG, § 171 a Rn. 1.

Eine identifizierende Berichterstattung im Zusammenhang mit den Tatsachen, auf Grund deren die Öffentlichkeit nach § 171 a GVG ausgeschlossen wurde, ist demnach unzulässig.

(2) Der Ausschluss der Öffentlichkeit zum Schutz der Privatsphäre, § 171 b GVG

Das Gericht kann nach § 171 b GVG die Öffentlichkeit ausschließen, soweit Umstände aus dem persönlichen Lebensbereich eines Prozessbeteiligten zur Sprache kommen, deren öffentliche Erörterung schutzwürdige Interessen verletzen würde, soweit nicht das Interesse an der öffentlichen Erörterung dieser Umstände überwiegt. Dem Ausschluss der Öffentlichkeit kann durch die Personen, deren Lebensbereiche betroffen sind, nach § 171 b Abs. 1 S. 2 GVG widersprochen werden. Nach § 171 b Abs. 2 GVG erfordert der Ausschluss der Öffentlichkeit einen entsprechenden Antrag. Die Entscheidungen nach § 171 b Abs. 1 und 2 GVG sind gemäß § 171 b Abs. 3 GVG unanfechtbar.

Bei Einführung dieser Vorschrift durch das am 1. April 1987 in Kraft getretene Opferschutzgesetz wurde insbesondere beachtet, dass Umstände aus dem persönlichen Lebensbereich bis hin zum Intimbereich heute weit ausführlicher und tief greifender erörtert werden müssen, als dies früher der Fall gewesen sei[907]. Hinzu komme die heutige gewöhnlich ausführliche Berichterstattung über die Tat und den Verlauf des Strafprozesses in den Medien. Diese schenke häufig den schützenswerten Interessen, insbesondere dem Persönlichkeitsrecht der Verfahrensbeteiligten, nicht die gebotene Rücksicht. Hieraus habe sich die Notwendigkeit ergeben, den Schutz der Privatsphäre und des Persönlichkeitsrechts der Verfahrensbeteiligten im Strafverfahren zu verstärken. Das Öffentlichkeitsprinzip müsse demnach in dem Maße zurücktreten, in dem der Kernbereich des Persönlichkeitsrechts berührt werde und die Gefahr einer unzumutbaren Anprangerung durch die Medienberichterstattung drohe[908].

Wird trotz Ausschlusses der Öffentlichkeit nach § 171 b GVG und einer hierauf gestützten richterlichen Anordnung der Schweigepflicht in den Medien berichtet, so ist dies gemäß § 353 d Nr. 2 StGB mit Strafe bedroht. Wird eine derartige Schweigepflicht nicht ausgesprochen, so spricht dies nicht automatisch für

---

907 Vgl. die Begründung des Gesetzesentwurfs der Bundesregierung, BT-Drucks. 10/5305, S. 1, 22; vgl. auch *Wickern*, in: Löwe-Rosenberg, StPO, Bd. 7, § 171 b GVG Rn. 2; *Kleinknecht*, in: Festschrift für Schmidt-Leichner, S. 111, 111.

908 *Meyer-Goßner*, StPO, § 171 b GVG Rn. 5; *Löffler/Ricker*, Handbuch des Presserechts, 16. Kap. Rn. 7.

die Zulässigkeit einer identifizierenden Berichterstattung, da nicht alles, was nicht strafbar ist, auch parallel zivilrechtlich erlaubt ist[909].

Auch hier stehen die Rücksichtnahme und der Schutz des Persönlichkeitsrechts der Betroffenen im Vordergrund. Ebenfalls wie im Bereich des § 171 a GVG ist daher ein identifizierender Medienbericht über Angelegenheiten, die zum Ausschluss der Öffentlichkeit nach § 171 b GVG geführt haben, unzulässig.

(3) Der Ausschluss der Öffentlichkeit aus anderen Gründen, § 172 GVG

In § 172 GVG sind weitere Ausschlussmöglichkeiten aufgeführt. Die Ausschließungsgründe lassen sich in zwei Gruppen einteilen. Bei der einen besteht ein vorrangiges Interesse der Allgemeinheit (§ 172 Nr. 1 GVG). Bei der anderen steht der Schutz des Einzelinteresses im Vordergrund (§ 172 Nr. 1 a - 4 GVG). Das Gericht trifft die Ermessensentscheidung nach § 172 GVG unter Würdigung des Rechtsguts, das mit dem Ausschließungsgrund geschützt werden soll[910].

(a) § 172 Nr. 1 GVG

Das Gericht kann nach § 172 Nr. 1 GVG für die Verhandlung oder für einen Teil davon die Öffentlichkeit ausschließen, wenn eine Gefährdung der Staatssicherheit, der öffentlichen Ordnung oder der Sittlichkeit zu besorgen ist.

Wird die Öffentlichkeit wegen Gefährdung der Staatssicherheit ausgeschlossen, so droht einer dennoch stattfindenden Medienberichterstattung eine Strafe (§§ 172 Nr. 1 Alt. 1, 174 Abs. 2 GVG; § 353 d Nr. 1 StGB). Eine identifizierende Berichterstattung ist demnach unzulässig und sogar strafbar[911].

Eine Gefährdung der öffentlichen Ordnung setzt voraus, dass gerade aus der Öffentlichkeit der Verhandlung sich eine Wahrscheinlichkeit dafür ergibt, dass die Ruhe, Sicherheit oder Ordnung gestört wird, mag sich diese Störung in der Verhandlung selbst oder außerhalb dieser auswirken[912]. Dieser Ausschlussgrund verfolgt ein vorrangiges Interesse der Allgemeinheit und dient nicht dazu, das allgemeine Persönlichkeitsrecht der Prozessbeteiligten zu schützen, sodass dieser auch nicht zur Unzulässigkeit einer identifizierenden Berichterstattung über den Angeklagten führen kann.

---

909 *Stapper*, Namensnennung in der Presse im Zusammenhang mit dem Verdacht strafbaren Verhaltens, S. 102.

910 *Kissel/Mayer*, GVG, § 172 Rn. 2; *Meyer-Goßner*, StPO, § 172 GVG Rn. 1.

911 *Stapper*, Namensnennung in der Presse im Zusammenhang mit dem Verdacht strafbaren Verhaltens, S. 103.

912 *Kissel/Mayer*, GVG, § 172 Rn. 23; *Diemer*, in: Karlsruher Kommentar, § 172 GVG Rn. 5; *Meyer-Goßner*, StPO, § 172 GVG Rn. 3

Hin und wieder geraten die Gerichte in die Versuchung, Journalisten wegen Gefährdung der öffentlichen Ordnung aus dem Verfahren auszuschließen, um eine dem Verfahren abträgliche Berichterstattung zu vermeiden[913]. Nach Ansicht des Bundesgerichtshofs wird jedoch in diesem Zusammenhang der Begriff der *„öffentlichen Ordnung"* zu extensiv ausgelegt[914]. Werden Gerichtsberichterstatter wegen mutmaßlicher Gefährdung der *„öffentlichen Ordnung"* aus dem Verfahren ausgeschlossen, so kann hierdurch nicht in rechtmäßig einwandfreier Weise eine identifizierende Berichterstattung vermieden werden[915].

§ 172 Nr. 1 Alt. 3 GVG ermöglicht den Ausschluss der Öffentlichkeit wegen Gefährdung der Sittlichkeit, wenn sexuelle Vorgänge zur Sprache kommen, die nach allgemeiner Auffassung anstößig sind und das Schamgefühl verletzen[916]. Vor Anwendung dieser Vorschrift ist § 171 b Abs. 1 S. 1 GVG zu prüfen und eine Entscheidung des betroffenen Prozessbeteiligten herbeizuführen, ob er selbst einen Ausschluss der Öffentlichkeit zur Wahrung seiner Intimsphäre wünscht[917]. Erst wenn dieser dem Ausschluss nach § 171 b Abs. 1 S. 2 GVG widerspricht oder er den Ausschluss nicht nach § 171 b Abs. 2 GVG beantragt, stellt sich die Frage des Ausschlusses nach § 172 Nr. 1 Alt. 3 GVG.

Wie bereits erwähnt wurde, dient § 172 Nr. 1 GVG vorrangig den Interessen der Allgemeinheit. Zu beachten ist jedoch, dass die Erörterung sexueller Vorgänge in der Regel dem Intimbereich eines Menschen zuzuordnen ist. Somit soll der Ausschlussgrund des § 171 Nr. 1 Alt. 3 GVG auch zumindest mittelbar verhindern, dass Umstände aus dem Intimbereich der Prozessbeteiligten an die Öffentlichkeit gelangen[918]. Was würde daher diese Schutzbestimmung nutzen, wenn die Öffentlichkeit wegen Gefährdung der Sittlichkeit zwar aus der Verhandlung ausgeschlossen wird, sie aber von den (Sexual-)Verbrechen und ihren Einzelheiten auf Grund weitreichender Recherchen der Medien und einer all zu offenen Sprache, sowie einer mangelnden Zurückhaltung bei der Berichterstattung dennoch erfährt[919]? Im Falle des Ausschlusses der Öffentlichkeit verbietet

913 *Stapper*, Namensnennung in der Presse im Zusammenhang mit dem Verdacht strafbaren Verhaltens, S. 103.

914 BGH AfP 1973, 392, 392; vgl. auch BVerfGE 36, 89, 91 f.

915 Vgl. auch *Stapper*, Namensnennung in der Presse im Zusammenhang mit dem Verdacht strafbaren Verhaltens, S. 103.

916 *Allgayer*, in: Graf, StPO, § 172 GVG Rn. 4; *Diemer*, in: Karlsruher Kommentar, § 172 GVG Rn. 7; *Kissel/Mayer*, GVG, § 172 Rn. 31; *Meyer-Goßner*, StPO, § 172 GVG Rn. 5; *Wickern*, in: Löwe-Rosenberg, StPO, Bd. 7, § 172 GVG Rn. 8.

917 *Meyer-Goßner*, StPO, § 172 GVG Rn. 5.

918 Vgl. *Stapper*, Namensnennung in der Presse im Zusammenhang mit dem Verdacht strafbaren Verhaltens, S. 104.

919 Vgl. *Leinveber* AfP 1961, 197, 198.

es sich daher, in identifizierender Weise über den Inhalt und die Umstände des Gerichtsverfahrens zu berichten.

(b) § 172 Nr. 1 a GVG

Entsprechend § 172 Nr. 1 a GVG kann das Gericht die Öffentlichkeit aus der Verhandlung ausschließen, wenn eine Gefährdung des Lebens, des Leibes oder der Freiheit eines Zeugen oder einer anderen Person zu besorgen ist. Diese Vorschrift beruht auf der Überlegung, dass wegen der Professionalisierung der organisierten Kriminalität und ihres konspirativen Vorgehens die herkömmliche polizeiliche Ermittlungsarbeit nicht ausreichend ist. Eine Verbesserung des Ermittlungsinstrumentariums ist für eine wirksame Bekämpfung unerlässlich[920]. „*Nicht minder wichtig ist der Zeugenschutz. Nur wenn die Sicherheit gefährdeter Auskunftspersonen gewährleistet werden kann, sind von ihnen Aussagen zu erwarten, mit denen Hintermänner und Drahtzieher krimineller Organisationen überführt werden können*“[921]. Die primäre Intention des Gesetzgebers lag darin, die Gefährdung der Zeugen aus dem Verfahren heraus zu verhindern. In Fällen besonders hoher Gefährdung ist auch eine Geheimhaltung der Identität von Zeugen vor dem Angeklagten und seinem Verteidiger möglich (§ 68 Abs. 3 StPO). Der Ausschluss der Öffentlichkeit richtet sich dagegen nicht gegen den Angeklagten oder seinen Verteidiger, da deren Verfahrensrechte nicht berührt werden[922]. Diese Vorschrift dient vielmehr dazu, die dem Zeugen, aber auch Mitangeklagten, Sachverständigen, Dolmetschern und deren Angehörigen durch Bekanntwerden der Aussage in der Öffentlichkeit drohenden Gefahren entgegenzuwirken[923].

Auf eine grundsätzliche Unzulässigkeit einer identifizierenden Berichterstattung über den Angeklagten lässt diese Vorschrift daher nicht schließen. Wird jedoch die Öffentlichkeit zum Schutz des Mitangeklagten ausgeschlossen, so muss, um den Schutz dieser Person auch tatsächlich zu gewährleisten, jegliche Berichterstattung, die eine Identifizierung in der Öffentlichkeit möglich machen würde, unterbleiben.

(c) § 172 Nr. 2 GVG

Die Öffentlichkeit kann nach § 172 Nr. 2 GVG auch ausgeschlossen werden, wenn ein wichtiges Geschäfts-, Betriebs-, Erfindungs- oder Steuergeheimnis zur Sprache kommt, durch dessen öffentliche Erörterung überwiegende schutzwürdige Interessen verletzt werden würden. Diese Vorschrift grenzt das Interesse

920 *Kissel/Mayer*, GVG, § 172 Rn. 34.

921 BT-Drucks. 12/989, S. 48.

922 *Wickern*, in: Löwe-Rosenberg, StPO, Bd. 7, § 172 GVG Rn. 10.

923 Vgl. hierzu BT-Drucks. 12/989, S. 1, 33 f.

der Öffentlichkeit an der öffentlichen Verhandlung gegenüber dem Individualinteresse an bestimmten wirtschaftlichen Interessen ab[924]. Hiermit soll bezweckt werden, dass in den Bereich des Geheimnisinhabers und damit in dessen Persönlichkeitssphäre nicht mehr als für den Zweck des Verfahrens erforderlich eingegriffen wird[925]. Wird die Öffentlichkeit aus einem der in § 172 Nr. 2 GVG bezeichneten Gründe ausgeschlossen, so kann das Gericht nach § 174 Abs. 3 GVG den anwesenden Personen, und damit auch den Journalisten, die Geheimhaltung von Tatsachen, die durch die Verhandlung oder durch ein die Sache betreffendes Schriftstück zu ihrer Kenntnis gelangen, zur Pflicht machen. Ein Verstoß gegen diesen Schweigebefehl ist nach § 353 d Nr. 2 StGB mit Strafe bedroht. Selbst wenn ein derartiger Schweigebefehl nicht verhängt wurde, so verfolgt § 172 Nr. 2 GVG dennoch das Ziel, das allgemeine Persönlichkeitsrecht des Angeklagten oder anderer Prozessbeteiligter zu schützen[926]. Soll über Gegebenheiten berichtet werden, auf Grund deren die Öffentlichkeit nach § 172 Nr. 2 GVG ausgeschlossen wurde, so ist auf Angaben zu verzichten, die eine Identifizierung der betroffenen Person ermöglichen[927].

(d) § 172 Nr. 3 GVG

Gemäß § 172 Nr. 3 kann die Öffentlichkeit ausgeschlossen werden, wenn ein privates Geheimnis erörtert wird, dessen unbefugte Offenbarung durch den Zeugen oder Sachverständigen mit Strafe bedroht ist. Diese Vorschrift gilt nur während der Vernehmung eines unter Strafandrohung zur Geheimhaltung verpflichteten Geheimnisträgers als Zeuge oder Sachverständigen[928]. Sie umfasst daher nicht die Anhörung sonstiger Auskunftspersonen oder des Angeklagten, die sich - ohne Geheimnisträger zu sein - zu einem Beweisthema äußern, welches für andere ein schutzpflichtiges Geheimnis darstellt[929]. Dies resultiert bereits aus dem Wortlaut und dem Zweck der Vorschrift, die Offenbarung eines - bei nur für Geheimnisträger geltender Strafandrohung - geschützten Geheimnisses auf

924 *Kissel/Mayer*, GVG, § 172 Rn. 39; *Wickern*, in: Löwe-Rosenberg, StPO, Bd. 7, § 172 GVG Rn. 15.

925 *Meyer-Goßner*, StPO, § 172 GVG Rn. 9; vgl. auch die Begründung der Bundesregierung BT-Drucks. 6/3250, S. 1, 306.

926 *Stapper*, Namensnennung in der Presse im Zusammenhang mit dem Verdacht strafbaren Verhaltens, S. 104.

927 *Stapper*, Namensnennung in der Presse im Zusammenhang mit dem Verdacht strafbaren Verhaltens, S. 105; vgl. auch *Jauernig*, in: Festschrift für Bötticher, S. 219, 232, jedoch nur im Hinblick auf den Zivilprozess.

928 *Diemer*, in: Karlsruher Kommentar, § 172 GVG Rn. 9; *Kissel/Mayer*, GVG, § 172 Rn. 44; *Wickern*, in: Löwe-Rosenberg, StPO, Bd. 7, § 172 GVG Rn. 28.

929 *Wickern*, in: Löwe-Rosenberg, StPO, Bd. 7, § 172 GVG Rn. 28.

das Notwendige zu reduzieren[930]. Die Vorschrift soll demnach dem Schutz anvertrauter Geheimnisse dienen[931]. Unter einem „*Geheimnis*“ ist eine Tatsache zu verstehen, die nur einer Person oder einem bestimmten Personenkreis bekannt ist und an deren Geheimhaltung der Betroffene ein Interesse hat. „*Privat*“ ist ein Geheimnis, wenn der zu Grunde liegende Sachverhalt der persönlichen Lebensführung und nicht dem öffentlichen Bereich zuzurechnen ist. Dieses Geheimnis muss dem Zeugen oder Sachverständigen „*anvertraut*“ sein[932]. Bei seiner Entscheidung über den Ausschluss der Öffentlichkeit hat das Gericht verschiedene Seiten gegeneinander abzuwägen. Auf der einen Seite stehen das Interesse der Allgemeinheit an der uneingeschränkten Öffentlichkeit der Hauptverhandlung sowie das Interesse an der möglichst umfassenden und gründlichen Aufklärung aller für die Sache relevanten Umstände. Auf der anderen Seite stehen das öffentliche Interesse an der Schonung des geschützten Geheimnisses vor vermeidbarer Offenlegung und die Rücksicht auf die Auskunftsperson, die als Berufsträger das Geheimnis im Rahmen des Möglichen wahren und gewahrt sehen will. Diese letztgenannten Interessen sind umso stärker ausgeprägt, je mehr das Geheimnis dem inneren Bereich der Persönlichkeitssphäre angehört[933]. Kommen private Geheimnisse in der Hauptverhandlung zur Sprache, so wird durch den Ausschluss der Öffentlichkeit der Schutz des Geheimnisses so weit gewahrt, wie es möglich ist, ohne dass das gerichtlich Anvertraute dem Verfahren entzogen wird[934]. Würden dagegen diese Geheimnisse in der Öffentlichkeit preisgegeben, so wäre dies geeignet, in beträchtlichem Ausmaß in das allgemeine Persönlichkeitsrecht des von dem Geheimnis Betroffenen einzugreifen[935]. Wird daher die Öffentlichkeit aus der Verhandlung ausgeschlossen, so fiel die Interessenabwägung des Gerichts zu Gunsten der Wahrung des Geheimnisses aus.

Um die Preisgabe solch sensibler privater Geheimnisse über das für die Wahrheitsfindung unweigerlich erforderlich Maß hinaus zu verhindern, muss eine identifizierende Berichterstattung über den Angeklagten (und andere Personen, die an der Hauptverhandlung teilgenommen haben) im Zusammenhang mit den Umständen, die zu einem Ausschluss nach § 172 Nr. 3 GVG geführt haben, unzulässig sein. Die Unzulässigkeit ergibt sich unabhängig davon, ob das Ge-

---

930 BT-Drucks. 7/550, S. 1, 321; *Wickern*, in: Löwe-Rosenberg, StPO, Bd. 7, § 172 GVG Rn. 28.

931 *Kissel/Mayer*, GVG, § 172 Rn. 44.

932 Vgl. zur Definition „privates Geheimnis“, *Kissel/Meyer*, GVG, § 172 Rn. 44.

933 Vgl. zu den abzuwägenden Interessen, *Meyer-Goßner*, StPO, § 172 GVG Rn. 13.

934 *Meyer-Goßner*, StPO, § 172 GVG Rn. 13.

935 *Stapper*, Namensnennung in der Presse im Zusammenhang mit dem Verdacht strafbaren Verhaltens, S. 105.

richt gleichzeitig einen Schweigebefehl im Sinne des § 174 Abs. 3 GVG verhängt hat.

(e) § 172 Nr. 4 GVG

Letztendlich kann nach § 172 Nr. 4 GVG die Öffentlichkeit ausgeschlossen werden, wenn eine Person unter 18 Jahren vernommen wird.

Anlass dieses Ausschlussgrundes ist die Rücksichtnahme auf die besondere psychische Situation kindlicher Zeugen, „*für die bereits das Auftreten vor Gericht, vollends vor zahlreichen Zuhörern, eine schwere Belastung darstellen kann, die auch durch ein Informationsinteresse der Öffentlichkeit nicht zu rechtfertigen ist*“[936]. Ebenso kann durch die Öffentlichkeit der Verhandlung die Fähigkeit und Bereitschaft, die Wahrheit zu sagen, beeinträchtigt werden[937]. Der Ausschluss kann auch dann angebracht sein, wenn der jugendliche Zeuge wegen dem großen Aufsehen, das die Verhandlung erzeugt, in seinem Fortkommen beeinträchtigt werden kann oder wenn er sich in einer für seine psychische Fortentwicklung gefährdenden Art und Weise im Mittelpunkt großen öffentlichen Interesses sieht[938]. Der Ausschluss der Öffentlichkeit nach § 172 Nr. 4 GVG kann demnach sowohl zur Erzielung einer unbeeinflussten Aussage als auch zum Schutz des Zeugen geboten sein[939].

Zwar spricht § 172 Nr. 4 GVG allgemein von einer „*Vernehmung*“, gedacht ist jedoch nur an die Vernehmung als Zeuge, nicht auch an die an sich denkbare (§§ 102, 103 JGG) Vernehmung als Angeklagter (§ 243 Abs. 4 StPO) vor dem Erwachsenengericht[940]. Die Vorschrift kann demnach keinen Einfluss auf die Beurteilung der Zulässigkeit einer identifizierenden Berichterstattung über den Angeklagten haben.

cc) Die sitzungspolizeiliche Befugnis des Vorsitzenden, § 176 GVG

Nach § 176 GVG obliegt die Aufrechterhaltung der Ordnung in der Sitzung dem Vorsitzenden. Durch diese Sitzungsgewalt soll die Sicherung eines störungsfreien und geordneten Verfahrens gewährleistet werden und schließlich auch dem Schutz des allgemeinen Persönlichkeitsrechts der Beteiligten, namentlich des

936 BT-Drucks. 7/550, S. 1, 321.

937 BT-Drucks. 7/1261, S. 1, 35.

938 *Kissel/Mayer*, GVG, § 172 Rn. 51; *Meyer-Goßner*, StPO, § 172 GVG Rn. 14.

939 *Allgayer*, in: Karlsruher Kommentar, § 172 Rn. 8.

940 *Kissel/Mayer*, GVG, § 172 Rn. 52; *Wickern*, in: Löwe-Rosenberg, StPO, Bd. 7, § 172 GVG Rn. 34.

Angeklagten, dienen[941]. Der richterlichen Sitzungsgewalt sind auch die Gerichtsberichterstatter unterworfen[942]. Teilweise wird diese Vorschrift dazu herangezogen, um Journalisten aus der Gerichtsverhandlung auszuschließen, die nach Ansicht des jeweils zuständigen Vorsitzenden eine unsachgemäße Berichterstattung betreiben.

Betrachtet man jedoch den Wortlaut des § 176 GVG, so erstreckt sich die Sitzungsgewalt des Richters wegen der Formulierung „*in der Sitzung*" zeitlich vom Sitzungsbeginn bis zum Ende der Sitzung einschließlich kurzer Sitzungspausen. Der Ausschluss eines Journalisten erfolgt zwar in der Regel innerhalb dieses Zeitraumes zu Beginn der Sitzung. Der Ausschluss betrifft jedoch nicht eine konkret andauernde oder zu erwartende Störung der Sitzung selbst, sondern ist veranlasst durch eine Medienberichterstattung, welche außerhalb dieses Zeitraums liegt. Ein Ausschluss wäre daher nur gerechtfertigt, wenn sich aus dem Sinn und Zweck der Sitzungspolizei eine derart weitgehende Befugnis herleiten ließe[943]. Wie eben bereits erwähnt wurde, dient die Sitzungspolizei - letztlich im Interesse der Wahrheitsfindung - der Aufrechterhaltung der Ordnung in der Sitzung, vornehmlich einem störungsfreien Ablauf der Sitzung und der ungestörten Ausübung der Funktion der Verfahrensbeteiligten[944]. Diese Ordnung kann sehr wohl auch außerhalb der eigentlichen Sitzung beeinträchtigt werden, wenn sich Auswirkungen auf den Verlauf der Sitzung ergeben[945]. Kann dasselbe jedoch auch bei einer unsachlichen, aufreizenden Berichterstattung, die einem vorweggenommenen Schuldspruch gleichkommt oder bei einem abfälligen, kritischen Bericht über das Gericht gelten? Bei der rechtlichen Beurteilung dieser Frage darf nicht übersehen werden, dass die Sitzungspolizei ihre Wurzel im Polizei- und Ordnungsrecht hat, weswegen auch die dort geltenden Störergrundsätze im Rahmen des § 176 GVG anwendbar sind. Nach der überwiegend vertretenen Auffassung ist grundsätzlich nur die unmittelbare Verursachung der Gefahr oder

---

941 BVerfGE 91, 125, 137 („Fernsehaufnahmen im Gerichtssaal I"); *Diemer*, in: Karlsruher Kommentar, § 176 Rn. 1; *Kissel/Mayer*, GVG, § 176 Rn. 1; *Meyer-Goßner*, StPO, § 176 GVG Rn. 4; *Wickern*, in: Löwe-Rosenberg, StPO, Bd. 7, § 176 GVG Rn. 1.

942 *Wickern*, in: Löwe-Rosenberg, StPO, Bd. 7, § 176 GVG Rn. 37; *Löffler/Ricker*, Handbuch des Presserechts, 16. Kap. Rn. 9.

943 *Stober* DRiZ 1980, 3, 6.

944 *Meyer-Goßner*, StPO, § 176 GVG Rn. 4; *Wickern*, in: Löwe-Rosenberg, StPO, Bd. 7, § 176 GVG Rn. 10.

945 Beispielsweise bei Aufforderung der Öffentlichkeit durch einen Medienbericht, den Sitzungssaal während eines bestimmten Verfahrens zu stürmen, vgl. *Stober* DRiZ 1980, 3, 6.

Störung polizeirechtlich relevant[946]. Unsachliche Berichte eines bestimmten Journalisten rechtfertigen daher nicht den Ausschluss eines anderen Reporters, der für dasselbe Medienorgan tätig ist[947]. Allein durch seine Anwesenheit stört der Journalist die Sitzung auch nicht, wenn er sich auf seine Rolle als Zuhörer und Berichterstatter beschränkt[948]. Der mittelbare Verursacher ist als so genannter Zweckveranlasser lediglich dann verantwortlich, wenn er das Verhalten desjenigen, der die Störung unmittelbar herbeiführt, subjektiv oder objektiv auch bezweckt[949]. Ein kritisierender Berichterstatter will durch seine Berichte womöglich auf die Verhandlung aufmerksam machen, aber in der Regel nicht, dass Verfahrensbeteiligte oder Zuhörer den Verfahrensverlauf in der Sitzung stören. Es lässt sich jedoch nicht ausschließen, dass als Folge der kritischen Berichterstattung die Prozessbeteiligten und die Zuhörer die Verhandlung im weiteren Verlauf kritischer als bisher betrachten. Allerdings ist es Teil der journalistischen Selbstverantwortung und dem Einfluss der Sitzungspolizei entzogen, wenn die Medien in kritischer oder gar abfälliger Weise über das Verfahren an sich berichten[950]. Anderenfalls würde wegen der Gefahr des Ausschlusses niemand mehr Kritik an einem Gericht äußern. Zudem könnte auf diese Weise das Recht der freien Meinungsäußerung aus Art. 5 Abs. 1 S. 1 GG und das Prinzip der Öffentlichkeit im Sinne des § 169 S. 1 GVG ausgehöhlt werden. Die Kritik über das Gericht und dessen Arbeit ist keine äußere Störung, sondern Bestandteil der allgemeinen Meinungsäußerungsfreiheit[951].

Anders ist jedoch der Fall zu beurteilen, wenn in unsachlicher, herabwürdigender, aufreizender und möglicherweise vorverurteilender Weise über den Angeklagten berichtet wird. Eine derartige Berichterstattung kann zumindest mittelbar unter Umständen eine Verhaltensänderung des Angeklagten vor Gericht bewirken. Daher gebietet es die Fürsorgepflicht des Gerichts, auf eine sachliche, zurückhaltende und korrekte Berichterstattung hinzuweisen und hinzuwirken[952]. Sofern ernste Ermahnungen und Rügen tatsächlich nicht helfen, kann ein Jour-

---

946 Vgl. m.w.N. *Knemeyer*, Polizei- und Ordnungsrecht, Rn 325; *Mühl/Leggereit/Hausmann*, Polizei- und Ordnungsrecht Hessen, Rn. 88; *Pieroth/Schlink/Kniesel*, Polizei- und Ordnungsrecht, § 9 Rn. 11; *Schenke*, Polizei- und Ordnungsrecht, Rn. 242.

947 *Brüggemann* AfP 1971, 155, 156; *Stober* DRiZ 1980, 3, 6.

948 Vgl. BVerfG DRiZ 1979, 189, 189; *Stober* DRiZ 1980, 3, 6.

949 Vgl. *Knemeyer*, Polizei- und Ordnungsrecht, Rn 328; *Mühl/Leggereit/Hausmann*, Polizei- und Ordnungsrecht Hessen, Rn. 89; *Pieroth/Schlink/Kniesel*, Polizei- und Ordnungsrecht, § 9 Rn. 27; *Schenke*, Polizei- und Ordnungsrecht, Rn. 244.

950 *Kissel/Mayer*, GVG, § 176 Rn. 47.

951 *Stober* DRiZ 1980, 3, 7.

952 Vgl. *Maul* MDR 1970, 286, 287.

nalist bei einem schwerwiegenden Verstoß von der Hauptverhandlung ausgeschlossen werden, wenn dies erforderlich ist, um eine ordnungsgemäße Durchführung des Verfahrens zu gewährleisten[953]. Hierdurch soll eine unnötige weitere Bloßstellung des Angeklagten vermieden werden[954]. Für einen Ausschluss aus der Gerichtsverhandlung genügt es jedoch nicht, dass der Journalist lediglich lästig ist[955].

Letztendlich muss jede Beschränkung der Berichterstattung aber der Bedeutung des Art. 5 Abs. 1 S. 2 GG Rechnung tragen und der Verhältnismäßigkeit genügen[956].

dd) Der jugendliche oder heranwachsende Tatverdächtige, §§ 48 Abs. 1, 109 Abs. 1 S. 4 JGG

Die Öffentlichkeit der Hauptverhandlung nach § 169 S. 1 GVG gilt als einer der entscheidenden Prozessgrundsätze. Dieser Grundsatz hat seinen Niederschlag auch in Art. 6 Abs. 1 S. 1 EMRK gefunden. In Satz 2 dieser Vorschrift ist jedoch bereits eine Einschränkung zu Gunsten der „*Interessen von Jugendlichen*" vorgesehen; danach kann „*während der gesamten Verhandlung oder eines Teiles derselben*" der Ausschluss der Presse und der Öffentlichkeit verlangt werden. Das JGG hat diese Möglichkeit in § 48 Abs. 1 zum gesetzlichen Regelfall erklärt. Nach dieser Vorschrift ist das Verfahren gegen Jugendliche[957] ein-

---

953 Anders OLG Celle AfP 1978, 217, 218; *Wickern*, in: Löwe-Rosenberg, StPO, Bd. 7, § 176 GVG Rn. 37.

954 So OLG Hamm NJW 1967, 1289, 1289 f.

955 *Degenhart*, in: Bonner Kommentar, GG, Art. 5 I und II Rn. 515; *Stapper*, Namensnennung in der Presse im Zusammenhang mit dem Verdacht strafbaren Verhaltens, S. 106; *Stober* DRiZ 1980, 3, 6; *Wente* StV 1988, 216, 222.

956 *Meyer-Goßner*, StPO, § 176 GVG Rn. 15.

957 Bei einer Verhandlung wegen Taten, die jemand teils als Jugendlicher, teils als Heranwachsender begangen hat, gilt nach ganz überwiegender Meinung nicht etwa § 109 Abs. 1 S. 4 JGG, sondern § 48 Abs. 1, 2 JGG, „denn § 48 Abs. 1 JGG, der die nichtöffentliche Verhandlung vorsieht, greift immer dann Platz, wenn der Angeklagte überhaupt als Jugendlicher belangt wird, mag er auch einen Teil der ihm zur Last gelegten Tat als Heranwachsender begangen haben", BGHSt 23, 176, 178; vgl. auch BGHSt 22, 21, 24 ff.; 44, 43, 44 f.; *Brunner/Dölling*, JGG, § 48 Rn. 9; *Diemer/Schoreit/Sonnen*, JGG, § 48 Rn. 4; *Eisenberg*, JGG, § 48 Rn. 3, § 109 Rn. 46; *Schaffstein/Beulke*, Jugendstrafrecht, S. 255. Erziehung und Jugendschutz sind nach dieser Auffassung dem Grundsatz der Öffentlichkeit übergeordnet. Dagegen kann jedoch eingewendet werden, dass im Falle eines Verfahrens, indem Heranwachsende angeklagt sind, die Öffentlichkeit Vorrang vor dem Jugendschutz hat. Dies ergibt sich einmal aus der Wertung der §§ 48 Abs. 3 S. 2, 109 Abs. 1 S. 4 JGG, aber auch daraus, dass die Heranwachsenden jetzt schließlich volljährig sind, also Gesichtspunkte des Jugendschutzes und der Erziehung zurücktreten. Wegen der bestehenden Möglichkeit des Ausschlusses der

schließlich der Verkündung der Entscheidung nicht öffentlich. Der Ausschluss der Öffentlichkeit für das gesamte Verfahren einschließlich der Urteilsverkündung ergibt sich aus jugendpsychologischen und jugendpädagogischen Gesichtspunkten. Die Hemmungen eines durch Zuhörer eingeschüchterten Jugendlichen sollen nicht noch mehr verstärkt und ein offenes und freies Gespräch mit dem Jugendrichter ermöglicht werden[958]. Auf der anderen Seite soll auch verhindert werden, dass ein geltungssüchtiger, sich erstmals im Mittelpunkt fühlender Jugendlicher den ihm bekannten oder fremden Zuhörern imponieren und sie möglicherweise - zu seinem Schaden - unterhalten will[959]. All das kann die Wahrheitsfindung ernstlich gefährden[960]. Die Anwesenheit einer größeren Zahl von Personen, die nicht an dem Verfahren beteiligt sind, könnte den jugendlichen Angeklagten zusätzlich einschüchtern, sein Fortkommen erschweren oder bei ihm den Eindruck erwecken, durch seine strafbare Handlung in den Mittelpunkt des Interesses gerückt zu sein[961]. Der Ausschluss der Öffentlichkeit soll daher auch bezwecken, die Verhandlung oder Verurteilung des Jugendlichen nicht über ein unvermeidliches Maß hinaus bekannt werden zu lassen, um diesen zu schützen und spätere berufliche und soziale Schwierigkeiten zu vermeiden[962]. Der jugendliche Angeklagte soll nicht in der Öffentlichkeit als Täter gebrandmarkt werden[963]. Diese Erwägungen sprechen an sich dagegen, dass der Vorsitzende, der nach § 48 Abs. 2 S. 3 JGG anderen Personen die Anwesenheit in der Gerichtsverhandlung gestatten kann, von dieser Befugnis auch zu Gunsten der Medienberichterstatter Gebrauch macht. Die Berichterstattung der öffentlichen Medien hat mitunter unstreitig auch eine erzieherisch abträgliche Wirkung[964]. Daher ist eine besonders sorgfältige Prüfung durch den Vorsitzenden insbeson-

---

Öffentlichkeit sind die Angeklagten insoweit auch nicht schutzlos, vgl. *Mrozynski*, Jugendhilfe und Jugendstrafrecht, S. 228; *Streng*, Jugendstrafrecht, § 7 Rn. 72.

958 *Brunner/Dölling*, JGG, § 48 Rn. 3; *Eisenberg*, JGG, § 48 Rn. 8; *Meier*, in: Meier/Rössner/Schoch, Jugendstrafrecht, § 13 Rn. 38; *K. Peters*, Strafprozess, S. 598; *Streng*, Jugendstrafrecht, § 7 Rn. 70.

959 *Brunner/Dölling*, JGG, § 48 Rn. 3; *Albrecht*, Jugendstrafrecht, S. 368; *Meier*, in: Meier/Rößner/Schoch, § 13 Rn. 38; *Streng*, Jugendstrafrecht, § 7 Rn. 70.

960 *Brunner/Dölling*, JGG, § 48 Rn. 3; *Eisenberg*, JGG, § 48 Rn. 9; *Schaffstein/Beulke*, Jugendstrafrecht, S. 255; *Greupner* DRiZ 1985, 389, 389 f.

961 *Brüggemann* AfP 1971, 155, 156 f.

962 BGHSt 42, 296; 44, 44; *Brunner/Dölling*, JGG, § 48 Rn. 3; *Eisenberg*, JGG, § 48 Rn. 8; *Albrecht*, Jugendstrafrecht, S. 368; *Meier*, in: Meier/Rößner/Schoch, Jugendstrafrecht, § 13 Rn. 38; *K. Peters*, Strafprozess, S. 598; *Streng*, Jugendstrafrecht, § 7 Rn. 70.

963 *Böhm/Feuerhelm*, Einführung in das Jugendstrafrecht, S. 73.

964 LG Passau NStZ 1996, 601, 601 f.; *Eisenberg*, JGG, § 48 Rn. 20; *Weiler* AnwBl. 1998, 2, 6.

dere im Hinblick auf entwicklungspsychologische Auswirkungen angezeigt. Vornehmlich bei so genannten Kapitalverbrechen werden in geeigneten Fällen Reporter zu Verhandlungen in Jugendstrafsachen zugelassen[965].

Die Zulassung von Reportern zur Verhandlung lässt zunächst auf eine zulässige Medienberichterstattung schließen. Allerdings ist aus dem Schutzzweck der Nichtöffentlichkeit des Hauptverfahrens zu folgern, dass dem Geheimhaltungsinteresse des Jugendlichen der unbedingte Vorrang vor dem Interesse der Allgemeinheit an identifizierenden Informationen einzuräumen ist[966]. Durch ein Zusammenwirken des vorsitzenden Richters mit den zur Verhandlung zugelassenen Journalisten ist somit sicherzustellen, dass die an sich für den Ausschluss maßgeblichen Gründe durch Art und Inhalt der Medienberichterstattung auch respektiert werden[967]. Der Deutsche Presserat hat in einer Entscheidung vom 16.2.1967[968] zudem empfohlen, im Rahmen der Berichterstattung über Straftaten Jugendlicher nicht nur von einer Veröffentlichung von Bildern abzusehen, sondern auch den Namen des jugendlichen Angeklagten nicht zu nennen. Entsprechend ist der Richter verpflichtet, im Falle der in sein Ermessen gestellten Zulassung der Medien darauf hinzuwirken, dass weder ein Bild noch der Name des Jugendlichen veröffentlicht werden[969]. Darüber hinaus hat der Richter auch darauf hinzuweisen, dass jede andere Schilderung von Umständen zu vermeiden ist, die eine Identifizierung des jugendlichen Angeklagten ermöglichen könn-

---

965 *Leppert* DRiZ 1991, 263, 263, kritisiert, dass die Jugendgerichte von den Möglichkeiten, die § 48 Abs. 2 JGG eröffnet, zu wenig Gebrauch machen.

966 Eine Ausnahme wäre allenfalls dann denkbar bei einem Jugendlichen, der vor Begehung des Delikts bereits als eine so genannte „Person der Zeitgeschichte" anzusehen war; was aber - anders als bei erwachsenden Personen des öffentlichen Lebens - wohl nicht schon durch ein Informationsinteresse an einem bloßen Bagatelldelikt gerechtfertigt sein kann, vgl. *v. Becker*, Straftäter und Tatverdächtige in den Massenmedien, S. 217.

967 *Brüggemann* AfP 1971, 155, 157.

968 *Deutscher Presserat*, Tätigkeitsbericht 1969, S. 56.

969 *Eisenberg*, JGG, § 48 Rn. 20; *Ostendorf*, JGG, § 48 Rn. 16; *Böhm/Feuerhelm*, Einführung in das Jugendstrafrecht, S, 74; *Herz*, Jugendstrafrecht, S. 120; *Schaffstein/Beulke*, Jugendstrafrecht, S. 255; *Brüggemann* AfP 1971, 155, 157; beachte auch die Angaben zu der RiJGG zu § 48 JGG, abgedruckt in *Eisenberg*, JGG, Anhang 2. In den Richtlinien zum JGG heißt es: „[...] entschließt sich der Vorsitzende [...], die Presse in der Hauptverhandlung zuzulassen, so sollte er darauf hinwirken, dass in den Presseberichten der Name des Jugendlichen nicht genannt, sein Lichtbild nicht veröffentlicht und auch jede andere Angabe vermieden wird, die auf die Person des Jugendlichen hindeutet."

te[970]. Die Berichterstattung soll also nur dann zulässig sein, wenn eine Identifizierung des Jugendlichen im Zusammenhang mit der Straftat nicht möglich ist. Umgekehrt ist daher auf Grund der besonderen entwicklungsbedingten Sozialisationsgefährdung Jugendlicher eine publizistische Identifizierung grundsätzlich unverhältnismäßig und damit unzulässig[971].

Werden in Medienberichten einschlägige Schutzbelange des Jugendlichen verletzt, so wird der Ausschluss des betroffenen Reporters von der weiteren Verhandlung durch einen Widerruf der Zulassung in der Regel zulässig sein[972]. Freilich wird vor allem bei schweren Verbrechen Jugendlicher gegen den Grundsatz einer anonymisierten Berichterstattung verstoßen. Hin und wieder werden noch Jahre nach der Tat, angeblich zum Zwecke der Aufklärung der Öffentlichkeit, schwere kriminelle Verfehlungen Jugendlicher immer wieder diskutiert, was insbesondere die Wiedereingliederung der Jugendlichen in die Gesellschaft nach der Entlassung erschwert. Nach dem „*Lebach-Urteil*“[973] des Bundesverfassungsgerichts ist jedenfalls diese Art von „*Öffentlichkeitsarbeit*“ unzulässig[974]. Bei Jugendstrafverfahren, die ein besonders großes Medieninteresse hervorrufen, beispielsweise auf Grund der Schwere der Tat oder eines ausländerfeindlichen Hintergrunds, versuchen zuweilen Journalisten, die jungen Angeklagten im Gerichtsflur zu fotografieren. Der Schutz des jugendlichen Angeklagten vor einer Bloßstellung und diskriminierender Behelligung sowie dessen grundgesetzlicher Anspruch auf Resozialisierung machen es erforderlich, dass der Inhaber des Hausrechts auf Anregung des Jugendrichters oder von sich aus ein solches Treiben im Gerichtsgebäude abwendet[975].

All diese Erläuterungen beziehen sich auf die Berichterstattung in der Phase der Hauptverhandlung. Innerhalb des Ermittlungs- und Zwischenverfahrens kann die Öffentlichkeit nicht nach § 48 Abs. 1 JGG ausgeschlossen werden. Diese Verfahrensabschnitte sind ohnehin nichtöffentlich ausgestaltet. Allerdings

---

970 *v. Becker*, Straftäter und Tatverdächtige in den Medien, S. 217; *Brüggemann* AfP 1971, 155, 157.

971 *v. Becker*, Straftäter und Tatverdächtige in den Massenmedien, S. 217; *Zielemann*, Der Tatverdächtige als Person der Zeitgeschichte, S. 74; *Koebel* JZ 1966, 389, 391; *Lampe* NJW 1973, 217, 219.

972 *Eisenberg*, JGG, § 48 Rn. 20. Ist dem Gericht bekannt, dass sich bestimmte Journalisten nicht an die Vorgaben einer anonymisierten Berichterstattung halten, hat es diesen die Zulassung zur Hauptverhandlung zu verweigern, vgl. *Ostendorf*, JGG, § 48 Rn. 16; *Eisenberg*, JGG, § 48 Rn. 20. Dies darf jedoch nicht zu einer Pressezensur führen, um damit eine missliebige Kritik an der Verhandlungsführung und der Sanktionierung zu unterbinden, BVerfGE 50, 234, 242 f. („Gerichtspresse“).

973 BVerfGE 35, 202, 240 ff. („Lebach I“).

974 *Böhm/Feuerhelm*, Einführung in das Jugendstrafrecht, S. 74.

975 Vgl. *Böhm/Feuerhelm*, Einführung in das Jugendstrafrecht, S. 74.

muss die Wirkung des § 48 Abs. 1 JGG im Hinblick auf eine identifizierende Berichterstattung insoweit auf das Ermittlungs- und Zwischenverfahren vorgezogen werden. Der Vorrang des Geheimhaltungsinteresses des Jugendlichen hat demnach auch in diesen Verfahrensabschnitten zu gelten, da eine identifizierende Berichterstattung während des Ermittlungs- und Zwischenverfahrens den späteren Schutz durch die Nichtöffentlichkeit der Hauptverhandlung nach § 48 Abs. 1 JGG geradezu leer laufen lassen würde[976]. Um dem Schutzzweck des § 48 Abs. 1 JGG nicht zuwiderzulaufen, ist somit auch während des Ermittlungs- und Zwischenverfahrens eine identifizierende Medienberichterstattung über jugendliche Tatverdächtige unzulässig.

Die Hauptverhandlung gegen Heranwachsende ist grundsätzlich öffentlich. Es gelten die allgemeinen Vorschriften der §§ 169 ff. GVG. Nach § 109 Abs. 1 S. 4 JGG tritt neben die in §§ 171 a, 171 b, 172 GVG bezeichneten Gründe ein zusätzlicher Grund *„im Interesse des Heranwachsenden"*, der den Ausschluss der Öffentlichkeit rechtfertigen kann. Ein Ausschluss der Öffentlichkeit nach § 109 Abs. 1 S. 4 JGG darf ausschließlich darauf gestützt werden, dass ein dem Entwicklungsstand des Heranwachsenden gemäßes Verfahren den Ausschluss gebietet[977]. Entsprechend sind hier die Gründe heranzuziehen, die den Gesetzgeber zum Ausschluss der Öffentlichkeit nach § 48 Abs. 1 JGG animiert haben[978]. Wird die Öffentlichkeit nach § 109 Abs. 1 S. 4 JGG ausgeschlossen, so hat für die Zulässigkeit einer identifizierenden Berichterstattung während des Hauptverfahrens das bereits oben zu § 48 Abs. 1 JGG Gesagte zu gelten[979]. Will ein Journalist bereits im Ermittlungs- oder Zwischenverfahren, welches gegen den Heranwachsenden geführt wird, über diesen berichten, so kann er von einem möglichen späteren Ausschluss der Öffentlichkeit durch den Richter nach § 109 Abs. 1 S. 4 JGG noch nichts wissen. Berichtet er in identifizierender Weise über den Heranwachsenden in diesen frühen Verfahrensabschnitten, so würde dies den Zweck eines späteren Ausschlusses der Öffentlichkeit aus der Hauptverhandlung gefährden oder vereiteln. Eine identifizierende Berichterstattung ist demnach so

976 *Stapper*, Namensnennung in der Presse im Zusammenhang mit dem Verdacht strafbaren Verhaltens, S. 100; *Zielemann*, Der Tatverdächtige als Person der Zeitgeschichte, S, 74.

977 *Eisenberg*, JGG, § 109 Rn. 43.

978 *Dallinger/Lackner*, JGG, § 109 Rn. 4; *Zielemann*, Der Tatverdächtige als Person der Zeitgeschichte, S. 74 f.

979 So auch *Stapper*, Namensnennung in der Presse im Zusammenhang mit dem Verdacht strafbaren Verhaltens, S. 100; *Zielemann*, Der Tatverdächtige als Person der Zeitgeschichte, S. 75.

lange als unzulässig zu betrachten, bis feststeht, ob das Gericht tatsächlich von der Option des § 109 Abs. 1 S. 4 JGG Gebrauch gemacht hat[980].

c) Zusammenfassung

Eine Strafanzeige allein berechtigt noch nicht zu einer identifizierenden Berichterstattung und ist damit unzulässig.

Allein aus der Nichtöffentlichkeit des Ermittlungsverfahrens kann die Unzulässigkeit einer identifizierenden Berichterstattung nicht hergeleitet werden, allerdings spricht das geringe Ausmaß an Verdacht, welches Voraussetzung für die Einleitung eines Ermittlungsverfahrens ist, in der Regel gegen eine derartige Berichterstattung.

Während auch aus der Nichtöffentlichkeit des Zwischenverfahrens keine Schlussfolgerungen für die vorliegende Untersuchung gezogen werden können, so sprechen zumindest die recht geringen Anforderungen an die Eröffnung des Zwischenverfahrens gegen eine identifizierende Berichterstattung.

Der Erlass eines Haft- oder Unterbringungsbefehls ist der früheste Zeitpunkt für eine Berichterstattung über den Betroffenen im Zusammenhang mit dem Verdacht strafbaren Verhaltens. Zeitlich vor Erlass eines Haft- oder Unterbringungsbefehls dürfen entsozialisierende Folgen durch eine entsprechende Berichterstattung nicht provoziert werden.

Aus der Öffentlichkeit der Hauptverhandlung lässt sich noch keine grundsätzliche Befugnis zur publizistischen Veröffentlichung der Identität des Angeklagten ableiten. Gegen eine derartige Berichterstattung spricht jedoch nicht, dass der für die Eröffnung der Hauptverhandlung erforderliche Mindestverdacht zu gering sei.

Eine Medienberichterstattung, die eine Identifizierung des Betroffenen ermöglicht, ist unzulässig, wenn in diesem Zusammenhang Umstände erwähnt werden, wegen derer die Öffentlichkeit nach den §§ 171 a, 171 b, 172 Nr. 1 Alt. 1 und 3, 172 Nr. 2, 172 Nr. 3 GVG von der Hauptverhandlung ausgeschlossen wurde. Wird die Öffentlichkeit nach § 172 Nr. 1 a GVG zum Schutz des Mitangeklagten ausgeschlossen, so muss eine identifizierende Berichterstattung unterbleiben.

Wird in unsachlicher, herabwürdigender, aufreizender und vorverurteilender Weise über den Angeklagten berichtet, so kann das Gericht nach § 176 GVG den betreffenden Journalisten von der Hauptverhandlung ausschließen, sofern

---

980 *Stapper*, Namensnennung in der Presse im Zusammenhang mit dem Verdacht strafbaren Verhaltens, S. 100; *Zielemann*, Der Tatverdächtige als Person der Zeitgeschichte, S. 75

dies erforderlich ist, um eine ordnungsgemäße Durchführung des Verfahrens zu gewährleisten.

Auf Grund der besonderen entwicklungsbedingten Sozialisationsgefährdung jugendlicher Tatverdächtiger ist eine publizistische Identifizierung während des gesamten Strafverfahrens unzulässig. Über straftatverdächtige Heranwachsende darf während des Ermittlungs- und Zwischenverfahrens gleichermaßen nicht berichtet werden. Macht das Gericht von der Möglichkeit des § 109 Abs. 1 S. 4 JGG Gebrauch und schließt die Öffentlichkeit in einer Hauptverhandlung gegen den Heranwachsenden aus, so ist eine identifizierende Berichterstattung über diesen ebenfalls nicht zulässig.

2) Anonymitätsschutz des Tatverdächtigen

a) Anonymitätsschutz bis zur Eröffnung des Hauptverfahrens

aa) Bildliche Identifikation des Beschuldigten/Angeschuldigten, §§ 22-24 KUG

Zunächst ist die bildliche Berichterstattung zu untersuchen, also etwa ein Zeitungs- oder Fernsehbericht, in dem eine Fotografie des Tatverdächtigen abgedruckt oder eingeblendet wird. In diesem Zusammenhang können die Medien im Rahmen einer Fahndung von den Strafverfolgungsbehörden um die Veröffentlichung eines Fotos gebeten worden sein oder sich dieses anderweitig beschafft haben.

Eine spezialgesetzliche Regelung über die bildliche Identifizierung findet sich in den §§ 22 - 24 KUG als „*Recht am eigenen Bild*“. Das Recht am eigenen Bild gilt als eine spezifische Ausprägung des in Art. 2 Abs. 1 i.V.m. Art. 1 Abs. 1 GG verankerten allgemeinen Persönlichkeitsrechts und gehört nicht in den Bereich des Urheberrechts[981]. Das „*Recht am eigenen Bild*“ wurde dementsprechend in den Entwurf des Persönlichkeitsgesetzes von 1959[982] aufgenommen. Dieser Entwurf ist jedoch insgesamt gescheitert[983]. In das Urheberrechtsgesetz

981 Vgl. BGHZ 20, 345, 347 („Paul Dahlke“); BGHZ 26, 349, 355 („Herrenreiter“); *v. Becker*, Straftäter und Tatverdächtige in den Massenmedien, S. 138; *v. Strobl-Albeg*, in: Wenzel, Das Recht der Wort- und Bildberichterstattung, 7. Kap. Rn. 1.

982 BT-Drucks, 3/1237.

983 *v. Strobl-Albeg*, in: Wenzel, Das Recht der Wort- und Bildberichterstattung, 7. Kap. Rn. 1; *v. Becker*, Straftäter und Tatverdächtige in den Massenmedien, S. 138. Zu den legislativen Bemühungen vgl. *v. Gamm*, Urheberrechtsgesetz, Einf. Rn. 92, 99.

vom 9.September 1965[984] hat der Gesetzgeber das „*Recht am eigenen Bild*" nicht übernommen[985]; vielmehr gelten die §§ 22 - 24 KUG [986] weiter[987].

(1) § 22 KUG

§ 22 S. 1 KUG sieht vor, dass Bildnisse nur mit Einwilligung des Abgebildeten verbreitet oder öffentlich zur Schau gestellt werden dürfen. Bei Verstößen gegen diese Bestimmung können nach § 33 KUG Freiheits- oder Geldstrafen verhängt und gemäß den §§ 37, 41 KUG auf Antrag die Vernichtung des Bildmaterials erreicht werden. Die §§ 22, 23, 33 KUG erfassen nur das Verbreiten und das öffentliche zur Schau stellen von Bildnissen. Nicht erfasst wird dagegen die bloße Herstellung eines Personenbildes ohne entsprechende Einwilligung[988]. Insoweit ist das allgemeine Persönlichkeitsrecht des Abgebildeten betroffen[989]. Die Herstellung von Bildnissen kommt in der Praxis der Berichterstattung über Straftatverdächtige zwar laufend vor. Bekannt sind in diesem Zusammenhang vor allem Presse- und Fernsehbilder von - sich mit vorgehaltenen Händen, Zeitungen, Jacken und Aktenordnern gegen Aufnahmen wehrenden - festgenommenen und angeklagten Personen[990]. Allerdings führt eben erst die Veröffentlichung solcher Aufnahmen zur Aufhebung der Anonymität mit möglichen negativen entsozialisierenden Folgen für den Betroffenen.

Die Vorschrift des § 22 KUG betrifft nur „*Bildnisse*", das heißt Abbildungen von Personen, die diese in ihrer wirklichen, dem Leben entsprechenden Erscheinung darstellen[991]. „*Bildnisse*", die ein bestimmtes Individuum kennzeichnen, sind also personalisierende Abbildungen von Menschen[992]. Im Gegensatz hierzu sind „*Bilder*" beispielsweise Abbildungen einer Landschaft oder eines Ortes, auf denen Menschen - ohne primär den Fokus auf ihre personalisierende Identität zu

---

984 BGBl. 1965 I, S. 1273 ff.

985 *v. Becker*, Straftäter und Tatverdächtige in den Massenmedien, S. 138; *v. Strobl-Albeg*, in: Wenzel, Das Recht der Wort- und Bildberichterstattung, 7. Kap. Rn. 1.

986 Ebenso wie die §§ 33, 37 ff. KUG.

987 *v. Gamm*, Urheberrechtsgesetz, Einf. Rn. 99.

988 *Dreier*, in: Dreier/Schulze, Urheberrechtsgesetz, § 22 KUG Rn. 12; *v. Strobl-Albeg*, in: Wenzel, Das Recht der Wort- und Bildberichterstattung, 7. Kap. Rn. 22; *v. Becker*, Straftäter und Tatverdächtige in den Massenmedien, S. 139.

989 Vgl. m.w.N. *Dreier*, in: Dreier/Schulze, Urheberrechtsgesetz, § 22 KUG Rn. 13; *v. Strobl-Albeg*, in: Wenzel, Das Recht der Wort- und Bildberichterstattung, 7. Kap. Rn. 22; *v. Becker*, Straftäter und Tatverdächtige in den Massenmedien, S. 139.

990 Vgl. auch *v. Becker*, Straftäter und Tatverdächtige in den Massenmedien, S. 139.

991 *Dreier*, in: Dreier/Schulze, Urheberrechtsgesetz, § 22 KUG Rn. 1; *v. Becker*, Straftäter und Tatverdächtige in den Massenmedien, S. 139; *v. Strobl-Albeg*, in: Wenzel, Das Recht der Wort- und Bildberichterstattung, 7. Kap. Rn. 8.

992 *v. Becker*, Straftäter und Tatverdächtige in den Massenmedien, S. 139.

legen - mit abgebildet sind[993]. Dem Bildnisschutz unterliegen sämtliche identifizierende Abbildungsformen, gleichgültig, ob Fotografie, Zeichnung, Karikatur oder auch die Darstellung einer Person durch einen Schauspieler[994]. Entscheidend für das Bildnis im Sinne des Kunsturhebergesetzes ist vielmehr, dass die äußere Erscheinung einer Person in einer für Dritte erkennbaren Weise wiedergegeben wird[995].

Für den Schutz vor identifizierenden Veröffentlichungen ausschlaggebend ist also die Erkennbarkeit des Betroffenen. Maßgebend ist *„der äußere Eindruck der Darstellung für den meist flüchtigen Betrachter aus dem mehr oder minder großen Bekanntenkreis des Dargestellten“*[996]. Dies folgt aus dem Zweck des Bildnisschutzes, die Persönlichkeit davor zu schützen, gegen ihren Willen durch eine Abbildung für andere verfügbar zu werden[997]. Ein Beweis, dass Außenstehende den Abgebildeten tatsächlich erkannt haben, ist nicht nötig[998]. Ein begründeter Anlass, erkannt werden zu können, genügt[999]. Innerhalb der Prüfung der Zulässigkeit einer Personenkennzeichnung kommt es damit nur auf das *„identifizierende Wirkungspotenzial“* an[1000]. Erkennbar ist eine Person in der Regel durch ihre Gesichtszüge, doch können auch sonstige Merkmale, die einer Person eigen sind, zur Erkennbarkeit führen[1001]. Die Erkennbarkeit kann sich aber auch aus begleitenden Umständen, wie anderen Bildeinzelheiten, Bildun-

993 *v. Becker*, Straftäter und Tatverdächtige in den Massenmedien, S. 139; *v. Strobl-Albeg*, in: Wenzel, Das Recht der Wort- und Bildberichterstattung, 7. Kap. Rn. 12.

994 Vgl. BVerfGE 35, 202, 224; *Dreier*, in: Dreier/Schulze, Urheberrechtsgesetz, § 22 KUG Rn. 1; *Wenzel*, Das Recht der Wort- und Bildberichterstattung, 7. Kap. Rn. 20.

995 *Dreier*, in: Dreier/Schulze, Urheberrechtsgesetz, § 22 KUG Rn. 1; *v. Becker*, Straftäter und Tatverdächtige in den Massenmedien, S. 140; *v. Strobl-Albeg*, in: Wenzel, Das Recht der Wort- und Bildberichterstattung, 7. Kap. Rn. 20.

996 *v. Gamm*, Urheberrechtsgesetz, Einf. Rn. 104; vgl. auch *Dreier*, in: Dreier/Schulze, Urheberrechtsgesetz, § 22 KUG Rn. 4; *v. Strobl-Albeg*, in: Wenzel, Das Recht der Wort- und Bildberichterstattung, 7. Kap. Rn. 15.

997 *v. Strobl-Albeg*, in: Wenzel, Das Recht der Wort- und Bildberichterstattung, 7. Kap. Rn. 15.

998 BGH NJW 1971, 698, 700 („Pariser Liebestropfen“); *Dreier*, in: Dreier/Schulze, Urheberrechtsgesetz, § 22 KUG Rn. 4.

999 *Dreier*, in: Dreier/Schulze, Urheberrechtsgesetz, § 22 KUG Rn. 4; *v. Strobl-Albeg*, in: Wenzel, Das Recht der Wort- und Bildberichterstattung, 7. Kap. Rn. 15.

1000 *v. Becker*, Straftäter und Tatverdächtige in den Massenmedien, S. 140.

1001 *Dreier*, in: Dreier/Schulze, Urheberrechtsgesetz, § 22 KUG Rn. 3; kritisch allerdings *Fricke*, in: Wandtke/Bullinger, Urheberrecht, § 22 KUG Rn. 6, wonach nur Gesichtszüge maßgebend sein sollen.

terschriften oder dem Begleittext ergeben[1002]. Ein schmaler Augenbalken oder ein digitaler Filter („*pixelizing*") beseitigen die Erkennbarkeit nicht ohne Weiteres[1003] und führen damit auch nicht notwendigerweise zur Auflösung eines Personenbildnisses im Sinne des § 22 KUG[1004].

(2) § 23 Abs. 1 KUG

§ 23 Abs. 1 KUG schränkt den allgemeinen Bildnisschutz nach § 22 KUG zu Gunsten der Informations-, Abbildungs-, Meinungs- und Kunstfreiheit wieder ein. Hierbei wird § 23 Abs. 1 KUG häufig als immanente Schranke des in § 22 KUG zum Ausdruck kommenden Persönlichkeitsrechts und nicht als Rechtfertigungsgrund gesehen[1005]. Umgekehrt könnte § 22 KUG mit seiner Beschränkung von Informations- und Medienrechten selbst eine Ausnahmevorschrift darstellen, der gegenüber § 23 Abs. 1 KUG die Regel bestätigt[1006]. Die hierfür angeführten Argumente und Hinweise auf Art. 5 Abs. 1 GG und die im Vergleich zur Entstehungszeit des KUG im Jahre 1907 divergierende und potenziell jeden Bürger ergreifende Öffentlichkeitstendenz einer heutigen Demokratie als Staatswesen erscheinen zwar durchaus nachvollziehbar für die Annahme, dass § 22 KUG im Lichte der Informations- und Medienfreiheit doch eher als Ausnahmevorschrift zu interpretieren sei[1007]. Im Hinblick auf einen nicht minder zu bewertenden Verfassungsrang des allgemeinen Persönlichkeitsrechts im Sinne des Art. 2 Abs. 1 i.V.m. Art. 1 Abs. 1 GG kann jedoch auch umgekehrt durchaus § 22 KUG als Regelvorschrift betrachtet werden. Das Verhältnis von § 22 KUG und § 23 Abs. 1 KUG zeigt damit die Notwendigkeit einer Abwägung zweier gleichrangiger Rechtsgüter der Verfassung auf.

§ 23 Abs. 1 Nr. 1 KUG lässt die Verbreitung ohne Einwilligung zu, wenn es sich um Bildnisse aus dem Bereich der Zeitgeschichte handelt. Die Nummern 2 - 4 des § 23 Abs. 1 KUG sind für die hier zu erörternde Problematik nicht von Belang.

1002 Vgl. *Dreier*, in: Dreier/Schulze, Urheberrechtsgesetz, § 22 KUG Rn. 3; a.A. *Fricke*, in: Wandtke/Bullinger, Urheberrecht, § 22 KUG Rn. 6.

1003 *Dreier*, in: Dreier/Schulze, Urheberrechtsgesetz, § 22 KUG Rn. 3; *v. Becker*, Straftäter rund Tatverdächtige in den Massenmedien, S. 140 f.; *v. Strobl-Albeg*, in: Wenzel, Das Recht der Wort- und Bildberichterstattung, 7. Kap. Rn. 16.

1004 *v. Becker*, Straftäter und Tatverdächtige in den Massenmedien, S. 141.

1005 So *Neumann-Duesberg* JZ 1960, 114, 117; *Hubmann*, Das Persönlichkeitsrecht, S. 299; *v. Strobl-Albeg*, in: Wenzel, Das Recht der Wort- und Bildberichterstattung, 8. Kap. Rn. 1.

1006 So *Arndt* NJW 1967, 1845, 1845; a.A.: § 23 Abs. 1 KUG ist die Ausnahmevorschrift, vgl. BGHZ 20, 345, 350 („Paul Dahlke").

1007 *v. Becker*, Straftäter und Tatverdächtige in den Massenmedien, S. 141.

(a) Einführung zu § 23 Abs. 1 Nr. 1 KUG

Gesetzgeberischer Grund für die Beschränkung des Einwilligungserfordernisses des § 22 KUG nach § 23 Abs. 1 Nr. 1 KUG ist das legitime Interesse der Allgemeinheit an einer Berichterstattung über prominente Personen und ihr öffentliches Tun[1008]. In den letzten Jahrzehnten wurde bei der Exegese dieser Norm in der Regel auf die Figur der *„Person der Zeitgeschichte"* Bezug genommen[1009]. Vornehmlich *Neumann-Duesberg*[1010] und die ihm folgende Rechtsprechung des Bundesgerichtshofes differenzierten hierbei zwischen absoluten und relativen Personen der Zeitgeschichte. Als absolut zeitgeschichtliche Personen umschrieb *Neumann-Duesberg* solche, *„bei denen an allem, was nicht zu ihrem Privat- und Familienleben gehört, sondern ihre Teilnahme am öffentlichen Leben ausmacht, ein Informationsinteresse besteht"*. Als nur *„relativ"* mit der Zeitgeschichte verknüpft, sah er solche Personen an, *„die lediglich in Bezug auf ein bestimmtes Geschehen ein sachentsprechendes Informationsinteresse erregen"*. Wann ein solches legitimes Informationsinteresse der Öffentlichkeit tatsächlich angenommen werden kann, war und ist bis heute nicht einheitlich geklärt.

So bestimmte das Bundesverfassungsgericht in seinem Urteil vom 15.12.1999, dass das allgemeine Persönlichkeitsrecht eine Beschränkung der einwilligungsfreien Veröffentlichung auf Bilder, die absolute Personen der Zeitgeschichte bei Ausübung ihrer Funktion zeigen, die sie in der Gesellschaft wahrnehmen, nicht verlange[1011]. Das öffentliche Interesse gelte nicht nur der Funktionsausübung im engeren Sinne. Es könne sich vielmehr wegen der herausgehobenen Funktion und der damit verbundenen Wirkung auch auf Informationen darüber erstrecken, wie sich Personen generell, also außerhalb ihrer Funktion, in der Öffentlichkeit bewegen. Diese habe ein legitimes Interesse daran, zu erfahren, ob solche zeitgeschichtlichen Personen *„funktionales und persönliches Verhalten in Übereinstimmungen bringen"*[1012]. Das Bundesverfassungsgericht sah in dieser Entscheidung Bilder, die die Klägerin an öffentlichen Plätzen im privaten Alltag zeigten, als zulässig an.

1008 *v. Gamm*, Urheberrechtsgesetz, Einf. Rn. 115.

1009 Vgl. *v. Gamm*, Urheberrechtsgesetz, Einf. Rn. 115; *Götting*, in: Schricker, Urheberrecht, § 60/§ 23 KUG Rn. 19; *Schertz*, in: Götting/Schertz/Seitz, Handbuch des Persönlichkeitsrechts, § 12 Rn. 27: *v. Strobl-Albeg*, in: Wenzel, Das Recht der Wort- und Bildberichterstattung, 8. Kap. Rn. 8.

1010 *Neumann-Duesberg* JZ 1960, 114, 115.

1011 BVerfGE 101, 361, 392 f. („Caroline von Monaco IV").

1012 BVerfGE 101, 361, 393 („Caroline von Monaco IV").

Tangiert wurde diese Entscheidung durch das *„Caroline von Hannover-Urteil“*[1013] des Europäischen Gerichtshofs für Menschenrechte (EGMR) vom 24.6.2004, der befand, dass die deutschen Gerichte *„keinen gerechten Ausgleich zwischen den widerstreitenden Interessen hergestellt haben“*[1014]. Der EGMR kritisierte in besonderem Maße die Rechtsfigur der absoluten Person der Zeitgeschichte, da die prominente Person nicht wegen ihrer besonderen öffentlichen Stellung von Interesse sei, sondern es vergleichbar mit der relativen Person der Zeitgeschichte darauf ankomme, in welchem Zusammenhang über sie bildlich berichtet wird[1015].

Der Bundesgerichtshof folgt in jüngster Zeit im Wesentlichen dieser Rechtsprechung des EGMR und stellte in einigen Entscheidungen fest, dass es unabhängig von der Einordnung der abgebildeten Person als absolute oder relative Person der Zeitgeschichte nicht reiche, dass die Person in der Öffentlichkeit bekannt sei. Eine Ausnahme vom Einwilligungserfordernis des § 22 KUG komme nur in Betracht, wenn die Berichterstattung ein Ereignis von zeitgeschichtlicher Bedeutung betrifft[1016].

Letzten Endes erkannte auch das Bundesverfassungsgericht, dass der Bundesgerichtshof verfassungsrechtlich nicht daran gehindert sei, auf eine Nutzung der bisher von ihm in Anlehnung an die Literatur entwickelten Rechtsfigur der Person der Zeitgeschichte zu verzichten und stattdessen eine Lösung im Rahmen einer einzelfallbezogenen Interessenabwägung zu finden[1017].

Dieser kurze Auszug aus der Entwicklung der Rechtsprechung zeigt, dass die Auslegung des § 23 Abs. 1 Nr. 1 KUG auch durch die deutschen Obergerichte wesentliche Veränderungen erfahren hat[1018].

(b) Der Informationszweck

Als unstreitig gebliebenes ungeschriebenes Tatbestandsmerkmal für die Abbildungsfreiheit gemäß § 23 Abs. 1 Nr. 1 KUG ist erforderlich, dass bei der Verwendung des Bildnisses aus dem Bereich der Zeitgeschichte ein Informationszweck hinzukommt[1019]. Dies ergibt sich bereits aus der Begründung des Geset-

---

1013 EGMR NJW 2004, 2647 ff. („Caroline von Hannover“).

1014 EGMR NJW 2004, 2647, 2651 („Caroline von Hannover“).

1015 *Schertz*, in: Götting/Schertz/Seitz, Handbuch des Persönlichkeitsrechts, § 12 Rn. 29.

1016 BGH NJW 2007, 1981, 1982 („Abgestuftes Schutzkonzept“); BGHZ 177, 119, 123 („Heide Simonis“); BGH NJW 2008, 3138, 3138 f. („Sabine Christiansen“); BGH NJW 2008, 3141, 3142 („Ferienvilla in Kenia“).

1017 BVerfGE 120, 180, 211 („Caroline von Hannover“).

1018 *Schertz*, in: Götting/Schertz/Seitz, Handbuch des Persönlichkeitsrechts, § 12 Rn. 31.

1019 *v. Gamm*, Urheberrecht, Einf. Rn. 119; Götting, in: Schricker, Urheberrecht, § 60 /§ 23 KUG Rn. 8; *Schertz*, in: Götting/Schertz/Seitz, Handbuch des Persönlichkeitsrechts, §

zes, nach der als Grund für die Einschränkung des Rechts am eigenen Bild das legitime Informationsinteresse der Allgemeinheit anzusehen ist[1020]. *Von Gamm*[1021] führt hierzu aus, dass die Einschränkung des Rechts am eigenen Bild für Bildnisse aus dem Bereich der Zeitgeschichte eine Personendarstellung voraussetze, „*die nach Inhalt und Charakter der Darstellung objektiv geeignet und bestimmt ist, den damit angesprochenen Verkehrskreisen als zeitgeschichtliche Dokumentation zu dienen*". Werden Bildnisse innerhalb einer redaktionellen Berichterstattung in Zeitungen, Zeitschriften, Film und Fernsehen veröffentlicht, so ist in der Regel vom Bestehen eines Informationszwecks auszugehen[1022].

(c) Der Bereich der Zeitgeschichte

Zukünftig wird es bei Entscheidungen zu § 23 Abs. 1 Nr. 1 KUG nicht mehr oder nur noch in begrenztem Umfang auf den Begriff der Person der Zeitgeschichte, sondern vielmehr auf eine Abwägung im Einzelfall über das Vorliegen eines Bildnisses aus dem Bereich der Zeitgeschichte ankommen[1023]. Ferner wird bei der jeweiligen Bildnisnutzung zunehmend darauf abgestellt, ob ein „*legitimes Informationsinteresse*" besteht[1024]. Die Figur der Person der Zeitgeschichte wird also in Zukunft nicht mehr in der Weise von Relevanz sein, die sie in der vergangenen Zeit hatte. Allerdings soll hier dennoch ein kurzer Überblick zu den Begriffen der absoluten und relativen Person der Zeitgeschichte gegeben werden, da sie teilweise immer noch als Auslegungsmodelle herangezogen werden. Insbesondere die Rechtsprechung zur Figur der relativen Person der Zeitgeschichte wird auch in Zukunft noch von Bedeutung sein.

(aa) Die Person der Zeitgeschichte

Auf die Differenzierung zwischen den Begriffen der absoluten und der relativen Person der Zeitgeschichte wird es in Zukunft nicht mehr unbedingt ankommen. Eine Person mit Prominentenstatus ist nach neuer Rechtsprechung nicht mehr allein auf Grund ihrer prominenten Stellung von besonderem Interesse und damit abbildungswert. Vergleichbar mit der relativen Person der Zeitgeschichte

---

12 Rn. 33; *v. Strobl-Albeg*, in: Wenzel, Das Recht der Wort- und Bildberichterstattung, 8. Kap. Rn. 42; *Hubmann*, Das Persönlichkeitsrecht, S. 299 f.; *Neumann-Duesberg*, Juristenjahrbuch Bd. 7 (1966/67), S. 138, 148 ff.

1020 Vgl. BGHZ 20, 345, 350 („Paul Dahlke"); *v. Gamm*, Urheberrecht, Einf. Rn. 115; *Neumann-Duesberg*, Juristenjahrbuch Bd. 7 (1966/67), S. 138, 144 ff.

1021 *v. Gamm*, Urheberrecht, Einf. Rn. 115.

1022 *Schertz*, in: Götting/Schertz/Seitz, Handbuch des Persönlichkeitsrechts, § 12 Rn. 33.

1023 BVerfGE 120, 180, 212 („Caroline von Hannover").

1024 *Schertz*, in: Götting/Schertz/Seitz, Handbuch des Persönlichkeitsrechts, § 12 Rn. 37.

kommt es vielmehr darauf an, in welchem Zusammenhang über sie bildlich berichtet wird[1025]. Zur Bekanntheit der Person in der Öffentlichkeit muss nach neuester Rechtsprechung noch hinzukommen, dass die Berichterstattung ein Ereignis von zeitgeschichtlicher Bedeutung zum Gegenstand hat[1026]. Bisher reichte dagegen bei absoluten Personen der Zeitgeschichte in der Regel ihr Prominentenstatus aus, um sie abbilden zu dürfen[1027]. Wird nun von der Rechtsprechung neben dem Prominentenstatus eine zusätzliche zeitgeschichtliche Relevanz in Form eines besonderen Ereignisses gefordert, so hebt sich die absolute Person der Zeitgeschichte von der relativen Person der Zeitgeschichte nicht mehr ab. Voraussetzung ist dann lediglich noch, dass es sich überhaupt um eine *„Person der Zeitgeschichte"* handelt[1028]. Zu den Personen der Zeitgeschichte lassen sich solche Personen zählen, die in den Sektoren Sport, Politik, Kultur, Wirtschaft oder Gesellschaft Zeitgeschichte machen und im Blickpunkt des öffentlichen Interesses stehen. Aber auch solche Personen, die durch ein bestimmtes Ereignis für einen gewissen zeitlichen Abschnitt in den Fokus des öffentlichen Interesses rücken, fallen unter den Begriff der Person der Zeitgeschichte.

Bisher wurde - wie bereits erwähnt - zwischen absoluten und relativen Personen der Zeitgeschichte differenziert[1029].

Alle Personen, die sich *„durch Geburt, Stellung, Leistungen, Taten oder Untaten - also nicht nur positiv, sondern auch negativ - außergewöhnlich aus dem Kreis der Mitmenschen herausheben"*[1030] und die deswegen im Blickfeld der Öffentlichkeit stehen, wurden als absolute Personen der Zeitgeschichte angesehen. Für eine einwilligungsfreie Veröffentlichung wurde kein Bezug zu einem zeitgeschichtlichen Ereignis von öffentlichem Interesse vorausgesetzt. Die Person selbst war das Ereignis. Sie selbst war von öffentlichem Interesse. Die Veröffentlichung war zudem auch nicht darauf angegrenzt, die absolute Person der Zeitgeschichte lediglich bei der Ausübung ihrer jeweiligen Funktion darzustellen. Auf Grund ihrer besonderen Funktion und ihrer damit verbundenen Wir-

---

1025 *Schertz*, in: Götting/Schertz/Seitz, Handbuch des Persönlichkeitsrechts, § 12 Rn. 38.

1026 *Schertz*, in: Götting/Schertz/Seitz, Handbuch des Persönlichkeitsrechts, § 12 Rn. 38.

1027 BVerfGE 101, 361, 394 („Caroline von Monaco IV"); *Götting*, in: Schricker, Urheberrecht, § 60/§ 23 KUG Rn. 6.

1028 Vgl. BGH NJW 2007, 1977, 1978 („Caroline von Hannover"); BGH NJW 2007, 1981, 1981 („Abgestuftes Schutzkonzept I"); BGH 2007, 3440, 3441 („Grönemeyer"); BGH NJW 2008, 749 („Abgestuftes Schutzkonzept II").

1029 *Neumann-Duesberg* JZ 1960, 114, 115; vgl. auch *Götting*, in: Schricker, Urheberrecht, § 60/§ 23 KUG Rn. 19; *Schertz*, in: Götting/Schertz/Seitz, Handbuch des Persönlichkeitsrechts, § 12 Rn. 39; *v. Strobl-Albeg*, in: Wenzel, Das Recht der Wort- und Bildberichterstattung, 8. Kap. Rn. 8.

1030 *Neumann-Duesberg*, Juristenjahrbuch Bd. 7 (1966/67), S. 138, 151.

kung konnte sich das öffentliche Interesse auch auf Informationen darüber erstrecken, wie sich diese Personen in der Öffentlichkeit bewegen. Der Öffentlichkeit wurde ein Interesse zugesprochen, zu erfahren, ob diese Personen, die oft auch als Vorbild dienen, ihr funktionales und persönliches Verhalten in Einklang bringen. Lediglich die Privat- und Intimsphäre als berechtigte Interessen im Sinne des § 23 Abs. 2 KUG vermochten dem eine Grenze zu setzen[1031].

Bei relativen Personen der Zeitgeschichte dagegen musste auch nach alter Rechtsprechung ein bestimmtes zeitgeschichtliches Geschehen existieren, welches das allgemeine öffentliche Interesse an ihrem Bildnis geweckt hat. Im Gegensatz zu den absoluten Personen der Zeitgeschichte, bei denen die Person als zeitgeschichtliches Ereignis im Fokus stand, war bei relativen Personen der Zeitgeschichte ein bestimmtes Ereignis maßgebend.

Da sowohl der Bundesgerichtshof als auch das Bundesverfassungsgericht an der Figur der absoluten Person der Zeitgeschichte nicht mehr festhalten, existiert im Sinne der ursprünglichen Definition nur noch die relative Person der Zeitgeschichte[1032]. Bisher wurde die Abbildungsfreiheit bei relativen Personen der Zeitgeschichte thematisch und zeitlich durch die Merkmale „*Ereignisbezug*“ und „*Aktualität*“ eingeschränkt[1033]. An relativen Personen der Zeitgeschichte besteht zwar ein das Anonymitätsinteresse verdrängendes Publikationsinteresse, aber nur in Bezug auf ein bestimmtes Ereignis[1034]. Es ist jedoch nicht erforderlich, dass der Zusammenhang mit dem zeitgeschichtlichen Ereignis schon aus dem Bild selbst hervorgeht. Es genügt vielmehr, wenn der Begleittext diesen Zusammenhang herstellt[1035]. Das zeitgeschichtliche Ereignis als solches macht die mit ihm im Zusammenhang stehenden Personen zu relativen Personen der Zeitgeschichte[1036]. Mangels Aktualität entfällt bei relativen Personen der Zeitgeschichte die Abbildungsfreiheit wieder, wenn zu einem Zeitpunkt die Erinnerung an das jeweilige Ereignis für die Öffentlichkeit keine Rolle mehr spielt[1037].

1031 Zur damaligen Rechtsprechung bei absoluten Personen der Zeitgeschichte, vgl. *Schertz*, in: Götting/Schertz/Seitz, Handbuch des Persönlichkeitsrechts, § 12 Rn. 40; *v. Strobl-Albeg*, in: Wenzel, Das Recht der Wort- und Bildberichterstattung, 8. Kap. Rn. 10.

1032 *Schertz*, in: Götting/Schertz/Seitz, Handbuch des Persönlichkeitsrechts, § 12 Rn. 41.

1033 *J. Helle*, Besondere Persönlichkeitsrechte im Privatrecht, S. 146; *Neumann-Duesberg*, Juristenjahrbuch Bd. 7 (1966/67), S. 138, 151 f.

1034 *Neumann-Duesberg*, Juristenjahrbuch Bd. 7 (1966/67), S. 138, 151.

1035 *J. Helle*, Besondere Persönlichkeitsrechte im Privatrecht, S. 146 f.; *Neumann-Duesberg* JZ 1960, 114, 115.

1036 *J. Helle*, Besondere Persönlichkeitsrechte im Privatrecht, S. 147.

1037 *J. Helle*, Besondere Persönlichkeitsrechte im Privatrecht, S. 148.

(bb) Das legitime Informationsinteresse - Das zeitgeschichtliche Ereignis

Nach der Entscheidung des Europäischen Gerichtshofes für Menschenrechte zum legitimen Informationsinteresse und den darauf folgenden Entscheidungen des Bundesgerichtshofs und auch der ersten Entscheidung des Bundesverfassungsgerichts kann die nunmehr bestehende Rechtslage in Deutschland wie folgt zusammengefasst werden[1038]: Bei absoluten Personen der Zeitgeschichte genügt für eine einwilligungsfreie Veröffentlichung ihres Bildnisses fortan nicht mehr lediglich ihr Prominentenstatus. Dieser Status allein vermag in Zukunft kein zeitgeschichtliches Ereignis mehr zu begründen. Bei prominenten beziehungsweise in der Öffentlichkeit bekannten Personen muss nunmehr überprüft werden, welcher Informationswert der Abbildung zukommt und im Besonderen, ob hiermit ein zeitgeschichtliches Ereignis dokumentiert werden soll. Maßgeblich ist insoweit der Informationswert der betreffenden Abbildung, wobei hierbei auch die zugehörige Wortberichterstattung Berücksichtigung finden muss. Soll durch die Veröffentlichung privater Angelegenheiten lediglich die Neugier der Rezipienten gestillt werden, so reicht diese zukünftig nicht mehr aus, um ein legitimes Informationsinteresse zu begründen. Maßgeblich ist nunmehr, ob das jeweilige Bildnis selbst ein Ereignis dokumentiert, an dem ein legitimes Informationsinteresse besteht. Dies ist bei Abbildungen, die sich lediglich auf den privaten Bereich einer Person beziehen, nunmehr nicht mehr gegeben. Soll also lediglich die Neugier der Rezipienten befriedigt werden und besteht der Informationswert im Großen und Ganzen in deren Unterhaltung ohne jegliche gesellschaftliche Relevanz, so wird im Zweifelsfall dem Persönlichkeitsschutz des Betroffenen Vorrang zu gewähren sein. Früher dagegen wurde der Persönlichkeitsschutz von prominenten Personen in der deutschen Rechtsprechung lediglich auf den häuslichen Bereich und auf Orte der Abgeschiedenheit begrenzt[1039]. Dieser Schutz wurde jedoch auf öffentliche Plätze erweitert, wenn sich die betroffene Person *„in Momenten der Entspannung oder des Sich-gehen-Lassens außerhalb der Einbindung in die Pflichten des Berufs und des Alltags*“[1040] befindet. Dennoch können Bildnisse, die den Betroffenen in privaten Momenten in der Öffentlichkeit zeigen, bedingt durch den zugehörigen Wortbericht dann zulässig sein, wenn hierdurch ein die Öffentlichkeit interessierender Sachverhalt dokumentiert und ein Beitrag zu einer Diskussion von allgemeinem Interesse geleistet wird[1041].

1038 Siehe hierzu die ausführliche Darstellung bei *Schertz*, in: Götting/Schertz/Seitz, § 12 Rn. 50 ff.

1039 BVerfGE 101, 361, 383 f. (Caroline von Monaco IV“).

1040 BVerfGE 120, 180, 207 („Caroline von Hannover“).

1041 EGMR NJW 2004, 2647, 2651 („Caroline von Hannover“).

Hinsichtlich der bislang als relative Person der Zeitgeschichte bezeichneten Figur gilt letztendlich nichts anderes. Die Abbildung ist nach altem wie auch nach neuem Recht lediglich dann zulässig, sofern durch die Veröffentlichung ein zeitgeschichtliches Ereignis visualisiert werden soll. Dieses zeitgeschichtliche Ereignis lässt sich nicht aus der betreffenden Person selbst oder aus ihrer prominenten Stellung ableiten, sondern aus *„zeitgeschichtlichen Ereignissen im engeren Sinne“*[1042]. Bezüglich relativen Personen der Zeitgeschichte kann im Ergebnis daher eher als bei absoluten Personen der Zeitgeschichte auf die frühere Rechtsprechung Bezug genommen werden, da sie auch vor der neueren Rechtsprechung schon ein zeitgeschichtliches Ereignis unabhängig vom jeweiligen Status der Person voraussetzte.

(d) Person der Zeitgeschichte durch Erwähnung in den Medien

Einige Gerichte waren der Auffassung, ein Straftatverdächtiger könne infolge einer ihn betreffenden Berichterstattung im Zusammenhang mit einem strafrechtlich relevanten Verhalten zu einer Person der Zeitgeschichte werden[1043]. Durch die Einführung der §§ 22 ff. KUG wurde jedoch nicht das Ziel verfolgt, eine Person zur zeitgeschichtlichen Persönlichkeit zu machen[1044]. Ansonsten würde den Medien die Möglichkeit eröffnet werden, sich die Berechtigung zur Berichterstattung durch eigenes Verhalten zu beschaffen. Eine Person kann allein durch die Berichterstattung in den Medien auch nach der neuen Rechtsprechung nicht zu einer Person von zeitgeschichtlichem öffentlichem Interesse im Sinne des § 23 Abs. 1 Nr. 1 KUG werden.

(e) Person der Zeitgeschichte durch Sensationsberichte

In einem nicht unerheblichen Maße ist das reale Interesse der Öffentlichkeit an der Identität des Tatverdächtigen auf ein Sensationsinteresse und auf Neugier zurück zuführen. Dieses Interesse befriedigen insbesondere die Boulevardmedien, indem sie durch eine oftmals emotionalisierte und detaillierte Berichterstattung die Identifikation des Tatverdächtigen ermöglichen. Zwar können sich die Medien auch bei Berichten, die lediglich der Unterhaltung und Sensation dienen, auf Art. 5 Abs. 1, 2 GG berufen[1045]. Allerdings reduziert sich dieser verfassungsrechtliche Schutz, sofern es zur Kollision mit weiteren Gütern von Ver-

---

1042 *Schertz*, in: Götting/Schertz/Seitz, Handbuch des Persönlichkeitsrechts, § 12 Rn. 62.

1043 OLG Hamm AfP 1976, 32, 32; OLG Düsseldorf GRUR 1970, 194, 195; OLG Stuttgart AfP 1972, 87, 87; *Erdsiek* AfP 1973, 413, 414.

1044 *Stapper*, Namensnennung in der Presse im Zusammenhang mit dem Verdacht strafbaren Verhaltens, S. 125.

1045 BVerfGE 101, 361, 389 („Caroline von Monaco IV“); *Stapper*, Namensnennung in der Presse im Zusammenhang mit dem Verdacht strafbaren Verhaltens, S. 43 ff.

fassungsrang kommt. Wird ein Medienbericht über den Verdacht einer Straftat mit einem Bildnis des Tatverdächtigen angereichert und geschieht dies lediglich, um damit dem zweifelhaften Interesse nach Sensation gewisser Rezipienten nach zukommen oder um hieraus eine besonders hohe finanzielle Ausbeute, beispielsweise auf Grund einer gesteigerten Auflagenstärke zu erzielen, so kann das Interesse der Öffentlichkeit nicht als legitim angesehen werden[1046]. Wird durch eine Bildnisveröffentlichung die Identität des Tatverdächtigen aufgehoben, so bedeutet dies in der Regel einen schweren Eingriff in dessen allgemeines Persönlichkeitsrecht. Im Ergebnis sind daher im Bereich des § 23 Abs. 1 Nr. 1 KUG, dessen Ziel ein adäquater Ausgleich von Informationsinteresse der Öffentlichkeit und dem allgemeinen Persönlichkeitsrecht ist, die aus dem allgemeinen Persönlichkeitsrecht resultierenden Interessen in stärkerem Maße zu berücksichtigen, wenn die Sensationslüsternheit an dem Medienbericht überwiegt[1047]. Sensationslust kann nicht das Anonymitätsinteresse verdrängen und auch nicht genügen, um den Tatverdächtigen als zeitgeschichtlich relevante Person einzuordnen.

(f) Die Straftat als zeitgeschichtliches Ereignis

Über einige Personen, die im Verdacht stehen, eine Aufsehen erregende Straftat begangen zu haben, durfte im Sinne von § 23 Abs. 1 Nr. 1 KUG in identifizierender Weise berichtet werden, da es sich bei der Straftat um ein Ereignis der Zeitgeschichte gehandelt haben soll[1048]. Als entsprechend Aufsehen erregend und spektakulär wird eine Straftat anzusehen sein, die einen sensations- und skandalträchtigen Charakter innehat[1049]. Als derart spektakulär wurde beispiels-

1046 Vgl. *Neumann-Duesberg*, Juristenjahrbuch Bd. 7 (1966/67), S. 138, 145.

1047 Vgl. statt vieler *v. Gamm*, Urheberrecht, Einf. Rn. 115; *Gerstenberg*, in: Schricker, Urheberrecht, § 60/§ 23 KUG Rn. 9; *Hubmann*, Das Persönlichkeitsrecht, S. 299; *Franke*, Die Bildberichterstattung über den Angeklagten, S. 106; *Ricker*, Unternehmensschutz und Pressefreiheit, S. 39; *Stapper*, Namensnennung in der Presse im Zusammenhang mit dem Verdacht strafbaren Verhaltens, S. 126 f.; *Neumann-Duesberg*, Juristenjahrbuch Bd. 7 (1966/67), S. 138, 145; *Werhahn* UFITA Bd. 37 (1962), 22, 28.

1048 Vgl. OLG Frankfurt GRUR 1958, 508, 509; NJW 1980, 597, 598; OLG Dresden DRiZ 1928, 44, 45; OLG Hamburg AfP 1983, 466, 467; OLG Karlsruhe Die Justiz 1974, 223, 223; OLG Oldenburg NJW 1963, 920, 922; LG Berlin NJW 1986, 1265, 1265; *Damm/Rehbock*, Widerruf, Unterlassung und Schadensersatz, Rn. 241; *J. Helle*, Besondere Persönlichkeitsrechte im Privatrecht, S. 160; *Ricker*, in: Unschuldsvermutung in der Mediengesellschaft - Publizistischer Missbrauch - staatsanwaltlicher Ermittlungsverfahren?, Symposium des Hessischen Ministeriums der Justiz am 12. Februar 1990, S. 35.

1049 *Stapper*, Namensnennung in der Presse im Zusammenhang mit dem Verdacht strafbaren Verhaltens, S. 128; *Koebel* JZ 1966, 389, 391.

weise das Attentat während des Münchner Oktoberfestes im Jahre 1980[1050], Taten aus der Zeit des Nationalsozialismus[1051] oder besondere Tötungsdelikte[1052] angesehen.

Eine spektakuläre und damit sensationsträchtige Straftat kann jedoch für sich genommen noch kein legitimes Interesse der Öffentlichkeit an der Identität des Tatverdächtigen auslösen[1053]. Aus der Sensation, die ein Bericht über eine spektakuläre Straftat für die Medien so attraktiv macht, kann kein berechtigtes Informationsinteresse resultieren. Die Entlassung des Tatverdächtigen aus seiner Anonymität erfordert ein darüber hinausgehendes Interesse, welches jedoch allein aus dem Verdacht bezüglich einer besonders sensationellen Straftat nicht gefolgert werden kann. Insbesondere muss auch der Unschuldsvermutung Berücksichtigung zukommen[1054], denn gerade die Aufdeckung der Identität des Tatverdächtigen im Zusammenhang mit einer spektakulären Aufsehen erregenden Straftat vermag einen großen Kreis an Rezipienten anzuziehen, der die Prangerwirkung eines solchen Berichts nur noch verstärkt[1055]. Zudem steht die Täterschaft des bislang lediglich Tatverdächtigen im Stadium des Ermittlungsverfahrens noch nicht fest. Erst das Hauptverfahren soll klären, ob der Tatverdächtige auch tatsächlich mit der ihm vorgeworfenen Straftat verbunden ist[1056].

Lediglich auf Grund eines Straftatverdachts darf somit nicht einwilligungsfrei nach § 23 Abs. 1 Nr. 1 KUG ein Bildnis des Verdächtigen veröffentlicht werden.

(g) Die Verhaftung als zeitgeschichtliches Ereignis

Zum Teil wird die Verhaftung des der Tat dringend Verdächtigen als zeitgeschichtliches Ereignis angesehen, welches die Befassung der Medien auch mit der Person des Verhafteten rechtfertigen soll[1057]. Eine Verhaftung besitze zeitgeschichtlichen Charakter und die Person des Tatverdächtigen könne hierdurch

---

1050 OLG Hamburg AfP 1983, 466, 467.

1051 OLG Frankfurt NJW 1980, 597, 598.

1052 OLG Karlsruhe Die Justiz 1974, 223, 223.

1053 Vgl. *Stapper*, Namensnennung in der Presse im Zusammenhang mit dem Verdacht strafbaren Verhaltens, S. 129; *Soehring* GRUR 1986, 518, 522.

1054 OLG Köln NJW 1987, 2682; OLG Köln AfP 1989, 683; *Bornkamm*, Pressefreiheit und Fairness des Strafverfahrens, S. 261.

1055 Für ein Beispiel der existenzvernichteten Folgen von Medienberichterstattung während des Ermittlungsverfahrens, vgl. *Ulsamer*, in: Festschrift für Jauch, S. 221, 224 ff.

1056 *Bornkamm*, Pressefreiheit und Fairness des Strafverfahrens, S. 261, 263; *Lampe* NJW 1973, 217, 218; *Ostendorf* GA 1980, 445, 448.

1057 *Lampe* NJW 1973, 217, 218; vgl. auch KG NJW-RR 2007, 345, 345 („El Presidente"); OLG Hamburg NJW-RR 1992, 536, 536 f.; LG Berlin NJW 1986, 1265, 1265.

ihrerseits zeitgeschichtliches Format gewinnen[1058]. Dieser Auffassung ist jedoch entgegen zu halten, dass nicht zwangsläufig jede Verhaftung von zeitgeschichtlicher Bedeutung ist. Grundbedingung ist zwar das Vorliegen eines dringenden Tatverdachts, ansonsten ist sie jedoch generell unabhängig von der Person des Verhafteten[1059]. Es werden also auch Personen verhaftet, die in der allgemeinen Öffentlichkeit uninteressant sind und denen eine Tat zur Last gelegt wird, die in keinster Weise das öffentliche Interesse auf sich zieht. Würde man dennoch ein legitimes Informationsinteresse der Öffentlichkeit annehmen, so würde sich dieses in der Regel auf den Akt der Verhaftung selbst beziehen. Eine Verhaftung weist aber in der Regel starke Skandal- und Sensationstendenzen auf. Wird der Medienbericht zusätzlich mit einem entsprechenden Bildnis des Verhafteten oder des Verhaftungsvorgangs selbst angereichert, wäre die Sensation perfekt und der Ruf des Betroffenen einer enormen Schädigungsgefahr ausgesetzt. Ein legitimes Informationsinteresse der Öffentlichkeit gerade an der Identität des Tatverdächtigen kann in einem solchen Fall jedoch nicht angenommen werden. Die schädlichen Konsequenzen sind bei einer identifizierenden Berichterstattung ganz besonders zu berücksichtigen. Eine derartige Berichterstattung führt nicht nur dazu, dass bei einigen Rezipienten der Eindruck entsteht, der betroffene Tatverdächtige sei der Tat bereits endgültig überführt, sondern auch zu schwerwiegenden Schäden bezüglich seines sozialen Status.

Oftmals wird jedoch argumentiert, dass es notwendig sei, die Identität des Verhafteten in den Medien mitzuteilen, um das Gemüht der Öffentlichkeit zu beschwichtigen[1060]. Um eine allgemeine Beruhigung in der Öffentlichkeit wieder herzustellen, genügt es jedoch auch, wenn in nicht identifizierender Weise berichtet wird. Denn in der Regel werden die Rezipienten durch die vorangegangenen Berichte die Straftat kennen, die eine Verhaftung nach sich zog[1061]. Allein die Verhaftung kann demnach nicht zu einer einwilligungsfreien Bildberichterstattung nach § 23 Abs. 1 Nr. 1 KUG führen.

(3) Rückgriff auf § 23 Abs. 2 KUG

Die Abbildungsfreiheit nach § 23 Abs. 1 KUG steht im Spannungsverhältnis zum Persönlichkeitsrecht des Abgebildeten. § 23 Abs. 2 KUG ermöglicht daher seinerseits eine Einschränkung der Befugnis zur Verbreitung und öffentlichen

---

1058 *Lampe* NJW 1973, 217, 218.

1059 *Stapper*, Namensnennung in der Presse im Zusammenhang mit dem Verdacht strafbaren Verhaltens, S. 130.

1060 *Kühle*, Anm. zu OLG Koblenz, Urt. v. 5.10.1972 - 9 U 552/72, AfP 1973, 356, 356; *Soehring* GRUR 1986, 518, 522.

1061 Vgl. auch *Stapper*, Namensnennung in der Presse im Zusammenhang mit dem Verdacht strafbaren Verhaltens, S. 130.

Zurschaustellung, sofern dadurch ein berechtigtes Interesse des Abgebildeten verletzt wird. Für die Rechtsanwendung der §§ 22 - 24 KUG bedeutet dies, dass zunächst zu prüfen ist, ob die Tatbestandsvoraussetzungen des § 22 KUG vorliegen. Sodann ist festzustellen, ob sich eine Veröffentlichungsbefugnis aus § 23 Abs. 1 KUG ergibt. Ergibt sich keine Veröffentlichungsbefugnis aus § 23 Abs. 1 KUG, ist § 23 Abs. 2 KUG nicht mehr zu prüfen[1062]. Bereits im Rahmen des § 23 Abs. 1 KUG findet eine Abwägung des Rechts am eigenen Bild als Bestandteil des Persönlichkeitsrechts mit den Publikationsinteressen statt. Daher müssen die der Abbildungsfreiheit nach § 23 Abs. 1 KUG entgegenstehenden Interessen des § 23 Abs. 2 KUG andere sein als die, die bereits zwischen den §§ 22 und 23 Abs. 1 KUG abgewogen werden[1063]. Ob ein berechtigtes Interesse des Abgebildeten nach § 23 Abs. 2 KUG vorliegt, ist immer dann zu prüfen, wenn die Abbildungsfreiheit nach § 23 Abs. 1 KUG bejaht wurde[1064]. Eine Abwägung zwischen dem Informationsinteresse der Öffentlichkeit und den berechtigten Belangen des Abgebildeten nach § 23 Abs. 2 KUG kann im Einzelfall ergeben, dass erst bei einem qualifizierten Informationsinteresse eine Bildnisveröffentlichung zulässig ist, hinter dem die Interessen des Betroffenen zurückstehen müssen[1065]. Innerhalb einer Güter- und Interessenabwägung zwischen der Freiheit der Berichterstattung und dem allgemeinen Persönlichkeitsrecht des Betroffenen ist daher zu ermitteln, ob ein berechtigtes Interesse des Tatverdächtigen einer Bildnisveröffentlichung entgegensteht[1066]. Für den Fall der Bildnisveröffentlichung

1062 *v. Becker*, Straftäter und Tatverdächtige in den Massenmedien, S. 143; *Neumann-Duesberg* JZ 1971, 305, 307.

1063 *Neumann-Duesberg*, Juristenjahrbuch Bd. 7 (1966/67), S. 138, 158; ders. JZ 1971, 305, 307; vgl. auch *v. Becker*, Straftäter und Tatverdächtige in den Massenmedien, S. 143; *Braun*, Medienberichterstattung über Strafverfahren, S. S. 76.

1064 *v. Becker*, Straftäter und Tatverdächtige in den Massenmedien, S. 143.

1065 *v. Strobl-Albeg*, in: Wenzel, Das Recht der Bild- und Wortberichterstattung, 8. Kap. Rn. 55.

1066 BVerfGE 35, 202, 221 („Lebach I"); BVerfG NJW 1993, 1463; 1464; vgl. auch die Richtlinie Ziff. 8.1, 8.2 und 8.3 zum Pressekodex. In einem Fall, indem ein Fernsehsender Filmaufnahmen einer tatverdächtigen Person sowie das psychiatrische Gutachten über den Geisteszustand der Tatverdächtigen wiedergab, wurde ein derartig berechtigtes Interesse bejaht, vgl. LG Köln ZUM-RD 2003, 50, 52 f. Das LG Köln führte aus, dass die Veröffentlichung der Filmaufnahmen und deren Befragung zu dem Tatgeschehen durch den Redakteur angesichts der Ungewöhnlichkeit des Tatgeschehens, der Einzelheiten der Tatausführung und des Geisteszustandes der Tatverdächtigen deren Privatsphäre verletze, weil sie durch die Ausstrahlung dieser Aufnahmen im Fernsehen vor einem großen Publikum mit diesem Geschehen in die Öffentlichkeit gezogen worden sei. In diesem Zusammenhang habe das berechtigte Interesse der Klägerin daran, dass dies durch die Ausstrahlung der Filmaufnahmen nicht geschieht, um

von Straftätern wurden in der Rechtsprechung einige Grundsätze entwickelt, die auch dann heranzuziehen sind, wenn es sich bislang nur um einen Tatverdächtigen handelt. Auf Seiten des Persönlichkeitsrechts fällt innerhalb der Abwägung ins Gewicht, ob von Form und Inhalt der Berichterstattung eine Prangerwirkung ausgeht[1067]. Dieser Gesichtspunkt lässt die Frage in den Mittelpunkt rücken, ob das Informationsinteresse der Allgemeinheit es tatsächlich zu rechtfertigen vermag, den Tatverdächtigen auch im Bild vorgestellt zu bekommen, um zu sehen, *„wie einer aussieht, der so etwas macht“*[1068]. Auf Seiten des öffentlichen Berichterstattungsinteresses ist die Bedeutung der Tat als zeitgeschichtlicher Vorgang auf Grund der Schwere der Tat, der Person des Täters und sonstiger Umstände zu berücksichtigen. Auf Seiten des Betroffenen ist dagegen sein Recht auf Anonymität in die Abwägung einzustellen[1069]. Letztlich ist ausschlaggebend, in welchem Maße eine Berichterstattung über Tatverdächtige deren Persönlichkeitsentfaltung beeinträchtigen kann[1070]. In jedem Einzelfall ist daher zu beachten, in welchem Medium und mit welcher Reichweite die Berichterstattung erfolgt[1071], zur Befriedigung welchen Informationsinteresses berichtet wird (Sensationslust oder sachliche Information), aus welchem Anlass (Ermittlungs- oder Hauptverfahren) und in welcher Weise und Intensität die Öffentlichkeit informiert wird[1072]. Selbst wenn ein öffentliches Informationsinteresse bejaht werden kann, so setzt die Abbildung des Tatverdächtigen ein qualifiziertes Interesse an der Bildberichterstattung voraus, welches die Tatsache rechtfertigen kann, dass der betroffene Tatverdächtige seinen Schutz vor öffentlicher Anprangerung verliert. Daher muss innerhalb der Abwägung das Informationsbedürfnis der Allgemeinheit gerade an der Identifizierung des Betroffenen sein Interesse an Anonymität überwiegen[1073]. Insbesondere bei tatverdächtigen Personen ist zudem die Unschuldsvermutung des Art. 6 Abs. 2 EMRK in die Interessenabwägung mit einzubeziehen[1074].

---

so mehr zu gelten, als die Veröffentlichung der Aufnahmen mit der Klägerin zur Erreichung des Zwecks der Serie (nämlich über die Arbeit der Justiz zu berichten), nicht erforderlich gewesen sei.

1067 BVerfGE 97, 391, 402 ff.

1068 *v. Strobl-Albeg*, in: Wenzel, Das Recht der Wort- und Bildberichterstattung, 8. Kap. Rb. 85.

1069 BVerfGE 35, 202, 220, 224 f. („Lebach I“).

1070 BVerfGE 97, 391, 402 ff.

1071 OLG Hamburg NJW-RR 1994, 1439, 1441 („Honka II“).

1072 OLG Hamburg NJW-RR 1994, 1439, 1441 („Honka II“).

1073 OLG Frankfurt ZUM 1990, 580, 580; OLG Hamburg NJW-RR 1992, 536, 537.

1074 OLG Braunschweig AfP 1980, 292, 292; OLG Köln NJW 1987, 2682, 2682; AfP 1989, 683, 685 f; *J. Helle*, Besondere Persönlichkeitsrechte im Privatrecht, S. 160; *v.*

(4) § 24 KUG

§ 24 KUG enthält eine weitere Ausnahme vom Einwilligungserfordernis des § 22 S. 1 KUG zu Gunsten der Rechtspflege und der öffentlichen Sicherheit. Hierbei geht es weder um das Informationsinteresse noch um die Freiheit der Berichterstattung, sondern vielmehr um das öffentlich-rechtliche Interesse insbesondere an Strafverfolgung und Strafverhütung[1075]. Durch § 24 KUG wird das Persönlichkeitsrecht beschränkt, in dem die Vorschrift den Rahmen absteckt, in dem verwaltungs- und polizeirechtliche sowie strafprozessuale Maßnahmen, wie beispielsweise die Ausschreibung zu Festnahme nach § 131 Abs. 1 StPO, nicht in das Recht am eigenen Bild eingreifen. Auch hier gilt - wie bei allen Grundrechtseinschränkungen durch staatliche Gewalt - der Grundsatz der Verhältnismäßigkeit[1076]. Dieser Grundsatz bestimmt nicht lediglich das „*Ob*“, sondern auch das „*Wie*“ der Maßnahme. Aus diesem Grund kommt § 24 KUG nur dann zum Zuge, wenn das behördliche Handeln auch einen konkreten Zweck verfolgt[1077]. Dies setzt im Bereich der Rechtspflege ein anhängiges, im Bereich der Strafrechtspflege mindestens ein eingeleitetes Ermittlungsverfahren voraus[1078]. Nach Ansicht des Oberlandesgerichts Hamm[1079] erlaubt der Verhältnismäßigkeitsgrundsatz eine öffentliche Fahndung mittels eines Bildnisses und insbesondere eine Fernsehfahndung bei einem bereits namentlich bekannten Tatverdächtigen nur bei einer nach Art und Umfang schwerwiegenden Straftat[1080]. Darüber hinaus muss die gesuchte und tatverdächtige Person dringend tatverdächtig sein[1081]. Ist der Tatverdächtige dagegen noch unbekannt, so reicht eine nicht unerhebliche Straftat aus[1082].

Strobl-Albeg, in: Wenzel, Das Recht der Wort- und Bildberichterstattung, 8. Kap. Rn. 86; *Marxen* GA 1980, 364, 371 f.

1075 *Dreier*, in: Dreier/Schulze, Urheberrechtsgesetz, § 24 Rn. 1.

1076 *Dreier*, in: Dreier/Schulze, Urheberrechtsgesetz, § 24 Rn. 7; *Fricke*, in: Wandtke/Bullinger, Urheberrecht, § 24 Rn. 2; *Prinz/Peters*, Medienrecht, Rn. 883; *Lampe* NJW 1973, 217, 218.

1077 *Dreier*, in: Dreier/Schulze, Urheberrechtsgesetz, § 24 Rn. 7.

1078 Vgl. *Dreier*, in: Dreier/Schulze, Urheberrechtsgesetz, § 24 Rn. 7; *v. Gamm*, Urheberrechtsgesetz, Einf. Rn. 127; a.A. *J. Helle*, Besondere Persönlichkeitsrechte im Privatrecht, S. 204, der eine Verhältnismäßigkeitsprüfung lediglich im Rahmen der zum Eingriff ermächtigenden Sondervorschriften vornehmen will.

1079 OLG Hamm NStZ 1982, 82, 82.

1080 Zur Fahndung unter Einbeziehung des Fernsehens, vgl. *Berg* AfP 1989, 416 ff.

1081 OLG Hamm NStZ 1982, 82, 82.

1082 Vgl. *J. Helle*, Besondere Persönlichkeitsrechte im Privatrecht, S. 205 ff.; *Deutsch* GRUR Int. 1973, 463, 465.

Bildnisse, die zulässigerweise von Behörden verwendet werden, dürfen auch von den Medien veröffentlicht werden, sei es unter dem Gesichtspunkt der Wahrnehmung berechtigter Interessen[1083] oder unmittelbar abgeleitet aus § 24 KUG[1084]. Voraussetzung ist jedoch, dass die Behörde die Medien ausdrücklich um Fahndungshilfe gebeten haben[1085]. Das Oberlandesgericht Frankfurt[1086] führte in seiner Entscheidung zu der Sendung „*Aktenzeichen XY-ungelöst*" aus, dass die Namensnennung und Bildnisveröffentlichung des Antragstellers nach Ersuchen der Staatsanwaltschaft in der Sendung „*Aktenzeichen XY-ungelöst*" auf Grund der Wahrnehmung berechtigter Interessen gerechtfertigt sei. Es sei allgemein anerkannt, dass die Medien öffentliche Interessen wahrnehmen und, wenn im Zusammenhang mit Veröffentlichungen und Sendungen Nachteiliges über Dritte verbreitet werde, dieses Verhalten gerechtfertigt sein könne, sofern eine Abwägung der im Widerstreit stehenden Interessen der Allgemeinheit und des betroffenen Einzelnen ein Überwiegen des öffentlichen Interesses ergebe. Bezüglich der Identifizierung in der Sendung „*Aktenzeichen XY-ungelöst*" müsse nicht das Bedürfnis nach Unterhaltung mit dem Persönlichkeitsrecht des Betroffenen abgewogen werden, sondern das Interesse der Allgemeinheit an der Aufklärung von Verbrechen und das Interesse der Öffentlichkeit an der Verhinderung künftiger Verbrechen. Soll der Name des Tatverdächtigen und gegebenenfalls dessen Bildnis ausgestrahlt werden, so müsse es sich zumindest um eine Straftat von erheblicher Bedeutung handeln und nicht etwa um eine Bagatellsache. Als weiterer Gesichtspunkt sei zu berücksichtigen, in welchem Maße der Appell an ein Millionenpublikum geeignet sei, zur Verbrechensaufklärung beizutragen. Letztlich sei noch zu beachten, in welchem Ausmaß der Betroffene

1083 OLG Frankfurt NJW 1971, 47, 49 („Aktenzeichen XY - ungelöst"); *Götting*, in: Schricker, Urheberrecht, §60/§ 24 KUG Rn. 5; *Fricke*, in: Wandtke/Bullinger, Urheberrecht, § 24 Rn. 3; *Lampe* NJW 1973, 217, 218.

1084 *J. Helle*, Besondere Persönlichkeitsrechte im Privatrecht, S. 208 ff.; *Prinz/Peters*, Medienrecht, Rn. 883; a. A. *Neumann-Duesberg* JZ 1971, 305, 308 f.

1085 LG Köln ZUM 2004, 495, 497; *Fricke*, in: Wandtke/Bullinger, Urheberrecht, § 24 KUG Rn. 3; *Götting*, in: Schricker, Urheberrecht, § 60/§ 24 KUG Rn. 5; *Damm/Rehbock*, Widerruf, Unterlassung und Schadensersatz, Rn. 310; *Lampe* NJW 1973, 217, 218; vgl. auch OLG Frankfurt NJW 1971, 47, 49 („Aktenzeichen XY - ungelöst").

1086 OLG Frankfurt NJW 1971, 47, 48 f. („Aktenzeichen XY-ungelöst"); mit der Sendung „Aktenzeichen XY-ungelöst" befasste sich auch das OLG München NJW 1970, 1745 ff.

bereits verdächtig ist, wenn sein Name und sein Bildnis im Zusammenhang mit der Darstellung der Tat veröffentlicht werden soll[1087].

Gleich ob man die Fahndung mittels der Medien auf Ersuchen der Strafverfolgungsbehörden unter dem Gesichtspunkt der Wahrnehmung berechtigter Interessen für zulässig hält oder diese Zulässigkeit unmittelbar aus § 24 KUG ableitet, sind zumindest selbstständige in redaktioneller Eigenverantwortung gestaltete Fahndungsmaßnahmen der Medien von § 24 KUG nicht gedeckt[1088].

bb) Namentliche Identifikation des Beschuldigten/Angeschuldigten

Zur Untersuchung des Anonymitätsschutzes des Tatverdächtigen gehört auch die Betrachtung der Veröffentlichung des Namens, zumal in den seltensten Fällen die Medienberichterstattung über den Verdacht strafbaren Verhaltens allein eine Bildveröffentlichung zum Gegenstand haben wird[1089]. Vielmehr werden Fotos von tatverdächtigen Personen oftmals mit dem ausgeschriebenen Vornamen und Nachnamen angereichert. Die Namensnennung ist ebenso wie die Bildnisveröffentlichung im Rahmen der Berichterstattung über Strafverfahren besonders problematisch, da diese den Betroffenen in seinem sozialen Geltungsanspruch und in seiner Ehre intensiv beeinträchtigt[1090]. Wer im Zusammenhang mit dem Verdacht einer Straftat den Namen eines anderen nennt, berührt die persönliche Sphäre des Genannten.

(1) § 12 BGB

Der Name ist in § 12 BGB in doppelter Weise geschützt, einmal gegen das Bestreiten des Rechts zur Namensführung, zum anderen gegen den unbefugten Namensgebrauch bei Interessenverletzung des Berechtigten[1091]. Infrage stehen könnte hier nur ein etwaiger unbefugter Namensgebrauch. Aber ein solcher liegt

---

1087 Kritisch äußerte sich zu diesem Urteil insbesondere *Neumann-Duesberg* JZ 1971, 305, 308 f.; vgl. auch *v. Becker*, Straftäter und Tatverdächtige in den Massenmedien, S. 223 ff.

1088 LG Köln ZUM 2004, 495, 497; *Fricke*, in: Wandtke/Bullinger, Urheberrecht, § 24 KUG Rn. 3; *Götting*, in: Schricker, Urheberrecht, § 60/§ 24 KUG Rn. 5; *Damm/Rehbock*, Widerruf, Unterlassung und Schadensersatz, Rn. 309 f.; *Lampe* NJW 1973, 217, 218; vgl. auch OLG Frankfurt NJW 1971, 47, 49 („Aktenzeichen XY - ungelöst").

1089 Zu den Voraussetzungen der namensidentifizierenden Verdachtsberichterstattung und der Schwere des Strafausspruchs als Kriterium des öffentlichen Interesses, vgl. *N. Kaufmann* MMR 2010, 520, 521 ff.

1090 OLG Karlsruhe NJW-RR 2003, 688, 690 f.; *Degenhart*, in: Bonner Kommentar, GG, Art. 5 1, 2 Rn. 519 f.; *Soehring* NJW 1997, 360, 367.

1091 *Neumann-Duesberg* JZ 1970, 564, 565.

hier nicht vor. Das in § 12 BGB geschützte Interesse ist in erster Linie ein „*Identitätsinteresse*“[1092]. *Coing*[1093] führt aus, der Namensträger wolle als der gelten, der er wirklich sei. Das Identitätsinteresse bilde den eigentlichen Kernbereich des Namensrechts nach § 12 BGB. Der Name sei die individualisierende Bezeichnung der Person. Deshalb wird der Name nur dann unbefugt im Sinne des § 12 BGB gebraucht, wenn durch die Namensführung der Anschein falscher Identität hervorgerufen wird[1094]. § 12 BGB ist dagegen nicht betroffen, wenn der Namensträger mit seinem richtigen Namen bezeichnet wird[1095]. Dadurch wird sein Identitätsinteresse nicht tangiert [1096].

(2) Namensschutz nach §§ 22-24 KUG analog

Das Recht auf Namensanonymität ist gesetzlich nicht geregelt[1097]. Das Kunsturhebergesetz beinhaltet in den §§ 22 ff. KUG einen Bereich des allgemeinen Persönlichkeitsrechts. Allerdings nennt der Wortlaut des Gesetzes lediglich die Verbreitung von Bildnissen. Die Nennung von Namen dagegen ist vom Wortlaut der Vorschriften nicht umfasst. Möglicherweise kann jedoch der Schutzgedanke des § 22 KUG herangezogen und die Bestimmungen der §§ 22 ff. KUG zur Regelung des Rechts auf Namensanonymität analog angewendet werden. Voraussetzung hierfür wäre das Bestehen einer Gesetzeslücke[1098] sowie eine Rechtsähnlichkeit von kodifiziertem und nicht kodifiziertem Tatbestand[1099].

(a) Die Gesetzeslücke

Das Recht am eigenen Bild ist Bestandteil des „*besonderen Persönlichkeitsrechts auf Anonymität*“[1100], dem auch die Namensanonymität angehört[1101]. Eine

---

1092 *Coing*, in: Staudinger, BGB, § 12 BGB Rn. 38.

1093 *Coing*, in: Staudinger, BGB, § 12 BGB Rn. 38.

1094 *Coing*, in: Staudinger, BGB, § 12 Rn. 255; *Hubmann*, Das Persönlichkeitsrecht, S. 276f.

1095 *Coing*, in: Staudinger, BGB, § 12 Rn. 256; *Heinrich*, in: Soergel, BGB, § 12 BGB Rn. 176; *Koebel* JZ 1966, 389, 390.

1096 *Neumann-Duesberg* JZ 1970, 564, 565; vgl. auch *Brüchert* KrimJ, 8. Beiheft 2004, S. 230, 241.

1097 Wie bereits erläutert wurde, schützt § 12 BGB vor Namensanmaßung und nicht vor unbefugter Namensnennung.

1098 *Larenz*, Methodenlehre der Rechtswissenschaft, S. 370; *Zippelius*, Juristische Methodenlehre, S. 64.

1099 *Larenz*, Methodenlehre der Rechtswissenschaft, S. 381f.; *Zippelius*, Juristische Methodenlehre, S. 72 f.

1100 *Neumann-Duesberg* JZ 1970, 564, 566.

besondere gesetzliche Regelung, wie sie in den §§ 22 ff. KUG für Bildnisveröffentlichungen vorhanden ist, fehlt für den Bereich der Namensanonymität, sodass von einer Gesetzeslücke gesprochen werden kann.

Der Ausdruck „*Lücke*" weist auf eine Unvollständigkeit hin. Von „*Lücken*" innerhalb eines Gesetzes kann daher nur dann gesprochen werden, wenn dieses für einen bestimmten Bereich eine vollständige Regelung anstrebt[1102]. Der Gedanke, Personen durch die Anerkennung eines Rechts am eigenen Bild die Kontrolle über Abbildungen ihres äußeren Erscheinungsbildes zu sichern, ist relativ jung. Die Entwicklung dieses Gedankens begann erst Mitte des vorletzten Jahrhunderts mit der Erfindung der Fotografie[1103]. Diese machte die äußere Erscheinung von jedermann für jedermann verfügbar und steigerte hierdurch die Gefahr einer unwillkommenen „*Fremddarstellung*"[1104]. Nachdem sich gegen Ende des 19. Jahrhunderts herausstellte, dass die herkömmlichen rechtlichen Instrumentarien den aus der technischen Entwicklung der Fotografie resultierenden Schutzbedürfnissen nicht hinreichend Rechnung tragen konnten, wurden Bestrebungen unternommen, um einen umfassenden Bildnisschutz zu konstruieren[1105]. Diese führten zur Schaffung der bis heute geltenden Regelung in den §§ 22 ff. des KUG vom 9. 01.1907[1106]. Auslöser für die Bestrebungen war die Tat von zwei Journalisten, die heimlich in das Sterbezimmer von Otto von Bismarck (gest. 30.07.1898) eingedrungen waren und den Leichnam Bismarcks fotografiert hatten. Das Reichsgericht konnte mangels einschlägiger Rechtsnormen die Verbreitung der Fotos nur gestützt auf den Hausfriedensbruch untersagen[1107]. Die in diesem Fall erkennbar gewordene Regelungslücke sollte durch das KUG geschlossen werden, das einen Ausgleich zwischen dem Achtungsanspruch der Persönlichkeit und dem Informationsinteresse der Allgemeinheit verwirklichen sollte[1108]. Auf Grund der Reproduzierbarkeit von Fotografien, insbesondere in Verbindung mit den Verbreitungsmöglichkeiten der Medien, sollte entgegen gewirkt werden, dass der Abgebildete gegen seinen Willen aus seiner Anonymität herausgerissen und in das Licht der Öffentlichkeit gestellt wird[1109]. Heute

---

1101 *Neumann-Duesberg* JZ 1970, 564, 566; ders. Juristenjahrbuch Bd. 7 (1966/67), S. 138, 139; vgl. auch *Bornkamm*, Pressefreiheit und Fairness des Strafverfahrens, S. 250.

1102 *Larenz*, Methodenlehre der Rechtswissenschaft, S. 371.

1103 *Fricke*, in: Wandtke/Bullinger, Urheberrecht, § 22 KUG Rn. 1; *Götting*, in: Schricker, Urheberrecht, § 60/§ 22 KUG Rn. 1.

1104 *Götting*, in: Schricker, Urheberrecht, § 60/§ 22 KUG Rn. 1.

1105 *Götting*, in: Schricker, Urheberrecht, § 60/§ 22 KUG Rn. 3.

1106 RGBl. 1907, S. 7.

1107 RGZ 45, 170, 173.

1108 Vgl. *Fricke*, in: Wandtke/Bullinger, Urheberrecht, § 22 KUG Rn. 1 m.w.N.

1109 *Götting*, in: Schricker, Urheberrecht, § 60/§ 22 KUG Rn. 1.

wird davon ausgegangen, dass auch die Nennung von Namen ebenso wie die Bildberichterstattung zur Aufhebung der Anonymität und damit zur Identifizierung des Betroffenen in der Öffentlichkeit führt[1110]. Wäre dem damaligen Gesetzgeber der heutige Zustand bekannt, so hätte er entweder die Namensnennung in die §§ 22 ff. KUG mit einbezogen oder eine diesen Vorschriften ähnliche Regelung ins Leben gerufen. Die Tatsache, dass dies bis heute immer noch nicht geschehen ist, mag wohl daran liegen, dass sich der Gesetzgeber recht schwer tut, das allgemeine Persönlichkeitsrecht durch Schaffung entsprechender Vorschriften zu schützen, was auch auf den Widerstand der Medien zurück zuführen sein kann. Dies lässt den Schluss zu, dass die Vorschriften der §§ 22 ff. KUG eine vollständige Regelung anstreben[1111].

(b) Die Übertragbarkeit des Schutzgedankens

Die Regelungen der §§ 22 ff. KUG sollen dem Schutz gegen Anonymitätsbeeinträchtigungen dienen[1112]. Nach der Wertung des Gesetzes zählt es zur Entscheidungsfreiheit des Einzelnen, ob er seine Anonymität durch die Veröffentlichung seines Bildes insoweit aufgeben will[1113]. Wird in den Medien ein Bildnis veröffentlicht, so geschieht dies recht selten allein, sondern in der Regel in Verbindung mit dem Namen des Abgebildeten und einem entsprechenden Bericht. Bild und Name sind damit meist miteinander verkoppelt[1114]. Stellenweise wird allerdings die Ansicht vertreten, dass die bildliche Identifizierung eine intensivere Persönlichkeitsverletzung darstelle als eine namentliche Identifizierung[1115]. Hierbei ist jedoch auf die in der Regel gegebene Abhängigkeit von Wort- und Bildberichterstattung zu verweisen[1116] und damit eine pauschale Überbewertung des Rechts am eigenen Bild abzulehnen[1117]. In relativ wenigen Medienerzeugnissen wird lediglich der Name eines Betroffenen ohne gleichzeitige Bildnisveröffentlichung genannt. Allerdings wäre auch in diesen Fällen - in gleichem

---

1110 *Stapper*, Namensnennung in der Presse im Zusammenhang mit dem Verdacht strafbaren Verhaltens, S. 114.

1111 *Stapper*, Namensnennung in der Presse im Zusammenhang mit dem Verdacht strafbaren Verhaltens, S. 114.

1112 *Neumann-Duesberg*, Juristenjahrbuch Bd. 7 (1966/67), S. 138, 139.

1113 *Neumann-Duesberg* JZ 1970, 564, 566.

1114 *Neumann-Duesberg*, Juristenjahrbuch Bd. 7 (1966/67), S. 138, 139.

1115 Vgl. BGH NJW 1966, 2353, 2354 („Vor unserer eigenen Tür“); *Koebel* JZ 1966, 389, 390.

1116 *Arzt*, Der strafrechtliche Schutz der Intimsphäre, S. 22 f.; *v. Becker*, Straftäter und Tatverdächtige in den Massenmedien, S. 144f.; *Neumann-Duesberg*, Juristenjahrbuch Bd. 7 (1966/67), S. 138, 139; *Dünnwald* UFITA Bd. 49 (1967), S. 129, 132; *Koebel* JZ 1966, 389, 390.

1117 Vgl. *v. Becker*, Straftäter und Tatverdächtige in den Massenmedien, S. 144 f.

Ausmaß wie bei einer Abbildung des Betroffenen - eine Entanonymisierung gegeben[1118]. Abzustellen ist vielmehr ganzheitlich auf den Schutzgedanken der §§ 22 ff. KUG. Diese sollen ein Recht auf Anonymität sichern und vor einer identifizierenden Berichterstattung schützen. Letztlich ist noch hinzuzufügen, dass der Name einer Person nicht nur als Unterscheidungsmerkmal dient, sondern eben auch auf die dahinter stehende Persönlichkeit des Betroffenen hinweist[1119]. Der Name stellt ebenso wie das äußere Erscheinungsbild eine persönliche Kennzeichnung dar. Nach Auffassung von Heinrich[1120] stellt der Name sogar das wichtigste Mittel dar, durch welches eine Person in ihrer Umwelt ihre Individualität wahrt. Die Namensnennung ermöglicht es daher in gleicher Weise wie bei der Bildnisveröffentlichung, die Anonymität des Einzelnen aufzuheben[1121]. Im Einzelfall kann die Namensnennung für den Betroffenen sogar noch unangenehmer sein als die „*bloße*" Abbildung seiner Person, wenn durch eine Namensangabe beispielsweise die ganze Familie, sofern sie denselben Namen trägt, in Mitleidenschaft gezogen werden kann[1122]. Daher ist der entsprechende Schutzgedanke des § 22 KUG heranzuziehen und die Bestimmungen der §§ 22 ff. KUG analog auch auf die volle Namensnennung in den Medien anzuwenden[1123]. Die einheitliche Anwendung auf Namensnennung und Bildnisveröffentlichung unterbindet Differenzierungsmöglichkeiten nicht grundsätzlich und entspricht auch dem Interesse moderner Medien, die die Wort- und Bildberichterstattung selbst zu einer Einheit verknüpfen.

1118 *Stapper*, Namensnennung in der Presse im Zusammenhang mit dem Verdacht strafbaren Verhaltens, S. 115; *Bornkamm* NStZ 1983, 102, 106.

1119 *Neumann-Duesberg* JZ 1970, 564, 566.

1120 *Heinrich*, in: Soergel, BGB, § 12 BGB Rn. 2.

1121 *Neumann-Duesberg* JZ 1970, 564, 566.

1122 *Neumann-Duesberg*, Juristenjahrbuch Bd. 7 (1966/67), S. 138, 140.

1123 OLG Brandenburg NJW 1999, 3339, 3342 f.; OLG Celle AfP 1989, 575, 575; OLG Köln GRUR 1967, 319, 323; *v. Becker*, Straftäter und Tatverdächtige in den Massenmedien, S. 144 ff.; *Bornkamm*, Pressefreiheit und Fairness des Strafverfahrens, S. 250; *Kerscher*, Gerichtsberichterstattung und Persönlichkeitsschutz, S. 302, 330; *Burkhardt*, in: Wenzel, Das Recht der Wort- und Bildberichterstattung, 10. Kap. Rn. 53; *Mathy*, Das Recht der Presse, S. 170; *Schwerdtner*, Das Persönlichkeitsrecht in der deutschen Zivilrechtsordnung, S. 218; *Stapper*, Namensnennung in der Presse im Zusammenhang mit dem Verdacht strafbaren Verhaltens, S. 113 ff.; *Dünnwald* UFITA Bd. 49 (1967), S. 129, 144; *Lampe* NJW 1973, 217, 217; *Neumann-Duesberg* JZ 1970, 564, 566; ders. JZ 1971, 305, 311; ders. Juristenjahrbuch Bd. 7 (1966/67), S. 138, 138 ff.; *Marxen* GA 1980, 365, 370; *Löffler* NJW 1966, 920, 921.

cc) Indirekte Personenkennzeichnung des Beschuldigten/Angeschuldigten

(1) Zur Problematik indirekter Identifizierung

Mit dem Persönlichkeitsrecht des Tatverdächtigen kann die Medienberichterstattung auch dann kollidieren, wenn dieser weder mit vollem Namen genannt noch im Bild vorgestellt wird, er aber auf Grund sonstiger Angaben von seiner Umwelt aber durchaus erkannt werden könnte. Die Verwendung von Namenskürzeln statt des vollen Namens führt nicht unbedingt zur Anonymisierung, wenn der Betroffene gleichzeitig durch weitere Angaben wie Alter, Beruf, Wohnort, Nationalität, Aussehen oder Familienverhältnisse erkennbar wird[1124]. Diese individualisierenden Umstände, die zumeist im Zusammenhang mit der Angabe des Vornamens und dem Anfangsbuchstaben des Nachnamens stehen, führen im sozialen Umfeld des Betroffenen recht schnell zu dessen Identifizierung. Obwohl diese Daten unter dem Aspekt der „*Erkennbarkeit*" offensichtlich einen entanonymisierenden Charakter und zumindest im sozialen Umfeld des betroffenen Tatverdächtigen eine identifizierende Tendenz enthalten, werden derartige Angaben auch in Fällen, in denen keine Entanonymisierung nach § 23 Abs. 1 Nr. 1 KUG (analog) zulässig ist, immer wieder zum Inhalt der Medienberichterstattung. Zwar könnte man auf Medienseite argumentieren, dass durch die Kombination der einzelnen Kennungselemente doch in der überwiegenden Zahl der Fälle die Anonymität nicht aufgehoben werden kann. So wird der Deutsche Joachim K. aus Sindelfingen, 35, sicher für 99,99 % der Rezipienten unbekannt und unerkannt bleiben[1125]. Allerdings sind für den betroffenen Tatverdächtigen gerade die 0,01 % von Bedeutung, da nur das nähere (unmittelbare) soziale Umfeld für ihn verhaltensrelevant ist. Und genau diesem Umfeld ist die Anonymität, der Persönlichkeitsschutz preisgegeben. Die Aufmerksamkeit wird innerhalb dieses überschaubaren Personenkreises zielstrebig auf eine Person gelenkt. Diese hat (kaum) Möglichkeiten, sich zu wehren. Der Etikettierung und Stigmatisierung wird hierdurch Vorschub geleistet. Die sich daraus ergebenden Konsequenzen sind vorstellbar. Die „*dissozialisierenden Faktoren des sozialen Prangers*"[1126] werden in Bewegung gesetzt. Diese Problematik der indirekten Entanonymisierung behandelte in recht anschaulicher Weise das Oberlandesgericht Braunschweig[1127], welches die Angabe von Name und Lage einer Gaststätte, deren Wirt einer Straftat verdächtigt und deren polizeiliche Durchsuchung be-

---

1124 Vgl. u.a. BGH NJW 1963, 904, 904 („Hauptdrahtzieher"); OLG Braunschweig NJW 1975, 651, 652; OLG Hamburg NJW-RR 1992, 536, 536; *v. Becker*, Straftäter und Tatverdächtige in den Massenmedien, S. 147 ff.; *Ostendorf* GA 1980, 445.

1125 Vgl. *Lamnek* MschrKrim 1990, 163, 171.

1126 *v. Becker*, Straftäter und Tatverdächtige in den Massenmedien, S. 148.

1127 OLG Braunschweig NJW 1975, 651 ff.

schrieben wurde, als Persönlichkeitsrechtsverletzung ansah: „*Wenn auch der Kläger in der von ihm beanstandeten Presseveröffentlichung nicht namentlich bezeichnet worden ist, so war es jedoch mit Rücksicht darauf, dass der Zeitungsbericht den Namen und die Anschrift der Gaststätte des Klägers mitteilte, jedem Adressaten ohne besonders schwierige Nachforschungen möglich, die Person des Klägers als Inhaber dieser Gaststätte zu identifizieren*"[1128]. In der Frage, unter welchen Voraussetzungen bei Mitteilungen über Ermittlungsverfahren auch Angaben über die Person des Tatverdächtigen einbezogen werden dürfen, stimmte das Oberlandesgericht Braunschweig den vom Oberlandesgericht Frankfurt[1129] entwickelten Grundsätzen zu. Danach ist im Einzelfall zu berücksichtigen,

a) ob es sich um eine Straftat von erheblicher Bedeutung handelt;
b) ob und in welchem Maße Mitteilungen an das Publikum über die Person des Tatverdächtigen geeignet sind, zur Verbrechensaufklärung beizutragen;
c) in welchem Ausmaß der Täter bereits verdächtig ist, insbesondere ob gegen ihn wesentliche, einen erheblichen Tatverdacht begründende Umstände sprechen.

Der Senat hat diese Grundsätze zur Wahrung der Bild- und Namensanonymität auf den ihm vorgelegen Fall übertragen, in dem „*eine Person in sonstiger Weise näher bezeichnet wird*", so dass die Feststellung ihrer Identität „*für Dritte leicht möglich ist*"[1130].

Wird durch die Medien zwar eine Wahrung der Anonymität des Tatverdächtigen angestrebt und eine Person mit Angaben des Vornamens plus Anfangsbuchstabe des Namens, Alter, Beruf, Wohnort und so weiter beschrieben, so erfüllen diese Angaben eindeutig das Tatbestandsmerkmal der „*Erkennbarkeit*" des § 22 KUG analog. Gerade das Risiko einer entanonymisierten Berichterstattung im Hinblick auf weitreichende Sozialisationsgefährdungen veranlasst dazu, im Rahmen des Anonymitätsschutzes auf das soziale Umfeld abzustellen. Es kann nicht damit argumentiert werden, dass sich in kleineren Gemeinden ein bestehender Tatverdacht oder eine Verhaftung ohnehin schnell herumspräche. Diese unausweichlichen Nebenwirkungen der Strafrechtspflege begründen noch kein Recht der Medien, derartige „*Parallel-Sanktionen*" von sich aus zu verhängen[1131]. Durch entsprechende Medienberichte soll die soziale Prangerwirkung nicht auch noch verstärkt werden. Im Ergebnis ist daher festzustellen, dass der

1128 OLG Braunschweig NJW 1975, 651, 652.

1129 OLG Frankfurt NJW 1971, 47, 48 f. (Aktenzeichen XY-ungelöst").

1130 *v. Becker*, Straftäter und Tatverdächtige in den Massenmedien, S. 148.

1131 *v. Becker*, Straftäter und Tatverdächtige in den Massenmedien, S. 149.

persönlichkeitsrechtliche Anonymitätsschutz alle Arten der anonymitätsgefährdenden publizistischen Identifikationen umfassen muss[1132]. Um einen umfassenden Schutz des Tatverdächtigen vor einer sozialen Prangerwirkung vor allem innerhalb dem für ihn wichtigen sozialen Umfeld zu erreichen, ist eine Beschränkung auf den Bildnis- und Namensschutz nicht angezeigt. Auf Grund der dichten Kopplung von Wort- und Bildberichterstattung erscheint auch im Falle der indirekten Entanonymisierung eine korrespondierende rechtliche Behandlung als notwendig, so dass hier ebenso die §§ 22 ff. KUG analog Anwendung finden[1133].

(2) Beispiele und rechtliche Klassifizierung indirekter Identifizierung

Eine indirekte Identifizierungsmöglichkeit wird durch alle Angaben, die ohne ein Bildnis im Sinne des § 22 KUG und ohne Namensnennung veröffentlicht werden, hervorgerufen. Diese Kennzeichnungsmöglichkeiten treten in zahlreichen Publikationen, die sich mit dem Thema Verdachtsberichterstattung befassen, und in unterschiedlichsten Variationen auf.

Oftmals wird der Vorname mit dem Anfangsbuchstaben des Nachnamens genannt, ohne jedoch weitere Angaben wie Alter, Beruf, Wohnort des Tatverdächtigen und besondere Tatumstände aufzuführen. Diese Form indirekter Personenkennzeichnung ermöglicht zumindest bei den Rezipienten, denen nähere Umstände noch nicht bekannt sind, noch keine Erkennbarkeit des Betroffenen.

Die Gefahr, aus der Anonymität herauszutreten, erhöht sich, wenn zusätzlich zum Vornamen und dem Anfangsbuchstaben des Nachnamens noch Angaben zu Alter und/oder Beruf gemacht werden.

Wird darüber hinaus noch der Wohnort des Tatverdächtigen durch Angabe des Stadtteils oder des Straßennamens verlautbart, so erscheint das Namenskürzel des Nachnamens, als Versuch die Anonymität zu wahren, schon fast als Farce. Wird der Tatort genannt, so verhilft diese Angabe zur Aufdeckung der Identität, wenn der Tatort gleichzeitig Wohnort oder Arbeitsplatz des Tatverdächtigen ist.

Kommen zusätzlich zu den bereits genannten möglichen Angaben noch Informationen zum äußeren Erscheinungsbild, zu den Familienverhältnissen, zu möglichen Titeln oder zu sonstigen persönlichen Besonderheiten hinzu, ist die Entlassung des Tatverdächtigen aus seiner Anonymität schon so gut wie sicher.

1132 Vgl. auch BVerfGE 52, 202, 232: „[...] eine Namensnennung, Abbildung oder sonstige Identifikation".

1133 Ebenso *v. Becker*, Straftäter und Tatverdächtige in den Massenmedien, S. 150.

Auch nähere Angaben zu den Tatumständen, wie zum Beispiel Informationen über das Verhältnis des mutmaßlichen Täters zum Opfer, können eine Identifizierung des Tatverdächtigen zumindest erleichtern.

Die hier exemplarisch aufgezählten Kennzeichnungsformen treten in Medienberichten in zahlreichen Kombinationsvarianten auf. Ob sie jedoch tatsächlich eine Gefahr für die Anonymität des Tatverdächtigen darstellen, ist für jeden Einzelfall separat zu beurteilen.

Für alle personenbezogenen indirekt identifizierenden Angaben, die für sich genommen oder in Kombination mit anderen Personenkennzeichnungen die Anonymität des betroffenen Tatverdächtigen in einem Maße aufhellen, dem die Erkennbarkeit mittels einer Bildnisveröffentlichung oder vollen Namensnennung entspricht, bedarf es nach § 22 KUG analog einer Einwilligung. Liegt eine Einwilligung nicht vor, so ist eine entsprechende Veröffentlichung personenbezogener Angaben nur zulässig, sofern die Voraussetzungen des § 23 Abs. 1 Nr. 1 KUG vorliegen.

Enthält ein Bericht dagegen Informationen, die vielmehr sachverhaltsbezogen sind, die Gefahr einer Anonymitätsaufhellung auf Grund dieser sachverhaltsnahen indirekten Kennzeichnungsmerkmale jedoch als Nebeneffekt möglich erscheint und die Voraussetzungen des § 23 Abs. 1 Nr. 1 KUG nicht vorliegen, ist nach *v. Becker*[1134] eine rechtliche Beurteilung nach § 23 Abs. 1 Nr. 2 und 3 KUG analog vorzuschlagen. Die innerhalb des § 23 Abs. 1 Nr. 2 und 3 KUG analog vorzunehmende Rechtsgüterabwägung wird wegen der allenfalls eintretenden *„Reflexwirkung der nicht-personalisierten Berichterstattung"* auf das Persönlichkeitsrecht des Betroffenen zu Gunsten der Informations- und Medienfreiheit ausgehen[1135]. Die Anwendung des § 23 Abs. 2 KUG kann unter Umständen zur Korrektur unbilliger Ergebnisse herangezogen werden.

Im Ergebnis sind daher alle möglichen Arten anonymitätsgefährdender und bloßstellender Identifikationsmöglichkeiten vom persönlichkeitsrechtlichen Anonymitätsschutz erfasst. Der Bildnis- und Namenschutz sowie die indirekt identifizierenden Darstellungen sind einer einheitlichen rechtlichen Beurteilung gemäß den §§ 22 ff. KUG (analog) zuzuführen.

dd) Die Unschuldsvermutung als Totalsperre einer identifizierenden Berichterstattung?

Einige Stimmen in der Literatur sehen in der Unschuldsvermutung des Art. 6 Abs. 2 EMRK eine Sperre im Hinblick auf eine identifizierende Berichterstattung.

1134 *v. Becker*, Straftäter und Tatverdächtige in den Massenmedien, S. 152.

1135 *v. Becker*, Straftäter und Tatverdächtige in den Massenmedien, S. 152 f.

Lampe[1136] entnimmt dem Art. 6 Abs. 2 EMRK, dass jeder Verdächtige das Recht habe, von den Medien nicht im Voraus gerichtet zu werden. Darüber hinaus dürfe sein sozialer Geltungsanspruch nicht schon durch den bloßen Tatverdacht geschmälert erscheinen. Hieraus folgert Lampe ein nahezu unumschränktes Verbot der Namensnennung während des Ermittlungsverfahrens.

Nach *Marxen*[1137] sei eine Straftat, für sich genommen, ungeeignet, um aus dem Tatverdächtigen eine Person der Zeitgeschichte zu machen. Das Prinzip der Unschuldsvermutung entziehe die Straftat vor einer rechtskräftigen Verurteilung diesem Begründungszusammenhang.

Bornkamm[1138] sieht den Grundsatz der Unschuldsvermutung als Qualifikation des Persönlichkeitsschutzes des Tatverdächtigen. Hieraus wird geschlossen, dass die Unschuldsvermutung als Regulativ für die Medienberichterstattung während des Ermittlungsverfahrens maßgeblich sei. Während des gesamten Ermittlungsverfahrens müsse die Anonymität des Beschuldigten gewahrt werden. Allerdings seien zwei Fallkonstellationen denkbar, bei denen der betroffene Tatverdächtige seine Identifizierung im Zusammenhang mit dem Verdacht einer strafbaren Handlung hinnehmen müsse: Es müsse den Strafverfolgungsbehörden auf Grund eines besonderen schutzwürdigen Interesses der Allgemeinheit gestattet sein, die Öffentlichkeit zu warnen, sofern weitere Straftaten eines sich auf freiem Fuß befindenden Tatverdächtigen zu erwarten seien. Die zweite Ausnahme gelte für Personen, denen durch ihr Amt eine besondere öffentliche Vertrauensstellung eingeräumt sei. Werde zum Beispiel ein Bundestagsabgeordneter, ein Richter oder ein hoher Beamter der Bestechung beschuldigt, so werde bereits durch einen solchen Verdacht das Vertrauen der Öffentlichkeit in diese Person tangiert. Die Allgemeinheit, die auf die Integrität einer Institution oder Person vertraue, habe ein Recht zu erfahren, dass Zweifel an dieser Integrität bestehen[1139].

Kühl[1140] legt nahe, während des Ermittlungsverfahrens anhand der Unschuldsvermutung den Schutz vor einer identifizierenden Berichterstattung herzuleiten, da schon die Nennung des Namens oder die Veröffentlichung eines Bildes des Tatverdächtigen bei den Rezipienten die Vorstellung erzeuge, der Tatverdächtige sie bereits ein verurteilter Straftäter. Werde durch eine identifizierende Berichterstattung der Tatverdächtige bereits zum Schuldigen, so müsse

---

1136 *Lampe* NJW 1973, 217, 217.

1137 *Marxen* GA 1980, 365, 371 f.

1138 *Bornkamm*, Pressefreiheit und Fairness des Strafverfahrens, S. 266 f.

1139 Ähnlich auch *v. Becker*, Straftäter und Tatverdächtige in den Massenmedien, S. 178, 221.

1140 *Kühl*, in: Festschrift für Hubmann, S. 241, 253.

jegliche identifizierende Berichterstattung als eine der Unschuldsvermutung zuwiderlaufende Berichterstattung qualifiziert werden.

Nichtsdestotrotz gesteht Kühl, dass es auch Bereiche gebe, in denen „*Roß und Reiter*“ genannt werden müssten beziehungsweise nicht genannt werden brauchten, weil sie ohnehin jedermann kenne.

Oben[1141] wurde bereits festgestellt, dass die Medien objektiv und wahrheitsgemäß über den jeweiligen gegenwärtigen Stand des Verfahrens berichten dürfen, ohne hierdurch gegen das Prinzip der Unschuldsvermutung zu verstoßen. Da die Medien an die Unschuldsvermutung gebunden sind, müssen sie gleichzeitig die absolute Schutzwirkung der Unschuldsvermutung im Auge behalten. Dies bedeutet jedoch nicht gleichzeitig, dass sie grundsätzlich nicht in identifizierender Weise berichten dürfen. Zwar muss die Unschuldsvermutung in ganz besonderem Maße im Fall einer Entanonymisierung beachtet werden, als Totalsperre wirkt sie jedoch nicht.

ee) Orientierung an den Grenzen der Öffentlichkeitsfahndung

Sofern es sich um eine identifizierende Berichterstattung über einen bereits rechtskräftig verurteilten Straftäter handelt, ist ein überwiegendes Informationsinteresse der Öffentlichkeit nach Ansicht des Bundesverfassungsgerichts allein bei schweren Straftaten anzunehmen[1142]. Handelt es sich dagegen lediglich um einen Straftatverdacht, so müssen die Voraussetzungen für ein überwiegendes Informationsinteresse entsprechend höher ausfallen[1143]. Für die Bestimmung dieses überwiegenden Informationsinteresses empfiehlt *Stapper*[1144] drei Kriterien, die vom Oberlandesgericht Braunschweig[1145] im Anschluss an das Oberlandesgericht Frankfurt[1146] entwickelt wurden:

es muss sich um eine Straftat von erheblicher Bedeutung handeln;

die Aufdeckung der Identität des Tatverdächtigen muss geeignet sein, zur Verbrechensaufklärung beizutragen;

zudem ist das Ausmaß des bestehenden Tatverdachts zu berücksichtigen[1147].

1141 Zweiter Teil, Erstes Kapitel, B), II), 2), a), dd).

1142 BVerfGE 35, 202, 231 („Lebach I“).

1143 OLG Braunschweig NJW 1975, 651, 652; AfP 1975, 913, 914; *Stapper*, Namensnennung in der Presse im Zusammenhang mit dem Verdacht strafbaren Verhaltens, S. 140; *Zielemann*, Der Tatverdächtige als Person der Zeitgeschichte, S. 112.

1144 *Stapper*, Namensnennung in der Presse im Zusammenhang mit dem Verdacht strafbaren Verhaltens, S. 140 f.

1145 OLG Braunschweig NJW 1975, 651, 652.

1146 OLG Frankfurt NJW 1971, 47, 48 f. („Aktenzeichen XY-ungelöst“).

1147 Vgl. oben Zweiter Teil, Zweites Kapitel, B), II),1), a), bb), cc), dd) sowie Zweiter Teil, Zweites Kapitel, B), II),1), b), aa).

Lediglich bei Vorliegen dieser drei Voraussetzungen überwiege ein Informationsinteresse der Öffentlichkeit.

Das Oberlandesgericht Hamburg[1148] argumentierte zur Frage der Inanspruchnahme der Medien für öffentliche Fahndungsaufrufe ähnlich, verlangte jedoch auf Grund des Subsidiaritätsgrundsatzes, dass die einschneidende, den Ruf des Betroffenen in der Öffentlichkeit für alle Zukunft gefährdende Fahndungsmaßnahme in den Medien erst dann angewandt werden solle, wenn andere weniger einschneidende Maßnahmen der Fahndung ausgeschöpft seien. Das Gericht hielt im Ergebnis den in Frage stehenden öffentlichen Fahndungsaufruf für unzulässig, da seinerzeit keinerlei Grund zu der Annahme bestand, die öffentliche Fahndung werde den Fahndungserfolg entscheidend fördern. Hier wurde der Rechtsgedanke des § 131 StPO a. F.[1149] auch für die Medien herangezogen.

Sowohl der Erlass eines Haftbefehls nach §§ 112 Abs. 1 S. 1, 114 Abs. 2 Nr. 2 StPO als auch der Erlass eines Unterbringungsbefehls nach § 126 a Abs. 1 S. 1 StPO erfordert einen dringenden Tatverdacht. Wird öffentlich nach dem Tatverdächtigen gefahndet, so bedeutet dies auf Grund der Breitenwirkung der Fahndung häufig eine öffentliche Bloßstellung des Verfolgten. Angesichts dieser Eingriffsintensität und unter Berücksichtigung der Unschuldsvermutung muss insbesondere der Verhältnismäßigkeitsgrundsatz beachtet werden[1150]. Es muss demnach das den Betroffenen am wenigsten belastende Fahndungsmittel ergriffen werden, wenn es Erfolg verspricht[1151]. § 131 StPO a. F. wurde als Hilfestellung beim Erfassen des Täters und als Unterstützung des Staates bei der Durchsetzung seines Strafanspruches angesehen[1152]. Im Zusammenhang mit Fahndungshilfsmitteln verweist Nr. 40 Abs. 2 RStBV auf die Anlage B, sofern für die Öffentlichkeitsfahndung Publikationsorgane in Anspruch genommen werden sollen. In dieser Anlage B wird darauf hingewiesen, dass die gesetzlichen Rege-

---

1148 OLG Hamburg NJW 1980, 842, 842.

1149 Vor der Novellierung durch das Strafverfahrensänderungsgesetz 1999 vom 2.8.2000 (BGBl. 2000 I, S. 1253 ff.) hatte die Vorschrift des § 131 StGB folgenden Wortlaut: (1) Auf Grund eines Haftbefehls oder eines Unterbringungsbefehls können die Staatsanwaltschaft oder der Richter einen Steckbrief erlassen, wenn der Beschuldigte flüchtig ist oder sich verborgen hält. (2) Ohne Haft- oder Unterbringungsbefehl ist eine steckbriefliche Verfolgung nur zulässig, wenn ein Festgenommener entweicht oder sich sonst der Bewachung entzieht. In diesen Fällen kann auch die Polizeibehörde einen Steckbrief erlassen. (3) In dem Steckbrief ist der Verfolgte zu bezeichnen und soweit möglich zu beschreiben. Die Tat, deren er verdächtig ist, sowie Ort und Zeit ihrer Begehung sind anzugeben. (4) Die §§ 115 und 115 a gelten entsprechend.

1150 *Boujong*, in: Karlsruher Kommentar, 4. Auflage, § 131 StPO Rn. 2.

1151 *Boujong*, in: Karlsruher Kommentar, 4. Auflage, § 131 StPO Rn. 2.

1152 *Stapper*, Namensnennung in der Presse im Zusammenhang mit dem Verdacht strafbaren Verhaltens, S. 145.

lungen der Öffentlichkeitsfahndung in weiten Teilen Ausgestaltungen des Verhältnismäßigkeitsgrundsatzes darstellen: Es bedarf daher in jedem Einzelfall einer sorgfältigen Abwägung zwischen dem öffentlichen Interesse an einer wirksamen Strafverfolgung einerseits und den schutzwürdigen Interessen des Beschuldigten andererseits. Auf Grund der möglichen schwerwiegenden Folgen einer Öffentlichkeitsfahndung im Hinblick auf die Persönlichkeit des Tatverdächtigen ist daher stets zu prüfen, ob der beabsichtigte Fahndungserfolg nicht auch durch Maßnahmen, die den Tatverdächtigen weniger beeinträchtigen, erreicht werden kann. Soll nach einem bekannten Verdächtigen öffentlich gefahndet werden, so kommt dies regelmäßig nur in Betracht, wenn ein dringender Tatverdacht wegen einer Straftat von erheblicher Bedeutung (Verbrechen, Vergehen von erheblichem Gewicht, zum Beispiel schwere oder gefährliche Körperverletzung, Betrug mit hohem Vermögensschaden, Unterschlagung hoher Geldbeträge, Serientaten) gegeben ist und bei der Fahndung mit dem Ziel der Festnahme ein Haft- oder Unterbringungsbefehl vorliegt.

Das Oberlandesgericht Hamm[1153] führte in diesem Zusammenhang aus, dass bei Beachtung des Verhältnismäßigkeitsgrundsatzes eine Öffentlichkeitsfahndung in den Medien unter Namensnennung nur hingenommen werden könne, „*wenn einerseits die Inanspruchnahme dieser Fahndungshilfe nicht außer Verhältnis zu der Bedeutung der Sache und zu den zu erwartenden Rechtsfolgen der Tat steht, andererseits aber auch ein durch den Erlass eines richterlichen Haftbefehls oder Unterbringungsbefehls ausgewiesener dringender Tatverdacht wegen einer nach Art und Umfang schwerwiegenden Straftat gegeben ist. Diese Voraussetzungen decken sich im Wesentlichen mit jenen, von denen der Erlass eines Steckbriefs abhängt (§ 131 Abs. 1 StPO a.F.). Für eine Öffentlichkeitsfahndung können keine geringeren Anforderungen als an den Erlass eines Steckbriefs gestellt werden*“.

Im Vergleich zum Oberlandesgericht Frankfurt forderte das Oberlandesgericht Hamm zusätzlich stets das Vorhandensein eines Haft- oder Unterbringungsbefehls. Dies ergab sich folgerichtig aus der damaligen gesetzlichen Regelung und den Richtlinien zur Öffentlichkeitsfahndung und entspricht auch heute der aktuellen Vorschrift des § 131 StPO. Die seit dem Strafverfahrensänderungsgesetz 1999 geltende Vorschrift des § 131 Abs. 1 StPO regelt die Ausschreibung des Beschuldigten zur Festnahme auf Grund eines bestehenden Haft- oder Unterbringungsbefehls, sofern der Beschuldigte flüchtig ist oder sich im Verborgenen hält. § 131 Abs. 2 StPO gestattet die Ausschreibung des Beschuldigten zur Festnahme auch dann, wenn die Voraussetzungen eines Haft- oder Unterbringungsbefehls zwar gegeben sind, dessen Erlass aber nicht ohne Ge-

1153 OLG Hamm NJW 1993, 1209, 1210.

fährdung des Fahndungserfolges abgewartet werden kann. Wären andere Formen der Aufenthaltsermittlung erheblich weniger Erfolg versprechend oder wesentlich erschwert, so ermächtigt § 131 Abs. 3 StPO bei einer Straftat von erheblicher Bedeutung in den Fällen des Abs. 1 und Abs. 2 zur Öffentlichkeitsfahndung.

Das Konzept von *Stapper*, die Medien an die Voraussetzungen für die Öffentlichkeitsfahndung der Strafverfolgungsorgane zu koppeln, ist von restriktivem Charakter[1154], da immerzu ein Interesse der Medien, zur Verbrechensaufklärung beizutragen, vorliegen müsste. Nach *Stapper* bestünde keine Veranlassung dazu, den Medien selbst mehr zu gestatten, wenn die staatlichen Strafverfolgungsbehörden nur unter den drei genannten Voraussetzungen den Tatverdächtigen in identifizierender Weise in den Medien erwähnen (lassen) dürfen[1155]. Den Medien könnte eine identifizierende Berichterstattung demnach nur in dem Rahmen erlaubt sein, in dem dies auch den Strafverfolgungsbehörden gestattet ist. Allerdings hätte dies zur Folge, dass die Medien im Vorfeld einer identifizierenden Berichterstattung auf Informationen der Strafverfolgungsbehörden angewiesen sind. Nur durch entsprechende Auskünfte könnten die Medien tatsächlich ermitteln, ob ein Medienbericht zur Aufklärung des Verbrechens noch beitragen könnte und ob bereits ein erheblicher Verdacht gegen den Betroffenen besteht. Allerdings könnte auch bei einer Straftat von erheblicher Bedeutung eine identifizierende Berichterstattung in den Medien nicht mehr stattfinden, wenn der Tatverdächtige bereits festgenommen wurde, außer es müssten noch weitere Ermittlungen zur endgültigen Überführung und Tataufklärung geleistet werden, die nur mit Einbeziehung der Öffentlichkeit und einer entsprechenden öffentlichen Verlautbarung seiner Identität Erfolg versprechend wären.

Ungeachtet dessen lässt sich der Ansatz von *Stapper* durchaus aus den §§ 23 ff. KUG abstrahieren. Sofern die drei Kriterien nicht erfüllt sind, kann eben nun einmal kein überwiegendes legitimes Informationsinteresse der Öffentlichkeit im Sinne des § 23 Abs. 1 Nr. 1 KUG angenommen werden[1156]. Mit dem Oberlandesgericht Braunschweig[1157] könnte man auch mit der Unschuldsvermutung argumentieren, die gebietet, dass die Medien keine weiteren Eingriffsrechte einfordern könnten, als sie den Strafverfolgungsbehörden zustehen, da sonst die Medienberichterstattung den Schutzzweck der Unschuldsvermutung unterlaufen

1154 Vgl. *Braun*, Medienberichterstattung über Strafverfahren im deutschen und englischen Recht, S. 79.

1155 *Stapper*, Namensnennung in der Presse im Zusammenhang mit dem Verdacht strafbaren Verhaltens, S. 144.

1156 Vgl. *Braun*, Medienberichterstattung über Strafverfahren im deutschen und englischen Recht, S. 80.

1157 OLG Braunschweig AfP 1981, 292, 292.

würde. Gleichgültig, ob der Tatverdächtige seine Entlassung aus der Anonymität durch die Strafverfolgungsbehörden oder durch die Medien hinnehmen müsse, handele es sich für diesen um dieselbe Beeinträchtigung, so dass keinerlei Veranlassung dazu bestehe, den Medien mehr als den Strafverfolgungsbehörden zu gestatten[1158].

ff) Weitere Aspekte für die Zulässigkeit einer Identifizierung

Das Oberlandesgericht Brandenburg[1159] hatte sich mit einer Sendung auseinanderzusetzen, die Unregelmäßigkeiten bei der Liquidation ehemaliger brandenburgischer landwirtschaftlicher Produktionsgenossenschaften (so genannte LPGs) zum Gegenstand hatte. In dem Bericht hieß es, der Liquidator habe eine Anzahl von LPGs durch überhöhte Honorare und Verschleuderung des Genossenschaftsvermögens ruiniert. In der Sendung wurde der Betroffene mit seinem Nachnamen genannt, wobei dieser auch mehrere Sekunden lang auf einer Fotografie in Großaufnahme zu sehen war. Zudem wurde er als Freigänger einer Haftanstalt dargestellt, der quasi aus seiner Zelle heraus weitere Straftaten organisiert habe. Dabei wurde das Bild eines bereits überführten Straftäters hergestellt. Das Gericht übte zwar an dieser Vorgehensweise Kritik und stellte fest, dass die Sendung die gebotene Zurückhaltung durch die präjudizierende Darstellung nicht beachtet habe. Ein Schmerzensgeldanspruch wegen der Berichterstattung über das gegen den Betroffenen anhängige Ermittlungsverfahren auf Grund des Verdachts des Betrugs und der Unterschlagung unter Namensnennung und Veröffentlichung eines Bildnisses wurde dagegen abgelehnt.

Begründet wurde dies damit, dass die Berichterstattung eine die Öffentlichkeit wesentlich berührende Frage betraf. Insbesondere Vorgänge aus dem Bereich der Wirtschaft seien in den vergangenen Jahrzehnten zunehmend in das Blickfeld der Öffentlichkeit gerückt. Daher würden Wirtschaftsstraftaten immer stärkere Beachtung in der öffentlichen Diskussion finden. Dies gelte besonders dann, wenn es sich um Wirtschaftsdelikte im Zusammenhang mit der Wiedervereinigung der beiden deutschen Staaten handele (so genannte „*Vereinigungskriminalität*“).

Darüber hinaus wurde der Betroffene auf Grund seiner Aktivitäten auf dem von der Öffentlichkeit in den neuen Bundesländern besonders beobachteten Gebiet der Abwicklung landwirtschaftlicher Produktionsgenossenschaften als relative Person der Zeitgeschichte eingestuft.

1158 *Stapper*, Namensnennung in der Presse im Zusammenhang mit dem Verdacht strafbaren Verhaltens, S. 144.

1159 OLG Brandenburg NJW 1995, 886 ff. („Täter-Opfer-Polizei/LPG“).

Zu guter Letzt wurde die Identifizierung des Betroffenen noch mit der möglichen Abhilfe begründet, die durch eine öffentliche Information im Hinblick auf die Gefährdung für geschäftlich überforderte Personen geschaffen werden könne. Nur durch Informationen gerade auch über die Person des Betroffenen könne der Allgemeinheit und weiteren LPGs wirksam zur Vorsicht vor diesem geraten werden. Dieser Zweck wäre durch eine anonymisierte Berichterstattung nicht in gleicher Weise erreichbar gewesen.

Innerhalb der Kombination der verschiedenen vom Oberlandesgericht Braunschweig angeführten Argumente verdient die warnende Intention des Medienberichts besondere Beachtung. Es muss also zulässig sein, zum Schutze der Bevölkerung vor der Gefahr einer Straftat zu warnen. Sofern erforderlich, soll auch auf die Person hingewiesen werden können, von der diese Gefahr letztlich ausgeht. Löst man diesen Begründungsansatz aus dem Kontext der so genannten Vereinigungskriminalität und betrachtet ihn ganz allgemein, so ergibt sich ein weiteres Kriterium für die Zulässigkeit einer identifizierenden Berichterstattung[1160].

Dies ist auch mit dem Ansatz zu vereinbaren, der sich an den Grundsätzen der Öffentlichkeitsfahndung orientiert, da § 112 a Abs. 1 Nr. 2 StPO für den Haftbefehl als Haftgrund auch die Wiederholungsgefahr vorsieht. Mit bestimmten Tatsachen muss hierbei die Gefahr belegt werden, dass der Beschuldigte vor rechtskräftiger Aburteilung der Tat, deren er dringend verdächtig ist, weitere erhebliche Straftaten gleicher Art begehen oder die Straftat fortsetzen werde. Der Haftbefehl dagegen stellt wiederum die Basis für Fahndungsmaßnahmen entsprechend der Vorschrift des § 131 StPO dar, deren gesetzliche Wertung als Basis für eine identifizierende Berichterstattung bereits oben erläutert wurde[1161].

Eine identifizierende Berichterstattung kann somit auch zum Schutze der Allgemeinheit erforderlich und zulässig sein, sofern eine Wiederholungsgefahr besteht[1162].

gg) Zusammenfassung

Für die bildliche Berichterstattung sind die §§ 22 ff. KUG von besonderer Bedeutung. Um einen umfassenden und einheitlichen Schutz des Tatverdächtigen zu erreichen, sind die §§ 22 ff. KUG jedoch auch auf die Namensnennung und die indirekte Entanonymisierung anzuwenden. Nach der Rechtsprechung des EGMR und auch des Bundesverfassungsgerichts wird es zukünftig nicht mehr

---

1160 Vgl. *Braun*, Medienberichterstattung über Strafverfahren im deutschen und englischen Recht, S. 81.

1161 Vgl. Zweiter Teil, Zweites Kapitel, B), II), 2), a), ee).

1162 Vgl. auch OLG Düsseldorf AfP 1995, 500, 501 f.

oder nur noch in einem begrenzten Umfang auf den Begriff der Person der Zeitgeschichte, sondern auf eine Abwägung im Einzelfall über das Vorliegen eines Bildnisses aus dem Bereich der Zeitgeschichte ankommen. Ferner wird in jedem Fall darauf abzustellen sein, ob ein legitimes Informationsinteresse besteht. Allein die Tatsache, dass schon mehrfach über den Tatverdächtigen in den Medien berichtet wurde, macht diesen nicht zu einer Person von öffentlichem Interesse im Sinne des § 23 Abs. 1 Nr. 1 KUG. Auch die schlichte Gier nach Sensation kann das Anonymitätsinteresse des Tatverdächtigen nicht verdrängen und genügt nicht, um diesen als Person der Zeitgeschichte einzuordnen. Ferner darf lediglich auf Grund der Existenz eines Straftatverdachts nicht einwilligungsfrei nach § 23 Abs. 1 Nr. 1 KUG in identifizierender Weise berichtet werden. Auch der schlichte Akt der Verhaftung genügt nicht für eine einwilligungsfreie identifizierende Berichterstattung. Wurde eine Abbildungsfreiheit nach § 23 Abs. 1 Nr. 1 KUG bejaht, so erfolgt entsprechend § 23 Abs. 2 KUG eine Güter- und Interessenabwägung. Innerhalb dieses Abwägungsprozesses zwischen der Freiheit der Berichterstattung und dem allgemeinen Persönlichkeitsrecht ist zu ermitteln, ob ein berechtigtes Interesse des Tatverdächtigen einer identifizierenden Berichterstattung entgegensteht. Entscheidend ist letztlich, in welchem Ausmaß eine Berichterstattung die Persönlichkeitsentfaltung des Tatverdächtigen beeinträchtigen kann. Besondere Berücksichtigung verdient in diesem Zusammenhang die Unschuldsvermutung.

Zwar enthält § 24 KUG eine weitere Ausnahme vom Einwilligungserfordernis des § 22 S. 1 KUG, selbstständige, in redaktioneller Eigenverantwortung gestaltete, Fahndungsmaßnahmen der Medien fallen jedoch nicht darunter. Die Medien müssen zwar bei der Berichterstattung über eine Person im Zusammenhang mit dem Verdacht einer Straftat stets die Unschuldsvermutung beachten. Diese wirkt jedoch nicht im Sinne einer die Entanonymisierung verbietenden Totalsperre.

Betrachtet man für die Einstufung einer identifizierenden Berichterstattung als „*zulässig*" oder „*unzulässig*" die Grenzen der Öffentlichkeitsfahndung, so lassen sich - zusätzlich zu den allgemeinen Rechtmäßigkeitsvoraussetzungen der Verdachtsberichterstattung - weitere Kriterien herauskristallisieren:

Eine Identifizierung im Zusammenhang mit dem Verdacht strafbaren Verhaltens ist dann als zulässig anzusehen, wenn

eine Straftat von erheblicher Bedeutung vorliegt,

ein dringender, durch den Erlass eines Haft- oder Unterbringungsbefehls bestätigter Tatverdacht besteht und

die Aufdeckung der Identität der tatverdächtigen Person auch geeignet erscheint, zur Aufklärung des Verbrechens beizutragen oder die Aufdeckung der

Identität zum Schutze der Allgemeinheit wegen bestehender Wiederholungsgefahr geboten ist.

Diese Kriterien erfordern eine intensivere Kooperation zwischen den Medien und den Strafverfolgungsbehörden und machen eine identifizierende Berichterstattung nur in sehr speziellen Fällen möglich. Dieser restriktive Ansatz rechtfertigt sich jedoch mit den kaum überschaubaren negativen Folgen für den Tatverdächtigen im Falle einer Identifikation in der Öffentlichkeit. Doch nicht nur der Tatverdächtige selbst, sondern möglicherweise auch dessen Angehörige können durch eine identifizierende Berichterstattung in Mitleidenschaft gezogen werden. Ebenfalls zu berücksichtigen ist die Gefahr, die von einer identifizierenden Berichterstattung für die Authentizität von Zeugenaussagen ausgehen kann. So kann ein Zeuge, der die Tat beobachtet hat, durch ein veröffentlichtes Bildnis dazu geneigt sein, die abgebildete Person bei einer Gegenüberstellung als Täter zu identifizieren, da das in den Medien präsentierte Bildnis möglicherweise seine Erinnerung überlagert[1163].

Letztlich ist zu berücksichtigen, dass das Verbot einer identifizierenden Berichterstattung nicht die Freiheit der Medienberichterstattung in Frage stellt. Es besteht weiterhin die Möglichkeit, über die Straftat und ihre Verfolgung zu berichten. So weist *Zielemann*[1164] zutreffend darauf hin, dass lediglich das Recht auf eine identifizierende Berichterstattung eingeschränkt werde und diese Einschränkung durch die Geltungsdauer des Prinzips der Unschuldsvermutung zeitlich begrenzet sei.

b) Anonymitätsschutz während der Hauptverhandlung

Die schweren Folgen einer präjudizierenden Berichterstattung sind in der Regel auf deren personalisierte und emotionalisierte Darstellungsweise zurückzuführen. Die meisten reißerischen Sensationsberichte sind ohne Angaben zur Identität des Betroffenen kaum denkbar. So geben auch Berichte während der Hauptverhandlung sehr häufig die Identität des Angeklagten preis.

Für die Phase bis zur Eröffnung der Hauptverhandlung wurden bereits Kriterien zur Frage der Identifizierung entwickelt. Nunmehr ist zu untersuchen, inwiefern in der Phase der Hauptverhandlung anderes zu gelten hat. Mit Eröffnung der Hauptverhandlung ist das Strafverfahren nicht länger nichtöffentlich, sondern entsprechend § 169 S. 1 GVG öffentlich, sodass jeder Interessierte an der Verhandlung teilnehmen und sich Kenntnis von der Identität der Prozessbeteiligten verschaffen kann.

1163 *Braun*, Medienberichterstattung über Strafverfahren im deutschen und englischen Recht, S. 85.

1164 *Zielemann*, Der Tatverdächtige als Person der Zeitgeschichte, S.114.

Für die Identifizierung des Angeklagten durch Bildnisse gelten ebenso wie in der Phase vor Eröffnung der Hauptverhandlung die Vorschriften der §§ 22 ff. KUG. Diese Vorschriften sind wiederum auf die Namensnennung und die indirekte Personenkennzeichnung entsprechend anzuwenden. Allerdings ist hier § 24 KUG nicht mehr von Bedeutung, da die Ermittlungstätigkeiten zum Zeitpunkt der Eröffnung der Hauptverhandlung bereits beendet sind und demnach auch kein Anlass mehr gegeben ist, zum Zwecke der Rechtspflege Bildnisse zu veröffentlichen.

In der Phase der Hauptverhandlung wird § 23 Abs. 1 Nr. 1 KUG maßgebend sein. Dagegen kann in § 23 Abs. 1 Nr. 3 KUG keine Eingriffsgrundlage gesehen werden, da eine Gerichtsverhandlung nicht als Versammlung, Aufzug und ähnlichen Vorgang einzustufen ist[1165]. Es stellt sich wiederum die Frage, welche Fotografien des Angeklagten Bildnisse im Sinne des § 23 Abs. 1 Nr. 1 KUG darstellen. Weiter ist zu differenzieren zwischen Fotografien im Zusammenhang mit der Gerichtsverhandlung selbst oder auf dem Weg zu dieser und anderen Aufnahmen aus dem Vorleben des Angeklagten.

aa) Der Angeklagte als Person der Zeitgeschichte durch Bezug zu einem Ereignis der Zeitgeschichte

(1) Die Eröffnung der Hauptverhandlung

Teilweise wurde als Anknüpfungspunkt für die Einordnung des Tatverdächtigen als Person der Zeitgeschichte die Eröffnung der Hauptverhandlung angesehen[1166]. Zu beachten ist jedoch, dass in bestimmten Fällen die Öffentlichkeit ausgeschlossen ist, um die Persönlichkeit des Tatverdächtigen zu schützen[1167]. Diese Tatverdächtigen können schon nicht zu Personen der Zeitgeschichte werden, selbst wenn gegen sie die Hauptverhandlung eröffnet wurde. Die Eröffnung der Hauptverhandlung kann schon gleich gar nicht bei Kleinkriminalität und bei Straftaten, die für die Öffentlichkeit keinerlei Bedeutung besitzen und diese nicht wesentlich berühren, die zeitgeschichtliche Relevanz des Tatverdächtigen begründen[1168].

1165 *Braun*, Medienberichterstattung über Strafverfahren im deutschen und englischen Recht, S. 211; *Stapper*, Namensnennung in der Presse im Zusammenhang mit dem Verdacht strafbaren Verhaltens, S. 137.

1166 Vgl. OLG Köln AfP 1972, 277, 277; OLG München NJW 1963, 658, 659; *Marxen* GA 1980, 365, 377

1167 Siehe dazu eingehender Zweiter Teil, Zweites Kapitel, B), II), 1), b), bb) und dd).

1168 *Stapper*, Namensnennung in der Presse im Zusammenhang mit dem Verdacht strafbaren Verhaltens, S. 131.

(2) Die Öffentlichkeit der Hauptverhandlung

Man könnte auch auf die Idee kommen, die strafgerichtliche Hauptverhandlung als ein Ereignis der Zeitgeschichte im Sinne des § 23 Abs. 1 Nr. 1 KUG anzusehen, weil diese nach § 169 S. 1 GVG öffentlich ist, um hieraus die Zulässigkeit identifizierender Medienberichte über die am Prozess beteiligten Personen zu folgern. Das Prinzip der grundsätzlichen Öffentlichkeit der Hauptverhandlung zielt jedoch nicht darauf ab, die Hauptverhandlung als zeitgeschichtliches Ereignis einem möglichst breiten Publikum zugänglich zu machen. Die ursprüngliche Kontroll- und Sicherungsfunktion der Öffentlichkeit hat in unserem modernen gewaltengeteilten Rechtsstaat zwar teilweise ihre originäre Bedeutung verloren, indem sich die im Gesetz angelegte repräsentative Öffentlichkeit zu einer kollektiven Öffentlichkeit gewandelt hat[1169]. Das Hauptaugenmerk der Öffentlichkeit der Hauptverhandlung liegt oftmals nicht mehr auf der Kontrolle des konkreten Verfahrens. Vielmehr dient die Öffentlichkeit mittlerweile einer über den konkreten Einzelfall hinausgehenden Information der Allgemeinheit[1170]. Auf Grund dieser Wendung kann die Öffentlichkeit der Hauptverhandlung jedoch nicht als Ereignis der Zeitgeschichte qualifiziert werden. Ansonsten könnte über alle in der Hauptverhandlung anwesenden Personen - also auch über die Zuschauer - wegen ihres Bezugs zur Hauptverhandlung als Ereignis der Zeitgeschichte in identifizierender Weise berichtet werden. Dies macht deutlich, dass eine Hauptverhandlung, allein weil sie nach § 169 S. 1 GVG öffentlich durchgeführt werden muss, kein zeitgeschichtlicher Vorgang mit den sich aus § 23 Abs. 1 Nr. 1 KUG ergebenden Folgen sein kann[1171].

(3) Der Aufsehen erregende Prozess

Vereinzelt wurde auch ein Aufsehen erregender Prozess als zeitgeschichtliches Ereignis angesehen, um die daran beteiligten Personen als zeitgeschichtlich relevant zu qualifizieren[1172]. So könnten Strafprozesse in den Bereich der Zeitgeschichte fallen, sofern sie nicht von absolut untergeordneter Bedeutung sind.

1169 *Kissel/Mayer*, GVG, § 169 Rn. 1.

1170 Dazu bereits oben Zweiter Teil, Zweites Kapitel, B), II), 1), b), aa).

1171 *Stapper*, Namensnennung in der Presse im Zusammenhang mit dem Verdacht strafbaren Verhaltens, S. 132; *Eb. Schmidt*, in: Festschrift für W. Schmidt, S. 338, 348; *Bussmann* JR 1955, 202, 205.

1172 LG Dortmund AfP 1964, 39, 40; LG Frankfurt AfP 1967, 47, 47; *Franke*, Die Bildberichterstattung über den Angeklagten und der Öffentlichkeitsgrundsatz im Strafverfahren, S. 102; anders dagegen *Bornkamm*, Pressefreiheit und Fairness des Strafverfahrens, S. 261, 264; *Stapper*, Namensnennung in der Presse im Zusammenhang mit dem Verdacht strafbaren Verhaltens, S. 134 f.

Das Oberlandesgericht München[1173] und das Oberlandesgericht Stuttgart[1174] stellten jedoch fest, dass zwar Personen, die sich für eine Straftat verantworten müssen, im Grunde in den Bereich der Zeitgeschichte fallen könnten, dies könne jedoch lediglich dann der Fall sein, wenn der dem Verfahren zu Grunde liegende Gegenstand über das Alltägliche hinausrage und daher der Bevölkerung etwas bedeute oder nahe angehe.

Nimmt man jedoch pauschal an, dass jeder im Ansatz Aufsehen erregende Strafprozess ein berechtigtes Informationsinteresse der Bevölkerung hervorrufe, so werden die Person des Tatverdächtigen und die schwerwiegenden Konsequenzen einer identifizierenden Berichterstattung weitestgehend ignoriert. Allerdings ist auch in diesem Falle auf das Anonymitätsinteresse des Betroffenen Rücksicht zu nehmen. Denn umso aufregender und Aufsehen erregender das Strafverfahren ist, desto erheblicher ist auch die mit der Namensnennung, Bildveröffentlichung oder sonstigen Identifizierung verbundene Rufschädigung. Um einen Eingriff in das allgemeine Persönlichkeitsrecht des Tatverdächtigen rechtfertigen zu können, sind damit weitergehende Aspekte als nur das Aufsehen erregende und sensationelle Strafverfahren erforderlich.

bb) Stimmen in der Literatur

Gewisse Stimmen in der Literatur sind durchaus medienfreundlich, wenn es um die Frage geht, ob die Rezipienten alle Informationen erfahren dürfen, die der Gerichtsreporter in der öffentlichen Hauptverhandlung erlangt. Eine Identifizierung in den Medien müsse der Angeklagte hinnehmen, sofern sich der Tatverdacht derart erhärtet habe, sodass die Hauptverhandlung eröffnet wurde.

Nach *Dalbkermeyer*[1175] seien die Folgen, die der Umbruch des Öffentlichkeitsprinzips durch seine Verlagerung hin zur Medienöffentlichkeit im Hinblick auf das Anonymitätsinteresse des Tatverdächtigen mit sich bringt, unübersehbar. Der in § 169 S. 1 GVG zum Ausdruck kommende Entschluss, die Hauptverhandlung öffentlich auszugestalten, müsse in der Konsequenz die Zulässigkeit einer grundsätzlich uneingeschränkten Entanonymisierung des betroffenen Angeklagten beinhalten. Der in § 169 S. 1 GVG verankerte Öffentlichkeitsgrundsatz räume bereits die abstrakte Möglichkeit der Kenntnisnahme durch die Allgemeinheit ein. Ob sich diese Allgemeinheit allein aus unmittelbaren Zuhörern der Verhandlung ergebe oder ob sie im Sinne einer mittelbaren Öffentlichkeit aus einer zahlenmäßig unbegrenzten Anzahl von Personen bestehe, sei lediglich

1173 OLG München NJW 1963, 658, 659.

1174 OLG Stuttgart UFITA Bd. 29 (1959), 111, 122 f.

1175 *Dalbkermeyer*, Der Schutz des Beschuldigten vor identifizierenden und tendenziösen Pressemitteilungen der Ermittlungsbehörden, S. 127 f.

ein gradueller Unterschied. Zwar dürfe vor dem Hintergrund der technischen Veränderungen im Medienbereich nicht verkannt werden, dass die mittelbare Öffentlichkeit mit der unmittelbaren Öffentlichkeit kaum mehr vergleichbar sei. Dies begründe allerdings keine unterschiedliche Beurteilung hinsichtlich der Anonymisierung des Tatverdächtigen. Entscheidend sei allein die durch die Öffentlichkeit der Hauptverhandlung geschaffene theoretische Möglichkeit der Kenntnisnahme durch jedermann und nicht die Personenanzahl, die faktisch Kenntnis von der Person des Tatverdächtigen erhalte. Der Gesetzgeber habe automatisch mit dem Entschluss für die Öffentlichkeit die grundlegende Entscheidung für die *„Durchbrechung der Schranke Anonymität“*[1176] getroffen. Die öffentliche Ausrichtung des Hauptverfahrens sei also eine bewusste Entscheidung für die Zulässigkeit der Entanonymisierung des Tatverdächtigen in den Medien.

Vergleichbar medienfreundlich ist auch *Marxen*[1177]. Bei Eröffnung des Hauptverfahrens werde der Tatverdacht richterlich überprüft. Das Verfahren komme erst mit der richterlichen Feststellung eines dringenden beziehungsweise hinreichenden Tatverdachts in eine so weit gefestigte Phase, dass die tatverdächtige Person als zeitgeschichtlich relevant anzusehen sei. Eine identifizierende Berichterstattung solle erst ab diesem Zeitpunkt erfolgen. Allerdings sei die Rechtmäßigkeit einer identifizierenden Berichterstattung davon abhängig, dass durch ausdrückliche Bezugnahme auf das Verfahren das Bestehen eines bloßen Tatverdachts betont werde[1178].

Andere Stimmen dagegen stellen auf die Zeitgeschichtlichkeit der zu verhandelnden Straftat ab.

So führt *Lampe*[1179] aus, dass das Persönlichkeitsrecht eines Straftäters stets in Verbindung mit dem auch im Strafprozess geltenden Rechtsstaatsprinzip betrachtet werden müsse. Der aus diesem Prinzip resultierende Verhältnismäßigkeitsgrundsatz gelte nicht nur im Verhältnis zu den Strafverfolgungsbehörden, sondern auch hinsichtlich der Berichterstattung über Strafprozesse durch die Medien. Den Medien dürften gegenüber dem Persönlichkeitsrecht des Tatverdächtigen nicht intensivere Eingriffsmöglichkeiten zugestanden werden als den Strafverfolgungsbehörden. Zudem bleibe trotz richterlicher Feststellung eines hinreichenden Tatverdachts weiterhin bis zur rechtskräftigen Verurteilung die Unschuldsvermutung bestehen, so dass über die Hauptverhandlung bezüglich des Tatverdächtigen nur in schonendster Weise berichtet werden dürfe[1180]. Um

1176 *Dalbkermeyer*, Der Schutz des Beschuldigten vor identifizierenden und tendenziösen Pressemitteilungen der Ermittlungsbehörden, S. 128.

1177 *Marxen* GA 1980, 365, 378.

1178 *Marxen* GA 1980, 365, 379.

1179 *Lampe* NJW 1973, 217, 217.

1180 *Lampe* NJW 1973, 217, 218.

in identifizierender Weise berichten zu können, müsse es sich um ein wichtiges, die Allgemeinheit beschäftigendes (zeitgeschichtliches) oder für die Allgemeinheit auch ohne besondere „*Verpackung*" interessantes Strafverfahren handeln. Die Berichterstattung müsse zudem am „*Fall*" orientiert sein. Persönlichkeitsbezogene Daten des Tatbeteiligten dürften daher lediglich dann veröffentlicht werden, wenn sie entweder für das Verständnis einer zeitgeschichtlich relevanten Straftat erforderlich seien oder gerade an ihnen ein besonderes zeitgeschichtliches Interesse bestehe. Diese Einschränkungen sollten nicht die Personen betreffen, die der Zeitgeschichte ohnehin angehören (absolute Personen der Zeitgeschichte). Sie sollten vielmehr an und für sich uninteressante Personen betreffen, die das Interesse der Allgemeinheit allein auf Grund einer Straftat auf sich lenken. Voraussetzung für eine öffentliche identifizierende Berichterstattung über solche relative Personen der Zeitgeschichte sei, dass entweder die Straftat selbst der Zeitgeschichte angehöre und die mitgeteilten Tatsachen für den zeitgeschichtlichen Charakter der Straftat von Bedeutung seien, oder der Täter selbst durch seine Tat zu negativem zeitgeschichtlichen Ruhm gelangt sei, ohne dass die Straftat an sich einen zeitgeschichtlichen Charakter besitze.

Keinesfalls dürfe jedoch die Persönlichkeit des Angeklagten durch Art und Inhalt der Berichterstattung nicht stärker herabgesetzt werden, als dies durch den Anlass der Berichterstattung unerlässlich erscheine.

Lampe spricht in seinem Beitrag von „*Tatbeteiligten*" und „*Tätern*". Ob der Angeklagte jedoch tatsächlich als Tatbeteiligter oder Täter angesehen werden kann, ist erst in der Hauptverhandlung zu ermitteln.

Nach *v. Becker*[1181] habe ein einzelnes Delikt (beziehungsweise Strafverfahren) und/oder der mutmaßliche Täter zeitgeschichtliche Relevanz im Hinblick auf eine publizistische Identifizierung: „*nicht als pure Bestätigung des in der sozialen Realität insoweit nur Durchschnittstypischen, sondern nur als dessen gegenüber der durchschnittlichen Massen(alltags)kriminalität abgehobene Variante*". Eine identifizierende Gerichtsberichterstattung sei demnach aus Gründen einer ungehinderten demokratie- und sozialstaatlich allgemein bedeutenden Information über zeitgeschichtliche Ereignisse auch im Hinblick auf ein entgegenstehendes Anonymitätsrecht des Betroffenen zulässig, wenn das Delikt (beziehungsweise Strafverfahren) und/oder die Person des mutmaßlichen Straftäters nicht als eine Bestätigung des in der sozialen Realität Durchschnittstypischen erscheine. In Betracht kämen hierbei Fälle, „*die durch ihre relative Seltenheit quantitativ von den empirischen Normen überwiegenden kriminellen Verhaltens abweichen - herausragende Schwerkriminalität im Gegensatz zu relativer Massendelinquenz - sowie Delikte, deren soziale, (kriminal)politische o. ä. Bedeu-*

1181 *v. Becker*, Straftäter und Tatverdächtige in den Massenmedien, S. 174, 265.

tung sich nicht im (unpersonalisierten) Rückverweis auf einen durchschnittstypischen Tatbestand und zu Grunde liegende allgemeine Sozialstrukturen erschöpft"[1182].

Engau[1183] hält eine Identifizierung unter Berücksichtigung des größtmöglichen Schutzes des möglicherweise zu Unrecht beschuldigten Verdächtigen vor einer rechtskräftigen Verurteilung für zulässig, wenn im Hinblick auf die öffentliche Meinungsbildung und im Interesse umfassender Unterrichtung über das Zeitgeschehen die Mitteilung einer Straftat nicht unterbleiben könne oder die Straftat einen erheblichen Schweregrad und unmittelbaren Bezug zum öffentlichen Leben oder zu anderen übergeordneten Belangen der Gemeinschaft aufweise und sich die Strafverfolgungsbehörden bei der Aufklärung der Straftat den Massenmedien bedient haben[1184] oder aber die Täterschaft unstreitig beziehungsweise bewiesen sei, insbesondere nach einem freiwillig abgelegten, glaubhaften Geständnis[1185].

Aus der Verfahrensmaxime der grundsätzlichen Öffentlichkeit einer Hauptverhandlung im Sinne des § 169 S. 1 GVG schließt *Stapper*[1186] die Zulässigkeit einer Medienberichterstattung identifizierender Art über den Tatverdächtigen und andere am Verfahren beteiligte Personen. Allerdings trifft er keine Aussage darüber, unter welchen Voraussetzungen dieser Grundsatz wieder eingeschränkt werden könne. Seine Ausführungen zu den Voraussetzungen einer identifizierenden Berichterstattung beziehen sich lediglich auf die Phase des Ermittlungsverfahrens[1187].

cc) Das gesetzliche Aufnahmeverbot, § 169 S. 2 GVG - § 176 GVG

Ton- und Fernseh-Rundfunkaufnahmen, sowie Ton- und Filmaufnahmen zum Zwecke der öffentlichen Vorführung oder Veröffentlichung ihres Inhalts sind nach § 169 S. 2 GVG unzulässig. Dieses gesetzliche Aufnahmeverbot gilt für alle Gerichtsverfahren. Es wurde durch Art. 11 Nr. 5 StPÄG 1964 eingeführt. Mit Wohlgefallen äußerte sich über diese Neuerung vor allem *Dahs*[1188]: „*Damit sind die Scheinwerfer als Instrumente zur Beleidigung der Menschenwürde des*

1182 *v. Becker*, Straftäter und Tatverdächtige in den Massenmedien, S. 265.

1183 *Engau*, Straftäter und Tatverdächtige als Personen der Zeitgeschichte, S. 439 ff.

1184 *Engau*, Straftäter und Tatverdächtige als Personen der Zeitgeschichte, S. 433 f.

1185 *Engau*, Straftäter und Tatverdächtige als Personen der Zeitgeschichte, S. 436 f.

1186 *Stapper*, Namensnennung in der Presse im Zusammenhang mit dem Verdacht strafbaren Verhaltens, S. 97.

1187 *Stapper*, Namensnennung in der Presse im Zusammenhang mit dem Verdacht strafbaren Verhaltens, S. 140 ff.

1188 *Dahs* NJW 1965, 81, 86; vgl. auch ders. AnwBl. 1959, 171, 181.

Angeklagten, als Gefährdung der Wahrheitsforschung und als Medium sensationeller Publicity im Gerichtssaal endgültig ausgelöscht.“

Abweichend von § 169 Satz 2 GVG wurde in § 17 a Abs. 1 BVerfGG die Möglichkeit geschaffen, Ton- und Fernseh-Rundfunkaufnahmen sowie Ton- und Filmaufnahmen zum Zwecke der öffentlichen Vorführung oder der Veröffentlichung ihres Inhalts in der mündlichen Verhandlung anzufertigen, bis das Gericht die Anwesenheit der Beteiligten festgestellt hat. Auch die öffentliche Verkündung von Entscheidungen darf danach gefilmt werden. Auch wenn ein besonderes überragendes öffentliches Interesse auch für andere Verfahrensarten angenommen werden kann, so hat es das Bundesverfassungsgericht dennoch abgelehnt, die Vorschrift des § 17 a BVerfGG auch auf mündliche Verhandlungen andere Bundesgerichte entsprechend anzuwenden, da die Persönlichkeitsbelange der Prozessbeteiligten besonders zu berücksichtigen und damit vorrangig zu schützen seien[1189].

Das Bundesverfassungsgericht hatte im Jahre 1996 über die Zulassung von Ton- und Fernseh-Rundfunkaufnahmen im Strafverfahren gegen Egon Krenz, Günther Kleiber, Günter Schabowsky u.a. wegen des Vorwurfs des Totschlags an der innerdeutschen Grenze zu entscheiden[1190]. In seiner Urteilsbegründung differenzierte es deutlich zwischen der durch das Fernsehen geschaffenen „*Medienöffentlichkeit*“ und dem im Gerichtssaal unmittelbar anwesenden Publikum[1191]. Die Berichterstattung durch die in der laufenden Verhandlung anwesenden Journalisten sei zwar zulässig, Fernsehaufnahmen während der Verhandlung könnten dagegen die Wahrheits- und Rechtsfindung im Verfahren gefährden. Darüber hinaus beträfe die Aufzeichnung und Verbreitung von Ton- und Filmaufnahmen auch das Persönlichkeitsrecht des Angeklagten, da sein Auftreten in Wort- und Bild festgehalten werden würde. Zudem könne die Aufzeichnung „*durch Aufnahme-, Schnitt- oder Zusammenstellungstechniken in vielfältiger Weise gestaltet sowie verändert und so mit unterschiedlichen Informations- und Sinngehalten ausgestattet und nach ihrer Verbreitung von einem unüberschaubaren Personenkreis in beliebigen Verwendungszusammenhängen reproduziert und immer wieder neu gestaltet werden*“[1192]. Im Prinzip könnte diese Begründung auch für die Textberichterstattung gelten. Auch diese kann in „*beliebigen Verwendungszusammenhängen reproduziert*“ werden und wendet sich an einen unüberschaubaren Personenkreis. Der Fokus der Argumentation des

1189 BVerfG NJW 1999, 1951, 1952 („Kruzifix“).

1190 BVerfG NJW 1996, 581 ff. („n-tv“); vgl. hierzu auch *Gounalakis*, in: Freundesgabe für Kübler, S. 173, 175 ff.

1191 BVerfG NJW 1996, 581, 583 („n-tv“).

1192 BVerfG NJW 1996, 581, 583 („n-tv“).

Bundesverfassungsgerichts gegen Fernseh-, Ton- und Bildaufnahmen ist jedoch wohl eher auf den verfassungsrechtlich gewährleisteten Persönlichkeitsschutz und die Wahrheits- und Rechtsfindung gerichtet[1193]. Es seien auch die Nachteile für die im Prozess bestehenden und prozessbezogenen Verhaltensmöglichkeiten in Rechnung zu stellen, sofern sich die beteiligten Grundrechtsträger auf Fernsehaufnahmen einstellen und ihr Verhalten daran orientieren müssten. Die hierbei zu befürchtenden Beeinträchtigungen würden über die Beeinträchtigung, die durch die im Saal anwesenden Personen hervorgerufen werden, hinausgehen. Vor allem sei nicht auszuschließen, dass Fernsehaufnahmen während der laufenden Verhandlung die Wahrheits- und Rechtsfindung beeinträchtigen. Die Unbefangenheit der Beteiligten könne gestört werden und zu einer „*Anpassung an die durch die Ton- und Filmaufnahmen veränderten Bedingungen führen, die über die Beeinträchtigung durch die unmittelbare Öffentlichkeit hinausgehen*“[1194].

Das Bundesverfassungsgericht hat in seiner Entscheidung den Unterschied zwischen „*Medienöffentlichkeit*“ und „*Gerichtsöffentlichkeit*“ explizit herausgearbeitet und betont, dass die Vorschrift des § 169 GVG lediglich eine Regelung für die Verhandlung vor dem erkennenden Gericht und nicht auch für die davor und danach gelegenen Phasen trifft[1195].

In einer weiteren Entscheidung[1196] stellte das Bundesverfassungsgericht heraus, dass die Begrenzung der Öffentlichkeit durch das gesetzliche Verbot des § 169 S. 2 GVG dem Persönlichkeitsrecht der am Verfahren Beteiligten, dem Anspruch der Beteiligten auf ein faires Verfahren, sowie der Funktionstüchtigkeit der Rechtspflege, insbesondere der ungestörten Wahrheits- und Rechtsfindung Rechnung trage[1197]. Werde der Angeklagte in Ton und Bild aufgenommen, hierdurch von der Wahrnehmung der im Gerichtssaal anwesenden Personen gelöst und werden diese Aufnahmen insgesamt oder teilweise in den Kontext einer Fernsehsendung gebracht, so werde der Eingriff in das Persönlichkeitsrecht nur noch verstärkt. Losgelöst von dem Verfahren könne die Sendung der Aufnahmen beträchtliche Folgen nach sich ziehen, beispielsweise auf Grund der Prangerwirkung der Darstellung der Situation vor Gericht oder wegen der langfristigen Erinnerung eines nicht unerheblichen Teils der Öffentlichkeit an das Ver-

1193 BVerfG NJW 1996, 581, 583 („n-tv“).

1194 BVerfG NJW 1996, 581, 583 („n-tv“).

1195 BVerfG NJW 1996, 581, 583 („n-tv“); vgl. auch BVerfGE 91, 125, 136 („Honecker II“); 103, 44, 63, 67 („Fernsehaufnahmen im Gerichtsaal“).

1196 BVerfGE 103, 44 ff. („Fernsehaufnahmen im Gerichtssaal“, teilweise auch „ntv-II“ genannt).

1197 BVerfGE 103, 44, 64, 67 ff. („Fernsehaufnahmen im Gerichtssaal“); vgl. auch BVerfGE 35, 202, 219 ff, 226 ff. („Lebach I“).

fahren[1198]. Zudem bestehe ein hohes Risiko „*der Veränderung des Aussagegehalts, wenn die Aufnahmen geschnitten oder sonst wie bearbeitet, mit anderen zusammengestellt oder gar später in anderen inhaltlichen Zusammenhängen wieder verwendet werden*“[1199]. Die Fairness des Strafverfahrens sehe sich insbesondere im Hinblick auf den Angeklagten besonderen Gefahren ausgesetzt. Dieser könne sich infolge der Medienaufnahmen scheuen, Dinge vorzutragen, die zur Wahrheitsfindung wichtig seien[1200]. Es sei weiterhin auch anzunehmen, „*dass die Medien in den für sie besonders interessanten Verfahren öffentlichen Druck auf das Gericht ausüben würden. Der Gesetzgeber durfte die Gerichte im Interesse einer möglichst ungestörten Wahrheit- und Rechtsfindung von solchen zusätzlichen Belastungen durch ein ausnahmsloses Verbot freistellen*“[1201].

Entsprechend dem Wortlaut des § 169 GVG gilt das Verbot für Ton- und Fernseh-Rundfunkaufnahmen sowie Ton- und Filmaufnahmen nur für die eigentliche Verhandlung. Vor Beginn und nach dem Abschluss der Verhandlung sowie in den Verhandlungspausen können dagegen Ton-, Film- und Fernseh-Rundfunkaufnahmen angefertigt werden[1202]. In diesen Phasen findet das gesetzliche Verbot des § 169 S. 2 GVG keine Anwendung. Der Wortlaut des § 169 GVG, der also Ton-, Film- und Fernseh-Rundfunkaufnahmen außerhalb der laufenden Hauptverhandlung - im Gerichtssaal, auf dem Gerichtsflur vor dem Verhandlungssaal, auf dem Weg dorthin oder im Gerichtsgebäude überhaupt - nicht verbietet, wird jedoch durch § 176 GVG quasi unterlaufen, der dem vorsitzenden Richter die Möglichkeit eröffnet, die zur Aufrechterhaltung der Ordnung in der Sitzung erforderlichen Maßnahmen zu ergreifen. Dies hat immer mehr zur Folge, dass der Vorsitzende von seiner sitzungspolizeilichen Befugnis Gebrauch macht und Anordnungen trifft, die Ton-, Film- und Fernseh-Rundfunkaufnahmen auch außerhalb der Hauptverhandlung untersagen.

In seiner „*Honecker-Entscheidung*“[1203] hat das Bundesverfassungsgericht den besonderen Schutz der Medienfreiheit betont. Der für das Strafverfahren gegen Honecker und andere Mitglieder der Staats- und Parteiführung der Deutschen Demokratischen Republik zuständige vorsitzende Richter hatte Foto-, Film- und Tonbandaufnahmen sowie Interviews mit den Verfahrensbeteiligten im Sitzungssaal verboten. Zudem wurden pro Sitzungstag nur ein Team einer Fernsehanstalt beziehungsweise eines Privatsenders sowie ein Fotograf einer Nachrichtenagentur und ein weiterer Fotograf zugelassen. Weiterhin wurde ver-

---

1198 BVerfGE 103, 44, 68 („Fernsehaufnahmen im Gerichtssaal“).
1199 BVerfGE 104, 44, 68 („Fernsehaufnahmen im Gerichtssaal“).
1200 BVerfGE 104, 44, 68 f. („Fernsehaufnahmen im Gerichtssaal“).
1201 BVerfGE 104, 44, 71 („Fernsehaufnahmen im Gerichtssaal“).
1202 BVerfG NJW 1996, 581, 581 („n-tv“); BVerfGE 91, 125, 136 („Honecker II“).
1203 BVerfGE 91, 125 ff. („Honecker II“).

boten, weder in den Sitzungssaal hinein zu filmen oder zu fotografieren. Diese Verbote sollten auch außerhalb der Hauptverhandlung gelten[1204]. Das Bundesverfassungsgericht sah in dieser Anordnung einen Verstoß gegen die Rundfunkfreiheit aus Art. 5 Abs. 1 S. 2 GG. In § 169 S. 2 GVG sei zwar ein allgemeines Gesetz im Sinne des Art. 5 Abs. 2 GG zu sehen. Allerdings schränke dessen Anwendung im vorliegenden Fall die Rundfunkfreiheit übermäßig ein[1205]. Auf der Seite der Rundfunkfreiheit falle insbesondere das Informationsinteresse der Öffentlichkeit ins Gewicht. Gegenstand der Hauptverhandlung war ein strafbares Verhalten des Partei- und Staatsratsvorsitzenden und weiterer Angehöriger der Staats- und Parteiführung der Deutschen Demokratischen Republik bei Ausübung der öffentlichen Gewalt. Das Bundesverfassungsgericht stellte fest, dass sowohl die Funktion der Angeklagten wie auch der Inhalt des Schuldvorwurfs *„dem Verfahren eine politische und historische Dimension verlieh, die diejenige anderer Strafprozesse, selbst wenn sie Aufsehen erregende Taten betreffen, weit überragte. Es bestand daher ein anerkennenswertes Interesse, mit den Mitteln der modernen Kommunikationstechnik auch einen optischen Eindruck von diesem Verfahren der Öffentlichkeit zu übermitteln und der Nachwelt zu erhalten*“[1206]. Die während des Honecker-Prozesses eingesetzte Pool-Lösung, wonach eine bestimmte Person oder Pressestelle Filmaufnahmen oder Fotos fertigen soll, die sie später ihren Konkurrenzunternehmen auf Wunsch kostenlos zu überspielen oder zur Verfügen zu stellen hat, hat sich in der Zwischenzeit bewährt[1207].

Nicht unter § 169 S. 2 GVG fallen zwar Fotoaufnahmen, diese sind aber im Hinblick auf § 176 GVG nicht minder interessant. Das Bundesverfassungsgericht hatte sich mit einem Fotografierverbot in und vor dem Sitzungssaal auseinanderzusetzen, gegen das die hiervon betroffene Presse Verfassungsbeschwerde einlegte[1208]. Dieses Verbot wurde durch den Gerichtsvorsitzenden in dem beim Bayrischen Obersten Landesgericht im Jahre 1994 anhängigen Strafverfahren gegen die kurdischen Besetzer des türkischen Generalkonsulats in München aus Sicherheitsgründen erlassen.

Das Bundesverfassungsgericht führte aus, dass die Pressefreiheit des Art. 5 Abs. 1 S. 2 Alt. 1 GG das Recht der im Pressewesen tätigen Personen, über Vorgänge in einer öffentlichen Gerichtsverhandlung durch Bildberichterstattung zu informieren, einschließe[1209]. Die Pressefreiheit finde in Art. 5 Abs. 2 GG ihre

---

1204 BVerfGE 91, 125, 127 („Honecker“).

1205 BVerfGE 91, 125, 136 („Honecker II“).

1206 BVerfGE 91, 125, 138 („Honecker II“).

1207 Vgl. z. B. BVerfG NJW 2000, 2890 ff. („Sparkasse Mannheim“); NJW 2002, 2021 („El Kaida“); NJW 2009, 350 ff. („Holzklotz“); NJW 2009, 2117 ff. („Koma-Saufen“).

1208 BVerfG NJW 1996, 310 ff.

1209 BVerfG NJW 1996, 310, 310; vgl. auch BVerfGE 50, 234, 240 („Gerichtspresse“).

Schranken unter anderem in den Vorschriften der allgemeinen Gesetze, zu denen auch § 176 GVG gehöre. Diese Vorschrift bezwecke die Wahrung der Ordnung in der Sitzung und diene dem Schutz einer geordneten Rechtspflege, des Prozesses der Rechts- und Wahrheitsfindung sowie der Rechte der Verfahrensbeteiligten oder betroffener Dritter[1210]. Im Rahmen des § 176 GVG müsse sowohl dem Gewicht der Pressefreiheit als auch dem Gewicht der sonst betroffenen und geschützten Rechtsgüter Rechnung getragen und eine Abwägung vorgenommen werden. Zudem sei die Auslegung dahingehend, dass der Begriff der Sitzung weiter ist als der der Verhandlung und die Sitzung zeitlich mit dem Öffnen des Zugangs zum Sitzungssaal beginne, Beratungs- und Sitzungspausen einschließe und mit dem Verlassen des Saales durch das Gericht ende, verfassungsrechtlich nicht zu beanstanden. Es begegne auch keinen Bedenken, die Norm des § 176 GVG auch auf Räumlichkeiten zu beziehen, in denen oder von denen aus Störungen der Sitzung erfolgen können und deren Anwendung daher auf die an den Sitzungssaal angrenzenden Vorräume und die Zugänge zum Verhandlungssaal zu erstrecken. Durch die in Frage stehende Verfügung bleibe zwar die Textberichterstattung unberührt, die Bildberichterstattung dagegen werde weitgehend eingeschränkt. Darin liege eine nicht unerhebliche Beeinträchtigung der Pressefreiheit. Hier überwiegen jedoch der Schutz der Rechte der Verfahrensbeteiligten und Dritter sowie das Interesse der Allgemeinheit an einer unbeeinträchtigten Wahrheits- und Entscheidungsfindung das Gewicht der Pressefreiheit, zumal die schriftliche Berichterstattung unberührt bleibe. Der vorsitzende Richter habe sich im Rahmen des Einschätzungsspielraums gehalten, indem er auf Grund verschiedener tatsächlicher Aspekte erhebliche Gefahren für die Rechtsgüter der Beteiligten angenommen und die Verbreitung von Fotos als einen Gefahr verstärkenden Faktor angesehen habe.

Weiter betonte das Bundesverfassungsgericht, dass der Berücksichtigung und Gewichtung der Belange der Verfahrensbeteiligten nicht entgegen stehe, dass die Verhandlung öffentlich durchgeführt werde und dass etwa gefährdete Verfahrensbeteiligte auch in schriftlichen Berichten namentlich genannt oder durch Gerichtszeichnungen dargestellt werden könnten[1211]. Werden dagegen Fotografien aufgenommen und in den Medien veröffentlicht, so werde eine Identifizierung des Abgebildeten besonders eindrücklich und über die Dauer der Verhandlung hinaus einem unbestimmt großen Personenkreis möglich. Die unmittelbare Öffentlichkeit der Verhandlung ermögliche dagegen lediglich den Zuschauern eine optische Identifikation. Die bloße Nennung des Namens in den Medien erfordere weitere Schritte, um eine bestimmte Person mit diesem Na-

1210 Vgl. BVerfGE 50, 234, 241 f. („Gerichtspresse“).

1211 BVerfG NJW 1996, 310, 311.

men in Verbindung zu bringen. Es spiele auch keine besondere Rolle, dass die Angeklagten als so genannte relative Personen der Zeitgeschichte eingestuft werden könnten, deren Bildnisse nach § 23 Abs. 1 Nr. 1 KUG ohne deren Einwilligung verbreitet werden dürften, denn nach der angegriffenen Verfügung stehe nicht das Recht am eigenen Bild, sondern der vorsorgende Schutz des Rechts auf Leben und körperliche Unversehrtheit der Verfahrensbeteiligten im Vordergrund der Erwägungen[1212].

Dem Beschluss des Bundesverfassungsgerichts ist zwar nicht zu entnehmen, wann ein Angeklagter, der nicht schon unabhängig von der ihm vorgeworfenen Tat eine öffentlich bekannte Person ist, die Veröffentlichung seines Bildes zu dulden hat. Zumindest lässt sich aus dem Beschluss jedoch ableiten, dass ein Fotografierverbot nach § 176 GVG auch „*nur*“ zum Schutz des Persönlichkeitsrechts des Angeklagten denkbar erscheint.

dd) Verpixelte Bilder

Gegenwärtig wird in der Praxis trotz der „*Honecker-Entscheidung*“[1213] des Bundesverfassungsgerichts die aktuelle Medienberichterstattung auch außerhalb der Hauptverhandlung im Verhandlungssaal und auch vor diesem auf dem Gerichtsflur von dem Vorsitzenden unter Anwendung des § 176 GVG beschränkt. Immer häufiger erteilen vorsitzende Richter in Strafverfahren Drehgenehmigungen, die jedoch an die Bedingung der Anonymisierung der Verfahrensbeteiligten geknüpft sind.

Im Jahre 2002 betrafen die Verfassungsbeschwerde und der Antrag auf Erlass einer einstweiligen Anordnung der Fernsehsender ZDF und RTL sitzungspolizeiliche Maßnahmen über das Anfertigen von Fernsehaufnahmen in dem Strafverfahren gegen mutmaßliche El-Kaida-Terroristen vor dem Oberlandesgericht Frankfurt am Main[1214]. Fernsehaufnahmen waren zuvor weitgehend vom Vorsitzenden verboten worden. Das Bundesverfassungsgericht wies den Vorsitzenden des Oberlandesgerichts Frankfurt am Main an, die erforderlichen Anordnungen zu treffen, damit einem Fernsehteam gestattet werde, kurz vor dem jeweiligen Beginn der Verhandlung Fernsehaufnahmen in Anwesenheit der Angeklagten im Sitzungssaal des Gerichts anzufertigen, so genannte Pool-Lösung. Vor der Veröffentlichung und der Weitergabe der Aufnahmen an andere Fernsehsender seien diese jedoch durch ein technisches Verfahren so zu anonymisieren, dass nur eine Verwendung in anonymisierter Form möglich bleibe.

1212 BVerfG NJW 1996, 310, 311.

1213 BVerfGE 91, 125 ff. („Honecker II“).

1214 BVerfG NJW 2002, 2021 f. („El-Kaida“).

Das Bundesverfassungsgericht sah in der Anonymisierung des Angeklagten Magnus Gäfgen, dem vorgeworfen wurde, den Bankierssohn Jakob von Metzler entführt und getötet zu haben, keinen schweren Nachteil, dessen Abwehr den Erlass einer einstweiligen Anordnung geboten hätte[1215]. Das Bild des Angeklagten sei in der Öffentlichkeit bereits bekannt und auch von den Beschwerdeführern mehrfach veröffentlicht worden. Ihnen werde lediglich verwehrt, neue Bilder aus der Verhandlung zu veröffentlichen, die auch das Gesicht des Angeklagten erkennen lassen. Sie würden zudem die Möglichkeit erhalten, vor und auch nach der Hauptverhandlung im Sitzungssaal zu filmen, um damit einen visuellen Eindruck von den äußeren Umständen der Verhandlung zu erhalten. Soweit sie jedoch das Gesicht von Magnus Gäfgen abbilden wollten, stünden ihnen die bereits zuvor entstandenen Aufnahmen zur Verfügung. Dass sie kein aktuelles Bild des Gesichts aus der Verhandlung veröffentlichen könnten, sei zwar ein rechtserheblicher Nachteil. Dieser wiege aber nicht derart schwer, dass er den Erlass einer einstweiligen Anordnung gebieten würde[1216].

Die Tendenz der Rechtsprechung des Bundesverfassungsgerichts entwickelt sich also in Richtung der Anonymisierung des Angeklagten.

Eine weitere Verfassungsbeschwerde und ein Antrag auf Erlass einer einstweiligen Anordnung betrafen sitzungspolizeiliche Maßnahmen über das Fertigen von Fernsehaufnahmen aus einer Hauptverhandlung in Strafsachen, die gegen 18 der Misshandlung von Rekruten verdächtige Offiziere und Unteroffiziere der Bundeswehr geführt wurde[1217]. Durch den vorsitzenden Richter der betreffenden Strafkammer des Landgerichts Münster wurden Ton-, Foto- und Filmaufnahmen im Sitzungssaal und in dem Bereich vor dem Sitzungssaal bis 15 Minuten vor Beginn der Sitzung sowie 10 Minuten nach deren Beendigung untersagt. Im Wege einer einstweiligen Anordnung wies das Bundesverfassungsgericht den Vorsitzenden der Strafkammer an, *„über die sitzungspolizeiliche Anordnung vom 21.2.2007 hinaus die erforderliche Anordnung zu treffen, damit es einem aus höchstens drei Personen bestehenden Fernsehteam der Antragstellerin ermöglicht wird, am 19.3.2007 und den folgenden Verhandlungstagen vor Beginn und am Ende der Verhandlungen Filmaufnahmen der im Sitzungssaal anwesenden Verfahrensbeteiligten einschließlich des Angeklagten zu fertigen, und hierbei die Anwesenheit der Mitglieder des Spruchkörpers im Sitzungssaal in dem für die Anfertigung von Abbildungen ihrer Person erforderlichen Zeitraum zu gewährleisten. Dabei ist zu sichern, dass die Gesichter der Angeklagten*

1215 BVerfG NJW 2003, 2523 f. („Gäfgen").

1216 BVerfG NJW 2003, 2523, 2524 („Gäfgen").

1217 BVerfG NJW-RR 2007, 986 ff. („Bundeswehrausbilder"); vgl. auch BVerfG NJW 2008, 977 ff. („Bundeswehrausbilder").

vor der Veröffentlichung oder Weitergabe der Aufnahmen an Fernsehveranstalter oder Massenmedien durch ein technisches Verfahren so anonymisiert werden, dass nur eine Verwendung in anonymisierter Form möglich bleibt, es sei denn, die betroffenen Personen sind mit der Veröffentlichung ihres Bildnisses einverstanden"[1218].

Das Bundesverfassungsgericht stellte darüber hinaus fest, dass von dem durch Art. 5 Abs. 1 S. 2 GG geschützten Berichterstattungsinteresse der Beschwerdeführerin die bildliche Dokumentation des Erscheinens und der Anwesenheit der Verfahrensbeteiligten im Sitzungssaal umfasst sei. „*Die besonderen Umstände der Straftat sowie die über diese konkrete Straftat hinausreichende aktuelle öffentliche Diskussion über das Verhalten von Militärangehörigen begründen ein gewichtiges Informationsinteresse der Öffentlichkeit. [...] Mit dem angeordneten umfassenden Verbot der Anfertigung von Filmaufnahmen würde die Beschwerdeführerin unwiederbringlich gehindert, die Geschehnisse im Sitzungssaal zu dokumentieren, um dem gegenwärtig besonders lebhaften Interesse der Öffentlichkeit an Informationen und damit auch an einer Bildberichterstattung über die beteiligten Personen Rechnung zu tragen. Eine derartige Beschränkung der Berichterstattungstätigkeit der Beschwerdeführerin wäre ein schwerer Nachteil*"[1219]. Weiterhin sei eine Beeinträchtigung von Belangen der Wahrheitsfindung aus der Zulassung von Filmaufnahmen der Angeklagten und ihrer Verteidiger nicht mit hinreichender Eintrittswahrscheinlichkeit zu erwarten. Bei den Angeklagten handele es sich um Offiziere der Bundeswehr und damit um einen Personenkreis, bei dem die Fähigkeit vorausgesetzt werden darf, sich der öffentlichen Aufmerksamkeit auch in ungewohnten Situationen gewachsen zu zeigen. Es liege fern, dass es durch die Anfertigung von Filmaufnahmen der Angeklagten zu einer Beeinträchtigung, insbesondere ihrer Fähigkeit zur umfassenden Ausschöpfung ihrer prozessualen Handlungskompetenzen, kommen könne. Dies könne erst recht gelten, wenn gesichert sei, dass Bilder der Angeklagten nur in anonymisierter Form veröffentlicht werden[1220].

Abermals hatte das Bundesverfassungsgericht in einem einstweiligen Anordnungsverfahren über die Zulässigkeit einer nicht anonymisierten Berichterstattung in dem so genannten „*Holzklotz-Fall*"[1221] zu entscheiden. Die Antragstellerin, ein privater Rundfunksender, beabsichtigte, über ein Strafverfahren am Landgericht Oldenburg zu berichten. Gegenstand des Strafprozesses war der so

1218 BVerfG NJW 2007, 986, 987 („Bundeswehrausbilder").

1219 BVerfGE NJW 2007, 986, 987 („Bundeswehrausbilder"); vgl. auch BVerfG NJW 2008, 977, 978 ff. („Bundeswehrausbilder").

1220 BVerfGE NJW 2007, 986, 988 („Bundeswehrausbilder").

1221 BVerfGE NJW 2009, 350 ff. („Holzklotz").

genannte „*Holzklotz-Fall*“, der bundesweites Aufsehen erregt und eine umfangreiche Medienberichterstattung ausgelöst hatte. Die Staatsanwaltschaft warf dem Angeklagten vor, von einer in Oldenburg gelegenen Autobahnbrücke einen von ihm mitgebrachten Holzklotz auf die Fahrbahn geworfen zu haben. Der Holzklotz durchschlug die Windschutzscheibe eines sich nähernden Pkw und traf die Beifahrerin, Mutter zweier Kinder, die in Anwesenheit ihrer Familie ihren Verletzungen erlag. Die Antragstellerin übernahm die Poolführerschaft für die privatrechtlichen Fernsehanstalten. Sie wollte die Aufnahmen mit dem Angeklagten in nicht anonymisierter Form veröffentlichen. Dieses Vorhaben hatte der Vorsitzende mittels schriftlicher Anordnung verboten. Der Vorsitzende ordnete an, dass Bildaufnahmen des Angeklagten nur im anonymisierten Zustand (etwa „*verpixelt*“) veröffentlicht werden dürften. Das Bundesverfassungsgericht lehnte den hiergegen gerichteten Antrag auf Erlass einer einstweiligen Anordnung ab[1222]. Die Richter kamen zu dem Ergebnis, dass die Nachteile, die sich für eine freie Berichterstattung aus der Anordnung des Vorsitzenden ergeben, hinzunehmen seien, weil die zu befürchtenden Nachteile für den Angeklagten bei nicht anonymisierter Berichterstattung schwerer wiegen.

Begründet wurde diese Entscheidung damit, dass in Gerichtsverfahren der Persönlichkeitsschutz der Verfahrensbeteiligten eine über den allgemein in der Rechtsordnung anerkannten Schutzbedarf hinausgehende Bedeutung gewinne. Dies gelte insbesondere für den Angeklagten im Strafverfahren, der sich unfreiwillig der Verhandlung und damit der Öffentlichkeit stellen müsse[1223]. Während sich der rechtskräftig verurteilte Straftäter nicht nur den verhängten strafrechtlichen Sanktionen beugen, sondern auch dulden müsse, dass das von ihm selbst durch seine Tat erregte Informationsinteresse der Öffentlichkeit in freier Kommunikation auf den dafür üblichen Wegen befriedigt werde, könne dies für den noch nicht rechtskräftig verurteilten Angeklagten nicht in gleicher Weise gelten. Die bis zur rechtskräftigen Verurteilung geltende Unschuldsvermutung gebiete eine entsprechende Zurückhaltung, mindestens jedoch eine ausgewogene Berichterstattung[1224]. Zudem sei eine mögliche Prangerwirkung zu berücksichtigen, die durch eine identifizierende Medienberichterstattung hervorgerufen werden könne[1225]. Dabei müsse berücksichtigt werden, dass auch eine um Sachlichkeit und Objektivität bemühte Fernsehberichterstattung in der Regel einen ungleich

---

1222 BVerfGE NJW 2009, 350, 351 ff. („Holzklotz“).

1223 BVerfGE NJW 2009, 350, 351 („Holzklotz“) mit Verweis auf BVerfGE 103, 44, 68 („Fernsehaufnahmen im Gerichtssaal II“).

1224 BVerfGE NJW 2009, 350, 351 („Holzklotz“); vgl. auch BVerfGE 35, 202, 231 f. („Lebach I“).

1225 BVerfGE NJW 2009, 350, 351 („Holzklotz“); vgl. auch BVerfGE 119, 309, 323 („Gerichtsfernsehen“).

stärkeren Eingriff in das Persönlichkeitsrecht darstelle, als eine Wort- und Schriftberichterstattung in Hörfunk und Presse[1226]. Die besondere Schwere der angeklagten Tat und ihre als besonders verwerflich empfundene Begehungsweise könne im Einzelfall nicht nur ein gesteigertes Informationsinteresse der Öffentlichkeit, sondern auch die Gefahr begründen, dass der Angeklagte eine Stigmatisierung erfahre, die ein Freispruch möglicherweise nicht mehr beseitigen könne. Diese Gefahr sei hier ebenso evident wie das gewichtige öffentliche Informationsinteresse. Dieselben Gründe, die das Informationsinteresse begründen, würden die Gefahr entstehen lassen, dass sich der Angeklagte im Falle der Bildberichterstattung von dem Vorwurf der besonderen Verwerflichkeit der ihm vorgeworfenen Tat nur schwer werde befreien können, selbst wenn er frei gesprochen werden würde[1227].

Dieses Schutzbedürfnis habe der Angeklagte auch nicht dadurch verwirkt, dass er während der laufenden Ermittlungen der Erstellung von Bildberichten zu seiner Person zustimmte und sich in diesem Zusammenhang auch zu dem Ermittlungsverfahren äußerte. *„Zwar kann sich der Angeklagte gegenüber einer identifizierenden Bildberichterstattung von der Strafverhandlung möglicherweise dann nicht mehr mit Gewicht auf sein allgemeines Persönlichkeitsrecht berufen, wenn er zuvor in den Medien im Rahmen bebilderter Berichterstattung zu den Vorwürfen der Anklageschrift oder auch nur zu eventuellen Vorwürfen der Staatsanwaltschaft Stellung bezogen und hiermit zum Ausdruck gebracht hat, sich den erhobenen Vorwürfen in der Öffentlichkeit stellen zu wollen“*[1228]. Hier sei der Angeklagte im Zeitpunkt der Äußerung jedoch lediglich Zeuge in dem Ermittlungsverfahren gewesen. Die öffentlichen Äußerungen des Angeklagten würden zumindest nicht den Schluss zulassen, dass dieser sich den Vorwürfen der Anklageschrift uneingeschränkt in der medialen Öffentlichkeit stellen wollte. Zudem handele es sich bei dem Angeklagten nicht um jemanden, der durch sein Tätigkeitsfeld oder seine Persönlichkeit sonst in besonderer Weise in der Öffentlichkeit stehe.

Im Ergebnis müsse jedoch das hier - auf Grund der als besonders verwerflich angesehen Tat und des großen Mitleids der Öffentlichkeit für die Hinterbliebenen des Opfers - besonders gewichtige öffentliche Informationsinteresse zurücktreten[1229]. Im Übrigen untersage die angegriffene sitzungspolizeiliche Anordnung die bebilderte Berichterstattung aus dem Sitzungssaal nicht generell, sondern beschränke diese lediglich im Hinblick auf die Person des Angeklagten.

1226 BVerfGE NJW 2009, 350 351 f. („Holzklotz“).
1227 BVerfGE NJW 2009, 350, 352 („Holzklotz“).
1228 BVerfGE NJW 2009, 350, 352 („Holzklotz“).
1229 BVerfGE NJW 2009, 350, 351 („Holzklotz“).

Damit werde dem Informationsinteresse der Öffentlichkeit und den Belangen der Medienfreiheit weitgehend Rechnung getragen. Die in dem Anonymisierungsgebot liegende Beschränkung der Medienberichterstattung wiege nicht so schwer, als das sie es rechtfertige, dass das Gericht eine, wenn auch nur mögliche schwerwiegende Verletzung des Persönlichkeitsrechts des Angeklagten im Falle seines Freispruchs durch die beabsichtigte bebilderte Berichterstattung zugelassen hätte[1230].

Der Trend zur Anonymisierung ist die Folge von Forderungen der Angeklagten, die ihre Teilnahme an der Hauptverhandlung davon abhängig machten, dass sie im Gerichtssaal nicht fotografiert und/oder gefilmt werden. Dies führte letztlich dazu, dass die vorsitzenden Richter die Teilnahme von Fotografen oder Kamerateams außerhalb der eigentlichen Hauptverhandlung im Gerichtssaal an die Bedingung koppelten, dass diese sich verpflichten, ihre Aufnahmen nur in anonymisierter Form (etwa verpixelt) zu veröffentlichen.

Es ist zwar unstreitig zu begrüßen, dass Angeklagte bei entsprechender Anordnung des Vorsitzenden darauf vertrauen können, dass keine aktuellen identifizierenden Aufnahmen des Angeklagten aus dem Gerichtssaal in die Medien gelangen. Foto- und Filmaufnahmen vor Beginn und am Ende der Verhandlung hat dieser dennoch über sich ergehen zu lassen. Es lässt sich also gleichzeitig die Frage stellen, was für einen Nachrichtenwert diese immer gleich anmutenden groß herangezoomten Aufnahmen aus Gerichtssälen von Akten, Richtertischen und vor allem von Personen haben? Das Interesse an den Richtern und Schöffen wird dabei regelmäßig auf Grund der Bedeutung des Grundsatzes der Öffentlichkeit für ein rechtsstaatliches Verfahren bejaht werden können. Auch die Strafverteidiger werden sich in der Regel nicht über die Zunahme von Publicity wehren. Den Angeklagten dagegen wird auferlegt, sich der Medienöffentlichkeit - wenn auch in verpixelter Form - zu stellen. Trotz der Anordnung des Vorsitzenden, dass die Aufnahmen lediglich anonymisiert veröffentlich werden dürfen, konzentrieren sich die Angeklagten oftmals darauf, sich vor dem Blitzlichtgewitter abzuschirmen. Dabei sollte ihnen doch eigentlich die Möglichkeit gewährt werden, ihre ganze Aufmerksamkeit auf den Beginn der Verhandlung und ihre Verteidigung zu richten.

ee) Heimliche Aufnahmen des Angeklagten aus der Hauptverhandlung

Die großbuchstabigen Titelschlagzeilen zeugen von einem großen Interesse der Medien für das Strafrecht. Blicken wir auf die Medien und den Umfang, in dem sie über Straftaten und Strafverfahren berichten, so erhält man den Eindruck, dass sich derartige Berichte auf Grund eines breiten interessierten Rezipienten-

1230 BVerfGE NJW 2009, 350, 352 („Holzklotz“).

kreises offensichtlich wirtschaftlich auszahlen müssen: „*crime sells*". Um sich von anderen Medienberichten abheben zu können, müssen sich die Reporter schon etwas Besonderes einfallen lassen. Von Brisanz sind in diesem Zusammenhang Bildaufnahmen, die im Sitzungssaal oder im Gerichtsgebäude vom Angeklagten angefertigt werden.

Mit einer heimlich während der laufenden Gerichtsverhandlung aufgenommenen Fotografie eines Angeklagten hatte sich das Landgericht Berlin[1231] zu beschäftigten. Der von der Fotoaufnahme Betroffene war angeklagt, seinen elf Monate alten Sohn vom achten Stock eines Hochhauses herunter geworfen zu haben. Die BILD-Zeitung berichtete über das Strafverfahren und veröffentlichte ein heimlich während der Hauptverhandlung aufgenommenes Foto, das den Angeklagten auf der Anklagebank sitzend abbildete. Dem Antrag auf Erlass einer einstweiligen Verfügung, mit dem der Betroffene die Vervielfältigung und/oder Verbreitung der Fotografie verbieten lassen wollte, wurde nach eingereichter Beschwerde gegen einen zunächst getroffenen negativen Beschluss abgeholfen.

Auf einen Verstoß gegen § 169 GVG lasse sich der vom Betroffenen geltend gemachte Unterlassungsanspruch zwar nicht stützen, da diese Vorschrift Fotoaufnahmen während der Hauptverhandlung nicht verbiete. Zudem müsse es der Angeklagte auf Grund der Schwere der ihm zur Last gelegten Straftat grundsätzlich dulden, dass Fotoaufnahmen von ihm veröffentlicht werden, die in einem zeitgeschichtlichen Zusammenhang mit der Tat beziehungsweise dem Verfahren stehen. Allerdings müsse es der Angeklagte auch als relative Person der Zeitgeschichte im Sinne des § 23 Abs. 1 KUG nicht hinnehmen, dass während der laufenden Gerichtsverhandlung heimlich Fotoaufnahmen von ihm gemacht werden, ohne dass zuvor der Vorsitzende um Erlaubnis gefragt wurde oder zumindest für den Betroffenen erkennbar war, dass er fotografiert werden soll, so dass er sich dagegen hätte wehren oder Vorkehrungen treffen können, um auf der Fotografie nicht erkennbar zu sein. Ein Angeklagter, der dem Strafverfahren ausgeliefert sei, müsse darauf vertrauen können, dass er während des Ganges der Hauptverhandlung nicht heimlich fotografiert werde. Ansonsten bestünde die Gefahr, dass das Recht eines jeden Angeklagten - für den bis zu seiner Verurteilung die Unschuldsvermutung des Art. 6 Abs. 2 EMRK streitet -, sich umfassend zu verteidigen, beeinträchtigt wird, weil er ständig auf der Hut sein müsse, um nicht heimlich fotografiert zu werden.

Im Ergebnis müsse also das Recht des Angeklagten, sich auf seine Verteidigung zu konzentrieren, vorgehen und somit die Freiheit der Berichterstattung insoweit hinter dem Persönlichkeitsrecht des Angeklagten zurückstehen[1232].

1231 LG Berlin AfP 1994, 332 f.

1232 LG Berlin AfP 1994, 332, 332.

Diese Feststellung ist zwar zu begrüßen, die Aussage des Landgerichts Berlin, der Angeklagte müsse wegen der Schwere der im zur Last gelegten Straftat grundsätzlich hinnehmen, dass Fotoaufnahmen von ihm angefertigt und veröffentlicht werden, ist so jedoch nicht haltbar. Hier ergibt sich die zeitgeschichtliche Relevanz des Angeklagten allein auf Grund des schweren Tatvorwurfs. Lediglich aus einem schweren, womöglich Aufsehen erregenden Tatvorwurf, der aus dem Alltäglichen herausragt, kann die zeitgeschichtliche Bedeutsamkeit eines Angeklagten jedoch nicht abgeleitet werden. Mit Rücksicht auf die Persönlichkeit des Angeklagten ist zu beachten, dass die Reaktion der Öffentlichkeit umso gravierender und negativer ausfällt, je schwerer der Tatvorwurf wiegt. Die Auffassung des Landgerichts Berlin hätte dagegen zur Folge, dass der Angeklagte Fotoaufnahmen hätte dulden müssen, sofern diese nicht heimlich, sondern offen und sichtbar aufgenommen wurden. Er hätte damit lediglich die Möglichkeit gehabt, sein Gesicht mit den Händen, Aktenordnern oder Kleidungsstücken vor Fotoaufnahmen zu schützen. Auf seine Verteidigung hätte sich der Angeklagte unter diesen Umständen nicht konzentrieren können.

Noch weiter ging ein Urteil des Oberlandesgerichts Hamm[1233]. Der Angeklagte wurde von der zuständigen Jugendkammer wegen Vergewaltigung in Tateinheit mit vorsätzlicher Körperverletzung sowie wegen versuchter Vergewaltigung in Tateinheit mit gefährlicher Körperverletzung und wegen versuchten Mordes zu einer Jugendstrafe von 8 Jahren rechtskräftig verurteilt. Über diesen Strafprozess wurde unter Namensnennung des Betroffenen und mit Wiedergabe eines Brustbildes berichtet. Nach Ansicht des Oberlandesgerichts Hamm war die Veröffentlichung des Bildes unter Namensnennung nicht rechtswidrig. Der Angeklagte habe als ein zwar an und für sich uninteressanter Zeitgenosse das allgemeine Interesse durch seine schwerwiegenden Straftaten auf sich gelenkt. Auch unter Berücksichtigung der Jugend des Betroffenen zur Zeit der Tatbegehungen wiege die Art ihrer Ausführung und sein rücksichtsloses Vorgehen so schwer, dass das überörtliche Informationsbedürfnis bei der Abwägung mit dem Namensrecht und dem Recht am eigenen Bild höher als sein Persönlichkeitsrecht zu bewerten sei. Die Persönlichkeit des Abgebildeten erscheine durch die Straftaten negativ, so dass die Öffentlichkeit in aktueller Berichterstattung gewarnt werden dürfe. Eine damit an sich zulässige Bildberichterstattung werde auch nicht dadurch unzulässig, dass die Fotoaufnahmen während der Hauptverhandlung und entgegen einem ausdrücklichen Fotografierverbot entstanden seien. Zwar wären für die Zeit nach der Veröffentlichung, nämlich während und für die Zeit nach der langjährigen Haft für den Betroffenen keine schweren Folgen ersichtlich gewesen. Auch die Unschuldsvermutung des Art. 6

1233 OLG Hamm AfP 1985, 218, 218 f.

Abs. 2 EMRK sei auf Grund der Veröffentlichung nach der rechtskräftigen Verurteilung nicht tangiert gewesen. Dennoch müsse das grundsätzliche Recht des Angeklagten, sich umfassend und konzentriert verteidigen zu können, beachtet werden. Es müsse also sichergestellt werden, dass auch von einem Angeklagten, der später tatsächlich rechtskräftig verurteilt wird, keine heimlichen Aufnahmen angefertigt werden können[1234].

Besonders *Eb. Schmidt*[1235] plädierte gegen jegliche Aufnahmen aus der Hauptverhandlung und sah den Vorsitzenden in der Pflicht, alles zu verhindern, was das Persönlichkeitsrecht des Angeklagten verletzen könne. Gegenüber diesem berechtigten Interesse sei *„das so viel beredete Interesse der Öffentlichkeit ein lächerliches Nichts. Was entgeht einem schon, wenn man in der Presse Bilder von Angeklagten [...] nicht zu sehen bekommt?*[1236]“. Was für ein Gesicht der Angeklagte in der Hauptverhandlung bei der Vernehmung oder bei der Urteilsverkündung mache, sei völlig irrelevant. Lediglich derjenige, der von dem „*unseligen Trend zur Publicity*“ ergriffen ist, könne hier von einem berechtigten Interesse der Öffentlichkeit sprechen. Allerdings dürfe diese Auffassung keinesfalls für ein Gericht gelten[1237]. Das Gericht müsse vielmehr davon ausgehen, dass der Angeklagte im Prozess ein berechtigtes Interesse daran habe, in dieser Situation nicht abgelichtet zu werden. Dieses Interesse müsse vom Vorsitzenden geschützt werden. Dieser habe demnach alles zu verhindern, was das Persönlichkeitsrecht des Angeklagten verletzen könnte.

In seiner Argumentation stützt sich *Eb. Schmidt* zum einen auf § 81 b StPO, der klar und deutlich sage, welche Zwecke allein die Aufnahme eines Lichtbildes von dem Angeklagten gegen dessen Willen gestatte. Nur *„soweit es für die Zwecke der Durchführung des Strafverfahrens oder für die Zwecke des Erkennungsdienstes notwendig ist*“, dürften gegen den Willen des Angeklagten Lichtbilder aufgenommen werden. Die Vorschrift zeige, dass der Gesetzgeber in der gegen den Willen des Betroffenen erfolgenden Lichtbildaufnahme eine die persönliche Freiheit beeinträchtigende Zwangsmaßnahme erblicke[1238].

Zum anderen könne aus § 23 Abs. 1 Nr. 1 KUG nicht die Berechtigung abgeleitet werden, Bilder von Angeklagten gegen deren Willen in die Medien zu

1234 OLG Hamm AfP 1985, 218, 218 f.

1235 *Eb. Schmidt*, in: Festschrift für Schmidt, S. 338, 351 f.

1236 *Eb. Schmidt*, in: Festschrift für Schmidt, S. 338, 351.

1237 *Eb. Schmidt*, in: Festschrift für Schmidt, S. 338, 352.

1238 *Eb. Schmidt*, in: Festschrift für Schmidt, S. 338, 345. Es ist jedoch zu beachten, dass die Vorschrift des § 81 b StPO lediglich das Ermittlungsverfahren betrifft und nicht grundsätzlich für das Verhältnis Medien - Beschuldigter gilt,vgl. *Braun*, Medienberichterstattung über Strafverfahren im deutschen und englischen Recht, S. 215; *Zielemann*, Der Tatverdächtige als Person der Zeitgeschichte, S. 69 f.

bringen. § 23 Abs. 1 Nr. 1 finde bei Prozessbeteiligten eines gleich aus welchem Grund Aufsehen erregenden Prozesses schon keine Anwendung. Eine Beziehung zu § 23 Abs. 1 Nr. 1 KUG könne überhaupt nur dann entstehen, wenn die betroffene Person bereits unabhängig von dem Verfahren auf Grund ihrer Stellung im öffentlichen Leben eine zeitgeschichtliche Persönlichkeit sei[1239]. Für diese Personen streite jedoch § 23 Abs. 2 KUG, der überall dort eingreife, „*wo anständiges Denken, gesittetes Wesen und humane Gesinnung sich scheuen, dem in peinlicher Lage, in Bedrängnis, in seelischer Not oder Verlegenheit befindlichen Menschen ins Gesicht zusehen*“[1240]. Gerade die besondere Situation der Hauptverhandlung sei eine solch schwierige und bedrängende Lage.

Unabhängig von den Argumenten *Eb. Schmidts* muss zunächst gelten, dass eine heimlich während der Gerichtsverhandlung angefertigte Aufnahme des Angeklagten eine Verletzung seines Persönlichkeitsrechts darstellt, da er in dieser Situation dem Fotografen in besonderer Weise ausgeliefert ist. Er kann sich weder auf die Aufnahmen einstellen, noch kann er Maßnahmen ergreifen, um sein Gesicht zu verbergen[1241]. Aus Gründen der Effizienz seiner Verteidigung muss er darauf vertrauen können, dass von ihm während der laufenden Hauptverhandlung gegen seinen Willen keine Aufnahmen angefertigt werden. Derartige Aufnahmen muss der Angeklagte nicht dulden. Der Vorsitzende hat demnach von seiner sitzungspolizeilichen Befugnis nach § 176 GVG Gebrauch zu machen, um diese zu verhindern. Hierdurch werden die Medien auch nicht übermäßig in ihrer Berichterstattungsfreiheit beschnitten, da ihnen immer noch die Möglichkeit verbleibt, vor Beginn oder im Anschluss der Verhandlung zu fotografieren oder zu filmen. Voyeuristische Aufnahmen des Angeklagten im Zeitpunkt der Urteilsverkündung werden durch diese Sichtweise verhindert und die Würde und der Ernst der Strafjustiz aufrechterhalten.

ff) Bilder aus der Vergangenheit des Angeklagten

Sofern eine Bildnisverbreitung überhaupt zulässig ist, dürfen nur Aufnahmen verwendet werden, die in einem zeitgeschichtlichen Zusammenhang mit der Tat beziehungsweise dem Verfahren stehen. Bildnisse aus dem früheren Leben des Angeklagten, insbesondere aus dem Privat- und Familienleben, verbieten sich dagegen von selbst[1242]. Lediglich die Verwicklung in den Strafprozess kann von zeitgeschichtlichem Charakter sein, nicht jedoch ihr für die Rezipienten belang-

---

1239 *Eb. Schmidt*, in: Festschrift für Schmidt, S. 338, 348.

1240 *Eb. Schmidt*, in: Festschrift für Schmidt, S. 338, 351.

1241 Vgl. LG Berlin AfP 1994, 332, 332; *Prinz/Peters*, Medienrecht, Rn. 816.

1242 BGH NJW 1966, 2353, 2355 („Vor unserer eigenen Tür“); *Braun*, Medienberichterstattung über Strafverfahren im deutschen und englischen Recht, S. 218; *Rüping*, in: Festschrift für Dünnebier, S. 391, 402; *Lampe* NJW 1973, 217, 219.

loses und höchstens unter Sensationsgesichtspunkten interessantes Vorleben. Von den Bildern aus dem Vorleben des Tatverdächtigen sind so genannte kontextneutrale Bildnisse zu unterscheiden. Nach bisheriger Rechtslage war bei relativen Personen der Zeitgeschichte umstritten, ob von diesen lediglich ein Bild veröffentlicht werden durfte, welches das zeitgeschichtliche Ereignis abbildet oder ob auch anderes Bildmaterial zulässigerweise veröffentlicht werden durfte[1243]. Differenziert wurde in diesem Zusammenhang zwischen kontextzugehörigen und kontextneutralen Aufnahmen. Teilweise wurde vertreten, dass bei relativen Personen der Zeitgeschichte auf Grund der Ereignisbezogenheit der Abbildungsfreiheit lediglich Fotos veröffentlicht werden durften, welche im Zusammenhang mit dem Ereignis hergestellt wurden[1244]. Nach anderer Auffassung durfte - sofern das Bildnis einer relativen Person der Zeitgeschichte zur Illustration einer Wortberichterstattung über ein zeitgeschichtliches Ereignis verwendet werden sollte - die an dem Ereignis beteiligte Person auch durch solche Bildaufnahmen vorgestellt werden, die bei anderer Gelegenheit als dem fraglichen Ereignis aufgenommen wurden, so genanntes kontextneutrales Bildmaterial[1245]. Gestattet wurde aber lediglich die Illustration durch ein neutrales Passfoto oder eine Aufnahme, die vergleichbar neutral war[1246]. So stelle eine Veröffentlichung so genannter kontextneutraler Abbildungen der fraglichen Person keine intensivere Persönlichkeitsverletzung dar als ein Foto, das lediglich das zeitgeschichtliche Ereignis wiedergebe. Dies sei vor allem bei Passbildern oder sonstigen Porträtaufnahmen anzunehmen, bei welchen eine Verfälschung des Sinngehalts auch im Falle der Verwendung für einen Bericht über ein späteres zeitgeschichtliches Ereignis ausgeschlossen sei[1247].

Inwiefern die Veröffentlichung von kontextneutralen Fotos im Zusammenhang mit einem zeitgeschichtlichen Ereignis auch nach neuester Rechtslage zulässig bleibt, ist noch nicht eindeutig abzuschätzen. Jedoch können auch hier die Überlegungen des Bundesverfassungsgerichts herangezogen werden, nach der die Veröffentlichung von kontextneutralen Fotos nicht notwendigerweise mehr Einfluss auf die Intensität einer Persönlichkeitsbeeinträchtigung hat, als die Ver-

1243 Vgl. *Prinz/Peters*, Medienrecht, Rn. 850.

1244 *Prinz/Peters*, Medienrecht, Rn. 850.

1245 BVerfGE NJW 2001, 1921, 1924 („Prinz Ernst August von Hannover"); BGH NJW 2005, 594, 596 („Uschi Glas"); *v. Strobl-Albeg*, in: Wenzel, Das Recht der Wort- und Bildberichterstattung, Kap. 8 Rn. 15.

1246 *v. Strobl-Albeg*, in: Wenzel, Das Recht der Wort- und Bildberichterstattung, Kap. 8 Rn. 15.

1247 *Schertz*, in: Götting/Schertz/Seitz, Handbuch des Persönlichkeitsrechts, § 12 Rn. 49; *v. Strobl-Albeg*, in: Wenzel, Das Recht der Wort- und Bildberichterstattung, Kap. 8 Rn. 15.

öffentlichung von Fotomaterial des zeitgeschichtlichen Ereignisses selbst[1248]. Ist also entsprechend der neuesten Rechtsprechung eine Bildberichterstattung auf Grund eines legitimen Informationsinteresses der Öffentlichkeit an einem zeitgeschichtlich relevanten Vorgang zulässig, so dürfen nach der hier vertretenen Auffassung die in diesem Kontext zeitgeschichtlich relevanten Personen auch durch kontextneutrale Fotos vorgestellt werden[1249]. Während Fotos aus dem privaten Vorleben des Tatverdächtigen für die Medienberichterstattung tabu sind, können jedoch kontextneutrale Fotos zur Illustration von Wortberichten herangezogen werden, sofern diese nicht Sinn verfälschend verwendet werden[1250].

gg) Stellungnahme

Im Rahmen der Entscheidung über die Preisgabe der Identität eines Angeklagten in der Medienberichterstattung während der Hauptverhandlung und vor Erlass eines Urteils ist - ebenso wie bei der Frage der Identifizierung im Ermittlungsverfahren - von folgendem Ausgangspunkt auszugehen: Die Information, gegen eine bestimmte Person ist das Hauptverfahren eröffnet worden, ruft bei vielen Rezipienten die Vorstellung hervor, der Angeklagte sei bereits der Tat überführt und damit auch der Schuldige. Wird über den Angeklagten in identifizierender Weise während der Hauptverhandlung in den Medien berichtet, so wird er unabhängig vom Ausgang des Strafverfahrens mit diesem und mit der ihm vorgeworfenen Tat nachhaltig verknüpft, so dass auch ein späterer Freispruch häufig Schäden im beruflichen und sozialen Bereich nicht verhindern kann. Angesichts dieser Gefahr muss die Frage beantwortet werden, wann das Informationsinteresse der Öffentlichkeit das Opfer des Angeklagten, in den Medien durch Bildnis, Namensangabe oder sonstiger identifizierender Merkmale identifiziert zu werden, einfordern kann.

War die Veröffentlichung von identifizierenden Bildern oder Daten bereits unter den oben für die Phase bis zur Eröffnung des Hauptverfahrens entwickelten Voraussetzungen zulässig, so kann auch während des Hauptverfahrens weiterhin in identifizierender Weise berichtet werden. Haben sich die Strafverfolgungsbehörden bei der Aufklärung der Tat den Massenmedien bedient und wurde die Identität des Tatverdächtigen somit bereits zu Fahndungszwecken in den Medien veröffentlicht, so wäre es absurd, diese ab Beginn der Hauptverhand-

1248 BVerfGE NJW 2001, 1921, 1924 („Prinz Ernst August von Hannover").

1249 Vgl. auch *Schertz*, in: Götting/Schertz/Seitz, Handbuch des Persönlichkeitsrechts, § 12 Rn. 49.

1250 *Schertz*, in: Götting/Schertz/Seitz, Handbuch des Persönlichkeitsrechts, § 12 Rn. 49; *v. Strobl-Albeg*, in: Wenzel, Das Recht der Wort- und Bildberichterstattung, Kap. 8 Rn. 15.

lung wieder geheim zu halten[1251]. Auch wenn der Angeklagte bewusst die Öffentlichkeit sucht und sich dieser stellt, kann in identifizierender Weise berichtet werden[1252].

Zu beachten ist jedoch auch, dass das Hauptverfahren, anders als das Ermittlungs- und Zwischenverfahren, öffentlich ausgestaltet ist, so dass jeder interessierten Person die Möglichkeit geboten wird, an der Hauptverhandlung teilzunehmen und die angeklagte Person zu erleben. Zwar kann aus der Öffentlichkeit der Hauptverhandlung nach § 169 S. 1 GVG an sich die Zulässigkeit einer identifizierenden Berichterstattung noch nicht gefolgert werden[1253]. Allerdings ist auch nicht von der Hand zu weisen, dass sich der Tatverdacht im Zeitpunkt der Eröffnung des Hauptverfahrens bereits verfestigt hat. Gegen eine identifizierende Berichterstattung kann daher nicht sprechen, dass der für die Eröffnung der Hauptverhandlung erforderliche Mindestverdacht zu gering sei[1254]. Es ist daher anzunehmen, dass das öffentliche Interesse an der Identität des Tatverdächtigen während der Hauptverhandlung im Gegensatz zu der Phase des Ermittlungsverfahrens gewichtiger zu werten ist[1255]. Unter welchen Kriterien ist jedoch dem öffentlichen Informationsinteresse gegenüber dem Anonymitätsinteresse des Angeklagten tatsächlich ein höherer Stellenwert beizumessen? Oftmals wird dieses öffentliche Interesse gerade durch die Medien selbst hervor gerufen[1256]. Allerdings darf das Streben der Medien nach sensationsträchtigen Berichten nicht genügen, um ein öffentliches Informationsinteresse zu begründen. Zu Recht stellt *Dalbkermeyer*[1257] fest, dass ein legitimes Interesse dann nicht angenommen werden könne, wenn dieses ausschließlich auf den Motiven „*Neugier*" und „*Sensationslust*" beruhe.

Es ist doch eher zu empfehlen, als Anknüpfungspunkt für eine zulässige Identifizierung das Merkmal der „*zeitgeschichtlichen Bedeutsamkeit der Tat*" heranzuziehen. Um diese Formel näher zu definieren, erscheinen die Aussagen

1251 Vgl. auch *Braun*, Medienberichterstattung über Strafverfahren im deutschen und englischen Recht, S. 204.

1252 Vgl. hierzu den Fall „Marianne Bachmeier", *Wagner*, Prozessführung über Medien, S. 110 ff.

1253 Dazu eingehender schon oben Zweiter Teil, Zweites Kapitel, B), II), 1), b), aa).

1254 Siehe schon Zweiter Teil, Zweites Kapitel, B), II), 1), b), aa).

1255 Vgl. *Braun*, Medienberichterstattung über Strafverfahren im deutschen und englischen Recht, S. 205.

1256 Vgl. *Braun*, Medienberichterstattung über Strafverfahren im deutschen und englischen Recht, S. 205; *Dalbkermeyer*, Der Schutz des Beschuldigten vor identifizierenden und tendenziösen Pressemitteilungen der Ermittlungsbehörden, S. 106 ff.

1257 *Dalbkermeyer*, Der Schutz des Beschuldigten vor identifizierenden und tendenziösen Pressemitteilungen der Ermittlungsbehörden, S. 107.

v. Beckers[1258] hilfreich zu sein, wonach in identifizierender Weise über die „*Person des mutmaßlichen Straftäters*“ berichtet werden kann, wenn diese nicht als Bestätigung des in der sozialen Realität insoweit Durchschnittstypen erscheint, das heißt bei Fällen von quantitativer Seltenheit wie zum Beispiel herausragende Schwerkriminalität sowie „*Delikte, deren soziale oder kriminalpolitische Bedeutung sich nicht im Rückverweis auf einen durchschnittstypischen Tatbestand und zu Grunde liegenden allgemeinen Sozialstrukturen erschöpft*“[1259]. Es genügt also im Ergebnis nicht, dass es sich um eine „*schwere Straftat*“ handelt. Nicht jeder Mordprozess vermag eine identifizierende Berichterstattung zu rechtfertigen. Vielmehr müssen weitere, über die Schwere der Straftat hinausgehende Umstände gegeben sein, um die Identität des Angeklagten in einem Medienbericht preisgeben zu können.

Eine Identifizierung ist weiterhin dann statthaft, wenn die Mitteilung über die Straftat im Interesse einer umfassenden Information über das Zeitgeschehen und der öffentlichen Meinungsbildung nicht unterbleiben darf und der Medienbericht bei einem Verzicht auf individualisierende Daten an Informationswert verlieren würde[1260].

Weiterhin sollte eine identitätsaufhellende Mitteilung gestattet sein, wenn die in Frage stehende Straftat einen unmittelbaren politischen Bezug aufweist und diese eine umfassende Aufklärung erfordert.

Die Preisgabe der Anonymität des mutmaßlichen Täters ist ferner zulässig, wenn sich die Straftat durch eine hohe Sozialschädlichkeit auszeichnet und sie in einem unmittelbaren Zusammenhang mit dem öffentlichen (politischen, wirtschaftlichen, sozialen) Leben steht. Die Tatopfer sind in diesen Fällen im Staat selbst oder der Gesellschaft zu sehen.

Weiterhin darf in identifizierender Weise berichtet werden, sobald die Täterschaft unstreitig feststeht. Dies ist zum Beispiel bei einer in der Öffentlichkeit unter Anwesenheit von mehreren Personen oder gar Medien begangenen Straftat der Fall.

Letztlich sind die Medien dazu angehalten, nur in schonender und rücksichtsvoller Art und Weise über den Angeklagten zu berichten. Besonders mit Fotos und sonstigen personenbezogenen Daten muss sorgsam und zurückhaltend umgegangen werden. In keinem Fall darf die Persönlichkeit des Angeklagten stärker diskreditiert werden, als dies durch den Beweggrund der Berichterstattung gerechtfertigt wäre[1261].

1258 *v. Becker*, Straftäter und Tatverdächtige in den Massenmedien, S. 175 f., 265.

1259 *v. Becker*, Straftäter und Tatverdächtige in den Massenmedien, S. 265.

1260 Vgl. auch *Lampe* NJW 1973, 217, 218.

1261 *Lampe* NJW 1973, 217, 218.

Um eine unnötige Diskreditierung des Angeklagten zu vermeiden, erlassen die vorsitzenden Richter in letzter Zeit häufig die Anordnung, Aufnahmen vom Angeklagten, die im Zusammenhang mit der Hauptverhandlung angefertigt werden, nur in anonymisierter Form - beispielsweise verpixelt- zu veröffentlichen. Dieser Trend in Richtung der Anonymisierung dient jedoch nur zum Teil dem Schutz des Angeklagten. Die Anordnung des Vorsitzenden sorgt zwar dafür, dass Aufnahmen aus der Hauptverhandlung nur in anonymisierter Form veröffentlicht werden dürfen, allerdings hat der vorsitzende Richter zuvor die Aufnahmen erlaubt, die der Angeklagte nun über sich ergehen lassen muss. So gelangt der Angeklagte in die missliche Lage, sich in unwürdiger Weise durch Vorhalten der Hände, Akten oder Jacken vor Beginn der Hauptverhandlung oder nach deren Ende gegen Film- oder Fotoaufnahmen schützen zu müssen. Die wenigsten Angeklagten begeben sich erhobenen Hauptes in die Hauptverhandlung. Ein Strafverfahren stellt vielmehr für die überwiegende Zahl der Angeklagten eine ungewohnte und belastende Situation dar.

Zwar werden der Anspruch auf ein faires Verfahren sowie die Funktionsfähigkeit der Rechtspflege, insbesondere die ungestörte Wahrheits- und Rechtsfindung, bei Aufnahmen außerhalb der mündlichen Verhandlung geringer betroffen, als bei grundsätzlich nicht zugelassenen Aufnahmen aus der Verhandlung selbst[1262]. Dennoch sind Beeinträchtigungen nicht auszuschließen. Die Aufzeichnungen am Rande der Verhandlung können den Angeklagten in seinem in § 148 Abs. 1 StPO verbürgten Recht auf ungehinderten Verkehr mit seinem Verteidiger beeinträchtigen und damit gegebenenfalls seinen Anspruch auf ein faires Verfahren tangieren[1263]. Insbesondere vor Aufruf der Sache will der Angeklagte oftmals mit seinem Verteidiger noch einmal den Umfang seiner Einlassung besprechen und sich erklären lassen, wo die Staatsanwaltschaft und wo die Sachverständigen sitzen, dass die Person mit dem Laptop am Richtertisch der Urkundsbeamte des Gerichts ist, durch welche Tür und in welcher Reihenfolge das Gericht den Saal betritt, dass der Vorsitzende in der Mitte der Richter Platz nimmt und die Laienrichter die Personen am Richtertisch sind, die keine Talare tragen. Zwar wird dies alles in der Regel schon in Gesprächen vor Beginn der Hauptverhandlung erläutert werden. Dennoch muss vor Eröffnung der Hauptverhandlung die Zeit und damit die Möglichkeit gegeben sein, solche Gespräche zu führen, die auch dazu dienen, dem Angeklagten die nötige Ruhe zu vermitteln. Diese Ruhe, Kraft und Konzentration, die der Angeklagte für die Haupt-

1262 BVerfGE NJW 2008, 977, 980 („Bundeswehrausbilder“).

1263 Vgl. BVerfGE 49, 24, 55 („Kontaktsperregesetz“); BVerfG NJW 2008, 977, 980 („Bundeswehrausbilder“).

verhandlung benötigt, darf nicht durch Abwehrhandlungen gegen Film- und Fernsehaufnahmen beraubt werden.

Es wäre daher wünschenswert, wenn zumindest eine gewisse Zeit vor Beginn der Hauptverhandlung keine Aufnahmen mehr gemacht werden dürften. Das Gerichtsverfassungsrecht schließt zwar die Berichterstattung durch Ton-, Film- und Fernseh-Rundfunkaufnahmen in dem zur Sitzung, aber nicht zur Verhandlung im Sinne des Gerichtsverfassungsgesetzes gehörenden Zeitraums vor Beginn und nach Schluss einer mündlichen Verhandlung sowie in den Verhandlungspausen nicht aus. Dennoch können entsprechende Anordnungen des Vorsitzenden gemäß § 176 GVG erlassen werden. Die Gestaltung dieser sitzungspolizeilichen Anordnungen liegt im Ermessen des Vorsitzenden. Dieses Ermessen hat er unter Berücksichtigung der Bedeutung der Medienberichterstattung für die Kontrolle von Gerichtsverfahren sowie der einer Berichterstattung entgegen stehenden Interessen auszuüben und dabei auch sicherzustellen, dass der Grundsatz der Verhältnismäßigkeit gewahrt ist[1264]. Überwiegt das öffentliche Interesse an einer Berichterstattung andere ebenfalls zu berücksichtigende Interessen, so ist der Vorsitzende verpflichtet, eine Möglichkeit für entsprechende Aufnahmen zu schaffen[1265]. Bei der Gewichtung des öffentlichen Informationsinteresses ist der jeweilige Gegenstand des gerichtlichen Verfahrens von Bedeutung. An diese Beurteilung sind strenge Maßstäbe anzusetzen, wobei das Informationsinteresse regelmäßig umso stärker sein und in der Abwägung an Gewicht gewinnen wird, je mehr sich die Straftat von der alltäglichen Kriminalität abhebt, etwa wegen der Art der Tatbegehung oder der Besonderheit des Angriffsobjektes[1266].

Insbesondere bei herausragender Schwerkriminalität, beispielsweise dem Vorwurf von Massenmorden, Terroristenprozessen, Prozessen über Straftaten mit ausländerfeindlichen Motiven und öffentlich begangenen Straftaten wird das Informationsinteresse der Öffentlichkeit das allgemeine Persönlichkeitsrecht des Angeklagten überwiegen, so dass in diesen Fällen durch den Vorsitzenden die Möglichkeit, Aufnahmen vor oder am Ende der Hauptverhandlung beziehungsweise in den Verhandlungspausen zu fertigen, geschaffen werden muss.

In allen anderen Fällen sind Aufnahmen vor Beginn der Hauptverhandlung zu untersagen, um dem Angeklagten einen gewissen Zeitraum der Ruhe einzuräumen.

Allerdings hat der Vorsitzende neben dem Schutz der Persönlichkeitsrechte der Verfahrensbeteiligten und dem Interesse an einem geordneten Verfahrensablauf auch dem durch Art. 5 Abs. 1 S. 2 GG geschützten Berichterstattungsinte-

1264 BVerfGE NJW 2008, 977, 979 („Bundeswehrausbilder").

1265 BVerfGE 91, 125, 138 f.(„Honecker II").

1266 BVerfGE 35, 202, 231 („Lebach I").

resse Rechnung zu tragen[1267]. Dies macht es in der Regel erforderlich, den Medien zumindest während eines der verschiedenen Abschnitte am Rande der Hauptverhandlung - bei Beginn, in den Sitzungspausen oder am Schluss - die Gelegenheit zu geben, Aufnahmen vom Geschehen im Sitzungssaal in Anwesenheit aller Verfahrensbeteiligten, auch des Spruchkörpers und der Staatsanwaltschaft, anzufertigen. Außerhalb der bereits genannten Ausnahmefälle sind Aufnahmen unmittelbar vor Beginn der Hauptverhandlung jedoch zu unterbinden, so dass lediglich die Sitzungspausen oder der Schluss der Verhandlung in Frage kommen. Hierfür sollen die Medien rundfunkspezifische Aufnahmetechniken und -geräte für einen angemessenen Zeitraum und einem den örtlichen Verhältnissen entsprechenden Umfang verwenden können. Dem Art. 5 Abs. 1 S. 2 GG ist dabei bereits Genüge getan, wenn der Vorsitzende die Gelegenheit zur Anfertigung von Aufnahmen schafft. Aus Art. 5 Abs. 1. S. 2 GG kann dagegen keine Pflicht des Gerichts abgeleitet werden, „*Zwangsmaßnahmen, deren Anordnung die Strafprozessordnung gegenüber dem Angeklagten erlaubt, allein zu dem Zweck anzuordnen, der Presse diejenigen Personen, über die sie zu berichten wünscht, zur Ablichtung vorzuführen*“[1268].

Eine neue Variante des Anonymitätsschutzes stellt der generelle Erlaubnisvorbehalt des Präsidenten des Landgerichts Frankfurt am Main dar[1269]. Hiernach sind Foto- und Fernsehaufnahmen in den Räumlichkeiten des Gerichts nur mit seiner ausdrücklichen Erlaubnis gestattet. Journalisten, die Aufnahmen im Rahmen eins Strafprozesses anfertigen wollen, müssen also eine Genehmigung durch den Präsidenten des Landgerichts Frankfurt am Main einholen. Die Erlaubniserklärung differenziert zwischen Aufnahmen vor dem Sitzungssaal, Aufnahmen im Sitzungssaal, Aufnahmen in den Sitzungssaal hinein sowie Aufnahmen des Aushangs vor dem Sitzungssaal. Erfolgen entsprechende Anfragen seitens der Medien, so hält der Gerichtspräsident zunächst Rücksprache mit dem jeweiligen Vorsitzenden. Erst dann erlässt er eine Anordnung über die Zulässigkeit oder Unzulässigkeit von Aufnahmen. Die Entscheidung darüber, ob die Genehmigung nur unter der Bedingung erteilt werden soll, dass die Personen auf den Aufnahmen unkenntlich gemacht werden, trifft der Gerichtspräsident ebenfalls nach Rücksprache mit dem Vorsitzenden. Dieser wird sich daraufhin in der Regel mit dem Verteidiger des Angeklagten in Verbindung setzen. Die meisten Angeklagten werden jedoch etwas gegen eine Identifizierung in den Medien im Zusammenhang mit einem Strafprozess haben, so dass eine entsprechende Ge-

1267 BVerfG NJW 2009, 2117, 2120 („Koma-Saufen“).

1268 BVerfG NJW 2009, 2117, 2120 („Koma-Saufen“).

1269 Anordnung des Präsidenten des LG Frankfurt a.M. vom 29.8.2001 - AZ 533 - SB 2 - 15 (ASt. 3).

nehmigung von Foto- und Filmaufnahmen nur unter der Bedingung der Unkenntlichmachung von Personenbildnissen zu erteilen sein wird.

hh) Zusammenfassung

Mit Eröffnung der Hauptverhandlung ist das Strafverfahren nicht weiter nichtöffentlich, sondern entsprechend § 169 S. 1 GVG öffentlich. So kann jeder Interessierte an der Verhandlung teilnehmen und die Identität des Angeklagten feststellen. Für die Identifizierung des Angeklagten können - ebenso wie in der Phase vor Eröffnung der Hauptverhandlung - die Vorschriften der §§ 22 ff. KUG herangezogen werden.

Die Eröffnung der Hauptverhandlung an sich ist kein Ereignis der Zeitgeschichte und kann eine zeitgeschichtliche Relevanz des Angeklagten nicht begründen. Auch ist die Hauptverhandlung allein wegen ihrer öffentlichen Durchführung nach § 169 S. 1 GVG kein zeitgeschichtlicher Vorgang im Sinne des § 23 Abs. 1 Nr. 1 KUG. Würde man bei jedem nur im Ansatz Aufsehen erregenden Prozess ein überragendes Informationsinteresse der Öffentlichkeit annehmen, so würde die Person des Tatverdächtigen an sich weitestgehend ignoriert werden. Je aufregender und spektakulärer ein Prozess ist, desto gravierender ist die mit einer identifizierenden Berichterstattung einhergehende Rufschädigung. Lediglich die Tatsache, dass ein Strafverfahren besonders Aufsehen erregend und sensationell ist, rechtfertigt eine Identifizierung in den Medien nicht.

Entsprechend § 169 S. 2 GVG sind Ton- und Fernsehaufnahmen sowie Ton- und Filmaufnahmen zum Zwecke der öffentlichen Vorführung oder Veröffentlichung ihres Inhalts unzulässig. Dieses gesetzliche Verbot trägt dem Anspruch der Beteiligten auf ein faires Verfahren sowie der Funktionstüchtigkeit der Rechtspflege, insbesondere der ungestörten Wahrheits- und Rechtsfindung, Rechnung. Die Vorschrift des § 169 GVG trifft lediglich eine Regelung für die eigentliche Verhandlung vor dem erkennenden Gericht. Vor Beginn, in den Verhandlungspausen sowie am Schluss der Verhandlung können dagegen Ton-, Film- und Fernseh-Rundfunkaufnahmen angefertigt werden. Die Vorschrift des § 176 GVG jedoch ermöglicht es dem vorsitzenden Richter, die zur Aufrechterhaltung der Ordnung in der Sitzung nötigen Maßnahmen zu ergreifen.

Immer häufiger erteilen die Vorsitzenden die Genehmigung, Aufnahmen zu fertigen, knüpfen diese jedoch an die Bedingung der Anonymisierung der Verfahrensbeteiligten. Diese Anordnungen sind nur teilweise zu begrüßen. Positiv ist, dass der Angeklagte keine identifizierenden Aufnahmen aus dem Gerichtssaal oder Gerichtsgebäude in den Medien dulden muss. Foto- und Filmaufnahmen vor Beginn, am Ende oder in den Verhandlungspausen muss er aber trotzdem über sich ergehen lassen.

Heimliche Aufnahmen aus der Verhandlung muss der Angeklagte sich dagegen nicht gefallen lassen. Aus Gründen der Effizienz seiner Verteidigung muss er darauf vertrauen können, dass von ihm während der laufenden Verhandlung gegen seinen Willen keine Aufnahmen angefertigt werden.

Handelt es sich weder um einen Fall herausragender Schwerkriminalität noch um einen Terroristenprozess oder Prozess im Zusammenhang mit ausländerfeindlichem Hintergrund oder einer öffentlich begangenen Straftat, so sind Foto- und Filmaufnahmen unmittelbar vor Beginn der Verhandlung zu unterbinden. Um Art. 5 Abs. 1 S. 2 GG gerecht zu werden, kommen jedoch Aufnahmen in den Sitzungspausen oder am Schluss der Verhandlung in Betracht. Hierüber und über eine Anonymisierung hat der Vorsitzende im Rahmen des § 176 GVG zu entscheiden. Eine Pflicht, den Angeklagten den Medien zur Ablichtung vorzuführen, existiert nicht.

Aufnahmen aus dem privaten Vorleben des Angeklagten sind für die Medienberichterstattung tabu.

Kontextneutrale Bilder dagegen können unter Umständen veröffentlicht werden.

War eine identifizierende Berichterstattung bereits in der Phase bis zur Eröffnung des Hauptverfahrens zulässig oder sucht der Angeklagte bewusst die Medienöffentlichkeit, so kann auch während des Hauptverfahrens in identifizierender Weise berichtet werden. „*Neugier*" und „*Sensationslust*" rechtfertigen dagegen keine Identifizierung in den Medien. Abzustellen ist vielmehr auf die „*zeitgeschichtliche Bedeutung der Tat*". Es müssen weitere über die Schwere der Tat hinausgehende Umstände gegeben sein, um eine Entanonymisierung rechtfertigen zu können. Eine Identifizierung ist ferner dann statthaft, wenn die Mitteilung im Interesse der öffentlichen Meinungsbildung nicht unterbleiben darf und diese bei Verzicht auf identifizierende Daten an Informationswert verlieren würde, wenn die fragliche Straftat einen unmittelbar politischen Bezug aufweist, sich die Tat durch eine hohe Sozialschädlichkeit auszeichnet oder die Täterschaft unstreitig feststeht.

c) Sonderfall: Anonymitätsschutz von „Personen des öffentlichen Lebens", insbesondere von Amtsträgern

Ein Minister, ein Abgeordneter oder auch ein Vorstandsvorsitzender einer Landesbank und viele mehr; sie alle sind ihrer beruflichen Stellung nicht würdig, wenn sich gegen sie der Verdacht der Bestechung, des Landesverrates oder der Veruntreuung bewahrheitet.

Die Medien würden in ihrer Berichterstattung über diese Sachverhalte den Namen der betroffenen Person sicher nicht verschweigen. Sofern sich die Vorwürfe tatsächlich als wahr herausstellen, werden diese für ihre entanonymisierenden Berichte auch keine Kritik ernten. Diese massenmediale Identifizierung wird auf die Überlegung gestützt, dass der mutmaßliche Täter auf Grund seiner Stellung im öffentlichen Leben oder wegen seines öffentlichen Amtes eine besondere Vertrauensstellung innehabe und das in Frage stehende Delikt damit im Zusammenhang steht[1270].

Über eine besondere Vertrauensstellung verfügen zum Beispiel auch Polizeibeamte, die beispielsweise gemeinsame Sache mit Verbrechern machen; Strafvollzugsbeamte, die Strafgefangene misshandeln oder diesen zur Flucht verhelfen; Lehrer, die ihre Schüler sexuell missbrauchen sowie Richter und Staatsanwälte, die sich bestechen lassen[1271]. Auch diese Personen stehen mit einem öffentlichen Amt in Verbindung. Dennoch ist eine zulässige Identifizierung in den Medien nicht so einfach anzunehmen, da diese Gruppe nicht aus Amtsträgern besteht, die auf Grund ihres Ranges ohne Weiteres als Personen des öffentlichen Lebens angesehen werden können. Besitzt dagegen ein Amtsträger bereits eine Stellung als Person des öffentlichen Lebens und zählt er auf Grund dessen zu den zeitgeschichtlich relevanten Personen, so kann nach einhelliger Meinung, über diesen berichtet werden, sofern die Tat in dessen zeitgeschichtlich zentralen Wirkungskreis fällt.

Wenn etwa der ehemalige baden-württembergische Bundestagsabgeordnete Jörg Tauss wegen Verbreitung, Erwerbs und Besitzes von kinder- und jugendpornografischem Material nach §§ 184 b, 184 c StGB verurteilt wird, so darf die Öffentlichkeit hierüber informiert werden. Bringt dagegen eine Schauspielerin ihren Geliebten um, so kommt es im Hinblick auf eine zulässige identifizierende Berichterstattung darauf an, ob die Tat an sich zeitgeschichtliche Bedeutung hat, da diese keine Verbindung mit dem beruflichen Wirken der Schauspielerin in der Öffentlichkeit hat.

Anders verhält es sich dagegen zum Beispiel bei einem Bischof, der neben Sittlichkeitsdelikten auch Körperverletzungen verübte oder der ehemaligen EKD-Ratsvorsitzenden Margot Käßmann, die auf Grund einer nächtlichen Trunkenheitsfahrt in die Schlagzeilen geriet. Auch wenn diese Delikte außerhalb des Dienstes begangen wurden, sollten diese mitgeteilt werden dürfen, da sie zumindest Rückschlüsse auf die Eignung und Würde der Ausübung des Amtes zulassen[1272]. Dies muss auch für Politiker gelten, sofern sie ein Amt innehaben

---

1270 *Berka*, Medienfreiheit und Persönlichkeitsschutz, S. 359; *v. Becker*, Straftäter und Tatverdächtige in den Massenmedien, S. 178; *Bornkamm* NStZ 1983, 102, 106.

1271 *Engau*, Straftäter und Tatverdächtige als Person der Zeitgeschichte, S. 340 f.

1272 *Höh*, Strafrechtlicher Anonymitätsschutz des Beschuldigten vor öffentlicher Identifizierung durch den Staatsanwalt, S. 188, sieht als Identifizierungsgrund den öffentlichen Vertrauensvorschuss, der Amtsträger in herausgehobener Stellung eingeräumt werde, sofern sich der Verdacht auf eine Straftat beziehe, die zu dem Tätigkeitsbereich

oder auf ein solches hinarbeiten. Gerade von ihnen wird eine anständige und einwandfreie Lebensführung erwartet[1273]. Diese Wertung ist unter Umständen jedoch recht moralisierend[1274]. Es ist beispielsweise nicht einzusehen, dass leichten Verkehrsdelikten ein Einfluss auf die berufliche Eignung eines Politikers - nicht jedoch eines Verkehrsrichters oder Staatsanwalts - zugesprochen wird.[1275] Dennoch werden regelmäßig auch in diesen Fällen die Namen der Betroffenen in den Medienberichten genannt. Eine Trunkenheits(allein)fahrt etwa des Bundespräsidenten oder -kanzlers dagegen kann wegen der Verbindung zwischen außerdienstlichem Verhalten und Amt auf Grund eines möglichen politischen Sicherheitsrisikos dem § 23 Abs. 1 Nr. 1 KUG zugeordnet werden[1276]. Dasselbe gilt ferner bei geringfügigen Vermögens- oder Eigentumsdelikten von Staatsdienern, da deren mögliche Korrumpierbarkeit im Hinblick auf deren Amt von Belang ist[1277]. Ist dieser Staatsdiener als zeitgeschichtlich relevante Person einzuordnen, so wäre eine identifizierende Medienberichterstattung zulässig.

Ist dagegen ein Zusammenhang zum zeitgeschichtlichen Tätigkeitsbereich der betroffenen in der Öffentlichkeit stehenden Person nicht anzunehmen, so muss zumindest der in Frage stehenden Straftat zeitgeschichtliche Bedeutung zu kommen[1278]. Wird auf dieses Erfordernis verzichtet, so würde man diesen Personenkreis grundlos schlechter stellen. Die mit einer massenmedialen Berichterstattung einhergehende Prangerwirkung kann bei Personen des öffentlichen Lebens ebenso zu befürchten sein, als bei anderen in der Gesellschaft unbekannten straffälligen Personen. Auch und gerade bei Personen des öffentlichen Lebens ist eine öffentliche Bloßstellung zu befürchten, die im Hinblick auf den ohnehin schon existierenden Bekanntheitsgrad der betroffenen Person noch schwerwiegendere Folgen nach sich ziehen kann. Es ist somit eine einheitliche Beurteilung zu fordern. § 23 Abs. 1 Nr. 1 KUG weist schon darauf hin, dass nicht allgemein Bildnisse von zeitgeschichtlich relevanten Personen publiziert werden dürfen, sondern lediglich solche *„aus dem Bereich der Zeitgeschichte“*. Voraussetzung ist demnach, dass das Geschehen an sich von zeitgeschichtlicher Relevanz ist.

---

der betroffenen Person in engem Zusammenhang stehe; vgl. auch *Hünig*, Probleme des Schutzes des Beschuldigten vor den Massenmedien, S. 83.

1273 Vgl. BGHSt 18, 182, 186 („Callgirl-Affäre“).

1274 *v. Becker*, Straftäter und Tatverdächtige in den Massenmedien, S. 178.

1275 *v. Becker*, Straftäter und Tatverdächtige in den Massenmedien, S. 178; ebenso *Maass*, Information und Geheimnis im Zivilrecht, S. 89, der gleichwohl die Erwähnung eines Landesfinanzministers in einem Bericht über den Vorfall zulassen will.

1276 *v. Becker*, Straftäter und Tatverdächtige in den Massenmedien, S. 178; *Engau*, Straftäter und Tatverdächtige als Personen der Zeitgeschichte, S. 344.

1277 *v. Becker*, Straftäter und Tatverdächtige in den Massenmedien, S. 179.

1278 Vgl. *Engau*, Straftäter und Tatverdächtige als Personen der Zeitgeschichte, S. 345.

Diese erforderliche Relevanz kann gerade durch die Verbindung von Person und Straftat entstehen, beispielsweise wenn eine Person, die nicht schon vor Begehung der Tat zu den Personen des öffentlichen Lebens gehört, auf Grund ihrer beruflichen Stellung der Straftat zeitgeschichtliche Bedeutung verleiht[1279]. So vermag ein Betrug, eine Unterschlagung oder Erpressung eher ein Informationsinteresse der Öffentlichkeit an Tat und Täter zu begründen, wenn sie von einem Notar, Staatsanwalt oder Richter und nicht von irgendeinem unbekannten Mitbürger verübt wurden[1280]. Kann ein solches das Anonymitätsinteresse des Betroffenen überragendes Informationsinteresse der Öffentlichkeit bejaht werden, so wird diese Person primär auf Grund seiner Tat unabhängig von seiner öffentlichen Stellung zur zeitgeschichtlich relevanten Person[1281].

Die vorstehenden Ausführungen ruhen auf der Annahme bereits erwiesener Täterschaft. Die Medien gedulden sich jedoch in der Regel mit ihrer Berichterstattung nicht bis zur rechtskräftigen Verurteilung der betroffenen Person. Vielmehr berichten sie zum Teil bereits schonungslos in der Verdachtsphase. Es stellt sich demnach die Frage, ob die bisherigen Erläuterungen auch für dieses Stadium entsprechend heranzuziehen sind. Hiergegen sprechen vorerst einmal dieselben Argumente wie bei jedem anderen „*gewöhnlichen*“ Tatverdächtigen auch. Wird ein bloßer Straftatverdacht in der medialen Öffentlichkeit diskutiert, so wird die nicht unerhebliche Gefahr begründet, die betroffene Person des öffentlichen Lebens beruflich und gesellschaftlich zu ruinieren, insbesondere dann, wenn dieser Verdacht sich zu einem Haft- oder Unterbringungsbefehl oder gar zu einer Anklage verdichtet. Vor allem der Verdacht gegen einen Amtsträger beinhaltet unter dem Aspekt des Satzes „*semper aliquid haeret*“ die Gefahr eines Verlusts an Autorität, eines Schadens für das Amt an sich und eines Vertrauensschwundes[1282]. Nützt jedoch das Weglassen allein des Namens nichts, wenn der Verzicht auch auf sonstige identifizierende Merkmale den Informationswert der Nachricht erheblich mindert, so kann der drohende Schaden einer Verdachtsberichterstattung nur durch den Fortfall der ganzen Nachricht erreicht werden[1283].

Spielt sich das strafrechtlich relevante Verhalten in der Öffentlichkeit ab, vor allem in Anwesenheit der Massenmedien, so kann unzweifelhaft über diese

1279 *Engau*, Straftäter und Tatverdächtige als Person der Zeitgeschichte, S. 345.

1280 Vgl. OLG Nürnberg MDR 1963, 412, 412 f.; *Engau*, Straftäter und Tatverdächtige als Personen der Zeitgeschichte, S. 345 f.; *Neumann-Duesberg*, Juristenjahrbuch Bd. 7 (1966/1967), S. 138, 146; *Erdsiek* NJW 1963, 1390, 1392.

1281 *Engau*, Straftäter und Tatverdächtige als Personen der Zeitgeschichte, S. 346.

1282 *Engau*, Straftäter und Tatverdächtige als Personen der Zeitgeschichte, S. 348.

1283 *Engau*, Straftäter und Tatverdächtige als Personen der Zeitgeschichte, S. 348.

Vorgänge berichtet werden[1284]. Die öffentliche Verwirklichung eines Straftatbestandes stellt jedoch eine Ausnahme dar. In der Regel wird die Tat im Verborgenen begangen, so dass oftmals der wahre Täter noch gar nicht feststeht. Dieser Gesichtspunkt spricht angesichts der möglichen irreparablen Schäden einer falschen Verdächtigung dafür, dass der Sachverhalt im Rahmen der Verdachtsberichterstattung mit entsprechender Zurückhaltung und Diskretion behandelt wird. Es erscheint naheliegend, dass sich die Medien mit einer Verdachtsmeldung vor oder während des Ermittlungsverfahrens zu gedulden haben. In der zeitlichen Phase vor der Aufnahme strafverfolgungsbehördlicher Ermittlungen stellt sich überdies die Frage, ob tatsächlich ein informations- und damit berichtenswürdiger Verdacht besteht[1285]. Nach Ansicht der Rechtsprechung ist eine Veröffentlichung in den Medien erst dann zulässig, wenn ein Mindestbestand an Beweistatsachen gegeben ist, der für den Wahrheitsgehalt der Information spricht und dieser damit erst Öffentlichkeitswert verleiht[1286]. So darf also nicht über jedes Gerücht eines bestehenden Straftatverdachts einer Person des öffentlichen Lebens berichtet werden. Zu beachten ist auch, dass nicht lediglich der Beginn eines Ermittlungsverfahrens genügen kann, da die Staatsanwaltschaft jeder Strafanzeige gemäß § 160 Abs. 1 StPO nachzugehen und auf Grund des Legalitätsprinzips ein Ermittlungsverfahren einzuleiten hat. Dennoch schließt ein Ermittlungsverfahren eine identifizierende Berichterstattung nicht schlechthin aus. Der Verdacht, bei Ausübung der öffentlichen Tätigkeit gegen ein Strafgesetz verstoßen zu haben, erweckt Zweifel an einer vorbildlichen und tadellosen Arbeit. Dies bis zum Abschluss des Strafverfahrens nicht veröffentlichen zu dürfen, ist ebenso unvertretbar, wie das ungerechtfertigte und nach Sensation haschende Aufbauschen eines Tatverdachts. Die drohenden erheblichen Gefahren einer Verdachtsberichterstattung machen aber strenge Anforderungen an den jeweiligen Verdachtsgrad erforderlich[1287]. Über Anklageerhebung und Eröffnung des Hauptverfahrens darf berichtet werden. Auch die Verhaftung oder der Erlass eines Haft- oder Unterbringungsbefehls[1288] stellen Anlässe dar, um über

---

1284 *Engau*, Straftäter und Tatverdächtige als Personen der Zeitgeschichte, S. 349, nennt in diesen Zusammenhang Äußerungen von Personen des öffentlichen Lebens, die Angriffe auf die Ehre anderer enthalten und Verletzungen bei Sportwettkämpfen, die durch regelwidrige Einwirkung des Gegners oder Mitspielers hervorgerufen werden.

1285 Vgl. *Engau*, Straftäter und Tatverdächtige als Personen der Zeitgeschichte, S. 350.

1286 Vgl. BGH NJW 1977, 1288, 1289 („Verdachtsberichterstattung“); dazu schon eingehender oben Zweiter Teil, Erstes Kapitel, B), I).

1287 Vgl. *Engau*, Straftäter und Tatverdächtige als Personen der Zeitgeschichte, S. 354.

1288 Vgl. hierzu bereits oben Zweiter Teil, Zweites Kapitel, B), II), 1), a), dd).

das Geschehen zu berichten[1289]. Zwar dürfen die Anklageerhebung, die Eröffnung des Hauptverfahrens, die Verhaftung und der Erlass eines Haft- oder Unterbringungsbefehl als Auslöser für eine Berichterstattung gesehen werden. Diese darf jedoch in keiner Weise präjudizierend ausgestaltet sein. Die gebotene Zurückhaltung ist einzuhalten und auf die Verdachtslage ist hinzuweisen.

Fraglich ist, jedoch, wann die Öffentlichkeit frühestmöglich über den in Frage stehenden Sachverhalt informiert werden darf. Allgemein sollte zumindest gelten, dass der Verdacht so spät wie möglich in der Öffentlichkeit verbreitet werden sollte. Es kann zumindest dann - auch vor Erlass eines Haft- oder Unterbringungsbefehls, der Verhaftung, der Anklageerhebung oder der Eröffnung des Hauptverfahrens - in identifizierender Weise über die Person des Tatverdächtigen berichtet werden, wenn diese auf frischer Tat ertappt wurde. Hierbei hat sich die Mitteilung jedoch auf das Beobachtete zu beschränken.

Über die verdächtige Person darf auch dann in identifizierender Weise berichtet werden, wenn gerade deren berufliche Stellung den speziellen Wert der Information für die Öffentlichkeit ausmacht und zudem die Mitteilung der Nachricht, beispielsweise auf Grund bevorstehender Wahlen, keinen Aufschub erlaubt[1290]. Ein möglicherweise bestehender Zeitdruck entbindet die Medien jedoch nicht davon, das Risiko von Falschinformationen zu minimieren. Die Pflicht zur Wahrheitsprüfung bleibt bestehen[1291].

Nach *v. Becker*[1292] spreche einiges dafür, dass die Öffentlichkeit über eine Person des öffentlichen Lebens, gegen die ein Tatverdacht gehegt wird, generell informiert werden dürfe, um erfahren zu können, dass diese genauso behandelt werde, wie der unbekannte „*jedermann*". Basis dieses Ansatzes stellt die „*publizistische Kontrolle und Kritik der Strafrechtspflege*" dar, die nach *v. Becker*[1293] selbstverständlicher Ausdruck demokratiestaatlicher Medienfreiheit ist. Würden in den Pressemeldungen der Strafverfolgungsbehörden, die Basisnachrichten für die Medien darstellen, die Fälle von möglicher Prominentendelinquenz nicht

1289 Nach *Engau*, Straftäter und Tatverdächtige als Personen der Zeitgeschichte, S. 354, sei ein derartiger Anlass insbesondere dann gegeben, wenn auf Grund der Freiheitsentziehung ein vorgesehener Auftritt unterbleibt.

1290 Vgl. hierzu auch *Engau*, Straftäter und Tatverdächtige als Personen der Zeitgeschichte, S. 355.

1291 BGH NJW 1977, 1288, 1289 („Verdachtsberichterstattung"); vgl. auch *Burkhardt*, in: Wenzel, Das Recht der Wort- und Bildberichterstattung, 6. Kap. Rn. 123.

1292 *v. Becker*, Straftäter und Tatverdächtige in den Massenmedien, S. 180.

1293 *v. Becker*, Straftäter und Tatverdächtige in den Massenmedien, S. 179; zur publizistischen Machtkontrolle staatlicher Organe und Behörden, vgl. auch *Dalbkermeyer*, Der Schutz des Beschuldigten vor identifizierenden und tendenziösen Pressemitteilungen der Ermittlungsbehörden, S. 103, 129 ff.

schon unabhängig von konkreten Verdachtsgründen auftauchen, so wäre eine publizistische Kontrolle in diesem Bereich nicht selten dem Zufall überlassen oder gar abhängig von inoffiziellen Informanten aus dem Behördenapparat oder privaten Nachrichtenlieferanten[1294]. Infolge der generellen Publizität sei der demokratiestaatliche Kontrollzweck neben dem Informationszweck einer Meldung als Nebeneffekt selbst bei so genannten Sensationsberichten realisiert[1295].

Eine derartige Generalisierung ist jedoch bedenklich. Die tatverdächtige Person, die dem öffentlichen Leben angehört, erscheint als Objekt, um eine Kontrolle der Strafverfolgungsbehörden zu gewährleisten. Sollen die Strafverfolgungsbehörden nach dem Vorhaben *v. Beckers* tatsächlich jeden Straftatverdacht gegen eine Person des öffentlichen Lebens als Information an die Medien weiter leiten, so würde dies eine weitaus härtere Behandlung dieser Personen im Verhältnis zu Normalbürgern darstellen, die im Sinne des Art. 3 GG ebenso unvertretbar ist wie eine nachsichtigere. Allein die Tatsache, dass sich der Verdacht strafbaren Verhaltens auf eine Person des öffentlichen Lebens bezieht, rechtfertigt noch keine generell zulässige identifizierende Berichterstattung. Die Annahme, die Öffentlichkeit habe ein berechtigtes Interesse an der Beantwortung der Frage, ob Art. 3 GG von den Strafverfolgungsorganen auch tatsächlich beachtet werde, vermag jedoch eine generelle Benachteiligung von Personen des öffentlichen Lebens nicht zu begründen. Sie ist zu verallgemeinernd und ließe letztlich bei generellem Misstrauen gegenüber den Strafverfolgungsbehörden jede Identifizierung eines Tatverdächtigen erlauben[1296]. Im Gegenteil sind Indizien erforderlich, die dafür sprechen, dass speziell wegen der besonderen Stellung der Person des Tatverdächtigen ein Verstoß gegen Art. 3 GG vorliegt. Insbesondere die Fälle von Vertuschung im Wirtschafts- und Politleben seien an dieser Stelle angesprochen. In der Regel werden sich diese jedoch nur sehr schwer und nach längerer Zeit entdecken lassen. Im Hinblick auf eine möglichst lückenlose Berichterstattung kann es Medien also nicht verwehrt sein, über derartige Manipulationen zu berichten, sofern für diese ein hinreichender Verdacht spricht. Ansonsten wäre eine wirkungsvolle, noch rechtzeitige Verhinderung oder Beseitigung dieser Missstände durch die Medien nicht möglich.

Schließlich kann zusammengefasst werden, dass Personen des öffentlichen Lebens im Verhältnis zu den *„Durchschnittsbürgern“* nicht schon von vornherein ein geringerer Ehrenschutz zugestanden werden kann. Auch dieser Personenkreis ist im Falle einer Verdachtsberichterstattung den Gefahren einer vorschnellen Rufschädigung ausgesetzt. Wird über eine Nadja Benaissa im Zu-

---

1294 *v. Becker*, Straftäter und Tatverdächtige in den Massenmedien, S. 180.

1295 *v. Becker*, Straftäter und Tatverdächtige in den Massenmedien, S. 181.

1296 Vgl. *Engau*, Straftäter und Tatverdächtige als Personen der Zeitgeschichte, S. 357.

sammenhang mit dem Verdacht der gefährlichen Körperverletzung - scheinbar begangen durch ungeschützten Geschlechtsverkehr trotz HIV-Infektion - oder über einen wegen des Verdachts der Vergewaltigung in U-Haft sitzenden Jörg Kachelmann in ausgeprägter und nicht gerade dezenter Weise berichtet, so vermag eine solche Berichterstattung über eine prominente Person eine nachhaltige Rufschädigung in sogar noch größerem Ausmaße zu verursachen als eine solche über einen „normalen" Bürger.

Der Ruf eines prominenten Fernsehmoderators ist auf lange Sicht schlichtweg ruiniert, wenn er sich mit den gravierenden Vorwürfen einer Vergewaltigung konfrontiert sieht[1297]. Der Fall des Andreas Türck, der unter dem Vorwurf vor Gericht gestellt wurde, eine Frau mit Gewalt zum Oralverkehr gezwungen zu haben, zeigt dies besonders deutlich. Er wurde zwar juristisch freigesprochen, seine Fernsehkarriere fand jedoch trotzdem ein jähes Ende.

Ein großes Medieninteresse fanden auch die Vorwürfe der Steuerhinterziehung in Millionenhöhe gegen den ehemaligen Vorstandsvorsitzenden der Deutschen Bundespost Klaus Zumwinkel.

Die Aufnahmen, die von der Durchsuchung seines Privathauses im Jahre 2008 in den Medien verbreitet wurden, entfalteten eine erhebliche Prangerwirkung. Ebenso die Bilder von Kachelmanns Gang über den Gefängnishof. Eine wichtige Bedingung der *„medialen Lawine"* bei Personen des öffentlichen Lebens ist vor allem deren Bekanntheitsgrad: *„Die Berichterstattung in schlechten Tagen ist die Kehrseite seiner Medienpräsenz aus guten Tagen"*[1298].

Die erheblichen Gefahren einer vorschnellen rufschädigenden Verdachtsberichterstattung müssen daher auch und gerade bei Personen des öffentlichen Lebens so weit wie möglich eingedämmt werden, so dass nicht jeder Vorwurf einer Straftat zu einer Berichterstattung ermächtigt. Allerdings ist eine der Wahrheit entsprechende Berichterstattung über einen Straftatverdacht in einem frühen Verdachtsstadium nicht schlechthin ausgeschlossen. Eine entsprechende Information der Öffentlichkeit ist vor allem dann als zulässig anzusehen, wenn gegen eine Person, die ein öffentliches Amt bekleidet oder zukünftig bekleiden möchte, ein Straftatverdacht besteht und/oder dieser verschwiegen werden soll und im Zusammenhang mit der amtlichen Tätigkeit der betroffenen Person steht[1299].

1297 Vgl. hierzu den Artikel „Wehe, Sie sind prominent" von der Spiegel-Autorin Gisela Friedrichsen, abrufbar unter http://www.spiegel.de/panorama/justiz/0,1518,709097,00.html (Stand: 02.08.2010).

1298 *Janisch* NJW 2010, 16, 16.

1299 Vgl. hierzu *Engau*, Straftäter und Tatverdächtige als Personen der Zeitgeschichte, S. 360.

Dritter Teil
Lösungsansätze

Um den Konflikt zwischen dem allgemeinen Persönlichkeitsrecht des Tatverdächtigen und den Rechten der Medien zu lösen, werden verschiedene Lösungsansätze diskutiert, die an dieser Stelle dargestellt und kommentiert werden sollen.

A) Besser ausgebildete Medienvertreter

Innerhalb der Medienwelt besteht ein massiver Konkurrenz- und Zeitdruck. Den Journalisten wird in der Regel eine Zeilen- oder Minutenzahl vorgeschrieben und zusätzlich eine gewisse Zeit vorgegeben, innerhalb derer der Bericht fertig bearbeitet sein soll. Dieser Druck resultiert unter anderem aus dem Interesse der Rezipienten, möglichst zeitnah über das aktuelle Geschehen informiert zu werden. Eine seriöse Recherche bleibt dabei nicht selten auf der Strecke. Fachkundige, kompetente Reporter, die auf Grund langjähriger Erfahrung mit der Justizberichterstattung versiert auf diesem Bereich sind, können mit Informationen und deren Grenzen umgehen. Allerdings gibt es insbesondere junge Journalisten, Volontäre und Praktikanten, die allesamt unerfahren auf diesem Gebiet sind, aber trotzdem vorgeschickt werden, um Berichte zu recherchieren und abzufassen. Viele Journalisten sind oft durch Kenntnislosigkeit geprägt, da sie sich mit vielen unterschiedlichen Themen gleichzeitig auseinandersetzen müssen. Trotzdem versucht natürlich jeder Journalist etwas zu liefern und zu berichten.

Um bessere und kompetentere Justizberichterstatter zu etablieren, wird zum Teil gefordert, die Journalisten mit mehr juristischer Sachkunde[1300] auszustatten[1301]. Selbst wenn man für die Journalisten keine juristische oder kriminologische Ausbildung oder auch nur entsprechende schnelle Kurse verlangen würde, die möglicherweise auf ein gefährliches Halbwissen hinauslaufen würden, so stehe doch außer Frage, dass erst eine über das rein Journalistische hinausgehende Erfahrung mit der Justiz und ihrer Gegebenheiten diejenige Sachkunde gewährleisten könne, die für eine solide Justizberichterstattung als wünschens-

1300 Eine mäßige Sachkunde räumen u.a. *Godler*, in: Kriminalität und Massenmedien, S. 39, 46; *Simgen*, in: Festschrift für Wassermann, S. 531, 543 ein. Allgemein hierzu *v. Hadel*, in: Wassermann, Justiz und Medien, S. 133 ff. Zu den Produktionsbedingungen und Methoden der Kriminalberichterstattung in Zeitungen, vgl. *v. Becker*, Straftäter und Tatverdächtige in den Massenmedien, S. 116.

1301 *Wassermann*, Justiz im sozialen Rechtsstaat, S. 125, 132; *Geerds*, in: Festschrift für Oehler, S. 423, 438.

wert erscheint[1302]. Dies soll nicht heißen, dass nicht auch Anfänger in diesem Bereich arbeiten können, solange insoweit auf diesem Gebiet erfahrene Redakteure, Journalisten oder andere Experten ein Mindestniveau des Gebotenen gewährleisten[1303]. Dies ist jedoch gerade bei Lokal- beziehungsweise Regionalzeitungen und der Boulevard- und Regenbogenpresse anzuzweifeln.

Sarstedt[1304] ist darüber hinaus der Ansicht, dass Gerichtsberichterstatter nur derjenige werden dürfe, der etwa ein Jahr lang Schöffe oder Geschworener gewesen ist und der auf diese Weise die Arbeit des Gerichts zwar als Laie, aber dennoch von innen heraus und mitverantwortlich kennengelernt habe. Diese Anforderung an einen Gerichtsberichterstatter ist jedoch im Hinblick auf den Werdegang eines Schöffen oder Geschworenen als zu hoch einzustufen.

Ein effektiver Rechtsschutz für den bereits durch eine rechtswidrige Berichterstattung Betroffenen würde sich zwar auch durch eine Umsetzung des hier Geforderten nicht ergeben. Dennoch wäre es wünschenswert, auch aus Respekt vor dem betroffenen Tatverdächtigen, einen gewissen Standard an Erfahrenheit der eingesetzten Journalisten zu gewährleisten. Allerdings wird wohl auch in Zukunft gegen die Unerfahrenheit in der Regel nichts unternommen werden, da den Verlagen oder Medienanstalten schlicht die finanziellen Mittel für die juristisch-journalistische Bildung durch fachkundige Journalisten oder andere kompetente und erfahrene Personen fehlt.

B) Kodifizierung des allgemeinen Persönlichkeitsrechts

Es wurden teilweise Stimmen laut, die fordern, das allgemeine Persönlichkeitsrecht gesetzlich zu verankern.

So meint *Stürner*[1305], dass es sich bei dem allgemeinen Persönlichkeitsrecht, anders als die traditionell absoluten Rechtsgüter wie Leben, Gesundheit, Körper und Freiheit, um ein Rahmenrecht handele. Im Rahmen einer gesetzlichen Verankerung des allgemeinen Persönlichkeitsrechts sei daher eine Güterabwägung tatbestandlich festzuschreiben und dabei vor allem der gleichgewichtigen Bedeutung von Art. 5 GG gerecht zu werden. Die nicht ausreichende Berücksichtigung dieses Aspekts[1306] sei ein „*Geburtsfehler*“ aller bisher erfolgten Reform-

---

1302 *Geerds*, in: Festschrift für Oehler, S. 423, 438. Diese Erfahrung betonte auch *Plaue* Kriminalistik 1973, 425, 427.

1303 *Geerds*, in: Festschrift für Oehler, S. 423, 438.

1304 *Sarstedt* DRiZ 1964, 43, 44.

1305 *Stürner*, Gutachten A, Verhandlungen des 58. Deutschen Juristentages, 1990, Band 1, A 67.

1306 Hierzu *v. Bar*, Gutachten II, S. 1754 (E 1959); *Nipperdey* NJW 1967, 1985, 1987.

vorschläge und -entwürfe, der eine berechtigte Kritik seitens der Medienlobby nach sich zog. Für diese Abwägungslösung spreche auch, dass es keine freiheitliche Rechtsordnung gebe, die fest definierte Verbotsgrenzen beziehungsweise Verbotstatbestände mit scharf definierten Ausnahmen praktiziere. Es käme also nur darauf an, die Abwägungskriterien der Rechtsprechung des Bundesverfassungsgerichts und des Bundesgerichtshofs klar wiederzugeben. Als geeigneten Ort für eine Verankerung des allgemeinen Persönlichkeitsrechts sieht *Stürner* den Anfang des Allgemeinen Teils des Bürgerlichen Gesetzbuches an und unterbreitet in seinem Gutachten[1307] einen umfassenden Formulierungsvorschlag[1308].

Nach Ansicht von *Hermann*[1309] sollte *„die Persönlichkeit“* im Rahmen einer *„kleinen Novelle“*[1310] zur *„legislatorischen confirmatio“* in § 823 Abs. 1 BGB expressis verbis als geschütztes Rechtsgut genannt und dadurch mit allen zivilrechtlichen Rechtsfolgen und Ansprüchen endlich ausdrücklich geschützt werden[1311]. Des Weiteren sollte der damalige § 847 Abs. 1 BGB durch die Wörter *„[Freiheitsentziehung] oder einer schweren und nachhaltigen Persönlichkeitsverletzung“* ergänzt werden, um ein so genanntes Schmerzensgeld bei immateriellem Schaden durch Persönlichkeitsverletzungen gesetzgeberisch zu legalisieren[1312].

1307 *Stürner*, Verhandlungen des 58. Deutschen Juristentages, Band 1, Gutachten, A 68.

1308 § 12. Wer widerrechtlich das Leben, den Körper, die Gesundheit, die Freiheit oder den Namen eines anderen verletzt, ist zur Beseitigung der Beeinträchtigung verpflichtet. Gegen bevorstehende Beeinträchtigung kann der Verletzte auf Unterlassung klagen.
§ 13. (I) Wer widerrechtlich in sonstiger Weise die Persönlichkeit eines anderen beeinträchtigt, ist zur Beseitigung der Beeinträchtigung verpflichtet. Der Verletzte kann bei bevorstehender Beeinträchtigung auf Unterlassen klagen.
(II) Die Persönlichkeitsbeeinträchtigung ist nur widerrechtlich, wenn eine Güter- und Interessenabwägung dies ergibt. Bei der Abwägung sind Art, Anlass und Beweggrund des Eingriffs sowie das Verhältnis zwischen dem mit ihm verfolgten Zweck und der Schwere des Eingriffs zu berücksichtigen. Dabei sind berechtigte Interessen, wie sie sich aus den verfassungsmäßigen Freiheitsrechten ergeben können, angemessen zu würdigen, insbesondere auch die öffentliche Aufgabe von Presse, Funk und Film, die Öffentlichkeit zu unterrichten und Kritik zu üben.

1309 *Hermann*, Verhandlungen des 58. Deutschen Juristentages, Band 2, Sitzungsberichte, K 40 ff.

1310 *Hermann*, Verhandlungen des 58. Deutschen Juristentages, Band 2, Sitzungsberichte, K 41.

1311 *Hermann*, Verhandlungen des 58. Deutschen Juristentages, Band 2, Sitzungsberichte, K 40.

1312 *Hermann*, Verhandlungen des 58. Deutschen Juristentages, Band 2, Sitzungsberichte, K 41.

Auch nach *Wenzel*[1313] sei es im Hinblick auf die Anerkennung des Persönlichkeitsrechts durch die Rechtsprechung nur konsequent, den grundrechtlich vorgesehenen Achtungsanspruch und das Persönlichkeitsrecht nicht nur dem Sinne, sondern auch dem Wortlaut nach in das Zivilrecht zu übernehmen. Er bietet dem Gesetzgeber folgende, als § 12 Abs. 1 BGB in Betracht kommende Definition: „*Das Persönlichkeitsrecht ist das Recht auf Achtung und freie Entfaltung der Persönlichkeit, soweit nicht das Gesetz der Rechte anderer entgegenstehen*“[1314].

Trotz der Anerkennung des allgemeinen Persönlichkeitsrechts bereits im Jahre 1954 durch die Rechtsprechung des Bundesgerichtshofs[1315] ist es bis dato noch nicht zu einer gesetzlichen Verankerung gekommen. Der Versuch, den Persönlichkeitsschutz in einer Novelle zum Bürgerlichen Gesetzbuch neu zu regeln, scheiterte wohl im „*Trommelfeuer der Medienkritik*“[1316]. Kaum ein Rechtsgebiet hat sich Reformversuchen über ein halbes Jahrhundert so nachhaltig entzogen wie das Persönlichkeitsrecht[1317]. Auch wenn eine Verbesserung der Rechtslage des betroffenen Tatverdächtigen gegenüber den Medien jedenfalls denkbar ist, ist dennoch zu befürchten, dass auch neuerliche Vorschläge, das allgemeine Persönlichkeitsrecht in ein formelles Gesetz zu gießen, scheitern werden.

C) Die Notwendigkeit eines Medienbeauftragten

Auf Grund eines Zustandes hoffnungsloser Unterlegenheit des Bürgers müssen nach Ansicht von *Schwinge*[1318] Mittel und Wege gefunden werden, die seiner Stimme Gehör verschaffen und die Massenmedien dazu bringen, „*auf seine Interessen gebührend Rücksicht zu nehmen und ihn menschlich und rechtlich korrekt zu behandeln*“. Den Interessen des Bürgers würde man lediglich dann gerecht werden können, wenn es eine von staatlicher Einflussnahme freie Stelle gäbe, an die sich der betroffene Bürger wenden könne, sofern ihm durch eine

1313 *Wenzel*, Verhandlungen des 58. Deutschen Juristentages, Band 2, Sitzungsberichte, K 60.

1314 *Wenzel*, Verhandlungen des 58. Deutschen Juristentages, Band 2, Sitzungsberichte, K 60.

1315 Dazu schon eingehender oben Erster Teil, A), I).

1316 *Kübler* JZ 1984, 541, 543; vgl. auch *Kerscher*, Gerichtsberichterstattung und Persönlichkeitsschutz, S. 301; *Schüle/Huber*, Persönlichkeitsschutz und Pressefreiheit, S. 4; *Hubmann*, in: Festschrift für Schwab, S. 3, 4; *Erdsiek* NJW 1966, 1385, 1385; *Kübler* JZ 1984, 541, 542 f.

1317 Vgl. *Stürner* JZ 1994, 865, 866 Fn. 18.

1318 *Schwinge*, Machtmissbrauch der Massenmedien, S. 134 ff., 144 ff.; vgl. auch *J. Meyer*, in: Eser/Meyer, Öffentliche Vorverurteilung und faires Strafverfahren, S. 323, 352.

Falschmeldung oder Beleidigung Unrecht getan wurde. Diese Stelle müsse befugt sein, demjenigen, der sich verletzt fühlt, nach Prüfung des zu Grunde liegenden Sachverhalts Rat zu erteilen und im Falle einer Anrufung der Gerichte auch finanziell zu unterstützen. Zudem müsse zur Aufklärung der Angelegenheit der Stelle das Recht zukommen, den Beitrag und die Akten anzufordern und gegebenenfalls Zeugen zu hören. Für die rechtliche und praktische Ausgestaltung diesen neuen Amtes solle das Amt des Wehr- oder Datenschutzbeauftragten als Vorbild dienen, und das schon bei der Namensgebung: „*Amt des Medienbeauftragten*". Seinen Vorschlag bekräftigt *Schwinge* mit einem Vergleich der Ombudsman-Einrichtung in den USA[1319]. Diese kamen schon vor langer Zeit zu der Einsicht, dass der Bürger im Verhältnis zu den Massenmedien nicht den Schutz besitze, den er brauche, und dass gehandelt werden müsse, um ihn aus dieser „*Situation drückender Unterlegenheit*" zu befreien. Diese Überlegungen führten dort zu dem Ergebnis, dass ein Amt geschaffen werden muss, an welches sich die Bürger mit seinen Beschwerden wenden können. Den amerikanischen Experten bot sich bei der Schaffung eines eigenen Amtes als nachzuahmendes Vorbild die vom schwedischen Recht entwickelte „*Ombudsman-Einrichtung*" an[1320].

1319 *Schwinge*, Machtmissbrauch der Massenmedien, S. 139 ff.

1320 „Ombudsmann" ist die schwedische Bezeichnung für „Schiedsmann". Unter einem „Ombudsman" verstehe man in Schweden eine vom Parlament bestellte, mit amtlicher Eigenschaft versehene Vertrauensperson, die, ohne unmittelbare Eingriffsmöglichkeit, die Aufgabe habe, die Behandlung der Bürger durch die Behörden zu überwachen, vgl. *Schwinge*, Machtmissbrauch der Medien, S. 140; *Clausen*, Krasser sozialer Wandel, S. 251. Der „Pressens Ombudsman" wurde im Rahmen einer Reform als Vorinstanz im Jahre 1969 in Schweden in das Leben gerufen. Er ist ebenso wie die übrigen Ombudsmänner Schwedens Anlaufstelle für Beschwerden von Bürgern über Missstände. Gesetzliche Machtmittel stehen ihm nicht zur Verfügung. Der „Pressens Ombudsman" ist ebenso wie die nachgeschaltete Instanz „Pressens Opinionsnämd" (Ehrengericht der Presse/Presserat) auf den Respekt angewiesen, der seinen Entscheidungen durch die Presse zukommt. Der „Pressens Ombudsman" nimmt zunächst alle Beschwerden entgegen und prüft, welche Angelegenheiten durch den Abdruck einer Berichtigung oder Gegendarstellung geregelt werden können. Gelingt dies nicht, so kann der „Pressens Ombudsman" eine Untersuchung einleiten, sofern er Grund zu der Annahme hat, dass ein publizistischer Brauch nicht beachtet wurde. Ergibt die Untersuchung, dass der Sachverhalt eine Rüge nicht rechtfertigt, so wird die Beschwerde abgewiesen. Reichen die erhaltenen Beweise aus, so wird eine weitere Prüfung durch den „Pressens Opinionsnämd" erforderlich. Wird dagegen ein vergleichsweise geringfügiger Verstoß gegen den Ehrenkodex festgestellt, so wird dieser durch den „Pressens Ombudsman" ohne Einschaltung des Presserates getadelt, vgl. *Bermes*, Der Streit um die Presse-Selbstkontrolle: Der Deutsche Presserat, S. 321 f.

Schwinge selbst geht nur recht kurz auf einen möglichen Kritikpunkt seiner Auffassung ein[1321]. Er meint, es sei anzunehmen, dass gegen seinen Vorschlag, für Beschwerden verletzter Bürger die Institution eines Medienbeauftragten zu schaffen, aus den Medien und seitens der Journalisten Widerspruch erhoben werden würde. Es würde eingewendet werden, dass durch eine solche Einrichtung die Pressefreiheit in Gefahr gerate. Eine derartige Einrichtung sei fehl am Platze, da sie den Eindruck einer unzulässigen Zensurbehörde nach Art. 5 Abs. 1 S. 3 GG erwecke. Die Freiheit der Meinungsäußerung müsse aber gegen jeden Verdacht einer Verkürzung und Einschränkung sicher gestellt sein.

Diesen Argumenten hält er jedoch entgegen, dass nicht geplant sei, dem neuen Organ das Recht einzuräumen, in die Arbeit der Sender und Zeitungen durch Weisungen oder in anderer Weise einzugreifen[1322]. Mit Hilfe eines Medienbeauftragten solle lediglich dafür gesorgt werden, dass im Bereich der Medien Recht und Anstand gewahrt und die Forderungen des Persönlichkeitsschutzes respektiert werden. Mit der damals nicht zu unterschätzenden Auffassung von *Löffler*[1323], nach der der formelle Zensurbegriff, der auch die Nachzensur als von Art. 5 Abs. 1 S. 3 GG umfasst ansieht, Anwendung finden sollte, hat sich *Schwinge* nicht auseinandergesetzt.

In dem Fall, dass sich die Legislative mit dem Vorschlag der Einführung eines Medienbeauftragten auseinandersetzen müsste, würde diese mit großer Wahrscheinlichkeit auf einen leidenschaftlichen und vehementen Widerstand der Medienlobby stoßen. Und von dieser wird bereits behauptet, sie habe bereits die Kodifikation des allgemeinen Persönlichkeitsrechts verhindern können[1324].

D) Einrichtung einer Journalistenkammer - Wirksame Selbstkontrolle

In Deutschland verfolgte man im Jahre 1953 mit großem Interesse die Gründung des damaligen britischen „*General Council of Press*“ (heute: Press Complaints

1321 Vgl. *Schwinge*, Machtmissbrauch der Massenmedien, S. 138 f.

1322 *Schwinge*, Machtmissbrauch der Massenmedien, S. 139.

1323 *Löffler*, Presserecht, Band I, 3. Auflage, § 1 LPG Rn. 143 f. Mittlerweile hat jedoch auch *Löffler* seine Meinung geändert. Er führt aus, dass sich die Forderung, repressive Maßnahmen gegen die Presse als „Nachzensur“ dem verfassungsrechtlichen Zensurverbot zu unterstellen, nicht durchgesetzt habe. Dasselbe gelte von der Auffassung, eine nach Beginn der Verbreitung einsetzende planmäßige Kontrolle von Druckwerken sei als Nachzensur verboten, vgl. *Bullinger*, in: Löffler, Presserecht, 5. Auflage, § 1 LPG Rn. 146.

1324 *Kerscher*, Gerichtsberichterstattung und Persönlichkeitsschutz, S. 301; *Schüle/Huber*, Persönlichkeitsschutz und Pressefreiheit, S. 4; *Hubmann*, in: Festschrift für Schwab, S. 3, 4; *Erdsiek* NJW 1966, 1385, 1385; *Kübler* JZ 1984, 541, 542 f.

Commission)[1325]. Insbesondere die Satzung des Britischen Presserates wurde aufmerksam studiert. Nach eingehenden Diskussionen zwischen Journalisten- und Verlegerorganisationen kam es im Jahre 1956 schließlich zur Gründung des Deutschen Presserates[1326]. Gemeinsames Ziel war es, eine Institution ohne jegliche Exekutivgewalt ins Leben zu rufen. Der Presserat sollte nach der Intention seiner Gründer eine *„moralische Instanz“*[1327] der deutschen Presse werden. Der damalige Bundespräsident *Theodor Heuss* selbst dokumentierte seine Unterstützung gegenüber der Presse und der Öffentlichkeit, indem er den Presserat *„ein erfreuliches Zeichen für die Selbstachtung der Presse“* nannte[1328].

Neben der beratenden Tätigkeit auf dem Gebiet der Landespressegesetzgebung wurde der Presserat in den Jahren nach seiner Gründung vermehrt auch als eine Beschwerdeinstanz in Anspruch genommen[1329]. Auf Grund des stark angestiegenen Beschwerdeaufkommens besteht der Beschwerdeausschuss seit März 2004 aus zwei gleichberechtigten Kammern[1330]. Als Grundlagen für die Behandlung von Beschwerden dienen die *„Publizistischen Grundsätze (Pressekodex)“* und die ergänzenden *„Richtlinien für die publizistische Arbeit“*[1331]. Im Pressekodex sind die Standesregeln der Presse enthalten, die als publizistische Grundsätze eine Konkretisierung der Berufsethik der Presse darstellen[1332]. In dem erstmals im Jahre 1973 vorgelegten Pressekodex sind neben Erfahrungen aus der

---

1325 *Löffler*, in: Löffler, Presserecht, BT StandesR Rn. 5. Zur Geschichte des „General Council of Press“ beziehungsweise der „Press Complaints Commission“, siehe *Bermes*, Der Streit um die Presseselbstkontrolle: Der Deutsche Presserat, S. 301 ff.; *Wallenhorst*, Medienpersönlichkeitsrecht und Selbstkontrolle der Presse, S. 47 ff.

1326 Näheres zur Geschichte des Deutschen Presserates bei Dietrich, *Der Deutsche Presserat*, S. 10 ff.; *Gottzmann*, Möglichkeiten und Grenzen der freiwilligen Selbstkontrolle in der Presse und der Werbung, S. 30 ff.; *Münch*, Der Schutz des Einzelnen vor Presseveröffentlichungen durch den Deutschen Presserat und die britische Press Complaints Commission, S. 150 ff.; *Wallenhorst*, Medienpersönlichkeitsrecht und Selbstkontrolle der Presse, S. 41 ff.; *Hauss* AfP 1980, 178, 179; *Geerds*, in: Festschrift für Oehler, S. 423, 444; *v. Mauchenheim*, in: Festschrift für Löffler, S. 253 ff.

1327 *v. Mauchenheim*, in: Festschrift für Löffler, S. 253, 255.

1328 *v. Mauchenheim*, in: Festschrift für Löffler, S. 253, 256; *Cron* ZV und ZV 1960, 1050, 1050.

1329 *Löffler*, in: Löffler, Presserecht, BT StandesR Rn. 7; *v. Mauchenheim*, in: Festschrift für Löffler, S. 253, 259.

1330 *Löffler*, in: Löffler, Presserecht, BT StandesR Rn. 7.

1331 Abrufbar unter: http://www.presserat.info/inhalt/der-pressekodex/pressekodex.html (Stand: 02.08.2010).

1332 *Dietrich*, Der Deutsche Presserat, S. 12; *Löffler*, in: Löffler, Presserecht, BT StandesR Rn. 1, 11; *Ricker*, Unternehmensschutz und Pressefreiheit, S. 28; *v. Mauchenheim*, in: Festschrift für Löffler, S. 253, 262.

praktischen Arbeit des Deutschen Presserates seit seiner Gründung auch ausländische Vorbilder mit eingeflossen, darunter insbesondere die Deklaration der Internationalen Journalisten-Föderation auf ihrem 2. Weltkongress im Jahre 1954 in Bordeaux[1333].

In der den Pressekodex ergänzenden Richtlinie 8.1[1334] wird ausdrücklich erwähnt, dass Informationen in Wort und Bild, die eine Identifizierung der straftatverdächtiger Personen ermöglichen, in der Presse in der Regel nicht veröffentlicht werden[1335]. Die Richtlinie 13.1[1336] dagegen hält die Presse an, über Ermittlungs- und Gerichtsverfahren nicht vorverurteilend zu berichten. Ziel der Berichterstattung dürfe *„in einem Rechtsstaat nicht eine soziale Zusatzbestrafung [...] mit Hilfe eines 'Medien-Prangers' sein"*. Zwischen Verdacht und erwiesener Schuld müsse in der Sprache der Berichterstattung deutlich unterschieden werden.

Je genauer man sich jedoch die Richtlinien des Deutschen Presserates ansieht, desto eher erhält man den Eindruck, dass vorwiegend mit *„Kompromissformeln"*[1337] gearbeitet wurde, die auf Grund ihrer generalklauselartigen Formulierung zu unterschiedlichen Interpretationen führen können[1338]. Vor allem in Grenzfällen erscheint der Pressekodex als wenig geeignet, dem Journalisten eine Antwort zu geben, wann eine identifizierende Berichterstattung gegebenenfalls zu unterlassen ist[1339]. Zudem muss man berücksichtigen, dass allein durch das Weglassen des Namens oder Abbildes eines Tatverdächtigen das Problem nicht

---

1333 *Deutscher Presserat*, Tätigkeitsbericht 1973, S. 33; vgl. auch *Gottzmann*, Möglichkeiten und Grenzen der freiwilligen Selbstkontrolle in der Presse und der Werbung, S. 99; *v. Mauchenheim*, in: Festschrift für Löffler, S. 253, 262.

1334 In der Fassung vom 3. Dezember 2008.

1335 Die Richtlinie 8.1 -Nennung von Namen/Abbildung in der Fassung vom 23. Februar 1994 sah die Nennung der Namen und die Abbildungen von Tätern oder Opfer in der Berichterstattung über Unglücksfälle, Straftaten, Ermittlungs- und Gerichtsverfahren generell nicht als gerechtfertigt an, vgl. *Stapper*, Namensnennung in der Presse im Zusammenhang mit dem Verdacht strafbaren Verhaltens, S. 215.

1336 In der Fassung vom 3. Dezember 2008.

1337 *Simitis* AfP 1990, 14, 21.

1338 *Simitis*, in: Unschuldsvermutung in der Mediengesellschaft-Publizistischer Missbrauch-staatsanwaltlicher Ermittlungsverfahren?, Symposium des Hessischen Ministeriums der Justiz vom 12. Februar 1990, S. 94.

1339 Eine Antwort liefert die Richtlinie Nr. 8.1 Abs. 4 dagegen auf die Frage, wann eine Namensnennung und/oder Abbildung von Tatverdächtigen zulässig ist, nämlich dann, wenn sie eines Kapitalverbrechens beschuldigt werden und eine Namensnennung und/oder Abbildung im Interesse der Verbrechensaufklärung liegt und Haftbefehl beantragt ist oder wenn das Verbrechen unter den Augen der Öffentlichkeit begangen worden ist.

gebannt ist. Auch ohne Namensnennung oder Bildveröffentlichung kann in einer identifizierenden Weise berichtet werden. Wird in einer Lokalzeitung über ein Sexualverbrechen berichtet oder wird die tatverdächtige Person als Herr oder Frau X aus X, von Beruf X und so weiter beschrieben, so wird auch in kürzester Zeit zumindest das soziale Umfeld des Verdächtigen Bescheid wissen. Die Richtlinien 8.1 und 13.1 deuten zwar darauf hin, dass auch in Journalistenkreisen eine tendenziöse Berichterstattung über schwebende Verfahren als ein Übel angesehen wird und dass auch durchaus eine Bereitschaft besteht, zur Lösung des Konflikts beizutragen. Ein tatsächlicher effektiver Schutz des Tatverdächtigen kann jedoch durch den Pressekodex und die ihn ergänzenden Richtlinien nur begrenzt gewährleistet werden.

Weiterhin ist zu berücksichtigen, dass ein Verstoß gegen die Verhaltensregeln des Pressekodex und die Richtlinien fast keine Sanktionen[1340] zur Folge hat, da der Beschwerdeausschuss des Presserates keinerlei Exekutivbefugnis besitzt[1341]. Im Falle einer begründeten Beschwerde kann der Deutsche Presserat lediglich einen Hinweis, eine Missbilligung oder eine Rüge aussprechen[1342]. Rügen können dabei öffentlich oder auch nicht öffentlich ausgesprochen werden, wobei es der Deutsche Presserat als verlegerische Standespflicht ansieht, öffentlich ausgesprochene Rügen abzudrucken und zwar in den jeweils betroffenen Publikationsorganen selbst[1343]. Allerdings besteht eine gerichtlich durchsetzbare rechtliche Verpflichtung zum Abdruck dabei nicht[1344]. Angesichts dieser Lage wird immer wieder über eine wirksamere Selbstkontrolle der Medien[1345] und

---

1340 *v. Becker*, Straftäter und Tatverdächtige in den Massenmedien, S. 267; *Bornkamm*, Pressefreiheit und Fairness des Strafverfahrens, S. 226; *Dahs*, in: Vorträge zur Rechtsentwicklung der achtziger Jahre, S. 367, 379; *Marxen* GA 1980, 365, 368; *Stürner* JZ 1980, 1, 2.

1341 *v. Becker*, Straftäter und Tatverdächtige in den Massenmedien, S. 267; *Geerds*, in: Festschrift für Oehler, S. 423, 444; *Cron* ZV und ZV 1960, 1050.

1342 Siehe § 12 Abs. 5 Beschwerdeordnung, abrufbar unter: http://www.presserat.info/inhalt/beschwerde/beschwerdeordnung.html (Stand: 02.08.2010).

1343 Siehe Ziff. 16 Pressekodex, § 15 Beschwerdeordnung. Der 58. Deutsche Juristentag sprach sich damals für eine Veröffentlichungspflicht von Rügen des Deutschen Presserates aus, Verhandlungen des 58. Deutschen Juristentages, Band 2, Sitzungsberichte, K 216, Punkt 18.

1344 *Löffler*, in: Löffler, Presserecht, BT StandesR Rn. 18; *Geerds*, in: Festschrift für Oehler, S. 423, 444.

1345 Zur Selbstkontrolle der Presse vgl. *Löffler*, in: Löffler/Hebarré, Form und Funktion der Presse-Selbstkontrolle, S. 7, 11; zur Journalistenkammer versus freiwillige Selbstkontrolle vgl. *Löffler*, in: Löffler, Presserecht, BT StandesR Rn. 2 ff.

damit einhergehend über die Einrichtung einer Journalistenkammer[1346] diskutiert.

Die pressebezogenen Standesregeln ohne jegliche Gesetzeskraft werfen die Frage in den Raum, wer den Inhalt dieser Regeln definiert, wer ihre Einhaltung überwacht und gegebenenfalls auch durchsetzt. Im Rahmen der traditionellen freien Berufe sind dies vor allem berufsständische Kammern, die durch Zwangsmitgliedschaft und hoheitliche Eingriffsbefugnisse gekennzeichnet sind[1347]. Ähnlich diesen Modellen soll auch für eine Journalistenkammer der Grundsatz der Zwangsmitgliedschaft gelten und in ihr die Standesregeln durch Standesgerichte überprüft werden können[1348]. Die Schwierigkeit besteht jedoch darin, dass eine Zwangsmitgliedschaft mit berufsständischer Gerichtsbarkeit de lege lata nicht in Betracht kommt[1349]. Nahezu übereinstimmend verbieten die Landespressegesetze mit Ausnahme von Hessen *„Berufsorganisationen der Presse mit Zwangsmitgliedschaft“* und eine *„mit hoheitlicher Gewalt ausgestattete Standesgerichtsbarkeit“*[1350]. Hierdurch soll eine durch den Staat verordnete

1346 *Hartmann*, in: Wassermann, Justiz und Medien, S. 86, 97 sprach sich für Österreich aus; *J. Meyer*, in: Eser/Meyer, Öffentliche Vorverurteilung und faires Strafverfahren, 323, 352; *Leinveber* AfP 1961, 392, 393; *Kinkel* bei Kohl AfP 1985, 102, 103; *Kriele* ZRP 1990, 109, 109 ff.; gegen *Kriele Ory* ZRP 1990, 289, 289 ff.; mit einem Replik reagiert *Kriele* auf *Ory* ZRP 1990, 291, 291 f.; gegen die Einrichtung einer „Journalistenkammer“ siehe *Stürner*, Verhandlungen 58. Deutschen Juristentages, Band 1, Gutachten, A 36 ff.; *Schwerdtner* JZ 1990, 769, 771; Stellungnahme des Deutschen Presserats zu Empfehlungen des 58. Deutschen Juristentages AfP 1990, 292, 292.

1347 Vgl. dazu *Hatje/Terhechte* NJW 2002, 1849, 1850 ff.

1348 Bereits in den sechziger Jahren wurde die Forderung nach gesetzliche verankerten Ehrengerichten und einem verbindlichen Standesrecht laut, siehe ZV und ZV 1968, 694.

1349 *Geerds*, in: Festschrift für Oehler, S. 423, 444; *Bührke* DRiZ 1964, 75, 75; *Bullinger*, in: Isensee/Kirchhof, HbStR, Bd. VII, § 163 Rn. 77. Ob der Bundes- oder Landesgesetzgeber auch de lege feranda gehindert wäre, Pressekammern mit Zwangsmitgliedschaft und Berufsgerichtsbarkeit einzuführen, ist umstr., siehe dazu *Bullinger*, in: Löffler, Presserecht, § 1 LPG Rn. 185 ff.; *Löffler*, in: Löffler, Presserecht, BT StandesR Rn. 3. Ein dem § 1 IV LPG widersprechende Regelung wurde schon bei den Vorarbeiten für ein Presserechtsrahmengesetz des Bundes erwogen, sog. Lüders-Entwurf von 1952; siehe dazu *Hauss* AfP 1980, 178, 179. Eine derartige Regelung kommt immer wieder ins Gespräch, sobald die Art und Weise einer Berichterstattung die öffentliche Meinung erregt. Zuletzt wurde im Jahre 1990 vorgeschlagen, eine „Journalistenkammer“ zur Selbstdisziplinierung insbesondere auch der Rundfunkjournalisten einzuführen, *Kriele* ZRP 1990, 109 ff.; dagegen *Ory* ZRP 1990, 289 ff.

1350 Vgl. § 1 Abs. 4 LPG Ba.-Wü.; Art. 1 Abs. 3 LPG Bay.; § 1 Abs. 4 LPG Berl.; § 1 Abs. 3 LPG Brandenb.; § 1 Abs. 4 LPG Brem.; § 1 Abs. 4 LPG Meck.-Vorp.; § 1 Abs. 3 LPG Nieders.; § 1 Abs. 4 LPG NRW.; § 3 Abs. 4 LMG Saar.; § 1 Abs. 3 LPG Sachs.;

und kontrollierte Selbstkontrolle der Presse in Form einer öffentlich-rechtlichen Zwangskörperschaft[1351] ausgeschlossen werden[1352]. Das Verbot einer solchen Zwangsmitgliedschaft resultiert aus den Erfahrungen aus der nationalsozialistischen Zeit, in der eine Zwangsorganisation im Rahmen der Reichspressekammer durchgeführt wurde[1353]. Eine dauernde korrigierende Aufsichtsarbeit durch eine staatliche Zwangskörperschaft über die Gesetzmäßigkeit des Inhalts von Presseberichten außerhalb der Strafverfolgung wäre zudem unzulässig, da so die freie Entfaltung des Mediums gelähmt wäre. Eine solche Befugnis zu ständiger Kontrolle soll auch nicht auf eine „*Journalistenkammer*“ übertragen werden können[1354].

Berufsorganisationen wie der Deutsche Presserat[1355], die dagegen auf freiwilliger Basis gebildet werden, sind auch nach geltendem Recht zulässig, und zwar auch soweit sie Aufgaben der Presse-Selbstkontrolle wahrnehmen[1356]. Als Basis der Selbstkontrolle wird eine gewisse Identität von Kontrollierendem und Kontrolliertem vorausgesetzt[1357]. Zwar kann jede Kontrolle der Medien deren Freiheit tangieren, die Selbstkontrolle durch die Presseangehörigen stellt dabei aber ein milderes Mittel dar und ist auf Grund ihrer Flexibilität und Sachnähe eher in der Lage eine Balance zwischen den widerstreitenden Interessen zu erzielen, als dies eine „*Journalistenkammer*“ mit entsprechenden Eingriffsbefugnissen könnte[1358].

---

§ 1 Abs. 3 LPG Sachs.-Anh.; § 1 Abs. 4 LPG Schlesw.-Holst.; § 1 Abs. 3 LPG Thür.; insoweit übereinstimmend § 2 Abs. 3 LPG Hess.

1351 „Pressekammer“ oder „Journalistenkammer“.

1352 *Bullinger*, in: Löffler, Presserecht, § 1 LPG Rn. 184; *Löffler*, in: Löffler, Presserecht, BT StandesR Rn. 2.

1353 *Bornkamm*, Pressefreiheit und Fairness des Strafverfahrens, S. 226; *Löffler*, in: Löffler/Hebarré, Form und Funktion der Presse-Selbstkontrolle, S. 61, 63; *Löffler/Ricker*, Handbuch des Presserechts, 40. Kap. Rn. 5; *Bührke* DRiZ 1964, 75, 75; *Hauss* AfP 1980, 178, 178.

1354 Siehe *Bullinger*, in: Löffler, Presserecht, § 1 LPG Rn. 187.

1355 Daneben existieren weitere Selbstkontrolleinrichtungen für andere Medien, siehe *Münch*, Der Schutz des Einzelnen vor Presseveröffentlichungen durch den Deutschen Presserat und die britische Press Complaints Commission, S. 146 Fn. 971.

1356 OLG Hamburg AfP 1960, 151; zur FSK siehe OLG Frankfurt NJW 1963, 112 ff.; *Bullinger*, in: Löffler, Presserecht, § 1 LPG Rn. 190; *Löffler*, in: Löffler, Presserecht, BT StandesR Rn. 4; *Löffler*, in Löffler/Ricker, Handbuch des Presserechts, Kap. 40 Rn. 5.

1357 *Löffler*, in: Löffler, Presserecht, BT StandesR Rn. 4.

1358 *Löffler*, in: Löffler, Presserecht, BT StandesR Rn. 4.

Nichtsdestotrotz wird das Selbstkontrollorgan der Presse von dieser selbst oftmals als *„Tiger ohne Zähne" bezeichnet*[1359]. In Zukunft wäre demnach zumindest an eine Fortentwicklung der Ahndungsmöglichkeiten des Presserates, etwa nach dem Vorbild Schwedens, wo finanzielle Auflagen als spürbare Sanktionen verhängt werden können, zu denken[1360].

E) Einschränkung der Öffentlichkeit der Hauptverhandlung

Zeitweise wird selbst die Öffentlichkeit der Hauptverhandlung in Frage gestellt. Es wird gefordert, diese einzuschränken, damit die Ermittlungsergebnisse aus der Sphäre des Angeklagten und seiner Familie nicht über den Weg der Medien an die Öffentlichkeit dringen und um der Gefahr einer tendenziöse Berichterstattung entgegen zu wirken[1361].

Der Grundsatz der Öffentlichkeit der Hauptverhandlung ist eines der wichtigsten Kapitel der Rechtspflege[1362] und kann auf einen lange währenden Kampf zurückblicken. Er hat sich aus dem Konflikt zwischen dem freiheitlich denkenden Bürgertum und dem Absolutismus in der ersten Hälfte des 19. Jahrhunderts

---

1359 *Schwinge*, Machtmissbrauch der Massenmedien, S. 34; *Dahs*, in: Vorträge zur Rechtsentwicklung der achtziger Jahre, S. 367, 379. Auch der britische „Press Council" wird von verschiedenen Seiten als „zahnloser Tiger" bezeichnet, s. *Bermes*, Der Streit um die Presse-Selbstkontrolle: Der Deutsche Presserat, S. 310.

1360 Die Rügen, die der „Pressen Opinionsnämd" ausspricht, werden mit einem Bußgeld gekoppelt, *Bermes*, Der Streit um die Presse-Selbstkontrolle: Der Deutsche Presserat, S. 323; *Cornils*, in: Eser/Meyer, Öffentliche Vorverurteilung und faires Strafverfahren, S. 187, 207. Vgl. auch *Dahs*, in: Vorträge zur Rechtsentwicklung der achtziger Jahre, S. 367, 379; *J. Meyer*, in: Eser/Meyer, Öffentliche Vorverurteilung und faires Strafverfahren, S. 323, 353; *Geerds*, in: Festschrift für Oehler, S. 423, 444.

1361 *Buchholz* ZV und ZV 1961, 1628, 1628; *Kerscher*, Gerichtsberichterstattung und Persönlichkeitsschutz, S. 357 sieht die Nichtöffentlichkeit der Hauptverhandlung als verfassungsrechtlich geboten an, sofern es keine geringeren Eingriffsmittel gibt; zum sog. „Schuldinterlokut" oder „Tatinterlokut" (Zweiteilung der Hauptverhandlung nach anglo-amerikanischem Vorbild in je einen öffentlichen Abschnitt zur Entscheidung über die Schuldfrage und einem nichtöffentlichen Abschnitt zur Festsetzung der Rechtsfolge, siehe *Kerscher*, Gerichtsberichterstattung und Persönlichkeitsschutz, S. 361 ff.; gegen eine Einschränkung der Öffentlichkeit u.a. *Jung*, in: Festschrift für Kaufmann, S. 891, 899; *Flehinghaus* DRiZ 1959, 165, 166; *Hassemer* NJW 1985, 1921, 1929.

1362 *Hassemer* NJW 1985, 1921, 1929.

entwickelt[1363]. Die bis zu dieser Zeit noch praktizierte „*Geheimjustiz*" beziehungsweise „*Kammerjustiz*" wurde als Verletzung der Souveränität des Volkes[1364] und des Gerechtigkeitsprinzips[1365] angesehen. Heute soll die Öffentlichkeitsmaxime in erster Linie eine Kontrolle durch das Volk über die Recht sprechende Gewalt gewährleisten und auch die allgemeinen Informationsbedürfnisse befriedigen[1366]. Dieses nach jahrhundertelangem Kampf erstrittene Öffentlichkeitsprinzip muss auch weiterhin bestehen bleiben, um dem Argwohn der Bevölkerung gegenüber der Rechtspflege entgegen wirken zu können. In praktischer Hinsicht würden darüber hinaus die Medien im Falle einer Einschränkung der Öffentlichkeit der Hauptverhandlung mit Nachdruck eigene Recherchen anstellen. Somit könnte dem so genannten „*Scheckbuchjournalismus*" Vorschub geleistet werden. Als Resultat würden die Medien möglicherweise fragwürdige und mit Spekulationen gespickte Meldungen veröffentlichen, die sicherlich auch nicht im Interesse des betroffenen Angeklagten stehen. Die Gefahren, die in dem Zusammenspiel von Justiz und Öffentlichkeit entstehen, müssen demnach auf andere Weise gebannt werden[1367].

F) Anwendung der sitzungspolizeilichen Befugnisse, §§ 176 ff. StPO

Stürner[1368], der in der Bundesrepublik besonders für eine Stärkung des Verfahrensschutzes vor öffentlicher Einflussnahme eintritt, führt aus, dass für eine bessere Lösung im Hinblick auf die Verwirklichung des Verfahrensschutzes an die sitzungspolizeilichen Befugnisse der Gerichte (§§176 ff. StPO) angeknüpft werden müsse. Die Gerichte müssten über die Gewalt verfügen, schwerwiegende Störungen des Gerichtsverfahrens abzuwenden, auch wenn diese ihren Ursprung

1363 Vgl. *Kissel/Mayer*, GVG, § 169 Rn. 1; *Kleinknecht*, in: Festschrift für Schmidt-Leichner, S. 111, 112; *Baumann* NJW 1982, 1558, 1558; *Bockelmann* NJW 1960, 217, 217; *Hillermeier* DRiZ 1982, 281, 281; *Kohlmann* JA 1981, 581, 581 f.

1364 *Kleinknecht*, in: Festschrift für Schmidt-Leichner, S. 111, 112; *Hillermeier* DRiZ 1982, 281, 281.

1365 *Bockelmann* NJW 1960, 217, 218; *Hillermeier* DRiZ 1982, 281, 281.

1366 Vgl. *Kissel/Mayer*, GVG, § 169 Rn. 3; *Geerds*, in: Festschrift für Oehler, S. 423, 426 Fn. 10; *Hartmann*, in: Festschrift für Göppinger, S. 579, 579; *Kleinknecht*, in: Festschrift für Schmidt-Leichner, S. 111, 113; *Franke*, Die Bildberichterstattung über den Angeklagten und der Öffentlichkeitsgrundsatz im Strafverfahren, S.51 ff., 65 ff.; *Eb. Schmidt*, Justiz und Publizistik, S. 3; *Hillermeier* DRiZ 1982, 281, 282.

1367 So auch *Flehinghaus* DRiZ 1959, 165, 166.

1368 *Stürner* JZ 1978, 161, 168 f.; dagegen *Bornkamm*, Pressefreiheit und Fairness des Strafverfahrens, S. 239 ff.; *Wassermann*, Justiz und Medien, S. 42; *Roxin* NStZ 1991, 153, 160.

außerhalb des Sitzungsbereichs haben[1369]. So sei es möglich, auf zahlreiche unliebsame Zwischenfälle gütlich und ohne eine Kriminalisierung zu reagieren. Die Justiz könnte sich entsprechend adäquat wehren und „*der Wegfall eines nicht unberechtigten Ohnmachtsgefühls gegenüber öffentlichem Druck hätte auf ihre Grundhaltung gegenüber öffentlichen Aktionen sicher eher lösende als verhärtende Wirkung*“[1370].

Um die sitzungspolizeilichen Befugnisse derart auszuweiten, wäre unter anderem eine Vorschrift denkbar, die es dem Gericht, ähnlich dem § 174 Abs. 3 GVG, möglich macht, die Medienvertreter zu einem generellen oder punktuellen Schweigen zu verpflichten[1371]. Ein solches richterliches Berichterstattungsverbot könne gewährleisten, dass noch nicht vernommene Zeugen durch die Informationen aus der Hauptverhandlung nicht beeinflusst werden[1372]. Mit dieser Begründung könnte man allerdings jeglicher Berichterstattung über größere und für die Medien interessante Strafverfahren einen Riegel vorschieben. Dies würde jedoch dazu führen, dass die mittelbare, durch die Medien vermittelte Öffentlichkeit eine Einschränkung erfahren würde. Darüber hinaus würde sich das Strafverfahren unter Umständen auch legitimer Kritik entziehen, was dem Vertrauen der Öffentlichkeit in die Justiz kaum förderlich wäre.

Die von *Stürner* vorgeschlagenen Maßnahmen zum Schutze schwebender Verfahren sind daher eine kaum zu tolerierende Beschränkung der Rundfunk- und Pressefreiheit[1373].

Zudem ist zu berücksichtigen, dass entsprechende Bestimmungen präjudizierende Medienberichte während des Ermittlungsverfahrens und tendenziöse Publikationen während der Hauptverhandlung, die nicht aus der Feder der im Sitzungssaal anwesenden Journalisten stammen, nicht betreffen können, so dass sie kaum als wirksames Instrument zum Schutz des Strafverfahrens vor öffentlicher Einflussnahme einzustufen sind.

1369 *Stürner* JZ 1978, 161, 168 denkt dabei an eine „wohldosierte Auswahl von Maßnahmen: die Anregung zur Unterlassung öffentlicher Aktionen, das förmliche Unterlassungsgebot, die Rüge bei begangenen Verstößen, das Ordnungsgeld oder die Ordnungshaft als ultima ratio.“ Die Anordnung soll dabei den „oberen Landgerichten“ vorbehalten sein.

1370 *Stürner* JZ 1978, 161, 168 f.

1371 Vgl. *Bornkamm*, Pressefreiheit und Fairness des Strafverfahrens, S. 239.

1372 Vgl. *Bornkamm*, Pressefreiheit und Fairness des Strafverfahrens, S. 239.

1373 Nach *Bornkamm*, Pressefreiheit und Fairness des Strafverfahrens, S. 239 Fn. 95 sei der Gewinn an Unabhängigkeit auf Grund der Beschränkung der Pressefreiheit zu teuer erkauft; vgl. auch *Roxin* NStZ 1991, 153, 160. Nach BVerfGE 50, 234, 242 f. („Gerichtspresse“) genügen abfällige und lästige Reportagen nicht aus, um Maßnahmen der Gerichte nach §§ 176 ff. GVG gegen Vertreter der Medien zu verhängen.

G) „Contempt of Court“

Von Zeit zu Zeit gab es immer wieder Bestrebungen, den britischen Grundsatz des „*Contempt of Court*“ beziehungsweise das „*Contempt by publication*“ auch in der Bundesrepublik Deutschland gesetzlich einzuführen[1374]. Die Frage, ob es erforderlich und/oder wünschenswert ist, das Institut des „*Contempt of Court*“ im deutschen Recht zu verankern, ist nicht neu, aber immer wieder von aktuellem Interesse. In diesem Zusammenhang ist die sog. „*Flick-Parteispendenaffäre*“ der 80er-Jahre zu erwähnen. Die Bundesregierung sowie die Fraktion der CDU im damaligen Deutschen Bundestag planten im Jahre 1982 eine Amnestie zu Gunsten derjenigen Personen, die im Rahmen der Parteispenden wegen Verstoßes gegen Steuergesetze und andere Straftatbestände beschuldigt wurden[1375]. Diese Versuche, eine solche Amnestie im Gesetzgebungsverfahren zu verabschieden wie auch die Strafverfahren, die nach dem Scheitern der Amnestiebestrebungen eingeleitet wurden, wurden zum Gegenstand intensiver Medienberichterstattung und Kommentaren der Medien. Die Gesamtsituation sowie die vielen Einzelheiten, die durch die Medien an die Öffentlichkeit drangen, haben die großen politischen Parteien mit einem schweren Vertrauensverlust bedroht. Als Folge dieser Entwicklung wurde die Bundesregierung beauftragt, darüber nachzudenken, ob „*der Grundgedanke des angelsächsischen Prozessrechts, dass ‘öffentliche Vorverurteilungen’ gleich welcher Art ein faires Strafverfahren nicht beeinträchtigen dürfen, in das deutsche Strafprozessrecht übernommen werden kann*“[1376].

Um jedoch darüber urteilen zu können, ob das „*Contempt of Court*“-Konzept für das deutsche Recht geeignet und erforderlich ist, ist zunächst festzustellen, was es bedeutet. Das Institut des „*Contempt of Court*“ liefert eine

1374 Vgl. *Wassermann*, Justiz und Medien, S. 41.

1375 Im November 1983 kündigte die Staatsanwaltschaft an, Anklage gegen die Manager von Brauchitsch und Nemitz wegen fortgesetzter Bestechung sowie wegen Bestechlichkeit gegen Friderichs, Lambsdorff und den ehemaligen Wirtschaftsminister des Landes Nordrhein-Westfalen Riemer zu erheben. Am 16. Februar 1987 wurden Eberhard von Brauchitsch sowie der Politiker und vormaligen Bundeswirtschaftsminister Friderichs und Otto Graf Lambsdorff aber lediglich wegen Steuerhinterziehung beziehungsweise Beihilfe zur Steuerhinterziehung verurteilt. Von Brauchitsch erhielt eine Bewährungs-, Lambsdorff und Friderichs Geldstrafen.

1376 Antrag der CDU/CSU und der FDP vom 24.5.1984, BT-Drucks. 10/1496.

Norm, die jede Handlung, die geeignet ist, das ordnungsgemäße Verfahren zu beeinträchtigen, unter Strafe stellt:[1377]

„Words spoken or otherwise published, or acts done, outside court which are intended or likely to interfere with or obstruct the fair administration of justice are punishable as criminal contemps of court.“[1378]

Mittels des Rechtsinstituts des *„Contempt of Court“* wurde dem englischen Richter ein Instrument zur Seite gestellt, mit dem er Störungen des Gerichtsverfahrens durch von außen kommende Einflüsse unterbinden und gegebenenfalls sanktionieren kann[1379]. Es ist ihm möglich Geld- oder Freiheitsstrafen zu verhängen und sichernde Anordnungen zu treffen, sofern jemand beabsichtigt, durch öffentliche Äußerungen oder Handlungen die faire Rechtsverwirklichung zu beeinflussen oder zu stören, oder wenn jemand lediglich die objektive Gefahr[1380] einer solchen Beeinflussung oder Störung heraufbeschwört[1381]. Dies hat nach Ansicht von *Bornkamm*[1382] positiven Einfluss auf die Medien, da sie sich bei der Berichterstattung über schwebende Verfahren in vorbildlicher Weise zurückhalten würden. Dabei würden sie sich jeglicher Kommentare enthalten und nur objektiv das Geschehen schildern, um damit jegliche möglicherweise tendenziöse Berichterstattung zu vermeiden.

In erster Linie soll das Prinzip des *„Contempt of Court“* dem Schutz der richterlichen Unabhängigkeit und damit dem Schutz des schwebenden Verfah-

1377 Halsbury's Laws of England, Fourth Edition London, Volume 9 (1974), Contempt of Court, paras. 7; *Huber*, in: Eser/Meyer, Öffentliche Vorverurteilung und faires Strafverfahren, S. 1, 4.

1378 Vgl. *Bornkamm*, Pressefreiheit und Fairness des Strafverfahrens, S. 23. Ähnlich definiert der britische „Contempt of Court Act“ 1981, in sec. 1: „Conduct [...] as tending to interfere with the course of justice in particular legal proceedings regardless of intent to do so.“.

1379 *Wassermann*, Justiz und Medien, S. 41; *Dahs*, in: Vorträge zur Rechtsentwicklung der achtziger Jahre, S. 367, 378; *Stürner* JZ 1978, 161, 161.

1380 Nach *Bornkamm*, Pressefreiheit und Fairness des Strafverfahrens, S. 40 müsse die Gefahr ernsthaft und naheliegend sein, sodass daher von einem konkreten Gefährdungsdelikt gesprochen werden könne.

1381 *Stürner* JZ 1978, 161, 161 f. mit Verweis auf Halsbury's Law of England, Fourth Edition London, Volume 9 (1974), Contempt of Court, paras. 7 ff.; *Schweizer*, Der Schutz der Rechtsverwirklichung im angelsächsischen Rechtskreis, Zürcher Beiträge zur Rechtswissenschaft, Bd. 434, S. 44 ff., 68 ff.; *Rubens-Laarmann*, Die Gerichtsberichterstattung im englischen Recht unter vergleichender Betrachtung des deutschen Rechts, S. 38 ff.

1382 *Bornkamm*, Pressefreiheit und Fairness des Strafverfahrens, S. 23.

rens dienen[1383]. Geschützt werden sollen allerdings nur die ehrenamtlichen Laienrichter beziehungsweise Geschworenen[1384]. Im Hinblick auf Berufsrichter geht die englische Rechtspraxis davon aus, dass diese die Fähigkeit entwickelt haben, die Wirkung von Medienpublikationen zu neutralisieren[1385]. Es sind also die Interessen der Rechtspflege, welche im Fokus der Inkriminierung von Vorverurteilungen, also des „*Contempt of Court*" und, genauer, des „*Contempt by publication*" stehen[1386]. Der „*Contempt by publication*" als „*Contempt of Court*" ist als Offensive im Hinblick auf die Würde des Gerichts[1387] zu verstehen. Dieser Angriff verwirklicht sich unter anderem dadurch, dass die Medien „*den Richter von seinem Stuhl verdrängen*"[1388] und dessen Urteil vorwegnehmen. Die Beeinträchtigung der Rechte des betroffenen Tatverdächtigen ist zwar eine durchaus wichtige, aber doch eher sekundäre Folge eines Verfahrens, welches durch eine falsche Instanz, nämlich durch die Medien, veranstaltet wird[1389]. Der Tatverdächtige partizipiert an dem primären Schutz des schwebenden Verfahrens lediglich durch eine „*Reflexwirkung*"[1390]. Abgesehen vom Beleidigungsrecht ist er jedoch im Übrigen im Verhältnis zu den Massenmedien ungeschützt[1391].

1383 *Bornkamm*, Pressefreiheit und Fairness des Strafverfahrens, S. 88; *Wassermann*, Justiz und Medien, S. 41; *Stürner* JZ 1978, 161, 162; vgl. auch *Huber*, in: Eser/Meyer, Öffentliche Vorverurteilung und faires Strafverfahren, S. 1, 38 f.

1384 *Wassermann*, Justiz und Medien, S. 41; *Huber*, in: Eser/Meyer, Öffentliche Vorverurteilung und faires Strafverfahren, S. 1, 38 f.; *Soehring* GRUR 1986, 518, 526; *Stürner* JZ 1978, 161, 162. Das besonders ausgeprägte Laienelement im englischen Strafverfahren wird zum größten Teil dafür verantwortlich gemacht, dass die englischen Medien durch das Prinzip des „Contempt of Court" in ihrer Berichterstattung beschränkt sind. Dabei ist weniger an die „magistrates" (meist ehrenamtlich tätige Laien, sog. Justices of Peace) zu denken, sondern vielmehr an die Geschworenen, von denen zu vermuten ist, dass sie leichter als ein erfahrener Berufsrichter von präjudizierenden Medienberichten beeinflusst werden können, vgl. *Bornkamm*, Pressefreiheit und Fairness des Strafverfahrens, S. 36, 41.

1385 *Bornkamm*, Pressefreiheit und Fairness des Strafverfahrens, S. 46 ff.; *Wassermann*, Justiz und Medien, S. 41; *Huber*, in: Eser/Meyer, Öffentliche Vorverurteilung und faires Strafverfahren, S. 1, 39; *Stürner* JZ 1978, 161, 162.

1386 *Hassemer* NJW 1985, 1921, 1924.

1387 *Scherer* JuS 1979, 470, 472 f.

1388 *Hassemer* NJW 1985, 1921, 1924.

1389 *Hassemer* NJW 1985, 1921, 1924; vgl. auch *Bornkamm*, Pressefreiheit und Fairness des Strafverfahrens, S. 40 ff.

1390 *Bornkamm*, Pressefreiheit und Fairness des Strafverfahrens, S. 88.

1391 *Bornkamm*, Pressefreiheit und Fairness des Strafverfahrens, S. 88.

Wie oben[1392] bereits herausgearbeitet wurde, ist eine Beeinflussung von (Laien-) Richtern, Zeugen und sonstigen Verfahrensbeteiligten durch eine entsprechende tendenziöse und nicht anonymisierte Berichterstattung nicht ausgeschlossen. Die Eignung einer Publikation zur Beeinflussung des Richters und damit zur Störung der Strafrechtspflege müsste jedoch solange zu verneinen sein, solange der Richter nicht durch äußeres Verhalten als befangen in Erscheinung tritt. Die Grenze einer zulässigen Berichterstattung ist damit dort zu ziehen, wo eine Beeinflussung des Gerichts nach den Anforderungen, die § 24 Abs. 2 StPO zur Ablehnung eines Richters postuliert sind, feststellbar ist[1393]. Insofern enthält das englische Prozessrecht eine ähnliche Möglichkeit der Auswechslung der Entscheidungsträger[1394].

Darüber hinaus stellt die Missachtung des Gerichtsverfahrens durch die Medien kein hinreichendes Motiv dar, um inkriminierende Rechtsfolgen gegenüber diesen vorzusehen und gegebenenfalls zu verhängen[1395]. Diese Ansicht legitimiert sich zum einen aus der überragenden Stellung, welche die Presse und der Rundfunk innerhalb unserer Verfassung einnehmen[1396] und zum anderen aus dem Gedanken, dass ein Schutz des Verfahrens durch die Justiz selbst kontraproduktiv sein muss[1397]. Nach *Hassemer*[1398] brauche man sich gar nicht erst die schrecklichen Beispielsfälle vor Augen führen, in denen Richter die contempt-Regelung benutzt haben, um in Panik auf die Medien einzuschlagen, um nachvollziehen zu können, dass für den institutionellen Schutz der Justiz nicht durch Strafen in eigener Sache gesorgt werden soll. Insoweit stehen die Institute des Strafrechts und des Gerichtsverfassungsrechts und soweit Personen betroffen sind auch das Presserecht und das Zivilrecht für eine Wiedergutmachung oder Genugtuung bereit. Letztendlich ist, ohne die „*Missgriffe und Vorverurteilungen der Medien bagatellisieren zu wollen*“[1399], nach wie vor zu beachten, dass das

1392 Zweiter Teil, Erstes Kapitel, B), II), 2), a), bb).

1393 *Stapper*, Namennennung in Presse im Zusammenhang mit dem Verdacht strafbaren Verhaltens, S. 82 f., 201; *Roxin* NStZ 1991, 153, 155.

1394 *Huber*, in: Eser/Meyer, Öffentliche Vorverurteilung und Faires Strafverfahren, S.1, 58 ff.; *Stapper*, Namensnennung in der Presse im Zusammenhang mit dem Verdacht strafbaren Verhaltens, S. 201.

1395 Vgl. auch *Hassemer* NJW 1985, 1921, 1927.

1396 Vgl. statt vieler *v. Becker*, Straftäter und Tatverdächtige in den Massenmedien, S. 64 ff.; *Rüping*, in: Festschrift für Dünnebier, S. 391, 397; *Marxen* GA 1980, 365, 375 ff.

1397 *Hassemer* NJW 1985, 1921, 1927.

1398 *Hassemer* NJW 1985, 1921, 1927; *Wassermann*, Justiz und Medien, S. 42; ders. Die richterliche Gewalt, S. 94 zweifelt daran, dass von einem dem „Contempt of Court“ entsprechenden Schutzparagraphen nicht mit der gebotenen Zurückhaltung gebrauch gemacht werden würde.

1399 *Wassermann*, Die richterliche Gewalt, S. 94.

Prinzip des „*Contempt of Court*" nicht in unsere Struktur der Justiz, die keine Geschworenengerichte angelsächsischen Musters (sog. Jury-Systems) kennt, passt[1400], so dass es im Einklang mit der herrschenden Meinung in der Literatur nicht empfohlen werden kann, das Institut des „*Contempt of Court*" in der Bundesrepublik Deutschland gesetzlich einzuführen[1401].

H) Möglichkeiten bei schwerwiegender Vorverurteilung

Wird eine Kampagne gegen den Tatverdächtigen in den Medien aus Sensationslust oder auf Grund wirtschaftlicher beziehungsweise politischer Interessen in Gang gesetzt, so kann dies zur Folge haben, dass die öffentliche Meinung eine Verurteilung fordert, sich auch die an dem Prozess beteiligten Personen dieser Meinung nicht entziehen können und ihre objektive Unbefangenheit eingebüßt wird. Hieraus wird gefolgert, dass die Rechtsstaatlichkeit des Strafverfahrens unweigerlich geschädigt und ein faires Verfahren nicht mehr möglich sei. Infolge der öffentlichen Vorverurteilung solle ein Verfahrenshindernis von Verfassung wegen angenommen werden, mit der Folge, dass der Prozess einzustellen sei[1402]. Andere wiederum, die nicht so weit gehen wollen, plädieren für die Möglichkeit, die Vorverurteilung zumindest strafmildernd zu berücksichtigen[1403].

1400 *Wassermann*, Die richterliche Gewalt, S. 94; *Dahs*, in: Vorträge zur Rechtsentwicklung der achtziger Jahre, S. 367, 377; *Hassemer* NJW 1985, 1921, 1927; *Leinveber* AfP 1961, 392, 393; ders. AfP 1961, 197, 197; *Nothelle* AfP 1985, 18, 20; *Soehring* GRUR 1986, 518, 526.

1401 Vgl. statt vieler *Braun*, Medienberichterstattung über Strafverfahren im deutschen und englischen Recht, S. 182 ff.; *Rubens-Laarmann*, Die Gerichtsberichterstattung im englischen Recht unter vergleichender Betrachtung des deutschen Rechts, S. 61; *Wassermann*, Justiz im sozialen Rechtsstaat, S. 121 f.; ders. Justiz und Medien, S. 42; ders. Die Richterliche Gewalt, S. 94; *Dahs*, in: Vorträge zur Rechtsentwicklung der achtziger Jahre, S. 367, 377; *J. Meyer*, in: Eser/Meyer, Justiz in sozialen Rechtsstaat, S. 323, 350; *Brüggemann* AfP 1971, 155, 158; *Erdsiek* NJW 1963, 1048, 1049; *Hassemer* NJW 1985, 1921, 1927; *Leinveber* AfP 1961, 392, 393; ders. AfP 1961, 197, 197; ders. 1962, 295, 299; *Nothelle* AfP 1985, 18, 20 f.; *Roxin* NStZ 1991, 153, 154 f.; *Sarstedt* AfP 1971, 146, 149 f.; *Soehring* GRUR 1986, 518, 525 f.

1402 *Degenhart*, in: Bonner Kommentar, GG, Art. 5 Rn. 482; *Vogler*, in: Unschuldsvermutung in der Mediengesellschaft-Publizistischer Missbrauch-staatsanwaltlicher Ermittlungsverfahren?, Symposium des Hessischen Ministeriums der Justiz vom 12. Februar 1990, S. 101; *Hillenkamp* NJW 1989, 2841, 2844.

1403 Vgl. *Krause*, in: MAH Strafverteidigung, § 7 Rn. 64; *Weiler* ZRP 1995, 130, 135.

I) Verfahrenshindernis

Die Einführung eines verfassungsrechtlichen Verfahrenshindernisses auf Grund öffentlicher Vorverurteilungen, die ein faires Verfahren nicht mehr erwarten lassen, insbesondere nach einem „*Trommelfeuer der Medien*“[1404], ist bislang gescheitert. Das liegt zum einen an der Schwierigkeit, die eine Begriffsbestimmung der Vorverurteilung mit sich bringt[1405] und zum anderen an der Sorge vor einem möglichen Missbrauch[1406].

Aus dogmatischer Sicht übt *Roxin*[1407] Kritik, indem er einen Vergleich zu den polizeilichen Lockspitzeleinsätzen[1408] und der in diesem Zusammenhang ebenfalls aufkeimenden Diskussion eines Verfahrenshindernisses bei einer Deliktsprovokation durch einen polizeilichen Agenten, zieht. Bei einer Deliktsprovokation durch einen polizeilichen Ermittler oder auch bei einer unerträglichen behördlichen Verfahrensverschleppung müsse sich der Staat selbst das Verhalten zurechnen lassen, welches gegebenenfalls zur Beendigung des Verfahrens zwinge. Im Falle einer Vorverurteilung jedoch liege die Verantwortung in erster Linie bei den Medien[1409] und nicht bei der Strafjustiz. Würde man aus einer Vorverurteilung ein Verfahrenshindernis ableiten, so würde man doch das Strafrecht in die Hand der Medien legen, die durch eine entsprechende Berichterstattung und die damit einhergehenden Vorverurteilungen die Strafrechtspflege vor allem in spektakulären Prozessen lahmlegen könnten. Eine nicht zur öffentlichen Gewalt zählende Macht könne sonst in die Lage versetzt werden, ein Verfahrenshindernis nach Belieben zu produzieren[1410]. Zudem verbiete sich eine derartige Lösung, weil die Funktionstüchtigkeit der Strafrechtspflege[1411] nicht unter dem Druck außerstaatlicher Kräfte ohne Weiteres preisgegeben werden kön-

1404 *Hassemer* NJW 1985, 1921, 1928.

1405 *Dahs*, in: Vorträge zur Rechtsentwicklung der achtziger Jahre, S. 367, 378; *Hassemer* NJW 1985, 1921, 1922 ff.

1406 *Dahs*, in: Vorträge zur Rechtsentwicklung der achtziger Jahre, S. 367, 378; *Hassemer* NJW 1985, 1921, 1928; *Krekeler* AnwBl. 1985, 426, 430; *Roxin* NStZ 1991, 153, 154; ebenso der *Strafrechtsausschuss der BRAK*, BRAK-Mitt. 1985, 25, 26 f.

1407 *Roxin* NStZ 1991, 153, 154.

1408 Vgl. *Hillenkamp* NJW 1989, 2841, 2843.

1409 Vgl. hierzu den Bericht der BReg., BT-Drucks. 10/4608; *Hassemer* NJW 1985, 1921, 1928.

1410 *Braun*, Medienberichterstattung über Strafverfahren im deutsche und englischen Recht, S. 189; *Rieß*, in: Unschuldsvermutung in der Mediengesellschaft-Publizistischer Missbrauch-staatsanwaltlicher Ermittlungsverfahren?, Symposium des Hessischen Ministeriums der Justiz vom 12. Februar 1990, S. 106; *Roxin* NStZ 1991, 153, 154.

1411 Siehe hierzu *Roxin/Schünemann*, Strafverfahrensrecht, § 1 Rn. 2 ff.

ne[1412]. Zudem könne durch eine Medienkampagne auch ein Freispruch des Tatverdächtigen angestrebt und infolgedessen die Strafrechtspflege ebenso beeinträchtigt werden. Gegen einen Vorfreispruch sei jedoch ein Verfahrenshindernis ein ganz und gar ungeeignetes Mittel[1413].

Aus praktischer Sicht wendet *Rieß*[1414] ein, dass im Falle der Kommentierung von Strafverfahren und der damit einhergehenden Diskreditierung des Betroffenen die Einstellung wegen eines Verfahrenshindernisses sicher nicht der beste Weg der Reparatur sei, sondern eher der schlechteste, da er nochmals die Möglichkeit heraufbeschwöre, das Thema jetzt wieder unter dem Blickwinkel zu bringen „*also ein bisschen muss ja wohl doch dran sein, sonst hätten die nicht eingestellt*".

Den vorangegangen Argumenten ist zuzustimmen. Denn würde man tatsächlich die öffentliche Vorverurteilung prozessrechtlich als Verfahrenshindernis anerkennen, so könnte sich ein Tatverdächtiger mit eigenem Interesse an einer unsachlichen Berichterstattung und einem entsprechenden Einfluss- und Finanzpotenzial sein Verfahrenshindernis durch Veranlassung entsprechender Medienpublikationen quasi „*bestellen*"[1415]. Die Annahme eines Voheerfahrenshindernisses im Falle einer Vorverurteilung ist demnach nicht zu befürworten.

II) Strafmilderung

Ein alternatives „*Heilmittel gegen eine verzerrende Medienberichterstattung*"[1416] stellt die Strafmilderung dar[1417]. Es ist durchaus angemessen, eine außergewöhnliche Belastung des Angeklagten in Form einer Vorverurteilung durch die Medien durch eine Strafherabsetzung zu berücksichtigen. Unterstellt man zwar einmal den Fall, dass der Vorverurteilte unschuldig ist und damit eigentlich hätte frei gesprochen werden müssen, so nützt ihm eine Strafmilderung reichlich we-

1412 *Roxin* NStZ 1991, 153, 154.

1413 *Roxin* NStZ 1991, 153, 154.

1414 *Rieß*, in: Unschuldsvermutung in der Mediengesellschaft-Publizistischer Missbrauch-staatsanwaltlicher Ermittlungsverfahren?, Symposium des Hessischen Ministeriums der Justiz vom 12. Februar 1990, S. 106 f.

1415 Vgl. auch *Dahs*, Vorträge zur Rechtsentwicklung der achtziger Jahre, S. 367, 378.

1416 *Roxin* NStZ 1991, 153, 154.

1417 In geeigneten Fällen würde sich auch die Anwendung der Vorschriften über die Einstellung von Verfahren gemäß §§ 153, 153 a StPO oder ein Absehen von Strafe nach § 60 StGB anbieten. vgl. *Krekeler* AnwBl. 1985, 426, 430; *Strafrechtsausschuss der BRAK*, BRAK-Mitt. 1985, 25, 27.

nig[1418]. Dennoch ist es gerecht, Verletzungen des Tatverdächtigen aus öffentlicher Vorverurteilung im Rahmen der Strafzumessung zu berücksichtigen[1419].

I) Erweiterung der Strafvorschrift des § 33 KUG

Stapper[1420] unterbreitet den Vorschlag, die Strafvorschrift des § 33 KUG zu erweitern. Der Gesetzgeber hat in § 33 KUG lediglich die Abbildung des Betroffenen unter Strafe gestellt, die Namensnennung wird dagegen nicht mit Strafe bedroht. Für das Medienopfer sei es aber in der Regel gleichgültig, ob es in der Öffentlichkeit durch eine unzulässige Bildberichterstattung oder durch eine unzulässige Namensnennung diffamiert werde. Die Vorschrift des § 33 KUG sei daher vom Gesetzgeber dahingehend abzuändern, dass nicht nur die Bildberichterstattung, sondern allgemein eine identifizierende Berichterstattung mit Strafe bedroht werde. *Stapper* selbst weist schon darauf hin, dass dies gesetzessystematisch nicht unbedenklich sei, da § 33 KUG eine Strafbewährung zu den vorgehenden §§ 22 ff. KUG enthalte, die sich wiederum nur auf Abbildungen beziehen. Daher sei § 33 KUG ersatzlos zu streichen und eine neu zu schaffende Strafnorm in das Strafgesetzbuch einzufügen[1421].

Die geltende Fassung der Strafvorschrift des § 33 KUG beruht auf Art. 145 EGStGB vom 2.3.1974[1422]. Die Bedeutung des Straftatbestandes ist jedoch - anders als die der zivilrechtlichen Ansprüche - bislang eher als gering einzuschätzen. Der Grund hierfür dürfte im Wesentlichen darin liegen, dass es sich nach Abs. 2 um ein reines Antragsdelikt handelt, eine Strafverfolgung also auf Grund eines besonderen öffentlichen Interesses nicht möglich ist und der Verletzte in der Regel wohl eher an der Durchsetzung seiner zivilrechtlichen Ansprüche interessiert sein wird als an einer Bestrafung. Es mag demnach schon zweifelhaft sein, ob von einer neuen Strafvorschrift, die eine identifizierende Berichterstattung unter Strafe stellt, auch tatsächlich rege Gebrauch gemacht werden würde. Zudem würde eine Strafvorschrift, die Medienberichterstattung - und sei es auch nur die identifizierende - unter Strafe stellt, auf den Widerstand der Medienlobby treffen, da diese einen erheblichen Eingriff in das schlechthin konstituierende

1418 Vgl. *Roxin* NStZ 1991, 153, 154.

1419 Vgl. *Hassemer*, in: Festschrift für Sarstedt, 1981, S. 65, 67; ders. NJW 1985, 1921, 1928; *Krekeler* AnwBl. 1984, 426, 430; *Weiler* ZRP 1995, 130, 135; *Strafrechtsausschuss der BRAK*, BRAK-Mitt. 1985, 25, 27.

1420 *Stapper*, Namensnennung in der Presse im Zusammenhang mit dem Verdacht strafbaren Verhaltens, S. 202.

1421 *Stapper*, Namensnennung in der Presse im Zusammenhang mit dem Verdacht strafbaren Verhaltens, S. 202.

1422 BGBl. 1974 I, S. 469.

Grundrecht des Art. 5 Abs. 1 S. 2 GG darstellen würde. Zwar ist das Interesse des betroffenen Tatverdächtigen an einem allumfassenden Verbot identifizierender Berichterstattung durchaus nachvollziehbar, das verfassungsrechtliche Informationsinteresse der Öffentlichkeit und der Medien jedoch so gewichtig, dass ein generelles Verbot identifizierender Medienberichterstattung nur sehr schwer zu rechtfertigen sein wird.

J) Einschränkung des Informationsanspruches nach § 4 Abs. 1 LPG

Ebenfalls von *Stapper*[1423] stammt die Empfehlung, den Informationsanspruch der Presse gegenüber Behörden, der in § 4 Abs. 1 LPG[1424] normiert ist, einzuschränken[1425]. So könne eine unzulässige Namensnennung straftatverdächtiger Personen in der Presse schon *„im Keim unterbunden"* werden[1426]. Der Informationsanspruch verleihe der Behörde lediglich die Befugnis zur wahrheitsgetreuen Auskunft, rechtfertige jedoch nicht die Weitergabe von privaten Meinungen der Staatsanwälte[1427].

Diese Informationspflicht des § 4 Abs. 1 LPG unterliegt gewissen Einschränkungen[1428]. Nach Ansicht von *Stapper*[1429] enthalten die den Informationsanspruch einschränkenden Regelungen jedoch unscharfe Aussagen des Gesetzgebers, die nicht zu klaren Konturen beitragen würden und damit recht unpräzise seien. Um den Behörden in dem delikaten Grenzgebiet zwischen dem allgemeinen Persönlichkeitsrecht und der Pressefreiheit einen deutlichen Handlungsspielraum an die Hand zugeben, sollen die Landesgesetzgeber eine weitere Nummer[1430] mit folgendem Wortlaut aufnehmen:

1423 *Stapper*, Namensnennung in der Presse im Zusammenhang mit dem Verdacht strafbaren Verhaltens, S. 202 ff.

1424 Vgl. hierzu eingehender Zweiter Teil, Erstes Kapitel, B), I), 2).

1425 Ähnlich *Bornkamm*, Pressefreiheit und Fairness des Strafverfahrens, S. 243; *Ulsamer*, in: Festschrift für Jauch, S. 221, 224, 230; *Koch* ZRP 1989, 401, 402 ff.

1426 *Stapper*, Namensnennung in der Presse im Zusammenhang mit dem Verdachts strafbaren Verhaltens, S. 202 mit dem Verweis auf Wagner, Strafprozessführung über Medien, S. 7; *Roxin* NStZ 1991, 153, 157.

1427 Vgl. BVerwG NJW 1992, 62, 63; OVG Koblenz NJW 1991, 2659, 2660.

1428 Dazu bereits oben Zweiter Teil, Erstes Kapitel, B), I), 2), b).

1429 *Stapper*, Namensnennung in der Presse im Zusammenhang mit dem Verdacht strafbaren Verhaltens, S. 203 ff.

1430 Nicht in Bayern; in Baden-Württemberg, Berlin, Niedersachsen, Nordrhein-Westfalen, Sachsen, Sachsen-Anhalt, Schleswig-Holstein: § 4 Abs. 2 Nr. 5 LPG; in Brandenburg: § 5 Abs. 2 Nr. 5 LPG; in Bremen, Hamburg, Thüringen: § 4 Abs. 2 Nr. 4 LPG; in Hes-

„Die Auskunft über die Identität von Personen, gegen die ein strafrechtliches Verfahren läuft, ist unzulässig. Dies gilt nicht, wenn es sich um eine Straftat von erheblicher Bedeutung handelt, die Auskunft geeignet ist, zur Verbrechensaufklärung beizutragen, und das Ausmaß des schon feststehenden Verdachts nicht außer Verhältnis zur Preisgabe der Identität steht."

Mit einer derartigen Regelung würde erreicht werden, dass die Presse erst gar nicht in die Versuchung gerate, namentlich über Personen zu berichten, gegen die ein öffentliches Hauptverfahren noch nicht eröffnet wurde, sofern nicht ein überwiegendes öffentliches Informationsinteresse gerade an der Nennung des Namens bestehe[1431]. Die Regelung steht damit im Zeichen der Schadensprävention.

Eine Einschränkung des Informationsanspruchs birgt jedoch auch unweigerlich die Gefahr in sich, dass die Medien verstärkt zu Eigenrecherchen angeheizt werden. Spekulationen und falsche Meldungen über die Identität des Tatverdächtigen wären die Folge. Darüber hinaus ist in der Einschränkung der Auskunftspflicht der Ermittlungsbehörden eine Gefahr für die grundgesetzlich geschützte Pressefreiheit zu sehen[1432]. Hierzu ließ der Deutsche Presserat Folgendes erklären: „*Es kann nicht Aufgabe der Staatsanwaltschaft sein zu entscheiden, was für die Öffentlichkeit berichtenswert ist und was nicht.*"[1433] Weiter führte der ehemalige Sprecher des Deutschen Presserates *Werner* aus: „*Wir sind deshalb so sensibel gegen staatliche Restriktionen, weil wir die Informationsfreiheit [...] für konstitutiv für ein demokratisches Staatswesen halten. [...] Ganz sicher ist es so, dass ohne Pressefreiheit Demokratie nicht funktionieren kann. Das beinhaltet natürlich gleichzeitig - da die Pressefreiheit eine so hohe grund-*

sen: § 3 Abs. 1 Nr. 4 LPG; in Mecklenburg-Vorpommern: § 4 Abs. 3 Nr. 5 LPG; in Rheinland-Pfalz: § 6 Abs. 2 Nr. 5 LMG; im Saarland: § 5 Abs. 2 Nr. 5 LMG.

1431 *Stapper*, Namensnennung in der Presse im Zusammenhang mit dem Verdacht strafbaren Verhaltens, S. 207.

1432 *Werner*, in: Unschuldsvermutung in der Mediengesellschaft-Publizistischer Missbrauch-staatsanwaltlicher Ermittlungsverfahren?, Symposium des Hessischen Ministeriums der Justiz vom 12. Februar 1990, S. 55; *Wegerich* NJW 1996, 981, 981. Gegen eine entsprechende Änderung spricht sich auch *Kulenkampff*, in: Unschuldsvermutung in der Mediengesellschaft-Publizistischer Missbrauch-staatsanwaltlicher Ermittlungsverfahren?, Symposium des Hessischen Ministeriums der Justiz vom 12. Februar 1990, S. 27 aus.

1433 Erklärung verlesen durch *Werner*, in: Unschuldsvermutung in der Mediengesellschaft-Publizistischer Missbrauch-staatsanwaltlicher Ermittlungsverfahren?, Symposium des Hessischen Ministeriums der Justiz vom 12. Februar 1990, S. 55.

gesetzliche Würde hat -, dass die Verantwortung der Medien von ganz besonderer Brisanz und zugleich ganz besonders sensibel ist.“[1434]

Um einen effektiven Rechtsschutz des Tatverdächtigen jedoch tatsächlich gewährleisten zu können, erscheint es durchaus sinnvoll bereits bei der Schadensprävention anzusetzen. Zudem entspricht der Inhalt der neu einzuführenden Vorschrift den Voraussetzungen für eine Öffentlichkeitsfahndung der Strafverfolgungsbehörden, die als weitere Zulässigkeitsvoraussetzungen einer identifizierenden Berichterstattung herangezogen werden können. Ein angemessener Schutz der von der identifizierenden Berichterstattung betroffenen Person wäre durch eine entsprechende Einschränkung des Informationsschutzes zu erwarten.

K) Reformvorschläge zur näheren Bestimmung von Medienauskünften im Ermittlungsverfahren

Für die Berichterstattung über Kriminalität und Justiz sind die Auskünfte, die von den Pressestellen der Ermittlungsbehörden erteilt werden, von zentraler Bedeutung. Soweit sich die Medien die für sie interessanten Informationen nicht aus anderen Quellen verschaffen können, was beispielsweise dann möglich ist, wenn sich die Tat in der Öffentlichkeit abgespielt hat oder wenn sich Tat- beziehungsweise Verfahrensbeteiligte aus freien Stücken gegenüber den Medien äußern, sind sie auf Informationen angewiesen, die ihnen von den Ermittlungsbehörden vermittelt werden.

Grundsätzlich ist jedoch zu berücksichtigen, dass es sich bei dem Ermittlungsverfahren um ein nichtöffentliches Verfahren handelt[1435]. Hierdurch soll gewährleistet werden, dass die Ermittlungen der Strafverfolgungsbehörden nicht behindert[1436] und zusätzlich den persönlichen, sozialen und beruflichen Schutzbedürfnissen des betroffenen Beschuldigten Rechnungen getragen werden[1437].

1434 *Werner*, in: Unschuldsvermutung in der Mediengesellschaft-Publizistischer Missbrauch-staatsanwaltlicher Ermittlungsverfahren?, Symposium des Hessischen Ministeriums der Justiz vom 12. Februar 1990, S. 55.

1435 BVerfGE 77, 1, 53 („Neue Heimat“).

1436 BVerfGE NStZ 1984, 228, 228; *Meyer-Goßner*, StPO, Einleitung Rn. 60; *Pfeiffer/Hannich*, in: Karlsruher Kommentar, Einleitung, Rn. 35.

1437 OLG Braunschweig NJW 1975, 651, 652; *v. Becker*, Straftäter und Tatverdächtige in den Massenmedien, S. 208 ff.; *Bornkamm*, Pressefreiheit und Fairness des Strafverfahrens, S. 262 f.; *Dahs*, Anm. zu BGH, Urt. v. 16.1. 1986 - III ZR 77/85, NStZ 1986, 563, 563; vgl. auch *Neuling*, Inquisition durch Information, S. 113; *Weigend*, in: Festschrift für Rolinski, S. 253, 256 f. Im Gegensatz dazu stellt das Hauptverfahren ein grundsätzlich öffentliches Verfahren dar, vgl. § 169 S. 1 GVG, Art. 6 Abs. 1 und 2 Hs. 1 EMRK. Einschränkung: § 169 S. 2 GVG; Ausnahmen: §§ 171 a ff. GVG, Art. 6 Abs. 2 Hs. 2 EMRK; § 48 Abs. 1 und 2 JGG.

Ungeachtet dieser Nichtöffentlichkeit des Ermittlungsverfahrens wirken die Medien mit Hilfe ihrer Verdachtsberichterstattung als wesentliche Informationsvermittler. Hierbei sind die Medien abgesehen von ihrer eigenen Ermittlungstätigkeit auf Auskünfte der Ermittlungsbehörden angewiesen, wobei sowohl die Informationsgewinnung als auch die Informationsvermittlung den verfassungsrechtlichen Schutz durch Art. 5 Abs. 1 GG erfahren[1438]. Erteilen die Ermittlungsbehörden adäquate Auskünfte, so handeln sie in Erfüllung ihrer pressegesetzlichen Auskunftspflicht[1439]. Sie haben eine Ermessensentscheidung zu treffen und müssen das allgemeine Informationsinteresse der Öffentlichkeit und das individuelle Schutzinteresse des Tatverdächtigen gegeneinander abwägen[1440]. Zur Frage, wann eine Medienauskunft zulässig ist, wird die Ansicht vertreten, dass generell der Schutz des Untersuchungszwecks vor Gefahren maßgeblich, die Erteilung einer Auskunft zumindest bei schweren Straftaten aber grundsätzlich zulässig sei[1441]. Vor allem bei politisch geprägten Strafverfahren bestehe ein zwingendes öffentliches Informationsinteresse[1442]. Eine öffentliche Identifizierung des Beschuldigten in der Phase des Ermittlungsverfahrens sei hingegen nur in Ausnahmefällen zulässig[1443].

In den letzten paar Jahren wurden unterschiedliche Reformvorschläge unterbreitet, mit Hilfe derer ein rechtlicher Rahmen für Medienauskünfte im Ermittlungsverfahren präziser definiert werden sollte. Ein solcher Ansatz könnte durchaus tauglich sein, wenn man berücksichtigt, dass die Medien, abgesehen von eigenen Recherchen, auf die Auskünfte der Ermittlungsbehörden als privilegierte Quellen angewiesen sind.

1438 Siehe dazu ausführlich oben Erster Teil, B), III) und IV).

1439 Siehe dazu bereits oben Zweiter Teil, Erstes Kapitel, B), I), 2). Als weitere Rechtsgrundlage kommt § 475 Abs. 4 Fall 2 i.V.m. Abs. 1 StPO in Betracht, siehe hierzu *Meier*, in: Festschrift für Schreiber, S. 331, 334 f.

1440 Siehe dazu OLG Düsseldorf NJW 2005, 1791, 1799 („Mannesmann/Vodafone“). Für die Staatsanwälte liefern die Nrn. 4a, 23 RiStBV eine Orientierungshilfe.

1441 BGH WM 1983, 866, 867; *Meyer-Goßner*, StPO, § 161 Rn. 16.

1442 OLG Hamm NJW 1981, 356, 358.

1443 BVerfGE 35, 202, 231 f. („Lebach I“); OLG Celle NJW 2004, 1461, 1462; OLG Koblenz StV 1987, 430, 431; *Meyer-Goßner*, StPO, § 161 Rn. 16. Als Kriterien kämen in Betracht: das Vorliegen einer Straftat von besonderer Bedeutung (z. B. schwerste Kriminalität), das Bestehen wesentlicher und einen erheblichen Tatverdacht begründender Umstände sowie das Aufsehen, das die Straftat selbst oder im Zusammenhang mit generell interessierenden Vorgängen erregt habe. Dagegen fehle ein berechtigtes öffentliches Informationsinteresse bei Strafverfahren von geringer Bedeutung, vgl. BGHZ 27, 338, 343 („Staatsanwaltliche Pressemitteilungen“), z. B. bei Klein- und Jugendkriminalität, BVerfG 35, 202, 232 („Lebach I“).

I) Gerichtsverfassungsrechtlicher Ansatz

Nach Ansicht von *Dalbkermeyer*[1444] lässt sich eine sachliche Informationspolitik lediglich mittels legislativer Maßnahmen durchsetzen, um die Strafverfolgungsbehörden auch tatsächlich zu einer zurückhaltenden Medienarbeit zu bewegen. Eine entsprechende Bestimmung in Form eines formellen Gesetzes müsse jedoch vorsichtig ausdifferenziert sein, so dass weder der Informationsfluss über das Ermittlungsverfahren noch der Schutz des Beschuldigten unverhältnismäßig überbewertet beziehungsweise verkürzt wird[1445]. Als Regelungsort biete sich hier das Prozessrecht an. Vorgeschlagen wird eine Ergänzung der Regelung bezüglich der unmittelbaren (Saal-)Öffentlichkeit (§ 169 GVG) um einen neuen, die mittelbare Öffentlichkeit betreffenden Paragraphen § 169 a GVG. Diese Vorschrift soll ein Verbot generell-vorverurteilender und konkret-individualisierender Medienauskünfte festlegen. Zusätzlich soll eine Verpflichtung eingeführt werden, die für eine Einbindung des Beschuldigten und dessen Strafverteidiger sorgen soll.

Es wird folgender Wortlaut vorgeschlagen[1446]:

„*§ 169 a I GVG:*

Das Ermittlungsverfahren ist nichtöffentlich. Bei der Unterrichtung der Öffentlichkeit ist mit Presse, Hörfunk und Fernsehen unter Berücksichtigung ihrer besonderen Aufgabe und ihrer Bedeutung für die öffentliche Meinungsbildung zusammenzuarbeiten. Diese Unterrichtung darf weder den Untersuchungszweck gefährden noch dem Ergebnis der Hauptverhandlung vorgreifen. Sie soll sich orientieren an dem Grundsatz der Unschuldsvermutung und dem Anspruch des Beschuldigten auf ein faires Verfahren. Zu unterlassen sind daher einseitige, präjudizierende Äußerungen, die geeignet sind, die Unbefangenheit der Verfahrensbeteiligten oder sonst die Findung der Wahrheit oder einer gerechten Entscheidung zu beeinträchtigen. Insbesondere darf nicht durch den Inhalt oder die sprachliche Darstellung einer Mitteilung der Eindruck erweckt werden, dass der Beschuldigte schuldig oder bereits als Täter überführt sei.

§ 169 a II GVG:

Die Veröffentlichung der Identität des Beschuldigten hat ohne dessen Zustimmung bis zur Anklageerhebung zu unterbleiben, soweit dies nicht im Inte-

---

1444 *Dalbkermeyer*, Der Schutz des Beschuldigten vor identifizierender und tendenziöser Pressemitteilungen der Ermittlungsbehörden, S. 183 ff.

1445 *Dalbkermeyer*, Der Schutz des Beschuldigten vor identifizierender und tendenziöser Pressemitteilungen der Ermittlungsbehörden, S. 183.

1446 *Dalbkermeyer*, Der Schutz des Beschuldigten vor identifizierender und tendenziöser Pressemitteilungen der Ermittlungsbehörden, S. 185, 191.

resse der Aufklärung von Straftaten geboten ist. Dasselbe gilt für Angaben, die die Identifizierung des Beschuldigten nahelegen.

§ 169 a III GVG:

Werden schriftliche Auskünfte oder Presseerklärungen erteilt, so ist dem von ihnen Betroffenen, insbesondere dem Beschuldigten, soweit er anwaltlich vertreten wird, auch seinem Rechtsanwalt, vorab, spätestens aber gleichzeitig eine Abschrift zu übermitteln. Zu Pressekonferenzen ist der Beschuldigte beziehungsweise sein Verteidiger rechtzeitig einzuladen. Im Verlauf der Pressekonferenz ist ihnen die Möglichkeit zu gewähren, Stellungnahmen/Erklärungen abzugeben."

II) Informationsrechtlicher Ansatz

Meier[1447] empfiehlt, die Vorschriften des Ersten Abschnittes des Achten Buches der Strafprozessordnung (§§ 474 bis 482 StPO) um einen neuen § 475a StPO zu ergänzen, dessen Anwendungsbereich sich auf alle Phasen des Strafverfahrens von der Einleitung des Ermittlungsverfahrens bis zum Abschluss durch Erlass einer strafgerichtlichen oder staatsanwaltlichen Entscheidung erstrecken soll. Es soll zudem nicht darauf ankommen, ob die Pressestellen der Strafverfolgungsorgane den Kontakt zu den Medien aus eigener Initiative suchen, etwa durch von sich aus anberaumte Pressekonferenzen, oder ob sie lediglich auf die Anfrage eines Medienvertreters reagieren. In allen Fällen würden sich die Voraussetzungen und Grenzen, unter denen personenbezogene Informationen bekannt gegeben werden dürfen, nach denselben Maßstäben richten[1448].

Mittelpunkt eines neuen § 475 a StPO sei das schutzwürdige und -bedürftige Interesse der Verfahrensbeteiligten an der Nichtweitergabe ihrer personenbezogenen Daten[1449]. Die Vorschrift soll zunächst den zulässigen Inhalt von Medienauskünften normieren, indem die Befugnis zur Auskunftserteilung gegenüber den Medien in der Regel auf „*allgemeine Mitteilungen*" beschränkt sein soll (Abs. 1 S. 1 und 2). Abweichend von § 477 Abs. 1 StPO sollen diese Auskünfte nicht durch die Überlassung von Abschriften aus den Akten erfolgen dürfen (Abs. 1 S. 3). Nachfolgend soll geregelt werden, dass insbesondere Auskünfte über die Identität lediglich dann erteilt werden, wenn der Betroffene in die betreffende Medieninformation eingewilligt hat (Abs. 2 S. 1), wobei hierfür eine Ausnahme vorgesehen ist (Abs. 2 S. 2). Unabhängig von einer Einwilligung sollen Informationen auch dann weiter gegeben werde dürfen, wenn das Informationsinteresse der Öffentlichkeit das Geheimhaltungsinteresse der betroffenen

1447 *Meier*, in: Alternativ-Entwurf Strafjustiz und Medien, S. 89, 91.

1448 *Meier*, in: Alternativ-Entwurf Strafjustiz und Medien, S. 89, 93.

1449 *Meier*, in: Alternativ-Entwurf Strafjustiz und Medien, S. 89, 92.

Person überwiegt (Abs. 3 S. und 2). Ist der Betroffene zur Tatzeit jünger als 18 Jahre gewesen, so sollen die in Abs. 2 S. 1 genannten Auskünfte selbst durch ein öffentliches Informationsinteresse nicht legitimiert werden können (Abs. 3 S. 3), wobei eine Rückausnahme vorgesehen ist (Abs. 3 S. 4). Abschließend soll dem Betroffenen eine Kontrollmöglichkeit zugestanden werden (Abs. 4) und der postmortale Persönlichkeitsschutz Berücksichtigung finden (Abs. 5).

Für einen neuen § 475 a StPO wird folgender Wortlaut empfohlen[1450]:

„§475 a StPO. Zulässigkeit der Auskunftserteilung gegenüber den Medien.

(1) [1]Auskünfte gegenüber den Medien sind grundsätzlich auf allgemeine Mitteilungen über die Tat, den Verfahrensstand und gesicherte Erkenntnisse aus den Ermittlungen beschränkt. [2]Auskünfte, die das Ergebnis der Ermittlungen vorwegnehmen, sind unzulässig. [3]Auskünfte dürfen nicht durch die Überlassung von Abschriften aus den Akten erteilt werden.

(2) [1]Über Umstände, die geeignet sind, allein oder im Zusammenhang mit anderen Umständen die Identität des Beschuldigten, des Verletzten oder eines Zeugen aufzudecken, sowie über sonstige Umstände, die für die Beurteilung einer dieser Personen in der Öffentlichkeit von Bedeutung sind, dürfen Auskünfte nur dann erteilt werden, wenn der Betroffene eingewilligt hat. [2]Einer Einwilligung in Auskünfte über die Identität bedarf es dann nicht, wenn die Identität des Betroffenen in den Medien bereits veröffentlicht ist.

(3) [1]Über den Beschuldigten dürfen die in Absatz 2 Satz 1 genannten Auskünfte auch dann erteilt werden, wenn das Informationsinteresse der Öffentlichkeit an den betreffenden Umständen das Geheimhaltungsinteresse des Beschuldigten überwiegt. [2]Ein Überwiegen ist in der Regel dann anzunehmen, wenn

(a) es sich bei dem Beschuldigten unabhängig von der Tat um eine Person der Zeitgeschichte handelt, oder

(b) dem Beschuldigten eine rechtswidrige Tat zur Last gelegt wird, die auf Grund ihrer besonderen Umstände für die Öffentlichkeit von vorrangigem Interesse ist, und der Beschuldigte der Tat dringend verdächtig ist.

[3]Über Beschuldigte, die zur Zeit der Tat jünger als 18 Jahre waren, dürfen die in Absatz 2 Satz 1 genannten Auskünfte nicht erteilt werden. [4]Über die Identität eines solchen Beschuldigten dürfen Auskünfte erteilt werden, wenn sie in den Medien bereits veröffentlicht ist.

(4) Dem Betroffenen ist auf Antrag mitzuteilen, welche Auskünfte über seine personenbezogenen Daten den Vertretern der Medien gegeben worden sind.

1450 *Meier*, in: Alternativ-Entwurf Strafjustiz und Medien, S. 89, 91.

(5) *Über die Identität eines Verstorbenen dürfen Auskünfte erteilt werden, wenn die Angehörigen eingewilligt haben. Absatz 2 Satz 2 und Absatz 3 gelten sinngemäß.*"

III) Strafverfahrensrechtlicher Ansatz

Neuling[1451] befürwortet, dem Zweiten Abschnitt des Zweiten Buches der Strafprozessordnung betreffend der Vorbereitung der öffentlichen Klage (§§ 158 bis 177 StPO) einen neuen § 160 a StPO[1452] hinzuzufügen. Die Einführung dieser Vorschrift könne das Gebot fairer Öffentlichkeitsarbeit im Wege einer gesetzlichen Präzisierung der „*fair-trial*"-Maxime verankern[1453]. Darüber hinaus knüpfe der Vorschlag an die verfassungsrechtlich gewährleistete Verantwortung der Medien, die Bevölkerung mit Informationen zu versorgen an, die durch den Auskunftsanspruch des § 4 Abs. 1 LPG zum Ausdruck komme. § 160 a StPO solle zunächst die in der Praxis bedeutende Frage der Zuständigkeit für Medienauskünfte regeln, welche - unter Beachtung ihrer Träger- und Leitfunktion im Ermittlungsverfahren - grundsätzlich der Staatsanwaltschaft beziehungsweise deren Pressesprecher zukommen solle (Abs. 1). In den folgenden Absätzen solle der zulässige vom unzulässigen Inhalt justizieller Medienauskünfte abgegrenzt werden, was mittels einer Differenzierung der hauptsächlichen Erscheinungsformen vorurteilsvoller Öffentlichkeitsarbeit gelingen könne (Abs. 2 bis 4).

Neuling hält folgenden Wortlaut für geeignet[1454]:

„§160 a StPO . Faire Öffentlichkeitsarbeit im Ermittlungsverfahren.

(1) [1]Das Ermittlungsverfahren ist nichtöffentlich. [2]Die Staatsanwaltschaft kann der Presse, dem Hörfunk und dem Fernsehen Auskünfte erteilen, wenn dadurch nicht der Ermittlungszweck gefährdet wird. [3]Die Polizei erteilt Auskünfte nur in Abstimmung mit der Staatsanwaltschaft.

(2) [1]Die öffentliche Individualisierung des Beschuldigten oder Auskünfte, die eine öffentliche Individualisierung ermöglichen, sind vor Zulassung der Anklage und Eröffnung des Hauptverfahrens unzulässig. [2]Dies gilt nicht, wenn der Beschuldigte zugestimmt hat oder dies zur Aufklärung von Straftaten erforderlich ist.

(3) Objektiv-deskriptive Auskünfte über den äußeren Hergang des Ermittlungsverfahrens, insbesondere über

1. die ermittelnde Behörde,

1451 *Neuling*, Inquisition durch Information, S. 315 f.

1452 *Neuling*, Inquisition durch Information, S. 315.

1453 *Neuling*, Inquisition durch Information, S. 315 f.; ders. HRRS 2006, 94, 101.

1454 *Neuling*, Inquisition durch Information, S. 315.

2. den Inhalt des Vorwurfs,
3. die Durchführung von Zwangsmaßnahmen,
4. den Abschluss des Ermittlungsverfahrens,
können erteilt werden.

(4) Subjektiv-bewertende Auskünfte über innere Umstände des Ermittlungsverfahrens, die geeignet sind, schutzwürdige Interessen des Beschuldigten zu verletzen, indem sie insbesondere
1. Ermittlungsmaßnahmen und -erkennung einseitig bewerten,
2. den Beschuldigten als schuldig oder schon überführten Täter hinstellen und dadurch die Unbefangenheit der Verfahrensbeteiligten oder sonst wie die sachgerechte Durchführung des Verfahrens beeinträchtigen, sind unzulässig."

In zahlreichen Fällen erteilen Pressesprecher den Strafverfolgungsbehörden bereits in der Phase des Ermittlungsverfahrens offensive, einseitige Auskünfte an die Medien[1455]. Entsprechend ist die Verdachtsberichterstattung in den Medien nicht selten mit einem rücksichtslosen Charakter gezeichnet. Diesem Besorgnis erregenden Zustand wurde bis heute nicht genug entgegengetreten[1456], obwohl eine nicht tolerierbare latente Gefahr für den persönlichen, sozialen und beruflichen Bereich des betroffenen Tatverdächtigen besteht. Vor diesem Hintergrund ist es durchaus gerechtfertigt, die dargestellten Vorschläge aufzugreifen und über eine mögliche Handhabung der Öffentlichkeitsarbeit der Strafjustiz nachzudenken.

L) Weiterer Lösungsansatz

I) Journalisten und Ermittlungsbehörden als Gefährten der Verdachtsberichterstattung

Zu den kollidierenden Rechten der Verdachtsberichterstattung gehören primär das allgemeine Persönlichkeitsrecht des Tatverdächtigen, das Informationsinteresse der Öffentlichkeit, das Informationsinteresse und das wirtschaftliche Interesse der Medien. Die Ermittlungsbehörden sind in diesem Kontext jedoch nicht zu vernachlässigen. Diese verfolgen neben informationspolitischen Interessen vor allem das Interesse an einer wirksamen Strafverfolgung. Als privilegierte Quellen erteilen sie Auskünfte an die Medien, die nicht immer von Objektivität und Zurückhaltung geprägt sind. Somit bilden nicht lediglich die Journalisten,

1455 Vgl. hierzu Zweiter Teil, Erstes Kapitel, B), I), 3), a) sowie Dritter Teil, L), I), 2).
1456 Vgl. auch *Neuling* HRRS 2006, 94, 101.

sondern auch die Ermittlungsbehörden eine Gefahrenquelle für das allgemeine Persönlichkeitsrecht des Tatverdächtigen.

1) Die Vorgehensweise der Journalisten

In seiner Stellungnahme zu den Empfehlungen des Europarates „*Berichterstattung über Strafprozesse*" betonte der Deutsche Richterbund, dass die Medien zwar die Pflicht und das Recht haben, über Strafverfahren zu informieren. Sie müssten dabei jedoch ihrer journalistischen Verantwortung gerecht werden und damit „*fair, kompetent und zutreffend berichten*". Durch eine „*persönlich gefärbte, diffamierende oder falsche Berichterstattung*" würde sonst „*fundamental und oftmals unkorrigierbar in die Rechte der am Strafverfahren Beteiligten eingegriffen*" werden[1457]. Der Begriff der Fairness lässt sich mit akzeptierter Gerechtigkeit und Angemessenheit gleichsetzen. Die Kompetenz umfasst die Fähigkeiten und Wissensbestände, die eine gewisse Beurteilungsfähigkeit verleihen. Richtigkeit bedeutet, der Wahrheit entsprechend. Insbesondere junge Journalisten, Volontäre oder gar Praktikanten haben selten eine Chance, diesen hohen Anforderungen des Deutschen Richterbundes gerecht zu werden. Ebenso wird es einem Journalisten gehen, der nicht durchgehend an der Verhandlung eines Strafprozesses teilnimmt oder lediglich der Prozesseröffnung und Urteilsverkündung beiwohnt, ohne jedoch auch die Urteilsbegründung des Richters zuhören. Tatsächlich sind nur wenige Verlage und Rundfunkanstalten finanziell in der Lage für juristisch gebildete und auf dem Gebiet erfahrene Journalisten zu sorgen. Somit werden die meisten Redaktionen der Presse und des Rundfunks Agenturmeldungen oder Pressemitteilungen der Ermittlungsbehörden nach der Formulierung von Überschriften, Kommentaren und Einschätzung abdrucken. Dabei wird oftmals der Katalog der Voraussetzungen einer zulässigen Verdachtsberichterstattung nur unzureichend beachtet. Inhaltliche Entgleisungen sind immanent. Ferner denkt ein Journalist, der gerade einen Beitrag über ein Ermittlungsverfahren oder eine Verhandlung schreibt, nicht daran, dass er durch seine Geschichte möglicherweise auf die ermittelnde Behörde oder die am Prozess beteiligten Personen Einfluss nimmt und so eine ungestörte Strafrechtspflege behindert. Ihre Berichte sind tendenziell eher negativ in Bezug auf den Tatverdächtigen gefärbt. Dies mag vielerlei Gründe haben. Die Person, gegen die ein Ermittlungsverfahren läuft und über die berichtet wird, rückt schon sehr unglücklich im Zusammenhang mit einer potenziell begangenen Straftat in den Blickpunkt der Öffentlichkeit. Muss eine Person im Anschluss an das Ermitt-

---

1457 Vgl. Stellungnahme des Deutschen Richterbundes zu den Empfehlungen des Europarates „Berichterstattung über Strafprozesse", Januar 2002, abrufbar unter: http://www.drb.de/cms/index.php?id=370&L=0 (Stand: 02.08.2010).

lungsverfahren tatsächlich auch auf die Anklagebank, so ist dies von entwürdigender Härte[1458]. Es ist sicherlich keine einfache Aufgabe über diese Personen objektiv und vorurteilsfrei zu berichten, zumal man zunächst einmal dazu geneigt sein wird, die Schuld und nicht die Unschuld eines Menschen zu sehen. Zumeist sind es die Nachrichtenagenturen, ebenfalls privilegierte Quellen, die als erstes die Meldung über ein Ermittlungsverfahren, eine Durchsuchung der Wohn- und/oder Geschäftsräume, eine Verhaftung oder eine gerichtliche Verurteilung in Umlauf bringen. Diese Agenturmeldungen werden durch die Journalisten, sofern sie die Meldung für berichterstattungswürdig halten, oftmals gekürzt oder mit eigenen Rechercheergebnissen angereichert. Ist zu erwarten, dass die mutmaßlich begangene Tat, der potenzielle Täter und das potenzielle Opfer dem Interesse der Öffentlichkeit entsprechen, so wird berichtet. Die Medienberichte über Strafjustiz sind aber nicht immer ein Spiegel des öffentlichen Interesses. Nach Ansicht von *Friedrichsen*[1459] seien sie manchmal auch Dokumente von Unsicherheit und Unerfahrenheit der Berichterstatter, die ihre Emotionen statt dessen nach dem Zeitgeist und vor allem nach der Vorberichterstattung im eigenen Blatt oder des eigenen Senders ausrichten. Leider haben Journalisten oftmals nicht den Mut, die Zeit oder das Wissen, ihre Berichte mit eigenen Recherchen anzureichern. *„Es ist nicht immer einfach, als Journalist dem tatsächlichen oder vermeintlichen öffentlichen Druck standzuhalten. Seriöse Berichterstattung findet nicht immer den Beifall der Massen.“*[1460]

2) Die Ermittlungsbehörden

Marxen[1461] charakterisiert das Verhältnis von Medien und Strafverfolgungsbehörden als eine Mischung von Taktik und Zwang, geprägt von einem Geben und Nehmen. *„Die Mischung ändert sich ständig und von Fall zu Fall. Sie prägt das Verhalten beider Seiten. Zum Beispiel leisten auf der einen Seite die Medien Fahndungshilfe, sie verpflichten sich zu einem befristeten Schweigen, sind Opfer von Durchsuchung und Beschlagnahme, geben den Beschuldigten Gelegenheit zu öffentlicher Stellungnahme. Auf der anderen Seite inszenieren Polizei und Staatsanwaltschaft eine Festnahme mediengerecht, sie legen für die Medien eine falsche Spur, posaunen Erfolge in Pressekonferenzen heraus, geben nichtssagende Presserklärungen ab“*[1462]. Nicht nur die Medien, sondern auch die Ermittlungsbehörden selbst liefern durch ihre Medienarbeit ihren Beitrag zur Störung

1458 *Wilmes* StraFo 2007, 11, 13.
1459 *Friedrichsen* StV 2005, 169, 170.
1460 *Friedrichsen* StV 2005, 169, 170.
1461 *Marxen* JZ 2000, 294, 295.
1462 *Marxen* JZ 2000, 294, 295 f.

der Strafrechtspflege. Sie setzten sich beziehungsweise ihre Erfolge auch gerne mal medial in Szene und bedienen sich der Journalisten zur Durchsetzung ihrer Interessen. Nach Ansicht von *Wilmes*[1463] würden Staatsanwälte nicht einmal davor zurückschrecken, Journalisten gezielt Informationen zuzustecken, selbst nicht im eigentlich geheimen Ermittlungsverfahren. Ungeachtet dessen, dass in dieser Phase noch gar nicht feststeht, ob überhaupt Anklage erhoben wird, werden die Rezipienten in der Zeitung oder im Rundfunk über Einzelheiten zu den Vorwürfen, über den Namen des Verdächtigen und oftmals sogar über seinen Lebenslauf informiert[1464]. Angereichert werden diese Informationen nicht selten durch entsprechende Fotos. Eine offensive und freimütige Öffentlichkeitsarbeit der Staatsanwaltschaft macht diese nicht selten zu „*informellen Richtern*“[1465].

Die Journalisten dagegen suchen ihre Informationsquellen und finden diese in der Regel bei der Staatsanwaltschaft. Hieraus entsteht eine Koalition, die für den betroffenen Tatverdächtigen weitreichende Folgen nach sich ziehen kann. Die Öffentlichkeitsarbeit der Staatsanwaltschaft ist leider nicht immer von Objektivität und Sachlichkeit geprägt. Häufig enthalten die Pressemitteilungen in sprachlicher und inhaltlicher Hinsicht entsprechend zugespitzte Inhalte, die dem Journalisten eine vorverurteilende Einstellung suggerieren. Diese wiederum vertrauen auf die Richtigkeit der behördlichen Meldung aus privilegierter Quelle. *Gatzweiler*[1466] unterstellt den für Pressemitteilungen zuständigen Staatsanwälten, sie würden an Stelle von Zurückhaltung und Objektivität subjektive Überzeugung vertreiben. Die Pressemitteilungen hätten in vielen Fällen einen „*verheerenden Vorverurteilungscharakter*“, der die Tatverdächtigen „*oft irreparabel stigmatisiert*“[1467]. Es scheint, als seien Staatsanwälte nicht in der Lage, sich in die Situation des Tatverdächtigen hineinzuversetzen[1468]. Durch eine zurückhaltende Öffentlichkeitsarbeit und eine zügige Ermittlungstätigkeit könnten sie den Tatverdächtigen schnell aus der Schusslinie der gesellschaftlichen Vorverurteilung nehmen.

1463 *Wilmes* StraFo 2007, 11, 14.

1464 *Bornkamm* NStZ 1983, 102, 103.

1465 *Wilmes* StraFo 2007, 11, 14.

1466 *Gatzweiler*, in: 5. Kölner Symposium „Kriminalität in den Medien“ vom 27.-29.9.1999, S. 212, 217.

1467 *Gatzweiler*, in: 5. Kölner Symposium „Kriminalität in den Medien“ vom 27.-29.9.1999, S. 212, 214.

1468 *Wilmes* StraFo 2007, 11, 14.

II) Keine Strafverfolgung ohne Eingriff in das Persönlichkeitsrecht

Strafverfolgung ist in der Regel nicht ohne Eingriffe in das allgemeine Persönlichkeitsrecht zu betreiben. Im Zusammenhang mit der Durchführung von Strafverfahren ist der Tatverdächtige verpflichtet, im vorrangigen Interesse an der Aufklärung des Sachverhalts Eingriffe in seine Privatsphäre hinzunehmen[1469]. Die Einleitung eines Ermittlungsverfahrens nach § 160 Abs. 1 StPO macht den Betroffenen oder die Betroffene zum/zur Beschuldigten. Die Beschuldigtenstellung bringt eine Reihe von „*Zumutungen*" mit sich[1470]. Die Staatsgewalt in Form der Staatsanwaltschaft hegt gegen ihn den Anfangsverdacht, eine Straftat begangen zu haben. Dieser Zustand zeichnet sich nicht durch Konsens und Gleichrangigkeit aus. Das Strafverfahren ist geprägt von „*Hierarchie, Zwang und Verletzung*"[1471] und impliziert damit eine hohe Grundrechtsrelevanz[1472].

1) Eingriffsweisen der Kommunikation über Ermittlungsverfahren - Vom Normalfall zum Sonderfall

Greift die staatsanwaltliche Ermittlungstätigkeit in das allgemeine Persönlichkeitsrecht ein, so ist dies rechtfertigungsbedürftig. Die Entscheidung, ob der Eingriff gerechtfertigt ist oder nicht, ist das Ergebnis einer Güterabwägung im Einzelfall. An dieser Stelle interessiert uns jedoch nicht das ganze Arsenal an grundrechtsverkürzenden Ermittlungsmaßnahmen wie etwa eine Observierung, eine körperliche Untersuchung oder die Untersuchungshaft. Es geht hier ausschließlich um den Eingriff in das Persönlichkeitsrecht, der durch die Beschuldigung an sich erfolgt[1473].

1469 Vgl. auch *Meier*, in: Alternativ-Entwurf Strafjustiz und Medien, S. 89, 92.

1470 *Lindner* StV 2008, 210, 210.

1471 So eine Formulierung von *W. Hassemer* im Rahmen seines Vortrages auf dem 30. Strafverteidigertag am 24.3.2006 in Frankfurt am Main zum Thema „Sicherheit und Strafrecht".

1472 *Lindner* StV 2008, 210, 210.

1473 Zu den im Folgenden dargestellten Eingriffsweisen der Kommunikation im Ermittlungsverfahren in Form des Normalfalls der öffentlichen Beschuldigung und des Sonderfalls der Eingriffsverstärker der Vorverurteilung und der Indiskretion referierte *Prof. Dr. Georgios Gounalakis* in Rahmen seines Vortrags ′„Wir mussten so handeln."-Persönlichkeitsrechtliche Grenzen von Medienberichterstattung über Ermittlungsverfahren′ auf dem Symposium des Hessischen Ministeriums für Justiz am 11.02.2010 in Wiesbaden zu dem Thema „Informationsfreiheit versus Persönlichkeitsschutz".

a) *Der Normalfall: Die öffentliche Beschuldigung*

Der Eingriff in das Persönlichkeitsrecht als Folge der Beschuldigung steht hier deshalb im Mittelpunkt des Interesses, weil wir nach dem Schaden fragen, der durch staatsanwaltliche Kommunikation entstehen kann. Und die Grundform staatsanwaltlicher Kommunikation mit dem Tatverdächtigen ist die Beschuldigung. Sobald der Beschuldigte als solcher auch öffentlich erkennbar ist, stellt sie ihn unter soziale Quarantäne, die bis zum Ende des Strafverfahrens und nicht selten darüber hinaus anhält. Obwohl ihm das Prinzip der Unschuldsvermutung zur Seite steht, gilt er als verdächtig, gegen die Rechtsordnung verstoßen zu haben. Dieser Zustand löst in der Gesellschaft eine gewisse soziale Dynamik aus. Die Stellung des Verdächtigen im gesellschaftlichen Leben erfährt erhebliche Belastungen[1474]. Er gilt fortan als gemeinschaftsschädlich, worauf die Gesellschaft in einer repressiven Art reagiert. Aus dieser sozialen Dynamik bildet sich nicht selten auch eine psychische Dynamik. Dies macht den Eingriff in das allgemeine Persönlichkeitsrecht des betroffenen Tatverdächtigen letztlich perfekt. Sein Status an sozialer Achtung in der Gesellschaft sieht sich einer nicht zu unterschätzenden Bedrohung ausgesetzt. Zwar federt die Unschuldsvermutung den Druck, den der Verdächtige erfährt, ab. Nichtsdestotrotz hat er die Gefahr der Minderung seiner Achtungswürdigkeit, die auf Grund der reinen Beschuldigung entsteht, hinzunehmen. An dieser Stelle gilt wahrhaftig, dass eine Strafverfolgung nicht ohne Eingriff in das allgemeine Persönlichkeitsrecht stattfinden kann. In der Regel ist dieser Eingriff jedoch durch Belange des Allgemeinwohls, durch das Interesse an Strafverfolgung, gerechtfertigt.

Dasselbe gilt für die Veröffentlichung des Tatvorwurfs. Die Staatsanwaltschaft muss sich darauf beschränken, lediglich Angaben zur Person des Tatverdächtigen zu machen. Auch die Straftat selbst und die Umstände der Tatbegehung gehören zu dem, was den Verdächtigen erst zu einem Beschuldigten macht. Die Beschuldigung an sich, die Straftat und deren Umstände sind Bestandteile staatsanwaltlicher Kommunikation, die der Beschuldigte im Regelfall auch hinzunehmen hat. Inklusive der unvermeidlichen Prangerwirkung und gesellschaftlichen Stigmatisierung.

b) *Der Sonderfall: Eingriffsverstärker*

Die Intensität des Eingriffs in das allgemeine Persönlichkeitsrecht des Verdächtigen nimmt zu, wenn sich die Staatsanwaltschaft zur Beschuldigung so genannter kommunikativer Eingriffsverstärker bedient. Durch sie wird eigentlich das Maß an Eingriffsintensität einer reinen Beschuldigung in die Höhe getrieben. Dies sind immer Fälle, in denen die Staatsanwaltschaft den Irreversibilitäten, die

---

1474 Vgl. auch *Meier*, in: Alternativ-Entwurf Strafjustiz und Medien, S. 89, 92.

der Verdächtige schon auf Grund der reinen Beschuldigung hinnehmen muss, noch zusätzliche Irreversibilitäten beifügt. Im Normalfall wird der Straftatverdächtige durch die Unschuldsvermutung vor einer sozialen Isolation geschützt. Weiterhin hat er durch einen Freispruch Aussicht auf eine zumindest einigermaßen funktionierende Wiedereingliederung in die Gesellschaft. Gelingt die Wiedereingliederung in die Gesellschaft, so ist auch die soziale Isolation aufgehoben. Anders wird dies jedoch sein, sofern die Staatsanwaltschaft durch ihre Informationstätigkeit vollendete Tatsachen schafft und so aus einem schwebenden einen endgültigen Zustand erzeugt. Hierdurch wird das Prinzip der Unschuldsvermutung diskreditiert und die soziale Wiedereingliederung unmöglich oder zumindest erschwert.

aa) Die Vorverurteilung

Der erster der beiden Eingriffsverstärker ist die Vorverurteilung des Verdächtigen. Durch eine Presseerklärung der Staatsanwaltschaft wird die Differenz zwischen der Vorläufigkeit der Beschuldigung und der Endgültigkeit eines Urteils aufgehoben, wenn die Beschuldigung präjudizierend formuliert und dadurch Endgültigkeit suggeriert wird. Im Fall des Bundestagsabgeordneten Jörg Tauss rechtfertigte dieser den Besitz kinderpornografischen Materials mit seiner Tätigkeit als Abgeordneter[1475]. Daraufhin stellte die Staatsanwaltschaft Karlsruhe Tauss′ Verteidigung ausdrücklich in Abrede. Die an sich vor Gericht anerkannten Kommunikationsrituale der Anklage und Verteidigung werden in diesen Fällen in das frühe Stadium des Ermittlungsverfahrens vorverlagert. Dies führt zu einer Wertminderung der Unschuldsvermutung und einer Gefährdung der Rehabilitationsmöglichkeit der verdächtigen Person.

Die klassischen Standardfälle der Verstärkung des Eingriffs in das Persönlichkeitsrecht des Tatverdächtigen durch die Staatsanwaltschaft zeichnen sich durch eine mediale Inszenierung aus. Die Beschuldigung einer Person wird nicht selten medial aufbereitet. Dabei verfolgt die Staatsanwaltschaft des Öfteren ein Eigeninteresse an der Aufwertung ihrer gesellschaftsfunktionalen Stellung. Sie möchte in der Gesellschaft ihre Funktionsfähigkeit und generelle Normgeltung aufzeigen. Wird eine Beschuldigung medial inszeniert so, soll diese eine Aufklärungsfunktion in der Gesellschaft erfüllen. Die Staatsanwaltschaft will ein Zeichen setzen. Die denkbar besten Koalitionspartner für die Staatsanwaltschaft stellen hier die Medien dar. Sie werden mit Informationen gefüttert, um sie an den Mann zu bringen. Die effektvolle Suggestivkraft der Medien sorgt in Verbindung mit den wirtschaftlichen Zwängen der Medienlandschaft und der allgemein herrschenden Sensationslust für eine mediale Weiterverbreitung der Be-

---

1475 Siehe bereits oben Zweiter Teil, Erstes Kapitel, B), I), 3).

schuldigung, die von der Staatsanwaltschaft nicht mehr dirigiert werden kann. Das Ruder übernehmen nunmehr die Medien. Erfährt die Beschuldigung eine mediale Inszenierung, so wird der Fokus und das öffentliche Interesse auf das frühe Stadium des Ermittlungsverfahrens kanalisiert und der gerichtlichen Hauptverhandlung Aufmerksamkeit entzogen. Wird also bereits im Ermittlungsverfahren nicht die Vorläufigkeit einer Beschuldigung, sondern die Endgültigkeit eines Urteilsspruchs suggeriert, so stellt dies einen stark rechtfertigungsbedürftigen Eingriff in das allgemeine Persönlichkeitsrecht dar.

bb) Die Indiskretion

Die zweite Möglichkeit einen Eingriff zu verstärken ist die Indiskretion. Dieser Eingriffsverstärker kam im Fall der Nadja Benaissa zum Einsatz[1476]. Die ernsthafte Erkrankung einer Person unterliegt dem Recht auf informationelle Selbstbestimmung. Ihre Mitteilung bedeutet, Privates, wenn nicht sogar Intimes, gegen den Willen der betroffenen Person öffentlich zu machen. Nicht lediglich die Beschuldigung führt zu einer vorläufigen sozialen Isolation, sondern vor allem die Mitteilung über die unheilbare, übertragbare und lebensbedrohliche Krankheit, an die auch heute an Stigmatisierungseffekten kaum eine andere Krankheit heranreicht. Die damalige Pressemitteilung der Staatsanwaltschaft tangierte Benaissa´s Rechte aus Art. 2 Abs. 1 i.V.m. Art. 1 Abs. 1 GG. Es lag ein enormes Eingriffsszenario vor[1477]. Hierbei stand eindeutig die Ehre auf dem Spiel. Zunächst stand die Behauptung im Raum, die Beschuldigte habe sich außerhalb der Rechtsordnung bewegt. Diese veröffentlichte Auskunft ging mit einer personenbezogenen Information einher, die zumindest in die Nähe der Intimsphäre anzusiedeln ist[1478]. Daher steht der Fall Benaissa besonders mit dem Menschenwür-

1476 Siehe oben Zweiter Teil, Erstes Kapitel, B), I), 3).

1477 Trotz der versäumten Diskretion der Ermittlungsbehörde ist jedoch nicht zu übersehen, dass unsere Gesellschaft eine Mediengesellschaft ist, in der jeder Vorgang und jedes berichtenswerte Ereignis zum Objekt medialer Recherchen werden kann. Dies gilt insbesondere für das Verhalten derer, die ihrerseits sich den Medien bedienen und diese in gewisser Weise für die eigene Darstellung instrumentalisieren. Dass gerade diese Personen, die regelmäßig die mediale Berichterstattung dominieren, ganz besonders interessant sind für dieselben Medien, deren Tätigkeit sie sonst in Anspruch nehmen, wenn sie plötzlich selbst Gegenstand eines Ermittlungsverfahrens werden, ist nachvollziehbar, vgl. *Schaefer* NJW 2003, 2210, 2211.

1478 Nach Ansicht des KG NJW-RR 2010, 622, 624 gehört der Umstand, dass Frau Benaissa mit drei Männern ungeschützten Geschlechtsverkehr gehabt und zumindest einen angesteckt haben soll, noch nicht zur Intimsphäre. Begründet wird dies damit, dass der ungeschützte Geschlechtsverkehr vor dem Hintergrund einer möglichen HIV-Infektion von Frau Benaissa deren Partner erheblich gefährde und deren Belange damit schwerwiegend beeinträchtige. Da dieses Handeln den Tatbestand der gefährlichen

desatz in Relation, der bei der Auslegung und Anwendung des allgemeinen Persönlichkeitsrechts im Falle einer Grundrechtskollision eine tragende Rolle spielt[1479].

Das Problem der generellen stigmatisierenden Wirkung von Ermittlungsverfahren ist ein Dauerthema bei den Staatsanwaltschaften und Gegenstand häufiger Diskussionen. Daher sollten eine wirklich verstärkte Geheimhaltung von Ermittlungshandlungen und vor allem geeignete Maßnahmen gegen Indiskretionen entschieden umgesetzt werden, verknüpft mit der immer wiederkehrenden Feststellung, dass die Annahme des strafprozessualen Anfangsverdachts, der die Einleitung eines Ermittlungsverfahren gebietet, noch keine rechtskräftige Schuldfeststellung ist[1480]. Auf untergesetzlicher Ebene kommt hier den Nummern 4a, 23 RiStBV Bedeutung zu, die darauf hinweisen, dass eine unnötige Bloßstellung des Beschuldigten vermieden werden soll.

Werden dennoch durch die Staatsanwaltschaft indiskrete Umstände bekannt gemacht, die in der Intensität weit über das hinaus gehen, was ein beschuldigter Tatverdächtiger im Normalfall im Zusammenhang mit einem Strafverfahren hinnehmen muss, so sind an die verfassungsrechtliche Rechtfertigung des Eingriffs sehr hohe Anforderungen zu stellen.

2) Das informationspolitische Interesse der Behörden an Verdachtsberichterstattung

Die Vermeidung von Eingriffen in das allgemeine Persönlichkeitsrecht kollidiert mit den Interessen der Staatsanwaltschaft, der Medien und der Öffentlichkeit. Allerdings können sich nicht all diese Interessen auf der Stufe des Verfassungsrechts gegen das Persönlichkeitsrecht des Tatverdächtigen durchsetzen. Dies wird insbesondere an den Interessen deutlich, denen es an einer grundrechtlichen Fundierung fehlt. Ein derartiges Interesse ohne verfassungsrechtliche Verankerung stellt das Interesse der Staatsanwaltschaft an Informationspolitik dar. Die Strafverfolgungsbehörden verfügen über keinerlei Rechte zur Öffentlichkeitsarbeit, soweit diese nicht notwendigerweise an die Wahrnehmung ihrer Strafverfolgungsbefugnisse gekoppelt ist. Oftmals wird dies jedoch übersehen, wo doch die Medien mit dem Strafverfolgungsapparat eng verbunden und auf Kooperation angewiesen sind. Darüber hinaus wird es übersehen, weil die Staatsanwaltschaft nicht selten ihre presserechtliche Auskunftspflicht nach § 4

Körperverletzung erfüllen könne, seien schließlich auch Belange der Öffentlichkeit berührt.

1479 Siehe Erster Teil, A), II).

1480 Vgl. auch *Schaefer* NJW 2003, 2210, 2211.

Abs. 1 LPG[1481] stillschweigend zu einem informationspolitischen Recht umformatiert. Zweifelhaft ist jedoch, ob diese Vorschrift auch wirklich zu einer Öffentlichkeitsarbeit im Sinne von Imagepflege und PR ermächtigen kann. Soweit die Öffentlichkeitsarbeit durch den Einsatz der bereits vorgestellten Eingriffsverstärker weitreichender in das allgemeine Persönlichkeitsrecht eingreift als im Fall der reinen Beschuldigung, so ist angesichts des Grundsatzes des Gesetzesvorbehalts zwingend eine einfachgesetzliche Ermächtigungsgrundlage erforderlich. Ansonsten wären selbst materiell gerechtfertigte Grundrechtseingriffe gleichwohl auf Grund fehlender Ermächtigungsgrundlage unzulässig. Das staatliche Handeln der Exekutive muss daher immer durch ein einfaches Gesetz legislativ abgesichert sein. Eine derartige Absicherung der Öffentlichkeitsarbeit der Staatsanwaltschaft fehlt jedoch. Vor allem genügt ihre einfachgesetzliche Ermächtigung zur Strafverfolgung nicht aus, um etwaige Auskunftsrechte zu legitimieren. Das reine Interesse an Strafverfolgung insistiert einfach keine Verdachtsberichterstattung. Dass die Ermittlungsbehörden nun doch Bericht erstatten, folgt nicht aus einer eigenen, sondern vielmehr aus einer abgeleiteten Befugnis. § 4 Abs. 1 LPG spricht ausdrücklich nur von einer Pflicht, Auskünfte gegenüber der Presse zu erteilen. Soweit man überhaupt von einem Informationsrecht der Staatsanwaltschaft sprechen darf, so kann dies allenfalls ein abgeleitetes Recht sein. Seine Ableitung kann sich allenfalls aus den Interessen der Öffentlichkeit und der Medien ergeben. Das Recht der Staatsanwaltschaft kann demnach nicht weiter gehen, als das Recht der Medien auf Verdachtsberichterstattung.

3) Die Sorgfaltspflichten der Staatsanwaltschaft

Derjenige, der im Verdacht der Rechtsuntreue steht, hat sich seine Lage nicht selbst ausgesucht. Unter Berücksichtigung der Unschuldsvermutung hat dies auch für denjenigen zu gelten, dessen Schuld sich später als erwiesen herausstellt. Der betroffene Tatverdächtige hat keinen Einfluss auf das Informationsinteresse der Öffentlichkeit und der Medien, obwohl die Strafverfolgung sein Erscheinungsbild in der Öffentlichkeit unter Umständen beständig prägt. Auf Grund der hieraus entstehenden psychischen Drucksituation ist die Verdachtsberichterstattung der Medien, die naturgemäß den Druck auf die persönliche und soziale Integrität noch erhöht, an strenge Voraussetzungen gekoppelt[1482]. Zunächst muss sie durch ein öffentliches Informationsinteresse gedeckt sein. Darüber hinaus verlangt sie den Journalisten eine gesteigerte Sorgfalt ab. Es muss ein Vorgang von gravierendem Gewicht und ein Mindestbestand an Beweistat-

1481 Vgl. hierzu schon oben Zweiter Teil, Erstes Kapitel, B), I), 2).

1482 Dazu eingehend schon oben Zweiter Teil, Erstes Kapitel.

sachen vorliegen. Es darf weder präjudizierend noch bewusst einseitig oder verfälschend berichtet werden. Letztlich ist dem Betroffenen noch die Gelegenheit zur Stellungnahme einzuräumen. Bis hierher ist der durch die Rechtsprechung entwickelte Anforderungskatalog für eine zulässige Verdachtsberichterstattung der Medien abgeschlossen. Damit ist jedoch gewiss noch nicht gesagt, dass er für weitere Kriterien versperret ist. Konfliktsituationen, die von diesem Katalog nicht erfasst sind, müssen gleichermaßen verfassungsgemäß bewältigt werden. Im Fall Benaissa hat die Staatsanwaltschaft zwar den Katalog an Voraussetzungen abgearbeitet, hierbei jedoch nicht beachtet, dass es sich hier bei der Mitteilung der schweren Erkrankung um einen Fall der Indiskretion als Eingriffsverstärker handelt. Damit kann der Staatsanwaltschaft vorgeworfen werden, dass sie im Rahmen ihrer Abwägungsüberlegungen die Bedeutung des allgemeinen Persönlichkeitsrechts falsch eingeschätzt hat. Schließlich müssen über die Kriterien des Anforderungskatalogs hinaus spezielle, tiefer gehende Eingriffe in das Persönlichkeitsrecht, soweit sie der Berichterstattung immanent sind, in den Abwägungsprozess mit dem Informationsinteresse der Öffentlichkeit und der Medien in Einklang gebracht werden. Die scheinbare Abgeschlossenheit des Anforderungskatalogs darf letztendlich den Blick auf spezielle Fälle mit hohem Gefährdungspotenzial für die persönliche Integrität des Tatverdächtigen nicht verstellen. Weiter ist zu beachten, dass die in die Abwägung einzustellenden Eingriffsverstärker der Vorverurteilung und der Indiskretion nicht den Medien zurechenbar sind, da sie aus dem Lager der Strafverfolgungsbehörden als privilegierte Quellen kommen. Die Medien sind auf die Informationsvermittlung durch privilegierte Quellen angewiesen. Zudem wird durch eine gezielte Informationstätigkeit vermieden, dass es zu spekulativen, auf eigener unzureichender Recherche beruhenden Medienberichten kommt. Weiterhin kann den oftmals unzureichend juristisch oder gar journalistisch gebildeten Reportern die Prüfung der Zulässigkeit einer Verdachtsberichterstattung nicht allein zugemutet werden. Es muss vielmehr schon im frühen Stadium der Öffentlichkeitsarbeit der Strafverfolgungsbehörden angesetzt werden, in dem bereits diesen eine größere Pflicht im Sinne einer größeren Sorgfalt zu zusprechen ist. Die Informationstätigkeit der Staatsanwaltschaft bei der Verdachtsberichterstattung kann kein eigenes informationspolitisches Recht sein, das nach Belieben ausgeübt werden kann. Ihr obliegt vielmehr eine Pflicht, die wegen der Gesetzes- und Grundrechtsbindung der Exekutive eine größere Sorgfalt verlangt, als die des schematischen Abarbeitens juristischer Prüfungsschemata. Denn schließlich gilt der Anforderungskatalog für die Berichterstattung der Medien auch für die Staatsanwaltschaft[1483]. Dabei ist die Informationstätigkeit der Staatsanwaltschaft nicht zu

1483 Ausführlicher hierzu bereits oben Zweiter Teil, Erstes Kapitel, C).

unterschätzen, da sie schwierigen Anforderungen unterstellt ist. Die Staatsanwaltschaft muss nicht lediglich in Ausnahmefällen abwägen, ob sie entsprechende Informationen herausgibt. Die Abwägung bildet vielmehr den Regelfall. Zunächst einmal muss sie ihr eigenes Interesse an der Strafverfolgung mit dem Informationsinteresse der Medien abwägen. Nach § 4 Abs. 2 LPG können Behörden eine Auskunft verweigern, soweit durch sie die sachgemäße Durchführung eines straf- oder strafdienstlichen Verfahrens vereitelt, erschwert, verzögert oder gefährdet werden könnte. Was jedoch häufig nicht beachtet wird, ist, dass sich die Verdachtsberichterstattung eben nicht immer nur durch eine Abwägung eigener verfassungsrechtlicher Interessen mit fremden verfassungsrechtlichen Interessen auszeichnet. In den hier in Frage stehenden Fällen spielen unmittelbare Strafverfolgungsinteressen keine Rolle. Die Staatsanwaltschaft ist im Hinblick auf die Verdachtsberichterstattung vielmehr dazu angehalten, die kollidierenden verfassungsrechtlichen Interessen Dritter gegeneinander abzuwägen und im Wege praktischer Konkordanz zu einem Ausgleich zu bringen. Die Kooperation zwischen der Auskunftspflicht nach § 4 Abs. 1 LPG und deren Grenzen aus § 4 Abs. 2 LPG stellt nichts anderes dar, als eine einfachgesetzliche Anweisung zur verfassungsgemäßen Bewältigung verfassungsrechtlicher Konflikte im Sinne einer verfassungsgemäßen Abwägung des allgemeinen Persönlichkeitsrechts mit den Medienfreiheiten. § 4 Abs. 1 LPG überträgt den Behörden unzweifelhaft den verantwortungsbewussten Umgang mit kostbaren Verfassungsgütern. Im Ergebnis trifft die Staatsanwaltschaft daher erhebliche Sorgfaltspflichten, zumal sie aus Erfahrung wissen muss, dass die Medien mit den ihn übermittelten Informationen nicht gerade zimperlich umgehen werden. Die Journalisten werden nicht bei der Formulierung der Pressemitteilung bleiben, sondern diese vielmehr mediengerecht aufbereiten. Auch wenn man den disziplinierenden Anforderungskatalog für Verdachtsberichterstattungen der Medien in die Erwägung mit einbezieht, so bleibt doch in jeder privaten personenbezogenen Information ein beträchtliches Gefährdungspotenzial für das Persönlichkeitsrecht des Straftatverdächtigen bestehen.

III) Abwägungsvorschlag: Keine Berichterstattung bei zu erwartenden schweren irreparablen Schäden

Als kollidierende Verfassungsgüter stehen auf der einen Seite das allgemeine Persönlichkeitsrecht des von der Verdachtsberichterstattung Betroffenen und auf der anderen Seite das Informationsinteresse der Öffentlichkeit und der Medien. Diese Konfliktsituationen, in denen verschiedene Grundrechte aufeinandertreffen, sind im Wege der praktischen Konkordanz zu lösen. Ziel der praktischen Konkordanz ist, bei sich gegenüber stehenden Grundrechtspositionen einen angemessenen Ausgleich durch Abwägung zu erzielen. Dabei soll jedem Freiheitsrecht zur größtmöglichen Entfaltung verholfen werden, wobei der Zuschnitt der jeweils kollidierenden Grundrechte dabei vom Verhältnismäßigkeitsgrundsatz geprägt wird[1484].

1) Verlangt die Vorläufigkeit des Verdachts das Verbot irreversibler Schäden?

Aus der Konfliktsituation der auf dem Spiel stehenden verfassungsrechtlich geschützten Interessen lässt sich eine Frage herauskristallisieren, die für den hier in Frage stehenden Abwägungsprozess von großer Bedeutung ist. Sie befasst sich mit dem Widerspruch zwischen Endgültigkeit und Vorläufigkeit. Der Straftatverdacht, der den Tatverdächtigen bei Bekanntwerden in der Öffentlichkeit unter soziale Quarantäne stellt, zeichnet sich immer durch seinen vorläufigen Charakter aus. Resultieren aus dieser Verdächtigung endgültige, irreversible Schäden, so stellen diese Schäden doch den vorläufigen Charakter des Ermittlungsverfahrens in Frage. Gebietet aus dieser Überlegung heraus nicht die Vorläufigkeit des Verdachts das Verbot irreversibler Schäden?

2) Die Konsequenzen des Verbots irreversibler Schäden

Diese Hypothese, die abwägungsleitend und grundrechtsdogmatisch Ausdruck des Verhältnismäßigkeitssatzes sein will, muss nun auf ihre Konsequenzen hin überprüft werden. Würde sie absolut gelten, so wäre eine Verdachtsberichterstattung auch dann ausgeschlossen, wenn die endgültigen Schäden auch nur gering wären. Der Verhältnismäßigkeitsgrundsatz dagegen verlangt eine weniger einschneidende Beschränkung der Berichterstattungsfreiheit der Medien. Hieraus ergibt sich folgende Restriktion der Hypothese: Der Vorläufigkeit des Verdachts entspricht das Verbot irreversibler Schäden, sofern diese schwer wiegen.

Macht die Staatsanwaltschaft von den Eingriffsverstärkern der Vorverurteilung und der Indiskretion Gebrauch, so muss gleichzeitig von einer hochgradigen Eingriffsintensität in das Grundrecht des allgemeinen Persönlichkeitsrechts ausgegangen werden. Allein die Schwere des Eingriffs kann jedoch noch nicht zur Affirmation der Hypothese führen. Sie vermag die Abwägung nur zu leiten,

---

1484 Zu dem im Folgenden dargestellten Abwägungsvorschlag des Verbots einer Berichterstattung bei zu erwartenden irreparablen Schäden auf Grund der Vorläufigkeit des Verdachts und den Konsequenzen dieses Verbots referierte *Prof. Dr. Georgios Gounalakis* in Rahmen seines Vortrags ′„Wir mussten so handeln."- Persönlichkeitsrechtliche Grenzen von Medienberichterstattung über Ermittlungsverfahren′ auf dem Symposium des Hessischen Ministeriums für Justiz am 11.02.2010 in Wiesbaden zu dem Thema „Informationsfreiheit versus Persönlichkeitsschutz".

sofern in ihrer Anwendung auf der anderen Seite nicht auch schwere Schäden zu erwarten sind. Es ist nicht zu leugnen, dass im Falle eines Verbots der Verdachtsberichterstattung für das Informationsinteresse der Öffentlichkeit und der Medien einiges auf dem Spiel stehen würde. Der Beurteilung des Bundesverfassungsgerichts über Art. 5 GG als schlechthin konstituierend für die freiheitlich-demokratische Grundordnung kann niemals genug Achtung gezollt werden. Gezielte Berichterstattungsverbote stellen in einem demokratisch ausgerichteten Rechtsstaat immer einen wunden Punkt dar und sind aus diesem Grunde ihrerseits besonders rechtfertigungsbedürftig. Das Verbot, das die hier vorgestellte Hypothese anordnet, nämlich die Vermeidung irreversibler Schäden, ist jedoch nicht gleichbedeutend mit dem Verbot einer Berichterstattung an sich. Es geht selten um die Verdachtsberichterstattung als Ganzes, sondern vielmehr um die Modalitäten der Verdachtsberichterstattung. Nicht das „*Ob*", sondern das „*Wie*" der Verdachtsberichterstattung steht hier in Frage[1485]. Das Verbot der Indiskretion als Eingriffsverstärker verlangt den Medien rein qualitativ gesehen nicht mehr ab, als das bereits anerkannte Verbot der Präjudizierung. Dieser Restriktion der Verdachtsberichterstattung kann vielmehr das Prinzip entnommen werden, dass Verdachtsberichterstattungen nicht zu schweren endgültigen Schäden führen dürfen. Das Verbot der Vorverurteilung erfordert daher eine Präzision: Es meint das Verbot schwerer, irreversibler Schäden. Im Umfeld der Vorläufigkeit des Verdachts haben weder vorverurteilende noch indiskrete Angaben etwas zu suchen.

Dementsprechend ist als Ergebnis festzuhalten: Keine Eingriffsverstärker bei der Verdachtsberichterstattung.

IV) Erweiterung der Nr. 23 RiStBV

Die Staatsanwaltschaft ist kein Geheimdienst, Strafverfolgung keine Geheimsache[1486]. Die Arbeit der Staatsanwaltschaft als Organ der Rechtspflege muss in einem freiheitlich demokratischen Rechtsstaat grundsätzlich der öffentlichen Betrachtung zugänglich sein, zumal dem Staat gerade im Strafverfahren besonders scharfe Eingriffe in die Rechte des Bürgers zustehen und daher seiner Kontrolle durch die Öffentlichkeit gerade hier herausragende Bedeutung zukommt. Um ihrer Kontrollfunktion auch gerecht werden zu können, haben die Medien ein berechtigtes Interesse, über Vorgänge aus der Strafrechtspflege, die von öffentlichem Interesse sind, schnell und richtig informiert zu werden. Auf der an-

1485 *Janisch* NJW 2010, 16,16.

1486 So *Kulenkampff*, in: Unschuldsvermutung in der Mediengesellschaft-Publizistischer Missbrauch-staatsanwaltlicher Ermittlungsverfahren?, Symposium des Hessischen Ministeriums der Justiz vom 12. Februar 1990, S. 25.

deren Seite ist es jedoch so, dass bereits das schlichte Bekanntwerden staatsanwaltlicher Ermittlungen für den Betroffenen einen sozialen Makel und die öffentliche Vorverurteilung bedeuten kann. Häufig ist selbst nicht einmal die später bekannt gegebene Verfahrenseinstellung geeignet, sämtliche aus der Publizierung des Verfahrens in den Medien einmal gewachsenen Nachteile wieder zu beseitigen[1487]. Im Rahmen ihrer Arbeit hat daher die Staatsanwaltschaft die Persönlichkeitsrechte aller Verfahrensbeteiligten, aber insbesondere die des Beschuldigten, zu achten und für ihren Schutz zu sorgen[1488]. Im Interesse des betroffenen Tatverdächtigen muss demnach sorgfältig abgewogen werden, ob und gegebenenfalls welche Informationen an die Medien tatsächlich weitergegeben werden dürfen[1489]. Hierbei ist zu berücksichtigen, dass die Medien oftmals ein anderes Informations- und Tatsachenverständnis haben, auf Grund dessen sie als Fakt interpretieren, was noch unter dem Vorbehalt der Unschuldsvermutung steht[1490]. *Schroers*[1491] führt dies auf eine Fehleinschätzung der Arbeit der Staatsanwaltschaft durch die Medien zurück, die Grundlage vieler Missverständnisse bei der Zusammenarbeit sei. Die Fehleinschätzung bestehe darin, dass die Medien die von der Staatsanwaltschaft veröffentlichten Tatsachen in einem und über ein Ermittlungsverfahren genauso ansehen wie jede andere Nachricht auch, mit der Folge, dass sie im Prinzip beliebig bearbeitet werden könne. Die häufig nicht juristisch ausgebildeten Journalisten sind zudem nur bedingt fähig, wesentliche Nuancen in der Wortwahl zu erkennen[1492]. Aus demselben Grund bestehe die Gefahr, dass sie die von der Staatsanwaltschaft verlautbarten Informationen umformulieren, verkürzen oder anreichern, anzweifeln, in einen anderen Kontext stellen oder mit Kommentaren versehen[1493].

1487 *Heghmanns*, Das Arbeitsgebiet des Staatsanwaltes, S. 46.

1488 Vgl. *Kulenkampff*, in: Unschuldsvermutung in der Mediengesellschaft-Publizistischer Missbrauch-staatsanwaltlicher Ermittlungsverfahren?, Symposium des Hessischen Ministeriums der Justiz vom 12. Februar 1990, S. 25.

1489 *Heghmanns*, Das Arbeitsgebiet des Staatsanwaltes, S. 46.

1490 Ein Beispiel hierzu findet sich bei *Schroers* NJW 1996, 969, 970.

1491 *Schroers* NJW 1996, 969, 970.

1492 *Heghmanns*, Das Arbeitsgebiet des Staatsanwaltes, S. 46.

1493 *Schroers* NJW 1996, 969, 970, der weiter ausführt, dass die Tatsachen durch die Medien losgelöst von der Art und Weise ihres Zustandekommens und des Gesamtzusammenhangs, in dem sie stehen, betrachtet werden. Es werde verkannt, dass in den herausgegebenen Informationen Wertungen enthalten seien. Zum einen seien die Tatsachen in einem formalisierten Verfahren entstanden und von einer Justizbehörde erhoben worden, zum anderen seien sie gerade als Vorläufige in einem Ermittlungsverfahren Ergebnis einer komplexen Abwägung, bei der auch die Frage der Verlautbarung der Information selbst eine Rolle spiele. Mit in die Abwägung einbezogen werde beispielsweise das Persönlichkeitsrecht des Beschuldigten und der voraussichtlich

Im Vorfeld einer Informationsvermittlung an die Medien findet ein schwieriger Abwägungsprozess zwischen Individual- und Allgemeininteressen durch erfahrene Staatsanwälte als Pressesprecher statt. Die Staatsanwaltschaft kann trotz sorgfältiger Abwägungen publizistische Missbräuche von Ermittlungsverfahren nie ganz verhindern, sondern lediglich darum bemüht sein, durch eine adäquate Informationspolitik dem Problem die Spitze zu nehmen[1494]. Hierbei muss das für die Medien aufgestellte Gebot der Zurückhaltung gerade und vor allem auch für die Staatsanwaltschaft gelten[1495]. Die Pressestellen der Staatsanwaltschaft sind mit jeweiligen rechtlichen und tatsächlichen Umständen eines Falles betraut und als unmittelbare Adressaten des Rechtsstaatsprinzips zu einer besonders strengen Selektion der zu veröffentlichenden Information verpflichtet[1496]. Die grundlegende Signifikanz dieser Forderung wird durch eine positivrechtliche Verankerung in den Richtlinien für das Strafverfahren und das Bußgeldverfahren (RiStBV)[1497] unterstrichen. Dort heißt es in Nr. 4 a RiStBV

weitere Gang der Ermittlungen unter dem Gesichtspunkt der Verifizierung oder Falsifizierung der Tatsachen.

1494 So auch *Kulenkampff*, in: Unschuldsvermutung in der Mediengesellschaft-Publizistischer Missbrauch-staatsanwaltlicher Ermittlungsverfahren?, Symposium des Hessischen Ministeriums der Justiz vom 12. Februar 1990, S. 26.

1495 *v. Becker*, Straftäter und Tatverdächtige in den Medien, S. 210 f.; *Kühl*, in: Festschrift für Hubmann, S. 241, 247 f.; *Bornkamm* NStZ 1983, 102, 107 f.; *Scholderer* ZRP 1991, 298, 300.

1496 *v. Becker*, Straftäter und Tatverdächtige in den Medien, S. 210; *Dalbkermeyer*, Der Schutz des Beschuldigten vor identifizierenden und tendenziösen Pressemitteilungen der Ermittlungsbehörden, S. 23.

1497 Dass auch Informationen, die die Ermittlungsbehörden während eines laufenden Ermittlungsverfahrens an die Medien weitergeben, Quelle für Persönlichkeitsverletzungen auf Seiten des Beschuldigten sein können, rückte erst einige Zeit nach der Qualifizierung der Medien als Gefahrenquelle für das Persönlichkeitsrecht des Tatverdächtigen in das allgemeine Bewusstsein. So wurden im Jahr 1977 für die grundsätzlich für Medienauskünfte zuständige Staatsanwaltschaft die RiStBV erlassen. Das Recht des Straf- und Bußgeldverfahrens unterliegt gemäß Art. 74 Nr. 1 GG der konkurrierenden Gesetzgebung des Bundes. Für viele Bereiche, die insbesondere den praktischen Ablauf einzelner Verfahrensvorgänge betreffen, ist jedoch eine Zuständigkeit der Länder gegeben. Um trotz dieser Divergenz der Regelungskompetenzen eine einheitliche Verfahrenshandhabung im ganzen Bundesgebiet zu gewährleisten, haben sich der Bundesminister der Justiz und die Justizminister der Länder darauf verständigt, in ihrem jeweiligen Zuständigkeitsgebiet einheitliche Richtlinien für das Strafverfahren und Bußgeldverfahren zu erlassen. Es handelt sich um Verwaltungsanordnungen ohne Gesetzeskraft, die ihrem Wesen nach aus sich selbst heraus eine verbindliche Wirkung einzig gegenüber den dem jeweiligen Justizministerium nachgeordneten Dienststellen entfalten können. Sie sind vornehmlich für den Staatsanwalt bestimmt und können auf

grundsätzlich: „*Der Staatsanwalt vermeidet alles, was zu einer nicht durch den Zweck des Ermittlungsverfahrens bedingten Bloßstellung des Beschuldigten führen kann. Das gilt insbesondere im Schriftverkehr mit anderen Behörden und Personen. Sollte die Bezeichnung des Beschuldigten oder der ihm zur Last gelegten Straftat nicht entbehrlich sein, ist deutlich zu machen, dass gegen den Beschuldigten lediglich der Verdacht einer Straftat besteht.*“ In Nr. 23 RiStBV heißt es speziell für die Zusammenarbeit mit Presse, Hörfunk und Fernsehen: „*[...] der Anspruch des Beschuldigten auf ein faires Verfahren darf nicht beeinträchtigt werden. Auch ist im Einzelfall zu prüfen, ob das Interesse der Öffentlichkeit an einer vollständigen Berichterstattung gegenüber den Persönlichkeitsrechten des Beschuldigten oder anderer Beteiligter überwiegt. Eine unnötige Bloßstellung ist zu vermeiden. Dem allgemeinen Informationsinteresse der Öffentlichkeit wird in der Regel ohne Namensnennung entsprochen werden können [...].*“ Beide Regelungen zeigen, dass die Richtlinien auf die Problematik des Persönlichkeitsschutzes des Beschuldigten eingehen. Jedoch wird gleich in der Einführung der RiStBV verdeutlicht, dass sie „*wegen der Mannigfaltigkeit des Lebens nur Anleitung für den Regelfall geben*“ können. Im Folgenden heißt es: „*Der Staatsanwalt hat daher in jeder Strafsache selbstständig und verantwortungsbewusst zu prüfen, welche Maßnahmen geboten sind. Er kann wegen der Besonderheit des Einzelfalles von den Richtlinien abweichen*“[1498]. Die Richtlinien entfalten auf Grund ihres Charakters als reine Verwaltungsanordnungen keinerlei rechtliche Wirkung, sind damit fakultativ und binden den Staatsanwalt nicht[1499]. Ungeachtet dessen ist der Inhalt dieser Richtlinien durchaus lobenswert. Trotz ihrer Unverbindlichkeit sind sie in der Lage, die Medienarbeit der Staatsanwaltschaft zu unterstützen, zu dirigieren[1500] und stellen sehr deutlich klar, dass sie nicht etwa der Staatsanwaltschaft eine weitreichende Ermächtigung dafür bereithalten, identifizierende und tendenziöse Informationen an die Medien abzugeben. Sie demonstrieren vielmehr eine klare Tendenz, dem Beschuldigten Schutz vor einer derartigen Berichterstattung zu bieten. Sie liefern

---

Grund der Mannigfaltigkeit des Lebens nur eine Anleitung für den Regelfall sein, vgl. hierzu *Hannich*, Karlsruher Kommentar, Anhang II, RiStBV, Vorbemerkungen; zur Entstehung der RiStBV 1977 siehe *Schaefer* NJW 1977, 21 ff.

1498 Karlsruher Kommentar, Anhang II, RiStBV, Einführung.

1499 Das gleiche gilt für Versuche auf Länderebene, einer unangemessenen Medienarbeit entgegenzutreten.

1500 A.A. *Dalbkermeyer*, Der Schutz des Beschuldigten vor identifizierenden und tendenziösen Pressemitteilungen der Ermittlungsbehörden, S. 35, 183 f. Derartige Erlasse und Verfügungen auf Bundes- und auf Länderebene seien gerade auf Grund ihrer Unverbindlichkeit nicht in der Lage die Medienarbeit der Ermittlungsbehörden rechtswirksam zu regeln.

den staatsanwaltlichen Pressesprechern zumindest eine Arbeitshilfe. Es soll ihre Aufgabe sein, durch eine restriktive und diskrete Informationspolitik die publizistische Arbeit der Medien, die sich an eine Informationsverlautbarung in der Regel anschließt, in Bahnen zu lenken, die mit dem Persönlichkeitsrecht des Betroffenen verträglich sind. Um eine bundesweit einheitliche Handhabung einer restriktiven und diskreten staatsanwaltlichen Informationspolitik sicherzustellen, ist an eine Präzisierung[1501] und damit an eine Erweiterung der Nr. 23 RiStBV mit folgendem Wortlaut zu denken:

23

Zusammenarbeit mit den Medien

(1) Die freie Berichterstattung der Medien besitzt grundlegende Bedeutung für die moderne demokratische Gesellschaft. Das Verständnis der Öffentlichkeit für die Rechtspflege und das Vertrauen der Bürgerinnen und Bürger in die Einrichtung der Justiz und ihre Entscheidungen werden durch Transparenz und eine gute Zusammenarbeit mit Presse, Hörfunk, Fernsehen, Internetdiensten und Film (im Weiteren: Medien) gefördert.

(2) Aus diesem Grund gehört es zu den Aufgaben der Justiz, im Rahmen der gesetzlichen Bestimmungen dem Informationsanspruch der Medien gerecht zu werden und den Umgang mit den Medien durch eine angemessene Öffentlichkeitsarbeit zu pflegen.

(3) Mit dem Informations- und Auskunftsanspruch der Medien aus den jeweiligen Landespressegesetzen können jedoch Prinzipien, Rechte und rechtlich geschützte Interessen, vornehmlich die Unschuldsvermutung, die Persönlichkeitsrechte der Parteien und sonstigen am Verfahren beteiligten Personen, die Verpflichtung zur fairen, sachgemäßen und unbeeinflussten Durchführung eines schwebenden Verfahrens sowie das allgemeine Interesse an der Sicherstellung einer unabhängigen und der Objektivität verpflichteten Rechtspflege kollidieren. Es ist Aufgabe der staatsanwaltlichen Medienarbeit, dem Ausgleich dieser widerstreitenden Interessen im Wege einer verantwortungsbewussten Abwägung Rechnung zu tragen.

1501 Schon *J. Meyer*, in: Eser/Meyer, Öffentliche Vorverurteilung und faires Strafverfahren, S. 323, 352, hielt die Nr. 23 RiStBV für sehr vage formuliert.

23a

Auskunftserteilung

(1) Bei der Information der Medien sowie deren Inhalt und Zeitpunkt sind auf der einen Seite das Persönlichkeitsrecht des Betroffenen, das Prinzip der Unschuldsvermutung ebenso wie die Garantie eines fairen und sachgemäßen Verfahrens und auf der anderen Seite das Interesse der Öffentlichkeit an einer umfänglichen Information sowie die öffentliche Aufgabe der Medien zu berücksichtigen.

(2) Das Interesse der Medien an einer möglichst zeitnahen Berichterstattung soll adäquat berücksichtigt werden. Die Medien sind bei der Informationserteilung von der Medienstelle prinzipiell gleichzubehandeln, es sei denn, es handelt sich um Auskünfte zu Einzelanfragen (sog. Hintergrundgespräche).

(3) Bei einer schriftlichen Vermittlung von Informationen sollen diese vor deren Weitergabe an die Medien den Verfahrensbeteiligten oder deren Bevollmächtigten zugeleitet werden. Über ein bevorstehendes Gespräch mit den Medien sind die Verfahrensbeteiligten beziehungsweise deren Bevollmächtigte in Kenntnis zu setzen.

(4) Auskünfte sind zu verweigern, wenn ihr Gegenstand nach rechtlichen Vorschriften geheim zuhalten ist oder wenn die sachgemäße Durchführung von schwebenden Verfahren vereitelt, erschwert, verzögert oder gefährdet werden kann. Die Unterrichtung der Medien darf weder den Untersuchungszweck gefährden noch dem Ergebnis der Hauptverhandlung vorgreifen. Der Anspruch des Beschuldigten auf ein faires Verfahren darf nicht beeinträchtigt werden.

(5) Auf die Nr. 129 Abs. 1, Nr. 219 Abs. 1 wird hingewiesen. Die entsprechenden Verwaltungsvorschriften der Länder sind zu beachten (vgl. auch Anlage B).

23b

Schutzpflichten

(1) Die Nennung der Namen und des Wohnorts von Verfahrensbeteiligten (insbesondere Beschuldigten, Opfern, Zeuginnen und Zeugen) hat - auch wenn lediglich eine Medienanfrage bestätigt werden soll - grundsätzlich zu unterbleiben. Weitere Angaben, die zu einer Identifizierung von Verfahrensbeteiligten geeignet sein können, sind ebenfalls grundsätzlich zu unterlassen. Bei Angaben zu Alter, Beruf, familiären Verhältnissen und sonstigen sozialen

Beziehungen ist im Vorfeld abzuwägen, inwieweit durch derartige Angaben eine Identifizierung der Verfahrensparteien möglich ist. Die Medien selbst sind auf einen durch Zurückhaltung geprägten Umgang mit personenbezogenen Daten hinzuweisen.

(2) Sofern die betroffenen Verfahrensbeteiligten einer Namensnennung ausdrücklich zustimmen, ist diese zulässig. Bei Personen des öffentlichen Lebens, deren Strafverdacht in zeitgeschichtlichem Zusammenhang mit ihrer öffentlichen Funktion steht und bei Straftaten in Ausübung ihres öffentlichen Amtes darf der Name des Beschuldigten genannt werden, wenn das öffentliche Interesse das Interesse der betroffenen Person überwiegt. Die Nennung der Namen von Jugendlichen darf grundsätzlich nicht erfolgen.

(3) Bilder von Verfahrensbeteiligten sind nicht weiterzugeben.

(4) Die öffentliche Bekanntgabe von personenbezogenen Daten zum Zweck der Aufklärung von Straftaten nach Maßgabe der gesetzlichen Vorschriften bleibt unberührt.

(5) Die Auskünfte sind neutral und damit ohne jegliche präjudizierende Angaben, so diskret wie möglich, leicht verständlich und unter Hervorhebung des Wesentlichen zu erteilen. Eine unnötige Bloßstellung ist zu vermeiden. Gegenstand der Auskunft ist lediglich der Stand des Verfahrens. Von persönlichen Wertungen ist grundsätzlich abzusehen.

(6) Die Medien sollen dazu aufgefordert werden, nicht in einer Art zu berichten, die geeignet ist, die Unvoreingenommenheit des Gerichts, der Zeugen und der Sachverständigen oder sind die Erforschung des Sachverhalts zu beeinträchtigen.

(7) Entlastende Umstände sind entsprechend ihrer Bedeutung darzustellen. Auf die Unschuldsvermutung und die Vorläufigkeit des Verdachts ist hinzuweisen.

(8) Die Bedeutung der mutmaßlichen Straftat und die Persönlichkeit des Beschuldigten unter Berücksichtigung des Verdachtsgrades sind im Hinblick auf ein berechtigtes Interesse an einer öffentlichen Bekanntgabe sorgfältig abzuwägen. Es soll des Weiteren der Tatsache Rechnung getragen werden, dass schon das Bekanntwerden der Strafanzeige durch die Medien, deren strafrechtliche Relevanz die Staatsanwaltschaft vor der formellen Einleitung des Ermittlungsverfahrens zu prüfen hat, für den Betroffenen schwerwiegend sein kann. Eine Auskunft sollte daher nicht erfolgen, bevor nicht der Betroffene Kenntnis von der Anzeige erlangt hat. Gleiches gilt auch bei der Einleitung des Ermittlungsverfahrens.

(9) Über die Anklageerhebung und die Einzelheiten der Anklage dürfen die Medien grundsätzlich erst unterrichtet werden, nachdem die Anklageschrift dem Beschuldigten zugestellt worden ist.

Durch die Einführung dieser Erweiterung der Nr. 23 RiStBV wäre zunächst erreicht, dass sich bundesweit alle Pressesprecher der Staatsanwaltschaft an einer einheitlichen Richtlinie zur Zusammenarbeit mit den Medien orientieren könnten. Insbesondere soll durch diese präzisere Richtlinie zu einer Medienarbeit aufgerufen werden, die sich durch Diskretion und Zurückhaltung[1502] auszeichnet. Vor allem ist ein vertrauenswürdiger und respektvoller Umgang mit personenbezogenen Daten zu gewährleisten, um eine Bloßstellung des betroffenen Beschuldigten zu vermeiden. Ferner ist von zentraler Bedeutung, dass Mitteilungen über bereits ergangene Entscheidungen und andere bedeutende Verfahrensschritte, wie zum Beispiel die Einleitung des Ermittlungsverfahrens oder die Anklageerhebung, erst verbreitet werden sollen, wenn zuvor die Entscheidungen dem Betroffenen zugegangen sind[1503]. Dies ist jedoch keineswegs mit einer „*Pflicht*" zur grundsätzlichen vorherigen Kontaktaufnahme mit dem Strafverteidiger verbunden. Es verdient zwar durchaus große Anerkennung und es ist wünschenswert, wenn die Ermittlungsbehörden vor der Weitergabe von Informationen an die Medien mit dem jeweiligen Strafverteidiger in Kontakt treten und ihm das Recht zur Anwesenheit, verbunden mit dem Recht, Erklärungen abzugeben, gewähren[1504]. Eine Verpflichtung hierzu würde jedoch das Recht der Medien, bei ihrer Berichterstattung aktuelle und damit zeitnahe Informationen zu erhalten, unangemessen einschränken. Darüber hinaus würde sie de facto dazu führen, dass kürzere oder längere Fristen mit dem Verteidiger ausgehandelt und die Staatsanwaltschaft nicht mehr direkt, sondern nur noch über den „*Filter*" der Verteidigung mit den Medien kommunizieren könnte[1505]. Aber selbst wenn man eine solche „*Pflicht*" der Staatsanwaltschaft ablehnt, erscheint es doch zumindest aus Gründen der Fairness als angemessen, dem Strafverteidiger die den Medien zugeleiteten Informationen auf Grund ihrer Bedeutung für den betroffenen Tatverdächtigen möglichst zügig ebenfalls zukommen zu lassen.

1502 So auch *Müller-Meiningen* ZV und ZV 1964, 319, 321, nach dem das „moralische Gesetz der Zurückhaltung" nicht lediglich für die Medien, sondern genauso für die Justiz gelte.

1503 Ebenso bereits *Schaefer*, in: Festschrift für Riess, S. 491, 493 f.

1504 So auch *Krekeler* AnwBl. 1985, 426, 427; *Strafrechtsausschuss der BRAK*, BRAK-Mitt. 1985, 25, 27.

1505 So auch *Becker-Toussaint* NJW 2004, 414, 415 f., Bezug nehmend auf eine Entscheidung des LG Düsseldorf NJW 2003, 2536.

Zu berücksichtigen ist in besonderem Maße die Unschuldsvermutung, die eine entsprechende Zurückhaltung[1506] und eine adäquate Berücksichtigung etwaiger bereits zur Verteidigung des Beschuldigten vorgebrachter Argumente gebietet[1507]. Weiterhin sind jegliche Formulierungen zu vermeiden, die den konkreten Tatvorwurf schwerer als tatsächlich ermittelt darstellen[1508]. Ebenfalls zu unterlassen ist die Veröffentlichung halbwahrer Mitteilungen[1509]. Darüber hinaus trifft die Staatsanwaltschaft die Pflicht, allgemein verständliche Medienauskünfte zu erteilen. Ganz besonders bei Auskünften über die Einleitung eines Ermittlungsverfahrens ist gewissenhaft darauf zu achten, dass in der Öffentlichkeit kein falscher Eindruck entsteht, da der juristisch in der Regel nicht vorgebildete Rezipient dazu geneigt ist, diese Entscheidung mit einem endgültigen Schuldspruch gleichzusetzen[1510]. Verrichten also die Pressesprecher ihre Medienarbeit frei von jeglicher vorverurteilender Tendenz und mit Diskretion in Bezug auf personenbezogene Daten, so besteht doch eine reelle Chance, eine Bloßstellung des Tatverdächtigen zu vermeiden. Formulieren sie die Medienauskünfte verständlich, geben sie lediglich den Stand des Verfahrens ohne jegliche persönliche Wertung ab[1511], stellen entlastende Umstände dar und weisen die Medien zusätzlich auf die Vorläufigkeit des Verdachts hin, so scheinen die Pressesprecher im Stande zu sein, die publizistische Arbeit der Medien in geordnete Bahnen zu lenken.

Auch wenn die Nr. 23 RiStBV über keinerlei Rechtsverbindlichkeit verfügt, so stellt sie doch gleichwohl eine wirksame Arbeitshilfe vor allem im Hinblick auf einen sorgfältigen und sensiblen Abwägungsprozess der staatsanwaltlichen Pressesprecher dar. Durch eine Erweiterung und Präzisierung der Nr. 23 RiStBV wäre damit nicht nur der Staatsanwaltschaft in ihrer Medienpolitik, sondern reflexartig auch dem betroffenen Tatverdächtigen geholfen.

1506 So auch *Janisch* NJW 2010, 16, 18; Bornkamm, Pressefreiheit und Fairness des Strafverfahrens, S. 224. Die Pflicht der Staatsanwaltschaft zur Zurückhaltung bei Medienverlautbarungen kann nicht wegen des in den Landespressegesetzen verankerten Auskunftsanspruch gegenüber den Behörden in Frage gestellt oder als nur eingeschränkt bestehen angesehen werden, da dieser Anspruch in mehrfacher Hinsicht begrenzt ist, vgl. *Krekeler* AnwBl. 1985, 426, 427.

1507 BVerfGE 35, 202, 232 („Lebach I“).

1508 BGHZ 27, 338, 342 („Staatsanwaltliche Pressemitteilungen“).

1509 BGHZ 27, 338, 345 („Staatsanwaltliche Pressemitteilungen“).

1510 OLG Düsseldorf NJW 2005, 1791, 1799 m.w.N. („Mannesmann/Vodafone“). Es ist der Eindruck maßgeblich, den eine Medienauskunft in der Öffentlichkeit erweckt, BVerwG NJW 1992, 62, 62; Bay. VGH ZUM-RD 2003, 219, 221; VG Saarlouis NJW 2003, 3431, 3432.

1511 So auch *J. Meyer*, in: Eser/Meyer, Öffentliche Vorverurteilung und faires Strafverfahren, S. 323, 352.

M) Zusammenfassung

Es hat bereits zahlreiche Vorschläge gegeben, anhand derer der Schutz der betroffenen Personen, über die in den Medien im Zusammenhang mit dem Verdacht strafbaren Verhaltens berichtet wird, verbessert werden könnte.

Es wurde zu Recht kritisiert, dass die Journalisten in vielen Fällen nicht über ausreichende Kenntnisse im juristischen Bereich verfügen. Es wäre daher wünschenswert zum Schutz des von der Medienberichterstattung betroffenen Tatverdächtigen einen gewissen Standard an Kenntnissen zu gewährleisten.

Durch ein Gesetz, welches das allgemeine Persönlichkeitsrecht kodifizieren würde, wäre zwar eine Verbesserung der Rechtslage des Betroffenen denkbar. Allerdings ist zu befürchten, dass auch weitere Vorschläge zur Schaffung eines solchen Gesetzes ebenso scheitern werden wie die vorangegangenen.

Die Empfehlung, das Amt eines Medienbeauftragten einzuführen, würde in praktischer Hinsicht wohl am vehementen Widerstand der Medienlobby scheitern.

Der Vorschlag zur Einführung einer Journalistenkammer kommt nach geltendem Recht nicht in Betracht, da die Landespressegesetze nahezu übereinstimmend Berufsorganisationen der Presse mit Zwangsmitgliedschaft verbieten und dies auch mit der Pressefreiheit des Art. 5 Abs. 1 S. 2 GG nicht zu vereinbaren wäre. Zu denken wäre jedoch an eine Weiterentwicklung der Ahndungsmöglichkeiten des Deutschen Presserates.

Die Empfehlungen, die Öffentlichkeit der Hauptverhandlung einzuschränken, sind im Ergebnis abzulehnen.

Es kann auch nicht uneingeschränkt empfohlen werden, das angelsächsische Institut des „*Contempt of Court*" in der Bundesrepublik Deutschland gesetzlich einzuführen.

Selbst in schweren Fällen von Vorverurteilungen strafverdächtiger Personen kann ein Verfahrenshindernis mit der Folge der Einstellung des Verfahrens nicht angenommen werden. Zudenken ist jedoch zumindest an die Möglichkeit, die Verletzungen des Tatverdächtigen auf Grund öffentlicher Vorverurteilung im Rahmen der Strafzumessung zu berücksichtigen.

Eine Änderung der Strafvorschrift des § 33 KUG dahingehend, dass auch die unzulässige Namensnennung darunter fallen würde, dürfte im Hinblick auf den Rechtsschutz des betroffenen Tatverdächtigen nicht sonderlich Erfolg versprechend sein. Es handelt sich nach Abs. 2 der Vorschrift um ein reines Antragsdelikt. Der Verletzte wird jedoch eher an zivilrechtlichen Ansprüchen interessiert sein, ehe er entsprechend § 33 Abs. 2 KUG vorgeht.

Die Einschränkung des Informationsanspruches der Medien gegenüber den Behörden erscheint geeignet, um einen angemessenen Schutz der betroffenen tatverdächtigen Person herbeizuführen. Auch die Ansätze zur näheren Bestimmung von Medienauskünften liefern umfassende Anregungen einer möglichen Handhabung der Öffentlichkeitsarbeit der Justiz. Gerade auch diese ist im Kontext der Verdachtsberichterstattung nicht zu vernachlässigen, da die an die Medien erteilten Auskünfte nicht stets objektiv und zurückhaltend sind. Es ist zwar zu berücksichtigen, dass staatsanwaltliche Ermittlungstätigkeiten zwangsläufig in das allgemeine Persönlichkeitsrecht des betroffenen Tatverdächtigen eingreifen. Allerdings geht es vorliegend ausschließlich um Eingriffe in das Persönlichkeitsrecht, die dem Tatverdächtigen durch die öffentliche Beschuldigung an sich entstehen. Die Intensität dieses Eingriffs nimmt zu, wenn sich die Strafverfolgungsbehörden so genannter Eingriffsverstärker bedienen. Sie treiben das eigentliche Maß an Eingriffsintensität einer reinen Beschuldigung in die Höhe. Als derartige Eingriffsverstärker sind sowohl die Vorverurteilung als auch die Indiskretion anzusehen. Diese sind in den durch die Rechtsprechung entwickelten Anforderungskatalog für eine zulässige Verdachtsberichterstattung der Medien aufzunehmen. Es kann in der Regel den juristisch unzureichend gebildeten Journalisten nicht zugemutet werden, die Zulässigkeit einer Verdachtsberichterstattung allein zu prüfen. Hier ist bereits im frühen Stadium der Öffentlichkeitsarbeit der Strafverfolgungsbehörden anzusetzen, indem bereits diesen eine erhöhte Sorgfaltspflicht zugesprochen wird. Ihnen obliegt eine Pflicht, die wegen der Gesetzes- und Grundrechtsbindung eine größere Sorgfalt abverlangt, als das schematische Abarbeiten von juristischen Prüfungsschemata. Schließlich gilt der Anforderungskatalog für die Berichterstattung der Medien auch für die Ermittlungsbehörden. Machen diese von den Eingriffsverstärkern der Vorverurteilung und der Indiskretion Gebrauch, so ist gleichzeitig eine hohe Eingriffsintensität in das Grundrecht des allgemeinen Persönlichkeitsrechts zu erwarten. Dabei sind jedoch insbesondere schwere, irreversible Schäden zu vermeiden. Um dies zu gewährleisten, erfordert das Verbot der Vorverurteilung eine Präzision: Es meint das Verbot schwerer, irreversibler Schäden. Im Kontext der Vorläufigkeit des Verdachts haben vorverurteilende und indiskrete Angaben nichts zu suchen, sodass die Verdachtsberichterstattung frei von jeglichen Eingriffsverstärkern erfolgen muss. Das für die Medien aufgestellte Gebot der Zurückhaltung gilt im Besonderen auch für die Strafverfolgungsbehörden. Sie sind zu einer besonders strengen Selektion der zu veröffentlichenden Informationen angehalten. Hierzu liefern die RiStBV eine Arbeitshilfe, die den Pressesprechern unterstützend und dirigierend zur Seite stehen. Die RiStBV zeigen eine klare Tendenz auf, der tatverdächtigen Person Schutz ihres allgemeinen Persönlichkeitsrechts zu gewähren. Um eine restriktive und diskrete staatsanwaltliche Informationsarbeit sicherzustellen, ist die Nr. 23 RiStBV zu erweitern. Es sollten die Zusammenarbeit mit den Medien (Nr. 23 RiStBV), die Auskunftserteilung (Nr. 23 a RiStBV) und schließlich auch die Schutzpflichten (Nr. 23 b RiStBV) jeweils präzisiert werden. An diesen bundeseinheitlich geltenden Richtlinien könnten sich die Pressesprecher der Staatsanwaltschaften orientieren, um für mehr Diskretion und Zurückhaltung zu sorgen. Insbesondere muss vertrauenswürdig und respektvoll mit personenbezogenen Daten umgegangen werden, um eine Bloßstellung des Tatverdächtigen zu vermeiden. Es muss vor allem darauf geachtet werden, dass in der Öffentlichkeit kein falscher Eindruck von dem zu Grunde liegenden Sachverhalt entsteht. Nehmen die Pressesprecher ihre Medienarbeit verantwortungsbewusst war, indem sie in verständlicher Art und Weise lediglich den Stand des Verfahrens ohne jegliche persönliche Note darstellen, auch auf entlastende Umstände und die Vorläufigkeit des Verdachts hinweisen, so kann dies zu einer Verbesserung der Arbeit der Medien beitragen.

Zusammenfassung der Untersuchungsergebnisse in Thesen

A) Einleitung und kollidierende Rechte

(1) Die Justiz ist in vielfältiger Weise Thema der Medienberichterstattung, wobei insbesondere die Kriminalität auf ein großes Interesse der Rezipienten stößt. In den Nachrichten wird über die unterschiedlichsten Delikte berichtet, wobei die meisten davon faszinieren, abschrecken oder Betroffenheit erzeugen. Die Kriminalberichterstattung dient dabei nicht lediglich der Informationsvermittlung, sondern bedient gleichzeitig das Interesse der Öffentlichkeit an Unterhaltung, wobei die Kriminalfälle entsprechend in Szene gesetzt werden.

(2) Maßgebend für das Informationsinteresse der Öffentlichkeit an einer Berichterstattung über Kriminalfälle und den dazugehörenden Tatverdächtigen sind nicht nur die Verletzung der allgemeinen Rechtsordnung, die Beeinträchtigung von Rechtsgütern der betroffenen Bürger oder der Gemeinschaft, die Sympathie den Opfern und ihren Angehörigen gegenüber, die Furcht vor Wiederholungen solcher Taten und das Bestreben, dem vorzubeugen, sondern auch das legitime demokratische Bedürfnis nach Kontrolle der Strafverfolgungsbehörden und der Strafgerichte.

(3) Die Massenmedien spielen eine nicht unerhebliche Rolle im Informations- und Sozialisationsprozess unserer heutigen Gesellschaft. Sie informieren über Kriminalität und deren Bekämpfung und Verfolgung. Ihnen kommt somit eine bedeutende Funktion zu, indem sie den Wissens- und Erkenntnisstand der Bürger, denen es häufig an Selbsterfahrung in diesem Bereich fehlt, prägen.

(4) Es werden in den Medien sehr häufig in emotionalisierender Art und Weise Vorgänge geschildert, in denen die Ermittlungen beziehungsweise das Strafverfahren noch gar nicht abgeschlossen sind. Wird über eine Person im Zusammenhang mit einem Verdacht einer Straftat berichtet, so drohen dem Betroffenen schwerwiegende Folgen, da im Rahmen der Verdachtsberichterstattung häufig die Kennzeichnung der Person als Täter oder Tatverdächtiger verschwimmt.

(5) Trotz der bestehenden Gefahr nachhaltiger negativer Belastungen des Betroffenen muss die Verdachtsberichterstattung in den Medien im Hinblick auf ihre Informations- und Kontrollfunktion möglich sein, da sie anderenfalls lediglich über Tatsachen berichten dürften, die im Zeitpunkt ihrer Veröffentlichung bereits feststehen.

(6) Im Rahmen der Verdachtsberichterstattung stehen sich das allgemeine Persönlichkeitsrecht des Tatverdächtigen, die Rechte der Medien aus Art. 5 Abs. 1 und Abs. 2 GG, das Informationsinteresse der Öffentlichkeit und das Strafverfolgungsinteresse der Strafverfolgungsbehörden gegenüber.

(7) Das durch eine begangene Straftat aufkeimende Informationsinteresse hat derjenige, der den Rechtsfrieden bricht, als Konsequenz seines Verhaltens hinzunehmen. In der Phase, in der lediglich ein Straftatverdacht im Raum steht, ist dagegen noch nicht geklärt, ob sich der betroffene Tatverdächtige auch tatsächlich strafbar gemacht hat. Das Argument, die Befriedigung des Informationsinteresses müsse als Folge seines Verhaltens hingenommen werden, kann demnach einen Eingriff in das Persönlichkeitsrecht der betroffenen Person nicht rechtfertigen.

(8) Die Verknüpfung der Verfolgung einiger Delikte an einen Strafantrag sowie die Möglichkeit eines Strafbefehlverfahrens deuten auf den Willen des Tatverdächtigen und dessen Anerkennung durch die Rechtsordnung hin, dass der Ausgleich oder die Wiedergutmachung nicht in der Öffentlichkeit ausgetragen werden soll, sondern lediglich im Kreis von Täter und Opfer. Die Öffentlichkeitssphäre ist daher in der Regel nicht betroffen. Steht ein Tatverdacht im Raum, so ist dagegen regelmäßig auch nicht der letzte unantastbare Bereich menschlicher Freiheit tangiert, so dass zu meist das persönlichkeitsrechtliche Interesse des Tatverdächtigen am Schutz seiner Privatsphäre betroffen ist.

(9) Besonders heikel für das Persönlichkeitsrecht des Tatverdächtigen ist die zunehmende Medienpräsenz der Justiz. In diesem Zusammenhang stellen insbesondere der presserechtliche Auskunftsanspruch, die strafprozessualen Ansprüche auf Erteilung von Auskünften und Akteneinsicht sowie die Nr. 23 RiStBV mögliche Rechtsgrundlage medialer Gefährdungen dar.

(10) Die Verdachtsberichterstattung ist nicht leicht in die Kategorie „wahre“ oder „unwahre“ Tatsachenbehauptung einzuordnen. Die Medien stützen im Bereich der Verdachtsberichterstattung ihre Berichte oftmals auf Informationen der Ermittlungsbehörden. Ob diese Informationen jedoch tatsächlich der Wahrheit entsprechen, ist vor Abschluss des Strafverfahrens noch nicht beweiskräftig entschieden und kann auch von den Medien kaum oder gar nicht überprüft werden. Die These „Wahre Tatsachenmitteilungen sind geschützt, falsche Informationen fallen aus dem Schutzbereich des Art. 5 Abs. 1 Alt. 1 GG heraus“ ist in diesem Bereich zu einfach, da die Wahrheit oder Unwahrheit der vorgeworfenen Straftat im Zeitpunkt der Veröffentlichung des Medienberichts noch nicht feststeht.

(11) An die Medien dürfen zwar keine übersteigerten Anforderungen an die Wahrheitspflicht gestellt werden, dennoch müssen sie auf Grund ihrer Brei-

tenwirkung dem Tatverdächtigen mit besonderer Rücksicht begegnen, wenn sie diesen mit den Gefahren eines noch nicht verifizierten und damit unter Umständen unwahren Berichts konfrontieren. Im Ergebnis ist die Verdachtsberichterstattung im Grenzbereich zwischen der Vermittlung wahrer und unwahrer Tatsachenbehauptungen anzusiedeln, wobei zwischen der reinen Mitteilung über das laufende Strafverfahren und dem verbreiteten Vorwurf an sich unterschieden werden muss.

B) Die rechtmäßige Verdachtsberichterstattung

(12) Auf Grund des sich ständig verschärfenden Wettbewerbs zwischen den Medienunternehmen und die damit einhergehende immer größer werdende Rücksichtslosigkeit im Hinblick auf das Persönlichkeitsrecht ist es erforderlich, dass sich die journalistische Arbeit an gewissen Sorgfaltsmaßstäben auszurichten hat.

(13) Nach den Grundsätzen der höchstrichterlichen Rechtsprechung für eine zulässige Verdachtsberichterstattung sind folgende Kriterien zu erfüllen: Voraussetzung ist zunächst das Vorliegen eines Mindestbestandes an Beweistatsachen, die für den Wahrheitsgehalt der Information sprechen und ihr damit erst „Öffentlichkeitswert" verleihen. Dabei sind die Anforderungen an die Sorgfaltspflicht umso höher anzusetzen, je schwere und nachhaltiger das Ansehen des Betroffenen durch die Veröffentlichung beeinträchtigt wird. Die Darstellung darf ferner keine Vorverurteilung des Betroffenen enthalten. Unzulässig ist nach diesen Grundsätzen eine auf Sensation ausgehende, bewusst einseitige oder verfälschende Darstellung. Es müssen vielmehr auch die zur Verteidigung des Beschuldigten vorgetragenen Tatsachen und Argumente berücksichtigt werden. Auch ist vor der Veröffentlichung regelmäßig die Stellungnahme des Betroffenen einzuholen. Schließlich muss es sich um einen Vorgang von gravierendem Gewicht handeln, dessen Mitteilung durch ein Informationsinteresse der Allgemeinheit gerechtfertigt ist.

(14) Das in Art. 2 Abs. 1 i.V.m. Art. 2 Abs. 1 GG verbürgte allgemeine Persönlichkeitsrecht umfasst den Anspruch eines jeden, nicht mit diffamierenden rufschädigenden Äußerungen seitens der Ermittlungsbehörden konfrontiert zu werden.

(15) Die Regelung des § 4 Abs. 1 LPG gewährleistet einen gerichtlich durchsetzbaren Auskunftsanspruch, sofern eine auskunftspflichtige Information vorliegt. Allein die Regel des § 4 Abs. 1 LPG beinhaltet noch keine Pflicht zur umfassenden Auskunft. Sie legt gerade nicht das „Ob" der Auskunftspflicht fest und beinhaltet keine originäre Auskunftspflicht der Ermittlungsbehörden. Die Vorschrift ist vielmehr im Zusammenhang mit § 4 Abs.

2 LPG zu sehen. Für die Frage des „Ob“ einer Auskunftspflicht und damit eines Anspruchs der Medien auf Informationsübermittlung ist § 4 Abs. 2 LPG der richtige Anknüpfungspunkt, wobei den Ermittlungsbehörden ein Ermessensspielraum zugestanden wird. Besonders im Rahmen eines für die Öffentlichkeit besonders interessanten Ermittlungsverfahrens entscheiden die Strafverfolgungsbehörden durch ihre Auskunftsarbeit über die Dimension der öffentlichen Darstellung des Falles in den Medien.

(16) Auch Verlautbarungen von privilegierten Quellen dürfen von den Medien nicht ohne kritische Würdigung übernommen werden. Die den Medien auferlegte Sorgfaltspflicht gebietet eine achtsame Prüfung, insbesondere dann, wenn sich schon die privilegierte Quelle nicht an die Grenzen einer zulässigen Verdachtsberichterstattung gehalten hat. Vorverurteilende Äußerungsexzesse der Ermittlungsbehörden stellen keine privilegierten Quellen mehr dar. Übernehmen die Medien diese Meldungen dennoch, so tragen sie eine vollumfängliche Verantwortung, die sich wiederum an den allgemeinen Kriterien der Verdachtsberichterstattung orientiert.

(17) Die irreparablen Folgen einer Präjudizierung verpflichten dazu, jegliche Qualifizierung zu vermeiden, die über die erkennbar vorläufige Feststellung eines bestehenden Tatverdachts hinausgeht.

(18) Die Unschuldsvermutung des Art. 6 Abs. 2 EMRK hat zwar im Wesentlichen den Charakter einer Prozessmaxime inne, muss jedoch als umfängliches und individuelles Schutzprinzip verstanden werden. Die Unschuldsvermutung gilt nicht nur ab Eröffnung des Hauptverfahrens für den Angeklagten. Sie ist vielmehr auch schon im Vorfeld des Hauptverfahrens und somit im Ermittlungs- und Zwischenverfahren zu beachten. Sie lässt demnach auch dem Beschuldigten und Angeschuldigten Schutz zukommen und bleibt bis zur Rechtskraft eines möglicherweise gegen ihn zu ergehenden Urteils bestehen.

(19) Um dem Sinn und Zweck der Unschuldsvermutung des Art. 6 Abs. 2 EMRK gerecht werden zu können und um der tatverdächtigen Person einen wirklich umfassenden Schutz vor voreingenommenen Richtern oder anderen Verfahrensbeteiligten zukommen zulassen, müssen auch die Medien an das Prinzip der Unschuldsvermutung gebunden sein. Die Aufgabe, den einzelnen Verdächtigen zu schützen, kann die Unschuldsvermutung lediglich dann erfüllen, wenn man ihr auch eine Außenwirkung zuspricht. Sofern die Medien also in den Einwirkungsbereich der Strafgerichtsbarkeit einzuwirken vermögen, so haben auch sie die Unschuldsvermutung als eine von der Rechtsordnung gesetzte Schranke zu beachten.

(20) Nicht nur nach einer rechtskräftigen Verurteilung beziehungsweise nach Verbüßen der Strafe besteht ein grundsätzliches Bedürfnis, die Persönlich-

keit des Täters zu schützen, sondern gerade auch schon in der Phase eines bloßen Verdachts bis zur rechtskräftigen Verurteilung. Die Rechtsposition des Tatverdächtigen muss mit der des bereits verurteilten oder kurz vor seiner Entlassung stehenden Straftäters mindestens gleichgesetzt werden. Korrespondierend zu dem Recht des verurteilten Straftäters auf Resozialisierung als Teil des allgemeinen Persönlichkeitsrechts muss dem Tatverdächtigen ein entsprechender Schutz durch die Unschuldsvermutung zukommen, die wiederum als eigenständiges Schutzgut des allgemeinen Persönlichkeitsrechts einzuordnen ist.

(21) Es steht den Medien zwar frei, über ein Geständnis zu berichten. Dennoch ist zu beachten, dass Geständnisse oftmals durch Zweifel umhüllt sind. Insbesondere ist zu berücksichtigen, dass durch neue Erkenntnisse ein Strafverfahren einen völlig neuen Verlauf nehmen kann oder der Tatverdächtige an dem Geständnis nicht mehr festhalten will und es widerruft. Eine Bezeichnung des Tatverdächtigen als „Täter" ist demnach auch bei einem Geständnis zu vermeiden.

(22) Auf Grund der besonderen Bedeutung der Informationsarbeit der Strafverfolgungsbehörden ist es gerechtfertigt, an ihre Informationsarbeit ebenfalls die Maßstäbe heranzuziehen, die für die Medien zum Schutz des Persönlichkeitsrechts des Tatverdächtigen entwickelt wurden. Die Kriterien „Vorgang von gravierendem Gewicht" und „Mindestbestand an Beweistatsachen" lassen sich auf die Öffentlichkeitsarbeit der Strafverfolgungsbehörden übertragen. Ebenso das „Verbot einer präjudizierenden Darstellung". Lediglich das Erfordernis, dem Betroffenen eine „Gelegenheit zur Stellungnahme" einzuräumen, kann nicht unmittelbar auf die Öffentlichkeitsarbeit der Strafverfolgungsbehörden übertragen werden. Es kann ihnen nicht zur Pflicht gemacht werden, Tatsachen und Argumente, die einer Stellungnahme des Betroffenen entspringen, in ihre eigene Mitteilung vollumfänglich zu integrieren. Allerdings kann verlangt werden, dass der Betroffene und gegebenenfalls auch sein Verteidiger von den Verdachtsäußerungen in Kenntnis gesetzt werden, bevor diese an die Öffentlichkeit gelangen. Entscheidender Punkt ist nicht das „Ob", sondern das „Wie" der strafverfolgungsbehördlichen Informationsarbeit.

(23) Die Wiederholung eines zunächst rechtmäßig veröffentlichten Verdachts kann rechtswidrig sein, sofern sich inzwischen dessen Unwahrheit herausgestellt hat. Wird in Online-Archiven eine erst nachträglich unrichtig gewordene Verdachtsberichterstattung bereitgehalten, so ist ausschlaggebend, ob es sich bei dem Anbieten des Berichts im Internet um ein stetig neues „Verbreiten" handelt. Ist für den Archivnutzer ohne Bedenken zu erkennen, dass es sich um einen archivierten Artikel handelt und dass dieser nicht zur

aktuellen Berichterstattung zu zählen ist, so liegt keine neue Verbreitungshandlung vor. Das Bereitstellen des Berichts im Online-Archiv bleibt rechtmäßig. Kommt dagegen nicht klar zum Ausdruck, dass es sich um einen Bericht aus dem Online-Archiv und damit nicht um einen aktuellen Bericht handelt, so liegt ein erneutes Verbreiten vor. Für die Rechtmäßigkeit dieses Berichts ist sodann der Zeitpunkt seines Aufrufens maßgeblich.

(24) Die in dem Urteil des Bundesgerichtshofs zur identifizierenden Berichterstattung über einen verurteilten Straftäter durch das Bereithalten von Altmeldungen in einem Online-Archiv entwickelten Grundsätze sind auf die Vorhaltung von nachträglich unrichtig gewordenen Verdachtsberichterstattungen in Online-Archiven anwendbar. Sofern also die ursprünglich zulässige Verdachtsberichterstattung lediglich durch einen gezielten Suchvorgang gefunden werden kann, der Bericht ausschließlich auf den Archivseiten des Nachrichtenanbieters anzutreffen und zudem ausdrücklich als Altmeldung gekennzeichnet ist, so kann auch eine nachträglich unrichtig gewordene Verdachtsberichterstattung in einem Online-Archiv vorgehalten werden.

(25) Die Identität der tatverdächtigen Person ist als eine Information im Sinne des Art. 5 Abs.1 S. 1 GG anzusehen. Ob dem öffentlichen Informationsinteresse an der Veröffentlichung der Identität tatsächlich ein solch essenzieller Informationsgehalt zukommt, der das Interesse des Tatverdächtigen an seiner Anonymität zu verdrängen vermag, ist damit noch nicht gesagt.

(26) Eine identifizierende Berichterstattung im Zusammenhang mit dem Verdacht strafbaren Verhaltens kann die persönliche und gesellschaftliche Ehre gefährden oder beeinträchtigen. Die unfreiwillige Medienpublizität kann ebenso die wirtschaftliche Existenz gefährden oder gar vernichten. Im Bereich der Verdachtsberichterstattung ist besonders der Satz „semper aliquid haeret“ von Relevanz: Wer sich erst einmal einem Verdacht in der Öffentlichkeit ausgesetzt sieht, der wird es sehr schwer haben, sich von dem damit einhergehenden Makel zu befreien. Zum Schutz des Tatverdächtigen muss das „Recht auf Nicht-Entsozialisierung“ als Bestandteil des übergeordneten Rechts auf Sozialisation in jeder Phase des Strafverfahrens gelten.

(27) Eine Strafanzeige allein berechtigt noch nicht zu einer identifizierenden Berichterstattung.

(28) Allein aus der Nichtöffentlichkeit des Ermittlungsverfahrens kann die Unzulässigkeit einer identifizierenden Berichterstattung nicht hergeleitet werden. Das geringe Ausmaß an Verdacht, welches Voraussetzung für die Einleitung eines Ermittlungsverfahrens ist, spricht jedoch gegen eine derartige Berichterstattung.

(29) Während auch aus der Nichtöffentlichkeit des Zwischenverfahrens keine Schlussfolgerungen für die vorliegende Untersuchung gezogen werden können, so sprechen zumindest die recht geringen Anforderungen an die Eröffnung des Zwischenverfahrens gegen eine identifizierende Berichterstattung.

(30) Der Erlass eines Haft- oder Unterbringungsbefehls ist der früheste Zeitpunkt für eine Berichterstattung über den Betroffenen im Zusammenhang mit dem Verdacht strafbaren Verhaltens. Zeitlich vor Erlass eines Haft- oder Unterbringungsbefehls dürfen entsozialisierende Folgen durch eine entsprechende Berichterstattung nicht provoziert werden.

(31) Aus der Öffentlichkeit der Hauptverhandlung lässt sich noch keine grundsätzliche Befugnis zur publizistischen Veröffentlichung der Identität des Angeklagten ableiten. Gegen eine derartige Berichterstattung spricht jedoch nicht, dass der für die Eröffnung der Hauptverhandlung erforderliche Mindestverdacht zu gering sei.

(32) Eine Medienberichterstattung, die eine Identifizierung des Betroffenen ermöglicht, ist unzulässig, wenn in diesem Zusammenhang Umstände erwähnt werden, wegen derer die Öffentlichkeit nach den §§ 171 a, 171 b, 172 Nr. 1 Alt. 1 und 3, 172 Nr. 2, 172 Nr. 3 GVG von der Hauptverhandlung ausgeschlossen wurde. Wird die Öffentlichkeit nach § 172 Nr. 1 a GVG zum Schutz des Mitangeklagten ausgeschlossen, so muss eine identifizierende Berichterstattung unterbleiben.

(33) Auf Grund der besonderen entwicklungsbedingten Sozialisationsgefährdung jugendlicher Tatverdächtiger ist eine publizistische Identifizierung während des gesamten Strafverfahrens unzulässig. Über straftatverdächtige Heranwachsende darf während des Ermittlungs- und Zwischenverfahrens gleichermaßen nicht berichtet werden. Macht das Gericht von der Möglichkeit des § 109 Abs. 1 S. 4 JGG Gebrauch und schließt die Öffentlichkeit in einer Hauptverhandlung gegen den Heranwachsenden aus, so ist eine identifizierende Berichterstattung über diesen ebenfalls nicht zulässig.

(34) Alle Arten anonymitätsgefährdender und bloßstellender Identifikationsmöglichkeiten sind vom persönlichkeitsrechtlichen Anonymitätsschutz umfasst. Der Bildnis- und Namensschutz sowie die indirekt identifizierenden Darstellungen sind einer einheitlichen rechtlichen Beurteilung nach den §§ 22 ff. KUG (analog) zuzuführen.

(35) Allein die Tatsache, dass schon mehrfach über den Tatverdächtigen in den Medien berichtet wurde, macht diesen nicht zu einer Person von öffentlichem Interesse im Sinne des § 23 Abs. 1 Nr. 1 KUG. Auch die schlichte Gier nach Sensation kann das Anonymitätsinteresse des Tatverdächtigen nicht verdrängen und genügt nicht, um diesen als Person der Zeitgeschichte

einzuordnen. Ferner darf lediglich auf Grund der Existenz eines Straftatverdachts nicht einwilligungsfrei nach § 23 Abs. 1 Nr. 1 KUG in identifizierender Weise berichtet werden. Auch der schlichte Akt der Verhaftung genügt nicht für eine einwilligungsfreie identifizierende Berichterstattung.

(36) Zwar enthält § 24 KUG eine weitere Ausnahme von Einwilligungserfordernis des § 22 S. 1 KUG. Selbstständige in redaktioneller Eigenverantwortung gestaltete Fahndungsmaßnahmen der Medien fallen jedoch nicht darunter.

(37) Die Medien müssen zwar bei der Berichterstattung über eine Person im Zusammenhang mit dem Verdacht einer Straftat stets die Unschuldsvermutung beachten. Diese wirkt jedoch nicht im Sinne einer die Entanonymisierung verbietenden Totalsperre.

(38) Betrachtet man für die Einstufung einer identifizierenden Berichterstattung als „zulässig“ oder „unzulässig“ die Grenzen der Öffentlichkeitsfahndung, so lassen sich - zusätzlich zu den allgemeinen Rechtmäßigkeitsvoraussetzungen der Verdachtsberichterstattung - weitere Kriterien herauskristallisieren: Eine Identifizierung im Zusammenhang mit dem Verdacht strafbaren Verhaltens ist dann als zulässig anzusehen, wenn

1. eine Straftat von erheblicher Bedeutung vorliegt,
2. ein dringender, durch den Erlass eines Haft- oder Unterbringungsbefehls bestätigter Tatverdacht besteht und
3. die Aufdeckung der Identität der tatverdächtigen Person auch geeignet erscheint, zur Aufklärung des Verbrechens beizutragen oder die Aufdeckung der Identität zum Schutze der Allgemeinheit wegen bestehender Wiederholungsgefahr geboten ist.

(39) Die unter Punkt (38) genannten Kriterien erfordern eine intensivere Kooperation zwischen den Medien und den Strafverfolgungsbehörden und machen eine identifizierende Berichterstattung nur in sehr speziellen Fällen möglich. Dieser restriktive Ansatz rechtfertigt sich jedoch mit den kaum überschaubaren negativen Folgen für den Tatverdächtigen und dessen Familie im Falle einer Identifikation in der Öffentlichkeit.

(40) Die Eröffnung der Hauptverhandlung an sich ist kein Ereignis der Zeitgeschichte und kann eine zeitgeschichtliche Relevanz des Angeklagten nicht begründen. Auch ist die Hauptverhandlung allein wegen ihrer öffentlichen Durchführung nach § 169 S. 1 GVG kein zeitgeschichtlicher Vorgang im Sinne des § 23 Abs. 1 Nr. 1 KUG. Lediglich die Tatsache, dass ein Strafverfahren besonders Aufsehen erregend und sensationell ist, rechtfertigt ebenfalls noch keine Identifizierung in den Medien.

(41) Entsprechend § 169 S. 2 GVG sind Ton- und Fernsehaufnahmen sowie Ton- und Filmaufnahmen zum Zwecke der öffentlichen Vorführung oder

Veröffentlichung ihres Inhalts unzulässig. Dieses gesetzliche Verbot trägt dem Anspruch der Beteiligten auf ein faires Verfahren sowie der Funktionstüchtigkeit der Rechtspflege, insbesondere der ungestörten Wahrheits- und Rechtsfindung, Rechnung. Die Vorschrift des § 169 GVG trifft lediglich eine Regelung für die eigentliche Verhandlung vor dem erkennenden Gericht. Vor Beginn, in den Verhandlungspausen sowie am Schluss der Verhandlung können dagegen Ton-, Film- und Fernseh-Rundfunkaufnahmen angefertigt werden. Die Vorschrift des § 176 GVG jedoch ermöglicht es dem vorsitzenden Richter, die zur Aufrechterhaltung der Ordnung in der Sitzung nötigen Maßnahmen zu ergreifen.

(42) Immer häufiger erteilen die Vorsitzenden die Genehmigung, Aufnahmen zu fertigen, knüpfen diese jedoch an die Bedingung der Anonymisierung (z. B. durch Verpixelung) der Verfahrensbeteiligten. Diese Anordnungen sind nur teilweise zu begrüßen. Positiv ist, dass der Angeklagte keine identifizierenden Aufnahmen aus dem Gerichtssaal oder Gerichtsgebäude in den Medien dulden muss. Foto- und Filmaufnahmen vor Beginn, am Ende oder in den Verhandlungspausen muss er jedoch trotzdem über sich ergehen lassen.

(43) Heimliche Aufnahmen aus der Verhandlung muss der Angeklagte sich dagegen nicht gefallen lassen. Aus Gründen der Effizienz seiner Verteidigung muss er darauf vertrauen können, dass von ihm während der laufenden Verhandlung gegen seinen Willen keine Aufnahmen angefertigt werden.

(44) Handelt es sich weder um einen Fall herausragender Schwerkriminalität noch um einen Terroristenprozess oder Prozess im Zusammenhang mit ausländerfeindlichem Hintergrund oder einer in der Öffentlichkeit begangenen Straftat, so sind Foto- und Filmaufnahmen unmittelbar vor Beginn der Verhandlung zu unterbinden. Um Art. 5 Abs. 1 S. 2 GG gerecht zu werden, kommen jedoch Aufnahmen in den Sitzungspausen oder am Schluss der Verhandlung in Betracht. Hierüber und über eine Anonymisierung hat der Vorsitzende im Rahmen des § 176 GVG zu entscheiden. Eine Pflicht, den Angeklagten den Medien zur Ablichtung vorzuführen, existiert nicht.

(45) Aufnahmen aus dem privaten Vorleben des Angeklagten sind für die Medienberichterstattung tabu. Kontextneutrale Bilder dagegen können unter Umständen veröffentlicht werden.

(46) War eine identifizierende Berichterstattung bereits in der Phase bis zur Eröffnung des Hauptverfahrens zulässig oder sucht der Angeklagte bewusst die Medienöffentlichkeit, so kann auch während des Hauptverfahrens in identifizierender Weise berichtet werden. „Neugier“ und „Sensationslust“ rechtfertigen dagegen keine Identifizierung in den Medien. Abzustellen ist vielmehr auf die „zeitgeschichtliche Bedeutung der Tat“. Es müssen weite-

re über die Schwere der Tat hinausgehende Umstände gegeben sein, um eine Entanonymisierung rechtfertigen zu können.

(47) Eine Identifizierung ist ferner dann statthaft, wenn die Mitteilung im Interesse der öffentlichen Meinungsbildung nicht unterbleiben darf und diese bei Verzicht auf identifizierende Daten an Informationswert verlieren würde, wenn die fragliche Straftat einen unmittelbar politischen Bezug aufweist, sich die Tat durch eine hohe Sozialschädlichkeit auszeichnet oder die Täterschaft unstreitig feststeht, da die Tat (unter Anwesenheit der Medien) in der Öffentlichkeit verübt wurde.

(48) Wird über eine in der Öffentlichkeit stehende Person in Zusammenhang mit dem Verdacht einer Straftat berichtet, so ist gerade bei diesen Personen eine öffentliche Bloßstellung zu befürchten, die im Hinblick auf den schon existierenden Bekanntheitsgrad der betroffenen Person noch schwerwiegendere Folge nach sich ziehen kann. In identifizierender Weise darf zumindest dann berichtet werden, wenn der (mutmaßliche) Täter auf Grund seiner Stellung im öffentlichen Leben oder wegen seines öffentlichen Amtes eine besondere Vertrauensstellung innehat und das in Frage stehende Delikt damit im Zusammenhang steht. Ist ein solcher Zusammenhang nicht anzunehmen, so muss zumindest der in Frage stehenden Straftat zeitgeschichtliche Bedeutung zukommen, da sonst dieser Kreis an öffentlichen Personen schlechter gestellt wäre.

(49) Der Verdacht, bei Ausübung der öffentlichen Tätigkeit gegen ein Strafgesetz verstoßen zu haben, erweckt Zweifel an einer vorbildlichen und tadellosen Arbeit. Dies bis zum Abschluss des Strafverfahrens nicht veröffentlichen zu dürfen, ist ebenso unvertretbar wie das ungerechtfertigte und nach Sensation haschende Aufbauschen eines Tatverdachts.

(50) Personen des öffentlichen Lebens kann im Verhältnis zu den „Durchschnittsbürgern“ nicht schon von vornherein ein geringerer Ehrenschutz zugestanden werden. Auch dieser Personenkreis ist im Falle einer Verdachtsberichterstattung den Gefahren einer vorschnellen Rufschädigung ausgesetzt.

C) Lösungsansätze

(51) Die Ermittlungsbehörden sind im Kontext der Verdachtsberichterstattung nicht zu vernachlässigen. Diese verfolgen neben informationspolitischen Interessen vor allem das Interesse an einer wirksamen Strafverfolgung. Als privilegierte Quellen erteilen sie Auskünfte an die Medien, die nicht immer von Objektivität und Zurückhaltung geprägt sind. Somit bilden nicht lediglich die Journalisten, sondern auch die Ermittlungsbehörden eine Gefahrenquelle für das allgemeine Persönlichkeitsrecht des Tatverdächtigen. Die

Medien und Strafverfolgungsbehörden bilden damit eine Koalition, die für den betroffenen Tatverdächtigen weitreichende Folgen nach sich ziehen kann.

(52) Staatsanwaltliche Ermittlungstätigkeiten greifen zwangsläufig in das allgemeine Persönlichkeitsrecht des betroffenen Tatverdächtigen ein. Im Zusammenhang mit der Durchführung von Strafverfahren ist der Tatverdächtige verpflichtet, im vorrangigen Interesse an der Aufklärung des Sachverhalts Eingriffe in seine Privatsphäre hinzunehmen.

(53) Vorliegend geht es ausschließlich um Eingriffe in das Persönlichkeitsrecht, die dem Tatverdächtigen durch die öffentliche Beschuldigung als Grundform staatsanwaltlicher Kommunikation an sich entstehen. Sobald der Verdächtige öffentlich bekannt ist, wird eine soziale und nicht selten auch psychische Dynamik ausgelöst. Sein Status an sozialer Achtung in der Gesellschaft sieht sich einer nicht zu unterschätzenden Bedrohung ausgesetzt. Die Unschuldsvermutung federt den Druck, den der Verdächtige erfährt, zwar ab. Dennoch hat er die Gefahr der Minderung seiner Achtungswürdigkeit, die auf Grund der reinen Beschuldigung entsteht, hinzunehmen.

(54) Die Intensität dieses Eingriffs nimmt zu, wenn sich die Strafverfolgungsbehörden so genannter Eingriffsverstärker bedienen. Sie treiben das eigentliche Maß an Eingriffsintensität einer reinen Beschuldigung in die Höhe. Als derartige Eingriffsverstärker sind sowohl die Vorverurteilung als auch die Indiskretion anzusehen. Diese sind in den durch die Rechtsprechung entwickelten Anforderungskatalog für eine zulässige Verdachtsberichterstattung der Medien aufzunehmen.

(55) Es kann in der Regel den juristisch unzureichend gebildeten Journalisten nicht zugemutet werden, die Zulässigkeit einer Verdachtsberichterstattung allein zu prüfen. Hier ist bereits im frühen Stadium der Öffentlichkeitsarbeit der Strafverfolgungsbehörden anzusetzen, indem bereits diesen eine erhöhte Sorgfaltspflicht zugesprochen wird. Schließlich gilt der Anforderungskatalog für die Berichterstattung der Medien auch für die Ermittlungsbehörden.

(56) Machen die Ermittlungsbehörden von den Eingriffsverstärkern der Vorverurteilung und der Indiskretion Gebrauch, so ist gleichzeitig eine hohe Eingriffsintensität in das Grundrecht des allgemeinen Persönlichkeitsrechts zu erwarten. Dabei sind jedoch insbesondere schwere, irreversible Schäden zu vermeiden. Um dies zu gewährleisten, erfordert das Verbot der Vorverurteilung eine Präzision: Es meint das Verbot schwerer, irreversibler Schäden. Im Kontext der Vorläufigkeit des Verdachts haben vorverurteilende und indiskrete Angaben nichts zu suchen, sodass die Verdachtsberichterstattung frei von jeglichen Eingriffsverstärkern erfolgen muss.

(57) Das für die Medien aufgestellte Gebot der Zurückhaltung gilt im Besonderen auch für die Strafverfolgungsbehörden. Sie sind zu einer besonders strengen Selektion der zu veröffentlichenden Informationen angehalten. Hierzu liefern die RiStBV eine Arbeitshilfe, die den Pressesprechern unterstützend und dirigierend zur Seite steht. Die RiStBV zeigen eine klare Tendenz auf, der tatverdächtigen Person Schutz ihres allgemeinen Persönlichkeitsrechts zu gewähren. Um eine restriktive und diskrete staatsanwaltliche Informationsarbeit sicherzustellen, ist die Nr. 23 RiStBV zu erweitern. Es sollten die Zusammenarbeit mit den Medien (Nr. 23 RiStBV), die Auskunftserteilung (Nr. 23 a RiStBV) und schließlich auch die Schutzpflichten (Nr. 23 b RiStBV) jeweils präzisiert werden. An diesen bundeseinheitlich geltenden Richtlinien könnten sich die Pressesprecher der Staatsanwaltschaften orientieren, um für mehr Diskretion und Zurückhaltung zu sorgen.

Literaturverzeichnis

Alber, Peter Paul: Die Geschichte der Öffentlichkeit im deutschen Strafverfahren, Berlin 1974.

Albers, Marion: Zur Neukonzeption des grundrechtlichen „Daten“schutzes, in: Herausforderungen an das Recht der Informationsgesellschaft, 36. Tagung der wissenschaftlichen Mitarbeiterinnen und Mitarbeiter der Fachrichtung „Öffentliches Recht“, Dresden 1996, S. 113-139.

Albrecht, Peter-Alexis: Jugendstrafrecht, 3. Auflage, München 2000.

Alexy, Robert: Theorie der Grundrechte, Baden-Baden 1985.

Alternativkommentar: Grundgesetz für die Bundesrepublik Deutschland, Band 1 (Art. 1-37), 2. Auflage, Neuwied 1989 (zit.: Bearbeiter, in: AK-GG).

Amelung, Knut: Die zweite Tagebuchentscheidung des BVerfG, in: NJW 1990, S. 1753-1760.

Amelung, Ulrich: Der Schutz der Privatheit im Zivilrecht, Tübingen 2002.

von Arnauld, Andreas: Strukturelle Fragen des allgemeinen Persönlichkeitsrechts, in: ZUM 1996, S. 286-292.

Arndt, Adolf: Das Öffentliche, NJW 1960, S. 423-425.

ders.: „Vor unserer eigenen Tür“-Eine Besprechung der Entscheidung des BGH v. 16.9. 1966 zu dieser Fernsehsendung, in: NJW 1967, S. 1845-1847.

ders.: Die Rolle der Massenmedien in der Demokratie, in: Die Rolle der Massenmedien in der Demokratie, Martin Löffler (Hrsg.), München 1966, S. 1-21.

Arzt, Gunther: Der befangene Strafrichter, Tübingen 1969.

ders.: Der strafrechtliche Schutz der Intimsphäre, Tübingen 1970.

Badura, Peter: Staatsrecht, 4. Auflage, München 2010.

Bamberger, Christian: Medienöffentlichkeit im Lichte der Rundfunkfreiheit, in: ZUM 2001, S. 373-378.

Bamberger, Heinz Georg/*Roth*, Herbert: Kommentar zum Bürgerlichen Gesetzbuch, Band 2 (§§ 611-1296, AGG, ErbauVO, WEG), 2. Auflage, München 2008 (zit.: Bearbeiter, in: Bamberger/Roth, BGB).

Baumann, Jürgen: Die Reform der Vorschriften über die Öffentlichkeit des Strafverfahren, in: NJW 1982, S. 1558-1567.

von Becker, Peter: Straftäter und Tatverdächtige in den Massenmedien: Die Frage der Rechtmäßigkeit identifizierender Kriminalberichte, Baden-Baden 1979.

Becker-Toussaint, Hildegard: Schmerzensgeldansprüche Beschuldigter bei Medieninformation der Staatsanwaltschaften, in: NJW 2004, 414-418.

Benda, Ernst: Privatsphäre und „Persönlichkeitsprofil“-Ein Beitrag zur Datenschutzdiskussion, in: Festschrift für Willi Geiger zum 65. Geburtstag, Tübingen 1974, S. 23-44.

ders.: Das Recht auf informationelle Selbstbestimmung und die Rechtsprechung des Bundesverfassungsgericht zum Datenschutz, in: DuD 1984, S. 86- 90.

Berg, Klaus: Fahndung und Ermittlung mit Hilfe der Medien, in: AfP 1989, S. 416-418.

Berg, Wilfried: Zum presserechtlichen Informationsanspruch-OVG Münster, NVwZ-RR 1998, 311, in: JuS 1998, S. 997-1000.

Berka, Walter: Medienfreiheit und Persönlichkeitsschutz-Die Freiheit der Medien und ihre Verantwortung im System der Grundrechte, Wien 1982.

ders.: Persönlichkeitsschutz und Massenmedien im Lichte der Grundfreiheiten und Menschenrechte, in: Koziol, Helmut/Warzilek, Alexander, Persönlichkeitsschutz gegenüber Massenmedien, Wien 2005.

Bermes, Jürgen: Der Streit um die Presse-Selbstkontrolle: Der Deutsche Presserat, Baden-Baden 1991.

Bernhardt, Rudolf: Die Europäische Menschenrechtskonvention und die deutsche Rechtsordnung, in: EuGRZ 1996, S. 339-341.

Beulke, Werner: Strafprozessrecht, 10. Auflage, Heidelberg 2008.

Bockelmann: Öffentlichkeit und Strafrechtspflege, in: NJW 1960, S. 217-221.

Böckenförde, E.-W./*Wieland*, Joachim: Die „Rundfunkfreiheit“-ein Grundrecht?, in: AfP 1982, S. 77-85.

Böhm, Alexander/*Feuerhelm*, Wolfgang: Einführung in das Jugendstrafrecht, 4. Auflage, München 2004.

Bonner Kommentar: Kommentar zum Grundgesetz, Band 1 (Einleitung bis Art. 3), 117. Aktualisierung, Heidelberg, Juni 2005 und 133. Aktualisierung, Heidelberg, April 2008 (Art. 2 Abs. 1); Band 2 (Art. 4-6 Abs. 1), 122. Aktualisierung, Heidelberg, Juli 2006 (Art. 5 Abs.1, 2); Band 6 (Art. 22-33), 140. Aktualisierung, Heidelberg, Juni 2009 (Art. 25) (zit.: Bearbeiter, in: Bonner Kommentar, GG).

Bornkamm, Joachim: Pressefreiheit und Fairness des Strafverfahrens, Die Grenzen der Berichterstattung über schwebende Strafverfahren im englischen, amerikanischen und deutschen Recht, Baden-Baden, 1980.

ders.: Die Berichterstattung über schwebende Strafverfahren und das Persönlichkeitsrecht des Beschuldigten, in: NStZ 1983, S. 102-108.

Branahl, Udo: Medienrecht, 6. Auflage, Wiesbaden 2009.

Brand, Torsten: Rundfunk im Sinne des Artikel 5 Abs. 1 Satz 2 GG, Berlin 2002.

Brandner, Hans Erich: Das allgemeine Persönlichkeitsrecht in der Entwicklung der Rechtsprechung, in: JZ 1983, 689-696.

Braun, Yvonne: Medienberichterstattung über Strafverfahren im deutschen und englischen Recht, Freiburg i. Br. 1998.

Bresser, Klaus: In aller Öffentlichkeit-Was das Fernsehen für den Rechtsstaat leisten kann, in: Festschrift für Gerd Jauch zum 65. Geburtstag, München 1990, S. 7-10.

Brodersen, Kilian: Das Strafrechtsänderungsgesetz 1999, in: NJW 2000, S. 2536-2542.

Brüchert, Oliver: Woher kommt die Lust am Strafen?, in: KrimJ, 8. Beiheft 2004, S. 230-248.

Brüggemann, Bernd: Zur Berichterstattung über Ermittlungs- und Gerichtsverfahren, in: AfP 1971, S. 155-158.

Brunner, Rudolf/*Dölling*, Dieter: Jugendgerichtsgesetz, 11. Auflage, Berlin 2002.

Buchholz, Ernst: Presse und Strafjustiz, in: ZV und ZV 1961, S. 1628-1629.

Bührke, Horst: Selbstkontrolle der Presse und Pressearbeit der Justiz, in: DRiZ 1964, S. 75-78.

Bullinger, Martin: Genetische Belastung der „öffentlichen Aufgaben" der Presse, in: AfP 1995, S. 644-645.

ders.: Nationaler öffentlicher Rundfunk im weltweiten Wettbewerb, in: Festschrift für Walter Leisner zum 70. Geburtstag, Berlin 1999, S. 885-893.

Bussmann, Kurt: Persönlichkeitsrecht und Berichterstattung in Presse, Film und Funk, in: JR 1955, S. 202-205.

Clausen, Lars: Krasser sozialer Wandel, Opladen 1994.

von Coelln, Christian: Der Zutritt von Journalisten zu öffentlichen Gerichtsverhandlungen, in: DÖV 2006, S. 804-811.

Coing, Helmut: Das Grundrecht der Menschenwürde, der strafrechtliche Schutz der Menschlichkeit und das Persönlichkeitsrecht des bürgerlichen Rechts, in: Süddeutsche Juristen-Zeitung 1947, Sp. 641-645.

ders.: Ehrenschutz und Presserecht, Karlsruhe 1960.

Cornils, Karin: Schweden, in: Eser, Albin/Meyer, Jürgen, Öffentliche Vorverurteilung und faires Strafverfahrens, Eine rechtsvergleichende Untersuchung im Auftrag des Bundesjustizministeriums der Justiz, Freiburg i. Br. 1986, S. 187-210.

Cron, H.: Das Wagnis des Deutschen Presserates, in: ZV und ZV 1960, S. 1050.

Czajka, Dieter: Pressefreiheit und „öffentliche Aufgabe" der Presse, Stuttgart 1968.

Dagtoglou, Prodromos: Wesen und Grenzen der Pressefreiheit, Stuttgart 1963.

Dahs, Hans: Der Anwalt im Strafprozess, in: AnwBl. 1959, S. 171-189.

ders.: Die kleine Strafprozessreform-Zum Strafprozessänderungsgesetz vom 19.12.1964 (BGBl. 1964 I, S. 1067), in: NJW 1965, S. 81-86.

ders.: Urteilsanmerkung zu BGH, Urteil vom 16.1.1986-III ZR 77/85, in: NStZ 1986, S. 563-564.
ders.: Der Bürger im Strafverfahren-Zwischen Vorverurteilung und Persönlichkeitsschutz, in: Vorträge zur Rechtsentwicklung der achtziger Jahre, herausgegeben von der Juristischen Gesellschaft Osnabrück-Emsland, Köln 1991, S. 367-381.
ders.: Handbuch des Strafverteidigers, 7. Auflage, Köln 2005.
Dalbkermeyer, Birgit: Der Schutz des Beschuldigten vor identifizierenden und tendenziösen Pressemitteilungen der Ermittlungsbehörden, Frankfurt a.M. 1994.
Dallinger, Wilhelm/*Lackner*, Karl: Jugendgerichtsgesetz mit ergänzenden Vorschriften, 2. Auflage, München 1965.
Damm, Renate/*Rehbock*, Klaus: Widerruf, Unterlassung und Schadensersatz in den Medien, 3. Auflage, München 2008.
Degenhart, Christoph: Empfiehlt es sich, die Rechte und Pflichten der Medien präziser zu regeln und dabei den Rechtsschutz des Einzelnen zu verbessern?, in: DVBl. 1990, S. 910-919.
ders.: Das allgemeine Persönlichkeitsrecht, Art. 2 I i.V.m. Art. 1 I GG, in: JuS 1992, S. 361-368.
Delitz, Jürgen: Tagespresse und Justiz, Hamburg 1989
Denninger, Erhard: Über das Verhältnis von Menschenrechten zum positiven Recht, in: JZ 1982, S. 225-231.
Deutsch, Erwin: Fernsehfahndung und öffentliche Tatbeschreibung, in: GRUR Int. 1973, S. 463-469.
Deutscher Presserat, Tätigkeitsbericht 1969, Bad Godesberg.
Diemer, Herbert/*Schoreit*, Armin/*Sonnen*, Bernd-Rüdeger: Jugendgerichtsgesetz mit Jugendvollzugsgesetzen, Kommentar, 5. Auflage, Heidelberg 2008.
Dietrich, Nicole: Der Deutsche Presserat, Baden-Baden 2002.
Döhring, Karl: Das Staatsrecht der Bundesrepublik Deutschland, 3. Auflage, Frankfurt a. M. 1984.
Dölling, Dieter: Kriminalberichterstattung in der deutschen und polnischen Tagespresse-ein Vergleich, in: Dölling, Dieter/Gössel, Karl Heinz/Waltos, Kriminalberichterstattung in der Tagespresse, Heidel-berg 1998.
Doepner, Ulf/*Spieth*, Friedrich: Verfassungsrechtliche Aspekte der sogenannten freien Kurzberichterstattung über öffentliche Veranstaltungen und Ereignisse, in: AfP 1989, S. 420-432.
Dörr, Dieter: Faires Verfahren, Gewährleistung im Grundgesetz der Bundesrepublik Deutschland, Kehl a. Rh. 1984.
Dreher, Eduard: Das schlechte Gewissen des Strafrichters, in: Festschrift für Paul Bockelmann zum 70. Geburtstag, München 1979, S. 45-65.

Dreier, Horst: Grundgesetz Kommentar, Band 1 (Präambel, Art. 1-19), 2. Auflage, Tübingen 2004 (zit.: Bearbeiter, in: Dreier, GG).

Dreier, Thomas/*Schulze*, Gernot: Urheberrechtsgesetz, Kommentar, 3. Auflage, München 2008 (zit.: Bearbeiter, in: Dreier/Schulze, Urheberrechtsgesetz)..

Dreves, Heinz: Die Bestimmungen des Strafprozessänderungsgesetzes über den Haftbefehl, in: DRiZ 1965, S. 110-113.

Dünnwald, Rolf: Namensrecht und Massenmedien, in: UFITA Band 49 (1967), S. 129-146.

Eberle, Carl-Eugen: Justiz und Medienöffentlichkeit, Grenzen der Gerichtsberichterstattung auf dem Prüfstand der Verfassung, in: ZDF-Jahrbuch 1992, S. 158-162.

Echterhölter, Rudolf: Die Europäische Menschenrechtskonvention im Rahmen der verfassungsmäßigen Ordnung, in: JZ 1955, S. 689-692.

ders.: Die Europäische Menschenrechtskonvention in der juristischen Praxis, in: JZ 1956, S. 142-146.

Ehmann, Horst: Informationsschutz und Informationsverkehr im Zivilrecht, in: AcP 188 (1988), S. 230-380.

ders.: Zur Struktur des allgemeinen Persönlichkeitsrechts, in: JuS 1997, S. 193-203.

Eisenberg, Johannes: Überblick zur Verteidigung gegenüber Presse- und Medienberichterstattung, in: StraFo 2006, S. 15-19.

Eisenberg, Ulrich: Jugendgerichtsgesetz, 14. Auflage, München 2010 (zit.: Eisenberg, JGG).

ders./*Conen*, Stefan: § 152 II StPO: Legalitätsprinzip im gerichtsfreien Raum?, in: NJW 1998, S. 2241-2249.

Engau, Herwigh: Straftäter und Tatverdächtige als Person der Zeitgeschichte, Frankfurt am Main, Berlin u.a. 1993.

Engels, Dieter/*Frister*, Helmut: Nichtöffentliches Verfahren vor dem Strafrichter?, in: ZRP 1981 S. 111-116.

Ennecerus, Ludwig/*Nipperdey*, Hans Karl: Allgemeiner Teil des Bürgerlichen Rechts, Band 1, 15. Auflage, Tübingen 1959.

Erdsiek, Gerhard: 1. Zur Gefahrenlage bei Fernölleitungen und Heizöltanks, 2. Unterhaltung als öffentliche Aufgaben der Presse, in: NJW 1963, S. 1390-1382.

ders.: 1. Störung der Rechtspflege durch Presseverstöße, 2. Private Auslobung gegenüber Verbrechen, 3. Das Fernsehgericht als Information über Gerichtsverfahren, in: NJW 1963, S. 1048-1050.

ders.: Unvollkommenheit des zivilrechtlichen Ehrenschutzes, in: NJW 1966, S. 1385-1389.

ders.: Zum Persönlichkeitsrecht des Straftäters, in: AfP 1973, S. 413-416.

Ernst, Marcus: Verarbeitung und Zweckbindung von Informationen im Strafprozess, Berlin 1993.
Evers, Hans Ulrich: Privatsphäre und Ämter mit Verfassungsschutz, Berlin 1960.
ders.: Auskunftsrecht der Presse gegenüber Behörden und allgemeines Persönlichkeitsrecht, in: Festschrift für Erich Schwinge zum 70. Geburtstag, Köln-Bonn 1973, S. 237-246.
ders.: Informationsanspruch der Presse gegenüber Behörden und allgemeines Persönlichkeitsrecht, in: AfP 1974, S. 548-552.
Faller, Hans Joachim: Die öffentliche Aufgabe von Presse und Rundfunk, in: AfP 1981, S. 430-438.
Fechner, Frank: Medienrecht, 11. Auflage, Tübingen 2010.
Feltes, Thomas: Stigmatisierung durch Kriminalberichterstattung, in: Kriminalistik 1980, S. 451-456.
Flehinghaus, Otto: Justiz und Öffentlichkeit, in: DRiZ 1959, S. 165-166.
Franke, Dietmar: Die Bildberichterstattung über den Angeklagten und der Öffentlichkeitsgrundsatz im Strafverfahren, Berlin 1978.
Friauf, Karl Heinrich: Zur Rolle der Grundrechte im Interventions- und Leistungsstaat, in: DVBl. 1971, S. 674-683.
Fricke, Ernst: Recht für Journalisten: Grundbegriffe und Fallbeispiele, Konstanz 1997.
Friesenhahn, Ernst: Der internationale Schutz der Menschenrechte, Reihe C der Schriftenreihe der Niedersächsischen Landeszentrale für politische Bildung, Hannover 1960.
ders.: Die Pressefreiheit im Grundrechtssystem des Grundgesetzes, in: Festgabe für Otto Kunze zum 65. Geburtstag, Berlin 1969, S. S. 21-37.
Friedrichsen, Gisela: Das Interesse der Öffentlichkeit an einer Justizberichterstattung durch die Medien, in: StV 2005, Beilage-Medien und Strafjustiz, S. 169-170.
Friske, Hans-Jürgen: Justiz und Medien, Münster 1988.
ders./Herr, Robert: Gefährdet die Presse die richterliche Unabhängigkeit?, in: DRiZ 1990, S. 331-334.
Frowein, Jochen Abr.: Zur Bedeutung der Unschuldsvermutung in Art. 6 Abs. 2 Europäische Menschenrechtskonvention, in: Festschrift für Hans Huber zum 80. Geburtstag, Berlin 1981, S. 553-562.
ders.: Das Bundesverfassungsgericht und die Europäische Menschenrechtskonvention, in: Festschrift für Wolfgang Zeidler, Band 2, Berlin 1987, S. 1763-1774.
ders./*Peukert*, Wolfgang: Europäische Menschenrechtskonvention, EMRK-Kommentar, 3. Auflage, Kehl a. Rh. 2009.

Füßer, Klaus/*Viertel*, Katrin: Der Anspruch auf Abschlussverfügung im Ermittlungsverfahren und seine Durchsetzung, in NStZ 1999, S. 116-120.

Gamm, Otto-Friedrich: Urheberrechtsgesetz, Kommentar, München 1968.

ders.: Persönlichkeits- und Ehrverletzungen durch Massenmedien, München 1969.

Garland, David: Die Kultur der „High Crime Societies", in: Soziologie der Kriminalität 2004, S.36-92.

Gatzweiler, Norbert: Die Einbeziehung der Medien in die Verteidigungsstrategie, in: 5. Kölner Symposium „Kriminalität in den Medien" vom 27.-29.9.1999, S. 212-222.

Geck, W. K.: Anmerkung OVG Münster, Bescheid vom 24. Juni 1955-VI A 444/54, in: DVBl. 1956, S. 525-527.

Geerds, Friedrich: Über strafprozessuale Maßnahmen, insbesondere Entnahme von Blutproben bei Verdacht der Trunkenheit am Steuer, in: GA 1965, S. 321-341.

ders.: Berichterstattung über Strafsachen, in: Festschrift für Dietrich Oehler zum 70. Geburtstag, München 1985, S. 423-446.

Geiger, Rudolf: Grundgesetz und Völkerrecht, 4. Auflage, München 2009.

Geiger, Willi: Gedanken zu einem neuen Presserecht, in: AfP 1959, S. 41-47.

ders.: Die Grundrechte der Informationsfreiheit, in: Festschrift für Adolf Arndt zum 65. Geburtstag, Frankfurt a. M 1969, S. 119-144.

Geis, Max-Emanuel: Der Kernbereich des Persönlichkeitsrechts-Ein Plädoyer für die „Sphärentheorie", in: JZ 1991, S. 112-117.

Gerhardt, Erwin: Zum Begriff der Informationsfreiheit, in: AfP 1974, S. 689-691.

von Gierke, Otto: Deutsches Privatrecht, Band 1, Allgemeiner Teil und Personenrecht, Leipzig 1895.

Götting, Horst-Peter/*Schertz*, Christian/*Seitz*, Walter: Handbuch des Persönlichkeitsrechts, München 2008 (zit.: Bearbeiter, in: Götting/Schertz/Seitz, Handbuch des Persönlichkeitsrechts).

Godler, Herbert: Kriminal- und Gerichtssaalberichterstattung in der Praxis, in: Kriminalität und Massenmedien, Überlegungen zur Gerichtssaalreportage und Kriminalberichterstattung, Graz 1981, S. 39-51.

Gollwitzer, Walter: Menschenrechte im Strafverfahren, MRK und IPBPR, Kommentar, Berlin 2005.

Gottzmann, Nicole: Möglichkeiten und Grenzen der freiwilligen Selbstkontrolle in der Presse und in der Werbung: der Deutsche Presserat und der Deutsche Werberat, München 2005.

Gounalakis, Georgios: Freiräume und Grenzen politischer Karikatur und Satire, in: NJW 1995, S. 809-816.

ders.: Kameras im Gerichtssaal, in: Freundesgabe für Friedrich Kübler zum 65. Geburtstag, Heidelberg 1997, S, 173-200.

Graf, Jürgen Peter: Strafprozessordnung, Mit Gerichtsverfassungsgesetz und Nebengesetzen, Kommentar, München 2010.

Grave, Helmut: Der von der Presse als „Täter" bezeichnete Tatverdächtige, in: NJW 1981, S. 209-211.

Greupner, Manfred: Das Nichtöffentlichkeitsgebot des § 48 Abs. 1 JGG unter besonderer Berücksichtigung der Zulassung von Schulklassen zum Jugendstrafverfahren, in: DRiZ 1985, S. 389-391.

Grimm, Dieter: Die Meinungsfreiheit in der Rechtsprechung des Bundesverfassungsgerichts, in: NJW 1995, S. 1697-1705.

ders.: Persönlichkeitsschutz im Verfassungsrecht, in: Karlsruher Forum 1996, S. 3-51.

Gronau, Kerstin: Das Persönlichkeitsrecht von Personen der Zeitgeschichte und die Medienfreiheit, Baden-Baden 2002.

Groß, Rolf: Verschwiegenheitspflicht der Bediensteten und Informationsrecht der Presse, Göttingen 1964.

ders.: Zum presserechtlichen Informationsanspruch, in: DÖV 1997, S. 133-143.

ders.: Presserecht, 3. Auflage, Heidelberg 1999.

Guradze, Heinz: Der Stand der Menschenrechte im Völkerrecht, Göttingen 1956.

ders.: Kann die Verfassungsbeschwerde auf eine Verletzung der Konvention zum Schutze der Menschenrechte gestützt werden?, in: DÖV 1960, S. 286-288.

ders.: Die Schutzrichtung der Grundrechtsnormen in der Europäischen Menschenrechtskonvention, in: Festschrift für Hans Carl Nipperdey zum 70. Geburtstag, Band 2, München 1965.

ders.: Die Europäische Menschenrechtskonvention, Ein Kommentar zur Konvention zum Schutze der Menschenrecht und Grundfreiheiten nebst Zusatzprotokollen, Berlin 1968.

Haberstroh, Dieter: Unschuldsvermutung und Rechtsfolgenanspruch, in: NStZ 1984, S. 289-295.

von Hadel, Werner: Das Verhältnis von Sach- und Fachkompetenz in der Arbeit des Justizberichterstatters, in: Rudolf Wassermann, Justiz und Medien, Neuwied 1980, S. 133-138.

Hahn, Carl: Die gesammten Materialien zur StPO, Band 1, Motive zum Entwurf einer StPO, Berlin 1880.

Hamm, Rainer: Der gesetzliche Richter und die Ablehnung wegen Besorgnis der Befangenheit unter besonderer Berücksichtigung des Strafverfahrens, Frankfurt a. M. 1973.

Hartmann, Rudolf: Zur Rolle der Massenmedien in spektakulären Kriminalfällen aus der Sicht der Justiz, in: Rudolf Wassermann, Justiz und Medien, Neuwied 1980.

ders.: Justiz und Medien, in: Festschrift für Hans Göppinger zum 70. Geburtstag, Berlin 1990, S. 579-592.

Hassemer, Winfried: Das „Absehen von Strafe" als kriminalpolitisches Instrument, in: Festschrift für Werner Sarstedt zum 70. Geburtstag, Berlin 1981, S. 65-79.

ders.: Vorverurteilung durch die Medien, in: NJW 1985, S. 1921-1929.

ders.: Strafverfahren ohne Datenschutz? in: Vom unmöglichen Zustand des Strafrechts, Frankfurt a. M. 1995, S. 101-121.

ders.: Grundsätzliche Aspekte des Verhältnisses von Medien und Strafjustiz, in: StV 2005, S. 167-168.

Hatje, Armin/*Terhechte*, Jörg Philipp: Das Bundesverfassungsgericht und die Pflichtmitgliedschaft, in: NJW 2002, S. 1849-1851.

Hauss, Fritz: Presse-Selbstkontrolle -Aufgaben und Grenzen-, in: AfP 1980, S. 178-183.

Heghmanns, Michael: Das Arbeitsgebiet des Staatsanwaltes, 4. Auflage, Köln 2010.

Helle, Ernst: Der Schutz der Persönlichkeit, der Ehre und des wirtschaftlichen Rufes im Privatrecht, 2. Auflage, Tübingen 1969.

Helle, Jürgen: Besondere Persönlichkeitsrechte im Privatrecht, Tübingen 1991.

Henkel, Heinrich: Strafverfahrensrecht, 2. Auflage, Stuttgart 1968.

Herbst, Leonore: Öffentlichkeit der Hauptverhandlung, Arztgeheimnis und Schutz der Menschenwürde, in: NJW 1969, S. 546-548.

Herz, Ruth: Jugendstrafrecht, 2. Auflage, Köln 1987.

Herzog, Roman: Das Verhältnis der Europäischen Menschenrechtskonvention zu späteren deutschen Gesetzen, in: DÖV 1959, S. 44-47.

ders.: Hierarchie der Verfassungsnormen und ihre Funktion beim Schutz der Grundrechte, in: EuGRZ 1990, S. 483-486.

Heselhaus, Sebastian: Neue Entwicklungen bei der Bestimmung des Schutzbereichs der Meinungsfreiheit, in: NVwZ 1992, S. 740-743.

Hess, Henner/*Scheerer*, Sebastian: Theorie der Kriminalität, in: Oberwittler, Dietrich/Karstedt, Susanne, Soziologie der Kriminalität, Wiesbaden 2004, S. 69-92.

Hilger, Hans: Zum Strafverfahrensänderungsgesetz 1999 (StVÄG 1999)-1. Teil, in: NStZ 2000, S. 561-565.

ders.: Zum Strafverfahrensänderungsgesetz 1999 (StVÄG 1999)-2. Teil, in: NStZ 2001, S. 15-19.

Hillenkamp, Thomas: Verfahrenshindernisse von Verfassung wegen, in: NJW 1989, S. 2841-2849.

Hillermeier, Karl: Zum Öffentlichkeitsgrundsatz im Strafverfahren, in: DRiZ 1982, S. 281-285.

Höh, Klaus-Dieter: Strafrechtlicher Anonymitätsschutz des Beschuldigten vor öffentlicher Identifizierung durch den Staatsanwalt, Bonn 1985.

Hoffmann-Riem, Wolfgang: Sozialstaatliche Wende der Medienverantwortung?, in: JZ 1975, S. 469-476.

Hohmann, Olaf: Verdachtsberichterstattung und Strafverteidigung- Anwaltsstrategien im Umgang mit den Medien, in: NJW 2009, S. 881-885.

Holzinger, Stephan/*Wolff*, Uwe: Im Namen der Öffentlichkeit, Wiesbaden 2009.

Huber, Barbara: England und Wales, in: Eser, Albin/Meyer, Jürgen, Öffentliche Vorverurteilung und faires Strafverfahrens, Eine rechtsvergleichende Untersuchung im Auftrag des Bundesjustizministeriums der Justiz, Freiburg i. Br. 1986, S. 1-89.

Hubmann, Heinrich: Das Persönlichkeitsrecht, 1. Auflage, Köln 1953.

ders.: Das Persönlichkeitsrecht, 2. Auflage, Köln 1967.

ders.: Der zivilrechtliche Schutz der Persönlichkeit gegen Indiskretion, in: JZ 1957, S. 521-528.

ders.: Inhalt und Abgrenzung des zivilrechtlichen Allgemeinen Persönlichkeitsrechts, in: Festschrift für Karl Heinz Schwab zum 70. Geburtstag, Erlangen 1990, S. 3-21.

Hünig, Markus: Probleme des Schutzes des Beschuldigten vor den Massenmedien, Zürich 1973.

Huff, Martin W.: Notwendige Öffentlichkeitsarbeit der Justiz, in: NJW 2004, S. 403-407.

Hund, Horst: Polizeiliches Effektivitätsdenken contra Rechtsstaat, in: ZRP 1991, S. 463-468.

Isensee, Josef/*Kirchhof*, Paul: Handbuch des Staatsrechts der Bundesrepublik Deutschland, Band VI (Freiheitsrechte), 2. Auflage, Heidelberg 2001; Band VII (Freiheitsrechte), 3. Auflage, Heidelberg 2009; Band IX (Die Einheit Deutschlands), Heidelberg 1997 (zit.: Bearbeiter, in: Isensee/Kirchhof, HStR, Band).

Janisch, Wolfgang: Öffentlichkeitsarbeit der Staatsanwaltschaften, in: NJW 2010, S. 16-18.

Jarass, Hans D.: Die Freiheit der Massenmedien, Baden-Baden 1978.

ders.: Nachrichtensperre und Grundgesetz-Öffentlichkeit als Verfassungsdirektive, in: AfP 1979, S. 228-231.

ders.: Öffentliche Verwaltung und Presse, in: DÖV 1986, S. 721-727.

ders.: Das allgemeine Persönlichkeitsrecht im Grundgesetz, in: NJW 1989, S. 857-862.

ders.:/*Pieroth*, Bodo: Grundgesetz für die Bundesrepublik Deutschland, Kommentar, 10. Auflage, München 2009 (zit.: Bearbeiter, in: Jarass/Pieroth, GG).

Jauernig, Othmar: Dürfen Prozessbeteiligte in veröffentlichten Zivilentscheidungen namentlich genannt werden?, in: Festschrift für Eduard Bötticher zum 70. Geburtstag, Berlin 1969, S. 219-241.

Jerschke, Hans-Ulrich: Öffentlichkeitspflicht der Exekutive und Informationsrecht der Presse, Berlin 1971.

Jubelius, Werner/*Stein-Hilbers*, Marlene: Vermittlung von Informationen über Kriminalität in Massenmedien, in: MschrKrim 1977, S. 177-185.

Jubelius, Werner: Darstellung der Instanzen sozialer Kontrolle im Fernsehen, Frankfurt a. M. 1981.

Jung, Heike: Öffentlichkeit-Niedergang eines Verfahrenssatzes?, in: Gedächtnisschrift für Hilde Kaufmann, Berlin 1986, S. 891-912.

Kaiser, Günther: Medienkriminalität-Spiegel der Wirklichkeit oder Instrument der Kriminalpolitik?, in: ZRP 2002, S. 30-34.

Kamlah, Ruprecht: Datenüberwachung und Bundesverfassungsrecht, in: DÖV 1970, S. 361-364.

Karl, Wolfram: Internationaler Kommentar zur Europäischen Menschenrechtskonvention mit einschlägigen Texten und Dokumenten, 11. Lieferung, Köln, April 2009 (zit.: Bearbeiter, in: IntKommEMRK).

Karlsruher Kommentar zur Strafprozessordnung mit GVG, EGGVG und EMRK: Hrsg. von Gerd Pfeiffer, 4. Auflage, München 1999 (zit.: Bearbeiter, in: Karlsruher Kommentar, 4. Auflage); 6. Auflage, München 2008 (zit.: Bearbeiter, in: Karlsruher Kommentar).

Kau, Wolfgang: Vom Persönlichkeitsschutz zum Funktionsschutz, Heidelberg 1989.

Kaufmann, Ekkehard: Inquisitionsprozess und Öffentlichkeitsprinzip, in: JuS 1961, S. 250-252.

Kaufmann, Noogie H.: Für immer und ewig schuldig? Verdachtsberichterstattung im Internet und Onlinearchive, in: MMR 2010, S. 520-523.

Keller, Rolf/*Griesbaum*, Rainer: Das Phänomen der vorbeugenden Bekämpfung von Straftaten, in: NStZ 1990, S. 416-420.

Kemper, Heinrich: Pressefreiheit und Polizei, Berlin 1964.

Kepplinger, Hans Mathias/*Zerback*, Thomas: Der Einfluss der Medien auf Richter und Staatsanwälte, in: Publizistik 54 (2009), S. 219-239.

Kern, Eduard/*Wolf*, Manfred: Gerichtsverfassungsrecht, Ein Studienbuch, 5. Auflage, München 1975.

Kerscher, Helmut: Gerichtsberichterstattung und Persönlichkeitsschutz, Hamburg 1982.
ders.: Die Prangerwirkung von Gerichtsberichten als Teilaspekt der Medienwirkung, in: DRiZ 1983, S. 442-443.
Kiesel, Manfred: Die Liquidierung des Ehrenschutzes durch das BVerfG, in: NVwZ 1992, S. 1129-1137.
Kirchhof, Paul: Der Staat als Organisationsform politischer Herrschaft und rechtlicher Bindung, in: DVBl. 1999, S. 637-657.
Kissel, Otto Rudolf: 100 Jahre Gerichtsverfassungsgesetz, in: NJW 1979, S. 1953-1959.
ders./*Mayer*, Herbert: Gerichtsverfassungsgesetz, Kommentar, München 2008.
Klein, Friedrich: Die Europäische Menschenrechts-Konvention und Artikel 25 des Bonner Grundgesetzes, in: Festschrift für Rudolf Laun zum 80. Geburtstag, Göttingen 1962, S. 149-177.
Kleinknecht, Theodor: Schutz der Persönlichkeit des Angeklagten durch Ausschluss der Öffentlichkeit in der Hauptverhandlung, in: Festschrift für Erich Schmidt-Leichner zum 65. Geburtstag, München 1977, S. 111-119.
ders.: Strafprozessordnung mit GVG und Nebengesetzen, 35. Auflage, München 1981.
ders./*Müller*, Hermann/*Reitberger*, L.: Kommentar zur Strafprozessordnung und zum Gerichtsverfassungsgesetz, Band 2, 56. Ergänzungslieferung, Neuwied, November 2009; (zit.: Bearbeiter, in: KMR, StPO).
Knemeyer, Franz-Ludwig: Polizei- und Ordnungsrecht, 11. Auflage, München 2007.
von Knobloch, Hans-Heinrich: Pressefreiheit und Gefahrenabwehr, in: AfP 2006, S. 301-305.
Koch, Karl-Heinz: Publizistischer Missbrauch staatsanwaltlicher Ermittlungsverfahren, in: ZRP 1989, S. 401-404.
Koebel, Ulrich: Namensnennung in Massenmedien, in: JZ 1966, S. 389-393.
Köhler, Michael: Zur Frage der Strafbarkeit des Leugnens von Völkermordtaten, in: NJW 1985, S. 2389-2391.
Köster, Rolf-Jürgen: Die Rechtsvermutung der Unschuld, Bonn 1979.
Kohl, Helmut: Vorverurteilung durch die Medien?, Bericht über die 57. Tagung des Studienkreises für Presserecht und Pressefreiheit in Heilbronn am 31.5. und 1.6.1985, in: AfP 1985, S. 102-105.
Kohlmann, Günter: Die öffentliche Hauptverhandlung-überflüssig, zweckmäßig oder geboten?, in: JA 1981, S. 581-587.
Kohler, Joseph: Das Recht an Briefen, in: Archiv für bürgerliches Recht, Band 7 (1893), S. 94-149.

Kohlhass, Max: Reformbedürftigkeit der Gerichtsberichterstattung?, NJW 1963, S. 477-479.
Kondziela, Andreas: Täter-Opfer-Ausgleich und Unschuldsvermutung, in: MschKrim 1989, S. 177-189.
Krauß, Detlef: Der Grundsatz der Unschuldsvermutung im Strafverfahren, in: Müller-Dietz, Heinz, Strafrechtsdogmatik und Kriminalpolitik, Köln 1971.
Krekeler, Wilhelm: Der befangene Richter, in: NJW 1981, S. 1633-1638.
ders.: Maßnahmen zur Verhinderung der Entstehung und der Einwirkung „öffentlicher Vorverurteilungen" auf das Strafverfahren, in: AnwBl. 1985, S. 426-431.
Krey, Volker: Zur Einschränkung des Notwehrrechts bei der Verteidigung von Sachgütern, in: JZ 1979, S. 702-715.
ders.: Grundzüge des Strafverfahrensrechts (4. Teil), in: JA 1983, S. 638-642.
Kriele, Martin: Das demokratische Prinzip im Grundgesetz, in: VVDStrRL Bd. 29 (1971), S. 46-80.
ders.: Plädoyer für eine Journalistenkammer, in: ZRP 1990, S. 109-117.
ders.: Replik zu: Plädoyer: Keine Journalistenkammer von Stephan Ory, ZRP 1990, S. 289 ff., in: ZRP 1990, S. 291-292.
Krüger, H.: Völkerrechts- und Verfassungswidrigkeit der Zölibatsklausel für Polizeivollzugsbeamte, in: ZBR 1955, S. 289-292.
Kübler, Friedrich: Amt und Stellung des Richters in der Gesellschaft von morgen, in: DRiZ 1969, S. 379-385.
ders.: Öffentlichkeit als Tribunal?-Zum Konflikt zwischen Medienfreiheit und Ehrenschutz, in: JZ 1984, S. 541-547.
ders.: Anmerkung zu BGH, Urteil vom 7.12.1999-VI ZR 51/99, in: JZ 2000, 622-623.
Kühl, Kristian: Unschuldsvermutung, Freispruch und Einstellung, Köln 1983.
ders.: Unschuldsvermutung und Einstellung des Strafverfahrens, in: NJW 1984, S. 1264-1268.
ders.: Persönlichkeitsschutz des Tatverdächtigen durch die Unschuldsvermutung, Ein Beitrag zu den Grenzen der Kriminalberichterstattung, in: Festschrift für Heinrich Hubmann zum 70. Geburtstag, Frankfurt a. M. 1985, S. 241-254.
Kühle, Kay: Der Straftäter, insbesondere der Verurteilte als „relative Person der Zeitgeschichte"-Anmerkung zu der in AfP 3/4 1972, 328 abgedruckten Entscheidung des Urteils des OLG Koblenz-9 U 552/72, in: AfP 1973, S. 356-357.
Kühne, Hans-Heiner: Die Definition des Verdachts als Voraussetzung strafprozessualer Zwangsmaßnahmen, in: NJW 1979, S. 617-622.

ders.: Strafprozessrecht, 7. Auflage, Heidelberg 2007.
Kull, Edgar: Zur „öffentlichen Aufgabe" grundrechtsgeschützter Presse, in: Festschrift für Martin Löffler zum 75. Geburtstag, München 1980, S. 187-194.
Ladeur, Karl-Heinz: Schutz von Prominenz als Eigentum, in: ZUM 2000, S. 879-890.
Lamnek, Siegfried: Kriminalberichterstattung in den Massenmedien als Problem, in: MschrKrim 1990, S. 163-176.
ders./*Leudtke*, Jens: Kriminalpolitik im Sog von Öffentlichkeit und Massenmedien, in: Das Jugendkriminalrecht als Erfüllungsgehilfe gesellschaftlicher Erwartungen?, Symposium an der kriminologischen Forschungsstelle der Universität zu Köln 11.-13. Oktober 1994, Eine Dokumentation des Bundesministeriums für Justiz, Bonn 1995.
Lampe, Ernst-Joachim: Der Straftäter als „Person der Zeitgeschichte", in: NJW 1973, S. 217-222.
Larenz, Karl: Das „allgemeine Persönlichkeitsrecht" im Recht der unerlaubten Handlungen, in: NJW 1955, S. 521-525.
ders.: Methodenlehre der Rechtswissenschaft, 6. Auflage, Berlin 1991.
Laubenthal, Klaus: Wiederaufnahme der Verfahrens zugunsten eines vor Rechtskraft des verkündeten Urteils verstorbenen Angeklagten?, in: GA 1989, S. 20-31.
Lehr, Gernot: Grenzen für die Öffentlichkeitsarbeit der Ermittlungsbehörden, in: NStZ 2009, S. 409-414.
Leibholz, Gerhard/*Rinck*, Hans-Jürgen/*Hesselberger*, Dieter: Grundgesetz für die Bundesrepublik Deutschland, Kommentar an Hand der Rechtsprechung des Bundesverfassungsgerichts, Band 1 (Art. 1-11), 48. Lieferung, Köln, August 2008 (Art. 2) und 52. Lieferung, Köln 2010 bzw. 47. Lieferung, Köln, November 2007(Art. 5).
Leinveber, Gerhard: Strafrechtspflege und Presseberichterstattung, in: AfP 1961, S. 197-198.
ders.: Zur Reform der Gerichtsberichterstattung, in: AfP 1961, S. 392-393.
Leppert, Norbert: Nur Geduldet, in: DRiZ 1991, S. 263-263.
Lerche, Peter: Meinungsfreiheit und Richtigkeitsanforderungen an Tatsachenangaben im wirtschaftlichen Wettbewerb, in: Festschrift für Wer-ner Lorenz zum 70. Geburtstag, Tübingen 1991, S. 143-153.
Limbach, Jutta: 50 Jahre Pressefreiheit, in: AfP 1999, S. 413-416.
Lindner, Josef Franz: Der Schutz des Persönlichkeitsrechts des Beschuldigten im Ermittlungsverfahren-zum Verhältnis von Justiz und Medien aus grundrechtlicher Sicht -, in: StV 2008, S. 210-217.

Loesdau: Die Grenzen der publizistischen Auswertung von Staatsschutzverfahren im Rahmen der sogenannten behördlichen Öffentlichkeitsarbeit, in: MDR 1962, S. 773-778.

Löffler, Martin: Der Verfassungsauftrag der Presse, Modellfall Spiegel, Karlsruhe 1963.

ders.: Der Informationsanspruch der Presse und des Rundfunks, in: NJW 1964, S. 2277-2280.

ders.: Mitteilung, 19. Arbeitstagung des Studienkreises für Presserecht und Pressefreiheit, in. NJW 1966, S. 920-921.

ders.: Das Problem der Presseselbstkontrolle, in: Löffler, Martin/Hebarré, Jean Louis, Form und Funktion der Presse-Selbstkontrolle, München 1968, S. 7-15.

ders.: Die Presse-Selbstkontrolleinrichtungen in der Bundesrepublik Deutschland, in: Löffler, Martin/Hebarré, Jean Louis, Form und Funktion der Presse-Selbstkontrolle, München 1968, S. 61-65.

ders.: Presserecht, Band I, 2. Auflage, München 1969.

ders.: Presserecht, Band I, 3. Auflage, München 1983.

ders.: Presserecht, 5. Auflage, München 2006 (zit.: Bearbeiter, in: Löffler, Presserecht).

ders.:/*Ricker*, Reinhart: Handbuch des Presserechts, 2. Auflage, München 1986.

ders.: Handbuch des Presserechts, 3. Auflage, München 1994.

ders.: Handbuch des Presserechts, 5. Auflage, München 2005.

Löwe-Rosenberg: Die Strafprozessordnung und das Gerichtsverfassungsgesetz, Großkommentar, Band 5 (§§ 151-212 b), 26. Auflage, Berlin 2008; Band 6 (§§ 374-495, EGStPO) 25. Auflage, Berlin 2001; Band 7 (GVG, EGGVG, GVGVO), 25. Auflage, Berlin 2003, Band 8 (MRK/IPBPR), 25. Auflage, Berlin 2005 (zit.: Bearbeiter, in: Löwe-Rosenberg, StPO, Band).

Lorenz, Dieter: Allgemeines Persönlichkeitsrecht und Gentechnologie, in: JZ 2005, S. 1121-1129.

Lorz, Ralph Alexander: Neue Vorgaben für die Öffentlichkeitsarbeit der Justiz?, in: NJW 2005, S. 2657-2660.

Ludwig, Peter: Persönlichkeitsverletzungen durch identifizierende Presseverlautbarungen der Staatsanwaltschaft, Bonn 1998.

Lüttger, Hans: Der „genügende Anlass“ zur Erhebung der öffentlichen Klage, in: GA 1957, S. 193-218.

Luhmann, Niklas : Die Realität der Massenmedien, 2. Auflage, Opladen 1996.

Maass, Hans-Heinrich: Information und Geheimnis im Zivilrecht, Stuttgart 1970.

Mallmann, Walter: Pressepflichten und öffentliche Aufgabe der Presse, in: JZ 1966, S. 625-632.

von Mangoldt, Hermann/*Klein*, Friedrich: Das Bonner Grundgesetz, Band 1, 2. Auflage, Berlin 1957 (zit.: v. Mangoldt/Klein, Das Bonner Grundgesetz, Band 1).

dies./*Starck*, Christian (Hrsg.): Kommentar zum Grundgesetz, Band 1 (Präambel, Artikel 1-19), 6. Auflage, München 2010; Band 2 (Art. 20-82), 5. Auflage, München 2005 (zit.: Bearbeiter, in: v. Mangoldt/Klein/Starck, GG).

Marczak, Elke: Strafverteidigung und Fair Trial-gerichtliche Fürsorgepflicht und Missbrauchsverbot im Strafprozess, in: StraFO 2004, S. 373-378.

Martens, Wolfgang: Öffentlich als Rechtsbegriff, Bad Homburg v. d. H. 1969.

Marxen, Klaus: Medienfreiheit und Unschuldsvermutung, in: GA 1980, S. 365-381.

ders.: Strafrecht im Medienzeitalter, in: JZ 2000, S. 294-299.

Mathy, Klaus: Das Recht der Presse, 4. Auflage, Köln 1988.

von Mauchenheim, Egon Frhr.: Der Deutsche Presserat-Organisation und Tätigkeit, in: Festschrift für Martin Löffler zum 75. Geburtstag, München 1980, S. 253-265.

Maul, Heinrich: Bild- und Rundfunkberichterstattung im Strafverfahren, in: MDR 1970, S. 286-288.

Maunz, Theodor: Deutsches Staatsrecht, 16. Auflage, München 1968.

ders.: Deutsches Staatsrecht, 23. Auflage, München 1980.

ders./*Dürig*, Günter/*Herzog*, Roman: Grundgesetz Kommentar, Band 1 (Art. 1-5), 39. Lieferung, München, Juli 2001 (Art. 2 Abs. 1) 30. Lieferung, München, Dezember 1992 (Art. 5 Abs. 1, 2); Band 4 (Art. 23-53a), 37. Lieferung, München, August 2000 (zit.: Bearbeiter, in: Maunz/Dürig, GG).

Maurach, Reinhart/*Zipf*, Heinz: Strafrecht Allgemeiner Teil, Band 1 (Grundlehren des Strafrechts und Aufbau der Straftat), 8. Auflage, Heidelberg 1992.

Mauz, Gerhard: Über Zwänge und Versuchungen des Journalisten bei der Kriminal- und Gerichtssaalberichterstattung, in: Kriminalsoziologische Bibliographie, 1976, Heft 11-13, S. 3-13.

Meier, Bernd-Dieter: Zulässigkeit und Grenzen der Auskunftserteilung gegenüber den Medien, in: Festschrift für Hans-Ludwig Schreiber zum 70. Geburtstag, Heidelberg 2003, S. 331-342.

ders.: Auskünfte über Medien, in: Alternativ-Entwurf Strafjustiz und Medien (AE-StuM), Entwurf eines Arbeitskreises deutscher, österreichischer und schweizer Strafrechtslehrer, München 2004.

Meier, Bernd-Dieter/*Rössner*, Dieter/*Schöch*, Heinz: Jugendstrafrecht, 2. Auflage, München 2007.

Meyer, Jürgen: Rechtsvergleichender Querschnitt, in: Eser, Albin/Meyer, Jürgen, Öffentliche Vorverurteilung und faires Strafverfahrens, Eine rechtsvergleichende Untersuchung im Auftrag des Bundesjustizministeriums der Justiz, Freiburg i. Br. 1986.

Meyer, Karlheinz: Grenzen der Unschuldsvermutung, in: Festschrift für Herbert Tröndle zum 70. Geburtstag, Berlin 1989, S. 61-75.

Meyer-Goßner, Lutz: Verbesserung der Rechtsstellung des Beschuldigten durch weitere nicht- öffentliche Verfahrensgänge, in: ZRP 1982, S. 237-243.

ders.:/*Cierniak*, Jürgen: Strafprozessordnung, Gerichtsverfassungsgesetz, Nebengesetze und ergänzende Bestimmungen, 53. Auflage, München 2010 (zit.: Meyer-Goßner, StPO).

Meyn, Hermann: Massenmedien in der Bundesrepublik Deutschland, Konstanz 2001.

Miehe, Olaf: Anklage und Eröffnung, in Festschrift für Gerald Grünwald zum 70. Geburtstag, Baden-Baden 1999.

Möhl, Hans-Peter/*Scharlack*, Ulrich: Juristischer Leitfaden für Journalisten, Starnberg 1997.

Möllers, Thomas: Zur Zulässigkeit des Verbraucherboykotts-Brent Spar und Mururoa, in: NJW 1996, S. 1374-1378.

Molle, Alexander: Die Verdachtsberichterstattung-Anforderungen und Beweislastverteilung im Spannungsverhältnis zwischen Pressefreiheit und Ehrenschutz, in: ZUM 2010, S. 331-336.

Mrozynski, Peter: Jugendhilfe und Jugendstrafrecht, München 1980.

Mühl, Lothar/Leggereit, Rainer/Hausmann, Winfried: Polizei- und Ordnungsrecht Hessen, 3. Auflage, Baden-Baden 2010.

Müller, Egon: Einige Bemerkungen zur Bedeutung der Europäischen Menschenrechtskonvention für das Ermittlungsverfahren in der Bundesrepublik Deutschland, in: Festgabe für Ludwig Koch, Heidelberg 1989, S. 191-197.

Müller, Gerda: Probleme der Gerichtsberichterstattung, in: NJW 2007, S. 1617-1619.

Müller-Dietz, Heinz: Buchbesprechung, Joachim Wagner, Prozessführung über Medien, Baden-Baden 1987, in: GA 1988, S. 480-481.

Müller-Meiningen, Ernst: Das Tabu des „schwebenden Verfahrens“, in: ZV und ZV 1964, S. 319-321.

Münch, Fritz: Zur Anwendung der Menschenrechtskonvention in der Bundesrepublik Deutschland, in: JZ 1961, S. 153-155.

Münch, Henning: Der Schutz des Einzelnen vor Presseveröffentlichungen durch den Deutschen Presserat und die britische Press Complaints Commission, Konstanz 2001.

von Münch, Ingo/*Kunig*, Philip: Grundgesetz-Kommentar, Band 1 (Präambel, Art. 1-19), 5. Auflage, München 2000; Band 2 (Art. 20-69), 5. Auflage, München 2001 (zit.: Bearbeiter, in: v. Münch/Kunig, GG).

Münchener Kommentar zum Bürgerlichen Gesetzbuch: Band 1 (§§ 1-240), 5. Auflage, München 2006; Band 5 (§§ 705-853, PartGG, ProdHaftG), 5. Auflage, München 2009; Band 6 (§§ 854-1296, WEG, ErbauRG), 5. Auflage, München 2009 (zit.: Bearbeiter, in: MüKo-BGB).

Nahamowitz, Peter/*Breuer*, Stefan: Politik-Verfassung-Gesellschaft, Otwin Massing zum 60. Geburtstag, Baden-Baden 1995 (zit: Bearbeiter, in: Nahamowitz/Breuer, Politik- Verfassung-Gesellschaft).

Neuling, Christian-Alexander: Inquisition durch Information, Medienöffentliche Strafrechtspflege im nichtöffentlichen Ermittlungsverfahren, Berlin 2005.

ders.: Rechtsschutz des Beschuldigten bei amtspflichtwidrigen Medienauskünften von Justizbediensteten-die „Affäre Mannesmann", in: StV 2006, S. 332-338.

Neumann, Franz L./*Nipperdey*, Hans Carl/*Scheuner*, Ulrich: Die Grundrechte, Band 2, 2. Auflage, Berlin 1968 (zit.: Bearbeiter, in: Neumann/Nipperdey/Scheuner, Die Grundrechte, Band 2).

Neumann-Duesberg, Horst: Bildberichterstattung über absolute und relative Personen der Zeitgeschichte, in: JZ 1960, 114-118.

ders.: Das „Recht auf Anonymität" in seiner Erscheinungsform als Recht am eigenen Bild, in: Juristenjahrbuch Band 7 (1966/67), S. 138-161.

ders.: Persönlichkeitsrecht auf Namensanonymität, Namensnennung des Verteidigers im Pressebericht, in: JZ 1970, S. 564-568.

ders.: Fernsehsendung „Aktenzeichen XY-ungelöst" und Persönlichkeitsrecht, in: JZ 1971, S. 305-311.

ders.: Dokumentarfernsehen „Soldatenmord von Lebach" unter persönlichkeitsrechtlichem und verfassungsrechtlichem Aspekt, in: JZ 1973, S. 261-263.

Nieland, Holger: Kommentar zu BGH, Urteil vom 15.12.2009-VI ZR 227/08, in: K&K 2010, S. 179-181.

Nierwetberg, Rüdiger: Die Feststellung hinreichenden Tatverdachts bei der Eröffnung insbesondere des Privatklagehauptverfahrens, in: NStZ 1989, S. 212-215.

Nipperdey, Hans Carl: Referat D, 42. Deutscher Juristentag, Band 2, Tübingen 1959.

ders.: Das allgemeine Persönlichkeitsrecht, in: UFITA Bd. 30 (1960), S. 1-29.

ders.: Tatbestandsaufbau und Systematik der deliktischen Grundtatbestände, in: NJW 1967, S. 1985-1994.

Norek, Tobias: Medienkriminalität in den Köpfen der Menschen: Wirkungen, Faszination, Bedürfnisse, Aachen 2005.
Nothelle, Andreas: Freie Presse und faires Strafverfahren-ein Fall für den Gesetzgeber?, Zur Problematik der Übernahme angelsächsischer Rechtsinstitute, in: AfP 1985, S. 18-22.
Ory, Stephan: Plädoyer: Keine Journalistenkammer, in: ZRP 1990, S. 289-292.
Ossenbühl, Fritz: Medien zwischen Macht und Recht, in: JZ 1995, S. 633-642.
Ostendorf, Heribert: Die öffentliche Identifizierung von Beschuldigten durch die Strafverfolgungsbehörden als Straftat, in: GA 1980, S. 445-467.
ders.: Jugendgerichtsgesetz, Kommentar, 8. Auflage, Baden-Baden 2009.
Ostermann, Christian E.: Öffentliche Sicherheit als objektives und subjektives Problem, Frankfurt a. M. 1985.
Pache, Eckhard: Die Europäische Menschenrechtskonvention und die deutsche Rechtsordnung, in: EuR 2004, S. 393-415.
Paeffgen, Hans-Ulrich: Vorüberlegungen zu einer Dogmatik des Untersuchungshaft-Rechts, Köln 1986.
Pärn, Franziskus: Tatsachenmitteilung und Tatsachenbehauptung, in: NJW 1979, S. 2544-2549.
Palandt: Bürgerliches Gesetzbuch mit Nebengesetzen, 69. Auflage, München 2010 (zit.: Bearbeiter, in: Palandt, BGB).
Partsch, Karl Josef: Die Rechte und Freiheiten der europäischen Menschenrechtskonvention, Berlin 1966.
Paschke, Marian/*Berlit*, Wolfgang/*Meyer*, Claus: Hamburger Kommentar, Gesamtes Medienrecht, Baden-Baden 2008 (zit.: Bearbeiter, in: HH-Ko Medienrecht).
Payk, Theo R.: Das Böse in uns-Über die Ursachen von Mord, Terror und Gewalt, Düsseldorf 2008.
Peters, Butz: Die publizistische Sorgfalt, in: NJW 1997, S. 1334-1340.
ders.: Kriminalberichterstattung in den Medien: Wann dürfen Ross und Reiter genannt werden?-Die Medien im Spannungsverhältnis von Art. 5 GG und Art. 2 i.V.m. 1 GG, in: Kriminalität in den Medien, 5. Kölner Symposium, hrsg. vom Bundesministerium für Justiz, Mönchengladbach 2000.
Peters, Karl: Strafprozess, 4. Auflage, Heidelberg 1985.
Peukert, Wolfgang: Die Garantie des „fair trial" in der Straßburger Rechtsprechung-Die Auslegung des Art. 6 EMRK durch die Organe der Europäischen Menschenrechtskonvention, in: EUGRZ 1980, S. 247-269.
Pfeiffer, Gerd: Die innere Unabhängigkeit des Richters, in: Festschrift für Wolfgang Zeidler, Band 1, Berlin 1987, S. 67-79.
ders.: Strafprozessordnung, Kommentar, 5. Auflage, München 2005.

Pieroth, Bodo/*Schlink*, Bernhard: Grundrechte, Staatsrecht II, 25. Auflage, Berlin 2009.

dies./*Kniesel*, Michael: Polizei- und Ordnungsrecht, 5. Auflage, München 2008.

Plaue, Ernst: Aufgabe und Zielsetzung des Journalisten bei der Kriminalberichterstattung, in: Kriminalistik 1973, S. 425-427.

Prantl, Heribert: Die Entblößungs-Maschinerie, in: AnwBl. 2009, S. 421-421.

Prinz, Matthias/*Peters*, Butz: Medienrecht-Die zivilrechtlichen Ansprüche, München 1999.

Proske, Manfred: Gerichtssaalberichterstattung: Rechtliche Grundlagen und rechtspolitische Aspekte, in: Kriminalität und Massenmedien, Überlegungen zur Gerichtssaalreportage und Kriminalberichterstattung, S. 24-38.

Radbruch, Gustav, Einführung in die Rechtswissenschaft, 12. Auflage, Stuttgart 1969.

Redeker, Konrad: Anwalt und Presse, in: AnwBl. 1961, S. 300-305.

Rehbinder, Manfred: Die öffentliche Aufgabe und rechtliche Verantwortlichkeit der Presse, Berlin 1962.

ders.: Öffentliche Aufgabe der Presse: Was ist das?, in: NJW 1963, S. 1387-1389.

ders.: Presserecht, Grundriss mit Gesetzestexten für Juristen und Publizisten, Herne 1966.

Rehm, Gebhard: Persönlichkeitsschutz Prominenter und Pressefreiheit der Unterhaltungsmedien, in: AfP 1999, S. 416-425.

Reifenrath, Roderich: Medien und Recht. Die Parteispenden-Affäre und die Unschuldsvermutung, in: Festschrift für Rudolf Wassermann zum 60. Geburtstag, Neuwied 1985, S. 489-496.

Ricker, Reinhart: Freiheit und Aufgabe der Presse, Freiburg i. Br. 1983.

ders.: Unternehmensschutz und Pressefreiheit, Heidelberg 1989.

ders.: Rechte und Pflichten der Medien unter Berücksichtigung des Rechtsschutzes des einzelnen, in: NJW 1990, S. 2097-2103.

Riepl, Frank: Informationelle Selbstbestimmung im Strafverfahren, Tübingen 1998.

Rinsche, Franz-Josef: Strafjustiz und öffentlicher Pranger, in: ZRP 1987, S. 384-386.

Rogall, Klaus: Informationseingriff und Gesetzesvorbehalt im Strafprozessrecht, in: ZStW 1991, S. 907-956.

Rohlf, Dietwalt: Der grundrechtliche Schutz der Privatsphäre, Berlin 1980.

Rose, Gabriele: Grenzen der journalistischen Recherche im Strafrecht und Strafverfahrensrecht, Frankfurt a. M. 2001.

Rotberg, Eberhard: Öffentlichkeit der Rechtspflege, Studium Generale, Bd. 23 (1970), S. 752.

Roxin, Claus: Aktuelle Probleme der Öffentlichkeit im Strafverfahren, in: Festschrift für Karl Peters zum 70. Geburtstag, Tübingen 1974, S. 393-409.

ders.: Strafrechtliche und strafprozessuale Probleme der Vorverurteilung, in: NStZ 1991, 153-160.

ders./*Schünemann*, Bernd: Strafverfahrensrecht, 26. Auflage, München 2009.

Rubens-Laarmann, Ulrich: Die Gerichtsberichterstattung im englischen Recht unter vergleichender Betrachtung des deutschen Rechts, Münster 1969.

Rühl, Ulli: Tatsachen, Interpretationen und Wertungen

ders.: Tatsachenbehauptungen und Wertungen, in: AfP 2000, S. 17-23.

Rüping, Hinrich: Funktionen der Laienrichter im Strafverfahren, in: JR 1976, S. 269-274.

ders.: Strafverfahren als Sensation-Zur Freiheit der Gerichtsreportage und ihren Schranken, in: Festschrift für Hanns Dünnebier zum 75. Geburtstag, Berlin 1982, S. 391-405.

ders./*Jerouschek*, Günter: Grundriss der Strafrechtsgeschichte, 5. Auflage, München 2007.

Rüthers, Bernd: Dienstverpflichtung der Medien durch „öffentliche Aufgabe"?, in: AfP 1982, S. 23-25.

Sachs, Michael: Verfassungsrecht II, Grundrechte, 2. Auflage, Berlin 2003.

ders.: Grundgesetz Kommentar, 5. Auflage, München 2008 (zit.: Bearbeiter, in: Sachs, GG).

Sarstedt, Werner: Der Richter und die Presse, in: DRiZ 1964, S. 43-45.

ders.: Steht der Richter unter dem Druck der öffentlichen Meinung?, in: AfP 1971, S. 146-150.

Schaefer, Hans Christoph: Die Neufassung der Richtlinien für das Straf- und Bußgeldverfahren, in: NJW 1977, S. 21-24.

ders.: Das Fairnessgebot für den Staatsanwalt, in: Festschrift für Peter Riess zum 70. Geburtstag, Berlin 2002, S. 491-506.

ders.: Justiz im Zwielicht, in: NJW 2003, S. 2210-2211.

Schaffstein, Friedrich/*Beulke*, Werner: Jugendstrafrecht, 14. Auflage, Stuttgart 2002.

Scheer, Bernhard: Deutsches Presserecht, Hamburg 1966.

Schenke, Wolf-Rüdiger: Die Verwendung der durch strafprozessuale Überwachung der Telekommunikation gewonnenen personenbezogenen Daten zur Gefahrenabwehr, in: JZ 2001, S. 997-1004.

ders.: Polizei- und Ordnungsrecht, 6. Auflage, Heidelberg 2009.

Scherer, Joachim: Forum: Verfassungswidrigkeit des Contempt by Publication unter dem Grundgesetz, in: JuS 1979, S. 470-475.

Scheuner, Ulrich: Pressefreiheit, in: VDDStrRL 22 (1965), S. 1-91.
Schilken, Eberhard: Gerichtsverfassungsrecht, 4. Auflage, Köln 2007.
Schippan, Martin: Anforderungen an die journalistische Sorgfaltspflicht, in: ZUM 1996, S. 398-399.
Schmidt, Eberhard: Öffentlichkeit oder Publicity, in: Festschrift für Walter Schmidt zum 70. Geburtstag, Berlin 1959, S. 338-353.
ders.: Einführung in die Geschichte der deutschen Strafrechtspflege, 3. Auflage, Göttingen 1965.
ders.: Justiz und Publizistik, Tübingen 1968.
Schmidt, Walter: Die bedrohte Entscheidungsfreiheit, in: JZ 1974, S. 241-250.
Schmitt Glaeser, Walter: Meinungsfreiheit und Ehrenschutz, in: JZ 1983, S. 95-100. ders.: Die Meinungsfreiheit in der Rechtsprechung des Bundesverfas-sungsgerichts, in: AöR 113 (1988), S. 52-100.
Schneider, Franz: Presse- und Meinungsfreiheit nach dem Grundgesetz, München 1962.
Schneider, Hans Joachim: Kriminalitätsdarstellung im Fernsehen und kriminelle Wirklichkeit, Opladen 1977.
ders.: Öffentlichkeitsfahndung und Persönlichkeitsrechte, in: BKA-Vortragsreihe Band 25, Möglichkeiten und Grenzen der Fahndung, Arbeitstagung des Bundeskriminalamtes Wiesbaden vom 12. bis 15. November 1979, S. 37-50
ders.: Das Geschäft mit dem Verbrechen-Massenmedien und Kriminalität, München 1980.
Schneider, Peter: Pressefreiheit und Staatssicherheit, Mainz 1968.
Schönke, Adolf/*Schröder*, Horst: Strafgesetzbuch, Kommentar, 28. Auflage, München 2010 (zit.: Bearbeiter, in: Schönke/Schröder).
Scholderer, Frank: Mörder, die man die vergisst", Ein Lehrstück über die Rechtswirklichkeit des Lebach-Urteils, in: ZRP 1991, S. 298-304.
Scholler, Heinrich: Person und Öffentlichkeit, München 1967.
Scholz, Rupert/*Konrad*, Karlheinz: Meinungsfreiheit und allgemeines Persönlichkeitsrecht-Zur Rechtsprechung des Bundesverfassungsgerichts, in: AöR 123 (1998), S. 60-121.
Schoreit, Armin: Fahndung und Ermittlung mit Hilfe der Medien auf polizeilicher Grundlage, in: AfP 1989, S. 413-415.
Schorn, Hubert: Die Europäische Konvention zum Schutze der Menschenrechte und Grundfreiheiten, Frankfurt a. M. 1965.
Schricker, Gerhard: Urheberrecht, Kommentar, 3. Auflage, München 2006 (zit.: Bearbeiter, in. Schricker, Urheberrecht).
Schroers, Jochen: Versteckte Probleme bei der Zusammenarbeit zwischen Staatsanwaltschaften und Medien, in: NJW 1996, S. 969-971.

Schröer-Schallenberg, Sabine : Informationsansprüche der Presse gegenüber Behörden, Berlin 1987.
Schubarth, Martin: Zur Tragweite des Grundsatzes der Unschuldsvermutung, Basel 1978.
Schüle, Adolf/*Huber*, Hans: Persönlichkeitsschutz und Pressefreiheit, Tübingen 1961.
Schulz, Uwe: Die rechtlichen Auswirkungen von Medienberichterstattung auf Strafverfahren, Frankfurt a. M. 2002.
Schwacke, Bettina: Kriminalitätsdarstellung in der Presse, Frankfurt a. M. 1983.
Schweizer, Peter Alexander: Der Rechtsschutz der Rechtsverwirklichung im angelsächsischen Rechtskreis, Zürcher Beiträge zur Rechtswissenschaft, Band 434, Zürich 1974.
Schwerdtner, Peter: Das Persönlichkeitsrecht in der deutschen Zivilrechtsordnung, Berlin 1977.
ders.: Empfiehlt es sich, die Rechte und Pflichten der Medien präziser zu regeln und dabei den Rechtsschutz des einzelnen zu verbessern?, in: JZ 1990, S. 769-773.
Schwinge, Erich: Machtmissbrauch der Massenmedien, Die Ohnmacht des Bürgers, 2. Auflage, Tübingen 1991.
Seelmann-Eggebert, Sebastian: Die Entwicklung des Presse- und Äußerungsrechts in den Jahren 2005 bis 2007, in: NJW 2008, S. 2551-2558.
Seibert, Helga: Europäische Menschenrechtskonvention und Bundesverfassungsgericht, in: Festschrift für Martin Hirsch, Baden-Baden 1981.
Seitz, Walter/*Schmidt*, German/*Schoener*, Alexander: Der Gegendarstellungsanspruch in Presse, Film, Funk und Fernsehen, München 1990.
Sieber, Ulrich: Informationsrecht und Recht der Informationstechnik-Die Konstituierung eines Rechtsgebietes in Gegenstand, Grundfragen und Zielen, in: NJW 1989, S. 2569-2580.
Simgen, Norbert: Gedanken zum Verhältnis Justiz-Presse, in: Festschrift für Rudolf Wassermann zum 60. Geburtstag, Neuwied 1985, S. 531-545.
Simitis, Spiros: Datenschutz und „Medienprivileg“, in: AfP 1990, S. 14-22.
Soehring, Jörg: Presse, Persönlichkeitsrechte und „Vorverurteilungen“, in: GRUR 1986, S. 518-526.
ders.: Die neue Rechtsprechung zum Presserecht, in. NJW 1994, S. 16-22.
ders.: Die Entwicklung des Presse- und Äußerungsrechts 1994-1996, in: NJW 1997, S. 360-373.
ders.: Vorverurteilung durch die Presse, Baden-Baden 1999.
ders.: Presserecht, 4. Auflage, Köln 2010.
ders.:/*Seelmann-Eggebert*, Sebastian: Die Entwicklung des Presse- und Äußerungsrechts 1997-1999, in: NJW 2000, S. 2466-2480.

Soergel, Hans Theodor/*Siebert*,Wolfgang: Kommentar zum Bürgerlichen Gesetzbuch, mit Einführungsgesetz und Nebengesetzen, Band 1 (§§ 1-103), 13. Auflage, Stuttgart 2000 (zit.: Bearbeiter, in: Soergel, BGB).

Staggat, Werner: Zur Rechtsgrundlage des Informationsanspruches der Presse, Schriftenreihe des „Zeitungs-Verlag und Zeitschriften-Verlag", Band 10, Bonn 1970.

Stapper, Florian: Gerichtsberichterstattung und Unschuldsvermutung, in: ZRP 1994, S. 487-487.

ders.: Namensnennung in der Presse im Zusammenhang mit dem Verdacht strafbaren Verhaltens, Berlin 1995.

ders.: Von Journalisten, Gerichtsberichterstattung und dem Strafrecht, in: ZUM 1995, S. 590-599.

Starck, Christian: Informationsfreiheit und Nachrichtensperre, in: AfP 1978, S. 171-177.

Stark, Ralf: Ehrenschutz in Deutschland, Berlin 1996.

von Staudinger, Julius: Kommentar zum Bürgerlichen Gesetzbuch, mit Einführungsgesetz und Nebengesetzen, Band 1 (Einl., §§ 1-12, VerschG), Berlin 1995; Buch 3 (Eigentum 3, §§ 985-1011), Berlin 2006 (zit.: Bearbeiter, in: Staudinger, BGB).

Steffen, Erich: Schranken des Persönlichkeitsschutzes für den „investigativen" Journalismus, in: AfP 1988, S. 117-120.

Stein-Hilbers, Marlene: Kriminalität im Fernsehen, Eine inhaltsanalytische Untersuchung, Stuttgart 1977.

Steinmüller, Wilhelm: Das Volkszählungsurteil des Bundesverfassungsgerichts, in: DuD 1984, S. 91-96.

Stephan, Egon: Die Stuttgarter Opferbefragung: eine kriminologisch-viktimologische Analyse zur Erforschung des Dunkelfeldes unter besonderer Berücksichtigung der Einstellung der Bevölkerung zur Kriminalität, BKA-Forschungsreihe, Wiesbaden 1967.

Stern, Klaus: Das Staatsrecht der Bundesrepublik Deutschland, Band III, Allgemeine Lehren der Grundrechte, 1. Halbband, München 1988.

Stober, Rolf: Zum Informationsanspruch der Presse gegenüber den Gerichten, in: DRiZ 1980, S. 3-12.

Störmer, Rainer: Zur Verwertbarkeit tagebuchartiger Aufzeichnungen, in: Jura 1991, S. 17-24.

Stoll, Hans: Freiheit der Meinungsäußerung und Schutz der Persönlichkeit in der neueren Rechtsprechung zur zivilrechtlichen Haftung, in: Jura 1979, S. 576-590.

Streinz, Rudolf : Der Einfluss der Verfassungsrechtsprechung auf die Pressefreiheit, in: AfP 1997, S. 857-869.

Streng, Franz: Jugendstrafrecht, Heidelberg 2003.
Stuckenberg, Carl-Friedrich: Untersuchungen zur Unschuldsvermutung, Berlin 1998.
Stürner, Rolf: Schutz des Gerichtsverfahrens vor öffentlicher Einflussnahme?, in: JZ 1978, S. 161-169.
ders.: „Fair trial“ und öffentliche Meinung, Zugleich eine Besprechung der Sunday-Times- Entscheidung des EGMR, in: JZ 1980, S. 1-8.
ders.: Einflussnahme auf schwebende Verfahren, in: Gilles, Peter, Effektivität des Rechtsschutzes und der verfassungsmäßigen Ordnung, Die deutschen Landesberichte zum 7. internationalen Kongress für Prozessrecht in Würzburg 1983, Köln 1983, S. 179-216 (zit.: Bearbeiter, in: Gilles, Effektivität des Rechtsschutzes und der verfassungsmäßigen Ordnung).
ders.: Die verlorene Ehre des Bundesbürgers-Bessere Spielregeln für die öffentliche Meinungsbildung, in: JZ 1994, 865-877.
Süsterhenn, Adolf: Die Europäische Konvention zum Schutz der Menschenrechte und Grundfreiheiten, in: DVBl. 1955, S. 753-758.
Systematischer Kommentar zur Strafprozessordnung: Band 3, 22. Aufbaulieferung, München, Oktober 2000; Band 4, 15. Aufbaulieferung, München, März 1996; (zit.: Bearbeiter, in: SK-StPO).
Thiele, Willi: Pressefreiheit, Theorie und Wirklichkeit, Berlin 1964.
Thieme, Werner: Über die Wahrheitspflicht der Presse, in: DÖV 1980, S. 149-154.
Thiesmeyer, Heinrich: Öffentlichkeitsarbeit der Justiz, in: DRiZ 1964, S. 72-75,
Thum, Kai: Verfassungsunmittelbarer Auskunftsanspruch der Presse gegenüber staatlicher Stellen?, in: AfP 2005, S. 30-35.
Treffer, Gerd: Das Prangersyndrom, in: ZUM 1989, S. 433-440.
Ulsamer, Gerhard: Europäische Menschenrechtskonvention als innerstaatlich geltendes Recht der Bundesrepublik Deutschland, in: Frowein, Jochen Abr./Ulsamer, Gerhard, Europäische Menschenrechtskonvention und nationaler Rechtsschutz, Heidelberg 1985, S. 35-45.
ders.: Europäische Menschenrechtskonvention und deutsche Strafverfolgungspraxis, in: Festschrift für Wolfgang Zeidler, Band 2, Berlin 1987, S. 1799-1815.
ders.: Einige Bemerkungen über Medien und Strafprozess, in: Festschrift für Gerd Jauch zum 65. Geburtstag, München 1990, S. 221-230. Unschuldsvermutung in den Mediengesellschaft, Publizistischer Missbrauch staatsanwaltlicher Ermittlungsverfahren?, Symposium des Hessischen Ministeriums der Justiz am 12. Februar 1990 (zit.: Bearbeiter, in: Unschuldsvermutung in den Mediengesellschaft, Publizistischer Missbrauch staatsan-

waltlicher Ermittlungsverfahren?, Symposium des Hessischen Ministeriums der Justiz am 12. Februar 1990, S.)

Veith, Jürgen: Öffentlichkeit der Hauptverhandlung und üble Nachrede, in: NJW 1982, S. 2225-2227.

Vesting, Thomas: Soziale Geltungsansprüche in fragmentierten Öffentlichkeiten, Zur neueren Diskussion über das Verhältnis von Ehrenschutz und Meinungsfreiheit, in: AöR 122 (1997), S. 337-371.

Vogler, Theo: Straf- und strafverfahrensrechtliche Fragen in der Spruchpraxis des Europäischen Kommission und des Europäischen Gerichtshofes für Menschenrechte, in: ZStW 89 (1977), S. 761-795.

ders.: Die strafschärfende Verwertung strafbarer Vor- und Nachtaten bei der Strafzumessung und die Unschuldsvermutung (Art. 6 Abs. 2 EMRK), in: Festschrift für Theodor Kleinknecht zum 75. Geburtstag, München 1985, S. 429-443.

Wagner, Joachim: Strafprozessführung über Medien, Baden-Baden 1987.

Walden, Marcus: Zweckbindung und -änderung präventiv und repressiv erhobener Daten im Bereich der Polizei, Berlin 1996.

Wallenhorst, Lena: Medienpersönlichkeitsrecht und Selbstkontrolle der Presse, Eine vergleichende Untersuchung zum deutschen und englischen Recht, Berlin 2007.

Wanckel, Endress: Vom Umgang mit der Wahrheit: Wie weit reicht das Selbstbestimmungsrecht?, in: Festschrift für Manfred Engelschall, Baden-Baden 1996, S. 265-280.

Wandtke, Artur-Axel/*Bullinger*, Winfried: Praxiskommentar zum Urheberrecht, 3. Auflage, München 2009 (zit.: Bearbeiter, in: Wandtke/Bullinger, Urheberrecht.

Wasmuth, Johannes: Bemerkungen zum Rechtsschutz bei Klagen gegen Pressemitteilungen von Ermittlungsbehörden, NJW 1988, S. 1705-1707.

Wassermann, Rudolf (Hrsg.): Justiz im sozialen Rechtsstaat, Darmstadt 1974.

ders.: Justiz und Medien, Neuwied 1980 (zit.: Bearbeiter, in: Wassermann, Justiz und Medien).

ders.: Die richterliche Gewalt, Macht und Verantwortung des Richters in der modernen Gesellschaft, Heidelberg 1985.

von Weber, Helmuth: Die Durchsetzung der Grundrechte der europäischen Menschenrechtskonvention in der innerdeutschen Strafrechtspflege, in: MDR 1955, S. 386-387.

Wehnert, Anne: Prozessführung der Verteidigung und Medien, in: StV 2005, S. 178-179.

Weidemann, Helmut: Öffentlichkeitsgrundsatz und „Justizkampagne“, in: DRiZ 1970, S. 114-116.

Weigend, Thomas: Ermittlungsverfahren im Lichte der Medienöffentlichkeit?, in: Festschrift für Klaus Rolinski zum 70. Geburtstag, Baden-Baden 2002, S. 253-272.

Weiland, Bernd: Von Recht und Pflicht der Anklageerhebung, in: NStZ 1991, S. 574-576.

Weiler, Edgar: Medienwirkung auf das Strafverfahren, in: ZRP 1995, S. 130-136.

ders.: Medien als Ursache von Straftaten und Kompromissen im Strafverfahren, in: AnwBl. 1998, S. 2-6.

Wellbrock, Rita: Persönlichkeitsschutz und Kommunikationsfreiheit, Baden-Baden 1982.

Wendt, Peter: Zur Frage der innerstaatlichen Geltung und Wirkung der Europäischen Konvention zum Schutze der Menschenrechte, in: MDR 1955, S. 658- 658.

Wente, Jürgen K.: Das Recht der journalistischen Recherche, Baden-Baden 1987.

ders.: Persönlichkeitsschutz und Informationsrecht der Öffentlichkeit im Strafverfahren, in: StV 1988, S. 216-223.

Wenzel, Karl Egbert: Presse- und allgemeiner Informationsanspruch insbesondere gegenüber den Gerichten, in: Festschrift für Martin Löffler zum 75. Geburtstag, München 1980, S. 391-407.

ders.: Das Recht der Wort- und Bildberichterstattung, 5. Auflage, Köln 2003 (zit.: Bearbeiter, in: Wenzel, Das Recht der Wort- und Bildberichterstattung).

Werhahn, Jürgen W.: Persönlichkeitsrecht und Zeitgeschichte, in: UFITA Bd. 37 (1962), S. 22-44.

Widmaier, Gunter: (Hrsg) Münchner AnwaltsHandbuch der Strafverteidigung, München 2006 (zit.: Bearbeiter, in: MAH Strafverteidigung).

Willms, Günther: Offenkundigkeit und Legalitätsprinzip, in: JZ 1957, S. 465-466.

Wilmes, Frank: Über die Notwendigkeit von Public Relations in Strafprozessen, in: StraFO 2007, S. 11-15.

Wuketits, Frank M.: Warum uns das Böse fasziniert? Die Natur des Bösen und die Illusion der Moral, Stuttgart 1990.

Zacker, Christian: Die Meinungsfreiheit zwischen den Mühlensteinen der Ehrabschneider und der Menschenwürde, in: DÖV 1997, S. 238-245.

Zielemann, Peter: Der Tatverdächtige als Person der Zeitgeschichte, Berlin 1982.

Zipf, Heinz: Empfiehlt es sich, die Vorschriften über de Öffentlichkeit des Strafverfahrens neu zu gestalten, insbesondere zur Verbesserung der Rechtsstellung des Beschuldigten weitere nicht-öffentliche Verfahrensgänge zu entwickeln?, in: Ständige Deputation des Deutschen Juristentages (Hrsg.), Verhandlungen des 54. Deutschen Juristentages, Band 1, Gutachten, München 1982, S. C 1-C 98 (zit.: Zipf, Gutachten C, Verhandlungen des 54. Deutschen Juristentages, Band 1).

Zippelius, Reinhold: Meinungsfreiheit und Persönlichkeitsrecht, in: Festschrift für Heinrich Hubmann zum 70. Geburtstag, Frankfurt am Main 1985, S. 511-521.

ders.: Juristische Methodenlehre, 10. Auflage, München 2006.

Schriften zum Medien-, Urheber- und Wirtschaftsrecht

Herausgegeben von Prof. Dr. Georgios Gounalakis

Band 1 Thomas Lang: Immaterialgüterrechtliche Lizenzierung und kartellrechtliche Verhaltenskontrolle. Eine Untersuchung der Reichweite gemeinschaftskartellrechtlicher Eingriffsbefugnisse in Immaterialgüterrechtspositionen vor dem Hintergrund der schutzrechtsspezifischen wettbewerblichen Ausschließlichkeit. 2009.

Band 2 Anna-Karina Bonacker: Der Widerruf von Fernabsatzverträgen am Beispiel der Internetauktion eBay. 2009.

Band 3 Rainer Jürgen Scharf: Der unbefristete Widerruf internetbasierter Verträge. Zugleich ein Beitrag zur Dogmatik des § 355 BGB. 2009.

Band 4 Sebastian Gorski: Effizienz, Wahlfreiheit und Gleichbehandlung? Eine Untersuchung der Einführung von Wettbewerb zwischen musikalischen Verwertungsgesellschaften durch die Europäische Kommission. 2009.

Band 5 Daniel Walter: Die rechtliche Behandlung der Erbringung unbestellter Leistungen nach § 241a BGB. 2009.

Band 6 Richard Helwig: Die Kompetenz der Europäischen Gemeinschaft zur Schaffung eines europäischen Medienkonzentrationsrechts. Notwendigkeit, Voraussetzungen und Reichweite einer möglichen Regulierung zur Sicherung von Medien- und Meinungsvielfalt in Europa. 2009.

Band 7 Bettina Yunis: Alternative Streitbeilegung über elektronische Datennetze. 2011.

Band 8 Andreas Walter: Störerhaftung bei Handeln Dritter. 2011.

Band 9 Andreas Zenner: Die zivilrechtliche Verantwortlichkeit des Abschlussprüfers für den Bestätigungsvermerk. 2011.

Band 10 Kristine Wagner: Die Privatkopie als urheberrechtliche Schrankenregelung. 2011.

Band 11 Ina Lutz: Testierfreiheit und Pflichtteilsrecht im spanischen *Código Civil* im Vergleich mit dem deutschen Bürgerlichen Gesetzbuch. Unter besonderer Berücksichtigung von Immobilienerbschaften. 2011.

Band 12 Heiko Drebes: „Datenschutz" für Unternehmen im B2B? Schutz der Daten des geschäftlichen E-Business im Spannungsfeld zwischen technisch-organisatorischer und rechtlicher Regulierung. 2012.

Band 13 Heiko Zimmer: Zugriff auf Internetzugangsdaten. Unter besonderer Berücksichtigung der Verhältnismäßigkeit einer verdachtsunabhängigen Vorratsdatenspeicherung. Eine Interessenabwägung zwischen Datenschutz, Strafverfolgung und Urheberrecht im Internet. 2012.

Band 14 Ricarda Leffler: Der strafrechtliche Schutz des Rechts am eigenen Bild vor dem neuen Phänomen des Cyber-Bullying. Eine Untersuchung der Normanwendungs- und Auslegungsprobleme der strafrechtlichen Bildnisschutzvorschriften bei deren Verletzung im Rahmen von Internetdelikten. 2012.

Band 15 Nadine Kristin Keil: Verdachtsberichterstattung. Medienberichterstattung über Straftatverdächtige. 2013.

www.peterlang.de